思想与文化 第二十七辑

Thought & Culture No.27

杨国荣 主编

从早期中国思想到新实用主义

CONG ZAOQI ZHONGGUO SIXIANG DAO XIN SHIYONGZHUYI

华东师范大学中国现代思想文化研究所 主办

华东师范大学出版社

上海

图书在版编目(CIP)数据

思想与文化. 第二十七辑,从早期中国思想到新实用主义/杨国荣主编. —上海:华东师范大学出版社,2021
ISBN 978-7-5760-1816-5

Ⅰ.①思… Ⅱ.①杨… Ⅲ.①社会科学—文集
Ⅳ.①C53

中国版本图书馆 CIP 数据核字(2021)第 108793 号

从早期中国思想到新实用主义

思想与文化(第二十七辑)

主　　编　杨国荣
执行主编　方旭东
责任编辑　唐　铭
责任校对　时润民
装帧设计　刘怡霖

出版发行　华东师范大学出版社
社　　址　上海市中山北路 3663 号　邮编 200062
网　　址　www.ecnupress.com.cn
电　　话　021-60821666　行政传真 021-62572105
客服电话　021-62865537　门市(邮购)电话 021-62869887
地　　址　上海市中山北路 3663 号华东师范大学校内先锋路口
网　　店　http://hdsdcbs.tmall.com

印 刷 者　上海昌鑫龙印务有限公司
开　　本　787×1092　16 开
印　　张　34
字　　数　551 千字
版　　次　2021 年 1 月第 1 版
印　　次　2021 年 1 月第 1 次
书　　号　ISBN 978-7-5760-1816-5
定　　价　88.00 元

出 版 人　王　焰

华东师范大学中国现代思想文化研究所　主办

目录

哲学论衡

海外汉学

青年学者论坛

Contents

专题一：早期中国思想

导言

丁四新(清华大学哲学系教授)

“早期中国”通常指先秦秦汉一段时间。依笔者意见，以“诸子百家”为界，早期中国思想研究可以划分为三个时期：一是先诸子时期，它包括殷商、西周和春秋早中期；二是先秦诸子时期，它包括春秋后期和战国时期；三是两汉经学时期。秦朝存在的时间很短，一般秦汉连言，故可以归入两汉经学时期。由于甲骨文的大量发现及对于甲金文材料的广泛利用，学者对于第一个时期(先诸子时期)的思想研究自 20 世纪初期即迅速展开，在结合考古资料及《诗》《书》《礼》《易》等典籍的情况下，取得了大量研究成果，使得此期的政治、制度、宗教等方面的思想和习俗观念得到了前所未有的揭示和阐明。从中国哲学的角度看，尽管老子、孔子开启了中国的“轴心时代”，做出了重大突破，但在笔者看来，中国哲学的诞生还是应当上推至周初时期或者殷周之际。笔者之所以做出这样的推断，是因为具有政治哲学、历史哲学、宗教哲学性质的理论系统天命论、“洪范”治理哲学及易学二元对待思维方式在那时已经形成。周初的天命论，是一个由天、命、王、民四者所组成，而以“德”关联、贯通的思想系统。“德”的发明和推阐，是西周及春秋早中期思想与文化的灵魂。天命论是儒家思想的根源，春秋末期在孔子等人的推动下它转进和深化为性命论。性命论的确立，是中国哲学史与思想史上的一件大事。老子所创立的“道德”哲学，则是对天命论的批判和否定，是另起一思想传统的重大构造。

诸子时代以老子的“道德”哲学和孔子的性命论、仁学实现了中国思想的再次突破和转进，并以竞相立说和自由辩论的风气开创了中国思想的新时代。在20世纪的大部分时间里，学者对于诸子百家的研究深受疑古思潮、学科范式和时代思潮的三重影响。例如，人们对于老子其人其书问题的讨论即长期受到疑古思潮的左右，对于老子哲学的认识又出现了所谓唯物、唯心之争。又如，在严重依赖《论语》的基础上，孔子曾被判定为一名“世间智者”，其思想更被判定为“常识道德”，致使孔子在中国哲学与思想中的地位长期受到贬损和诋訾。不过，近四十年来，随着学术风气的转变和僵化研究模式的打破，学界对于诸子思想的研究已取得了长足进步。这主要表现在两个方面，一个是学术研究的独立性和问题意识的持续性，另一个是大量经典时代的简帛古书的出土。前一个方面首先得益于政治大背景的转变，后一个方面则得益于历史机遇。我们看到，大量简帛书的出土已在很大程度上改变了学者对于诸子时代之思想和文化的看法，其中有一些属于枝节性的，但有一些无疑属于结构性的。而且，出土资料已经深入人心，不断激发着学者的研究热情、才思和问题意识，使得此一时期的思想研究充满了活力和吸引力。

本辑“早期中国思想专题”包括五篇文章，它们是笔者与马兵合撰的《论上博楚竹书〈参德〉篇的哲学思想》、谢炳军的《安大简〈诗经〉文本编纂的三个思想倾向》、周秦汉的《从〈吕氏春秋〉论〈太一生水〉的宇宙论》、高翔的《楚简〈老子〉“天下之物生于有，生于无”新论》和张新的《〈荀子〉中的“欲”具备动机力量吗？——以宋晓竹与何艾克之争为考察中心》。前四篇文章或者直接研究出土简帛文献的思想，或者以简帛资料为基础来研究相关问题。第一篇文章深化了学界对于竹书《参德》篇之思想及其学派性质的讨论，第二篇文章据安大简从思想的角度对《诗经》发表了新看法，第三、四篇文章则是对旧问题的新讨论。最后一篇文章从汉学家的争论入手，研究了《荀子》的“欲”概念，其问题意识及写法均具有他者视角，值得一读。

论上博楚竹书《参德》篇的哲学思想*

丁四新　马　兵**

［摘　要］　竹书《参德》篇天时、地材、民力、明王无思的四元思想结构，不同于天、地、人的三才说，前者是对后者的发展。而在四者之中，《参德》最重视"天时"概念，其次是"明王无思"一环。竹书的"天时"，既包括春夏秋冬四时节气和恶劣天象，又包括弦日、望日及平旦、天明等特殊时间点。对于"天时"，《参德》持浓厚的宗教禁忌态度，并通过"天礼"表现出来，如"天恶毋忻"、"平旦毋哭"、"明毋歌"、"弦望斋宿"等。月、日中的特殊天时与禁忌，是竹书的特色之一。竹书认为，"天时"来源于"天"，而此"天"是神性的、主宰性的"皇天上帝"。"天"不仅具有喜怒、好恶等人格特征，而且具有赏善罚恶的最高权威。"天礼"是上天意志的体现，是人必须遵行的规定与要求。在政治方面，《参德》强调人君的"无思"之德，认为人君应依"度官于人"的原则选拔官吏，应根据"临民以仁"的原则来治

* 基金项目：国家社会科学基金重大项目"出土简帛四古本《老子》综合研究"(15ZDB006)。

** 丁四新(1969—　)，男，湖北武汉人，清华大学人文学院哲学系教授，主要从事中国哲学与儒家经学的研究；马兵(1987—　)，男，山东潍坊人，清华大学人文学院博士研究生，主要从事先秦秦汉哲学与道家道教哲学的研究。

理百姓。从总体上看,《参德》篇非常重视"天时"和"天礼"的概念,并以宗教禁忌的形式表达出来。它很可能是一篇以阴阳家为基调,同时杂糅儒家和黄老思想的著作。

[关键词] 楚竹书;《参德》;天时;天礼;无思

《参德》是《上海博物馆藏战国楚竹书(五)》(上海古籍出版社 2005 年版)中的一篇重要哲学文献。它一经发表,立即引起了学界的广泛关注,学者作了大量研究,论著较为丰富。不过,目前学界对于此篇竹书的研究大体上集中在字词释读、简序编排和学派归属等方面,对于其思想内涵的探讨和论述则颇不足,正式发表的成果不多。而且,在我们看来,即使在那些展开思想性研究的论著中,其中有一些观点和结论未必正确,值得商榷。在既有研究的基础上,笔者打算借本文重新探讨和论述《参德》篇的哲学思想。

一、天、地、民、王相参及其与三才观的关系

1. 天、地、民、王相参的思想结构

《参德》篇第 1 号简开宗明义,说:"天供时,地供材,民供力,明王无思,是谓参德。"[①]从整体上看,《参德》篇的思想结构是天、地、民、王四分,抑或是"天、地、人"三分的流行观念?这是学界尚有争议的一个问题。而此问题的关键又在于篇题"参"字的读法。对此,学者有两种意见。第一种是读"参"为"叁","叁"即"三"字,"参德"即"三德"。"三德"指天、地、民、王之德,其中后二者合为"人德"。本篇竹书的原整理者李零即主张"参德"读为"三德",并作为此篇竹书的篇名。李氏引《大戴礼记·四代》说:"子曰:'有天德,有地德,有人德,此谓三德。三德率行,乃有阴阳。阳曰德,阴曰刑。'"他认为竹书《参德》篇所说的"三德",与《礼记》所说的"三德"在内容上是基本相符的,所以他主张以"三德"名

---

① 竹书《参德》篇的释文,参见李零释文:《三德》,载马承源主编:《上海博物馆藏战国楚竹书(五)》,上海:上海古籍出版社,2005 年,第 288—303 页。另,本文所引是篇竹书的文字,已经参考和综合了诸家意见。由于资料浩繁琐碎,故未一一作注。新释文注释,可参看丁四新主持的教育部人文社会科学重点研究基地重大项目成果"上博楚竹书哲学文献研究"(2020 年 5 月结项)。

篇。[1] 目前,多数学者因袭了李零的这一说法,如曹峰即说:“统治者把握了天时、地材、民力,就可以无思、无虑、无为了。与天时、地材、民力相关的德,称之为‘三德’。”[2]这种说法是在不知不觉中消除了民、王二者的区别,而将两者归入“人德”一才中,于是天、地、民、王的四维结构即变成通常的“天、地、人”三才结构。第二种意见是将“参”作如字读,是相并列之义,“参德”系专指明王“无思”之德,而与天时、地材、民力相匹并。这种看法已见于范常喜的文章。范常喜指出,“参”的意思是相参、配合,而“是谓参德”所关涉的对象仅为“明王无思”,故“参德”仅指明王的“无思”或“无为”之德。在此基础上,范氏进一步认为此篇宜命名为“顺天之常”,以“三德”名篇是不准确的。[3] 汤浅邦弘也对“三德”的篇名持保留态度。[4] 我们认为,范常喜对于“参德”的读法是正确的,应当从之。而我们之所以赞成“参”作如字读,是因为:一者,天时、地材、民力、明王无思四者在竹书中明显呈现出“四德”并列的关系,且《参德》篇对此四德各有阐释,因此这篇竹书的思想结构已经超出了传统的天、地、人相并的“三才”结构。我们还注意到,在竹书中,民德与王德得到了作者的刻意区别:民之德为“供力”,王之德为“无思”,它们之间的区别是很明确的,所以不宜将民德与王德合作一德,即所谓人德。进一步,竹书之所以特称明王“无思”之德为“参德”,是因其能与天时、地材、民力三者相并列、相匹配。李零将“参德”读为“三德”,在我们看来,恐怕是不正确的。二者,古籍中“参”字通常表示三者相匹、相并列之义,如《中庸》有人与天、地相参(相并列为三)之说,这似乎表明“参德”的“参”字

---

① 李零释文:《三德》,载马承源主编:《上海博物馆藏战国楚竹书(五)》,第287页。

② 曹峰:《〈三德〉零释》,武汉大学简帛网,2006年4月6日。

③ 参见范常喜:《〈上博五·三德〉札记六则》,武汉大学简帛研究网,2006年5月18日。

④ 汤浅氏认为:“在第1简中,作为世界的结构,‘天’‘地’‘人’并列在一起,仅就这点来看的话,与《大戴礼记》相类似。可是,在其后的文意中,并没有把这三者按同等比重来叙述,而重视的,只有‘天’‘人’的关系。天、地、人的登场,在第1简以后只有在第17简可以见到。当然,《三德》中可见到的天、地、人,所谓‘三才’的世界构造这一点极为重要……本文献所起的‘三德’的假称,是否确切地表达了全体的内容,可以说还具有商榷的余地。”见汤浅邦弘:《上博楚简〈三德〉的天人相关思想》,载郭齐勇主编:《儒家文化研究(第一辑)——新出楚简研究专号》,北京:生活·读书·新知三联书店,2007年,第274页。按:汤浅氏意识到“三德”的篇名不能准确概括竹书主旨,这是没有问题的,但他的依据是竹书在“天”、“地”、“人”三才的思想结构中最重视天、人二才。我们认为,这个依据不但不可靠,而且他仍然将四元思想结构判断为三才结构,这很难说是正确的。我们认为,《参德》篇的思想结构是天、地、民、王四元论,与传统的三才说有区别。

应当读为"叁",但事实并非如此。在古书中,两者或多者之相并列,皆可以称之为"相参"。如《韩非子·外储说左下》云:"齐桓公……乃令隰朋治内,管仲治外以相参。"这是两者相并列的例子。又如董仲舒《春秋繁露·官制象天》云:"官有四选,每一选有三人,三四十二,十二臣相参而事治行矣。"这是多者相并列或相参的例子。由此可见,竹书《参德》篇称天、地、民、王四者为相并列关系而"参德"指"明王无思"之德,是没有疑问的。至于竹书的篇题,可以肯定,李零的"三德"说是不正确的,而范常喜"顺天之常"的命名似乎更符合竹书原意。但鉴于李氏"三德"说已经通行,故我们主张只对李说稍作纠正,使用"参德"的篇名。

在"天时"、"地材"、"民力"、"明王无思"的四元结构中,《参德》篇最为重视"天时"的概念,其次是"明王无思"这一条。在竹书看来,"天时"的权威性和宗教性来自于皇天上帝的意志,或者说"天时"是皇天上帝意志的展现。人君敬畏天时,这即是所谓"顺天之常"。由此,竹书衍生出的"天礼"的概念。"天礼"是对人君如何"顺天之常"所作出的含有浓厚宗教禁忌意味的礼制规定。在王德(政治)方面,《参德》篇强调人君的"无思"之德——人君应依"度官于人"的原则选拔官吏,对于百姓则应"临民以仁"。与"天时"和"明王无思"相对比,竹书对于"地材"的具体内容几乎没有述及,对于"民力"的概念,它仅论述了所谓"民时"问题,并由此表达了比较粗略的民本主义思想("民之所欲,鬼神是祐")。总之,"地材"和"民力"两者在竹书中的论述不多,《参德》篇的思想重点在于阐述天神意志("天时"、"天常"、"天礼")及其天人关系。

2. 竹书四分说与三才说的关系

竹书《参德》属于四分结构,这不同于通常所说的天、地、人"三才"结构,而肯定这种区分,是本文立说的一个基础,故对此我们在下文再作必要的议论和阐明。

先看传统所谓"三才"说。一般说来,"三才"说以《易传》为代表。《易传》将天道、地道、人道相配合,称为"三才"之道。《易传·系辞下》云:"《易》之为书也,广大悉备,有天道焉,有人道焉,有地道焉。兼三材而两之,故六。六者,非它也,三材之道也。""材"通"才"。《说卦》云:"立天之道曰阴与阳,立地之道曰柔与刚,立人之道曰仁与义。兼三才而两之,故《易》六画而成卦。"引文中的"道",指原则、原理。"三才"指天、地、人;"三才之道"指天道、地道、人道;建立天道的是阴阳,建立地道的是柔刚,建立人道的是仁义。《礼记·中庸》也包含着三才观，并通过三才观突出了人在参赞天地化育中的作用、价值和地位，即所谓“（人）可以赞天地之化育，则可以与天地参矣”。概言之，“三才”说是将天、地、人看作一个整体性的系统，三者是相互并列、配合的关系，并在此突出了人的作用和意义，对人参赞天地万物之功作了高度肯定。三才说，在思想结构上属于三分说或三元说。

再看竹书《参德》篇的四分说或四元说。如上所述，《参德》中的民德与王德是迥然不同的，前者为“供力”，后者为“无思”，且竹书恰恰是要强调这种区分。而且，这种区分所展示的政治意图十分明显，与三才说指向的宇宙论背景并不相同。据此，我们便不能因为民、王同属人类而将二者合并为一，并以通常意义上的三才说来看待竹书天、地、民、王四者的关系。如果这样做，那么这是不符合《参德》篇的思想的。又，在《参德》篇中，无论是民还是王，都要敬守天时及各种宗教禁忌，“顺天之常”，而人被置于有意志的“皇天上帝”的绝对宗教权威之下。这一点与传统三才观强调的人参赞天地之化育的说法是完全异趣的。

最后，需要指出，虽然竹书的天时、地材、民力、明王无思的四元结构说与传统的三才说有区别，但是这两说存在密切联系，前者是对于后者的重构和发展。三才说来源于盖天说的宇宙观，在盖天说的宇宙观中，天上、地下、人中，这是基本结构，三才说即效仿此。盖天说是一个高度经验化的宇宙学说，产生很早，出土红山文化祭坛——圜丘和方丘即采用了天圆地方、叁天两地的模式。据此，可以推断建立于盖天说上的三才说同样产生很早。三才说在竹书《参德》篇中偶有保留，第 17—18 号简云：“知天足以顺时，知地足以古（固）材，知人足以会亲。”其中的“人”，可能不是特指“民”，而是与天、地相对的一般意义上的“人”。如果这是正确的话，那么第 17—18 号简就保留了传统的三才说。尽管如此，正如我们在上面所指出的，竹书《参德》篇的天、地、民、王的四维思想结构本来就是对于三才说的发展，是建立在三才说的基础之上的。换言之，《参德》篇的四维说不但与三才说不矛盾，而且恰恰是以传统的三才说为基础，而再作重构和发展的结果。进一步，三才说属于比较单纯的宇宙观，而竹书的天、地、民、王四维观，则属于中国传统政治思想世界的经典结构。

二、"天时"与皇天上帝

1. "天时"的内涵与禁忌

在天、地、民、王的四维结构中,《参德》篇最为重视"天时"概念。"天时"的字面意思是自然时节或自然时间,竹书的"天时"含义是比较明确的,主要指春、夏、秋、冬四时,以及一月、一日内的特定时间(如望日、平旦等)。对于特定的"天时",竹书第1号简有集中的叙述,曰:

> 草木须时而后奋,天恶女〈毋〉忻,平旦毋哭,明毋歌,弦望齊宿。

草木待时而后发的"时",指一年中的四时。而对于每月中的特定"天时",《参德》篇列出了弦日、望日两个特定日期。所谓"弦望齊宿",弦指上弦月和下弦月,上弦月当农历初七、初八,下弦月当农历二十二、二十三;望则指月满,当农历十五或十六。在弦日和望日,《参德》篇说明王要"齊宿"。"齊"读为"斋","斋宿"即斋戒独宿,见于《新书・春秋》、《淮南子・兵略》等传世典籍。斋宿是一种表示虔敬态度的宗教仪式,而这种表示虔敬之心的宗教仪式是对特定的"天时"而言的,于是此特定的天时成为禁忌(时忌、节忌、月忌、日忌)。其思想特征,与司马谈《论六家要旨》所说阴阳家泥于小数一派的宗旨一致。

"平旦"与"明"是指一日内的特殊"天时"。所谓"平旦",指日出前一段时间,大致相当于寅时。"明",谓天明,指日出后的一段时间,相当于卯时。临近日出时不要哭泣,日出后一段时间不要歌唱("平旦毋哭,明毋歌"),这是对一日内特定"天时"的禁忌。这种禁止在一日内特定时刻哭、歌的宗教禁忌,与传世典籍《礼记》等的相关规定截然不同。《礼记》曰:

> 曾子曰:"朋友之墓,有宿草而不哭焉。"(《檀弓上》)
>
> (郊)祭之日,王皮弁以听祭报,示民严上也。丧者不哭,不敢凶服。(《郊特牲》)
>
> 妇人迎客、送客不下堂,下堂不哭;男子出寝门见人不哭。(《丧大记》)

里有殡，不巷歌。（《曲礼上》、《檀弓上》）

临丧不笑。揖人必违其位。望柩不歌……适墓不歌。哭日不歌。（《曲礼上》）

从以上数例引文可以看出，《礼记》提及的毋哭、毋歌，均是人伦日用、国家政治生活中的制度性、礼仪性规定，主要适用于丧事、祭祀这类重大活动，与平旦、天明等一日中的时间节点完全不同。竹书所谓“平旦毋哭，明毋歌”，则是一种单纯对一日中特定“天时”的禁忌。这种禁忌与儒家以化育人心为导向的礼乐制度不相类似，体现出独特的宗教色彩或阴阳家色彩。

竹书所说“天恶毋忻”，亦与天时有关。一说，“天恶”，是天所厌恶或憎恶之义；“毋忻”，“忻”同“欣”，是不要欣喜之义。“天恶毋忻”，意谓对于上天所厌恶的东西，人不可反而欣喜之。我们认为，此说恐不确。从平行词“平旦”、“明”、“弦望”来看，“天恶”也应当是指一种天时，“恶”读乌各切，“天恶”指恶劣的天气现象，如《论语·乡党》云“迅雷烈风，必变”的“迅雷烈风”。所引《论语·乡党》篇的这句话，是说遇到迅雷、狂风的恶劣天气，孔子必定表情严肃，以示对上天的敬畏。这种情景和态度，与竹书“天恶毋忻”颇为一致。竹书这一句话是说，遇到天气恶劣的“天时”时，人不应当欣喜，而应该保持沉静、虔敬的态度。

此外，《参德》篇还提到了“民时”概念，它也与“天时”有密切关系。“民时”亦即“农时”，系百姓据以耕种劳作的节气时令。第 15—16 号简曰：

骤夺民时，天〈大〉饥必来。夺民时以土功，是谓稽；不绝忧恤，必丧其匹。夺民时以水事，是谓淖；丧以继乐，四方来虐。夺民时以兵事，是[谓厉；祸因胥岁，不举铚艾]。

这段话见于传世典籍《吕氏春秋·上农》篇，按《汉书·艺文志》的划分，《上农》篇可以归之于农家著作。竹书强调，人君不能因土功、水事、兵事等情况夺民之时，妨害农业生产，否则将导致大饥荒。古人对“民时”的重视，是由中国古代社会属于农耕文明的性质所决定的。《参德》篇中的“民时”，是“天时”在农业生产中的直接反映。其本质属于“务时寄政”（《管子·四时》），可以归之于阴阳家的时令说。按照《论六家要旨》的划分，农家可以归之于阴阳家。

总之,《参德》篇中的“天时”内涵很丰富,比较独特,它既包括古籍中常见的春、夏、秋、冬四时节气及恶劣天象,也包括一月内的弦日、望日两个特定日期,还包括一日内的平旦、天明等特殊时间点。对于这些“天时”,《参德》篇有严格的禁忌规定,如“天恶毋忻”、“平旦毋哭”、“明毋歌”、“弦望斋宿”等皆是。人恪守天时,竹书称之为“顺天之常”。在此,我们需要追问,人在弦日、望日为何要“斋宿”?平旦为何不可哭泣?天明为何不可歌唱?进一步,竹书制定这些特定天时禁忌的根据是什么?对于这些问题,我们看到,《参德》篇没有做出任何理论上的说明,而是将其作为类似宗教戒律的东西直接规定下来。简单说来,它们是宗教禁忌(Taboo)。正如上文所说,这些由特定“天时”所构成的禁忌,与传世典籍中所载儒家礼制规定迥然不同,展现出浓厚的宗教意味与阴阳家色彩。在很大程度上,我们将此视为竹书《参德》区别于其他文献的显著思想特征,并依此对其作出学派性质的判断。

2. “天时”的宗教性与神性之“天”

“天”是“天时”的来源(“天供时”),《参德》篇中的“天”是神性之天、主宰之天。这个神性之“天”(皇天上帝),具有人格的情感(喜怒)和意志(好恶)特征,是最高的绝对权威。此“天”,与物质性的天或自然性的天是不同的。竹书第 2 号简谈到神性的“天”云:“□□□□,皇天将兴之。毋为伪诈,上帝将憎之。”引文中的“皇天”或“上帝”,与神性的“天”异名同谓,其所指是相同的。对于伪诈之人,上帝是憎恶他的;对于实诚之人,皇天则会兴助之。与此类似,第 12 号简及香港中大藏简也说:“毋失其道,未懈于时,上帝喜之,乃无凶灾。”如上引文都说明了皇天上帝具有人格的意志和情感作用。第 7—8 号简作了铺陈,叙述了上帝所憎恶的内容:

> 喜乐无限度,是谓大荒;皇天弗谅,必复之以忧丧。凡食饮无量计,是谓滔皇;上帝弗谅,必复之以康。上帝弗谅,以祀不享。邦四益,是谓方(旁)芋(华),虽盈必虚。宫室过度,皇天之所恶,虽成弗居。衣服过制,失于美,是谓违章,上帝弗谅。鬼神禋祀,上帝乃怡,邦家……保,乃无凶灾。

上引这段文字中的“皇天弗谅”、“上帝弗谅”、“皇天之所恶”三语,竹书多见。喜乐过度、饮食过量及宫室衣服超过规制等，是上帝所憎恶的事情；而人用禋祀的仪式（先燔柴升烟，然后加牲体或玉帛于柴上焚烧）祭祀上帝鬼神，则是上帝所喜悦的。或憎恶，或怡悦，上帝的喜怒好恶之情十分明显，其人格特征非常明确。

《参德》篇中的皇天上帝，主要通过降福降灾的方式来主宰人类和教导人类，祂是善恶报应的终极决定者。竹书第 14 号简曰："为善福乃来，为不善祸乃或（有）之。"人为善则能得福，作恶则有祸。行为的善与恶取决于人，而相应的奖惩——降福降祸则取决于上帝。如第 2 号简说："忌而不忌，天乃降灾。已而不已，天乃降异。其身不没，至于孙子。"人应当忌讳的而不忌讳，皇天于是降下灾祸，以作惩罚；人应当停止的而不停止，皇天于是降下异象，以作警示。"灾"和"异"不同，"灾"一般指自然或人为的灾害、灾祸，而"异"则指怪异的、非同寻常的事物或现象。灾异说起源甚早，西汉是此说的高峰。在西汉经学（意识形态）中，灾异是用来谴告人君的。王中江称《参德》篇是灾异说的先声[①]，可备一说。但从典籍说，灾异说在《诗》《书》中已经有了，《春秋》则记灾异之事颇多。

"天"，在《参德》篇中有多个称号，或称之为"皇天"、"上帝"，或称之为"后帝"，或称之为"皇后"（皇皇后帝），其实它们异名同谓。以上几种称号，均是指神性的"天"，是"天时"的终极来源。在此需要指出，对于"皇后"一名，学界存在争议。"皇后"一语，又见帛书《十六经·雌雄节》。是篇曰："皇后洞历吉凶之常，以辨雌雄之节，乃分祸福之向。"曹峰认为竹书《参德》篇的"皇后"与此帛书的"皇后"所指相同，均指"黄帝"。林文华不同意他的这一说法，认为"简文'皇后'不能解作'黄帝'"，而是指"皇天上帝"。[②] 我们认为林氏的看法是正确的，"皇后"当为"皇皇后帝"的简称。《诗·鲁颂·閟宫》提及了此一说法："皇皇后帝，皇祖后稷。"郑玄《笺》曰："皇皇后帝，谓天也。"又《论语·尧曰》曰："敢用玄牡，敢昭告于皇皇后帝。"何晏《集解》曰："皇，大；后，君也。大大君帝，谓天帝也。"竹书的"皇后"即"皇皇后帝"，是后者的省称，与"皇天"、"上帝"同义。

此外，《参德》第 18 号简所说的"天"，带有一定的墨学和黄学色彩。第 18

① 王中江：《〈三德〉的自然理法和神意志——以"天常""天礼"和"天神"为中心的考察》，《中国哲学史》，2007 年第 3 期。

② 曹峰：《近年出土黄老思想文献研究》，北京：中国社会科学出版社，2015 年，第 258 页；林文华：《〈上博五·三德〉"高阳""皇后"考》，简帛研究网，2007 年 9 月 10 日。

号简曰："天无不从：好昌天从之，好丧天从之；好犮(伐)天从之，好长天从之。"昌者，昌盛。丧者，丧亡。犮，从陈剑释文，李锐读为"伐"。[①]《说文·人部》曰："伐，败也。"昌盛与丧亡，毁败与长久，是两对反义词。在竹书作者看来，不管是昌盛还是丧亡，也不管是毁败还是长久，都首先取决于行为者自身的意志(意图)，神性之"天"则依据其所好不同而"无不从之"。或者说，皇天的赏善罚恶既是完全合理的、有根据的，又是必定如此、无不如此赏善罚暴的。这种思想带有墨学的色彩，同时从马王堆帛书《十六经》来看，又带有一定的黄学色彩。

总之，在《参德》中，作为"天时"之超越性来源的"天"，是神性的、主宰性的天。祂不仅具有喜怒、好恶等人格特征，而且具有赏善罚恶的最高权威。祂是一全知全能的灵性实体和一纯然向善且为善的神性意志体。

三、"天礼"及其宗教禁忌

1. "天礼"：上帝意志的展现

"天礼"是《参德》篇的一个重要概念，是"上天"意志的表现。"天礼"一词，不见于传世先秦秦汉古籍；在竹书中，兼具自然之礼仪和天所降之礼仪两义，并且此二义是交混在一起的。竹书第3号简曰：

> 阳而幽，是谓大戚。幽而阳，是谓不祥。齊齊节节，外内有辨，男女有节，是谓天礼。敬之敬之，天命孔明。如反之，必遇凶殃。

所谓"天礼"的内涵，即指"齊齊节节，外内有辨，男女有节"。"齊齊"，读为"斋斋"，表示恭敬之貌。"节节"，表示整饬之貌，有限节之貌。李零认为竹书的"齊齊节节"，即《大戴礼记·四代》所谓"齊齊然，节节然"。[②] 这样，竹书所谓"齊齊节节"，即是恭敬整肃之貌。至于竹书的"外内"，当是指宫室之内外。在古代，"宫室"有两义，一是泛指古时房屋，二是专指君王宫室。如《礼记·内则》

---

① 陈剑：《谈谈〈上博五〉的竹简分篇、拼合与编联问题》，武汉大学简帛研究网，2006年2月19日。李锐：《读上博(五)札记》，清华大学简帛研究网，2006年2月28日。

② 参见马承源主编：《上海博物馆藏战国楚竹书(五)》，第290页。

曰:“礼,始于谨夫妇,为宫室,辨外内。男子居外,女子居内,深宫固门,阍寺守之。男不入,女不出。”《礼记·仲尼燕居》曰:“昔圣帝明王诸侯,辨贵贱、长幼、远近、男女、外内,莫敢相逾越,皆由此途出也。”《荀子·天论》曰:“礼义不修,内外无别,男女淫乱,则父子相疑,上下乖离,寇难并至:夫是之谓人袄。”从上述典籍来看,“外内有辨”是指男子居外,女子居内,以使男女之间保持礼义,这与“男女有节”基本一致。总的来看,所谓“天礼”就是说人要保持恭敬整肃的状态,男子居外,女子处内,男女之间保持礼义与法度。“天礼”似乎不是专门针对人君而言的,民也似乎包括在内。

对于“天礼”,竹书认为,人要以“敬”的态度对待之。其深层原因在于,“天礼”是自上而下、来自于上天的意志(“天命孔明”)。换言之,“天礼”是上天意志的体现。结合下文“皇后”(皇皇后帝)的道德性告诫,这一点会显得更为明晰。

2. 为“天礼”的禁忌

人如何具体地遵行“天礼”呢?对此问题,竹书第10—11号简以“皇后”(皇皇后帝)的名义作出了颇为详细的回答:

> 皇后曰:“立,毋为角(矫)言,毋为人倡;毋作大事,毋害常;毋壅川,毋断洿;毋灭宗,毋虚床(圹);毋改敔(御),毋变事,毋烦姑嫂,毋耻父兄;毋羞贫,毋笑刑;毋揣深,毋度山;毋逸其身而多其言;居毋惁(惰),作毋康;善勿灭,不祥勿为;入虚(墟)毋乐,登丘毋歌:所以为天礼。”

在传世典籍中,《尚书》、《墨子》等书亦曾论及皇天上帝的神意,以作为对人君或百姓的警诫和行为指南。然而,在传世典籍中以皇天上帝的口吻对人作出如此长篇大论、事无巨细的道德和行为训诫,是绝无仅有的。所述“天礼”内容,可以从对人君及兼对民的禁忌来看。引文中的“立”,指人君处位。竹书说,人君处位,不可诈托皇天上帝之言(“毋为矫言”),不可为人先;不可轻易从事祭祀、战争、土功等事(“毋作大事”),不可妨害天常;等等。尤其重要的是,竹书强调人君不可毁灭他人宗庙(毋灭宗),这一禁忌显示了一定的时代色彩。这些道德训诫,可以视为上帝对君德的要求及对人君行为的约束,与第1号简所称“明王无思”之德是一致的。自“毋烦姑嫂”以下，兼及对百姓的禁忌要求和训诫，它们包括敬事父兄姑嫂、毋羞辱贫穷之人、毋嘲笑受刑之人、毋登高山涉深渊、毋怠惰放逸等内容。虽然以上禁忌都属于所谓“所以为天礼”的内容，但“毋烦姑嫂”以下的禁忌更具有普遍性，是普通百姓也应当遵行的伦理性和道德性规范，它们与《礼记》所说百姓人伦日用的礼仪相差不大。

需要指出的是，“皇皇后帝”关于人应遵行“天礼”的训诫，几乎无一例外地采取了否定式的表达。这正如陈丽桂所总结的，“毋……”、“毋谓……”、“不……”、“弗……”这类否定式的表述占了整篇竹书的九成以上，充满了敬天畏神的粗朴宗教意味。① 在一定程度上，这种通过否定式的语句来表达神性的禁忌，既凸显了《参德》篇以神性之“天”为本位(而不是以“君”为本位)的思想特征，又大大强化了本篇的宗教气息和色彩。

四、人君之德与治道

在以“天”为叙述本位，且神意从上天落实到人道的基础上，竹书《参德》篇对于君德提出了许多要求，并作出了许多规定。这些要求和规定主要体现在人君之个人道德修养及其如何治理臣下、百姓两个方面。

1. “顺天之常”与“无思”之德

人君对于“天时”的敬畏与顺应，竹书称之为“顺天之常”。第1—2号简曰：“草木须时而后奋，天恶女〈毋〉忻，平旦毋哭，明毋歌，弦望齐宿，是谓顺天之常。敬者得之，怠者失之，是谓天常，天神之囗。”人君以敬顺的态度来对待各种天时禁忌(恶劣天象、平旦、天明、弦望日等)，这叫做“顺天之常”。“常”，恒常，“天之常”或“天常”指上天恒常不变的良善意志，历古今而弥贯天下。不过，在竹书中，所谓“顺天之常”主要是以“毋……”形式表达出来的，属于所谓禁忌句式。对于“天常”，人君若不遵行之，就会带来国破家亡的巨大危险。第5号简即叙述了人君不顺“天常”的恶果，云：“故常不利，邦失干常，小邦则铲，大邦过伤。变常易礼，土地乃坼，民乃嚣死。善哉，善哉，三善哉！唯福之基，过而改[之]。”

① 参见陈丽桂：《上博五〈三德〉的义理》，载武汉大学简帛研究中心主办：《简帛》第2辑，上海：上海古籍出版社，2007年，第333—343页。

"故",本故也;"利",顺利。《孟子·离娄上》曰:"故者,以利为本。"故训"故"为故常,"利"为顺利。[①] 竹书这段话是说,顺守"天时"和"天常",是人君得福的基础。

竹书所说明王"无思"之德,主要体现在皇皇后帝所要求的人君应当遵行"天礼"的禁忌和规定上。如上文所述,人君不可诈托皇后(上帝)之言,不可为人先,不可轻易从事祭祀、战争、土功一类事情,不可毁灭他人宗庙等,均可视为明王"无思"之德的具体表现。兹不赘述。不过,从竹书全文看,明王"无思"之德不是全篇的论述重点。

2. 置官与仁民

人君的治下之道,在竹书中主要包括置官与仁民两个方面。

如何选拔官吏?《参德》篇主张"度官于人",而反对"度人于官"。第6号简曰:"凡度官于人,是谓邦固;度人于官,是谓邦窳(露);建五官弗措,是谓反逆。土地乃坼,民人乃落。""窳",陈剑读为"露",露是败落的意思。[②] "民人乃落"的"落"字,亦为败落义。人君从某官的职能本身出发来衡量某人是否适合担任某官,只有这样,置官才能得其任,使国家稳固。如果人君为了满足某人需求而特地为其选择某官,这样做就会导致邦家败落的恶果。这两者所体现的任官原则即是"任贤"与"任亲"的问题,任贤则国治,任亲则国败。

此外,《参德》篇还特别强调君主在宗庙神主面前应当敬重正卿大臣,而不能詈骂他们。第4号简说:"毋诟正卿于神次,毋享逸安。求利,残其亲,是谓皋。君无重臣,是谓危,邦家其坏。忧惧之间,疏达之次,毋谓之不敢,毋谓之不然。"这种禁忌虽然不见于传世典籍,但从禁忌的角度看,这种规定是合理的,因为人君在神主旁詈骂正卿,是对上天的不敬。另外,竹书强调"重臣"的重要性,认为其与邦家兴亡直接相关。"忧惧之间"下数句,所谓"毋谓之不敢,毋谓之不然",也当属于禁忌,是对重臣提出的尽心、尽力的要求。

在君民关系方面,《参德》篇提出了"临民以仁"、毋夺民时的原则。竹书云:"临民以仁,民莫弗亲。兴止民事,行往视来。民之所喜,上帝是佑。骤夺民时,

---

① 赵岐注、孙奭疏:《孟子注疏》卷八,载阮元校刻:《十三经注疏(清嘉庆刊本)》第5册,北京:中华书局,2009年,第5938页;朱熹:《孟子集注》卷八,载《四书章句集注》,北京:中华书局,1983年,第297页。

② 陈剑:《上博(五)零札两则》,武汉大学简帛研究网,2006年2月19日。

天〈大〉饥必来。夺民时以土功，是谓稽；不绝忧恤，必丧其匹。夺民时以水事，是谓淖；丧以继乐，四方来虐。夺民时以兵事，是[谓厉；祸因胥岁，不举铚艾]。”“临民以仁”，这是典型的儒家主张。这段文字还包括“毋夺民时”的一系列主张，它们也符合儒家思想，例如孟子即有此类主张。不过，我们看到，这段文字又见于《吕氏春秋》的《上农》篇，其思想同时符合农家和阴阳家的宗旨。再者，这段文字有“民之所喜，上帝是佑”二句，表明它的宗教色彩颇为浓厚，结合全篇来看，更是如此。据此，我们认为，《参德》篇的思想虽然参杂了儒家因素，但它还是以阴阳家为主导的。有人根据这一段文字认为此篇竹书属于儒家著作，这恐怕是不正确的。

五、结论

通过如上各节的研究、论述和检讨，关于竹书《参德》篇的思想，我们可以得出如下几个主要结论：

(1) 竹书《参德》篇在天、地、民、王四者相参(相并列)的思想结构中，最为重视“天时”概念，对于“地材”与“民力”它没有展开充分论述。《参德》篇中的“天时”概念，涵盖了年、月、日中的各个特定时间点，既包括一年中的春夏秋冬四时节气和恶劣天象，也包括一月中的弦日、望日两个特定月相日期，还包括一日内的平旦、天明等特殊时间点。针对上述诸种“天时”，《参德》提出了“天恶毋忻”、“平旦毋哭”、“明毋歌”、“弦望斋宿”等颇具宗教色彩浓厚的禁忌。这些禁忌在传世古籍中极为少见，可视为竹书区别于其他文献的一大思想特色。

(2) 关于《参德》篇的“天时”及其禁忌之权威性的来源问题，竹书归之于神性的“天”。神性的“天”，或称上天、上帝、天帝、皇天上帝、皇后(皇皇后帝)。此皇天上帝是宇宙、天地、万物的最高主宰，祂既具有一定的神秘性，也具有一定的人格特征。在竹书中，皇天上帝不仅具有喜怒好恶的人格意志和情感，而且具有赏善罚恶、主宰人间祸福的最高权威。而《参德》篇禁忌所出的终极依据即来自于此皇天上帝。职此可知，这篇竹书的宗教特征极为明显，气氛极为浓厚。

(3) 在竹书中，“天礼”是上天意志及其权能的展现，《参德》篇以“天礼”作为人必须遵行的礼仪和规矩。“天礼”具体指“齊齊节节，外内有辨，男女有节”等内容，包括人要保持恭敬整肃的状态，男子居外、女子处内，外内有分别，以及男女各有其礼节。对于“天礼”，人应当以“敬顺”的态度对待之。从内容上说，竹书的“天礼”主要包括两个方面，一是上帝对于人君的政治告诫。作为人君，不可诈托上帝之言，不可为人先，不可轻易从事祭祀、战争、土功，不可妨害天常，等等。尤其重要的是，人君不可毁人宗庙（“毋灭宗”），不能以战争消灭他国。二是上帝对于人君及百姓的道德告诫，主要包括敬事父兄姑嫂、毋羞辱贫穷之人、毋嘲笑受刑之人、毋登高山涉深渊、毋怠惰放逸等。它们属于伦理性和道德性的禁忌与要求，与《礼记》所述百姓人伦日用的礼仪相差不大。

(4) 在“天”本位及天道落实到人道的基础上，《参德》篇提出了对于君德的要求与规定，而这主要包括人君个人的政治修养及其如何治理官员、下民的问题。《参德》篇要求人君应当敬畏与顺应“天时”，遵行“天礼”。在置官方面，人君应当任贤而不任亲，以“度官于人”的原则选拔官吏，而不可“度人于官”。关于如何治理百姓，竹书主张人君应当“临民以仁”和“毋夺农时”。

(5) 综合起来看，竹书《参德》篇具有浓厚的中国原始宗教的色彩，几乎全篇都由人格神“皇天上帝”的教导和否定式训诫（禁忌）构成，它们宣扬了善恶果报、赏善罚暴的宗教观念，肯定了皇天上帝的绝对权威性，是人间价值的终极根源。与传世典籍和其他出土资料相较，本篇竹书的叙述特征及其思想倾向都是很特殊的。

(6) 关于本篇竹书的学派性质，学界争议很大。曹峰认为《参德》篇是“《黄帝四经》的思想渊源之一”，甚至直接“视《三德》为一部黄老著作”[①]；汤浅邦弘、福田一也、王中江、欧阳祯人等则认为它的主要思想属于儒家范畴。[②] 陈丽桂认为《参德》没有达到黄老帛书那么高的思想深度，只充满了敬天畏神的初朴的宗教意味。[③] 我们认为，竹书《参德》篇的思想以阴阳家为基调，最符合司马谈《论六家要旨》所说阴阳家的旨趣，但它也吸纳了黄老、儒家等的思想因素。

---

① 曹峰：《〈三德〉与〈黄帝四经〉对比研究》，《江汉论坛》，2006 年第 11 期；曹峰：《〈三德〉所见“皇后”为“黄帝”考》，《齐鲁学刊》，2008 年第 5 期。

② 参见汤浅邦弘：《上博楚简〈三德〉的天人相关思想》，载郭齐勇主编：《儒家文化研究（第一辑）——新出楚简研究专号》，第 265—283 页。福田一也：《上博简（五）〈三德〉篇中天的观念》，载郭齐勇主编：《儒家文化研究（第一辑）——新出楚简研究专号》，第 284—298 页。王中江：《〈三德〉的自然理法和神意志——以“天常”“天礼”和“天神”为中心的考察》，《中国哲学史》，2007 年第 3 期。欧阳祯人：《〈三德〉中的儒家思想初探》，武汉大学简帛研究网，2008 年 1 月 15 日。

③ 陈丽桂：《上博五〈三德〉的义理》，载《简帛》第 2 辑，第 333—343 页。

On the Philosophical Thought of the Bamboo Slips Named *Cande*

Ding Sixin, Ma Bing

Abstract: The four-element structure of *Bamboo Slipsof Cande* differs from the *Sancai* theory of "*Heaven, Earth and Man*", which is the development of the latter. Among the four elements (*Tianshi*, *Dicai*, *Renli*, *Mingwang wusi*), *Cande* attaches the most importance to the concept of *Tianshi*, followed by "*Mingwang wusi*". The concept of *Tianshi* includes not only the solar terms in four seasons and bad weather phenomena, but also the special time points such as the day of *Xian*, the day of *Wang*, *Pingdan* and *Ming*. Regarding the *Tianshi*, *Cande* holds a strong religious taboo attitude, which is expressed through *Heavenly ceremony*, such as *Do not cry at the time of Pingdan*, *Do not sing at the time of Ming* and so forth. The special time point and taboo in each month and each day is one of the characteristics of *Bamboo Slips of Cande*. *Tianshi* comes from the heaven, which is the divine and dominating *Heaven God*. *Heaven God* not only has the personality characteristics of happiness and anger, likes and dislikes, but also has the highest authority of rewarding the virtuous and punishing the wicked. The *Heavenly ceremony* is the embodiment of *Heaven God* 's will, and is the rule and requirement that people must abide by. In terms of politics, *Cande* emphasizes the Wusi virtue of the monarch, and holds that the ruler should select officials on the basis of their abilities, and govern the people according to the principle of *serving the people with benevolence*. In brief, *Cande* attaches great importance to the concepts of *Tianshi* and *Heavenly ceremony*, and expresses them in the form of religious taboos. It is a work based on thoughts of Yin Yang School, and it also absorbed Confucianism and Huang Lao thought.

Keywords: Chu bamboo slips, Cande, Tianshi, Heavenly ceremony, Wusi

安大简《诗经》文本编纂的三个思想倾向*

谢炳军**

［摘　要］　安大简《诗经》是战国时期流传于楚地的一种《诗经》写本，它的一个独特地方在于，其国风次序与今本《毛诗》、郑玄《诗谱》和《左传》所见都不同。《诗》的次序是编者思想倾向的真实体现。安大简《诗经》文本编纂方式体现出编者的三个思想倾向，一是简本主人通过保持孔子重视的二《南》之诗的完整文本和次序体现尊孔的思想，二是通过全录秦风的文本和前移诗序表明贵秦风的阅读喜好，三是通过将王风重命名为"侯"和较大幅度削减其诗篇而表达天下无"王"的思想倾向。此外，简本《诗经》的发现，为超越"孔子删《诗》"的传统说法提供了新的可能性。

［关键词］　诗经；安大简《诗经》；侯；孔子删《诗》

近年来，随着属于中国战国时期的新文献的陆续出版，学界迎来了研究这些出土文献的学术热潮。出土文献中与《诗经》相关的新材料也成为了国内外学者重要的研究对象，例如，"汉学家研究《诗经》的焦点，逐渐转向《诗经》的早

* 基金项目：教育部哲学社会科学重大项目"甲骨文对中华思想文化的影响和作用研究"(17JZD045)。

** 谢炳军(1986—　)，男，广东湛江人，文学博士，广东外语外贸大学中文学院讲师，主要研究领域为古典文献思想文化。

期文本史与传播史，出现了《诗经》口头传播和书写问题的论争"[①]。安徽大学藏战国竹简《诗经》（下文简称为"简本《诗经》"）的发布，为《诗经》研究又贡献了新的文献材料。[②] 在先达研究的基础之上，笔者以简本《诗经》诗篇次序为中心，对其文本编纂思想进行初步的探讨。[③]

一、简本《诗经》尊孔的倾向

简本《诗经》是战国时期流传于楚地的一种《诗经》写本，其"为《诗经》文本历史面貌的揭示和流传的研究提供了最早的证据，对经学史、文学史的研究都具有重要价值"[④]。简本《诗经》涉及六国国风，其次序是：周南、召南、秦、某（缺失）、矦、鄘、魏（唐）。相比今本《毛诗》、郑玄《诗谱》和《左传》所载国风次序，除了"周南、召南"次序相同外，其余皆不同。[⑤] 关于各家对诗序的看法，欧阳修说："周南、召南、邶、鄘、卫、王、郑、齐、豳、秦、魏、唐、陈、曹，此孔子未删之前，周太师乐歌之次第也。周、召、邶、鄘、卫、王、郑、齐、魏、唐、秦、陈、桧、曹、豳，此今诗次第也。周、召、邶、鄘、卫、桧、郑、齐、魏、唐、秦、陈、曹、豳、王，此郑氏《诗谱》次第也。"[⑥]至今所能见到的四种不同次序的国风，至少说明《诗经》的文本编纂和传播存在两个方面的情况。[⑦] 一方面，它意味着《诗经》虽然形成了比较稳定的

① 张万民：《〈诗经〉早期书写与口头传播——近期欧美汉学界的论争及其背景》，《北京大学学报（哲学社会科学版）》，2017 年第 6 期。

② 参见黄德宽、徐在国主编：《安徽大学藏战国竹简（一）》，上海：中西书局，2019 年。

③ 目前研究简本《诗经》的代表性成果主要有徐在国：《安徽大学藏战国竹简〈诗经〉诗序与异文》，《文物》，2017 年第 9 期；姚小鸥：《安大简〈诗经·葛覃〉篇"穫"字的训释问题》，《中州学刊》，2018 年第 2 期；夏大兆：《安大简〈诗经〉"侯六"考》，《贵州师范大学学报（社会科学版）》，2018 年第 4 期；徐在国：《安大简〈诗经·召南·摽有梅〉之篇名试解》，《北方论丛》，2019 年第 6 期，等等。

④ 徐在国：《安徽大学藏战国竹简〈诗经〉诗序与异文》，《文物》，2017 年第 9 期。

⑤ 黄德宽、徐在国主编：《安徽大学藏战国竹简（一）》，前言第 1 页。

⑥ 吕祖谦：《吕氏家塾读诗记》卷一，载王云五主编：《丛书集成初编》第 1716 册，上海：商务印书馆，1935 年，第 9 页。

⑦ 关于《诗经》次序的研究现状，洪湛侯说："春秋时代和汉人所见的次序，毛、郑二家的次序何以都跟《左传》不同，而毛、郑二家的次序也不相同，至今还没有看到令人信服的解释。虽然是次序先后问题，但它与汉人诗说有关，还是值得进一步探讨的。可惜直到现在，这方面的研究成果并不多见。"参见洪湛侯：《诗经学史》，北京：中华书局，2002 年，第 27 页。

篇数和文本内容，但在诸侯国的官学那里都有各自的文本编纂次序，体现着各国官学的编纂思想；另一方面，学者在学习和抄写《诗经》文本时，依据自己的喜好和认识，对能搜集到的诗歌进行编纂，体现的是学者私人的编纂思想。准此，可知在战国时期，《诗经》的编纂思想具有地域差异性、编者偏好性等特征。

简本《周南》、《召南》的次序与《左传》和《毛诗》的一致，居于国风之首，是编者认同其文本和思想价值的表现。《左传》襄公二十九年（公元前544年）载："吴公子札来聘，……请观于周乐。使工为之歌《周南》《召南》。……为之歌《邶》《鄘》《卫》……为之歌《王》……为之歌《郑》，为之歌《齐》……为之歌《豳》……为之歌《秦》……为之歌《魏》……为之歌《唐》……为之歌《陈》……自《郐》以下，无讥焉。"杜预《注》云："鲁以周公故，有天子礼乐。"[①]此表明，季札观赏周乐之时，鲁国《诗经》的国风已经形成固定的演奏次序；而又因为观的是"周乐"，所以此次序也是周王朝编纂国风的次序。

在孔子以《诗经》教学之前，《诗经》作为王朝厘定、王官推行的教材，已经形成定本。[②] 而在先秦诸子之中，孔子最先重视包括《诗经》在内的官学文献的搜集、整理和阐释，并用以教学。孔子晚年整理《诗经》之时，应可以见到鲁国宫廷的《诗经》文本。既然鲁国《诗经》与周王朝的相同或至少差异很小，孔子又崇尚周王朝编纂的《诗经》教本，认为其国风的次序具有深刻的教化深意。[③] 这可以从《论语》中找到例证。孔子十分重视《周南》、《召南》的思想价值，认为"人而不为《周南》《召南》，其犹正墙面而立也与"（《**论语·阳货第十七**》）[④]，意思是说，人不学《周南》、《召南》，就如同垂直地站立在墙面上（是不可能站稳的），将无法在社会上立足。《孔丛子》也载："孔子读《诗》，……喟然而叹曰：'吾于《周南》《召南》，见周道之所以盛也。'"[⑤]孔子尤其赞美《周南》第一首诗《关雎》的思想感情

① 杜预注，孔颖达正义，浦卫忠等整理：《春秋左传正义》卷三十九，北京：北京大学出版社，2000年，第1258—1265页。

② 谢炳军：《孔子与今本〈诗经〉关系再认识》，《江西社会科学》，2017年第9期。

③《论语·为政第二》："《诗》三百，一言以蔽之，曰：'思无邪。'"这是孔子对《诗经》思想的认识。《述而第七》："子所雅言，《诗》、《书》、执礼，皆雅言也。"此是孔子对《诗经》语言成就的高度肯定。参见何晏注，邢昺疏，朱汉民整理：《论语注疏》（《十三经注疏》整理本），北京：北京大学出版社，2000年，第15、101页。

④ 何晏注，邢昺疏，朱汉民整理：《论语注疏》，第270页。

⑤ 傅亚庶：《孔丛子校释》，北京：中华书局，2011年，第54页。

和音乐价值,他说:“《关雎》乐而不淫,哀而不伤。”(《论语·八佾第三》)[①]又说:“师挚之始,《关雎》之乱,洋洋乎盈耳哉!”(《论语·泰伯第八》)[②]韩婴《韩诗外传》卷五也载孔子与子夏论《关雎》之事,其云:“子夏问,曰:‘《关雎》何以为国风始也?’孔子曰:‘《关雎》至矣乎! 夫《关雎》之人,仰则天,俯则地,幽幽冥冥,德之所藏;纷纷沸沸,道之所行;虽神龙化,斐斐文章。大哉《关雎》之道也,万物之所系,群生之所悬命也。河洛出《书》《图》,麟凤翔乎郊。不由《关雎》之道,则《关雎》之事将奚由至矣哉? 夫六经之策,皆归论汲汲,盖取之乎《关雎》。《关雎》之事大矣哉! 冯冯翊翊,自东自西,自南自北,无思不服。子其勉强之,思服之。天地之间,生民之属,王道之原,不外此矣。’子夏喟然叹曰:‘大哉《关雎》,乃天地之基地。’”[③]上海博物馆藏战国楚简《孔子诗论》论及国风,也是始于“二《南》”,其载:“《关雎》之改,《樛木》之时,《汉广》之智,《鹊巢》之归,《甘棠》之报……”[④]所以传世和出土文献皆表明,《孔子诗论》阐释国风之时,非常留意二《南》之诗。

可以说,诗的次序是编者思想倾向的真实体现。安大简本《诗经》的诗序、篇名与春秋时期鲁国《诗经》相异情况,以及与《毛诗》相较存在的不少互文,表明《诗经》之诗虽然已经具备相对稳定的诗篇,但其编排次序、国风名、诗的书写等方面受多种复杂因素的影响,表现出明显的变异性。在明显的变异性之中,能保持首序稳定的国风,是值得留意的现象,它意味着编者看重这部分。

综上,简本《诗经》之所以也以二《南》为首而其他诗序皆异,是编者尊孔的体现。换言之,孔子的诗教对楚国学者有着深刻影响。上博简《孔子诗论》和安大简《诗经》的二《南》诗序正是儒家在当时成为“显学”而产生学术影响力的有力证据。

二、简本《诗经》贵秦的倾向

秦风排在二《南》之后,尤显独特,是出自编者的特意安排。具体而言,简本

---

① 何晏注,邢昺疏,朱汉民整理:《论语注疏》,第 45 页。

② 何晏注,邢昺疏,朱汉民整理:《论语注疏》,第 117 页。

③ 韩婴撰,许维遹校释:《韩诗外传集释》,北京:中华书局,1980 年,第 164—165 页。

④ 晁福林:《上博简〈诗论〉研究》,北京:商务印书馆,2013 年,第 120 页。

诗序与今本诗序有着明显的差异，这意味着周王朝虽然形成了具有稳定文本和次序的《诗经》教本，但当它在诸侯国之间以及学者之间被传播和抄写过程之中，受到简本主人的思想认识和阅读偏好等复杂因素的影响，诗序会发生变异，简本《诗经》就是一个明证。

编者将秦风排在二《南》之后，表明了他对秦风的偏爱。对周王朝已经形成的诗序进行重排，是编者表达崇秦思想的一种方式，并以写本的面貌呈现出来，在学者间阅读和传播。对秦风音乐的赞美，先有季札的评语："此之谓夏声。夫能夏则大，大之至也，其周之旧乎！"[①]即认为，秦风可以称为雅正的音乐，而秦能创作雅正的音乐就能强大，强大到了极致，就能达到西周盛世之时。[②] 今又幸赖简本诗序，可以得见编者贵秦风的倾向。

首先，应关注产生简本诗序的年代。简本整理者称："北京大学加速器质谱实验室对竹简、竹筒残片和漆片等三种样品进行了年代检测，测定其年代距今约二千二百八十年左右。"[③]即简本最晚在公元前 260 年之前已经写成。此时正处在战国晚期，秦国日益强大，逐渐有兼并各国的综合实力。频繁和残酷的战争给包括士人在内的人民带来了深重的灾难，希望一个政治上进步和国力强盛的国家统一全国，成为战国后期人民的迫切愿望，而秦国具有完成统一大业的实力。[④] 因此，编者将秦风前置，既体现了时代特征对文本编纂的影响，又体现了编者学习和了解秦人的迫切需要。

其次，楚地在战国时期已经形成了习《诗》、论《诗》的风潮，学者依据自己的学习兴趣和对文本的理解，有选择性地重点研习《诗经》的某些诗篇，符合当时楚国士人的学风。作为文化后进的楚国，其贵族在春秋时期就很重视《诗》教。《国语·楚语上》载楚庄王问大臣教育太子之道，申叔时言及习《诗》的意义："教之《诗》，而为之导广显德，以耀明其志。"[⑤]楚人学习包括《诗经》在内的周王朝文

---

① 杜预注，孔颖达正义，浦卫忠等整理：《春秋左传正义》卷三十九，第 1263 页。

② "《荀子》：'人居楚而楚，居夏而夏，非天性也，积靡使然也。'《史·货殖传》：'颍川南阳，夏人之居，故至今谓之夏人。'两公之论，皆以夏为中原而称其习俗之美。秦则西陲，乃有中夏之声，故知其将大。"参见张尚瑗：《左传折诸》卷十八，《景印文渊阁四库全书》经部第 177 册，台北：台湾商务印书馆，1986 年，第 361 页。

③ 黄德宽、徐在国主编：《安徽大学藏战国竹简（一）》，前言第 1 页。

④ 参见杨宽：《战国史》，上海：上海人民出版社，2019 年，第 469—479 页。

⑤ 韦昭注，明洁辑评：《国语》，上海：上海古籍出版社，2008 年，第 248 页。

化经典一直持续到战国。楚地出土的战国时期《诗》、《书》、《易》等竹简本经典，尤其是楚简《孔子诗论》、清华简《周公之琴舞》以及简本《诗经》都是文献证据。在这种学风下，秦风置于诗序之前正是编者选择国风学习次序的结果。

最后，具体而言，秦风所表现出来的礼贤下士、君臣和睦、同仇敌忾的思想和感情切合战国时期士人的心态。秦风首诗《车邻》即赞美秦君派车接来贤士而并坐鼓簧鼓瑟之事①，尾诗《权舆》则讽刺秦君对士人善始不善终的态度，都是就相同主题而在正反方面进行歌唱。简本秦风第二首《四马戊》，展现了秦之君臣举行冬猎活动的有序场景；第三首《小戎》，赞叹了秦之兵车和兵器之精良、马政之发达、君子和妇人之同仇敌忾②；第四首《兼苦(蒹葭)》，感叹求得"殹(繄)人"之艰难③，可视为访寻贤人之诗④；第五首《终南》，意在劝戒秦君永记发家之源⑤；第六首《黄鸟》，秦人为哀悼仲行、鍼虎、奄思而作⑥；第七首《渭阳》(《毛诗》之第九首)，是外甥送别舅父之诗⑦；第八首《晨风》，简本仅存首章两句，或是士人讽刺秦君之诗⑧；第九首《无衣》(《毛诗》之第八首)，赞美了秦军士兵同仇敌

---

① "此谋臣策士，以车马招致而来，以寺人传辞而见，当是秦已怀此意、求此人而共画此事也。"参见王质：《诗总闻》卷六，王云五主编：《丛书集成初编》第1713册，上海：商务印书馆，1935年，第111页。

② 刘玉汝云："此诗之作，其于车马器械之细微曲折，随意形容，各尽其制；随韵长短，各谐其声；参差错杂，各得其词；而于君子之敌王所忾者，又能极情思念，而皆合于义焉。"梁寅云："襄公承天子之命，率其国人以征西戎，故役者之家人先夸车甲之盛，而后及其私情。盖以义兴师，虽妇人亦知勇于赴敌而无所怨矣。"参见刘玉汝：《诗缵绪》卷七，《景印文渊阁四库全书》经部第77册，台北：台湾商务印书馆，1986年，第643页；梁寅：《诗演义》卷七，《景印文渊阁四库全书》经部第78册，台北：台湾商务印书馆，1986年，第79页。

③ "殹人"，《毛诗》作"伊人"，郑玄《笺》云："伊，當作'繄'，'繄'犹'是'也。所谓是知周礼之贤人……"参见《毛诗正义》卷六(六之四)，北京：北京大学出版社，2000年，第494页。今取郑说。

④ 王质："秦兴，其贤有二人焉，百里奚、蹇叔是也。……'所谓伊人'，岂此流也耶?"参见王质：《诗总闻》卷六，第114页。

⑤ 杨简："秦君至周之终南，终南之人感秦君之德，爱而说之，作是诗也。周人作之，秦人歌之，得是诗于秦欤。"杨简：《慈湖诗传》卷九，《景印文渊阁四库全书》经部第73册，台北：台湾商务印书馆，1986年，第116页。

⑥《毛诗序》："哀三良也。国人刺穆公以人从死而作是诗也。"朱子："此《序》最为有据。"《左传》鲁文公六年："秦伯任好卒，以子车氏之三子奄息、仲行、鍼虎为殉，皆秦之良也。国人哀之，为之赋《黄鸟》。"参见《毛诗正义》卷六(六之四)，第500—501页；朱熹撰，朱杰人等主编：《诗序辨说》，《朱子全书》第1册，上海：上海古籍出版社，合肥：安徽教育出版社，2002年，第378页。

⑦ 程俊英：《诗经译注》，上海：上海古籍出版社，2012年，第132页。

⑧《毛诗序》："《晨风》，刺康公也。忘穆公之业，始弃其贤臣焉。"参见《毛诗正义》卷六(六之四)，第502—503页。

忾、互相爱护的精神面貌，同时又讽刺秦君好用兵的作风。[①] 此些主题无疑切合了简本主人的阅读期待，所以编者将秦风全录入简本。

现就《车邻》而言，《毛诗序》载："《车邻》，美秦仲也。秦仲始大，有车马礼乐侍御之好焉。"[②]虽然朱子说"未见其必为秦仲之诗"[③]，但随着上博简、清华简等诗类文献的陆续发布，表明《诗序》的生成是有一定学理依据的。上博简《诗论》第十简载有"邦风"诗旨短评："《关雎》之攺(改)，《梂木》之峕(时)，《汉坣》之智，《鹊巢》之归，《甘棠》之保，《绿衣》之思，《燕燕》之情。"[④]清华简《周公之琴舞》载有组诗作意："周公作《多士儆毖》，琴舞九卒。……成王作《儆毖》，琴舞九卒。"[⑤]这些都表明诗歌创作之时，是寄托着作者褒贬之意的。国风之诗并非普通的民歌，当其被周王朝的王官选编、结集而成为《诗经》的一部分，就具有了王朝教化的立意，"编诗之意"就占据了诗旨的主要地位。[⑥] 简本《车邻》与毛本有两个差异。一是，章节次序不同，"简本第二章为《毛诗》第三章，第三章为《毛诗》第二章"[⑦]，简本中常见这种现象，这是简本与毛本来源于不同传承系统的一个文献依据。二是存在两处异文，即"含(今)者不乐，遾者亓忘"和"今者不乐，遧者亓實(实)"，毛本作"今者不乐，逝者其亡"和"今者不乐，逝者其耋"。"遾"字，整理者读为"逝"，可从。"忘"，此与清华简《耆夜·蟋蟀》"康乐而毋忘"之"忘"应同读为"荒"。[⑧] "實"可读为"失"。准此，则简本这两句的含义与毛本是有差别的，它们的意思是：(得到秦君如此礼遇，如果)现在不快乐，时光就会荒废；现在不快乐，时机就会丧失。[⑨] "并坐鼓簧"、"并坐鼓瑟"，则既体现了秦君待

---

① 相较《毛诗》，简本今仅存残句"戟，与子皆(偕)作。曾(赠)子以组，明月将遾(逝)"，值得注意的是，后两句为《毛本》所无。笔者认为《无衣》原本应有此两句，因为它为秦国战士互助增添了温情的细节和氛围。

② 毛亨传，郑玄笺，孔颖达疏：《毛诗正义》卷六，第 478 页。

③ 朱熹：《诗序辨说》，朱杰人等主编：《朱子全书》第 1 册，第 377 页。

④ 马承源：《上海博物馆藏战国竹简(一)》，上海：上海古籍出版社，2001 年，第 139 页。

⑤ 李学勤主编：《清华大学藏战国竹简(三)》，上海：中西书局，2012 年，第 133 页。

⑥ "编诗之意"，参见姜炳璋：《诗序补义》，《影印文渊阁四库全书》经部第 89 册，台北：台湾商务印书馆，1986 年，第 6 页。

⑦ 黄德宽、徐在国主编：《安徽大学藏战国竹简(一)》，第 99 页。

⑧ 李学勤主编：《清华大学藏战国竹简(一)》，上海：中西书局，2010 年，第 150 页。

⑨ 程俊英认为《车邻》反映了秦君及时行乐的思想。参见程俊英：《诗经译注》，第 125 页。笔者不同此说。

士“情亲礼优，若朋友然”的风度[①]，又表现了秦人待客“简易相亲之俗”[②]，所以“士乐为之臣”[③]。

此外，还有一种情况是，简本的底本可能来自秦国，秦国的儒家学者出于崇秦或贵秦的用意，所以将秦风列于二《南》之后。而随着战国后期各国学者交流的频繁，底本流入楚地并转换成楚国文字进行书写。[④] 国风有秦风，这是秦国在当时有文化地位的体现。《诗经》不仅是秦之士人喜爱的文化产品，也是秦君熟悉的文化经典，并形成了一种习《诗》的传统。这点至少有两个文献依据，一是在《战国策》中，游说秦君的士人与秦君对话时往往引《诗》说理。例如，《秦三》载范雎引《诗》：“《诗》曰：木实繁者披其枝，披其枝者伤其心。”《秦四》载黄歇游说秦昭王：“楚人有黄歇者，游学博闻，襄王以为辩，故使于秦。说昭王曰：‘……《诗》云：靡不有初，鲜克有终。……’”《秦五》载士人引《诗》：“……《诗》云：靡不有初，鲜克有终。……《诗》云：行百里者，半于九十。……”[⑤]这些引《诗》现象几乎不见于其他诸侯国的士人游说活动，此说明秦君对《诗经》的喜好和熟悉，所以策士才会选择性地引《诗》说理。二是《商君书》有商鞅反对秦人崇《诗》的记载。《农战第三》载：“今为国者多无要。……所有《诗》《书》，乡一束，家一员，犹无益于治也。”《算地第六》载：“……今则不然。世主之所以加务者，皆非国之急也。……故事《诗》《书》谈说之士，则民游而轻其君事。”[⑥]这是商鞅针对秦人崇尚《诗经》等经典而提出的反对意见。

综上，简本将秦风置于二《南》之后，并且全录其诗，表明了编者对秦风的阅读偏好，流露出崇秦的思想倾向。此可从秦风与时代特征、战国楚地习《诗》风潮以及士人心态等方面的关系得到论证。

---

① 杨简：《慈湖诗传》卷九，第 111 页。

② 吕祖谦：《吕氏家塾读诗记》卷十二，载王云五主编：《丛书集成初编》第 1716 册，第 212 页。

③ 杨简：《慈湖诗传》卷九，第 111 页。

④ 夏大兆认为，简本的“侯”指的是晋，《侯》六篇是晋诗；若“侯六”为晋诗的推论可信的话，则安大简《诗经》底本可能是晋国的一个抄本或摘编本，流传到楚国后，楚人将其重新抄写，所以具有明显的楚文字风格。参见夏大兆：《安大简诗经“侯六”考》，《贵州师范大学学报（社会科学版）》，2018 年第 4 期。笔者不取此说。

⑤ 刘向集录，范祥雍笺证：《战国策笺证》，上海：上海古籍出版社，2006 年，第 314、400—401、435—436 页。

⑥ 蒋礼鸿：《商君书锥指》，北京：中华书局，1986 年，第 23—24、46—47 页。

三、简本《诗经》贬王的倾向

简本主人以反叛周王朝定本诗序的方式，表明了他贬王的鲜明立场。传世文献所见的几种诗序，已将王风排在邶鄘卫之后。郑玄《诗谱・王城谱》载："王城者，周东都王城畿内方六百里之地。……（平王）以乱，故徙居东都王城。于是王室之尊与诸侯无异，其诗不能复雅，故贬之，谓之王国之变风。"[①]意即周王室东迁之后，其创作的风诗所表现出来的思想感情，已不能像二《南》那样"雅（正）"了。郑玄之说留意到了王风的音乐风格和思想感情，此有其合理成分。例如，王风首诗《黍离》呼天哀伤，行动迟缓而无奈，内心摇荡而郁结，与此旧都之黍稷的盛美形成鲜明的反差；《黍离》也显然与"洋洋乎盈耳"的《关雎》乐声截然不同，更与切合了战国士人心态的秦风首诗《车邻》追求建功立业、高歌猛进的主题大异其趣。简本《诗经》对王风诗序的后移、王风的命名以及诗篇的选录可以看出其贬周的倾向，体现出编者天下无"王"的思想认识。

第一，从简本看，王风的次序肯定是后移至秦风之后的。如前文所述，诗序的重编是学者表达特定见解的重要方式。秦风前移是编者贵秦的体现，而王风后于秦风则是编者贬周的一个明证。这种通过重组文本次序而生成新知识和思想的现象，在先秦时期是常见的。例如，商代官学《易》书称为《归藏》，以坤为首；周代官学《易》书称为《周易》，以乾为首；而马王堆帛书《周易》次序又与今本《周易》的不同，这是因为"不同的卦序排列体现着不同的编者对六十四卦在不同领域很多不同层面、不同深度、不同广度的体认，其往往又与时代的其他知识体系交织在一起，并基于现实的需要而生发出具有一定个性与创造力的理论或学说"[②]。简本诗序的重组，与战国时期士人追求学说创新的学风是分不开的。这种形式上的创新，是学说和思想创新的外在表现。这种创新还表现在，简本各国风内部所属诗篇排序也与《毛本》有差异。[③] 这种差异性，既体现了先秦

---

① 毛亨传，郑玄笺，孔颖达疏：《毛诗正义》卷四，第 293—295 页。

② 谢炳军：《周易文本生成研究》，载潘美月、杜洁祥主编：《古典文献研究》第 26 编，台北：花木兰文化事业有限公司，2018 年，第 331 页。

③ 黄德宽：《安徽大学藏战国竹简概述》，《文物》，2017 年第 9 期。

《诗经》不同传本之间所存在的差异①，又体现了在具体的时代语境中学者体认和理解《诗》文本的差异。先秦时期是如此，即使是《诗经》诗序已经固定的东汉时期，郑玄《诗谱》又将王风列于末尾，这些都是学者学术个性的展现。

第二，简本通过将王风改称为“矦(侯)”而表明天下无“王”的思想认识。从简本看，最值得关注的是，第七十二简至八十三简，简本标为矦风，此称谓在《毛诗》中找不到对应的关系，而矦风所录之诗为《毛诗・魏风》。对此问题，黄德宽认为，“矦”疑即“王风”，文献依据有两个：一是《毛诗谱》所载，周平王东迁之后，“王室之尊与诸侯无异”；二是战国楚简抄本直接称周为“矦”。② 这为可信之说。对文本的重命名，必定是出自命名者的某种见解。王风被重命名为“矦”，一方面，这符合战国时周王室的政治地位，所以郑玄的见解是合理的；另一方面，这是简本主人的认识，在他看来，王风已经降为“矦”风。从《毛诗・王风》看，按照《诗序》，其十首诗皆含遭乱怨刺之意，“表现在诗中，如《黍离》《扬之水》《兔爰》《君子于役》等，多带有乱离悲凉的气氛”③。与秦风所展示的兵士互帮互助、同仇敌忾的精神面貌形成强烈对比的是，王风之士气低沉失落、戍边的与不戍边的离心离德，兵民丝毫没有建功立业的昂扬斗志。例如，《扬之水》载：“彼其之子，不与我戍申。……彼其之子，不与我戍甫。……彼其之子，不与我戍许。”这是戍边的诗人对不戍边的周人的怨刺。而简本《秦风・无衣》则是“……戟，与子皆(偕)作。曾(赠)子以组，明月将邀(逝)”④，表现出士兵积极响应秦君命令、士兵间不爱惜自身财物而互相赠送衣物的精神气质。朱熹认为，这种精神“已悍然有招八州而朝同列之气矣”⑤。可想而知，秦风的思想感情必定感动了简本主人，所以秦风居于王风之前也就是合情合理之事。

第三，通过选录王风之诗篇的方式表达贬周的思想倾向。从简本看，第一号简至第廿号简为周南之诗，尾简末记“周南，十又一”；第廿一号简至卌一号简为召南，有诗十四首；第卌二号至五十九号简为秦风，有诗十首；第六十号简至七十一号简缺失，这十二支简是哪一个或哪些国风，目前难以确知；第八十三号

---

① 黄德宽：《略论新出战国楚简〈诗经〉异文及其价值》，《安徽大学学报(哲学社会科学版)》，2018 年第 3 期。

② 黄德宽、徐在国主编：《安徽大学藏战国竹简(一)》，第 115 页。

③ 程俊英：《诗经译注》，第 59 页。

④ 黄德宽、徐在国主编：《安徽大学藏战国竹简(一)》，第 113 页。

⑤ 朱熹：《诗集传》，北京：中华书局，2011 年，第 100 页。

简中部有“矦六”二字。① 由此可知，二《南》和秦风之诗的篇数与今本《毛诗》相同，而“矦”(王风)只录入了六首诗，与《毛本》的十首相比有四首之差，这是什么原因造成的呢？“矦”不是魏风的专用名词，秦风、郑风等其他风诗都可称为诸侯国风之诗，而将最初称为“王”的诗“降级”为“矦”，被编者寄予了天下无“王”的独特意义；且其诗被录入的数量大减，表明了简本主人对王风的喜好程度。换言之，简本主人对侯(王)风的重视程度不足，是他削减诗歌的主要理由。整理者说：“《矦》所属《魏》风六篇，疑为抄手误置所致。”②此为合理推测，但也未必是抄手误置，也有可能是抄手误抄，抄手将底本中属于真正矦风的“矦六”两字误抄到了此国风之后。发生这种错误而未被纠正过来，其主要原因是，“矦六”之类的文本信息是国风可有可无的说明，所以书写较为随意。例如，周南简末书为“周南，十又一”，矦简末书为“矦六”，甬(鄘)简末书为“甬九，白(柏)舟”，魏简末书为“魏九，葛娄(屦)”。③ 可见其书写格式不统一，此与《毛诗》整齐划一的体例不同。这说明简本主人和抄手对这些文本的附加信息是不够重视的，此也可以从简本魏诗实载十首而其简末记为“魏九”得到内证。

综上所述，简本《诗经》改变周王朝编定的国风次序而将王风置于秦风之后，且仅选录其六首诗，又将其重新命名为“矦”。战国时期，诸侯国纷纷称王，而简本降“王”为“矦”，鲜明地表明了编者天下无“王”的思想认识。

余论

安大简《诗经》的发布，表明了战国时期《诗经》传播和接受的复杂状态。先秦诸子中，儒家最重视包括《诗经》在内的官学经典的阐释和传承。自孔子卒后，弟子各自择地而居，从事政治和教学活动。《韩非子·显学第五十》载：“自孔子之死也，有子张之儒，有子思之儒，有颜氏之儒，有孟氏之儒，有漆雕氏之儒，有仲良氏之儒，有公孙氏之儒，有乐正氏之儒。……儒分为八。”④此是韩非子就大处言之，孔门弟子传播儒学远不止这八支力量。《史记·孔子世家第十

① 黄德宽、徐在国主编：《安徽大学藏战国竹简(一)》，第44、115页。

② 黄德宽、徐在国主编：《安徽大学藏战国竹简(一)》，第115页。

③ 黄德宽、徐在国主编：《安徽大学藏战国竹简(一)》，第13、44、53、65页。

④ 王先慎集解，钟哲点校：《韩非子集解》，北京：中华书局，2013年，第499页。

七》载："孔子以诗书礼乐教，弟子盖三千焉，身通六艺者七十有七人。如颜浊邹之徒，颇受业者甚众。"《史记·儒林列传第六十一》载："自孔子卒后，七十子之徒散游诸侯，大者为师傅卿相，小者友教士大夫，或隐而不见。故子路居卫，子张居陈，澹台子羽居楚，子夏居西河，子贡终于齐……"[①]可见孔子之后，儒学在各个地域生成了发达的传播系统。而定居楚地的孔子后学不少，有名者如澹台子羽，名不见经传的如缪和、昭力的老师"子"[②]，虽然儒家《诗》学初始皆出于孔子，但其内部分流是很多样化的，更不用说孔子的《诗》教重在学术思想上的启发和引导，他鼓励学生发挥义理而形成自己观点，所以孔门后学传播《诗经》必定会形成不同的学术支派。四家《诗》、不同于四家《诗》的阜阳汉简《诗经》[③]、独立于诸本的安大简本《诗经》等都是有力的文献证据。[④]

安大简本《诗经》一个独特的地方在于，它的国风次序与今天所能知道的《诗经》诗序都不同。"就《诗》而论，有作诗之意，有赋诗之意"[⑤]，也有就《诗经》定本进行重新编排和选录诗歌之意，简本就是直证。简本主人通过保持孔子所重视的二《南》之诗的完整文本和次序体现尊孔的思想，通过全录和前移秦风的文本和次序表明贵秦的阅读喜好，通过将王风重命名为"矦"和大幅度削减其诗篇而彰显贬周的倾向。此外，对某篇或某些诗篇的归属，简本也通过文本选编的方式来表达其独特的认识。例如，属于《毛诗·唐风》的诗篇，简本归于魏风；如此一来，简本错书为"矦"的诗篇就应属于唐风。这种与《毛本》不同的诗篇文本归属和篇章数目，一方面，是简本主人对《诗经》文本认知的结果，体现出他对某些诗篇的阅读偏好和编纂意图；另一方面，相较四家《诗》，简本可能保留了更原始的《诗经》文本信息。《诗经》经秦火之后，其流传和保存状态是不理想的。《汉书·楚元王传第六》载刘歆之言："汉兴，去圣帝明王遐远，仲尼之道又绝，法度无所因袭。时独有一叔孙通略定礼仪，天下唯有《易》卜，未有它书。……至孝文皇帝，……《诗》始萌牙。……至孝武皇帝，然后邹、鲁、梁、赵颇有《诗》《礼》《春秋》先师，皆起于建元之间。当此之时，一人不能独尽其经，或为《雅》，或为

---

① 司马迁：《史记》(点校本二十四史修订本)，北京：中华书局，2013年，第2335、3760页。

② 参见陈剑撰稿，裘锡圭主编：《长沙马王堆汉墓简帛集成(叁)》，北京：中华书局，2014年。

③ 胡平生、韩自强：《阜阳汉简诗经研究》，上海：上海古籍出版社，1988年，第28页。

④ 黄德宽：《略论新出战国楚简〈诗经〉异文及其价值》，《安徽大学学报(哲学社会科学版)》，2018年第3期。

⑤ 皮锡瑞撰，吴仰湘点校：《经学通论》，北京：中华书局，2017年，第148页。

《颂》，相合而成。《泰誓》后得，博士集而读之。故诏书曰：‘礼坏乐崩，书缺简脱，朕甚闵焉。’时汉兴已七八十年，离于全经，固已远矣。”[①]这说明汉初各家《诗经》文本因残缺不全而有过一个整合的过程。并且，有一部分可能是经过口述而形成书面文本的。《汉书·艺文志》载：“凡三百五篇，遭秦而全者，以其讽诵，不独在竹帛故也。”[②]人的记忆处理信息是不如书面文本那样可靠的，这就又增加了出错的概率。所以，以文本形式呈现的简本《诗经》，其文本内容应是更为真实的。

还值得关注的是，简本《诗经》的发现，为超越孔子删《诗》的传统说法提供了新的可能性，“选诗（《诗》）说”或许更接近《诗经》结集、传播和接受的历史面貌。《诗经》文本的生成，始于周王朝王官的采诗活动，他们对所采集的诗歌并不是每首都编入《诗经》，而是有一个选诗、编辑和统一润色的过程。所以王官选诗而编成《诗经》。例如，在《诗经》成书时，清华简《周公之琴舞》组诗仅一首诗《敬之》入选，此与诗歌选集的书写载体的形制关系密切，也与西周前期沿袭了殷代颂铭类文本短小的体制相关联，同时体现着王官务实、提倡简易而不尚繁文缛节的学风。[③] 而汉代出于尊孔的政治与文化需要，将王官集体选编的《诗经》归功于孔子一人，孔子“删《诗》说”由是而起，而此说在先秦文献中未能找到依据。

安大简本《诗经》某些诗篇有比《毛诗》多出的章节，例如，简本《召南·驺虞》比《毛诗》多出一章，即第三章“〔皮（彼）茁者〕萓，一发五麋。〔于差（嗟）从（纵）虐（乎）〕”，此比仅有两章的《毛诗·驺虞》内容更为充实；又例如，简本《魏风·扬之水》第三章比《毛诗·唐风·扬之水》多出“女（如）㠯（以）告人，害于躬身”两句，如此使每章句式得以齐整。[④] 值得注意的是，《荀子·臣道》引有与简本《扬之水》“我䎽（闻）又（有），不可㠯（以）告人。女（如）㠯（以）告人，害于躬身”类似的诗句，其载：“《诗》曰：‘国有大命，不可以告人，妨其躬身。’”[⑤]这应是

---

① 班固撰，颜师古注：《汉书》，北京：中华书局，1962年，第1968—1969页。

② 班固撰，颜师古注：《汉书》，第1708页。

③ 谢炳军：《〈诗经〉的结集及其对〈周公之琴舞·敬之〉的选编——答徐正英先生》，《中州学刊》，2016年第2期。

④ 黄德宽、徐在国主编：《安徽大学藏战国竹简（一）》，第97、140—141页。

⑤ 王先谦撰，沈啸寰、王星贤整理：《荀子集解》，北京：中华书局，2012，第246—247页。

同一首诗的不同传本造成的异文。此也可以作为孔子不会删汰某诗之章节的显证。安大简本《诗经》又有某些国风篇数减少的现象，这是战国学者在《诗经》已形成定本的情况下进行"选《诗》"的结果。也即是说，属于《诗经》定本的那些逸诗并不是孔子删汰的，它们是在春秋战国到秦、汉初这个历史时段内，在复杂的传播和接受中散逸的。

Three Ideological Tendencies in the Compilation of Anhui University's Bamboo Slips of the *Book of Songs*

Xie Bingjun

Abstract: Anhui University's Bamboo Slips of *Book of Songs* is one of transcripts of Book of Songs Spreading in the Chu area during the Warring States period. One of its unique features is that the order of the *Guofeng* is different from that of *Mao Shi*, Zheng Xuan's book of songs and *Zuozhuan*. The sequence of the poem is the true embodiment of the editor's ideological tendencies. The compilation method of bamboo slips of *Book of Songs* reflects the the three ideological tendencies of the editor. First, the owner of the book embodies the thought of respecting Confucius by maintaining the complete text and sequence of Zhounan and Shaonan that Confucius attaches great importance to. Second, it shows owner's reading preference of respecting *Qinfeng* by recording the complete texts of *Qinfeng* and moving the order of the poems forward. Third, by renaming Wang Feng as *Hou* "矦" and greatly reducing its poems, Anhui University's Bamboo Slips of *Book of Songs* expresses owner's ideological tendency —— no "king" in the world. In addition, the discovery of Anhui University's Bamboo Slips of *Book of Songs* provides a new possibility to transcend the traditional view of Confucius Deleting Poems.

Keywords: *Book of Songs*, Anhui University's Bamboo Slips of *Book of Songs*, Hou, Confucius Deleting Poems

从《吕氏春秋》论《太一生水》的宇宙论

周秦汉 *

［摘　要］ 以《吕氏春秋》作为参照，可为《太一生水》研究提供新的尺度和思路。《太一生水》中的概念大多见于《吕氏春秋·十二纪》纪首；但受战国中后期气论兴盛的影响，后者被加以“气”字，以强调运动性和哲学内涵。《十二纪》纪首是纯粹的阴阳家说；《太一生水》的主要性质是道家，但有阴阳家色彩。学派归属问题是基于预设先秦存在道家与阴阳家的畛域，但此预设或不成立。两种文献可能只是共用了相同的思想资源。《吕氏春秋》尚气说与《太一生水》尚水说的对比，为先秦道家宇宙论的分途提供了新参考。在宇宙论体系上，《吕氏春秋》全书虽内涵丰富，但系统性不如《太一生水》。故在短时段中，“早期文献的思想系统性差于晚期文献”的预设可能需修正。

［关键词］ 《太一生水》；《吕氏春秋》；郭店简；水论；气论

* 周秦汉（1995—　），男，河南南阳人，北京师范大学历史学院硕士研究生，主要研究领域为中国古代学术思想史。

一、学界对《太一生水》的研究旨趣

郭店简《太一生水》公布后，二十多年间，学界对先秦宇宙论(cosmology)的研究开始回温。《太一生水》为研究"太一"提供了新史料；其重视"水"在宇宙论中的作用，异于其他现存先秦古书；其文"神明复相辅也，是以成阴阳"也颇为新颖又难解。故学界对其研究多侧重于太一、水、神明等概念。但实际上，天地、神明、阴阳、四时、寒热、湿燥这些概念及其生成过程也值得措意，而《吕氏春秋》恰有所论述。

关于《太一生水》与先秦两汉诸子的思想研究，前贤多从《老子》、《管子》、《庄子》、《淮南子》、《鹖冠子》、马王堆帛书《黄帝书》，以及上博简《恒先》、《凡物流形》等文献切入，进行对照研究。尤其是《管子·水地》视水为"万物之本原"甚为瞩目。但艾兰(Sarah Allan)女士指出，《水地》和《太一生水》"除了观念上的相似外，并没有特别的文献上的关联：它们没有使用过表明两部文献的作者彼此读过对方著作的相同的语汇"[①]。

学界对《吕氏春秋》与《太一生水》关系的关注稍显不足。这是由于学界多聚焦于"水"在宇宙论的地位，而《吕氏春秋》中的"水"，除《应同》外，全指自然界的物质，并不具有形上意义。《应同》的"水气"也只是帝王将兴的自然征兆，而与形上学或宇宙论没有关系。[②] 学界在研究《太一生水》时，对《吕氏春秋》的关注仅限于《大乐》的"太一出两仪，两仪出阴阳。阴阳变化，一上一下，合而成章"。这一点早在郭店简整理者就已举出，后来学者多次引用《吕氏春秋》，大多不超出这条史料，只是将其作为《太一生水》"太一"的注脚，而未进一步研究《吕氏春秋》其他宇宙论内涵与《太一生水》的关系。

《吕氏春秋》在传统上虽然被归为杂家，但其道家和阴阳家色彩浓厚。《太

---

① 艾兰：《附录：郭店楚墓竹简〈老子〉与〈太一生水〉》，见《水之道与德之端——中国早期哲学思想的本喻》(增订版)，张海晏译，北京：商务印书馆，2010 年，第 182 页。

②《吕氏春秋·应同》："凡帝王者之将兴也，天必先见祥乎下民。……代火者必将水，天且先见水气胜，水气胜，故其色尚黑，其事则水。水气至而不知，数备，将徙于土。"其所谓"祥"即指土、木、金、火、水之气相继出现，引起帝王效法。此"水气"与太一、天地、阴阳、四时等形而上宇宙论的概念无关，只是早期君道论中的五德说。

一生水》使用的概念几乎都见诸《吕氏春秋》，且其中《十二纪》纪首的时岁运行也可对《太一生水》所谓的"成岁"有所启发，故有对比研究的价值。故而理应对《太一生水》与《吕氏春秋》在宇宙论体系层面上进行整体对比研究，填补这一空白。以《吕氏春秋》为参照，可以对《太一生水》的思想地位与价值进行重估，反之亦然。

在进行具体的对比研究之前，需要判断《太一生水》14 枚简中哪些部分同《吕氏春秋》具有可比性。关于郭店简整理者所编订的《太一生水》14 枚简的分篇、分章问题，学界至少有五种看法：属于《老子》说、两篇说、一篇不分章说、一篇两章说、一篇三章说。[①] 无论哪种说法，都对前 8 枚简的系联及其文本思想的融贯性没有异议，分歧多在第 9 至 14 枚简上。后者既不讲"太一"，也不讲"水"，在思想上难以用"太一生水"来概括。但古书篇目题名确实也有取文首若干字的习惯，故以"太一生水"题此 14 枚简也并非不可。故可将 14 枚简看作是广义的《太一生水》，而将前 8 枚简看作是标题与文意相符的狭义《太一生水》。

但篇章和题名不足以充分解决思想内容上的问题，分篇分章还需考虑抄写的字体、形制等因素，这些是墓主或抄工观念的体现，而非思想文本作者观念的体现。所以不论哪种分篇分章观点，都不得默认同篇同章文本具有思想文本意义上的"融贯性"。对《太一生水》起初的研究常常默认 14 枚简在思想上具有融贯性，后来已有学者意识到此问题，是以应对此问题作出回应。

前 8 枚简不仅在编联上没有争议，且思想具有融贯性，是浑然一体的讨论宇宙论体系的思想文本。而第 9—14 枚简内部的思想融贯性，及其与前 8 枚简

① 其一，属于《老子》说。如邢文先生认为 14 枚简与简本《老子》丙组为同篇。参见邢文：《〈太一生水〉与郭店〈老子〉》，载邢文编译：《郭店老子与太一生水》，北京：学苑出版社，2005 年，第 231—248 页。其二，两篇说。丁四新先生认为前 8 枚简为《太一生水》篇，9—14 号简为另一篇，命名为《天地名字》。参见丁四新：《楚简〈太一生水〉研究——兼对当前〈太一生水〉研究的总体批评》，载丁四新主编：《楚地出土简帛文献思想研究(一)》，武汉：湖北教育出版社，2002 年，第 234 页。其三，一篇不分章说。李锐先生根据《十大经·姓争》认为《太一生水》思想脉络一贯。参见李锐：《郭店〈太一生水〉补疏》，见《新出简帛的学术探索》，北京：北京师范大学出版社，2010 年，第 235—236 页。其四，一篇两章说。王中江先生认为，14 枚简为同一篇，分两章。参见王中江：《从文本篇章到义理脉络：〈太一生水〉的构成和概念层次再证》，《船山学刊》，2015 年第 1 期。其五，一篇三章说。裘锡圭先生分三章，前 8 枚简为"太一生水"章，10 至 13 号简为"名字"章，9、14 号简为"天道贵弱"章。参见裘锡圭：《〈太一生水〉"名字"章解释——兼论〈太一生水〉的分章问题》，见《裘锡圭学术文集》第二卷，上海：复旦大学出版社，2015 年，第 345—349 页。

思想的融贯性，仍需斟酌。前 8 枚简言太一、水，而不直接言道、气；[①]第 9—14 枚简言道、气，而无太一、水。更重要的是，第 9—14 号简似乎不属于宇宙论体系。曹峰先生“在思想内容的理解上，完全不同于丁四新，不认为《天道贵弱》篇是一种宇宙论”[②]。即便取丁四新先生的意见，两篇也是分属于两种不同的宇宙论思想。[③] 如果将其与《吕氏春秋》对比，也应分开论述，互不牵涉。另外还存在着是否可资对比的问题，与《吕氏春秋》更具有可对比性的是前 8 枚简。故以下仅将《太一生水》前 8 枚简与《吕氏春秋》的宇宙论体系进行对比研究，提及的“《太一生水》”皆仅指前 8 枚简。

二、《太一生水》与《吕氏春秋·十二纪》纪首的时岁运行

《吕氏春秋》分八览、六论、十二纪。《十二纪》纪首是涉及阴阳思想并以其指导施政的十二篇思想文本。每篇文本形式基本相同，思想一致，具有高度的融贯性，所以《十二纪》纪首是一个整体。将此十二篇缀合，即与《礼记·月令》、《淮南子·时则训》同文。[④] 前贤多认为汉人将《十二纪》纪首抄撮收录于《礼记》。如唐代孔颖达《礼记正义》引东汉郑玄《三礼目录》，言《月令》“本《吕氏春秋》十二月纪之首章也”；唐代陆德明《经典释文》也认为《月令》乃“《吕氏春秋》十二纪之首，后人删合为此”。[⑤] 今人陈奇猷先生从此说，并认为《十二纪》纪首“本之古农书并杂以阴阳家说增删而成”[⑥]。

此外，《吕氏春秋·季夏纪》还有《音律》一篇，以古代音乐的十二调，即十二

---

① 虽然前 8 简有“阴阳”的概念，其有可能是气的展现。但考虑到《太一生水》年代较早，且并不直接言“气”，故暂不视“阴阳”为气。

② 曹峰：《〈太一生水〉下半部分是一个独立完整的篇章》，《清华大学学报（哲学社会科学版）》，2014 年第 2 期。

③ 丁四新：《楚简〈太一生水〉研究———兼对当前〈太一生水〉研究的总体批评》，载丁四新主编：《楚地出土简帛文献思想研究（一）》，第 234、203 页。

④ 相关研究可参考曾锦华：《〈吕氏春秋·十二纪〉纪首、〈淮南子·时则训〉及〈礼记·月令〉之比较研究》，新北：花木兰文化出版社，2010 年。

⑤ 阮元校勘：《礼记正义》，《十三经注疏》第 5 册（影印本），台北：艺文印书馆，2001 年，第 278 页。

⑥ 陈奇猷：《吕氏春秋新校释》，上海：上海古籍出版社，2002 年，第 3 页。本文所引《吕氏春秋》文本皆据此本。

律，配以一年的十二月。然后在每个乐律之月中，指导依时行政，也表达了阴阳二气的宇宙观，与《十二纪》纪首非常相近。《音律》中每月政令举措都能在《十二纪》纪首中找到具体的相似词句。[1] 可以说《音律》的时岁运行内核与《十二纪》纪首一致，只是前者着重言音乐。所以《十二纪》纪首和《音律》当属于相近学派，甚至是同一学派之作，故可将《十二纪》纪首配以《音律》一同加以研究。

《十二纪》是以一年四时（即四季）为基本架构，有所谓"春气"和"秋气"之称。[2] 其虽无"夏气"和"冬气"，但有"暖气"和"寒气"：

> 仲春行秋令，则其国大水，寒气总至，寇戎来征。（《仲春》）
> （仲春）行夏令，则国乃大旱，暖气早来，虫螟为害。（《仲春》）
> 季春行冬令，则寒气时发，草木皆肃，国有大恐。（《季春》）
> 寒气总至，民力不堪，其皆入室。（《季秋》）

《十二纪》纪首要求为政者应在四季实行相应季节的政令，才能风调雨顺、政令畅通。如果春季行秋令、夏季行冬令，都会诱发寒气，从而干扰春、夏二季。春季暖气渐起，夏季暖气至盛，秋季寒气逐渐镇压暖气，冬季寒气至盛。此外，《十二纪》纪首还有"阴气"和"阳气"：

> （仲春）行冬令，则阳气不胜，麦乃不熟，民多相掠。（《仲春》）
> 蕤宾之月（仲夏），阳气在上。（《音律》）

---

① 《音律》"草木繁动，令农发土"对应《孟春》"草木繁动，王布农事"；《音律》"无或作事，以害群生"对应《仲春》"无作大事，以妨农功"；《音律》"达道通路，沟渎修利"对应《季春》"修利堤防，导达沟渎，开通道路"；《音律》"无聚大众，巡劝农事"对应《孟夏》"无发大众……出行田原，劳农劝民"；《音律》"安壮养侠"对应《仲夏》"养壮狡"；《音律》"草木盛满，……无发大事，以将阳气"对应《季夏》"树木方盛……无举大事，以摇荡于气"；《音律》"选士厉兵，诘诛不义，以怀远方"对应《孟秋》"选士厉兵……以征不义；诘诛暴慢……巡彼远方"；《音律》"蛰虫入穴，趣农收聚"对应《仲秋》"趣民收敛……蛰虫俯户"；《音律》"疾断有罪，当法勿赦，无留狱讼，以亟以故"对应《季秋》"乃趣狱刑，无留有罪"；《音律》"阴阳不通，闭而为冬，修别丧纪，审民所终"对应《孟冬》"天地不通，闭而成冬……饬丧纪，辨衣裳，审棺椁之厚薄，营丘垄之小大高卑薄厚之度，贵贱之等级"；《音律》"土事无作，慎无发盖，以固天闭地，阳气且泄"对应《仲冬》"土事无作，无发盖藏，无起大众，以固而闭。发盖藏，起大众，地气且泄"；《音律》"数将几终，岁且更起，而农民，无有所使"对应《季冬》"数将几终，岁将更始。专于农民，无有所使"。

② 《吕氏春秋·季春》载："国人傩，九门磔禳，以毕春气。"《仲秋》载："天子乃傩，御佐疾，以通秋气。"

是月也……杀气浸盛，阳气日衰。（《仲秋》）

孟秋行冬令，则阴气大胜，介虫败谷，戎兵乃来。（《孟秋》）

（孟秋）行春令，则其国乃旱，阳气复还，五谷不实。（《孟秋》）

“杀气”与“阳气”对举，高诱以为“杀气”即“阴气”，诚然。[①] 由《仲秋》可知，秋季阴气日盛，而阳气日衰；反之，春季阳气日盛，而阴气日衰。春季行阴气重的冬令，自然会导致阳气败。即便是阴气日盛的秋季也不能行阴气至盛的冬令，冬季阴气超过秋季，过犹不及。最后一则史料相对重要，其将春秋二季做了一组对比，秋季行春令则阳气复还，说明春季的阳气要盛于秋季。还有《仲夏》“阴阳争，死生分”、《仲冬》“阴阳争，诸生荡”的说法，阴阳相争即阴阳二气的此消彼长。此外，《十二纪》纪首还有“天气”和“地气”：

是月也，天气下降，地气上腾，天地和同，草木繁动。（《孟春》）

天气上腾，地气下降，天地不通，闭而成冬。（《孟冬》）

孟冬行春令，则冻闭不密，地气发泄，民多流亡。（《孟冬》）

命有司曰：“土事无作，无发盖藏，无起大众，以固而闭。”发盖藏，起大众，地气且泄，是谓发天地之房。（《仲冬》）

《音律》“应钟之月，阴阳不通，闭而为冬”对应《孟冬》“天地不通，闭而成冬”。可见阴阳二气即可对应天地二气。《音律》载：“黄钟之月，土事无作，慎无发盖，以固天闭地，阳气且泄。”黄钟之月对应仲冬，故冬季应泄阳气，与夏季养阳气相对。《仲冬》则从反方面言，讲“发盖藏，起大众”的恶果是“地气且泄”。冬季不应泄地气，从《孟冬》也可以看出。综上，冬季应泄阳气，不应泄地气。对应起来，即天气对应阳气，地气对应阴气。

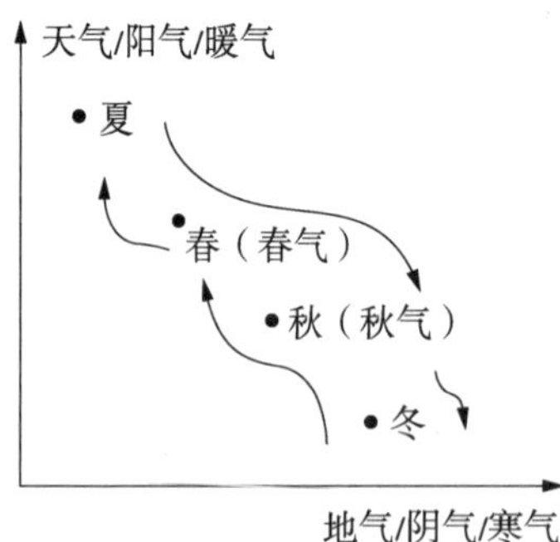

进入冬季后，“天气上腾，地气下降”；天气归天，地气归地。于是冬季呈现“不通”、“闭”、“藏”

① 陈奇猷：《吕氏春秋新校释》，第433页。

的状态，寒气重，阴气、地气涵养于地。故而一旦开春，就会产生“天气下降，地气上腾”的现象。寒暖二气、阴阳二气、天地二气在四时此消彼长的关系是一致的，故而可归纳如图(见上一页左下角)。

《吕氏春秋·十二纪》纪首中四时、天地二气、阴阳二气、寒暖二气的类似概念在《太一生水》中都有对应。[①]《太一生水》载：

> 太一生水，水反辅太一，是以成天。天反辅太一，是以成地。天地复相辅也，是以成神明。神明复相辅也，是以成阴阳。阴阳复相辅也，是以成四时。四时复相辅也，是以成寒热。寒热复相辅也，是以成湿燥。湿燥复相辅也，成岁而止。[②]

两种文献都有天地、阴阳、四时、寒热这四组相似的概念。在《十二纪》纪首的四时体系乃至《吕氏春秋》全书中，天地、阴阳、四时、寒热并不像《太一生水》那样前后系联，即“前者成后者，后者生于前者”的明确关系，而更像是互不统属、互无先后的三组二元对待概念。

通过对比《太一生水》与《吕氏春秋》的相似概念，更能深入理解《十二纪》纪首所处的思想史地位。《十二纪》纪首把天地、阴阳、春秋、寒热加以“气化”，即在形式上后加“气”字。这应该是受到战国中期兴盛起来的“气论”和“精气说”的影响，《庄子》好讲“气”，《管子》首倡“精气”，甚至不好谈气的儒家《孟子》也略言“浩然之气”，《荀子》也略言“治气养生之术”，《吕氏春秋》承此思想脉络，符合当时的学术氛围。从简帛《五行》也可以看出这一点，帛书《五行》的“说”有仁气、义气、礼气，郭店本《五行》经文则只有仁、义、礼，而无“气”的概念。一般认为，郭店简年代在孟子之前，孟子可以看到；帛本的《五行》“说”则在孟子生时及以后，晚于郭店《五行》经文。郭店楚墓年代为战国中期，文献流传需要一定时间，故《太一生水》和《五行》的创作年代应在战国早期，当时日常虽普遍使用“气”的概念，但尚未到气论大为兴盛的时期。由此可以大致看出《太一生水》与《吕氏春秋》不同时期的思想风貌。

---

① 《太一生水》讲“寒热”，《十二纪》纪首讲“寒暖”，其义一也。

② 武汉大学简帛研究中心、荆门市博物馆编：《楚地出土战国简册合集(一)：郭店楚墓竹书》，北京：文物出版社，2011 年，第 22 页。部分字词以通行字写出。

作为哲学学说的"气论",其"气"字是脱胎于自然物质中的"气",像云气、雾气、烟气最突出的特点是不断运动。张岱年先生说:"中国哲学中所谓气,可以说是最细微最流动的物质,以气解说宇宙,即以最细微最流动的物质为一切之根本。"[①]这种运动不息、运行流转的观念在先秦很受重视,尤其受阴阳家的重视。天地、阴阳、四时、寒暖的变化消息,就像物质之"气"一样运动。这些概念被加以"气"字,一方面强调了其运动性;另一方面,也强调了其非朴素的物质,明确了其哲学内涵。

《吕氏春秋·十二纪》纪首侧重描述四时运行变化,此外《贵信》还有"天行不信,不能成岁"的说法。《太一生水》强调"成岁而止",岁即年岁[②],两者有相似之处。王中江先生指出,不仅是岁,还有四时、冷热、湿燥,"都不是'实体性'的事物,而是指事物的秩序和性质。'四时'和'岁'是历数的秩序"[③]。"止"虽有提示宇宙生成过程完成下落的意味,但"成岁"以后万物并非没有变化,而是在时岁的运行中兴衰生死。《太一生水》下文言:

> 是故太一藏于水,行于时,周而又□,以己为万物母。一缺一盈,以己为万物经。此天之所不能杀,地之所不能埋,阴阳之所不能成。君子知此之谓□。[④]

太一"行于时",为"万物母"、"万物经",万物在"时"中变化运行。李锐先生以《文子·上德》"一为之和,时为之使,以成万物,命之曰道"和《十大经·姓争》

---

① 张岱年:《中国哲学大纲》,北京:中国社会科学出版社,1982 年,第 39 页。

② 赵建伟先生曾提出:"'岁'与'年'同,谷物一岁一成熟,代表万物之生长过程,相当于老子'三生万物'的'万物'。"参见赵建伟:《郭店楚墓竹简〈太一生水〉疏证》,载陈鼓应主编:《道家文化研究》第十七辑,北京:生活·读书·新知三联书店,1999 年,第 384 页。此外,庞朴先生曾提出"岁"非"年"或"四时",而是"农功";但只是根据上下文推测,并未举出确证。参见庞朴:《一种有机的宇宙生成图式——介绍楚简〈太一生水〉》,载陈鼓应主编:《道家文化研究》第十七辑,第 304 页。李学勤先生则举出子弹库楚帛书的材料,其言:"伏羲咎(轨)天步地,疏通山陵,殊有日月,四神(即四时)相代,'乃止以为岁'。"认为此与《太一生水》都有"四时成岁"的思想。参见李学勤:《太一生水的数术解释》,载陈鼓应主编:《道家文化研究》第十七辑,第 298 页。李先生之说似更妥帖,故不取"万物"与"农功"两说。

③ 王中江:《〈太一生水〉的宇宙生成模式和天道观》,《简帛文明与古代思想世界》,北京:北京大学出版社,2011 年,第 51 页。

④ 武汉大学简帛研究中心、荆门市博物馆编:《楚地出土战国简册合集(一):郭店楚墓竹书》,第 22 页。

"两相养，时相成"作为参照，打通了《太一生水》岁、万物同太一的关系。[①] 丁四新先生认为，"对'岁'的解释的完成，并不意味着宣告岁的历时性延绵的终结，恰恰相反，当我们现实地、持久甚至永恒地体验到岁岁的相续，时间的持延，则完全可以领悟到作为形上根源的太一的存在"[②]。可见《十二纪》纪首与《太一生水》都有这种时岁运行的思想，这为两者的学派归属问题提供了新思路。

三、《太一生水》与《吕氏春秋·十二纪》纪首的学派归属

从时岁运行的角度来看，《太一生水》与《十二纪》纪首都有此思想，两者有阴阳家的色彩是难以否认的。丁四新先生就认为前 8 枚简最可能是属阴阳家，其次才是道家。[③] 李学勤先生将其与子弹库楚帛书对比后，指出："四时成岁的框架，正是中国古代数术的基本要素之一。"[④]陈奇猷先生认为，"《十二纪》之首篇，系《吕氏》本之古农书并杂以阴阳家说增删而成"[⑤]。这一说法是把指导施政的内容归诸农书，把时岁运行的内容归诸阴阳家说。

问题的关键在于如何划分道家和阴阳家。王中江先生指出，阴阳家"既没有以道、太一为本根的概念，也没有提出一种完整的宇宙生成模式……没有'太一'和道遍在万物的观念"[⑥]。即提出了以道或太一、宇宙生成论这两者的有无，作为判断是道家还是阴阳家的标准。

从道或太一的概念上来看，《太一生水》从太一开始叙述，文末以总结太一作为结束；强调其为"万物母"、"万物经"，太一无疑是全文最重要的概念。而

---

① 李锐：《郭店〈太一生水〉补疏》，《新出简帛的学术探索》，第 236—237 页。

② 丁四新：《郭店楚墓竹简思想研究》，北京：东方出版社，2000 年，第 89 页。

③ 丁四新：《楚简〈太一生水〉研究——兼对当前〈太一生水〉研究的总体批评》，载丁四新主编：《楚地出土简帛文献思想研究(一)》，第 246 页。

④ 李学勤：《太一生水的数术解释》，载陈鼓应主编：《道家文化研究》第十七辑，第 298 页。但李先生只是强调《太一生水》有很强的阴阳数术色彩，在学派归属上还是认为属于道家关尹一派。参见李学勤：《荆门郭店楚简所见关尹遗说》，《重写学术史》，石家庄：河北教育出版社，2002 年，第 32 页。他认为这只是战国中晚期道家受阴阳数术学说影响的结果。参见李学勤：《太一生水的数术解释》，载陈鼓应主编：《道家文化研究》第十七辑，第 300 页。

⑤ 陈奇猷：《吕氏春秋新校释》，第 3 页。

⑥ 王中江：《从文本篇章到义理脉络：〈太一生水〉的构成和概念层次再证》，《船山学刊》，2015 年第 1 期。

《十二纪》纪首和《音律》中，没有形上意义的“太一”、“大”、“一”；出现了三次“道路”（《季春》、《仲夏》、《音律》），一次通“导”（《孟春》“以教道民”），此外只有《孟春》“无变天之道，无绝地之理，无乱人之纪”。可见《十二纪》纪首并不强调以道或太一作为本根的概念，其所谓天道、地理、人纪也看不出能下落生成万物，强调的反而是要遵循时岁的运行变化。

从宇宙论的角度来看，《十二纪》纪首言二气在四时之中循环往复地运动，但非宇宙生成论。道家似多侧重于宇宙生成论，而阴阳家多侧重于时岁运行。艾兰女士在翻译《太一生水》时发现，如果使用语言上的过去时态，读起来就像宇宙论；如果使用语言上的现在时态，就暗示了过程的重复交替。“我们所看到的是一个循环往复的模式，而非宇宙是如何形成的。”[①]一般的宇宙生成论基本下落到万物，《太一生水》虽然也强调下落到万物，但还是有所差异，其强调“成岁而止”。如果说《老子·四十二章》“道生一，一生二，二生三，三生万物”算作较为典型的道家宇宙生成论，那么《太一生水》则沾染了像《十二纪》纪首那种阴阳家的时岁色彩，但其根本还是宇宙生成论，这是学界基本认同的。

从宏观的文献组合上来看，郭店楚简基本都是战国儒、道两家著述。微观上来看，《老子》丙组与《太一生水》14 枚简合抄，字体、形制皆相同。第 9—14 号简反映贵弱的天道观，学者基本认为是典型的道家思想。[②]《老子》丙组更是无疑的道家文献。所以可以认定郭店楚简的组篇人（墓主或抄写者）认为《太一生水》与《老子》是同类作品，即后世所谓道家。如果判断前 8 枚简的学派归属是阴阳家，那么这种文献组合则显得非常突兀，很难解释。

综上，《太一生水》确实有阴阳家时岁的思想，且影响到了其宇宙生成论。但将其与《十二纪》纪首对比，一方面可见不讲道或太一、不讲宇宙生成论的《十二纪》纪首作为阴阳家学说更为单纯；另一方面可见《太一生水》强调太一、言宇

---

① 艾兰：《附录：郭店楚墓竹简〈老子〉与〈太一生水〉》，《水之道与德之端——中国早期哲学思想的本喻》（增订版），第 208 页。

② 关于第 9—14 号简的学派归属，曹峰先生认为《天道贵弱》“展示的是一种比较典型的道家思维”。参见曹峰：《〈太一生水〉下半部分是一个独立完整的篇章》，《清华大学学报（哲学社会科学版）》，2014 年第 2 期。王中江先生认为阴阳家没有贵弱的天道观。参见王中江：《从文本篇章到义理脉络：〈太一生水〉的构成和概念层次再证》，《船山学刊》，2015 年第 1 期。丁四新先生也认为《天地名字》篇是道家思想。参见丁四新：《楚简〈太一生水〉研究——兼对当前〈太一生水〉研究的总体批评》，载丁四新主编：《楚地出土简帛文献思想研究（一）》，第 248 页。

宙生成论的根本特征,指向了其作为道家性质的主要方面。从宏观和微观的文献组合也可以佐证这一点。

实际上《太一生水》的研究者们看到材料是一样的,所举的证据也是相互知晓的。造成这种分歧的原因是学者们对道家、阴阳家定义不同,区分标准不同,对文本思想的主次把握拿捏不同,归根到底是各自的个人预设不同。

问题不仅如此,由于近年对简帛典籍学派判定的研究,使得学者逐渐意识到先秦的学派可能还没有西汉、晚清经学那样严格的门户,道家与阴阳家或许没有清晰的畛域界限。对诸子学派的划分一定程度上是汉人整齐学术的结果,是汉人对先秦学术史的“书写”。所有学术史的书写都是对既有史料主观化的整理,未必能尽善尽美地反映客观史实。故而本章所论学派归属的前提都是基于预设先秦时期客观存在着道家与阴阳家的学说或学派的畛域。如果这种预设被证实不成立,那么相关讨论的意义就自行消解了。

李零先生曾指出过:“数术讲天地之道,在古代影响很大,是当时‘资源共享’的知识。……它和各种思想流派的关系,还是同阴阳家特别是道家最密切。”[①]司马谈《论六家要指》本来就讲“道家……其为术也,因阴阳之大顺”[②]。不谈文献的学派归属的话,时岁运行的思想可能是《太一生水》与《十二纪》纪首的共同思想资源。《十二纪》纪首因袭发展,将其内涵丰富;《太一生水》则是将其融入以太一为主导的宇宙论体系中。

四、《太一生水》与《吕氏春秋》的宇宙论体系

《太一生水》和《吕氏春秋》的宇宙论体系中,最根本的概念都是“太一”,亦即“大一”。艾兰女士指出:“‘一’是一个数字,并提供了一组抽象意义,包括单一与不可见的整体。”[③]太一的概念可能就由此出自“一”,《老子》中只有“大”和“一”,而无大一。李零先生认为太一有三种含义,“作为哲学上的终极概念,它

① 李零:《读郭店楚简〈太一生水〉》,《郭店楚简校读记》(增订本),北京:中国人民大学出版社,2009年,第277页;该文原载于陈鼓应主编:《道家文化研究》第十七辑。

② 《史记》卷130,北京:中华书局,1959年,第3289页。

③ 艾兰:《附录:郭店楚墓竹简〈老子〉与〈太一生水〉》,《水之道与德之端——中国早期哲学思想的本喻》(增订版),第188页。

是'道'的别名(也叫'大'、'一'、'太极'等等);作为天文学上的星官,它是天极所在,斗、岁(太岁)游行的中心;作为祭祀崇拜的对象,它是天神中的至尊"[①]。《吕氏春秋·大乐》载:

道也者,至精也,不可为形,不可为名,强为之,谓之太一。

"太一"在这里显然是李零先生所谓的第一种含义,是对"道"勉强给出的名称。这一说法应是对《老子·二十五章》"吾不知其名,字之曰道,强为之名曰大"的发挥。葛兆光先生曾指出,北极、太一、道与太极"在语义上的互通来源于感觉上的相似性……确有一个共同的渊源"[②]。但《太一生水》前 8 简是没有"道"字的。丁四新先生也指出,"从这一部分,甚至全部 14 支简来看,并没有直接、可靠的证据表明太一即道,所以如果不经过严格的证明就遽然断定……这种学术态度是值得怀疑和批评的"。丁先生在梳理学界对《庄子·天下》"主之以太一"中"太一"的五种解释时,也认为不得轻易认为它是道[③],这种严谨的态度是符合思想史研究的规范。而且《老子》明言"道生一",倘若一为太一的直接渊源,那么道与太一本非一物,故存在"太一"与"道"在战国晚期混同的可能性,若如此,则《吕氏春秋》"强名道谓太一"可能即是其体现。

道和太一(又称"一")的特征在《吕氏春秋》中有如下描述:

道也者,视之不见,听之不闻,不可为状。(《大乐》)

一也齐至贵,莫知其原,莫知其端,莫知其始,莫知其终,而万物以为宗。(《圜道》)

(得道之人)以天为法,以德为行,以道为宗,与物变化而无所终穷,精充天地而不竭,神覆宇宙而无望,莫知其始,莫知其终,莫知其门,莫知其端,莫知其源,其大无外,其小无内,此之谓至贵。(《下贤》)

---

① 李零:《读郭店楚简〈太一生水〉》,《郭店楚简校读记》(增订本),第 267 页;该文原载于陈鼓应主编:《道家文化研究》第十七辑。

② 葛兆光:《众妙之门——北极与太一、道、太极》,《中国文化》第三期,1990 年 12 月。

③ 丁四新:《楚简〈太一生水〉研究———兼对当前〈太一生水〉研究的总体批评》,载丁四新主编:《楚地出土简帛文献思想研究(一)》,第 200、232 页。

《太一生水》则言：

> 是故太一藏于水，行于时，周而又□，以己为万物母。一缺一盈，以己为万物经。此天之所不能杀，地之所不能埋，阴阳之所不能成。君子知此之谓□。[①]

所谓“母”，即生养之角色。所谓“经”，郭店简整理者训为“法”[②]，刘钊先生训为“起始”[③]。艾兰女士提出：“倘若我们将‘经’理解为指代中心，式盘中不动的轴，那么，该意象具有隐喻性的意义。因为‘一’是唯一静止不动、永恒不变的点，因此，它不会被天地的任何运转所危害。”[④]艾兰女士的诠释应是基于训“经”为“法”的理解。

《太一生水》言太一“为万物母”、“为万物经”；《吕氏春秋》也言“万物以为宗”、“以道为宗”；其思想渊源当共归诸《老子》道是“万物之宗”（《四章》）以及“可以为天下母”（《二十五章》）的说法。《太一生水》“周而又□”，裘锡圭先生补作“周而又始”[⑤]，也近于《老子·二十五章》“周行而不殆”[⑥]，这是道家普遍遵循的基本思想。但《太一生水》的太一对应到《老子》的道和《吕氏春秋》的太一或道，并没有如后两者那样强调太一的神秘性、恍惚的状态。

太一以下，《太一生水》强调的是常见的水，把太一这一抽象概念具象化，把不可见的概念可视化了。这种叙述方式常见于人们的日平言谈：风不可见，但看到枝叶在摇晃就能感知风的存在。“太一藏于水”也使得“水”的形上意义更加突出。《太一生水》讲太一行于时、周而复始、盈缺变化时，开头即强调“藏于水”。或因“水”的特性就是始终流转，有涸有涝，有缺有盈，与太一的特性相似。《吕氏春秋·圜道》在解释“天道圜”时，举例之一即“云气西行，云云然冬夏不辍；水泉东流，日夜不休；上不竭，下不满；小为大，重为轻；圜道也”。也是用朴

① 武汉大学简帛研究中心、荆门市博物馆编：《楚地出土战国简册合集（一）：郭店楚墓竹书》，第 22 页。

② 荆门市博物馆编：《郭店楚墓竹简》，北京：文物出版社，1998 年，第 126 页。

③ 刘钊：《郭店楚简校释》，福州：福建人民出版社，2005 年，第 46—47 页。

④ 艾兰：《附录：郭店楚墓竹简〈老子〉与〈太一生水〉》，《水之道与德之端——中国早期哲学思想的本喻》（增订版），张海晏译，第 209 页。

⑤ 武汉大学简帛研究中心、荆门市博物馆编：《楚地出土战国简册合集（一）：郭店楚墓竹书》，第 24 页。

⑥ 郭店本则无“周行而不殆”一句，帛书甲乙本、北大简与王弼本大致相同。

素意义上的水、气来描述天道周而复始的特征。

而在《吕氏春秋》的宇宙论体系中，解释太一作用于万物时，使用的是气论。气已经大量见于《十二纪》纪首，除此之外还有：

> 太一出两仪，两仪出阴阳。阴阳变化，一上一下，合而成章。浑浑沌沌，离则复合，合则复离，是谓天常。天地车轮，终则复始，极则复反，莫不咸当。日月星辰，或疾或徐，日月不同，以尽其行。四时代兴，或暑或寒，或短或长。或柔或刚。万物所出，造于太一，化于阴阳。(《大乐》)

> 精气一上一下，圜周复杂，无所稽留，故曰天道圜……精行四时，一上一下各与遇，圜道也。(《圜道》)

"一上一下"在《吕氏春秋》中常作为对气的描述，故《大乐》的"阴阳"即指阴阳之气。阴阳之气、天地之气、精气皆是一上一下地运动，皆是可以合离，皆影响四季变化。所以说，精气即是阴阳二气、天地之气。同一事物，有不同名称必有其故。阴阳和天地的名称是对精气不同角度的命名："阴阳"说明的是二气的性质；"天地"说明的是二气从天地各自散发。故而可以说，天地二气、阴阳二气统一为精气。所以提及精气不应视为一个气，而应视为包含两个气。两气集于一，则称以精气为便。所以《明理》言："凡生，非一气之化也。"

"一上一下，合而成章"是把握精气概念的关键。精气概念脱胎于"气"。唐君毅先生认为后者"即指一流行的存在，或存在的流行"[①]，精气自然继承了气的这一特性。在精气一上一下的运动过程中，表现出一系列变化现象：分合、天地、车轮、日月星辰、四季。世界万物之变化是由于精气的运动，循环往复、周而复始的运动是精气的存在方式。另一方面，"有形之物，皆有文采，故曰章"[②]。所谓"合而成章"的意思就是精气合成万物。陈奇猷先生言："道之中存有变易之因素，此因素发而为形态即是两仪，两仪之变换则成万物。"[③]《大乐》有万物"造于太一，化于阴阳"的说法。《明理》言："凡生，非一气之化也。"可以说"合而

---

① 唐君毅：《中国哲学原论·原道篇》，北京：中国社会科学出版社，2006年，第22页。

② 陈奇猷：《吕氏春秋新校释》，第261页。

③ 陈奇猷：《吕氏春秋新校释》，第261页。

成章”是精气在万物生成的最后成形阶段。

作为早期道家文献的《老子》，其中既讲水，又讲气。《老子》讲“上善如水”（《八章》）以及“天下莫柔弱于水”（《七十八章》）[①]，还有一些涉及江、海、谷的论述。但一方面，《老子》的水似乎只是一种比喻，与宇宙论无关；另一方面，《老子》又承认水的特性“幾于道”。冯友兰先生指出：“《水地》篇和《老子》不是说水也有道德的属性；他们只是说，水有这些属性，人的道德属性可以之为法。”[②]《老子》讲气，有“专气致柔”（《十章》），“冲气以为和”（《四十二章》），“心使气曰强”（《五十五章》）。[③] 其作为宇宙论的特征也不明显。

《老子》成为道家后学最重要的思想渊源，道家后学发展分化，“尚气”与“尚水”之分途即是其体现之一。[④] 学界对先秦气论的研究比较充分，《庄子》、《管子·内业》、《管子·心术》、《黄帝四经》、《淮南子·天文》、《列子》都是道家中气论的代表。气论在战国中期以后发展成精气说，也为魏晋玄学和宋明理学提供重要的思想资源。

关于先秦思想文本中对“水”的论述，可以参考艾兰女士的文章《中国早期哲学思想中的水》[⑤]和著作《水之道与德之端——中国早期哲学思想的本喻》中的第二章[⑥]。这些内容可以视为“尚水”说的思想背景。先秦道家“尚水”一派始终处于弱势地位。[⑦] 传世文献可见诸《管子·水地》，汉代的《春秋元命苞》有“水者，天地之包幕，五行之始焉，万物之所繇生，元气之腠液”[⑧]；现在又有了《太一生水》的材料补充。通过对比《吕氏春秋》“尚气说”和《太一生水》“尚水说”，可

① 马王堆帛书乙本《老子》即有此言，但不见诸郭店本。

② 冯友兰：《中国哲学史新编（上）》，北京：人民出版社，1998 年，第 503 页。

③ 前两者均不见于郭店本，而见于马王堆帛书本，后者见诸郭店本。

④ 许抗生先生则将这一分途概括为“尚水”与“尚天”两个脉络，认为“尚天”的思想发展为“天道即气”的气一元论思想和“道生气”的思想。参见许抗生：《初读〈太一生水〉》，载陈鼓应主编：《道家文化研究》第十七辑，第 309 页。可备一说，但本文仍取“尚气”的说法，以标明气的地位。

⑤ 艾兰：《中国早期哲学思想中的水》，《早期中国历史、思想与文化》（增订版），杨民等译，北京：商务印书馆，2011 年，第 257—263 页。

⑥ 艾兰：《水之道与德之端——中国早期哲学思想的本喻》（增订版），第 39—74 页。

⑦ 尚气说胜于尚水说，大抵是有思想史的内在理路影响因素。李存山先生指出：“持水比气更为根本的观点，其理论上最大的困难在于难以处理气论与五行说的关系。”而且气论在春秋时期就已经有一定的思想积累了。参见李存山：《中国气论探源与发微》，北京：中国社会科学出版社，1990 年，第 79 页。

⑧ 赵在翰辑，钟肇鹏、萧文郁点校：《七纬（附论语谶）》，北京：中华书局，2012 年，第 401 页。

以对先秦道家宇宙论分途情况认识得更加明晰，这为描绘这两条思想脉络提供了新的参考。

太一以降的宇宙生成论情况，在《太一生水》中相当有条理：

> 天地——神明——阴阳——四时——寒热——湿燥——成岁而止

天地、阴阳、四时、寒热都已经见诸《吕氏春秋·十二纪》纪首，此外《尽数》还有：

> 天生阴阳、寒暑、燥湿，四时之化，万物之变，莫不为利，莫不为害。圣人察阴阳之宜，辨万物之利以便生。

虽然《吕氏春秋》无“神明”的概念，也无“神”、“明”并举之例[①]，但《太一生水》使用的其他概念几乎全见于《吕氏春秋》，其他篇章也有：

> 太一出两仪，两仪出阴阳。……天地车轮，终则复始，极则复反，莫不咸当。……四时代兴，或暑或寒，或短或长。……万物所出，造于太一，化于阴阳。（《大乐》）
>
> 天无私覆也，地无私载也，日月无私烛也，四时无私行也。（《去私》）
>
> 天地有始。天微以成，地塞以形。天地合和，生之大经也。……解在乎天地之所以形，雷电之所以生，阴阳材物之精，人民禽兽之所安平。（《有始》）
>
> 凡人物者，阴阳之化也。阴阳者，造乎天而成者也。（《知分》）

---

① 前贤对《太一生水》的“神明”有不少研究，大致意见有：神祇说、精神说、精气和日月星辰说、日月说、昼夜说等等。其中李剑虹先生把“神”解释为“精气”，把“明”解释为“日月星辰”。参见李剑虹：《〈太一生水〉“神明”考释》，《安徽大学学报（哲学社会科学版）》，2011 年第 2 期。若李说成立，则可进行对比研究。然观诸《太一生水》的概念，都是两两对待而辅成，“精气”（神）与“日月星辰”（明）的解释则不符此例，其义未安。且把“神”等同于“精气”略有将两种思想模糊化的倾向，两者应有各自的思想发展脉络，不应简单等同。故就目前来看，当以阙疑处之。

仪，仪容也，即事物的表现。陈奇猷先生认为“古人以事物的两个对立面为两仪。天地固是两仪，而阴阳、刚柔、动静等对立面均是两仪”①。不论《太一生水》还是《吕氏春秋》，这些概念常常都是成组出现，实际上都可以归诸“两仪”的范畴。

关于天地，《太一生水》有所谓“天反辅太一，是以成地”，丁四新先生认为反辅“联结的双方在作用上有主辅之分”②。所以天在宇宙论的层次中是高于地的。而在《吕氏春秋》中，天与地的层次是等同的。

关于阴阳，法国学者贺碧来(Isabelle Robinet)女士指出：“阴阳本来的意义也是跟气候有关系。大概在《太一生水》这篇中阴阳仍有这种意义。阴阳不像在晚期纬书里的宇宙形成论中那样相当于形质。”③《说文》：“阳，高明也。”“阴，暗也。”东汉人依然知阴、阳的朴素本义为背阴、朝阳。《吕氏春秋》中的阴阳与雷电、寒暑、燥湿并举，也是取朴素本义，两者都有早期阴阳观的痕迹。

关于湿燥，两文皆言之。湿燥相吸引，乃自然常态。“水就湿”乃先秦西汉诸子常举例的习语，大量见诸《周易·文言传》、《荀子》、《吕氏春秋》、《淮南子》、《老子道德经河上公章句》、《春秋繁露》等书。④

《吕氏春秋》的宇宙论虽然内涵较为丰富，但没有像《太一生水》那样成体系，其论述比较零散。《吕氏春秋》汇编于战国晚期，《太一生水》应是战国早中期的作品，晚期作品的思想内涵更丰富是理所应当的。然而，《太一生水》的宇宙论体系却更为系统，还把生成方式具体化了(两次“反辅”与“复相辅”)，《吕氏

① 陈奇猷：《吕氏春秋新校释》，第260—261页。

② 丁四新：《简帛〈老子〉思想研究之前缘问题报告——兼论楚简〈太一生水〉的思想》，《现代哲学》，2002年第2期。

③ 贺碧来：《论〈太一生水〉》，载陈鼓应主编：《道家文化研究》第十七辑，第335页。

④《周易·乾·文言》：“同声相应，同气相求。水流湿，火就燥。”《荀子·劝学》：“施薪若一，火就燥也，平地若一，水就湿也……物各从其类也。”《荀子·大略》：“均薪施火，火就燥；平地注水，水流湿。夫类之相从也，如此其著也。”《吕氏春秋·应同》：“类固相召，气同则合，声比则应。……平地注水，水流湿；均薪施火，火就燥。”《吕氏春秋·爱类》：“燥则欲湿，湿则欲燥。”《吕氏春秋·任地》：“湿者欲燥，燥者欲湿。”《淮南子·泰族》：“寒暑燥湿，以类相从；声响疾徐，以音应也。”《老子道德经河上公章句·虚无》：“此言物类相从，同声相应，同气相求，云从龙，风从虎，水流湿，火就燥，自然之类也。”《春秋繁露·同类相动》：“今平地注水，去燥就湿，均薪施火，去湿就燥。百物去其所与异，而从所与同，故气同则会，声比则应，其验皦然也。”

春秋》则无。过去学界常常认为,更成体系的思想文本相对晚出,甚至以此预设来排列判定文献的年代先后。通过《十二纪》纪首和《太一生水》的对比研究,可以看出这种单一线性的进化论预设似乎需要修正。在短时段中,早出文献的思想系统性未必差于晚出文献。

总之,将《吕氏春秋》与《太一生水》相互参照,进行对比研究,可以为两者的思想渊源、学派归属等问题提供新的尺度和思路;乃至对先秦思想史中,思想文本的融贯性、思想内涵的系统性、战国中后期的气论、尚气尚水的分途、时岁运行的思想等问题提供新的认识。

(后记:笔者在撰写本文时,除受导师李锐教授的指导以外,文章还得到陕西师范大学庞慧副教授的多次审阅。在笔者访学台湾辅仁大学哲学系期间,郭梨华教授对文章结构提出建议,并逐字审阅,谨此致谢。)

Discourse on the Cosmological System of *Tai Yi Sheng Shui* From *Lü's Commentaries of History*

Zhou Qinhan

Abstract: Taking *Lü's Commentaries of History* as a reference, it can provide new dimensions and ideas for the study of *Tai Yi Sheng Shui*. The concepts in *Tai Yi Sheng Shui* are mostly found in the first chapter of *Twelve Ji of Lü's Commentaries of History*. But influenced by the prosperity of the Qi theory in the middle and late period of the Warring States Period, *Tai Yi Sheng Shui* was added with the word "Qi" to emphasize movability and philosophical connotation. The first chapter of *Twelve Ji* is thoughts of pure Yin-Yang School. *Tai Yi Sheng Shui* takes Taoist as main nature, but it has some features of Yin-Yang School. The school problem is based on the existence of differences in Taoism and Yin-Yang School in the pre-Qin period, but this presupposition may not hold. The two literatures may share the same intellectual resources. The contrast between the Qi Theory in *Lü's Commentaries of History* and the Water Theory in *Tai Yi Sheng Shui* provides a new reference for the division of the pre-Qin Taoist cosmology. In the terms of the cosmological system, although *Lü's Commentaries of History* is rich in content, it is not as systematic as *Tai Yi Sheng*

Shui. Therefore, in a short period of time, the presupposition that the early literatures are less systematic than the late literatures may need to be modified.
Keywords: *Tai Yi Sheng Shui*, *Lü's Commentaries of History*, Guodian Bamboo Slips, Qi Theory, Water Theory

楚简《老子》“天下之物生于有，生于无”新论

高 翔*

［摘 要］《老子》“有生于无”的命题是万物生成论还是“本体论”一直存在争议。楚简本《老子》“天下之物生于有，生于无”的出现使争议复杂化。本文对“有生于无”从何处来进行追问，通过分析《庄子》中有无观念的发展演变，认为“有生于无”是一种古老的宇宙生成论，“有生于无”的内涵有一个形而上的过程，经历了从万物生成论到“本体论”的演变。楚简本《老子》“天下之物生于有，生于无”的观念并非最早的万物生成论，而是“有生于无”观念形而上过程中的一个阶段。从万物生成论意义上的“有生于无”，到“生于有，生于无”，再到“本体论”意义上“有生于无”的演变是中国哲学发展的重要线索。

［关键词］ 老子；有生于无；生成论；本体论

1993年郭店楚墓出土的楚简《老子》（以下简称“楚简本《老子》”）出现“天下之物生于有，生于无”，相比通行本《老子》“天下万物生于有，有生于无”，楚简

* 高翔（1982— ），男，河南平顶山人，同济大学人文学院博士研究生，研究领域为中国古代哲学、美学。

本《老子》缺了一个“有”字。由于楚简本《老子》是目前发现的《老子》的最早版本,这一现象引起了学界的关注与研究。

一

“天下之物生于有,有生于无”和“天下之物生于有,生于无”的文本差异意味着什么？王中江说:“老子对‘有无’关系的说明,是学术界争论的主要问题之一。焦点在于,‘有无’是对等的关系,还是‘无’比‘有’更根本。从它本‘天下之物(或万物)生于有,有生于无’来看,显然‘无’比‘有’更根本。但是从简本‘天下之物生于有,生于无’来看,‘有’、‘无’完全是对等的关系,‘无’并不比‘有’根本。”①陈鼓应认为楚简本与通行本,“虽一字之差,但在哲学解释上具有重大的差别意义。因为前者是属于万物生成论问题,而后者是属于本体论范畴”②。

按照这种思路,楚简本《老子》的出现乃是肯定了通行本《老子》中“有生于无”是本体论的观念。关于通行本《老子》“有生于无”是本体论的观点,冯友兰《中国哲学简史》中早有此说:“老子说‘天下万物生于有,有生于无’(第四十章)……不是说曾经有个时候只有‘无’,后来有个时候‘有’生于‘无’。它只是说,我们若分析物的存在,就会看出,在能够是任何物之前,必须先是‘有’。‘道’是‘无名’,是‘无’,是万物之所从生者。所以在是‘有’之前必须是‘无’,由‘无’生‘有’。这里所说的属于本体论,不属于宇宙发生论。”③

由于冯友兰、陈鼓应等学者将通行本《老子》“有生于无”解释为本体论,加上楚简本《老子》从产生时间上看早于通行本《老子》,陈鼓应在解释通行本《老子》“有生于无”时,基于楚简本“天下之物生于有,生于无”,认为通行本《老子》“有生于无”的命题,疑为后出。④ 赵建伟从语言学角度支持了这种观点:“仔细考察会发现帛本、今本重出的‘有’字可能是有意识增出的,原本‘有’字不重。”理由是“天下之物”是两个“生”字的形式主语(即“受事主语句”,也叫被动句,即

---

① 邓谷泉:《郭店楚简〈老子〉释读》,长沙:湖南人民出版社,2005 年,第 236 页。

② 陈鼓应:《老子注译及评介》(参照帛本最新修订版),北京:中华书局,2009 年,第 219 页。

③ 冯友兰:《三松堂全集》(第 6 卷),郑州:河南人民出版社,2000 年,第 87 页。

④ 陈鼓应:《老子注译及评介》(参照帛本最新修订版),第 217—218 页。

天下之物既被有生，又被无生），多一个“有”字，则两个“生”字，字句已被割裂。①

将通行本《老子》中“有生于无”解释为“本体论”遭到了一些学者的反对。如叶维廉就认为：“不少的注释者，经常把重点放在‘有生于无’（老 40）这句话上面，然后又对比‘道生一，一生二，二生三，三生万物’（老 42），说“无”是‘有’（万物）的根本（如王弼），说这个‘无’，如‘道’字，是形而上的实体（如陈鼓应），甚至说是仿似西方的本体。这种说法是相当误导的。”②

另有一些学者认为，楚简本“天下之物生于有，生于无”一出，通行本“有生于无”与其他各章的矛盾能够得到解决，通行本《老子》“有生于无”的观念是无意的衍文造成的，楚简本《老子》的表述更合理。

综上，通行本《老子》“有生于无”本来就存在是万物生成论还是本体论的争议，楚简本《老子》的出现让问题更加复杂化。在通行本《老子》与楚简本《老子》的关系上，“有”字是通行本的有意增出，还是无意的衍文，或者是楚简本无意的脱落，各有支持的观点。欲辨明楚简本《老子》与通行本《老子》为何会有这种差异，以及这种差异是否就是生成论与本体论的差异，不妨从追问“有生于无”观念从何处来开始。

二

在人类文明发展过程中，印度《梨俱吠陀》和基督教神学也有“有生于无”的观念。印度《梨俱吠陀》中《众神颂》（第 10 卷第 72 曲）曰：“楚主充空气，犹如一铁匠；诸天初现时，有从无产生。诸天初现时，从无产生有，其后生方位，其后生纵向。”③在奥古斯丁的《忏悔录》（第 12 卷七、八章）中，天地是上帝的创造，但天地并非来自于上帝的本体。上帝从空虚中创造近乎空虚的，未具形象的物质，又用这物质创造了世界。④ 从不同文明间比较来看，“有生于无”乃是一种古老的万物生成观念，是人类共有的关于万物如何产生的追问。

---

① 赵建伟：《郭店竹简〈老子〉校释》，载陈鼓应编：《道家文化研究》第十七辑，北京：生活·读书·新知三联书店，1999 年，第 260 页。

② 叶维廉：《道家美学与西方文化》，北京：北京大学出版社，2002 年，第 106 页。

③ 巫白慧：《吠陀经和奥义书》，北京：中国社会科学出版社，2014 年，第 154 页。

④ 奥古斯汀：《忏悔录》，周士良译，北京：商务印书馆，2013 年，第 280—281 页。

《老子》中的“有生于无”具有相似的万物生成论特征，但是与《梨俱吠陀》中的“楚主”与基督教神学中的“上帝”相比，《老子》中的“道”不是造万物而是生万物，故很难将“道”与造物主联系起来。《老子》中的“有生于无”固然可以看成万物生成论意义上的，但是造物主角色的缺失，为“无”与“道”的联系提供了可能性。《老子》中的“道”无形、无名、无为，但并没有说明“无”就是“道”。《老子》中既有“有生于无”，又有“道生一，一生二，二生三，三生万物”。“有生于无”的“无”是“道”还是“没有”，确实存在可讨论的空间。

既然通行本《老子》中“有生于无”是万物生成论还是本体论尚无法确定，不妨从《庄子》中的有无关系进行分析。从《庄子》中的有无关系来研究《老子》中的有无关系，前提是承认老、庄之间的继承关系，即庄子在延续老子思想的同时，也推进着老子的思想。

《庄子》内篇主要突出“道”的地位，摒弃“有”与“无”的区分。《庄子·齐物论》曰：“古之人，其知有所至矣。恶乎至？有以为未始有物者，至矣，尽矣，不可以加矣。有始也者，有未始有始也者，有未始有夫未始有始也者。有有也者，有无也者，有未始有无也者，有未始有夫未始有无也者。俄而有无矣。而未知有无之果孰有孰无也。今我则已有谓矣，而未知吾所谓之果有谓乎，其果无谓乎？”郑开认为，“此处庄子似乎在讲一个复杂的宇宙论，实际上却在展示宇宙创生论的局限性”①，这是有道理的。《齐物论》整篇都在突出生与死、始与终的局限，在否定万物生成论“有生于无”的基础上突出“道”的地位。因此，通行本《老子》中“有生于无”之“无”是否就是“道”虽不能确定，但《庄子》中“有生于无”之“无”不是“道”是可以确定的，万物生成论意义的“有生于无”观念不可能晚于《庄子·齐物论》。

在万物生成论“有生于无”的基础上，《庄子》外篇与杂篇开始出现了一些变化，有与无的关系开始向着形而上的观念发展。首先，出现“有形”生于“无形”的观念。《庄子·知北游》曰：“夫昭昭生于冥冥，有伦生于无形，精神生于道，形本生于精。”“有形”生于“无形”，是对万物生成论“有生于无”观念的创造性解读，将时间先后意义上的有无关系发展为形而上与形而下的关系，这就为“有生于无”的“本体论”阐释打下基础。其次，出现将“无”阐释为“道”的萌芽。《庄

① 参见郑开：《庄子哲学讲记》，南宁：广西人民出版社，2016年，第64页。

子·庚桑楚》曰:“天门者,无有也,万物出乎无有。有不能以有为有,必出乎无有,而无有一无有。圣人藏乎是。”“万物出乎无有”是“有生于无”的相似表述,“有不能以有为有,必出乎无有”则是对“万物出乎无有”原因的阐释。然而,从“天门者,无有也……圣人藏乎是”的表述来看,“无有”又具有本体论特征。又《庄子·天地》曰:“泰初有无,无有无名。一之所起,有一而未形。物得以生……”相比《老子》的“有物混成,先天地生”(二十五章)与“万物恃之以生而不辞”(三十四章),《庄子》“泰初有无”明确将宇宙的源头追溯为“无”,而从“物得以生”来看,此处“无”与“道”已经可以等同看待。因此从《庄子》中有与无关系来看,“有生于无”观念向“本体论”的发展恰恰是建立在“有生于无”的万物生成论基础之上。

最后,《庄子》中还出现了“道统有无”观念的萌芽。《老子》中的“道”具有“最高者”的特征,而《庄子》开始强调“道”的“普遍性”特征。在《庄子·知北游》中,庄子曾用“道在屎溺”来说明道无处不在的特征,这实际上蕴含着“道是有形与无形的统一”的观念。《庄子·天下》曰:“建之以常无有,主之以太一,以濡弱谦下为表,以空虚不毁万物为实。”关于“常无有”的阐释,宋代之前一般都是将“无有”解释为“无”,而宋代之后开始将“无有”解释为“无”和“有”。之所以会出现这种变化,一方面是受佛教“一即多,多即一”观念的影响,理学家开始强调道与物不可分离,即道是有形与无形的统一;另一方面《庄子》本身蕴含的“道”无处不在的观念可以视为“道统有无”观念的萌芽。楚简本《老子》中“万物生于有,生于无”,学者普遍阐释为万物生于有形与无形,很可能与《庄子》中“道统有无”的观念相关。楚简本《老子》中“万物生于有,生于无”虽然也是一种万物生成论,但并不是最早的万物生成论。

三

聂中庆认为:“长达两千多年的‘有’、‘无’之辨,皆由‘有生于无’这一哲学命题而引发。人们虽然明显地觉察到其中的矛盾、悖反之处,然而由于缺少有利的证据而无法使此问题得到合理的解释。直到二十世纪末,随着郭店楚简的出土,此问题之真相才大白于天下。楚简甲本有以下的论述:‘反也者,道动也。弱也者,道之用也。天下之物生于有,生于无。’原来流传两千多年的‘有生于无’本身却是无中生有，‘有’乃是承上文‘天下之物生于有’中的‘有’字衍生出来的。自此，‘有生于无’的神秘面纱终于被揭开。老子哲学中根本就不存在一个‘有生于无’之命题，‘有’、‘无’是统一于‘道’的，两者不存在本末先后贵贱的问题。道体之‘有’、‘无’是不可分的，正是‘无’才使‘有’有起来，也正是‘有’使‘无’有了存在之根据。无论‘贵有’或‘贵无’皆是对道的割裂。从这种意义上看，‘有’、‘无’乃一物也。”[①]这种观点的基础是假设通行本《老子》中“有生于无”之“有”乃是无意的衍文，却反映出通行本《老子》中有与无关系的复杂性。一直以来，都有观念认为通行本《老子》第四十章“有生于无”与第一章“同出而异名”存在矛盾，这种看法值得商榷。

《老子·一章》一向被认为是《老子》纲领性的章节，分析《老子》中有与无的关系，常从此章入手。《老子·一章》云：“无名，天地之始；有名，万物之母。常无欲，以观其妙；常有欲，以观其徼。”帛书本《老子》中“恒无欲也”、“恒有欲也”能够证明“无欲”、“有欲”的区分是早期解读《老子》的普遍观念。对于“两者同出而异名”中的“同出”，河上公注曰：“同出者，同出人心也。”而王弼注曰：“同出者，同出于玄也。”笔者认为《老子》中的“无”与“有”作为否定与肯定，仍是人的认知区分。正是人的认知区分才有了“天地之始”与“万物之母”的不同，正是从人的认知角度才有了“观其妙”与“观其徼”的区别。因此有与无看似同出于道（玄），实则同出于人（心）。《庄子·秋水》云：“以功观之，因其所有而有之，则万物莫不有；因其所无而无之，则万物莫不无。知东西之相反而不可以相无，则功分定矣。”在庄子看来，“有”与“无”是相对的，这一观念与《老子·一章》早期读法相似，能够很好地解释“有”与“无”观念的早期内涵问题。宋代以后此章“常有”与“常无”连读的读法，则与后来“道是有形与无形的统一”之观念相关。以此观之，后人所谓的“道统有无”，存在早期与后期的区别。早期有与无的区分来自于人的认知区别，后来随着“道”的阐释方法的变化，才出现了形而上之“常有”与“常无”的观念。《老子》与《庄子》中有与无观念的多样性，反映出有与无观念演变的复杂性，《老子》中“有生于无”与“同出而异名”的说法并不矛盾。

再来看“有生于无”与“有无相生”的关系。《老子·二章》曰：“天下皆知美之为美，斯恶已；皆知善之为善，斯不善矣。故有无相生，难易相成，长短相形，

① 聂中庆：《郭店楚简〈老子〉研究》，北京：中华书局，2004年，第151页。

高下相倾，声音相和，前后相随。”难易、长短、高下、前后等属性，是同一事物所具备的。唯一容易引起误解的是“有无相生”的“生”，因为“生”很容易联想到两个物体，或者是某个过程，但是对照整章语境，此处的“生”不是生成意义上的，而是存在意义上的，即有与无互为存在之前提。在中国哲学的发展中，“有无相生”之生成义，尤其是在此基础上发展为“虚实相生”，为有、无观念与“气”观念结合后的含义。通行本《老子》中“有生于无”与《老子》中“有无相生”观念也不矛盾。

因此，“有生于无”无论是最初的万物生成论，还是后来的本体论，与其他各章关于有与无关系的论述并不矛盾。楚简《老子》中“万物生于有，生于无”的出现不能成为“有生于无”观念是“衍文”之误读的证明。

四

对于楚简本《老子》与通行本《老子》在“有生于无”问题上的差异，还有一种解释是楚简本《老子》文字脱落。荆门市博物馆的学者们在注释中认为：“简文此句[‘生于亡’或‘生于无’]句首脱‘有’字，即上句句末‘又’[或‘有’]字脱重文号，可据帛书本补。”[①]李零对于该句的释写是“天下之物生于有，[有]生于无”，显然认为那个“有”字被忘了写上。[②] 而刘钊在正式释文中直接就写成：“天下之勿(物)生于又(有)，又(有)生于亡(无)。”[③]另外，像廖名春、魏启鹏、李若晖等，皆相信这里或者脱漏了一个重文符号，或者应该将“有”字重读。[④] 对楚简《老子》文字的脱落的解释，是在汉代以后解读《老子》文本的基础上所作的猜测，这一解读将楚简《老子》“万物生于有，生于无”的观念看成是舛误，大大降低了其在“有生于无”观念演变中的地位。

排除上面提到的楚简本《老子》“有”字脱落的可能，可以得出如下结论：《老子》中的“有生于无”是一种古老的宇宙生成论，“有生于无”的内涵有一个形而上的过程，经历了从万物生成论到“本体论”的演变。楚简本《老子》“天下之

---

① 荆门市博物馆编：《郭店楚墓楚简》，北京：文物出版社，2002 年，第 117 页。

② 李零：《郭店楚简校读记》，北京：北京大学出版社，2002 年，第 4 页。

③ 刘钊：《郭店楚简校释》，福州：福建人民出版社，2004 年，第 4 页。

④ 赵建伟：《郭店竹简〈老子〉校释》，载陈鼓应编：《道家文化研究》第十七辑，第 260 页。

物生于有，生于无”的观念并非最早的万物生成论，而是“有生于无”观念形而上过程中的一个阶段。从万物生成论意义上的“有生于无”，到“万物生于有，生于无”，再到“本体论”意义上“有生于无”的演变是中国哲学发展的重要线索。

A New Theory on “All Things in the World are Born from *You* (有) and from *Wu* (无)” in Chu Bamboo Slips Version of *Laozi*

Gao Xiang

Abstract: There has always been a controversy about whether the proposition of “born in *Wu* (无)” in *Laozi* is the theory of creation of everything or “ontology”. The appearance of “born in *You* (有) and *Wu* (无)” in *Laozi* in Chu Bamboo Slips complicates the controversy. This paper probes where the idea come from, analyzes the development of the concept of “born in *You* (有) and *Wu* (无)” in *Zhuangzi*, and believes that the concept of “born in *Wu* (无)” is an ancient cosmological generation theory. The concept of “born in *Wu* (无)” evolved from generation theory to “ontology”. The notion of “born in *You* (有) and *Wu* (无)” is not the earliest theory of creation of everything, but a stage in the metaphysical process of the concept of “born in *Wu* (无)”. The evolution of “born in *Wu* (无)” in the sense of all things generative theory, to “born in *You* (有) and *Wu* (无)”, to “born in *Wu* (无)” in the sense of “ontology” is an important clue to the development of Chinese philosophy.

Keywords: born in *Wu* (无), generation theory, ontology

《荀子》中的“欲”具备动机力量吗？[*]
——以宋晓竹与何艾克之争为考察中心

张 新[**]

［摘　要］ 宋晓竹(Sung Winnie)认为荀子哲学中的“欲”自身并不具备动机力量。这一观点挑战了荀学研究中所普遍接受或默认的前提，在理论后果上将荀子的“性恶论”隐秘地颠覆为“心恶论”。“心的在场性”与“心追求欲望对象的自然倾向”构成其立论的两个前提。何艾克(Eric Hutton)对第一个前提的驳斥预设了“心之所可”的规范性内容，这亦是其没有驳斥第二个前提的原因所在。宋晓竹的论证之所以不成功，深层原因在于其将荀子“论性”时所体现出的“性大心小”的思路与“论心”时所体现出的“心的主宰性”作了不恰当地直接勾联。从动态的角度上理解荀子哲学中的道德主体之生成，是避免这场争论的关键所在。

［关键词］ 荀子；欲；动机力量；心之所可

---

* 基金项目：国家建设高水平大学公派研究生项目(留金发[2018]3101)、国家社会科学基金青年项目“中国哲学现代转型中的情感转向研究”(18CZX035)。

** 张新(1991—　)，男，山东临沂人，复旦大学哲学学院与杜克大学哲学系联合培养博士生，主要研究领域为中国哲学与中西比较哲学。

与国内荀学研究成为学术界的热点相呼应,英语世界的荀学研究已蔚为可观。荀子备受英语世界关注的主要原因在于以下四点:一,荀子思想所内蕴的分析性、条理性与系统性更能引起长期接受分析哲学训练的学者的研究兴趣[①];二,德性伦理学的复兴或转向使得西方学者更加关注中国哲学尤其是儒家思想所包涵的可资借鉴的理论资源[②];三,荀子天人相分的立场更能契合后形而上学时代所日益流行的自然主义观念[③];四,荀子的人性论主张与西方主流的关于人性的看法更加切近[④]。基于此,英语世界的荀学研究有着属于其自身的学术脉络、研究方法与问题意识。

其中,性恶论与道德动机的养成之间的关涉成为英语世界的学者特别关注与相互论争的核心问题之一。[⑤] 正是在这一问题意识下,英语世界的学者对荀子哲学中"心"与"欲"之间的关系作出了具体而微的考察。万白安(Bryan W. Van Norden)、黄百锐(David B. Wong)、倪德卫(David S. Nivison)、艾文贺(P. J. Ivanhoe)、克莱恩(T. C. Kline Ⅲ)等学者都对该问题作出了有针对性的阐发。[⑥] 近来,宋晓竹(Sung Winnie)与何艾克(Eric Hutton)围绕着"荀子思想中的'欲'是否具备动机力量?"这一问题展开了争论,这其实是对上述问题的进一步推进与深化。[⑦]

① 李晨阳:《北美学界对中国哲学的分析和比较研究——论一个兴起的潮流》,《南京大学学报(哲学·人文科学·社会科学)》,2006年第2期。

② Eric Hutton, "On the 'Virtue Turn' and the Problem of Categorizing Chinese Thought," *Dao*, Vol. 14 No. 3 (2015): 331-353.

③ 感谢杜克大学哲学系黄百锐(David B. Wong)教授指出了这一点。

④ Yu Jiyuan, "Human Nature and Virtue in Mencius and Xunzi: An Aristotelian Interpretation," *Dao*, Vol. 5 No. 1 (2005): 11-30.

⑤ 国内以周炽成、林桂榛先生等为代表的学者认为荀子是性朴论者而非性恶论者,但英语世界的主流依然是在承认荀子性恶论的前提下探讨性恶论与道德动机的养成之间的内在关联的。关于前者的具体分析参见周炽成:《荀·韩:人性论与社会历史哲学》,广州:中山大学出版社,2009年,第17-36、184-203页;林桂榛:《论荀子性朴论的思想体系及其意义》,《现代哲学》,2012年第6期。

⑥ 就国内学术界而言,东方朔(林宏星)先生与徐凯先生对这一问题作出了富有启发性的回应,具体分析参见东方朔、徐凯:《荀子的道德动机论——由Bryan Van Norden与David B. Wong的论争说起》,《学术月刊》,2018年第1期;东方朔、徐凯:《情性与道德转化——荀子论"化性起伪"如何可能》,《社会科学》,2018年第4期。

⑦ 参见Sung Winnie, "*Yu* in the *Xunzi*: Can Desire by Itself Motivate Action?," *Dao*, Vol. 11 No. 3 (2012): 369-388; Eric Hutton, "Xunzi on Moral Psychology," *Dao Companion to the Philosophy of Xunzi*, Eric Hutton (ed.), Dordrecht: Springer, 2016, pp. 201-227. 为了行文方便,以下分别简称这两篇文章为"宋文"与"何文";另外,凡是引用这两篇文章的内容,本文不再单独注释。

本文的目的即是以宋晓竹与何艾克之争为考察中心,以期在阐明二者相关论点与论证过程的基础上对其各自的得失作出反思性考察。

一、"欲":"行为理由"而非"动机力量"

由于荀子"性恶论"的具体内容主要指向人生而即有的欲望,"性者,天之就也;情者,性之质也;欲者,情之应也"(《正名》),所以荀学研究往往普遍接受或者默认如下观点:荀子思想中的"欲"自身便具备动机力量(motivational force)。宋文的观点之所以能够而且应当引起重视,在于其挑战甚至是颠覆了上述观点。因此,本部分的主要内容是首先呈现宋文的论证过程,然后剖析其论证所导致的理论效应。

宋文首先归纳了英语世界关于荀子思想中"心"与"欲"关系的三种解释模式:(1)路径阻塞(path-blocking);(2)路径重新导向(path-resteering);(3)对象重置(object-resetting)。在模式(1)中,"心"监察并控制"欲",决定"欲"是否被允许追求其对象,这一模式的代表人物是李耶理(Lee Yearley)与倪德卫。在模式(2)中,"心"可以改变"欲"追求其对象的方式或手段,克莱恩的解释同时符合(1)和(2)两种模式。而在模式(3)中,"心之所可"能够塑造出新的欲求对象,柯雄文(Antonio S. Cua)的解释同时符合(2)和(3)两种模式。宋文归纳上述三种模式的意图是指出这三种模式共同存在着一个关键性的预设,即"欲"自身具备促发行为的动机力量。宋文的论证始于对荀子《正名》篇一段文本的细密分析。

> (1)欲不待可得,(2)而求者从所可。(3)欲不待可得,所受乎天也;求者从所可,所受乎心也。(《正名》)

这段文本是荀子研究中最引人注目的文本之一,但论者往往过多关注的是"欲"与"可"之间的对立以及"可"对"欲"的超克。与此不同,宋文对这段文本的分析重点却放在了"求"的主语上。宋文基于三点原因否定了"求"的主语是"欲"。

首先,宋文指出《荀子》中没有明确的文本表明"求"的主语是"欲"。① 其次,上述文本显示出荀子对"欲"与"可"作出了明确区分,如果"求"的主语是"欲",那么句(2)将是多余的。最后且主要的一点,宋文认为通过考察可以发现上述文本中的"从"意味着一种"故意的遵循"(deliberate following)而非"强制的服从"(coerced compliance)。而如果"欲"是"求"的主语,那么这里的"求"就意味着"强制的服从"而非"故意的遵循",原因在于:既然"欲"在没有任何干预的情况下会趋向欲望对象,那么"欲"从"心之所可"必然是"强制的服从"。

一旦否定了"求"的主语是"欲","求"与"心"之间的深度关涉就会成为问题的关键所在。荀子在《正名》篇中指出:

> 欲虽不可去,所求不得,虑者欲节求也。(《正名》)
>
> 性之好、恶、喜、怒、哀、乐谓之情。情然而心为之择谓之虑。(《正名》)

宋文通过"虑者欲节求也"中"虑"与"求"的直接关联切换到对"情然而心为之择谓之虑"的分析上来。正是在这个地方,宋文作出了贯穿其基本论点的至关重要的区分。如果"心"对于"情"的"择"出现在"评价层"(at the level of evaluation),那么"情"能够被"心"选择为"行为理由"(reasons for action);而如果"心"对于"情"的"择"出现在"动机层"(at the level of motivation),那么"情"自身就具备动机力量。在评价层,选择的对象域是不同的"行为理由"(reasons for action);而在动机层,选择的对象域是不同的"行为过程"(courses for action)。宋文以吃蛋糕为例说明两者的不同,蛋糕的美味是我食用它的行为理由,而吃右边的蛋糕还是左边的蛋糕则是在不同的行为过程中进行抉择。因此,"情然而心为之择"就应当在"评价层"得以理解,即:"心"选择"情"成为"行为理由";而不应该在动机层加以理解,即:"心"选择由"情"促发的"行为过程"。

---

① 宋先生在注释中指出,"求"的主语是"心"还是"人"是一个不清楚的问题。她认为,如果"求"的主语是"心","求者从所可"这句话将是同义反复;如果"求"的主语是"人",那么,人的行为在何种意义上被"欲"促发将是难以辨别的。参见 Sung Winnie, "*Yu* in the *Xunzi*: Can Desire by Itself Motivate Action?," p. 372, n. 12. 关于"求"的主语的问题,本文最后一部分将给予说明。

宋文指出有两点理由可以支撑她的上述解释。第一，这种解释符合上述文本的原意。如果“情然而心为之择”出现在动机层，那将无法解释“混合情感”促发行为这种人之常态，例如在“喜”、“怒”相悖反的情感同时出现的情形下。第二，她认为这种解释可以找到明确的文本支撑。《不苟》篇指出：“见其可欲也，则必前后虑其可恶也者；见其可利也，则必前后虑其可害也者，而兼权之，孰计之，然后定其欲恶取舍。”宋文认为，这段话表明被选择的是欲望对象而不是欲望自身，而“虑”所涉及的是追求不同的具体对象所可能导致的系列后果，这意味着“心”对于“情”的“择”决不可能出现在“动机层”。

如此一来，宋文的解释就会证成其论点：欲望本身并不具备动机力量，而其角色只能是“心”之“择”的行为理由。然而，这一观点的证成所导致的理论效应不仅是对“欲”本身的重新评价，更是对“心”的功能与地位的重新厘定。在这种解释模式下，“心”作为具备绝对自主权的决断主体，才是每一个行为的真正推动者。这意味着在人的每一个行为中，“心”必须是“每时每刻在场的”。而且，“欲”不仅不具备动机力量，更不是道德失败(moral failure)的直接原因所在；而“心”恰恰是道德失败的真正原因，因为“心”才是促发行为的动机力量所在，“欲”仅仅是“心”之决断的行为理由而已。更进一步，在这种解释模式下，心与欲之间的关系不再是“以心治性”解释框架下“心之所可”与“情之所欲”的对立，而是决断之“心”内部不同的行为过程之间的冲突。[①] 宋文不仅指出了这一解释的理论后果之一是“心总是活动着的”，即上述心的在场性，更是点明这一解释意味着荀子将“心”理解为“有着追求欲望对象的自然倾向”。

宋文的整个论证体现了分析哲学传统下对语言本身的细密化分析这一特点，而且亦能够找到《荀子》中相关的文本支撑上述两点理论后果。然而，如果我们跳出宋文的论证本身而将其解释模式的理论后果与荀子所宣称的“性恶论”联系起来，就会发现宋文的解释隐秘地颠覆了荀子的性恶论：如果欲望本身不具备动机力量从而不能为具体行为担负道德责任，那么，荀子又何以宣称“性恶”呢？在这一解释模式下，荀子的“性恶论”在整体上被隐秘地转换成“心

① 牟宗三先生在孟荀心性论的对照下指出，荀子主张“以心治性”而孟子则是“由心见性”。牟先生的这一说法影响甚大，但本文并非在严格的意义上使用这一说法，而是对“将荀子哲学中的道德的主体性根据归结为心”这一类主张的总括，从而与宋文将道德失败的原因归咎为心的观点相对照。牟先生的相关分析参见牟宗三：《名家与荀子》，长春：吉林出版集团有限责任公司，2015 年，第 150—154 页。

恶论”，而“欲”本身已经与善恶无直接关联。这一结论想必是无法接受的。

二、“心”“欲”对立：“欲”与“心”各自具备动机力量

何文对宋文的上述挑战作出了有针对性的驳斥。[①] 有意思的是，何文对宋文的驳斥同样是从对“欲不待可得，而求者从所可”这句话的分析开始的。何文认为这句话的后半句所表达的意思并不清晰，并指出这句话蕴涵着下述三种可能性。

(1) 一个人“求”X，如果那个人已经“可”X。

(2) 一个人“求”X，仅当(only if)那个人已经“可”X。

(3) 一个人“求”X，当且仅当(if and only if)那个人已经“可”X。

在命题(1)中，“可X”是“求X”的充分不必要条件，所以，在这种解释下，“心”与“欲”的关系被理解为：对于欲望对象的“求”并不必然时时刻刻地伴随着“心之所可”，“欲”在“心之所可”“不在场”的条件下，同样可以独自地促发行为。换言之，“心”与“欲”各自具备独立的动机力量；而且，在两者相互冲突的情况下，“心之所可”能够超克“欲”。在命题(2)中，“可X”是“求X”的必要不充分条件。在这一解释下，“求X”必然时时刻刻地伴随着“心之所可”，而且需要额外的动机条件。这种解释并不符合荀子思想，因为荀子已经明确地表达了“心之所可”自身就具备动机力量，正所谓“人有从(纵)生成死者，非不欲生而欲死也，不可以生而可以死也”(《正名》)。在命题(3)中，“求X”这一行为必然时时刻刻地伴随着“心之所可”，而且，“可”独立地决定“求”的内容与方式。在这种情况下，“欲”并不具备直接的动机力量，这其实就是宋文的主张。

第一部分的分析表明，宋文明确指明了其解释模式产生的两个理论后果，其中之一即是心的在场性。事实上，这两个理论后果亦可以看成宋文的两个立论前提，如果这两个前提中任何一个不成立，那么，宋文所说的“欲自身不具备

---

① 需要说明的是，何文所涉及的问题面较广，其对宋文的驳斥亦是从多方面展开的，本文只能择取其中比较重要的部分加以论述与分析。

动机力量”这一观点就会被推翻。原因在于：如果心可以不在场，那么，根据荀子关于人性结构(性、情、欲与心)的看法，必然可以推出“欲”本身即具备动机力量。同理，如果心不存在追求欲望对象的自然倾向，那么，追求欲望对象的行为必然是由“欲”来推动的。何文对于宋文的反驳正是从否定上述第一个前提即“心的在场性”出发的，他仔细分析了同样来自《正名》篇的两句话。

(4) 以为可而道之，知所必出也。

(5) 以所欲为可得而求之，情之所必不免也。

何文指出：如果“必”意味着在“每一个行为中”(in every case of action)“心知”发出“可”，那么，考虑到命题(1)和命题(3)都同意“可 X”是“求 X”的充分条件，“欲”本身就不具备动机力量，其动机角色将总是被“心之所可”预先决定；故而，给予“欲”以“动机力量”在解释上将是多余的。如果这一对“必”的解释是正确的，那么，它将支持宋文的解释。然而，何文认为，这一对“必”的解释是不成立的，其论证方法同样来自于对具体文本的语法分析。何文指出，句(4)与句(5)分有极其相似的语法结构，即“以[A]为 B 而 C 之，X[之]所必 Y 也”。虽然句(4)缺乏括号里面的内容，但是，这种相似的结构足以说明这两句话应该以相似的方式得到理解。如果句(5)中“情之所必不免”并不意味着人类生活的每一个行为都是如此，那么，“知所必出也”亦同样意味着“心之所可”并不必然伴随着每一行为。何文引用了《乐论》篇的一句话来证明其上述论点，即“夫乐者，乐也，人情之所必不免也”。很明显，这句话中的“必”不能被理解为人们在每一行为中都感到高兴，而只能在历时性维度上理解为人们“迟早”(sooner or later)会感到高兴。因此，何文指出：尽管“必”意味着没有例外，但是“必”所指向的“范围”(scope)却是可以变化的，它意味着“终其一生”(every lifetime)而不是“每一时刻”(every moment)。如果将“必”的范围理解为后者，那么句(5)则没有为荀子思想中的道德培养留下任何空间，从而与荀子哲学的道德指向相矛盾。因此，在何文看来，句(4)的理解应该是：“可”是“心”迟早会去做的，但并不必然在每一个行为中都发挥作用。如此一来，何文认为通过对于“必”的分析否定了心在每一行为中的在场性，故而否定了宋文的观点。

然而，何文并没有止步于此，而是进一步指出句(5)中的“情之所必不免也”

已经在表面上指示出“情”具备动机力量从而与宋文的观点相矛盾。但何文站在宋文的立场上作出了如下假设：宋文可以通过宣称句(5)中存在文本遗漏从而避免这一问题。因为何文注意到当宋文处理一段不利于其观点的文本时即采取了这一策略。何文指出“人生而有欲，欲而不得，则不能无求”(《礼论》)这句话潜在地挑战了宋文的观点，因为这句话可能意味着“欲”能够促发“求”这一行为；但宋文事实上将这句话中没有出现“可”的原因仅仅看作是一种遗漏而不是行为的发动并不需要“可”。

为了抵制宋文所可能采取的这一策略，何文对其观点作出了进一步的强化论证。他认为既然句(4)和句(5)是在论说“知所必出”与“情之所必不免”两种不同的行为，那么句(4)中的“道之”和句(5)中的“求之”就应该是在对比而非相同的意义上所使用的。何文指出“道”作为动词有三个基本义项：“执行”(to enact)、“指导”(to guide)与“找到方法”(to find means to)，但是，只有第一个义项可以支撑宋文的观点，而其他义项意味着“知”之“可”并非促发行为的因素。何文指出句(4)出现的上下文背景并不支持第一个义项，因为句(4)之前所出现的“道”字的意思只能是“指导”。何文所引用的同样是《正名》篇中的一句话：“凡语治而待去欲者，无以道欲而困于有欲者也。”他经过推理认为这里的“道”理解为“执行”明显与荀子的意图不符合。[①] 如果“以为可而道之”中的“道之”并不是在“执行”即促发行为的意义上使用的，那么，在对比的意义上，“以所欲为可得而求之”中的“求之”并不如宋文所分析的那样是由“心”促发的。何文的意图是想表明即使在“心知”“在场”的情况下，心的“可”并不一定扮演执行者的角色，从而“欲”本身即具备动机力量。如果说宋文是通过否定“求”的主语是“欲”从而将“求”与“心”相关联，以期论证“心”才是具有绝对自主权的行为推动者；那么，何文正是通过否定“求”与“心”的关联从而将“求”与“欲”重新挂钩，以期阐明“欲”本身即能够促发行为。

何文对于宋文的驳斥同样体现出分析哲学传统下对文本的细密化分析这一特点，其对“求者从所可”所内蕴的三种可能性的分析以及对“必”的内涵的阐

---

① 杨倞、梁启雄、熊公哲、物双松等皆将这句话中的“道”理解为“指导”或“引导”。具体分析分别参见王先谦：《荀子集解》(下)，北京：中华书局，1988 年，第 504 页；梁启雄：《荀子简释》，北京：中华书局，1983 年，第 321 页；熊公哲：《荀子今注今译》，台北：台湾商务印书馆，2010 年，第 531 页；王天海：《荀子校释》(下)，上海：上海古籍出版社，2005 年，第 919 页。

发都极其精到。可以说何文立足于文本分析比较有力地捍卫了“心”与“欲”各自具备动机力量这一传统看法,重新将荀子思想中的心性关系复归到“以心治性”的解释框架下。在这一解释框架下,“欲”才是道德失败的原因,而心则是道德养成的主体性根据所在。行为主体内部的张力是“心”与“欲”之间的冲突而不是决断之心内部不同行为过程之间的冲突。然而,我们会发现,何文对于宋文的回应预设了“心之所可”的规范性内容,即“心之所可”本身不仅具备动机力量而且是道德意义上的动机力量。这可能是何文没有正面回应宋文的解释模式的第二个前提——“心有着追求欲望对象的自然倾向”——的真正原因所在。然而,这正是何文与宋文的争论中不可回避的问题。

三、“心之所可”: 描述性的与规范性的

事实上,区分“可”的描述性用法与规范性用法,正是阐明宋文与何文之争的关键所在。[①] 如果仔细检视何文的相关分析,会发现他对句(5)的分析存在着缺陷。句(5)的前半句“以所欲为可得而求之”中包含着“可得”二字,而“可”恰恰隶属于“心”的认知与评价功能。何艾克的《荀子》英译本亦将句(4)与句(5)中的“可”翻译为同一个单词“permissible”,这表明他是在相同的意义上理解句(4)与句(5)中的“可”的。然而,句(5)表明的恰恰是: 在“情之所不必免”的境况下,“心”依然是在场的。当然,这并不意味着何文的驳斥是完全无效的,原因在于: 何文的分析是以“心之所可”与“情之所欲”的对立为前提而展开的,这一前提恰恰预设了“心之所可”的规范性用法。“人之所欲生甚矣,人之所恶死甚矣;然而人有从生成死者,非不欲生而欲死也,不可以生而可以死也。”(《正名》)何文中引用了这段话以说明心本身即具备动机力量,这是符合荀子的原意的。荀子恰恰是想通过“从生成死”的案例彰显出“可”所具备的不同于“欲”的

---

① 何艾克先生在翻译“欲不待可得,而求者从所可”时加了一个注释,解释了他翻译“可”的原则以及“可”的含义的模糊性。他翻译《正名》篇这段文本的原则是: 当“可”用作动词时,翻译为“approve”;当“可”用作形容词或副词时,翻译为“permissible”,意思是“should be approved”。他指出荀子是否在同一含义上使用“可”这个概念是一个不清楚的问题,“可”同样有“possible”的意思;如果将这段文本中的“可”理解为“possible”,将会对这段文本作出十分不同的解读。考虑到荀子的论述语境,他采取了前者而非后者。具体分析参见 Eric Hutton, *Xunzi*: *The Complete Text*, Princeton: Princeton University Press, 2014, p. 243, n. 26。

极其强大的道德动机力量。然而，我们完全可以设问：在上述相同的案例中，如果行为主体没有“从生成死”而是“恶死求生”，那么，“心”是不是同样“在场”呢？答案是肯定的，只是此时的“心”并不具备规范意义上的道德动机力量。如果我们撇开上述关乎生死的具体案例，而是将分析对象拓展到普通的欲求行为，我们可以同样进一步追问：对于这些普通的欲求行为而言，“心”在不在场呢？答案同样是肯定的。荀子在《解蔽》篇中分析了种种妨碍“心知道”的因素，并指出“心不可以不知道；心不知道，则不可道，而可非道”（《解蔽》）。邓小虎指出：“Christine Korsgaard（科斯佳）对于行为者（agent）的理解，相当接近荀子。她认为，人和动物不一样，人或许有放浪的行为（behavior of a wanton），却不会是放浪之人，因为人必然对于自己的欲望有所判断。当某个人受当下的欲望主宰时，他至少暗地里（implicitly）认为满足当下的欲望是合理的。”[①]当行为主体受当下欲望的主宰时，“心”必然是以某种方式在场的而绝不会是缺席的。因此，何文对于宋文的第一个前提的驳斥需要作出如下修正，即：规范性意义上的“心之所可”并不必然伴随着每一行为过程，“心不使焉，则白黑在前而目不见，雷鼓在侧而耳不闻，况于蔽者乎！”（《解蔽》），但描述性意义上的“心”却是必然伴随着每一行为过程的。

然而，同意描述性意义上心的在场性并不意味着在荀子的思想中只有心才具备动机力量而欲本身并不具备动机力量。第一、二部分的分析表明，宋文存在着两个立论前提，除了心的在场性之外，另外一个就是“心有着追求欲望对象的自然倾向”。事实上，这两个前提对于证成宋文的论点缺一不可。如上述第二部分所指明的那样，如果心不存在追求欲望对象的自然倾向，那么，追求欲望对象的行为必然是由“欲”来推动，从而与宋文自身的论点相矛盾。这里，需要指出的是，虽然《荀子》中能够找到明确的文本依据支撑这一前提，但是，这一前提并不是荀子论心的主导性思想，而恰恰是荀子论性的必然内容。例如，宋文所引用的支撑其观点的如下三段文本。[②]

---

① 邓小虎：《荀子的为己之学：从性恶到养心以诚》，北京：北京大学出版社，2015 年，第 40 页，注释 1。

② 需要指出的是，梁涛先生对荀子人性论的历时性发展作出了详细的考察。他指出，《富国》篇与《荣辱》篇中出现的“心”，“还不是严格的哲学概念”，例如，《荣辱》篇提到的“‘人无师无法，则其心正其口腹也’，这里的心都是经验心，实际指情感欲望”。参见梁涛：《荀子人性论的历时性发展——论《富国》《荣辱》的情性-知性说》，《哲学研究》，2016 年第 11 期。

夫人之情，目欲綦色，耳欲綦声，口欲綦味，鼻欲綦臭，心欲綦佚。此五綦者，人情之所必不免也。（《王霸》）

故人之情，口好味而臭味莫美焉，耳好声而声乐莫大焉，目好色而文章致繁妇女莫众焉，形体好佚而安重闲静莫愉焉，心好利而谷禄莫厚焉。（《王霸》）

若夫目好色，耳好听，口好味，心好利，骨体肤理好愉佚，是皆生于人之情性者也；感而自然，不待事而后生之者也。（《性恶》）

不可否认的是，这三段文本中所出现的“心欲綦佚”、“心好利”的确能够支撑宋文所说的“心有着追求欲望对象的自然倾向”；但是，很明显荀子在这里是将“心”与“目”、“耳”、“口”、“形体（骨体）”相并列而展开论说的。而且，荀子是在论述“人之情性”的总体架构下论及“心”的，认为这是“人之情性”的内容之一。这说明，荀子关于“心欲利”的论断体现的是“性大心小”的思路。东方朔指出：“在荀子那里，‘心’乃常常作为一切心理作用的总称来使用的，心不仅指认知、思虑，而且有时正如陈氏（陈大齐）所指出的那样，也指情本身，如言‘心至愉而志无所诎’（《正论》），此处‘心’大体可作‘情’解；又如‘故人之情……心好利”（《王霸》），心之‘好’被列为“情”的一个部分，此即‘心’当指‘情性’而言。”[①]暂且抛开荀子所谓“心好利”与“心可道”之间的关联不谈，这里体现的思路明显与宋文所主张的“心大性小”的观点不相容。前文第一部分已经指出，宋文将荀子的“性恶论”隐秘地颠覆成“心恶论”。事实上，这个隐秘的颠覆的最关键一步就是宣称荀子思想中的所有的“欲”乃是心的一种特殊的情感状态。这明显与荀子上述“心好利”是情性的内容之一的表述不相容。更为关键的是，将荀子思想中所有的欲望理解为心的一种特殊情感状态明显与荀子“化性而起伪”的义理间架相抵牾。宋文的这种解释将“化性而起伪”的义理间架直接窄化为“起伪”。而宋文之所以会得出这种结论则与其关于心的在场方式的理解有关系。荀子指出：

耳目鼻口形能各有接而不相能也，夫是之谓天官。心居中虚，以治五官，夫是之谓天君。（《天论》）

---

① 东方朔：《差等秩序与公道世界：荀子思想研究》，上海：上海人民出版社，2016年，第48—49页。

心者，形之君也，而神明之主也，出令而无所受令。自禁也，自使也，自夺也，自取也，自行也，自止也。故口可劫而使墨云，形可劫而使诎申，心不可劫而使易意，是之则受，非之则辞。故曰：心容，其择也无禁必自现，其物也杂博，其情之至也不贰。(《解蔽》)

《荀子》中的这两段文本所显示是“心”相对于五官的主宰性以及心的绝对自主性。然而需要注意的是，不管是天君的“心居中虚，以治五官”，还是“形之君”的“出令而无所受令”，都只能在“心知道”、“心可道”的总体框架下加以理解，而不能在“心好利”的意义上加以理解。因为前者是在“天官薄类”、“心有征知”的论说理路下彰显心的德性认识功能，后者是在克服“心术之公患”的言说方向下阐明心所具备的道德自主性。[①] 然而，宋文却是在纯粹的描述性意义上理解上述所引文本中的心的自主性地位及其与五官的关系的。也正是因为这个原因，她才会认为包括不道德的行为在内的所有行为，都是“心”在不同的行为理由中所进行的选择，而“欲”仅仅是构成行为理由的要素而决不具备动机力量。宋文的观点及其理论后果之所以不能被接受，深层原因就在于其将《荀子》一书中关于“心欲利”的记载与心的主宰性、自主性作了不恰当的直接勾联，而这两者在荀子的论述语境下分属于不同的问题框架。虽然《荀子》一书中也可以找到将人的认知能力归属于人之性的表述[②]，但是，这些表述所指向的恰恰是与“欲望”异质的“认知—评价”功能。荀子从未将“情之所欲”看作是心的“认知评价”功能的具体状态之一从而褫夺欲本身的独立性。

有意思的是，何文亦是从描述性意义上理解上述所引的两段文本的。何文认为这两段文本所显示的就是“心”对于“形”和“五官”在心理学意义上的实际主宰性而非“应当”如此。何文的这种解释在表面上看起来与其对宋文所主张的“心的在场性”论证的驳斥相冲突，原因在于：既然在心理学上意义上心拥有相对于五官的主宰性，那么，即使存在“暗其天君”(《天论》)的情况，心依然占据着主导性地位。然而，如果我们仔细检视何文对上述“心理学意义上的实际主

① 东方朔先生指出：荀子的“心之所可”“实际上预设了一个道德主体，此道德主体不仅可以对自己天生的情绪反应和欲望冲动予以‘自禁、自使、自取、自行、自止’，而且还有一种知虑的反思、辨识和评估”。参见东方朔：《合理性之寻求》，上海：上海人民出版社，2016 年，第 165 页。

② 《解蔽》篇中指出：“凡以知，人之性也；可以知，物之理也。”

宰性”的一个注释，就会发现：他的真实意思是心“的确拥有”(does have)对于五官的主宰性，从而“应当”(should)正确地实施这种力量。由此可知，何文的描述性解释中依然预设着关于心的规范性看法：其描述性解读指向的是“心”拥有主宰性力量这一事实，但“心”的主宰性的正确实施(“心之所可中理”)却是规范性意义上的。①

经过上述分析可知，宋文对于“欲自身不具备动机力量”这一论点的证成并不成功，而且这一论点所引发的理论后果与荀子哲学本身的内在理路、义理架构相矛盾。而何文对于宋文的驳斥同样存在问题，原因在于何文的论证中预设了“心之所可”的规范性内容，从而导致其忽略了“心”对于每一行为的在场性问题。何文与宋文在理解荀子哲学中心欲关系问题时之所以产生上述问题，原因在于他们是用静态的分析方法去剖析荀子主体观的各构成性要素之间的内在关联，而没有从动态的角度上理解荀子哲学中的道德主体之生成。我们固然可以将荀子的主体观分解为不同的构成性要素加以理解与阐发，但从“性恶”之人经过“礼义积伪”从而生成具备道德人格的君子才是荀子思想的核心关切所在，“济而材尽，长迁而不反其初，则化矣”(《不苟》)。由此出发，我们会发现，虽然在静态的意义上可以同意宋文所说的“心只是一心，而不存在两个心”，但在动态生成的意义上，“心”的具体状态确实存在着实质性的不同。在原初的意义上，我们完全可以理解荀子所说的“心好利”、“心欲綦佚”，因为此时“实有”虑伪功能的“天君”并不拥有“实然”的道德内容，从而容易被感官欲望“所倾”、“所引”。② 与此相对应，“心之所可”所指向的道德内容亦是经过“礼义积伪”这一过程而创发出来的。③ 就内在于行为主体的结构要素而言，恰恰是“心”与“欲”的

---

① 邓小虎先生对于心的主宰性力量作了“形式地位”与“主宰地位”的区分。他指出：“‘形之君’‘神明之主’这种形式地位是不会改变的，但‘心’是否能有实质的‘君’和‘主’的主宰地位，则正正视乎人是否遵从师法礼义、是否努力于道德修养以成君子。”参见邓小虎：《荀子的为己之学：从性恶到养心以诚》，第168页。

② 其实，这也正是引发英语世界的学者集中讨论荀子的道德动机的关键原因所在。代表性论文参见David Wong, “Xunzi on Moral Motivation,” *Virtue, Nature and Moral Agency in the Xunzi*, T. C. Kline Ⅲ and P. J. Ivanhoe (eds.), Indianapolis: Hackett Publishing Company, 2000, pp. 135-154。

③ 关于荀子哲学中的“性”“伪”关系与“伪”的具体内涵的相关分析及争论，参见路德斌：《荀子人性论之形上学义蕴——孟、荀人性论关系之我见》，《中国哲学史》，2003年第4期；冯耀明：《荀子人性论新诠：附〈荣辱〉篇23字衍之纠谬》，《台湾政治大学哲学学报》，2005年第14期。

相互交织与调适生成不同状态的行为主体。宋文通过语法分析试图否定“求”的主语是“欲”,而何文则试图重新将“欲”与“求”进行关联;然而,“求者从所可”中的“求”的真正主语既不是“欲”亦不是“心”,而恰恰是作为整全人格的个体(“己”)本身。事实上,“欲”与“心”的简单叠加决不能构成行为主体,在这个意义上,生活世界中的行为主体是不能被还原为其结构要素的。唯有如此,我们才能理解荀子所谓君子“重己役物”而小人“以己为物役”,才能理解荀子所说的“材性知能,君子小人一也;好荣恶辱,好利恶害,是君子小人之所同也;若其所以求之之道则异矣”(《荣辱》)。

综上可知,宋文对于荀子哲学中的“‘欲’自身并不具备动机力量”的证成并不成功,其解释模式的理论后果是将荀子的“性恶论”隐秘地颠覆为“心恶论”,而造成这一后果的深层原因在于其将荀子“论性”时所体现出的“性大心小”的思路与“论心”时所体现出的心的主宰性作了不恰当的直接勾联。我们赞同何文关于“心”与“欲”各自具备动机力量的主张,这是符合荀子原意的,但其对宋文的“心的在场性”这一立论前提的驳斥存在问题,原因在于何文预设了“心之所可”的规范性内容,这亦是其未能驳斥宋文的第二个立论前提的原因所在。从动态的角度上理解荀子哲学中的道德主体之生成,是避免这场争论的关键所在。

Does Desire in the *Xunzi* Have Motivational Force?: Centered on the Debate Between Sung Winnie and Eric Hutton

Zhang Xin

Abstract: Sung Winnie argues that the “desire” in Xunzi’s philosophy does not have motivational power. This argument challenges the generally accepted view in the study of Xunzi. From the perspective of theoretical effect, Sung’s claim implicitly subverts Xunzi’s stance that “human nature is bad” into that “the heart-mind is bad”. Eric Hutton’s refutation of Sung’s first premise also presupposes the normative content of “what the heart-mind approve of”, which explains why he does not refute Sung’s second premise. Sung makes an improper direct connection between Xunzi’s thinking way of

"*xing da xin xiao*" when talking about human nature and Xunzi's thought of "heart-mind's domination" when talking about heart-mind. This is the true reason why Sung's argument is not successful. The key to avoiding this debate is to understand the generation of moral agent in Xunzi's philosophy from a dynamic perspective.
Keywords: Xunzi, desire, motivational force, what the heart-mind approve of

专题二：新法兰克福学派
与新实用主义

导语

应奇(华东师范大学哲学系教授)

新法兰克福学派与新实用主义的交汇和融合是二十世纪晚期哲学的一个重要而引人瞩目的现象。这种源自不同理智背景的哲学传统之间的对话,其意义不仅在于跨越了地域和文化的限制,例如在所谓欧洲大陆传统和盎格鲁-撒克逊传统之间的跨洋交流和融汇,而且在于它在示例一种跨文化的哲学对话的同时,深化和刷新了人类的自我理解以及对于人类自我实践最重要的形式和价值,例如理性、真理、客观性、共同体、民主和团结的理解和认识。可以说,无论是在真理还是正义这两个西方哲学传统中最重要的议题和主题上,哈贝马斯都既有辐射的广度,又有理智的深度地汲取了实用主义哲学传统最主要的洞见和智慧,例如他在真理问题上与实用主义哲学之间的一种既相互激荡和砥砺,同时又不失自己根本立场的慎思明辨;在实践层面,则明确认为杜威对于民主作为一种激进实践和实验性的生活方式的想象乃是继青年黑格尔派之后对于民主问题的最有创造性的回答。在某种程度上,不夸张地说,正是经过哈贝马斯的揄扬和"转语",实用主义从一种带有地方性和局域色彩的哲学传统"跃升"为与分析哲学和现象学鼎足而三的现代哲学流派之一。而从经典实用主义向新实用主义的转化和嬗变也未尝不可以认为是有效地"接引"新法兰克福学派而产生的理智效能抑或"视域融合"。

理查德·伯恩斯坦是最能够体现新法兰克福学派与新实用主义之间这种

“视域融合”的重要哲学家之一，他以杜威研究开启其漫长而富有活力的学术生涯，尔后以《实践与行动》、《社会政治理论的重建》以及《超越客观主义和相对主义》三部曲确立了他作为一位卓越的哲学对话者的身份和地位，而且直到耄耋之年仍然笔耕不辍。《怒怼理性》这篇发表于1986年的文章把哈贝马斯与实用主义的对话和融合放置到西方理性传统在二十世纪之大灾变的背景下，特别是在二十世纪八十年代达于顶点的所谓后现代主义的声浪中加以定位，在缕述怒怼现代理性传统之谱系和叙事的基础上，着力揭示哈贝马斯和伽达默尔的对话理性模式与包括皮尔斯、杜威和米德在内的实用主义传统的亲和性，并将这种理智传统和精神气质追溯到作为“口头和书面对话”传统的“伟大卫士”的另一个柏拉图那里，可谓正本清源之作。

对于崛起于上世纪七十年代的后实证主义的智性实践而言，以法兰克福学派为代表的理性批判传统与发轫于杜威、皮尔士、詹姆斯并为其后学所不断酵萃的实用主义传统无疑构成了最为重要的理论源泉。尽管双方就某些课题各持己见且在一定程度上争锋相对，但是，就拒斥形而上学、面向实践本身以及忠实经验情境而言，二者更是不乏同道相合之处。进一步，在由维特根斯坦和海德格尔所共同促发的“实践-语用”转向中，这种对峙与交融在一种“哲学语用学”的视角下获得了新的向度，并且同时在法兰克福学派与实用主义那里激发出各自的崭新意蕴。于是，传统的理论对话就在“话语实践”的促动下深化为一种以哈贝马斯和韦尔默为代表的新法兰克福学派与以罗蒂、布兰顿、普特南为代表的新实用主义的交互论辩，其中，尤其以围绕真理的论辩最为引人注目。本专题中的《论辩真理：非范导的实用主义》可谓韦尔默在此真理论辩中的经典之作。

在关于真理的讨论中，韦尔默与罗蒂等人拥有一个相同的标靶，即以亚里士多德为代表的形而上学的真理“符合论”，而其晚近的版本则来自于新法兰克福学派的核心人物哈贝马斯及其同道阿佩尔在一种“先验-普遍语用学”视角下所倡导的基于理想交往的渐进主义的真理符合论。在韦尔默看来，这种符合论的真理观均承诺一种内置于理性或语言的绝对性要素，作为一种真理之“可断言性的”理想条件，这些先验要素保证了日常话语实践中的规范内涵。于是，符合论的真理观念就是一种“范导性”的真理观念。对此，诸如罗蒂等新实用主义者旨在切断符合论所隐秘承诺的话语与实践之间的连续性，认为在实际的实践情境中,一个有关真理的话语表征并不会提供额外的助益。就此,罗蒂主张一种“紧缩论”的真理观。韦尔默指出,一方面,那种基于范导性原则的符合论无法挣脱形而上学的枷锁,另一方面,真理的紧缩论主张将会掩盖我们辩护实践的种种结构特征,从而使得辩护活动本身处于一种脆弱的、莫可言喻的静默之中。在韦尔默看来,为了规避这两种解释困境,就需要兼顾如下两种考量:既无需假定一个外在于真理断言的实在内容或理想条件,同时又能保证真理陈述在我们话语实践中的积极功能和有效性。这样,真理就获得了一种跨情境的、跨主体的、且不断在论辩中加以淬炼的实践内涵。在韦尔默看来,这毋宁是一种“非范导的实用主义”的行动风格。

作为哈贝马斯的嫡传弟子,克里斯蒂娜·娜丰在《客观性是视域性的吗?》一文中考察了布兰顿和哈贝马斯的客观性概念。在她看来,哈贝马斯对于客观性的解释包含了一个实在论预设,它不是视域性的,而是跨视域的,相反,布兰顿对于客观性的解释依赖于计分模式的社会实践,不需要实在论预设。然后她进一步提出一个批判性论证,认为布兰顿对于知识的解释要成立,就必须包含实在论要素,而不能局限在社会视域中。由此她给出了自己的“内在实在论”答案:客观性实在既不是视域性的,也无法还原到任何其他观念中。

虽然布兰顿是新实用主义的代表人物,而哈贝马斯则是新法兰克福学派的代表人物,但在娜丰看来,两人同属于一个实用主义家族。因为他们共享了个实用主义方案:客观性必须从交往实践的内部得到解释,并不需要交往实践之外的实在。他们都承认,所有参与实践者的视角都共享:在客观上正确的东西和仅仅被当作正确的东西之间存在一个区分。他们所共享的是结构性特征,而不是内容。对于一个断言句语言游戏来说,布兰顿强调的是在言说者和聆听者之间的承诺和授权的可继承性,而哈贝马斯则强调唯一正确答案。他们两人都主张,当产生分歧的时候,至少有一人是错误的。

两人的不同之处在于看待这些实践活动的视角不同。哈贝马斯是从参与者视角来从内部看待交往实践。布兰顿是从观察者第三人称视角来考察社会实践,是一种方法论现象主义。哈贝马斯秉承了法兰克福学派的批判精神,试图把语言世界观从世界的秩序本身中抽绎出来,形成一个反思性的世界概念。因此,哈贝马斯在分析商谈可能性条件的时候,认为参与实践者共享了形式化的三个世界概念所组成的合作系统。这三个世界包括单一客观世界、社会世界和多元化主观世界。这个预设不是视域性的，而是跨视域性的。在这个意义上，娜丰认为哈贝马斯在解释客观性的时候需要“单一世界”这个实在论预设。

与新法兰克福学派的批判精神相对比，布兰顿的新实用主义则更强调从社会实践来解释规范的起源。他在解释断言句语言游戏的时候，并不主张实在论预设需要发挥作用，计分模式的社会实践就足以说明规范性的起源问题。布兰顿解释的核心是对知识论中的 JTB 问题进行了现象主义重构，从参与者内在视角，转译为现象主义者的外在视角。娜丰认为，布兰顿对于知识的解释在转译过程中丢失了实在论的预设。事实上她在整篇文章中，都不断想要刻画出实在论预设到底如何在交往实践中起作用。在分析哈贝马斯的商谈可能性条件的时候，她想把哈贝马斯的形式化的世界概念上升为一个实在论的世界，而在批判布兰顿计分游戏的时候，她想在社会视域之外从参与者内部找到一个实在论的世界。但这些做法究竟只是术语上的一种变换，还是有着实质上的不同？简单来说，这是一种返祖，还是一种进化？实用主义者们往往会很自信地认为，他们给人类带来了一种与过去都不一样的力量，看起来的确如此，近百年来整个世界翻天覆地的变化似乎都在为他们的这种观点背书。值得我们思考的是：他们理解自己的力量从何而来吗？

编纂一部《新法兰克福学派和新实用主义》文集是笔者多年前的一个设想，这个文集(当时拟由童世骏和应奇合编)一度还曾列入笔者与刘训练主编的“当代西方政治哲学读本系列”，我们为此进行了若干准备工作，例如确定文选篇目，布置某些入围文章的翻译，并在杭州围绕相关译文进行读书和研讨活动。目前提供的三篇译文就是当年这个计划的组成部分。要说明的是，各位译者在若干重要术语的翻译上有基于各自正当考虑的不同取舍，例如 justify 和 justification 之译为“证成”还是“辩护”，discursive 之译为“论理”还是“推辩”，我们在这次统稿时并没有强行统一。另需特别说明的是，目前这个专题导语虽由本人署名，但实际上是我和另外两位译者贺敏年和何松旭共同合作的“成果”，或许这也可谓一种极小规模的“视域融合”。

怒怼理性

[美]理查德·伯恩斯坦/著　　张　燕/译*

[摘　要]　本文把哈贝马斯与实用主义的对话和融合放置于西方理性传统在二十世纪之大灾变的背景下,特别是在二十世纪八十年代达于顶点的所谓后现代主义的声浪中加以定位,在缕述怒怼现代理性传统之谱系和叙事的基础上,着力揭示哈贝马斯和伽达默尔的对话理性模式与包括皮尔斯、杜威和米德在内的实用主义传统的亲和性,并将这种理智传统和精神气质追溯到作为"口头和书面对话"传统的"伟大卫士"的另一个柏拉图那里,从而为晚近的反理性传统做了正本清源、拨乱反正的工作。

[关键词]　理性;叙事;对话

最近,包括阿拉斯代尔·麦金太尔、理查德·罗蒂、保罗·利科以及让-弗朗索瓦·利奥塔在内的许多哲学家都提醒我们关注叙事在哲学探究中的重要(且令人疑惑的)作用。我之所以说"提醒我们"盖因叙事话语对哲学而言从来

---

* 理查德·伯恩斯坦(Richard Bernstein,1932—　),美国哲学家,新实用主义代表人物,早期重要作品有《实践与行动》、《社会政治理论的重建》、《超越客观主义与相对主义》。

张燕(1981—　),女,法学博士,江西南昌人,华东理工大学马克思主义学院讲师,研究领域为政治哲学。

都是十分重要的。通常，每个重要的哲学家要定位其自身的工作，都是通过讲述一个在其之前业已发生的故事——一个有其自己的主角和反角的故事。这通常就是哲学家们创建或者重建其自身传统和正典的方式。并且他们所讲述的故事系统性地与他们自认为独特的贡献交织在一起。只消想想亚里士多德在《形而上学》卷一中便记叙了其前辈在把握我们关于原因之科学知识的多维特征时的那些洞见和盲点便会明白这一点。抑或，让我们跳回到现代，想想逻辑实证主义者们给我们讲述的故事，除了在少数时候乐观地预期了其自身革新哲学的根本性计划外，这些故事大抵是关于其大多数前辈在语言方面的混乱和失误。再或，还有胡塞尔所讲述的有力且诱人的故事：整个哲学史都被视作对一种作为超越论现象学的新严格科学的目的论预期。这些叙事具有一种共同的修辞模式。它们讲述的是一个个关于预期、挫折与尝试的故事，但其终点在于真理与理性的逐步实现，这通常就是现在的哲学家或故事讲述者所清楚看到的，而在其前辈那里仍晦暗不明、犹雾里看花的"真理"。

另一种哲学叙事在十九世纪和二十世纪大行其道，讲述的是持续不断的衰退、堕落、灾难和遗忘，这明显是对上述这一模式的颠覆。一个经典的例证就是尼采对理性、真理和道德历史所做的系谱学揭示：这一历史以一种毁灭性的无所不包的虚无主义之盛行和散播而告终。然而我们同样可以在麦金太尔所讲述的自启蒙运动以来道德哲学与道德生活之没落衰败的故事中发现这一模式的变体。正如我们所见，这也是海德格尔解读（"强解读"）西方哲学与形而上学之命运的方式，这一命运与存在（Being）的遗忘史和遮蔽史交织在一起。

尽管我确信一种哲学叙事模式的类型学将是十分富有启发性的，然而提出这样一种模式并非我的目的。毋宁说我想要为此文所试图探讨之内容提供一些背景。因为我想勾勒一种叙事，或者更准确和更谦逊的说法是勾勒一种叙事框架。虽然只是概述，我的故事却由于以下几个原因而错综复杂。首先，因为它是关于叙事的叙事，尤其是那些本身讲述理性发展抑或如韦伯和哈贝马斯这样的思想家所谓"理性化"进程之故事的叙事。[①] 其次，因为这一叙事分离出许

① "理性化"可能是个误导性的表述，因为在英美语境中，它通常意味着虚假的、误导性的和扭曲的辩护。例如，我们谈论一种隐匿动机的理性化。然而，韦伯、哈贝马斯以及其他受德国社会学传统影响者所使用的这个表述并无贬义。它指涉一种理性随时间推移而增长的发展过程。是故对韦伯而言，官僚行政效率的提高或经验科学的发展都被视作理性化过程。

多不同的故事线索，一个情节与另一个相反的情节之间存在着无法化解的令人不安的张力。第三，因为它并非这样一种叙事，其中所有松散的线索最终都清晰地汇聚在一起——或者换个比喻的说法就是，并无所谓的大结局(grand Aufhebung)，因为它本质上是个未完结的故事。

循着此序言的精神，让我介绍一下我的第一条故事线索中的四位主角，并告诉你们我**希望实现**的目标。主角们的名字是孔多塞、韦伯、阿多诺和海德格尔。我的目标是直面当代一些颇为令人困扰的问题。因为我意欲理解为何如今存在如此众多针对**理性**的“喧哗”。为何存在一股朝向**理性**的愤怒？正在遭受攻击、批判和诅咒的究竟是什么？为何当“理性”与“合理性”被提及时，它们唤起的是支配、压迫、抑制、父权制、贫乏、暴力、总体性、极权主义甚至恐怖的影像？当我们意识到就在不久之前对“理性”的呼唤所引发的还是关于自主性、自由、正义、平等、幸福与和平的联想，这些问题就益发显得尖锐深刻却又令人费解了。我不仅想理解正在发生什么——更重要的是——理解面对纷繁复杂的局面，什么才是我们应当作出的回应。毋需多言，让我开始光亮与黑暗之争的故事吧。

启蒙辩证法

一七九三年七月，马里-让-安托万-尼古拉·卡里塔·孔多塞侯爵被雅各宾派宣判有罪而成为法外之徒，生命危在旦夕，遂藏身于韦尔内夫人的住处赛尔万多尼街21号，在那里写下了令他如今闻名于世的《人类精神进步史表纲要》。《纲要》于其死后的一七九五年出版(孔多塞在一七九四年四月被捕入狱后的第二天就去世了)，旋即被奉为法国启蒙运动的遗嘱。随着制宪会议投票决定资助在全法境内散播《纲要》的复本，它被正式采纳为后热月党人改革活动的哲学宣言。

这是一份异乎寻常的文献。在不到两百页的内容中，孔多塞纵贯人类历史的九个阶段或曰时代，欢欣鼓舞地描述了作为进步之极点的第十个时代：“人类精神未来的进步”。对孔多塞而言，“进步”决不仅仅意指增长、发展和分化；它具有一种目的论规范性的征兆——通往人类的无限可完满性。孔多塞的叙事的主角是理性——最初体现在哲学上，然后体现于自然科学之中，最后体现于

"道德科学与政治学"上。此外,在人类历史的进程中,理性的力量和权力不断增长。伴随着印刷术的发明、政论家的优秀作品,尤其是经由公共教育,理性的充足光照散播至全人类。理性通过了种种不同的考验。它必定战胜教士、暴君、专制者和狡诈的伪善者的迂回策略。无论如何,在其历史进程中,理性获得了一种势不可挡的动力。

孔多塞在《纲要》开篇处便宣告了其叙事的主旨,他向我们表明:

> 当人类在无数的世纪之中不断地更新其自身而接受种种改造时,他们所遵循的进程,他们迈向真理和幸福的步伐。
>
> 对于人类曾经是什么样子和今天是什么样子的这些观察,于是便会引导我们找到保证并加速我们的天性所容许我们还能希望有的新进步的种种办法。
>
> 这就是我所从事这部著作的目的,而它那结果将要显示:依据推理并依据事实,自然界对于人类能力的完善化并没有标志出任何限度。人类的完美性实际上乃是无限的;而且这种完美性的进步,今后是不以任何想要遏阻它的力量为转移的;除了自然界把我们投入在其中的这个地球的寿命而外,就没有别的限度。[①]

由于理性、正义、德性、平等、自由与幸福都变得愈来愈强,这一进步的趋势永不可逆转。孔多塞的人类历史本身是以目的论的方式朝向第十个时代即未来的。在"描述""人类精神未来的进步"时,孔多塞首先沿袭了十八世纪关于未来的自信言论——根据"驾驭着宇宙现象的普遍规律"[②],未来是可预测的。然而孔多塞的"预言"读起来更像是乌托邦梦想和"对人类未来状态的希望"[③]。所有有害的不平等形态终将被废除;在所有民族之间和民族内部都将实现文化平等、政治平等以及经济平等;人的诸种能力将无限趋于完善;私人幸福和公共

---

① Antoine-Nicolas de Condorcet, *Sketch for a Historical Picture of the Progress of the Human Mind*, trans., June Barraclough, London: Weidenfeld and Nicolson, 1955, p. 4. 译文参见何兆武、何冰译:《人类精神进步史表纲要》,南京:江苏教育出版社,2006 年,第 2 页。

② Ibid., p. 173;译文参见前揭《人类精神进步史表纲要》,第 155 页。

③ Ibid.;译文参见同上。

幸福将压倒一切成为普遍现象；孔多塞甚至明确地谈及要消除性别不平等并(以一种模棱两可的方式)暗示要消灭种族主义；战争不再，和平永驻；甚至我们的生物本性都将经历某种转变，因为人的寿命将无限延长而我们的各种能力也将进一步增强。

> 因而这个时刻将会到来，那时候太阳在大地之上将只照耀着自由的人们，他们除了自己的理性就不承认有任何其他的主人；那时候暴君和奴隶、教士及其愚蠢而虚伪的工具，除了在历史之中和舞台之上而外就将不再存在；那时候除了惋惜他们的那些受难者和受骗者，除了由于恐惧他们的为所欲为而使自己保持着一种有益的警惕，人们就将不再关怀它们：并且在理性的压力之下人们就学会了识别和遏止迷信和暴政的最初的萌芽，假如它们一旦胆敢卷土重来的话。[①]

二十世纪的最后几十年人们对于野蛮的极权主义、死亡集中营以及始终存在的核灾难的威胁尚记忆犹新，阅读孔多塞对未来即我们之现在的遗嘱《纲要》时，我们很难做到不带着一丝反讽的态度。即使同情启蒙运动的诠释者如彼得·盖伊也坦言："我们必然会得出这样的结论，《纲要》是启蒙运动的一副讽刺画，一如它是启蒙运动的遗嘱；它是理性主义放纵无忌的结果，受着对科学的愚蠢信念的支配，一再地混淆技术的进步与德性和幸福的增益。"[②]孔多塞的"预言"和"希望"无情地转变为超现实主义的梦魇。许多人也许会同意霍克海默和阿多诺的如下判断："启蒙的根本目标就是要使人摆脱恐惧，确立自主。但是，被彻底启蒙的世界却笼罩在一片因胜利而招致的灾难之中。"[③]

然而我们理应记住孔多塞的希望多少曾经激励过并且仍在激励着那些后来者，当然这些希望通常经过了一番调整。因为我们仍然冀望和梦想着结束压

---

① Antoine-Nicolas de Condorcet, *Sketch for a Historical Picture of the Progress of the Human Mind*, trans., June Barraclough, p. 179. 译文参见何兆武、何冰译：《人类精神进步史表纲要》，第 160 页。

② Peter Gay, *The Enlightenment: An Interpretation*, NewYork: Alfred A. Knopf, 1969, p. 122.

③ Max Horkheimer and Theodor W. Adorno, *Dialectic of Enlightenment*, trans., John Cumming, NewYork: Continuum, 1972, p. 3. 译文参见渠敬东、曹卫东译：《启蒙辩证法》，上海：上海人民出版社，2006 年，第 1 页。

迫性的不平等，将自由制度化以及实现和平的统治。我们中的许多人仍然分享着他对公共讨论和公共教育之潜在权力量的信念。我们别忘了，在十九世纪和二十世纪"社会科学"(孔多塞已经使用了这个术语)获得了发展，而贯穿这两个世纪，许多社会科学的践行者相信并且仍然相信他们提供了我们"若要在改善和消除人类苦难方面"取得更多确定、迅速的进步就必须运用的手段。

故事讲述者常常有权跳过某些历史时期，因此，我将很唐突地跳过一个世纪而在马克斯·韦伯那里继续我的叙事，并将韦伯对我们未来的"进步"之令人不寒而栗的预测与孔多塞的"启示录"般的愿景并置在一起。① 就韦伯热情地投身于理性和科学的天职而言，他是启蒙运动的继承人，而他同时又是启蒙运动最严厉和最具毁灭性的批评者之一。韦伯首先揭露了霍克海默和阿多诺所谓的"启蒙辩证法"，即启蒙的阴暗面——启蒙孕育了其本身的自我毁灭。对我的叙事而言韦伯如此重要，原因之一就在于我基本同意阿拉斯代尔·麦金太尔的观点："当代居主导地位的世界观是韦伯的世界观。"②

一方面，韦伯主张在从事经验的社会学研究时必须坚守价值判断无涉的要求，另一方面他自己的作品(他很清楚这一点)又充斥着引人注目的强有力的判断。其中最著名、最激进的判断就是他关于新教伦理的断言，读来像是二十世纪的墓志铭：

> 没人知道将来会是谁在这铁笼里生活；没人知道在这惊人的大发展的终点会不会又有全新的先知出现；没人知道会不会有一个老观念和旧理想的伟大再生；如果不会，那么会不会在某种骤发的妄自尊大情绪的掩饰下产生一种机械的麻木僵化呢，也没人知道。因为完全可以，而且是不无道理地，这样来评说这个文化的发展的最后阶段："专家没有灵魂，纵欲者没有心肝；这个废物幻想着它自己已达到了前所

---

① 博纳尔德(Louis-Gabriel-Ambroise Bonald)将《纲要》奉为"新福音的启示"。See Keith Michael Baker, *Condorcet*: *From Natural Philosophy to Social Mathematics*, Chicago: University of Chicago Press, 1975, p. 393.

② Alasdair MacIntyre, *After Virtue*, Notre Dame: University of Notre Dame Press, 1981, p. 108. 龚群、戴扬毅等译：《德性之后》，北京：中国社会科学出版社，1995 年，第 137 页。

未有的文明程度。”[①]

韦伯是此种类型的历史哲学、社会进化论甚至由孔多塞及其追随者所预示的那种人类发展“阶段模型”理论的无情批判者。(尽管最近有评论者指出,在韦伯自己关于“西方理性”的出现、发展及命运的叙事中也可以发现这些被批判内容的痕迹。[②])如果说启蒙的使命在于破除神话、迷信、幻象和偏见,那么身处这一传统之中的韦伯则试图揭露和粉碎启蒙本身的神话般的思考模式。他嘲笑目的论的进步观念,除非我们对“进步”抱着一种辛辣嘲讽的态度。自由与共和主义民主并非如孔多塞所认为的那样是人类历史“**固有**”的目标。相反,现代性的主要趋势,尤其是那些在资本主义发展过程中所展示出的趋势构成了对自由和民主的最大威胁。1906 年,韦伯写道:

> 尽管发达的资本主义——正如它现今正在被输入到俄国的样子,也正如它在美国的样子——是我们经济发展不可避免的结果,但倘若以为如今的这一资本主义与民主抑或与自由在这些语词所指涉的任何意义上具有某种联系,那就荒谬至极了。问题在于:就长远而言,自由与民主在高度发展的资本主义的支配下究竟如何可能?只有当一个民族不甘像羊群那样被统治的决心永远坚定不移时,自由与民主才是可能的。我们是“对抗”物质格局“之流”的个人主义者和“民主”体制的支持者。人们若是想要成为演化趋势的风向标,就必须尽快放弃这些老式的观念。现代自由的历史起源具有一些独一无二的、永不

---

① Max Weber, *The Protestant Ethic and the Spirit of Capitalism*, trans., Talcott Parsons, New York: Scribners, 1958, p. 182. 译文参见于晓、陈维钢等译:《新教伦理与资本主义精神》,北京:生活·读书·新知三联书店,1987 年,第 143 页。

② See Wolfgang Schluchter, *The Rise of Western Rationalism: Max Weber's Developmental History*, trans., Guenther Roth, Berkeley: University of California Press, 1981, and Jürgen Habermas, *The Theory of Communicative Action*, 2 vols., trans., Thomas McCarthy, Boston: Beacon, 1981, vol. 1, chap. 2, "Max Weber Theory of Rationalization."

复现的前提条件。①

不仅“机械化的僵化”是一种日益迫近的历史可能性,而且自由与民主也遭受着威胁。在解构孔多塞的预言/希望中的其他要素时,韦伯一如既往地毫不留情。在一个更具民族主义色彩的论断中,他警告我们:“我们将要交给后代们的不是和平与幸福,毋宁说是为了我们民族的延续和更好的繁衍而永久斗争的原则。”②现代性的特征不是对自然权利的普遍赞同或其制度化,而是一种新的诸神之争、不可通约的价值取向以及诸神与魔鬼之间新的激烈斗争。

然而也许对孔多塞的希望构成最严重威胁的是韦伯对于科学——它本身处于“日益”发中——能够告诉我们应当如何去生活这种观念提出的挑战。孔多塞从未严肃地质疑这一点,即科学不仅提供人类实现可完满性的手段,而且揭示了所要达致的目标。然而,这一神话恰恰是韦伯所欲破除的东西。在这里,我们同样可以发现另一种颇具讽刺性的倒转。因为在孔多塞对启蒙运动的热忱向往的版本中,“是”和“应当”、工具性手段与规范性目的是融合在一起的并相互混淆的。但是韦伯将另一个启蒙运动思维的版本推向极致,强调“是”与“应当”之间的逻辑差异。对康德而言,意识到并坚持“是”与“应当”间的范畴差异是奠定普遍性道德律令之理性基础的方式,事实上也是唯一的方式。然而在韦伯看来,开启这一深渊具有这样的后果,也就是表明我们的终极规范并不具有任何科学的或者更普遍的说法是**理性**的基础。

当韦伯追问“科学的意义何在?”时,他的回答是明确的。他告诉我们:

> 托尔斯泰曾就这个问题,提出一个最简单的答案:“学问没有意义,因为对于我们所关心的唯一重要问题‘我们该做什么,我们该如何生活?’它没有提供答案。”学问对这些问题没有提供答案,已是不争的事实,尚待讨论的问题只在于,在什么意义之下,学问“没有”答案,以

① *Archiv für Sozialwissenschaft und Sozialpolitik*, 12, no. 1, pp. 347fF., cited in H. H. Gerth and C. Wright Mills (eds.), *From Max Weber: Essays in Sociology*, NewYork: Oxford University Press, 1946, p. 71.

② Cited by Wolfgang J. Mommsen, *The Age of Bureaucracy*, NewYork: Harper and Row, 1974, p. 30.

及对一个问题问得正确的人，学问能否提供一些帮助。[①]

在这些激情四溢的论断背后有一个人物，像一个邪灵不仅萦绕于韦伯的思考之中也盘旋于我的叙事之上，这个幽灵就是尼采。几乎没有什么韦伯或任何其他启蒙的批判者提出的批判是尼采所未预见到的，这些批判通常以一种更为尖锐、更加简洁和格言化的形式出现。

我们倘若仅仅比较孔多塞愿景式的乐观主义与韦伯悲剧性的文化与社会学的逆来顺受，则等于未触及需要我们去面对的首要问题。为什么？我们该如何解释这一明显的重要差异？

要很好地回答这一问题本身要求我们对把他们分隔开的这个世纪的经济、政治和文化的发展提供一份细致的描述。[②] 但我的看法是，我们可以在启蒙运动最珍贵的概念——理性——那里发现一条关键的线索。与韦伯相比，孔多塞对理性及其作为一股历史力量如何运作的理解显得过于简单天真。然而，韦伯对“理性主义”、“理性化”以及“合理化”的使用通常是十分复杂的、多维度的和多义的，以致我们对下面这一点深有体会，即为什么有些人如斯蒂芬·卢克斯会声言，韦伯对“理性的”及其同源词的使用“如此难以捉摸和漂移不定”[③]。而近来韦伯学界最富成果和最有希望的发展之一就是有学者尝试梳理“理性”及其同源词的不同含义，清理韦伯所引入的过于繁复和漂移不定的区分，以及重建其整个理性化理论的框架。哈贝马斯认为在韦伯理性化理论的指引下，我们可以重建他的整个事业——这个观点无疑是正确的。[④] 事实上，我们甚至能够揭示其思想内核中的那些深层的张力与悖论。

我无法详细描述当代围绕韦伯的争论和重新诠释，但我想强调一些已获得公认的主要观点，而这对于我的叙事是至关重要的。如果我们将韦伯宗教社会学的整个思想作为考察的对象而非仅仅关注新教伦理，那么显然，韦伯对现代

① Max Weber, “Science as a Vocation,” *From Max Weber: Essays in Sociology*, p. 143. 译文参考钱永祥、林振贤等译：《韦伯作品集Ⅰ——学术与政治》，南宁：广西师范大学出版社，2004 年，第 174 页。

② 见哈贝马斯在《交往行为理论》的“马克斯·韦伯的理性化理论”一章中的分析。

③ Steven Lukes, “Some Problems about Rationality,” Bryan Wilson (ed.), *Rationality*, NewYork: Harper and Row, 1971, p. 207.

④ J. Habermas, *The Theory of Communicative Action*, vol. 1, p. 143.

理性化进程的理解内嵌于一个更大的框架之中。他试图理解西方独特的理性主义，理解它在文化、社会与人格等领域的显现，以及理性化的不同类型和发展节律。[①] 即便以这种方式提出问题，即询问西方理性有何独特之处，那也表明韦伯认为有些理性和理性化的形式为非西方文化和社会所特有。此外，为了理解西方的理性化发展模式以及现代理性化进程的不同形式，西方理性主义的问题需作进一步的区分。因此，譬如韦伯关于世界祛魅(Entzauberung，字面意思是"祛除-魅力化")的论题就不仅仅为现代性所独具，毋宁说是世界宗教史和世界观史上的一个发展过程。这一祛魅化本身是错综复杂的理性化进程的产物，又是现代西方理性化形式得以显现的必要前提。

稍后我将回来探讨韦伯具有内在错综复杂性的整个架构，但事实上韦伯的所有评论者都会同意，在其对现代的理解中如此突出的理性化进程的类型就是那些与他所区分的四种社会行动类型之一联系在一起的目的理性(zweckrational)行动。[②] "谁若根据目的、手段和附带后果来作他的行动的取向，而且同时既把手段与目的，也把目的与附带后果，以及最后的各种可能的目的相比较，作出合乎理性的权衡，这就是目的理性的行动。"[③]这一目的理性行动的概念对于韦伯更为复杂的"实践合理性"概念而言至关重要，后者本身就是"目的理性"与"价值理性"的结合体。[④] 韦伯试图表明，实际上在现代文化与社会的每一领域——包括科学、道德、法律、政治、经济、行政、科层制甚至艺术——内，都存在着工具理性无休无止的压力及其持续不断的传播，而这进一步塑造着我们日常生活的方方面面。正是这一无法"逆转"的复杂发展进程不仅强化了"铁笼"并导向了"机械化的僵化"，而且危及自由与民主，甚至拥有破

---

① 参见《新教伦理与资本主义精神》导论部分，这是对韦伯宗教社会学研究的前言的一个解释。

② 其他三种社会行动分别是情感行动、传统行动以及价值合理性行动。参见斯蒂芬·卡尔伯格(Stephen Kahlberg)对社会行动类型和理性类型的讨论，卡尔伯格区分了四种理性：理论理性、实践理性、实质理性和形式理性。Stephen Kahlberg, "Max Weber's Types of Rationality: Cornerstones for the Analysis of Rationalization Processes," *American Journal of Sociology*, 85 (1980): 1145 - 1179.

③ Max Weber, *Economy and Society*, 2 vols., trans., Guenther Roth and Calus Wittich, Berkeley: University of California Press, 1978, 1, p. 26. 据英译文略有改动，中译文参见林荣远译：《经济与社会(上卷)》，北京：商务印书馆，1997 年，第 57 页。

④ 参见哈贝马斯对实践理性概念的"重构"。J. Habermas, *The Theory of Communicative Action*, vol. 1, p. 168f.

坏自主个体存在的潜能。此所谓“理性化的悖谬”。阿尔布莱希特·韦尔默非常简洁凝练地刻画出了这一悖谬,他写道:

> 通过分析进步的理性化——资本主义经济、科层制以及专业化的经验科学——的制度性关联物,韦伯表明社会的“理性化”并不会带来任何乌托邦式的憧憬,却有可能导致现代人愈来愈深陷于日益增强的“物化”(reification)(正如韦伯的门徒卢卡奇后来对它的命名)的去人性的体制中而无法自拔。“理性化”同时意味着解放与物化的这一悖论,在韦伯的理论中仍是悬而未决的。[①]

正是这一悬而未决的悖论使得赫伯特·马尔库塞在其对韦伯的尖刻批判中评论道:“人们在那建构中的、更加牢不可破的‘监禁的框架’(shell of bondage)中几乎看不到任何理性。抑或,马克斯·韦伯虽意识到了却矢口否认上述悖论的这一极具讽刺性的事实或许早已存在于他的理性概念之中?他是否有可能会说:难道你把这称之为‘理性’?”[②]

我们现在可以理解,如果韦伯是正确的,如果这就是合理性和合理化在现代世界所呈现出的样子,如果这就是启蒙运动所鼓励和正当化的那种解放的“必然”后果,那么我们大可以理解为何存在着一种对理性的愤怒——或者更准确地说,是一种对当代世界中所呈现出的理性的反感。我们可以明白,随后的二十世纪中对启蒙运动及其青睐的理性形式的批判都可以被视作韦伯式命题的变种。延续这一命题的不仅有阿多诺对“被管控的世界”(administered world)入木三分的描述,亦有海德格尔对韦伯之悖论的存在论化,这体现在他对“意欲意志”的胜利、对“形而上学的人道主义”的自我毁灭性以及对集置(Gestell)的极端危险性的追问上。具有极强亲缘性的还有福柯对“规训社会”、“监狱群岛”的论理实践的微观解析。

由于我的叙事才刚刚开始,我将更为简略地介绍一下第一个故事线索中的

---

① Albrecht Wellmer, “Reason, Utopia, and the Dialectic of Enlightenment,” Richard J. Bernstein (ed.), *Habermas and Modernity*, Cambridge, Mass.: MIT Press, 1985, p. 41.

② Herbert Marcuse, “Industrialization and Capitalism in the Work of Max Weber,” *Negations*, trans., Jeremy J. Shapiro, Boston: Beacon, 1968, pp. 225 - 226.

另外两位主角：阿多诺和海德格尔。在介绍他们时，我所关注的主题是支配与控制，这一主题实际上贯穿于韦伯所描绘的所有合理性类型当中。

斯蒂芬·卡尔伯格道出了这一主旨：

> 无论在内容和思维方式上有何差异，所有类型的合理性的共同点在于它们都有意识地努力**把握实在**。无论它们是否具有纯粹手段-目的计算的特征，无论弥散的实在是否服从于价值或者抽象的思考活动；也无论它们是否是出于利益、正式的规则和法则、价值或纯粹的理论问题而发生的——对韦伯而言，所有这些方式都将与社会实在之周而复始的具体事件、毫无联系的事件以及偶发事件的不绝之流系统地相遭遇。在**把握实在**时，它们的共同目标就是消除特殊的感知，将它们转变为可理解的、“有意义的”的规则和规律。（重点为笔者所加）[①]

这就是阿多诺在其否定辩证法中所抓住、深化和试图破除的主题。为了把握阿多诺铺陈的和无调式的思维方式的风格，我们必须正确地评价脆弱的、动态的反题的张力，它们被阿多诺牢牢结合在一起，通过他对黑格尔、马克思、叔本华、尼采、卢卡奇和本雅明某些思想的选择性、批判性的吸收利用而得以显现出来。想要用某个完全连贯的有机视角来统合阿多诺那些相互冲突甚至矛盾对立的断言，显然是徒劳的。对阿多诺而言，有机整体的幻想通常都是倒退。他的批判的风格和内容（他拒绝在风格与内容之间作出任何区分）总是旨在破坏和挫败任何终极的综合，即任何绝对的聚合。这就是为什么我们可以在阿多诺的思想中发现对解构性批判逻各斯中心主义的预期。[②] 马丁·杰伊主张我们可以通过将阿多诺最偏爱的两个隐喻运用于他自身的思维方式，以此来把握他的思想。

> 隐喻之一是力场（Kraftfeld），阿多诺用它来指吸引和排斥的互相联系的作用，这种吸引和排斥的相互作用构成复杂现象的动力的、互

---

① Stephen Kahlberg, “Max Weber's Types of Rationality,” pp. 1159 – 1160.

② 参见马丁·杰伊所探讨的阿多诺对解构主义的预期。Martin Jay, *Adorno*, Cambridge, Mass.: Harvard University Press, 1984, p. 21.

相转换的结构。隐喻之二是星丛(constellation),这是阿多诺从本雅明那里借用的天文学术语,他用来指并列的而不是整合为一体的一系列变化着的因素,这种变化着的因素抵抗被约成公分母、基本内核或创造性的第一原则。[①]

我想将这两个隐喻与两条深刻的反题线索联系在一起,这两条线索在阿多诺自己的星丛中需要被并置在一起。

一方面,较之阿多诺对"被掌控的世界"和当代"文化工业"毫不留情的阴暗描绘,韦伯在阐述理性化悖论时所流露出的文化的和社会学的悲观主义则开始显得像儿戏般天真无邪。韦伯仍然区分了现代理性化进程形式中相互冲突的各种因素,而这些在阿多诺对失控的"工具理性"的梦魇般的描述中是融合在一起的。在阿多诺对启蒙理性观念寓言式的陈述中,他将这种具有压制性的理性称为"同一逻辑"或"同一哲学",并指出这一压制性理性并非兴起于十八世纪,而是起源于西方文化的开端处。狡猾的奥德修斯是第一位"布尔乔亚"式的启蒙人物。[②] "同一逻辑"隐含的结构在西方哲学开端处就获得了其概念形式的表达,而在深受体系之诱惑的黑格尔那里达致其顶峰状态;同一逻辑背后的结构表现为支配和控制的意志。这正是贯穿韦伯对合理性类型的描述的主旨。然而在阿多诺看来,同一性的合理性总是试图否定、压制和侵犯他性、差异和独特性。这种合理性形式被揭示出的本质乃是统治;对自然无情的统治与控制转化为人对人(以及实际上是男人对女人)的统治,发展到极致就是虐待狂-受虐狂式的自我压制与自我戕害。启蒙理性隐含的"逻辑"极具压制性,它具有极权主义的特征。

然而,另一方面,尽管阿多诺毫不留情地揭露启蒙运动施虐受虐狂式的阴暗面——这方面的遗毒可以用一个令人毛骨悚然的名称来概括:奥斯维辛;但

① Martin Jay, Adorno, pp. 14 – 15. 中译文参见瞿铁鹏、张赛美译:《阿多诺》,北京:中国社会科学出版社,1992年,第8页。

② 参见霍克海默和阿多诺的《启蒙辩证法》。我在此处关注的是阿多诺的思想,姑且不论霍克海默和阿多诺之间的一些重要差异。在《启蒙辩证法》新的英文版(1972)的前言中,作者写道(p. ix):"外人会发现要辨识我们各自对每句话负有多大责任将是十分困难的。我们共同决定了那些较长的部分;而辩证法的关键逻辑就在于两种知识分子习性在这种张力中实现了联合。"

他仍是启蒙运动热忱的继承人——尽管与韦伯在继承方式上大相径庭。即使在合著的《启蒙辩证法》这部被许多人视为霍克海默和阿多诺最悲观的作品的导言部分,这两位作者仍宣称:

> 我们深信——在此我们有窃题之嫌——社会自由与启蒙思想是密不可分的。但是,我们同样也清楚地认识到,这一思维方式的观念本身已经包含着今天随处可见的倒退的萌芽。在这方面,启蒙思想与相关的历史形态和社会制度比较起来并不逊色。[①]

乍看起来,阿多诺自觉地认肯启蒙运动最异想天开的乌托邦梦想——包括幸福的承诺和所有人类苦难的结束——的方式显得如此自相矛盾,甚至令人疑窦丛生。被韦伯讥讽为"不切实际"和"毫不理性"的启蒙乌托邦理想却在阿多诺那里以一种近乎夸张的方式获得了认肯。在阿多诺看来,幸福不是苍白无力的公共幸福或私人福利,而是一种审美化的、不受抑制的满足感和安逸感。阿多诺以他自己的救赎方式,向我们展示了一幅无对抗、无等级、无暴力和无压迫的社会愿景。

阿多诺将这两个要素推向极致,使这两个要素构成一个新的星丛:幸福承诺不受限制的动力和"同一逻辑"毁灭性的、扭曲性的力量。阿多诺这样做并非是要助长大结局的幻觉,毋宁说是要让压迫性的社会实在的外壳迸裂开来。

> 面对绝望,我们唯一可以负责任地践行的哲学就是当一切事物自身呈现出来时,尝试以救赎的态度思索它们。知识无任何光亮,除了那些借助救赎投射在世界之上的光亮:所有其他的都仅仅是技术性的重建。我们必须这样来塑造视角,它们将移置世界,使世界疏离化,揭示它的未来,挟带着它的裂缝与罅隙,贫乏、扭曲,一如它有朝一日在弥赛亚的光照下所显现出来的那样。[②]

---

① Max Horkheimer and Theodor W. Adorno, *Dialectic of Enlightenment*, p. xiii. 中译文参见渠敬东、曹卫东译:《启蒙辩证法》,前言,第2—3页,译文略有改动。

② Theodor W. Adorno, *Minima Moralia*, trans., E. F. N. Jephcott, London: Verso, 1974, p. 247.

尽管阿多诺留给我们了一连串的难题，但海德格尔甚至割断了那虽然脆弱、紧张却仍将阿多诺与启蒙运动最深层的幸福承诺联系在一起的线索。尽管阿多诺公开嘲讽海德格尔，尽管他尖刻地谴责“本真性的行话”（jargon of authenticity），阿多诺仍然架起了通往海德格尔对逻各斯和理性之历史和命运的存在论描述的桥梁——或者用尼采的话来说，“钢索”（thetightrope），而理性将终结于形而上学人道主义的盲目和对存在的静默的呼唤的遗忘。海德格尔对“存在史”的致命的强解读在《存在与时间》（1927）中已初露端倪，但这一点只有在其“中后”期的作品里才变得越来越明显。在这一解读中，我们发现了与阿多诺的论断类似的主题，即“同一逻辑”的萌发及其隐含的支配意志可以追溯至西方理性的源头处。海德格尔认为，从柏拉图到最后一位形而上学思想家尼采存在着一种直接的连续性，讲述了一个穷尽了先行描绘的可能性的故事。“随着尼采的形而上学，哲学就完成了。”[①]理性动物或曰形而上学的人的观念象征着对存在的遗忘。当写下如下这段话时，海德格尔的“理性史”和更具包容性的“存在史”的情调（Stimmung）便展现了出来：

> 存在之真理的承诺必然自行发生，而且作为形而上学之完成而自行发生。这种承诺同时通过由形而上学所烙印的世界的倒塌与从形而上学中产生的大地的荒漠化而实行出来。倒塌与荒漠化获得了相应的实行，因为形而上学的人即理性的动物被固定为劳动的动物了。这种固定表明那种对存在之被遗忘状态的极端蒙蔽。但人愿意自身作为求意志之意志的自愿者，对后者来说，一切真理都变成了那种谬误，他需要这种谬误，以便他能够对自身保障对下面这回事情的欺瞒，即：求意志的意志所能够意愿的，无非就是虚无之无，人面对这种虚无之无而保持自身，而又不能认识到他自身的完全的虚无状态。[②]

萦绕着韦伯和阿多诺的尼采的幽灵现在披上了一层不祥的超现实的色彩。

---

① Martin Heidegger, "Overcoming Metaphysics," *The End of Philosophy*, trans., Joan Stambaugh, New York: Harper and Row, 1973, p. 95. 中译文参见孙周兴译：《演讲与论文集》，北京：生活·读书·新知三联书店，2005 年，第 83 页。

② Ibid., p. 86.，中译文参见同上，第 70 页。

我们很难拒绝作出这一结论，正如伽达默尔谈及海德格尔时所云：我们生活在"'在的遗忘'的'世界黑暗时期'这种尼采曾预言的虚无主义"之中。[①] 海德格尔逗弄我们道：通过思考和诗歌建构的新/旧事件/居有，我们有可能克服形而上学，我们仍能够从极端危险性、技术的本质、集置的威胁下被"拯救"。[②] 然而，通过回忆孔多塞死后发表的关于第十个时代的遗嘱，并将其与海德格尔自己死后发表的遗言并置在一起，我们可以结束这一故事线索了：

> 哲学将不能引起世界现状的任何直接变化。不仅哲学不能，而且所有一切只要是人的思索和图谋都不能做到。只还有一个上帝能救渡我们。留给我们的唯一可能是，在思想与诗歌中为上帝之出现准备或者为在没落中上帝之不出现做准备；我们瞻望着不出现的上帝而没落。[③]

海德格尔之后，一切对人道主义——人的自由、幸福和解放——的谈论似乎都变成了一种讽刺。如果这就是西方理性的历史和命运，那么对理性的愤怒就再"合理"(reasonable)不过了。因为我们似乎很难拒斥这样一个结论：逻各斯先行描绘的可能性的完成所不可避免地带来的后果不是启明和启蒙，而是世界的虚无主义的黑夜。

辩证的合理性

到目前为止我所追索的是第一条故事线索，却并未暗示另一条线索或副线

---

① Hans-Georg Gadamer, *Truth and Method*, 2nd edn., trans. and rev., J. Weinsheimer and D. G. Marshall, New York: Crossroad, 1989, p. xxxvii. 中译文参见洪汉鼎译:《真理与方法(上卷)》,上海:上海译文出版社,1999年,第16页。

② 参见《对技术的追问》,尤其是海德格尔对荷尔德林"但哪里有危险,哪里也生救渡"的诠释。Martin Heidegger: *Basic Writings*, ed. and trans., David F. Krell, New York: Harper and Row, 1977, pp. 283–318. 亦参见我的批评,"Heidegger on Humanism," Richard J. Bernstein, *Philosophical Profiles*, Philadelphia: University of Pennsylvania Press, 1986。

③ Martin Heidegger, "Only a God Can Save Us," trans., William J. Richardson, Thomas Sheehan (ed.), *Heidegger: The Man and the Thinker*, Chicago: Precedent, 1981, p. 57. 中译文见孙周兴选编:《海德格尔选集(下卷)》,上海:上海三联书店,1996年,第1036页。

索。我想回到韦伯,尤其是回到最近哈贝马斯对韦伯的批判性回应来开门见山地引入这条线索。许多人将哈贝马斯最近所复活的东西视为新式学院派经院哲学或新文化产业,但这个叙事中的"哈贝马斯"却不是彼哈贝马斯。原创思想家的特征在于,为某种反反复复被探索、被引申、被深究的唯一的思想或直觉所吸引。事实上,如果要求我(像希勒尔拉比[Rabbi Hillel]在另一个场合被要求的那样)用一句话来概括这个唯一的主导思想,我想没有什么能比哈贝马斯最近在一次访谈中所说的话更为确切了。他谈到一种信念,即"相信一种人类的集体生活取决于富于创新、互惠而无强迫的平等主义的日常交往的脆弱形式"。(顺便提一下——我们很快就能看到这一点的重要性——哈贝马斯是在谈到一种"直觉"时说这番话的,他认为这一直觉将自己与理查德·罗蒂联结在一起,罗蒂则是从实用主义的遗产中继承了这种"直觉"。)①

但还是让我回到哈贝马斯与韦伯之间的遭遇来说明这一直觉对他以及对我自己的叙事而言到底有多关键。在《交往行动理论》的第二章,哈贝马斯在这篇几乎是对马克斯·韦伯的专论中试图重建后者的合理化理论(theory of rationalization)。这一重建的细节很复杂,富有挑战性,也颇有争议,值得进行仔细的系统分析。但我斗胆认为,完全可以说自始至终激励着哈贝马斯进行批判性重建的动机几乎是一种"本能的直觉"(gut feeling):在韦伯对现代合理化进程的分析中,有某种不可救药的错误,有某种东西被歪曲了。

在某种意义上,哈贝马斯试图展现韦伯思想本身的深层张力,并试图指出,韦伯关于合理化进程之现代形式这一"铁笼"的结论非但无法从他对不同类型的合理化进程的更全面理解中得出,而且还与之相悖。但或许更为重要的是,哈贝马斯想要知道引致韦伯误入歧途的到底是什么——是什么致使他讲述了

---

① Jürgen Habermas, "A Philosophico-Political Profile," *New Left Review*, No. 151 (May/June 1985): 12. 哈贝马斯的这番话所回答的是如下问题:"您对后结构主义有所非难,您也相对友好地接受了理查德·罗蒂的作品,而罗蒂却提出了与后结构主义相似的命题,并且有时候直接受到后者的影响,您能解释一下上述非难与接受之间的矛盾吗?"哈贝马斯的回答是:"就罗蒂而言,我对其语境主义立场的批判并不少。但他至少没有搭上'反人道主义'的列车,这趟列车的轨迹在德国要追溯至诸如海德格尔和盖伦这样在政治上暧昧不清的人物。罗蒂从实用主义的遗产——在许多(虽说不是一切)方面,他都不太公允地宣称这是自己的东西——中继承了将我们联结在一起的"直觉":相信一种人类的集体生活取决于富于创新、互惠而无强迫的平等主义的日常交往的脆弱形式。"

目的合理性必然胜利的诱人故事，这个故事如此广泛地影响了后来对启蒙运动遗产的批判。对这个非常复杂的故事，如一言以蔽之，哈贝马斯认为，不管韦伯有多少经得起检验的洞见，让韦伯对社会合理化的理解抱有偏见的主要“概念瓶颈”[①]可以回溯至他对社会行动之理解的局限性。韦伯过于突出目的合理性行动，以致于对交往行动——那类在并非以成功为取向，而是以相互理解为取向的言谈中最为清晰地展现出来的行动——的特殊性和中心地位，以及事实上(对哈贝马斯而言)的首要性视而不见。如果说目的合理性行动的合理化涉及“技术手段的经验效率以及在适当的手段之间作出前后一贯的选择”(韦伯对这一点有很好的理解)，交往行动的合理化则完全是另一回事[②]：

> 合理化在这里意指连根拔除那些潜伏在交往结构本身之中的暴力关系，它们凭借内心和人际的交往障碍阻碍着人们自觉地解决各种冲突，并在双方同意的基础上对之进行规整。合理化意味着克服这种遭到彻底扭曲的交往，在这种交往中，与互相提出的有效性要求相关的支持行动的共识——尤其是与意向表达之真实性和潜在规范之正当性有关的共识——只能得到表面的维持，即以反事实的方式被维持。[③]

基于以下陈述的理由，哈贝马斯提到的“反事实性”极为重要。首先是因为哈贝马斯断言，目的合理性在现代世界的特殊形式及其支配地位并无历史必然性。(韦伯甚至会同意这一点，因为他自己就避免一切诉诸“历史必然性”的尝试。)在这一点上哈贝马斯也极力反对阿多诺和海德格尔所代表的那些趋势，它们暗示了“同一逻辑”之筹划或者集置的致命统治那种无可逃避的宿命。

其次，哈贝马斯所引入的概念转换消解了所谓的合理化悖谬。韦尔默清晰地指出了这一点：

---

① J. Habermas, *The Theory of Communicative Action*, vol. 1, pp. 270f.

② Jürgen Habermas, *Communication and the Evolution of Society*, trans., Thomas McCarthy, Boston: Beacon, 1979, p. 117.

③ Ibid., pp. 119 – 20.

哈贝马斯的异议是，合理化的这一悖谬并未表达出现代合理化进程的内在逻辑(或辩证法)；严格而论，这不是合理化的一个悖谬……更恰当的说法毋宁是合理化的一种“选择性”进程，此进程的选择性特征可以通过资本主义生产体系的边际条件和动力学所施加在交往理性化之上的限制得到解释。①

但是哈贝马斯的概念重整和范式转换中最重要的一点是，它允许我们把握韦伯的描述中最敏锐的部分，同时无需接受他那问题重重的预言，即囚禁我们的“铁笼”的预言。现在，“合理化的悖谬”被重新解释为一种在现代世界中强有力的、实际上是支配性的趋势，这一趋势以目的合理性系统的扭曲性压力瓦解着生活世界(及其特有的交往理性)。这一概念转换并不意味着与韦伯相比哈贝马斯对我们未来的前景更为乐观。毋宁说它改变了我们对现代性那充满活力和冲突的合理化进程的**理论**理解，也改变了我们对新兴社会运动的实践评价。因为我们可以将它们看作一种防卫策略，保卫并促进着一种未经扭曲的生活世界的完整性。这正是哈贝马斯本人用以评价妇女运动的视角——他认为这有可能成为一场最为激进的当代社会运动。

我在这里无法对哈贝马斯为这些令人吃惊的断言寻求解释及辩护的复杂方式进行说明和评论。② 此处我的主要意图是，利用哈贝马斯的洞见，通过追踪两条亲缘线索来展开我自己的叙事。第一条要回溯至哈贝马斯所说的那个将他和实用主义传统联结起来的“直觉”。哈贝马斯极为正确地认识到，处于自己视域中心的基本直觉或判断在实用主义传统中也处于中心地位。二者都认为合理性在本质上是对话性的和交往性的，并且二者都在寻求这种形式的合理性和合理化的伦理及政治后果。皮尔士首次在他关于探究者共同体之基本特征的想法中提出了这一思想的逻辑主干，这一共同体是一个自我纠正式的批判性共同体，没有绝对的开端和终结。杜威提出，如果在逻辑上推至极端，这种共同体的观念本身需要民主共同体的道德理想，而在民主共同体中，“民主的任务

① Albrecht Wellmer, “Reason, Utopia, and the Dialectic of Enlightenment,” p. 56.

② 对哈贝马斯某些观点的批判性讨论，参见我在 *The Restructuring of Social and Political Theory* (Philadelphia University of Pennsylvania Press, 1978)以及 *Beyond Objectivism and Relativism: Science, Hermeneutics, and Praxis* (Philadelphia: University of Pennsylvania Press, 1983)中对其著作的讨论。

永远是创造一种更自由、更人性的经验,人人都享有这一经验,人人也都为之做出贡献"[①]。杜威和哈贝马斯一样清楚,在当代世界种种试图破坏、挤压和扭曲交往理性的趋势面前,"富于创新、互惠而无强迫的平等主义"共同体是多么的不堪一击。而米德则看到,对话交往理性与民主生活形式的制度化之间的联结要求一种对实践社会性(sociality)之起源和发展的全新理解——最近,一位敏锐的评注者恰如其分地将之称为米德的实践交互主体性理论。[②] 我对自己在1960年代初次开始阅读哈贝马斯时所感受到的震惊记忆犹新。因为我意识到,哈贝马斯思想的主要构成虽是从康德经黑格尔直至马克思的德国传统以及他对法兰克福学派的创造性吸收,却离美国实用主义传统的核心命题越来越近了。[③]

为了详述我的副线索,有必要追踪另一条亲缘线索,它将把我们引向另一个极为不同的方向——哈贝马斯与伽达默尔以及因后者而重生的解释学与实践哲学传统之间的亲缘性。我当然清楚哈贝马斯和伽达默尔在理解对话理性之特征和前提条件时的重要区别。[④] 哈贝马斯的广泛社会学关怀与伽达默尔的存在论解释学以及他对德国浪漫主义传统的认同有着天壤之别。[⑤] 但在本文中,我只想关注在二者的辩论的迂回曲折中将他们关联在一起的共同基础——伽达默尔会称之为实事(*die Sache*)——迄今为止,这一辩论已经持续了二十几年,且仍在进行之中。

借助于一种独立的方式——这一方式在很大程度上要归功于他对柏拉图、亚里士多德、黑格尔和海德格尔的某些命题的批判性吸收——伽达默尔在其存在论版的解释学中曾主张,我们的存在论条件,我们自身的在世(being-in-the-

---

① John Dewey, "Creative Democracy: The Task Before Us," reprinted in M. Fisch (ed.), *Classic American Philosophers*, New York: Appleton-Century-Crofts, 1951, p. 394. 参见我在 *Praxis and Action: Contemporary Philosophies of Human Activity* (Philadelphia: University of Pennsylvania Press, 1971) 中关于皮尔士与杜威的讨论。

② Hans Joas, *G. H. Mead: A Contemporary Re-examination of His Thought*, Cambridge, Mass.: MIT Press, 1985.

③ 参见哈贝马斯在"A Philosophico-Political Profile"(前揭)第76至77页上关于皮尔士、杜威和米德的讨论。

④ 参见我在 *Beyond Objectivism and Relativism* 中关于伽达默尔和哈贝马斯的讨论。

⑤ 参见"A Letter by Professor Hans-Georg Gadamer",这一文献作为附录收录在我的著作 *Beyond Objectivism and Relativism* 中。

world)就是成为对话式的存在者。在伽达默尔那里，我们发现了一种对对话的内在游戏及本质开放性的最精致、最敏锐的现象学分析。[①] 他自身的哲学实践不断向我们表明，真正的对话要涉及什么。伽达默尔之所以对我的第二条故事主线如此重要，是因为他向我们展示了一种方式，借此可以认识到，哈贝马斯对交往理性之理解的实事并非一项二十世纪的发现。毋宁说，这是西方哲学中最古老并且最顽强的(尽管是隐秘的)命题之一。虽然伽达默尔的主角是苏格拉底/柏拉图对话录中的柏拉图，但他发现在赫拉克利特那里这一命题已初露端倪。甚至在把亚里士多德整合进他关于西方理性之历史的叙事中时，伽达默尔也让我们看到了实践智慧(*phronēsis*)是如何预设并培养友谊这一公民德性的，以此来突出它的交往特征。伽达默尔的动力并不是一种对过往"黄金时代"的乡愁。他想要恢复哲学传统中的某些真理，它们可以让我们理解现代科学技术文化的扭曲及其专业技术的神话，并对之进行批判性评价。我曾试图仓促地以一句话总结哈贝马斯，现在也请允许我这样来总结伽达默尔。因为我相信，伽达默尔的全部著作都可以被解读成：他邀请我们一起来重新发现并恢复我们对话式在世(dialogical being-in-the-world)的丰富性和具体性。

现在应该很清楚了，我可以把我的叙事说得像是对柏拉图的一系列注释。第一个情节可以回溯至对形而上学的柏拉图的"建构"，与此柏拉图相关的是他的双重世界理论，他对肉体性的诋毁和对永恒不朽之形式的颂扬，而形式是理智(*dianoia*)与精神(*noesis*)爱欲的目标(*telos*)。这个柏拉图(有时也被称为"柏拉图主义")是一个大反派，我们可以将之后西方理性所产生的一切恶果都追溯到他那里。这是那个被尼采、海德格尔、德里达以及罗蒂所抨击并"解构"的柏拉图。

但还有"另一个"柏拉图——我的第二条故事主线的祖先，他是口头与书面对话——这种对话始终向新的转折开放，不知何处为终点——的伟大卫士。[②] 我们大可以将哈贝马斯、实用主义者——甚至伽达默尔——曾探索过的许多东

---

① See *Beyond Objectivism and Relativism*, part 3, "From Hermeneutics to Praxis."

② 对柏拉图《斐德若篇》的一种富有启发性的解释展示了柏拉图是如何保卫"一种哲学的写作方式"的，参见 Ronna Burger, *Plato's Phaedrus: A Defense of a Philosophic Art of Writing*, University of Alabama Press, 1980。请将之与德里达的"Plato's Pharmacy"作比较，参见 Jacques Derrida, *Disseminations*, trans., Barbara Johnson, Chicago: University of Chicago Press, 1981。

西理解为对如下断言的一个评注,这个断言就是:认为"苏格拉底的对话何时何地都有可能发生",这是一种虚构。[1] 虽然方式各不相同,但一切都是在探索造就这一"理想虚构"之具身化(embodiment)所需要的条件。有些人会认为约翰·杜威不太可能是"回到柏拉图"这一运动的支持者,但他对此却有相当出色的表达:

> 将做哲学视为一种"回到柏拉图"的运动再有益不过了;但必须是回到对话录中那位戏剧的、不安的、以合作的姿态刨根究底的柏拉图:不断尝试各种发问模式,看看到底会得出什么;回到那个形而上学之最高迸发通常止于一种社会和实践转向的柏拉图,而不要回到那个由缺乏想象力的注释者们所虚构的柏拉图,他们将他看作是大学教授的鼻祖。[2]

新的星丛

我的叙事尚未结束,因为我所讲述的故事尚未展开。一开始我就预告过,这不是那种所有松散的线索都会巧妙地在"结局"处聚合的故事。请允许我再次提及本雅明和阿多诺的"星丛"隐喻,今天我们发现自己处于一个新的星丛之中。在我们的这个"后-时代"——无论我们为其贴上后现代主义、后结构主义还是后形而上学的(或者一堆到处流传的"后"名目中的任何一个)标签——有些人会告诉我们对话理性和交往理性的观念本身就归属于如今已不足为信的西方理性史和形而上学史的垃圾箱。这些观念和理想是现在已经穷竭的在场形而上学(metaphysics of presence)、逻各斯中心主义、种族中心主义和菲勒斯中心主义(phallcentrism)的一部分,而这些形而上学和诸种主义则构成了西方的暴力史,如今它们已是强弩之末(exhausted)。如果说这在如今已成为所谓

---

① Jürgen Haberma, *Knowledge and Human Interests*, trans., Jeremy J. Shapiro, Boston: Beacon, 1971, p. 314.

② John Dewey, "From Absolutism to Experimentalism," Richard J. Bernstein (ed.), *John Dewey: On Experience, Nature, and Freedom*, New York: Library of Liberal Arts, 1960, p. 13.

的解构主义运动的时髦、"微妙"的怀疑论主张，那么我认为它是完全错误的。进一步而言——你或许会很吃惊——我从来不认为这是德里达——这位与"解构"联系在一起的思想家——真正要告诉我们和展示给我们的东西。既然我的故事快要结束了，那么请允许我简短而有力地陈述一下我认为是从所谓后现代争论中所汲取的——用一个过时的术语来说——真理。以赛亚·伯林曾评述道："黑格尔曾才华横溢地指出，思想和文化的历史是伟大的解放观念的变化模式，这些伟大的解放观念不可避免地要变成令人窒息的枷锁，因而刺激着新观念对自身进行解构，这些既是新的解放性的观念，也是新的束缚性的观念。"①

像德里达（福柯以一种完全不同的方式）这样的思想家为我们展示的是，诸如本真对话（authentic dialogue）、共同体、交往和交往理性这些观念有可能会——在过去的确曾经——成为"令人窒息的枷锁"和"束缚性的概念"。本雅明和阿多诺早已预见到了这一点，他们对在一种被掌控的世界中"交往"到底变成了什么深表怀疑：充其量是对有用信息的技术性交换——"数据"的输入和输出。

但还有许多更细微、更不引人注目乃至更致命的危险需要揭示。除非信念、价值、承诺乃至情绪和激情能够被共享，否则就不可能有对话，也不可能有交往。此外，我同意伽达默尔和麦金太尔的观点，即对话交往需要预设某些道德德性——某种"善良意志"——至少是乐意去真正地倾听，去试图理解真正的他者、差异和外在之物，并有勇气放弃自己较为珍爱的偏见。但情况常常是，这种公共性（commonality）并未被真正分享，而是以暴力的方式被强加给我们。所投射出来的是一个虚假的"我们"。就我对德里达的阅读而言，当代很少有作者能像他那样对"西方的历史"——即便它将交往实践制度化了——始终倾向于压制差异、排除外来者以及放逐边缘人的各种方式具有如此的敏感和警觉。所谓"人类的对话"只不过是一场男人的对话（**作者在这里有一个小小的文字游戏，"人类的对话"原文作** conversation of mankind，**"男人的对话"原文作** conversation of *man*kind——**校者注**），主要是白种男人的对话。为什么德里达

① Isaiah Berlin, "Does Political Theory Still Exist?," *Philosophy, Politics, and Society* (2nd edn.), Peter Laslett and W. G. Runciman (eds.), Oxford: Basil Blackwell, 1962, p. 17.

会对那些因受(体现在“西方的历史”这个短语中的)主流阶层排斥而痛苦不堪的人们——无论他们是妇女、黑人或受排他策略之害的他者——“说话”？这就是其中一个很好的理由。甚至德里达对言语和书写的解构性倒置和重刻也可以被解读成一种警告，警告那种认为面对面的口语就足以确保交往之进行的怀旧信念。他让我们知道，在交往的褶子(folds)中能滋生多少错误，甚至是悲惨的错误。

至于福柯，他(至多)向我们指出，如果我们冷眼静观为现代众多“人道主义”和人文科学奠基的论理实践，就能发现有悖于这些理论家所声称的权力/知识复合体。福柯以崭新的方式向我们指出了本雅明如下断言的真理性：“没有一座文明的丰碑不同时也是一份野蛮暴力的实录。”[①]有时为了交流——为了建立一个交互的“我们”——所必须的是破裂与中断——拒绝接受“他者”所铺设的共同基础。承认和尊重真正的复数性、差异和他性说起来极轻巧，但要付诸实践却比登天还难——而且这种实践绝不会是完全稳固持久的。如果认为始终可以在一场友好的对话中听到“他者”的声音，那就只是一种自欺欺人的错觉。

我想进一步表明，德里达、福柯、利奥塔，还有其他许多人之所以重要，不仅是因为他们在警告我们留意“虚假”共识、对话、共同体以及“虚假”的我们(a “false” we)所隐含的危险时表现出了“消极”谨慎的道德怀疑论；而且是因为，如果我们将他们所说的东西彻底想透了，如果我们试图理解他们本人的道德激情，我们就会被引回对话交往理性那脆弱但却持久的“理想”，那是一种遭背叛多于受尊重的理想。

我们必须一遍一遍地倾听，倾听韦伯、阿多诺、海德格尔以及他们的继承者们告诉我们和向我们展示的是什么。但与此同时我们也必须抵御诱惑，以免被有关必然性、命运和无可避免之没落的“论证”误入歧途。我们必须抵御那些关于西方理性史的本质主义故事，这些故事告诉我们，西方理性只能在暴力和令人绝望的虚无主义的隐秘形式中终结。如此，我们必将被囚禁在遗忘与背叛的

---

① Walter Benjamin,“Theses on the Philosophy of History,” Hannah Arendt (ed.), *Illuminations*, New York: Schocken, 1969, p. 256. 译文参见张旭东、王斑译:《启迪：本雅明文选》，北京：生活·读书·新知三联书店，2008 年，第 269 页。

黑暗之中。我们不要忘记"历史上交往理性就像是一股复仇的力量"①;我们也不要忘记,对理性的要求具有一种"顽强的超越力量,因为每一次非强迫的理解行动,在团结中一起生活的每一时刻都是对它的更新"。但对交往理性的这种要求从未像今天这样受到来自四面八方的威胁。在实践中投身于交往理性的复仇现实(*energeia*)乃是希望的基础,或许是唯一的基础。

The Rage Against Reason

Richard Bernstein

Abstract: Based on a systematic description and critique on the branches and narrative of modern rational tradition, this article aims to reveal the compatibility between Habermas-Gadamer's paradigm of communicative reason and the pragmatism tradition includes Pierce, Dewey and Mead, in terms of locating this conversation and integration in the context of the disaster of western rational tradition in 20th century, especially in the heated wave of post-modernity in the 1980s; and further, trace this intellectual tradition and spirit back to the other Plato who is the "great champion" of the "verbal-written dialogue" tradition, thereby conduct a radical reform and rectification for the recent anti-rational tradition.

Keywords: reason, narrative, dialogue

---

① Jürgen Habermas, "A Reply to My Critics," John B. Thompson and David Held (eds.), *Habermas: Critical Debates*, London: Macmillan, 1982, p. 227. 参见我在 *Habermas and Modernity* 一书的导言部分对这一命题的阐述。

论辩真理：非范导的实用主义*

[德]阿尔布莱希特·韦尔默/著　　应　奇　贺敏年/译**

[摘　要] 新法兰克福学派与新实用主义参与其中的晚近关于真理问题的争论呈现出这样一种困局，一方面，基于范导性原则的符合论无法挣脱形而上学的枷锁，另一方面，真理

---

* [作者原注] 在此感谢艾瑞克·里特(Eric Little)先生的首译，亦感谢波纳蒂特·魏根斯坦(Bernadette Wegenstein)女士对终稿的无私帮助。

[作者原注] 这是1995年我在德国埃森文化科学研究中心首次所做的题为《非规制的实用主义?》的报告的修订版，在报告原文的基础上进行了大幅扩展。那个场合展示了阿佩尔强大的气场，他本人当时也在场，会议也是为纪念他75岁生日而办。后续的工作使得文章的内容有所调整，但是结论中对于阿佩尔的批评未做改动。由于迈克·塞德博特(Mike Sandbothe)的《实用主义的复兴》(*Die Renaissance des Pragmatismus*, Weilerswist: Velbrück, 2000)一书的德文版出版，我曾修订过这篇文章，很大一部分涉及对罗蒂的批评(参见第120页脚注②和第123页脚注①)。一些脚注以及第十一节是完全新增的。

** 阿尔布莱希特·韦尔默(Albrecht Wellmer, 1933—2018)，新法兰克福学派理论家，代表作品有《伦理学与对话》、《论现代与后现代的辩证法》、《残局》。

应奇(1967—　)，男，浙江诸暨人，哲学博士，华东师范大学哲学系教授，主要研究领域为西方政治哲学、道德哲学、语言哲学、中西哲学比较等。贺敏年(1986—　)，男，甘肃武威人，哲学博士，上海师范大学哲学系讲师，主要研究领域为当代实践哲学、社会科学哲学、维特根斯坦等。

基金项目：教育部哲学社会科学研究重大课题攻关项目“当代国外社会科学方法论的新形态及中国化研究”(17JZD041)。

的紧缩论主张将会掩盖我们辩护实践的种种结构特征，从而使得辩护活动本身处于一种脆弱的、莫可言喻的静默之中。为了规避这两种解释困境，就需要兼顾如下两种考量：既无需假定一个外在于真理断言的实在内容或理想条件，同时又能保证真理陈述在我们话语实践中的积极功能和有效性。这样，真理就获得了一种跨情境的、跨主体的且不断在论辩中加以淬炼的实践内涵。在作者看来，这毋宁是一种"非范导的实用主义"的行动风格。

[关键词] 真理；实用主义；范导性

一

众所周知，真理的经典定义来自于亚里士多德，这个定义在相当程度上决定了欧洲哲学史上对于真理概念的理解。亚里士多德说："凡以不是为是、是为不是者，就是假的，凡以实为实，以假为假者，就是真的。"[①]在很大程度上，亚里士多德的这个表述在欧洲哲学史上已经被理解为真理的一种"一致"、"恰当"标准或者最终也是一种"符合论"。根据中世纪的表述，真理就是"理事相称"(adequatio rei et intellectus)，这只是这个基本观念的一种表达。就连康德在《纯粹理性批判》中也显然预设了对真理概念的一种"符合的"理解。"逻辑学家们不得不去回答的古老和著名的问题就是：**什么是真理？**真理就是认识和它的对象的一致，真理的这种字面上的定义在这里是被承认和预设的。"[②]

二

如果人们想用一种更简洁的和某种程度上图式化的方式重新表达亚里士多德和康德的看法，就可以说：

---

① 参见 Aristotle, *Metaphysics*, *The Basic Works of Aristotle*, Richard McKeon (ed.), New York: Random House, 1941, IV, 7, 1011b。

② 参见 Immanuel Kant, *Critique of Pure Reason*, Paul Guyer and Allen W. Wood (trans.), New York: Cambridge University Press, 1997, B83/A58。

(T)断言(陈述或信念)p 为真,当且仅当 p。

而在形式语义学中,这个双条件式被简写成下列格式:

(T[1])“p”为真,当且仅当 p。

在两种表述中都有我们关心的问题:**一方面**,在两种情况下,“真值条件”——不管是断言 p 的还是句子“p”的——都是借助于同样的命题来表达的,这种命题或者对这种命题之断言成真的必要和充分条件正是有待发现的,于是我们似乎就完全没有超出命题“p”,更确切地说,是完全没有超出断言 p。但是**另一方面**,两个双条件式都把真解释为一个陈述(一种信念)与实在之间的**一致**关系,于是表达式“p”一定是作为不同的函项出现在左右两边的:左边是一个陈述(断言,确信)p 的问题;与此并列,右边是“事态”p。不过,我们能够指定陈述(确信)p 会与之“一致”的“事实”,而这同样只是通过借以做出陈述(或者表达确信)的同样的命题“p”而做到的,这当然并非巧合。

接下来我们要问:我们怎样才能确定这种一致是否存在于断言与“事物”(事态,实在)之间?

让我们假定某人说“两扇门都关上了”。我转了一圈并发现事情并非如此,并非两扇门都关上了。情形并不像所断言的那样。或者在另一种场景中,我确定情况是这样的,两扇门都关上了。情形就像所断言的那样。因此,在两种情况下,我都是通过确定情形是否像被断言的那样来确定这个断言是否与实在相一致的。这一点的前提在于我理解了“两扇门都关上了”这个命题,我知道“两扇门”这个表达式在这种情形中指的是什么,而且我能够正确地使用“关上了”这个谓词。如果这些前提成立,我通常——如果我自己在一个恰当的位置上——就能确定门是否被关上了。我确定两扇门是否已经关上的能力就是我确定两扇门已经关上这个断言是否与实在相一致(情形是否像所断言的那样)——也就是这个断言是否为真——的能力。

因此,一个陈述与实在之间的“一致”**意味着**什么,这一点只有当我们反思我们在许多情形中发现——例如通过知觉——事情是否就像被断言的那样的能力时才能得到澄清。而且,如果我们已经学会了一种语言,我们就能够在许多基本的情形中这样做。

自然,当所谈论的是逻辑上复杂的道德、审美、数学、历史或哲学判断(或是陈述或是信念)时,事情就要麻烦得多。在这些情况下,我们通常不可能仅仅通过"看上一眼"就让自己确信情形是否就像所断言的那样:在这里,陈述与实在之间的直接比较的概念通常是无意义的。相反,为了发现情形是否像所断言的那样,我们要依赖于"间接的"程序,也就是要依赖于情形是如此这般的推理方式——而关于过去之陈述、关于审美或道德判断,或者关于数学或科学之断言或信念之推理的可能方式乃是完全不同的。我们试图用**理由**来确定事情是否**正如**某人说的那样是**如此这般**的(在许多情况下,我们手边的理由并不足以得出这种决策)。于是变得清楚的是,一种陈述与实在之间的"符合"的观念暗示了一种使人误解的图像:也就是说这样一幅图像,它暗示了陈述或信念与部分实在或自在之物的图像之间的一致关系,而这种关系可以从某种立场(这不可能是我们的立场,但也许是上帝的立场)得到辨认。但是,如果我们把人们所谈与(实际)所是之间一致的观念与我们用理由——或者诉诸知觉——辩护或否定断言或信念的方式分离开来,那么这种观念就变得是完全不可捉摸的了。因为人们应当怎样设想陈述(思想,信念,等等)与实在这两种完全不同的**关系项**之间的这种一致呢?在这里作为一致被检验的是什么,它是怎样被检验的,而且由**谁**来做这种检验呢?如果我们独立于我们的辩护实践来设想"正如"亦即"一致"的观念,那种似乎由亚里士多德的公式所暗示的符合论的真理概念就要么是不可捉摸的,要么是形而上学的,要么两者皆是。

三

现在让我们回到我们的双条件式(T):断言 p 为真,当且仅当(实际上)p。这个命题所表达的直觉也可以重述如下:当且仅当情形如同所断言的那样,一个断言为真。我们现在来考虑对真理概念的这种解释能够在我们做出断言的实践中具有什么样的**地位**。这种实践是一种**规范性的**实践:断言是一种"被辩护的"或"未得到辩护的"语言游戏中的手段。如果我们有好的理由断言 p,或者如果我们通过自己的知觉相信 p,或者也可以是我们有好的理由相信某人向我们指出 p(这里的理由也即是关于某人能够提供好的理由这一假设的理由)。当我们学习一种语言时,我们所学习的主要就是以一种合理的方式做出判断并把已得到辩护的和未得到辩护的断言(信念)区分开来。这意味着对双条件式的一种新的解释,它不再把双条件式看成把真理解释为陈述与事态之间的一致的一种尝试,而是看成确定"真"这个词在我们的断言和辩护实践中之地位的一种尝试。相应地,我们现在可以这样理解双条件式:恰恰是当某人正当地(可辩护地)断言 p 时,他(她)断言 p 为真是正当的(可辩护的)。而这一点现在可以进一步被解释成:说一个断言为真只不过是说这个断言是正当的(有根据的,已得到辩护的)。真理因此就成了"有保证的可接受性"或"合理的可接受性"。真理的概念于是就被拉回到辩护之上。

四

当然,在更仔细的考察之下,这种还原——或等同——中似乎有某种不可能正确的东西。不过,对双条件式的这种新的解释澄清了真理与辩护之间的一种内在关系,这一点在符合论的解释中是湮没不彰的,而我将再次对之做出不同的厘清。在维特根斯坦的《逻辑哲学论》中有一句有名的话:"理解一个命题就意味着知道若命题为真情形该是怎样的。"[①]这个命题道出了真值条件语义学的基本观念。维特根斯坦的命题说的是:如果我们知道一个命题的真值条件,我们就理解了这个命题。例如,如果我们知道在什么样的条件下一个相应的断言为真,我们就理解了"两扇门都关上了"这个命题。现在清楚的是,知道一个命题 p 的真值条件就是知道在什么样的条件下我有资格断言 p。如果我已经学会了一种语言,那么只要理解这种语言的命题,我通常就知道我有资格(或没有资格)断言 p 的条件何时出现。这种知识仅在某种程度上是一种**命题**知识。正如**后期**维特根斯坦经常强调的,它在相当程度上乃是一种**实践**知识——一种**知道如何**的知识——例如,通过知觉,我**能够**知道"关上了"这个谓词是否适用于两扇门。用实践的措辞,我关于真值条件的知识就是关于**可断定性**条件的知识。正因为我有资格断言 p 的条件恰恰是我有资格断言 p 为**真**的条件,而且在那种意义上可断定性条件的知识就与真值条件是一回事,于是真理似乎就是有根据的可断定性。这

---

① 参见 Ludiwg Wittgenstein, *Tractatus Logico-Philosophicus*, C. Ogden (trans.), London: Routledge, 1981, 4.024;译文有修正。

样真理就像有人指出的那样成了一个“认识的”概念，也就是一个能够回溯到“辩护”的概念。然而，在更仔细的考察下，这个结论中似乎有某种错误。

五

普特南已经表明，从(指涉断言或信念的)“真”和“可辩护的”这些词的语法看，它们不可能是一回事：在某些条件下，某人有资格(有好的理由)相信或断言 p，而这种理由后来可以被表明是不充分的。“辩护有可能迷失”[①]——辩护是相对于时间或环境且也是相对于人的，而真理“不可能迷失”——就是说，一种确信或断言不可能今天对我来说是真的，而明天对你来说就不是真的。这就引出了“真”和“得到辩护的”这个两个谓词之间的一种语法上的差异[②]，而这种

① 参见 Hilary Putnam, “Reference and Truth,” *Realism and Reason: Philosophical Papers*, Vol. 3, Cambridge, Mass.: Harvard UP, 1983, p. 84。

② 这里，我在一种宽泛的意义上使用“辩护”一词。狭义上，一个断言，其理由若立足于与某个断言的命题内容之间的推论关系，就说它是得到辩护的。广义上，它也可以通过感知(或是间接地通过其他人的可靠度与可信度)来获得辩护。可参考布兰顿在《使之清晰》第 3、4 两章里所做的类似区分(*Making It Explicit*, Cambridge, Mass.: Harvard UP, 1994)。顺便提一下，我赞同麦克道威尔(不同于布兰顿、罗蒂或戴维森)借助感知可获得辩护的看法，尽管在细节上仍有保留意见。罗蒂(包括塞拉斯、戴维森和布兰顿)对经验概念的因果解释(即是取消)仅在克服经验论的“所予神话”时才具有一定的说服力：换言之，反对那种认为“感觉予料”或“感官感觉”(sensory feelings)在构筑我们经验信念的过程中发挥着认知作用的观点。与此相关，蒯因的“刺激意义”(stimulus meaning)概念亦包含同样的观点。罗蒂正确地指出，戴维森等人(与其他人一样，他主张关于经验概念的因果解释的取消论)已经摒弃蒯因的经验论很久了。“戴维森代之以某种立足于公共的外部对象的意义的‘远因’(distal)理论；他坚持在哲学研究中，要严格地区分信念构成的语言学进路和生理学进路。”(参见 Richard Rorty, “Dewey Between Hegel and Darwin,” *Truth and Progress: Philosophical Papers*, Vol. 3, Cambridge: Cambridge UP, 1998。)如果关于经验概念的因果解释(如某种非推论地获得的信念之原因)涉及“公共的外部对象”，那么(不同于戴维森和罗蒂)，就必定存在一种不容否定的关于(浸透在语言中的)经验(即感知)的认知功能。如果我要为“街对面那幢房子的二楼边窗是开着的”进行辩护，那么这里就明显涉及我的感知与信念之间的**认知**关系。的确，对此关系还可以给予一种**因果**说明，就像戴维森在其翻译理论的语境下所做的那样。(正是兔子在一个外邦人那里因果地导出了有关“Gavagai”的信念。)但我现在认为，较之基于一种因果关系的解释，认知解释具有概念优先性，这是因为：把一种关系解释为因果的，即假定我们可以在既定的因果关系中发现某种经验事项。当然，在一种彻底解释(radical interpretation)中这点是可能的，因为解释者或可发现，那并非以往所熟知的兔子，而是某种别的东西，后者促使外邦人用“Gavagai”来表达他当下的信念。不过，这里经验地得到澄清的并不是如下这样的情况：在这样那样的背景下，某些外部世界的对象导致了这样那样的(转下页)

差异确实还是有待澄清的。澄清这一点的一种相应的尝试是由普特南、哈贝马斯和阿佩尔做出的。这几位哲学家都具有如下基本观念：如果真理是与辩护内在地联系在一起的，而且仍然与(此时此地的)辩护不是一回事，那么就必须提出进一步的条件，使得在这种条件下得到辩护的断言或信念**必然**为真。于是，真理将作为一个"认识"概念得到保留，也就是与辩护内在地联系在一起，而谓词"为真(is true)"和"得到辩护的(is justified)"之间的简单等同仍将得到避免。这里所说的条件就必须是**理想的**条件，而基本的观念是，在这种理想条件下得到辩护的断言或信念必然地为真，而这里的"必然地"应当表达一种概念的必然性。普特南、哈贝马斯和阿佩尔想要指出的是，我们就是这样理解真理的概念的(或者说我们就**应当**这样理解真理概念)。

让我们首先澄清一下这个论证策略的要点：如果有人取消真理与辩护之间的差异，那就会有一个**相对主义的**结果，因为容易看出，在历史时间的纵向的维度上，就正如在文化、背景和情境之多元性的横向的维度上，许多互不相容的信念都被不同的文化、背景和情境中的不同的人们当作正确的，而且都有——表面上——好的理由。这一点甚至适用于科学史——它并非仅对文化多元主义而言才是一个问题。(例如，即使**我们现在**可以主张有些理论是**假的**，坚持认为没有一个以往的科学家能够提出他相信这种理论的好的理由，那就是荒

(接上页)非推论的信念。相反，得到澄清的问题是，外邦人表达出来的究竟是**哪个**信念(即"Gavagai"的意思是什么)。可是，**解释者**的信念呢(一个过去所熟知的兔子)？在他对外邦人的解释中已然包含着什么呢？至于**它的**原因，解释者通常是别无选择的(因为大多数**他的**非推论性信念必定是真的)：一个过去所熟知的兔子(他**视之为**过去所熟知的)。但是"宽容原则"现在会说，通常，同一个对象会在说话者和解释者那里造成相同的非推论性信念。诚如已指出的，解释者对于什么会影响他别无选择：产生他的非推论性信念的原因，用惯常的话说就是他**有所看**(sees)(他视为如此这般的)。就"看起来如此"(seeing that)是一种"完备"的表达(achievement word)而言，他也是偶尔会出错的。我意在指出，我们仅能在一种戴维森的语境下(罗蒂给出了自己的说法)发现非推论性信念的原因，我们在其中言吾之所见。一般来说，这种发现必定(仍在戴维森的意义上)是**正确的**。相应地，对于我们非推论性信念的原因的另一种捕捉方式原则上溢出了我们的考虑(除非人们想再次从"生理学"中抽身出来)。但是这样一来，对于(浸透着语言的)感知的辩护吁求就没什么好争论的了；相反，一种关乎非推论性信念的因果解释引导我们回到借助感知为这些信念进行辩护的可能。然而，事实上，这种辩护活动较之因果解释具有概念的优先性(也考虑到了对相应原因给予可能的辩护)。因果解释是**不错**的，但**首先**它要与一种认知解释相兼容，因为我们现在必须要赋予认知解释(较之因果解释)一种认知的优先性，**其次**，有关经验概念的因果解释显明它本身乃是一种语词的空转，充其量只是提醒我们无论是感知还是认知，我们仍然是一种(具有语言能力的)自然存在。

谬的。)

在真理与辩护之间划上等号的后果就是相对主义,因为随着这种等同,归属于辩护概念的情境指示(某人在某个特定时刻被如此这般好的理由所说服)就会被转移给真理的观念:根据对某人或某个团体各自有说服力的标准,真理就等于可被辩护为真的东西。然而,对真理观念的这种相对主义的取缔乃是不融贯的。

六

对于普特南、哈贝马斯和阿佩尔来说,要解决的问题在于,真理概念的"绝对性"——在无时间性(timelessness)和非指示性(nonindexicality)的意义上——怎样同真理与辩护之间的概念联系相调和。这三位作者的回答都在于,能够在理想条件——这些条件有待进一步明确——下被承认得到辩护的意见就可以被称作"真的"。这种回答的所有三种版本的特点在于,真理概念的解释似乎依赖于其上的理想化必定已经是作为语用上有效的东西运作在日常交往和论辩商谈的层次上,不管它是作为"必要的预设"还是"范导的观念"。[①]

普特南已经试图把真理定义为认识上理想的条件下的合理的可接受性。[②]对此,哈贝马斯和阿佩尔已经正确地指出,包含在真理概念中的理想化不仅应当指涉理想的认知条件(亦即科学进步),而且应当按照一种更为综合的范式来理解。就是说,如果我们考虑真理与有效性的不同维度——我们正是根据这些维度才能谈论有效性要求及其辩护,而且,如果我们进一步考虑我们的辩护实践的社会维度,并由此考虑给出理由与达成共识之间的内在联系,那么蕴含在真理概念中的理想化必定同时指涉理想的认识、道德和交往条件。我在此仅限于阿佩

---

① 对于"理想理论"的后续批评,参见 Albrecht Wellmer, "Ethics and Dialogue," *The Persistence of Modernity*, trans., David Midgley, Cambridge, Mass: The MIT Press, 1991, pp. 175 - 182;以及 Wellmer, "Truth, Contingency and Modernity," *Endgames: The Irreconcilable Nature of Modernity*, trans., David Midgley, Cambridge, Mass.: The MIT Press, 1998, p. 137。

② 比如 Hillary Putnam, *Reason, Truth, and History*, New York: Cambridge University Press, 1981。在我看来,普特南的立场与此同时发生了变化,可参照他对共识论的批评。参见"Philosophy as a Reconstructive Activity: William James on Moral Philosophy," *Reason, Truth, and History*。为了清楚地呈现我的论证,在此只涉及普特南的旧主张。

尔，是因为我相信阿佩尔已经以一种决定性的方式提出了这个观念。阿佩尔的真理观念是关于一个理想交往共同体的一种最终的和无限的共识的观念。① 真理成了一个范导性的观念。事实上，**绝对**真理的观念与关于真理与辩护的内在联系的洞见在这里似乎得到了调和。相反，形而上学实在论中的真理概念切断了这种联系，因此从根本上蕴含着某种外在于我们的辩护实践的"上帝视角"的虚构，我们可以把阿佩尔的立场理解为把与这种"上帝视角"类似的东西作为一种范导观念嵌入我们的辩护实践的某种尝试。而且，阿佩尔由此宣称，这种观念对于语言交往和附属于其上的辩护实践来说一种**建构性的**范导观念。真理观念既是"建构性的"又是"范导性的"，一方面，语言交往的真理导向是不可避免的，另一方面，正是拜语言交往的这种不可避免的真理导向之所赐，我们自己知道在我们的话语实践中，必须更加努力地去逼近一个理想的交往共同体的合理共识。

七

如果我们现在试图说出阿佩尔对真理概念的解释意味着什么，那么很显然，一种最终的、完全的和绝对的真理观念与一种道德上完善的秩序的观念以及一种完全透明的交往情境的观念之间发生了短路。但是我相信这种观念是形而上学的。这是一种已经逃避了——用德里达的话来说——"游戏和符号秩序"②的交往共同体的观念；这是一种达到了充分透明、绝对知识和道德完善的状态的观念，简言之，也就是一种已经摆脱了有限的人类交往形式的受限性、模糊性、脆弱性、暂时性和物质性的交往情境的观念。德里达已经正确地指出，在这种理想化中，被理想化的可能性条件是被否定了的。呼应德里达的说法，理想的交往是超越"延异(différance)"条件的交往，因而也是外在于并超越于交往可能性条件的交往。然而，只要理想交往共同体的观念包含对有限的人类交往条件的否定，它也就包含着对人类生活的自然和历史条件的否定，亦即对有

---

① 参见 Apel, "Fallibilismus, Konsenstheorie der Wahrheit und Letztbegründung," *Philosophie und Begründung*, Forum für Philosophie Bad Homburg (ed.), Frankfurt a. M.: 1986, IV. 1, pp. 139 - 150; IV. 3, pp. 151 - 163。

② 参见 Jacques Derrida, "Structure, Sign, and Play in the Discourse of the Human Sciences," *Writing and Difference*, trans., Alan Bass, Chicago: Chicago University Press, 1978, p. 292。

限的人类存在的否定。一种理想的交往共同体的观念是悖谬性的，即使它仅仅被理解为某种世界上无任何真实事物与之相符的范导观念；因为这种观念的题中应有之义是我们要朝着它的实现而努力。这其中的悖论就在于，我们应当为一种理想而奋斗，而实现它则意味着人类历史的终结。目标就是终结；理想交往即交往之死。这种悖谬结构暴露了理想的交往共同体的观念仍然残留着真理概念的**形而上学**含义，除非通过进一步的精细化，它就无法从结构上把自己与形而上学实在论区分开来。我还会在后面回到这个问题上来。

八

我们迄今为止得到的结论是，真理概念不能用理想条件下的辩护(或共识)观念(即使是“范导”观念)来解释。罗蒂正是由此得出“真理”与“辩护”是彼此了无关涉的两个**不同**的概念。在罗蒂看来，在我们的话语实践——日常实践和学术探讨——中，对我们来说重要的并不是真理，而是辩护。与此形成对照的是，按照戴维森，“真理”是一个**语义学**概念，是一个对于形式语义学或理论有用的概念。罗蒂希望以此切断真理与辩护之间的内在联系，但不是在形而上学实在论——这正是他的批判对象——的意义上，某种程度上是在掏空真理概念的意义上。与此相对应的策略是广为人知的所谓真理的“紧缩论”。亚里士多德对真理概念的解释也可以给予一种“紧缩的”解释，它采用了“‘p’为真，当且仅当 p”这样一个语义学的等式作为出发点。就像我在一开始所做的那样，我们可以这样解释这个等式，正如我有资格断言 p 一样，我有资格断言“p”为真。然而罗蒂**并未**得出我前面暗示的结论：就是说，真理能够被还原到辩护上面——这个结论最终会导致普特南、阿佩尔和哈贝马斯那种站不住脚的理想化论题。相反，罗蒂会说，正因为断言“p”为真并未给断言 p 增加任何东西，正因为两个断言的内容是一样的，语义学的真理概念就与语用学的辩护概念毫无关系。相应地，真理概念主要具有理论上的(例如形式语义学的)功能，此外就只有与表达同意或异议相关的极其微不足道的语用上的概念[①]，例如人们说“那是真的”(“that is true”)或“那不是真的”(“that is not true”)时就是如此，但是在这种情

① 稍后会回到罗蒂的“真”之“谨慎”使用。

况下,真理概念就完全失去了分量和内容。在罗蒂看来,与我们的话语实践相关的——也是唯一能够相关的——是对我们的断言和信念的辩护:探究的目标不是真理,而是辩护。

较之那些"理想理论家",我认为罗蒂的考虑标志着在正确的方向上迈出了一步;然而我希望以与罗蒂本人稍稍不同的方式解释这一步。① 为此目的,我暂时愿意坚持普特南、哈贝马斯和阿佩尔的基本直觉,这个直觉就是,为了理解真理概念在我们的话语实践中发挥的作用,我们不但要理解"真理"与"辩护"之间的区别,而且要理解它们之间的内在联系。稍后我将回到罗蒂的论题上来。

九

首先,我想表明,在澄清一种规范意义上的真理概念时,各种范导观念为何是不**必要**的,**以及**这种澄清为何会遭遇一种"语法谬误"。在此,我们先着眼于两个用来解释真理与诸推理方式(辩护)之间内在联系的命题:(a)陈述的真值条件均只能**给定**为可辩护性(justifiability)或可断定性(assertability)条件。(b)命题(以及一般意义上的信念)根据其意义(一个有效陈述)与一种**规范**意义上的辩护内在地相关联。只有在能提供辩护的前提下才能提出断言或坚持信念。然而,辩护即是辩护其**为真**。为命题(或信念)"p"辩护,即是证明"p"为真(而且在这种主张中,暂时不用区分说话时常提出的各种不同的真陈述,比如先天的、价值的、审美的、解释的以及道德的等)。说为"p"辩护即是证明其为真,这是对"'p'为真=如果p"这一语义等式的实用性解释。同样,以此来解释那种塔斯基等式,情形就会立刻明朗:为了获得充分解释,就必须考虑如下差异,即说话者自身的第一人称视角与他(她)相对于**其他**说话者的第一人称视角。辩护一个断言或信念即是证明其**为真**,这点事实上我和其他人一样都视之为有效。但是,**与此相反**,我们并不承认那些辩护必定是**有效**的,比如两个说话者的视角差异导致了关于某事的"持之为真(held to be true)"(坚信是得到辩护的)

---

① 在对这一工作最初的回应中(通过私下交流),罗蒂质疑我不可能(接下来两节会讨论到)在认可布兰顿的**同时**还反对一种真理的紧缩论。我会在下文回应这点(参见第十一节)。

与“**是为**真(being true)”(本身是得到辩护的)的区分。[①] 一旦有此区分,在说话者本人那里亦会自然承认这一点,且无需说一个真理概念是不可能的。因此,这点显明了“得到辩护的”与“真”、“**浅显**(apparent)”与“**真正的**辩护(real justification)”之间的鸿沟。于是,人们就可以尝试说明,在何种条件下一个辩护才是一个**真正的**辩护,这样也就保证了一个如此这般得到辩护的真理。比如,若关于一个断言的辩护依据某些认知性的理想条件或是依据某些关乎一个理想交流的共同体的条件,那么我们就说这个辩护保证了一种真理。辩护仅在理想条件下保证真理,而这(按那种误导人的且已招致批评的结论)才是我们所说的**真理**。关于这一切想法的谬误在于这样一个事实,他们未能严肃对待说话者自身的第一人称视角与他(她)关于**其他说话者**的视角(即作为“第二人称”或解释者)之间的结构性差异,并试图代之以某种“元视角(metaperspective)”,后者正是我所说的“形而上学的”视角。接下来我将尝试表明,那种真理概念的规范力是如何通过第一与第二人称之间的差异来运作的,好像它脱离于每个说话者而独立发挥作用一样。

如果我有理由做出一个断言(坚持一个信念),那么我就有理由理解它**为**真。这即是真理与辩护之间的内在联系。但是,如果其他人给出一个断言或坚持一个信念,那么我仅能据其实际的或可能的理由将之**理解**为一个断言或信念。我也只能将一个信念归于其他一些合理地与理由、证据以及其他信念相关联的信念。但是,在此将信念或断言理解为某种基于理由的事物,并不必然意味着将其理解为**真**的。将理由归于其他理由,也并不必然意味着**承认**它们是合理的。**我的**理由无论在我看来是多么好,它们并非本质上(eo ipso)就是**好**理由(这是一个关于“好理由[good reasons]”的语法评论)。由此应当可推出,于我而言,得到辩护的信念必然是**真**信念。可是,在关涉其他人时,他(她)的推论方式在我看来并不必然是合理的,相应地,其信念也并不必然是**真**的。这并不

① 在《理解与解释》这篇文章中,我已经从另一个角度阐释了这个区分,参见“Verstehen und Interpretieren,” *Deutsche Zeitschrift für Philosophie*, 3 (1997)。布兰顿曾表明,正是基于这种视角区分,一种跨主体的真理空间才是可建构的。参见“Knowledge and the Social Articulation of the Space of Reasons,” *Philosophy and Phenomenological Research*, LV, No. 4 (1995): 903。在《使之清晰》中,布兰顿已阐明了这一点,尤其是在该书第八章。但是,我对布兰顿用来构建其观点框架的那种还原性的理论设计仍持保留意见。关于这点的一个杰出阐述,参见 Sebastian Rödl, *Selbstbezug und Normativität* (Paderborn: mentis, 1998),尤其是该书第 182 页。

是说，我将自身排除在谬误之外，因为在其他说话者的第一人称视角里，情况同样如此。于是，说我的理由本质上是好的、说我的基于理由的信念必然是真信念，这应当仅仅意味着，一个理由于我而言是具有说服力的，恰恰是由于这一理由**对我**是具有说服力的。[①] 我无法站在信念、理由与证据之外。如果我心生疑虑，那仅是因为我并未感受到那些理由说服了我，意味着它们对我而言(仍)不具说服力。当然，通过将自己设想为别人眼里的他者，我明白，不仅自己向别人提出的辩护他(她)并不会必然接受，而且一个在我眼里是有道理的真理，此后或许因一些新经验或反驳而变得不再是(真正)得到辩护的。不过，这些认识并不能撼动如下事实：对我而言是真的[②]即是我所持之为得到辩护的信念。

我所秉持为真理的事物**理应得到**认同：真理是跨主体的(transsubjective)。如果我要为自己的信念辩护，我也就会希冀通过理由来获得这种认同。在**这种**意义上，论辩的目的在于达成合理共识。不过，这里的“合理”意指精确的论证，即所涉成员均得到了同等的论证。达成一个合理共识的唯一标准在于，所涉成员均被某些好的理由同等地说服了。但是，由于“好理由”仅在它们促使我们趋向一个共识时才得以可能，因此，共识的标准就不可能依赖那些在我们拥有共识之前就是好的理由。“好理由”这一概念以一种非还原的方式与一个基于这些理由而“被说服”的视角相关联。我们无法基于一种元视角来刻画成为**真正的**好理由应当包含哪些“品质”。说一个理由是“好的”，不是为其赋予一个“客观的”性质，而是对一种包含规范结果的态度的接纳。正是这些理由促使我接受 p 为真。而且这些理由经常是由他人提出的；就此而言，与其他事物一样，语言交流也是一种增进知识的媒介。

---

① 对于“辩护”与“第一人称”之间的关系问题，参见 Sebastian Rödl, *Selbstbežug und Normativität*, p. 96。

② 在我提出“真”的语法排除了“对我是真的(true for me)”这样的表达时，人们或许会对此不以为然。对此，我的回应有两点：(1)在当前的语境中，问题是就某些特定的承认某事为真(或得到辩护)的说话者而言的。因此，也可以说，真理的情境性与非情境之别自然也在如下意义上产生了误导，即“认定为真”与“认定为得到辩护的”一样，也是依赖情境的。如果我理解正确，这也是为什么罗蒂会主张，对于我们在实用语境下的辩护活动而言真理概念是不必要的。为反驳这点，我将尝试表明，在何种程度上，真理概念在此语境中恰恰发挥着建构性的作用(参见本文第十一节)。只要这点未及澄清，那么就需严肃对待上述反驳，因为我眼下的论证仍为一种普遍的保守的可错论留有余地。而这种**普遍的**保守的可错论将导致我只能周旋于阿佩尔与罗蒂之间。

十

"你为何相信它?","你为何主张这点?",对于这些问题的回答即是给出理由或证据。这表明"主张"和"相信"内在地受到理由质询的驱动。表明一个断言、一个信念是得到辩护的即是说它为**真**。可是,对每个说话者而言,他(她)自身的第一人称视角与别人的第一人称视角是不同的,同样,"得到辩护的"与"真"也是不同的。在别人眼里有理由持之为真的事物有可能并不为真,换言之,如果他(她)的理由未能说服我或者我有很好的反驳理由,那么我就不会承认其为真。不过,若我自己有持之为真的理由,我就会承认其本质上为真。在我自己的(好)理由与关于某事的真陈述之间,不存在隔阂。但是,假如一个有关真理的跨主体的空间只有在不同说话者之间不可转还的视角差异中才能构建起来,那么这也就意味着共识和分歧是同阶的:既然关乎真理陈述的每一个反驳均旨在达成共识,那么每个共识就都蕴含着新分歧的萌芽。这就意味着,被不同视角所**环绕**的真理本质上都是具有争议的。真理是跨主体的,这即是说,真理是可争辩的。论辩乃真理之本件,它促使我们不断拓展真理,不断开辟真理空间,不断给出或接受理由。只有不承认真理之互辩这一背景,才能投身于那些其所涉成员均认定是得到辩护的信念群。就此而言,一种终极共识的观念乃是一个幻觉:因为它是作为真理基石的对话与论辩的中断,是真理的终结。

十一

回到罗蒂关于"去引号的真理论"(the disquotation theory of truth)包含一切真理内涵这一观点。我将尝试说明在何种意义上这一主张是貌似正确的,以及在何种意义上它是错误的。它在如下意义上是正确的:"真理"不是一种断言或信念的"性质",就像"与之相符的独立自存的实在"或是"一个理想条件下的合理共识的可能内容"。实际上,诚如布兰顿令人信服地指出的,真理根本就不涉及一种关乎任何断言或信念的"**性质**"。相反,说断言或信念为"真"是由于我们认定它是得到辩护的:认定为真(taking-to-be-true),即是在理由的社会空间中的一次变现(taking-a-position),而非对某种神秘性质的描述。这正是罗蒂所谓真理概念在辩护活动中(应)不具有任何功能这一主张的要点所在。由于我们将真正**得到辩护**的断言或信念称为"真"——人们或许认为,我(明确针对"理想理论家")对于跨主体的真理空间与社会视角的多元性之间的建构性联系的反思同样有赖于辩护的观念——因此,"承认为(真正)得到辩护的(recognizing-as-(really)-justified)"就全然被纳入"承认为真(recognizing-as-true)"的领域。然而,罗蒂的主张在我看来是站不住脚的。我将指出,真理概念在澄清我们的话语实践中发挥着重要的作用,它是这些实践的一个核心特质。① 如果这点成立,也就意味着真理与辩护是**彼此**相依的。

话语实践的澄清与真理何以相关?在我看来,这一问题的关键在于罗蒂与普特南所强调的如下事实:辩护所包含的时间与人称指示是真理概念所不具备的。但是,罗蒂却寻求对真理之"非指示性"的具体化,这点暗示了,在真理中包含着一种有关断言和辩护实践的建构性特征:换言之,真理的无时间性与非指示性恰恰表明了断言与辩护的意义所在。虽然辩护总是包含时间和人称指示——这点明显体现在对辩护活动的反思中——但是基于辩护者视角对断言或信念的辩护从不意味着拥有时间性或人称指示:人们借助真理概念,在引起争辩的地方提出超情境的、跨主体的**真**陈述。表达一个信念,不是呈现它之所是,至少并非隐秘地表达一个超情境的真陈述。这正是所谓真理之非指示性所要阐明的。

罗蒂曾说,他自己从未提出一种超情境的真理论断。② 这自然是一种意义

① 威廉斯(Michael Williams)在一篇名为《意义与紧缩的真理》的文章中论证真理的**表达**(expressive)功能:"对于一个去引号论者,'真'使得用一种逻辑等效的语词之争代替对世界的争辩成为可能。这在一种语词之争('语义上行[semantic ascent]')的水平上给了我们需加概括的新事项(即语言对象、句子),因而促使我们就不确定的句子给出赞成或反对意见:比如,我们不知道它们是什么('总统讲的是真的'),或者所涉范围太广('每一个 p 或非 p 形式的句子都是真的')。"参见"Meaning and Deflationary Truth," *The Journal of Philosophy* XCVI, No. 11 (1999): 547。这一见解我认为与罗蒂是一致的。为反对这点,我想指出真理的一种"清晰化(explicitating)"(布兰顿的说法)的功能,它是无法还原为威廉斯所谓的那种"表达"功能的。

② 不过,他说过这样的话:"关于(太阳系的)一种宏大的天体物理学的描绘如果是真的,它就永远是真的。因此,如果开普勒的描述现在是真的,那么它在开普勒提出之前就已经是真的。"参见"Charles Tayloron Truth," *Truth and Progress*, p. 90。而且,"很早以前女性并未受到压迫是**真**的(当然如此),就像牛顿提出天体运动解释地心引力以前就是真的一样"。参见"Feminism and Pragmatism," ibid., 225。只需颠倒这些句子的时间次序就能明白何为一个"情境依赖的真理论断":它是这样一种真理断言,就像开普勒和牛顿在他们的时代所提出的,并且通过他们的理论得到构建辩护的(即为真)断言一样。

批判(sinnkritische)理论,而非经验理论。对此,他在论及“真”的“谨慎(cautionary)”使用时有另一种说法,他主张,“‘真’的谨慎使用在于全力指出辩护是与听众相关的,我们无法排除这样的可能,即或许还(将)有一些更好的听众,在他们眼里,对我们而言得到辩护的事物并非是确定的”[①]。这即是罗蒂版本的可错论,并且在我看来是付出了很大代价的。若果真如此,人们就会说:由于“认定为真”本身就是完全情境相关的,甚至真理的非指示性也无助于(必定不可能)超越特定辩护的情境性,因此,那种跨情境的真理观念就是一句空谈。但是,我坚信罗蒂的可错论是错误的。稍后我会回到这点。

先回到我的这一主张:关于真理在我们断言与辩护实践中的地位问题,那种去引号的真理模式无济于事。首先,我想表明,只有将“使之清晰”[②]的真理概念回执到我们的断言和辩护实践里,才能正确理解这一模式。可是,如果这样做,也将同样表明,只有在厘清陈述的真值以何种方式依赖于(且随之变化)一种“促成真理(truth-enabling)”的概念背景或“语汇”,我们才能理解真理概念的作用。这种相互依赖或许有如下两种表达形式:

(1) **一方面**,在关于命题真理的争论中,语汇与概念化向来已经是问题重重的,因此,它们本身在任何时候都或隐或显成为了真理论辩的对象。在我看来(尽管他或许本意如此),罗蒂本人对于“推论的”与“辩证的”不同论辩形式[③]的反思指出了一种对应关系,也指出了一种更广义上理解命题真理的必然性。我在别处已详细指出过[④],“推论的”和“辩证的”论辩形式在罗蒂那里仅仅构成论辩的两极,一切可能的其他形式均已被纳入其间。不过,这点意味着,关于命

---

① 参见 Richard Rorty, “Is Truth a Goal of Inquiry?”, *Truth and Progress*, 22。

② 如果我在此引用一个布兰顿的表达,就像已暗示的那样,我并非完全是在他的意义上使用的,因为我意在厘清“真理”与“辩护”的相互关系。这点与一种还原性的理论设计是不相容的。实际上应该说,我(作为一名哲学家)想尝试澄清真理概念究竟是如何嵌入我们的话语实践的。不过我相信,我所说的“跨情境”的真理概念以某种方式契合了布兰顿所谓的作为一种“透视形式(perspectival form)”的客观性概念:“所有话语视角均共享这一点,即‘概念的正确使用上的客观正确性’与‘认为是这样正确的’(无关乎是**什么**,不是内容,而是结构)不同。”参见 R. Brandom, *Making It Explicit*, p. 600。

③ 比如,“一个讽刺作家更钟情于辩证的方式,他(她)将说服的单元看成是语词而非命题”。参见 Richard Rorty, *Contingency, Irony, and Solidarity*, Cambridge: Cambridge UP, 1989, p. 78。

④ 参见“Gibt es eine Wahrheit jenseits der Aussagenwahrheit?,” Klaus Günther and Lutz Wingert (eds.), *Die Öffentlichkeit der Vernunft und dieVernunft der Öffentlichkeit. Festschrit für Jürgen Habermas*, Frankfurt am Main: Suhrkamp, 2001。

题真理的论辩，只有承认它们潜在地已经与一种关于构筑断言和信念的种种语汇之恰当性的争辩相关联时，才能得到正确的理解。反过来，这亦表明，在关于语言恰当性的争辩中，真正重要的总是我们的信念真理，这样一来，当我们将真值理解为最终取决于一个特殊语汇时，我们就无法正确地理解真理概念的作用。①

(2) **另一方面**，诚如维特根斯坦在《论确定性》中所表明的，关于确定的断言与信念的"范型(paradigms)"同样已经包含在日常语言中，或者如海德格尔所言，所有的"敞开(disclosure)"形式作为无需辩护的信念，决定了可能的信念辩护的基始条件(elementary conditions)。其中，有些信念或许不是情境性的，如"地球在我出生以前存在很久了"②；还有一些信念，比如"那是一只手"③，人们有时候很容易搞错——如维特根斯坦所说，"仅在脱离周边情况时"——的确，在维特根斯坦的规则意义上，我们无法预先确定它们。④ 维特根斯坦指出："我所说的句子的**真实性**是靠我对这些句子的**理解**来检验的。"⑤"某些经验命题的真实性属于我们的参照系。"⑥如果现在我们将那些得到辩护的或是认为得到辩护的信念称为"真"的，那么如前所述，这些信念亦是争论的对象。相反，维特根斯坦关于信念考虑的是，对于一个争论(怀疑)的**意义**应当是什么这点是不可说的。我们假定它们是得到辩护的，而非真的能够提出辩护。即是说，它们乃是真理之"范型"。

诚然，如前文所强调的，语言的"参照系(frame of reference)"同样是可修正的，"神话可能变为原来的流动状态，思想的河床可能松动"⑦；但是(在我看

---

① 当然，由此可以推出：一种非推论的辩护概念，如我在下文所强调的，在现实中过于狭窄以至无法帮助我们获得一种恰当的可能论辩。

② 参见 Ludwig Wittgenstein, *On Certainty*, trans., Denis Paul and G. E. M. Ascombe, New York: Harper & Row, 1969, § 203。"我们所关心的是，如果做出判断是可能的，那么对于某些经验命题就不可能有任何疑问"(§ 308)；"某个信念之所以占有稳固的地位，并非由于其本身显而易见或令人信服，倒不如说是靠其周围的信念才使它不可动摇"(§ 144)。

③ 同上书，§ 32。

④ 同上书，§ 25, § 27。

⑤ 同上书，§ 80。

⑥ 同上书，§ 83。

⑦ 同上书，§ 97。

来这是维特根斯坦思考的要点)，有关真理实践的“结构性”特征却无法受到如下事项的撼动：即，我们假定，某个未加辩护的真理范型保证了一个可能的信念辩护所展开的基始条件。不过，这就意味着，如果没有这样的“真理范型”，关于辩护的标准就是不可设想的。更进一步，这点亦表明，辩护之于那些真理和确定性而言，在解释上并不是独立的。[①] 的确，这假定了一种恒定的语汇修正的可能性也无法保证一个普遍的、可错的主张，一如罗蒂在言及真理概念的“谨慎”使用时所表达的那样。我们使用真理概念的“情境性”并不受到错误贬值的威胁。如果罗蒂相信我们的每一个信念都可变成是不确定的，这也就意味着我们的所有信念(并非马上，而是渐渐地)都会变成不确定的，尽管他会在一种戴维森式的视角下反驳说我们的绝大多数信念是真的。倘若想要避免这种后果

① 人们或许会反驳说，(1)和(2)之间是相互冲突的。维特根斯坦言及语言的变化就像自然变化一样(“思想的河床可能松动”)，由此，他也容易说，“当语言游戏发生变化时，那么概念就会发生变化，进而这些概念语词的意义也会变化”(*On Certainty*，§65)。但是这就是说：在所有的语言游戏中存在某种确定的和不确定的东西，它们均随语言游戏的变化而变化。与此相反，我和罗蒂一道表明，存在语言游戏的其他变动，其中，新语词的出现总是与一个既定语词所导致的种种疑惑、矛盾或终结紧密相关。因此，语言的变化强烈受制于各自既定的语言。只有在此视角下，才能产生一个在维特根斯坦关于语言变化的描述中被彻底忽略的问题：我指那种普遍的可错论的保守主义问题，这在阿佩尔和罗蒂那里是理所当然的，并且在后者那里被表述为一种有关真理之“谨慎”使用的观念。对于阿佩尔，除了那些得到“终极奠基”的信念外，所有信念都持有这种保守主张；对于罗蒂(包括戴维森)，尽管不是所有的信念都是可错的，但是任何一个单独持有的信念都有可能陷入谬误。如果一种普遍的可错论的保守主义(无论是是罗蒂意义上的还是阿佩尔意义上的)是可靠的，那么它也包含了维特根斯坦那种无可置疑的“确定性”，而我对维特根斯坦的提及将在某种意义上流于幻影。但相反，我认为维特根斯坦的思考包含着对前述那些普遍的可错论的保守主义的拒斥。在此，我无意讨论阿佩尔对“一个有关理性话语之某些必然前提的终极奠基”的理论，这点我在其他地方已讨论过(参见“Ethics and Dialogue，” p. 182)；这里只考虑罗蒂的版本。在我看来，维特根斯坦的思考表明了，**并非**所有被单独持有的信念都是可错的。就一个特定的、相对稳定的指称系统而言，这点似乎是不足挂齿的，因为诚如维特根斯坦所指出的，它仍然要依赖于一个可靠的信念轴。因此，一切取决于修正“语词”或新词出现时所发生的事情——所以，“思想河床”的变化并非仅仅在自然意义上，它还在一种真理争执的背景下展开。就此，如前所述，那些被当作可靠无疑的真理或许就有所松动了；但是，对于维特根斯坦借助范型所讨论的那种“经验的”确定性而言，就不能用同样的方式来看，因为它们关涉某些一般性误解或假设，从而有可能是错的。这即是我在正文中所要论证的，它亦让一种绝对的可错论陷入悖论。在我看来，一种关于句子真理的普遍的可错论原则的问题在于，它将各种关于概念与信念的更新情形不加区分地完全混杂在一起了。如果避免这一点，就能像罗蒂那样不再**泛泛地**说：“我们无法排除这样的可能，即或许还(将)有一些更好的听众，在他们眼里，对我们而言得到辩护的事物并非是确定的。”

(它无疑与罗蒂的戴维森主义无法兼容),那么就必须承认我所谓的“真理范型”是无法在任何情形下就如下**相同的**意义上予以修正的,即当人们在构造一个可错论的原则时实际上所意谓的一切(可能的)富有争议的信念。比如,若我们相信地球在我出生以前已存在很久——如维特根斯坦所说的,怀疑这点就是怀疑历史或自然历史(博物学)的研究(我们就必须扪心自问为何**这样**做)——对于“地球”概念以及可变的推理网络仍然是可以思考的。但是,这一(普遍的)信念在实际上的相关要点或许是无法质疑的。这点在**某些方面**与牛顿物理学的情形相似,后者在特定领域里是自洽无疑的,并不受到量子物理学或相对论所引发的科学革命的质疑,在其特定范围内仍然是无可撼动的(参照波尔的“对应原理”)。尤其在一种实用主义视角下,不能将一种语法谬误意义上的“错误”**等同于**一种“非真(虚假)”意义上的“错误”。果真如此,那么就不应当说我们的每一个信念都会成为不可靠的,而是(若在一般意义上说)每一个语词、每一个信念网络都可能自我显示为是需要修正的(事实上,时常如此)。如果不存在维特根斯坦所谓的真理的范型确定性,那么也就不存在任何伴随着修正可能性的语言实践。但是,如果同时承认上述(1)和(2)的观点,那么在我看来很明显,一个关于真理的紧缩论解释将会掩盖辩护实践的种种结构特征或者使它们不再能以恰当的主题加以表达。

十二

在收尾之际,我想就自己针对阿佩尔的如下主张稍作说明:那种欲将真理锚定在一个理想交往共同体的观念将系统地坠入形而上学实在论的泥淖。当然,人们还可以反驳说,就真理与辩护之间已经得到认可的内在联系而言,这一观念仍有一定的道理,其结果是仅从另一个角度来解释“得到辩护的”与“真”之间单纯而可疑的区分,而非依据我眼下所致力于的方式。在我看来,借助一种理想交往共同体的整体共识来解释上述区分,仍会系统地陷入形而上学实在论的困境。这包含两个部分:其一,涉及一种意义批判,理想的交往共同体乃是一个语言交流的天堂,因而是无意义的(就像一个被刻画为挣脱我们认知能力的自在世界[world-in-itself]一样)。其二,一种理想交往共同体的共识可用以衡量一种绝对真理,但它并不适用于任何有限存在者,不能用来衡量他(她)的判断。它超越了那些实际上总已引导着我们的准则,无论信念是真是假、理由正当与否。因此,阿佩尔的真理论所定义的标准原则上无法用来衡量日常个体的判断和理由。其标准超越了人的认知与判断,就此而言,它就像一个关于自在世界的准则,我们无法预知自己的信念与判断对它而言正当与否。我想表明的是,在理解“得到辩护的”与“真”之间的区分时无需这样的标准。一个超越我们实际判断与推理活动的标准**既不能**帮助我们更好地理解这些判断和推理,**也无法**在其中更好地引导我们。用维特根斯坦的话来说,就像一架机器空转的轮子一样。忽视它,或者是剔除它,都不会影响我们提出和批评跨情境的真理论断。因为,我们有这样的自我理解就够了:我们处于“理由空间”(布兰顿)中,拥有各自的“主观”视角,并且只有通过一种跨视角、跨情境的真理概念才能理解自身之所在。为了清晰地理解最后一点,就必须摒弃那种有关绝对真理的形而上学理解,而这点毫无疑问是可能的,只要以我所主张的方式去理解真理与辩护的关系。

十三

因此,我的结论是:真理是非范导的。试图用一种认知性的真理概念——希冀在某些理想条件下(而非当下即是)真理与辩护(或真理与共识)是相符的——来取代一种形而上学的真理符合论,并不能帮助我们挣脱形而上学。真理与辩护的相符关涉提出一个论断、坚持一个信念,但是无关乎将论断与信念指向他者。鉴于这一“语法”差异,便有了真理的规范性与跨主体性,以及真理的“论辩”面相。

阿佩尔坚信,克服“真理绝对论”(一如他用理想的交往共同体概念所刻画的那样)的唯一途径乃是基于一种相对主义的历史主义(relativistic-historicist)对真理概念的解构。这无疑是一种错觉。阿佩尔和相对主义均试图从外围来观察我们的真理活动。相对主义者欲图在参与真理游戏的同时摆脱它,这自然要付出施为性不自洽(performative contradiction)的代价。与此不同,阿佩尔试图表明,一个相对主义者绝无可能融贯地做到这一点,因为只有在先行持有一种非相对的真理概念时反对才是可能的。这点在我看来是正确的。问题在于阿佩尔接下来的论证:当他向相对主义者提出必须先行承认一个他用理想的交往共同体概念所刻画的绝对真理的观念时,他同时也就为对手留下了一个展开如下元批判(metacritique)的空间,亦即,如果理想的交往共同体变成一种形而上学的虚构,那就意味着(假定相对主义者接受阿佩尔的论据),绝对真理的观念只不过是用来刻画某种围绕在我们话语实践中的先验幻象。而**这点**恰恰就是相对主义者所要主张的。在此,或许可引述我在《伦理与对话》中的一段话:"相对主义的问题在于它们只是一种绝对主义的阴影,后者欲图将真理锚定在某个处于我们实际话语世界之外的阿基米德点上。就此而言,相对主义或暗示着不存在这样的阿基米德点。但是,倘若我们果真马上接受一个**无需**此基点的真理,那么在摒弃绝对主义的同时,也就告别了其相对主义的阴影。"①

自此,我试图表明,实际上,在保全真理之规范力时,无需此阿基米德点。

The Debate about Truth: Pragmatism without Regulative Ideas

Albrecht Wellmer

Abstract: The recent debate on truth, involved the New Frankfurt School and the New Pragmatism, appears to a difficult situation as follows, i. e. the correspondence theory of truth, on one hand, which based on a regulative idea cannot escape the metaphysical chains, and the deflationary approach, on the other hand, will conceal the structural traits of our justifying practice thereby put it into a vulnerable darkness. To avoid such dilemma, it is necessary to take both sides into account, that is, there is no need to suppose certain substantial content or ideal condition for a truth claim as well as guarantee the positive function and validity of truth claim in our discursive practice. In this way, we can get a concept of truth that is trans-contextual, trans-subjective and constantly refining its practical aspects in debate and argumentation. This, in Wellmer's view, rather could be seen as a pragmatistic form of action without any regulative idea.

Keywords: truth, pragmatism, regulative

---

① 参见 Albrecht Wellmer, "Ethics and Dialogue," p. 180。

客观性是视域性的吗？
——反思布兰顿和哈贝马斯的实用主义的客观性概念

[西]克里斯蒂娜·娜丰/文　　何松旭/译*

［摘　要］ 哈贝马斯对于客观性的解释包含了一个实在论预设，不是视域性的，而是跨视域的，相反，布兰顿对于客观性的解释依赖于计分模式的社会实践，不需要实在论预设。然后作者进一步提出一个批判性论证，认为布兰顿对于知识的解释要成立，就必须包含实在论要素，而不能局限在社会视域中。由此她给出了自己的"内在实在论"答案：客观性实在既不是视域性的，也无法还原到任何其他观念中。

［关键词］ 客观性；视域；实在论

对于布兰顿和哈贝马斯的交往实践进路的阅读者而言，所有直接引发他关注的相似和不同之处中，最错综复杂，也是最难以确立的，或许是双方都提到的有关客观性概念的部分。这不像在其他情况中那样，双方进路太不相似因而没

* 克里斯蒂娜·娜丰(Cristina Lafont，1965—　)，西班牙哲学家，致力于融合新法兰克福学派与新实用主义，著作有《解释学哲学中的语言学转向》、《海德格尔与世界之去蔽》。
何松旭(1982—　)，男，哲学博士，华东师范大学马克思主义学院讲师，主要从事道德哲学、知识论和政治哲学研究。

法比较,有关客观性概念的情况正好是反过来的。从某些方面来说,双方进路几乎就是一样的,但从其他方面来说,两者却几乎完全相反。因此,我们之前并不完全清楚两者的不同只是风格上的还是更实质性的。但是,倘若客观性概念在双方的工作中都发挥了关键性作用,那么解决问题的唯一途径看起来首先是要在双方进路的不同和重叠之处找出一幅完整地图。由于我接下来并不打算提供这样一幅地图,因此我对于这两种客观性概念中可能存在的实质性分歧的探索就只是一次拓荒之举,并不打算穷尽所有可能的答案。

这是布兰顿和哈贝马斯的客观性概念之间的第一次对比,因此我们有必要援引布兰顿在《使之清晰》[1]中所描绘的在实用主义策略的一般框架下客观性概念应当具备的最小特征。这个特征是这样的:

> 决定一个共同体实践的东西取决于事实是什么,并且取决于实际在实践中涉及的对象是什么……世界存在的方式从这些实践**内部**以一种直接的方式约束了推论性的、信念性的以及实践性的承诺的性质。(*MIE* 332;重点乃原文所加)

显然,在实用主义策略的一般框架中,不论约束的是哪种承诺,都与客观性概念相关,它们必将被理解为是内在的约束,而不是外在的约束,也即,被理解为这种实践固有的规范预设的结果,从而被理解为参与实践者自己视角的操作。从这方面来说,布兰顿和哈贝马斯各自对客观性的解释中,双方的进路都采用了相同的策略。此外,不仅在他们的策略上,也即,他们都想要解答的那个**疑问**,而且还在他们的**具体答案中**,我们都有可能找到双方进路的相似之处。布兰顿所描绘的答案看起来也很适合哈贝马斯。在《使之清晰》中,布兰顿把他的进路描绘为对于客观性的一种重释:

> ……在一种视域性的**形式**中,而不是在一种非视域性或跨视域性的**内容**中。所有推辩性视角所共享的东西就是在客观上正确的东

---

① R. Brandom, *Making It Explicit*, Cambridge, MA: Harvard University Press, 1994.(以下凡引用此书均用 *MIE* 表示。)

西……和仅仅被当作正确的东西之间存在一个区分，不是存在的**那个东西**——是结构，不是内容。(*MIE* 600；重点乃原文所加)

按照他的哲学假定，就算这种重释成功了，这一点也是令人怀疑的：这样一种说法可以为客观性概念提供某种认识。尽管这并非我接下来的计划，但这种怀疑的合理性迫使我们用这些描绘来分析客观性概念，以此表明传统上与客观性概念相关的哪些特征被这样一个非传统的概念保留下来，因此，它仍然能够被正当地称为客观性概念，而不是其他概念。

这个问题不仅就其自身而言是令人感兴趣的，而且对于比较布兰顿和哈贝马斯的进路的目的而言也是有意义的。因为在这里，双方的进路再次把交往实践的这一共同特征等同于参与实践者的客观性感知(sense)的产物，也即，等同于前面提到的共享的那个区分的结果。根据这两种交往实践的说法，共享的这个区分的结果是，想要就世界中某事物达成共识的参与者们受到了他们断言句(assertional)实践的约束：布兰顿所谓的承诺(commitments)和授权(entitlements)的"可继承性假定"，或者用哈贝马斯的术语来说，"唯一正确答案"的预设。[1] 于是，按照这两位哲学家，言说者共享了这一假定："每当两个信念持有者产生分歧的时候，他们中至少有一人可被恰当地诊断为错误或无知。"(*MIE* 240)正是断言句实践的这一特征，反过来证明了被双方共享的主张，也即，在这种实践和给出并追问理由的游戏之间、在交往和商谈之间有一种内在关联。当然，只有当言说者设定，他们的断言句在客观上是正确的或错误的，而无需顾及他们对这些断言句的主观态度，他们才能够明白追问理由的关键之处，从而决定哪个断言句是正确的，并且由此感到有义务来赞同那些导向正确结论的理由，而无需考虑他们对于这些断言句的先行态度。在这一方面，双方的进路都用非常强的规范性术语重构了断言句实践：正如布兰顿所说，断言句

---

① 哈贝马斯对这一预设的表述是模糊的。在其较弱的意义上，它的意思是，对于任何清晰陈述的与真值要求有关的问题来说，其答案只能够是真或者假。正是在这个意义上，哈贝马斯的表述和布兰顿的可继承性假定一致，这就是这里想要表达的意思。然而，它也能在较强的意义上来解释，这不仅意味着真值要求只能够有"唯一正确答案"，而且还意味着对它只能有"唯一正确解释"或者描述。在这个意义上，它要远远强于布兰顿的假定。后面这种预设和布兰顿主要从视域性来看信念性的态度是不兼容的。哈贝马斯本人摇摆于这两种解释之间，但我们似乎可以把哈贝马斯的进路仅仅解释为较弱的预设，从而与概念相对主义相兼容。(比较第 137 页脚注①)

是**知识**的要求(比较 *MIE* 203)。如果他们的做法是成功的,那么他们就能提供一种客观性的解释,至少在这种意义上:他们对我们交往实践的重构将很明显和相对主义者不一致。

给出了两种客观性概念中所有相似之处后,对比的主要任务应当是分析所有在我们交往实践中包含的特征和预设如何按照各自的进路得到解释或说明,尤其是如何与"确实是正确的东西和被当作是正确的东西之间的区分"关联起来。这种解释反过来还应当澄清预设这样一种区分的合理之处在哪里,什么东西使得参与实践者理解了它等等。

但是,我们很难弄清楚布兰顿对这些问题的明确答案。因为布兰顿用"客观性的视域性解释"进行讨论的目标似乎在于回答另一个完全不同的问题。他似乎主要关注这种区分的起源问题,或者如他在某处提到的,主要关注"规范来自何处"的问题。他用他的方式解释了这一问题的重要性:

> 作为隐含在社会实践中的东西,概念性规范的其中一个主要挑战在于,据此让这样一种与主张并运用概念的正确性或恰当性有关的**客观性**观念的**出现**(emergence)变得有意义。(*MIE* 594;重点乃原文所加)

客观性观念起源于何处,这个问题的答案作为一种结构性特征(也即作为规范性状态和规范性态度之间的区分)植入到了我们的实践之中。并且,这个答案来自于:"保存道义分数的规范性状态是(当下的)规范性态度**建制化**(institute)的产物,采纳和改变态度就是计分活动。"(*MIE* 597;重点乃引者所加)但是,这个问题最初并不是寻求客观性解释的唯一(甚至最为)相关的问题。如果"客观上正确和仅仅被当作正确的区分是每一次计分活动的视域性的结构性特征"(*MIE* 595),那么它在这个意义上就是计分实践活动的建制化产物,这一点似乎很合理。但是,我们不只是想知道这种特征起源于何处,更想知道它是如何得到理解的,更想知道参与实践者凭什么认为,由这样一个特征所约束的计分实践活动是合理的,等等。

尤其,我们在这里的目的是为了描绘区分了布兰顿和哈贝马斯的客观性概念的具体特征,我们不可能关注客观性观念的出现或起源问题。仅仅出于方法论的理由，对于客观性观念的起源，双方的解释都预设了一个相同的实用主义答案：客观性必须从交往实践的内部得到解释，从而作为参与实践者共享的规范性预设（也即规范）的结果。

但是，尽管双方的进路共享一种实用主义的一般策略来解释交往实践，但他们的解释并不是从同一个视角来看待这些实践活动的。首先，布兰顿在《使之清晰》中解释交往时，把"计分活动的视角"描绘为一种第三人称视角，相较而言，哈贝马斯在《交往行动理论》中重构了"参与者视角"，并将其理解为明显与任何观察者或第三人称相对立的视角。此外，布兰顿把《使之清晰》中的那个视角描绘为"方法论现象主义"，并且在这个意义上是第三人称的视角。尽管我们并不完全清楚应当如何准确地理解这种现象主义[①]，至少这一术语暗示了现象主义的解释者和那些被解释的东西之间有某种差异。[②] 在哈贝马斯的进路中不存在这样一种现象主义的视角。因此，尽管在双方的进路中包含的所有主张能够正确解释他们所形容的交往实践，但在双方各自看来，所有的不同最终都会导向不同的客观性解释。

① 在《使之清晰》中，我们很难抓住"规范性的现象主义"的确切意思。"现象主义"这一术语暗示了某种还原性的视角，但是布兰顿一再强调《使之清晰》的任务并不是还原性的，而是表达性的。使得《使之清晰》成为现象主义的那个正式版本是这样：在某种意义上，"所有真正需要考虑的就是态度"（*MIE* 579），因为"道义状态"只是计分实践建制化的产物。另一方面，布兰顿后来明确指出，"通过谈论道义状态所完成的工作不可能通过谈论在实际中采纳或放弃的道义态度来完成……谈论道义状态一般只能够与谈论掌管采纳和改变道义态度的性质相交易"（*MIE* 626）。我们很难理解这一主张如何能够兼容于前面的主张，即，"所有真正需要考虑的就是态度"，因为"掌管采纳和改变道义的性质"恰好就是道义状态；道义状态是"识别并个别化道义态度的计分活动的机制"（*MIE* 648）。而且就像布兰顿在其他本文中写的那样，如果我们还坚持"元语言的不可还原的规范性特征，在这种特征中，建制化规范的社会实践得以详细说明"（*MIE* 626），那么，我们就完全不清楚它在何种意义上是一种现象主义。《使之清晰》中加以捍卫的那种现象主义的东西到底是什么，这一问题并没有从布兰顿后来的文字中所提供的正式解释中获得太多澄清，在那里，布兰顿写道："计分活动这种说法把一种现象主义的进路整合进了规范之中，但它是一种规范性的现象主义：具备某种规范性的状态，实际上是被正确地认为是具备了这种状态。"（*MIE* 627）这并不是《使之清晰》中最令人瞩目的主张之一。如果对于规范来说现象主义进路的所有意思就只是该规范并不存在，并不像树一样的存在，也就是说，这些规范并不独立于把它们建制化的人类实践而存在，那么关于规范，所有通情达理的哲学家都是现象主义者。然而，贯穿于整部书的观点表明布兰顿的现象主义主张要比这个更强。

② 然而，在《使之清晰》结尾，其中一个关键主张（也是写作该书的外在视角）转变成了内在视角（因此"规范在这里被转化为……"，参见 *MIE* 649）。

哈贝马斯对于客观性的解释

初步考察了这些背景后，现在我们可以从前面提到的相似之处开始，试着描绘哈贝马斯关于客观性的解释。哈贝马斯的客观性概念确实可以被理解为这样一种意义上的解释："世界存在的方式"从内部约束了交往实践。同时，这种说法也提供了基于这样一种想法的解释：所有推辩性视角所共享的东西就是在客观上正确的东西和仅仅被当作正确的东西之间存在一个区分，不是存在的**那个东西**；这些视角共享的东西是**形式**，而不是跨视域性的**内容**。

这种描绘非常符合哈贝马斯对于商谈可能性条件，也即反思性交往的解释，言说者在这种交往中讨论了充满争议的有效性要求并试图达成共识。显然，这种反思性交往行动要求参与者共享一种客观性的感知，若非如此，他们就看不到有必要对充满争议的有效性要求做出决定。在这个意义上，在哈贝马斯的进路中，对于商谈可能性条件的解释同时也是对构成客观性的感知的东西的解释。

在《交往行动理论》[①]中，在明确对比了神话和现代世界观的背景下，哈贝马斯引入了他对于商谈可能性条件的分析。他聚焦于神话世界观的特征，通过对比，他认为这种世界观有助于理解商谈可能性条件，也即相对来说，在自然和文化之间、在语言和世界之间缺乏区分。在哈贝马斯看来，对于神话世界观的这种描绘意味着"把语言建构的世界观等同于世界秩序本身，在这个意义上，它就不是对可以犯错并开放批判的世界的解释"（*TCA* 50）。通过这种世界观的对比，同时也解释了什么是反思性交往实践——诸如商谈得以可能——的最小条件。正如哈贝马斯指出，"提出有效性要求的行动者，必须在语言和实在之间、交往的媒介和被交往的对象之间的关系中避免**实质性偏见**"（重点乃引者所加），单单这个就使得如下这一点得以可能："语言世界观的内容**与所谓的世界秩序本身相分离**"（*TCA* 50－51；重点乃引者所加）。显然，如果交往中的参与者要评价事物是他们所认为的那样还是像其他人所相信的那样，那么他们就不能同时

---

① J. Habermas, *The Theory of Communicative Action*, Boston: Beacon Press, 1984.（以下凡引用该书均用 *TCA* 表示。）

独断地把他们自己的信念等同于世界存在的方式。正是在这个意义上,商谈是一种反思性交往。这就要求参与者直觉地(或反事实地)区分每个人(互不兼容的)信念和所谓的世界秩序本身。用哈贝马斯自己的术语来说,他们必须形成"对于世界的一个反思性概念"。基于这个想法,哈贝马斯澄清了商谈的可能性条件:

> 有效性要求在原则上是开放批评的,因为它们是基于**形式化的世界概念**。这些要求预设了与**所有可能观察者**认同的世界,或者预设了**被所有相关成员**主体间共享的世界,并且它们是在一种**抽离了所有具体内容的抽象形式**中做出的。(*TCA* 50-51)

一个单一客观世界,一个由所有相关成员共享的社会世界,以及不同参与者的多元化主观世界,这些预设构筑了一个相互合作的形式化系统,这个系统使得这一点得以可能:"在确定情境中合作协商的意义上,以共同的解释效力为媒介而通达世界。"(*TCA* 69)在这个意义上,

> 形式化的世界概念的功能……是要阻止共同的东西消解于彼此不断反思的主体之流中……每一种旨在达成理解的行动都可以被构想为朝向主体间承认的确定情境下合作过程的一部分。在这里,三个世界的概念被用作**共同设定的合作系统**,情境在这个系统中以这样一种方式被秩序化:就参与者视为事实的、有效规范的或者主体经验的东西达成共识。(*TCA* 69-70;重点乃引者所加)

在这个意义上,三个世界概念的合作系统不应当被误解为言说者碰巧所共享的某种信念。它们不是带有具体内容的信念,它们是交往实践的结构性特征,根据不同的商谈种类的约束,把三个世界的概念注入到参与者中。**单一客观世界**的预设是目标为"真"的有效性要求的断言句实践的内置特征——通过真假**二值**区分①来约束的实践活动:事物在世界中的存在方式以及世界对我们所有人

① 真假的二值区分可以追溯到相同的真实和不真实的二值区分(不管它是在实体层面上的存在和不存在的区分形式,还是在言语层面上的是这个例子和不是这个例子的区分形式)。

都是一个并且是同一个，如果断言句是关于这些的主张，那么我们对此的信念就只能够是真或者假；并且，基于同样的理由，如果某人的信念是真的，他自己就应当相信它们。那么，在哈贝马斯的理论框架中，单一客观世界的预设使得承诺和授权的"可继承性假定"可以被理解，按照布兰顿，这一点**具体**描绘了断言句实践。它也使得下面这点可以被理解，即为什么这一假定只有在信念性承诺的情况下起作用，而不是在一般实践性承诺的情况下起作用①，正如布兰顿所指出的那样。②

在非常简要地描绘了形式化世界概念和商谈之间的关系之后，我们就能够在哈贝马斯和布兰顿的客观性概念中确立一些相似和不同之处。一方面，哈贝马斯的进路看起来非常符合布兰顿对客观性的描绘。因为他的进路精确地向我们表明了这个意义：言说者所共享的就是在客观上正确的东西和仅仅被当作是正确的东西之间存在一个区分，不是存在的**那个东西**；他们所共享的就是**形式性**预

---

① 布兰顿仔细考虑了这种可能性，即在道德承诺的具体例子中的约束，相较于其他审慎和制度承诺的实践性例子，它可能更类似于信念性例子，尽管他并不打算提供解释。在哈贝马斯的进路中，道德例子的具体特征可以这样来解释：所有人类所共享的**单一社会世界**的预设，是朝向"道德正当"的有效性要求的推辩式实践中所固有的特征——这种推辩式实践受到正义和不正义的**二值**区分的约束。但是，在伦理-政治的商谈的例子中，不存在这种预设，这些商谈承认社会世界（也即政治共同体）的多元性，从而也承认不同后果的多元性（这就是为什么在这些商谈中，我们使用诸如"对我是好的"或"对我们是好的"这种没有二值用法的表达）。

② 对这个不同之处，布兰顿自己的正式说法也不是很令人满意。关于为什么在实践性例子中不存在承诺和授权的"可继承性假定"，他做了如下解释：

> 并不存在任何隐含的规范性承诺在欲望（从而一般的意向和行动）那里发挥作用，就像真在信念那里发挥的作用那样，这一点仅仅是由于缺少人与人之间用延期进行作证和辩护的维度所对应的某种东西（仅仅是由于实践性承诺的授权在其中被继承下来的那个结构）。（*MIE* 240）

然而，这很难算是一种解释，只要在实践性例子中何以缺少"用延期进行辩护"本身没有得到解释。用延期进行辩护的可能性是"可继承性假定"的一个**结果**，因此，如果有人想要理解两个例子的不对称性合理之处，它是必须要加以解释的部分。然而，也恰好在这同一文本中，布兰顿给读者提供了一种"非正式"的解释，这种解释似乎指出了我们在哈贝马斯的进路中发现的同一个特点，也即，信念性承诺受到"一种共同性的隐含规范"约束，因此"每当两个信念持有者产生分歧的时候，他们中至少有一人可被恰当地诊断为错误或无知"，而在实践性承诺的例子中，也正是这个"我们具有不同的身体……"的事实"确保了我们会有不同的欲望"以及意向、行动等等。用哈贝马斯的术语来表达，在第一种例子中，言说者预设了一个单一客观世界，而在第二种例子中，他们（很平常地）预设了多元并且不同的主观世界。

设，不是跨视域性的**内容**。但在另一方面，三个世界概念的合作系统所固有的预设是**跨视域性**的，恰恰因为这些预设是**形式的**。哈贝马斯的进路依赖于共享了形式性预设的**跨视域性**系统，正是在这个意义上，该进路才能够(在本质上)[①]解释我们信念系统的视域性本性。在这个意义上，把哈贝马斯的进路描绘为一种"对于客观性的一种视域性解释"，似乎至少是不太适合的。但是当然，关键问题在于术语上的不同是否可以转译为实质性的不同。

把双方的解释进行直接对比来解答这一问题，最明显困难之处在于：有人很不幸地提出，布兰顿的《使之清晰》并没有完全澄清布兰顿式言说者所共享的实在观念(如果有的话)。此外，该书也远远没有澄清，如果他们被认为共享了一个实在，那么布兰顿就要承认，这个实在发挥了某种作用——**解释**[②]了为什么用计分活动描述的交往实践看起来是那样的，就像哈贝马斯那样。

---

① 尽管哈贝马斯对自己理论的解释并没有明确要求**包含**概念的相对性，但我们可以把他的理论解释为与这项明确要求**相容**，由此，信念系统在本质上被认为是视域性的，这和布兰顿的进路非常相似。在拙作《解释学哲学中的语言学转向》(Cambridge, MA: MIT Press, 1999)一书中，已经讨论了这个问题。

② 在他对哈贝马斯的回应中("Facts, Norms, and Normative Facts," *European Journal of Philosophy*，即出)，布兰顿明确指出，他在《使之清晰》中关于独立的实在的说法，并不是某种解释性的工作。他是这么说的：在他对于客观性的社会视域性解释的框架中，

> 从我们的角度来讲，我们的实践活动对于存在概念上建构出来的事实做出了回应。对于这种存在的承认变得无关紧要。这并不意味着具有某种解释性的价值，除非用我们推辩式实践的道义阐明和社会视域性阐明兑现出来。甚至也不打算解释那种阐明的可能性——而是恰恰相反。(第5页)

因此，"独立的概念上建构出来的客观实在的承认是对于客观性进行(主体间)社会化解释的**产物**，而不是某种先于这种解释或者与之不同的东西"(同上；重点乃引者所加)。但是，对我们的目的而言不幸的是，布兰顿在这里排除的观点并不是我们在正文中所讨论的观点。布兰顿否认，他对交往实践的重构是为了解释这些实践，并**从理论家的角度**要求某种类似于独立实在的存在设定。考虑到在《使之清晰》中给出的实用主义的一般策略，布兰顿的主张似乎明显是正确的。但在这方面，布兰顿和哈贝马斯的进路恰恰都上了同一条(实用主义的)船。关于双方进路之间可能的不同，我们在此想要回答的问题是，**以参与者自己的身份**，独立实在的预设是否是一种**不可还原的**要素，任何要解释他们实践活动的结构性特征的尝试，都必须承认这种要素，或者，在不考虑参与者会共享某种实在论预设的情况下，是否有可能解释这些同样的结构性特征。目前我知道，布兰顿在任何地方都没有明确提出这一问题。在这种意义上，这不是一个自我设定的问题(而是在把他的进路与哈贝马斯相比较的背景中提出的问题)，我们在这里不能求助于任何布兰顿的主张。相反，我们将尝试以间接的方式来谈论，参与者的实在论预设在最开始就被承认为他们规范性态度的不可还原的要素，或者作为某种非实在论预设组合的产物是不可能获得这些实在论预设的。

一方面，布兰顿很明显站在了传统表象主义的对立面，倒转了传统解释的顺序。但在另一方面，诉诸布兰顿明确不赞同的传统表象主义的实在(或者用布兰顿的术语来说，"非视域性事实")，完全不等于诉诸哈贝马斯式的规范性预设的形式中言说者的交往实践中所固有的形式化世界系统。显然，布兰顿修正方案的主要目标并不是哈贝马斯所描绘的进路。布兰顿的理论和哈贝马斯的理论都没有诉诸他们所描述的交往实践**之外**的任何东西(并且，**更不用说**诉诸任何类似"非视域性事实"的东西)。但是当然，这仍然为这个问题留下了空间：**言说者自己**的**实在论**预设在他们的交往实践的具体特征成形过程中，是否起到了不可替代的作用，正如在哈贝马斯模式中那样。①

为了解答这个问题，一种间接的方法就是要考察，布兰顿已经指出过的那些具体特征作为断言句实践的结构性特征，尤其是承诺和授权的"可继承性假定"(这是言说者客观性感知的核心)，是否能够通过布兰顿的进路而得到解释，而不用诉诸参与实践者的任何实在论预设。如果这是可能的，那么我们就在布兰顿和哈贝马斯的客观性概念中识别出一个关键性的不同。此外，对于客观性的视域性解释是否可能，这个问题必将得到肯定的答案。

布兰顿对于客观性的解释

众所周知，推辩性实践的布兰顿进路奠基在作为原初观念的**承诺**和**授权**上。这两个原初观念之间的关系更让布兰顿理解了**不兼容性**(incompatibility)观念：**如果对一个主张的承诺解除了对另一个主张的授权，那么这两个主张彼此就不兼容**。在这些观念的帮助下，布兰顿发展了一种计分模式来描述交往实践。这种解释的核心在于，布兰顿用知识要求来分析断言句的语言游戏。如前所述，这就使得布兰顿主张：在断言句的游戏和给出并追问理由的游戏之间存在一种内在的关联。

看起来很清楚，布兰顿引入的原初观念并没有任何**实在论**的内容。它们基本上就是**社会性**的范畴，计分者用这些范畴来评价其他计分者的态度。尽管如

① 按照哈贝马斯的进路，对这些说了很多，因此可以把实在论预设当作钥匙来解释不同语言游戏之间的不对称性，否则这些游戏仅仅被显现为是特定的反应而已(具体例子可以比较第 136 页脚注②)。

此，从这方面来看，不兼容性观念更麻烦。将其理解为承诺和授权的不兼容性，似乎与任何实在论预设没有关系。[①] 然而，从不兼容性的内容来看，情况似乎稍显不同。我们来考虑一下，正如布兰顿指出的，在参与实践者看来，信念性的和实践性的承诺和授权所主张的不兼容性关系是**不同的**，显然，承诺和授权观念本身并不足以解释这里的不同。这就产生了这样的问题：参与实践者在每种情况下受到实质的不兼容性的约束，不兼容性的不同是否归因于它们各自的**实在论**预设。按照哈贝马斯的进路，所有言说者都会把信念性要求理解为受到关于**一个并且同一个的**客观世界预设的约束——一个在逻辑上**独立于**任何实践性态度的世界。这就可以理解，与这种要求相关的商谈受到“唯一正确答案”预设的约束，或者用布兰顿的术语来表达，受到承诺和授权的可继承性这一假设的约束(也即，可以有意义地从其他人的信念性的承诺和授权中推断出我们自己的)。另一方面，考虑到言说者的多元性(也即，主观世界)，他们一般都不认为他们自己的意向、欲望、承诺等等相关的这些实践性主张受到这样的约束。这就可以**理解**[②]，所有计分者都认为对其他计分者来说，“雪是白色的”这一主张的承诺与“雪不是白色的”这一主张的授权是不兼容的，然而，他们也认为对其他计分者来说，“我打算要去剧院”这一主张的承诺与“我并不打算去剧院”这一主张的授权并没有不兼容；对于与授权或承诺谁什么东西相关的实践性主张的例子，也可以这样考虑。

显然，布兰顿认识到不同要求中实质的不兼容性的不同。对于客观性的某种解释，他还考察了充足的标准使它能够保留这些不同，尤其是日常经验主张和承诺或授权谁什么东西的主张之间的不同。然而，即便这些不同的确在布兰

---

① 尽管在某种意义上，这并不正确。因为这种不兼容性也包含那些通过态度和状态的区分而产生的东西，并且这是一种包含了实在论预设的区分。按照布兰顿自己的说法，从参与实践者的视角，态度和状态之间的不同恰恰在于，状态取决于某种事态的获得，而态度则是一种状态所归属的(比较，*MIE* 596)。这点我后面再来讨论。

② 在哈贝马斯的进路中，三个形式化世界的合作系统相关的实在论预设所包含的东西，并没有在该术语的某种强意义上用于**解释性**的目的。相反，它只是意味着，承认了具有**不可还原的**混合性质的规范性预设，在所描述的交往实践中发挥了作用：这些预设不仅与言说者的态度相关，还同样与想要谈论的世界相关。因此，问题并不在于实在论预设是否比认识论上的预设更加有解释力，而在于如果从最开始实在论预设就没有被当作参与实践者的规范性态度的不可还原的成分，那么它们就不能作为其他种类预设相结合的产物而被获得。

顿的进路中得到了保留，我们并没有完全搞清楚，它们是否也可以得到**说明**。[①]我们只是不清楚，按照布兰顿的正式进路，参与实践者**凭借什么**才发现在不兼容关系中确立的这些不同是有意义的。

我们可以从两个不同的角度来看这一问题。一方面，**参与实践者自己**为了拥有他们所作所为的具体结构性特征的交往实践，是否**需要**共享实在论的预设，正如布兰顿所描述的那样（也即，在信念性的和实践性的承诺之间的不对称，它们不同的不兼容关系等等）。另一方面，同一问题的不同版本是，在布兰顿用计分模式重构这些交往实践时，上述特征是否能够在不诉诸参与实践者实在论预设的情况下被激发。它们是同一问题的不同版本，因为事实上对它们的回答是不能分离的。如果在不诉诸任何种类的参与实践者的实在论预设的情况下，我们能够解释计分模式的社会实践，那么这本身就意味着参与实践者并不**需要**这些预设；即便他们碰巧共享了这些预设，这些预设也应当被认为是实践中被独立激发的特征的副产品，而不是这些特征的必要条件。

《使之清晰》中的一段文字暗示了第二种可能性。这段颇有意思的文本讨论了在何种程度上其进路与“方法论现象主义”相一致，布兰顿表明，参与实践者的预设如何可能从内在转变为外在的现象主义视角。他一开始从参与实践者自己的视角来理解态度和状态的区分：

> 从某个特定计分者的视角开始，通过一项公证（acknowledgement）而**真正**被赋予承诺的东西……从这主张中**真正**推出来的东西（由此而及其客观内容）是通过将其与真理（也即，**事实的陈述**）相结合才得到评价。（*MIE* 596；重点乃引者所加）

这里，布兰顿指的是计分实践中的情境，在这种情境中，实质的不兼容性的不同产生于态度和状态的区分。布兰顿把参与实践者内在视角下的这一区分描述为一种基于**实在论**预设的东西。当计分者超越事实上由做出判断的言说者的当下态度所承认的那些东西，并将其归因于承诺和授权的不兼容性的时

① 此外，正如我在后面表明的，认识到这些不同种类的主张（经验性主张和认识论主张）是不对等的，可能会对布兰顿用社会视域性的术语来解释知识造成一个很重要的困难。

候，他们就预设了态度和状态的区分，按照这一区分，**状态取决于某些事态的获得，此外，态度**实际上是由言说者的评价持有的。然后布兰顿又说："但是对于计分者来说，承担这一角色的是一些断言句句子，这些句子是计分者打算提出公证(acknowledge)并加以受持(undertake)的信念性承诺。"(*MIE* 596)

当然，是否可接受布兰顿这里提出的转译，取决于对"承担这一角色"的理解。似乎很清楚，它并不能被理解为"其他言说者相信的东西和我相信的东西的区分"承担了"言说者所相信的东西和情况碰巧就是如此的区分"的角色——至少对于**参与实践者自己**，它不能这样来理解。因为，这两种区分在逻辑上是独立的(也即，参与实践者理解第一种区分之后完全不会理解第二种)。布兰顿至多能够主张，从外在的视角并考虑到它们的内容，言说者要考虑的是这个事实：事态的获得必然与他想要公证的承诺一致。但是，除非对于这种必然的一致性能给出另外一种解释，否则这看起来恰恰就会成为这样的结果：言说者已经理解了状态和态度区分所隐含的实在论意义，别无他途。

布兰顿在其他例子的帮助下进一步解释了这种内在的转译。他继续写道：

> 从计分者的视角出发，客观正确的东西——从该视角出发，另一个参与谈话者实际上通过一项公证被赋予承诺的东西——能够被我们理解，我们完全用计分者的**当下态度**、公证和归属来解释计分活动。把客观正确的东西和仅仅被当作或看作正确的东西的区分呈现给计分者的东西，也把计分者归属承诺的时候加以公证的东西和被归属承诺的那个谈话者加以公证的东西的区分呈现给了我们。客观的规范性状态和主观的规范性态度之间的差异被解释为规范性态度之间的社会视域性区分。这样，从每一视角来看，区分状态和态度的主张就与方法论现象主义和解了，这种现象主义坚持认为所有真正需要考虑的就是态度。(*MIE* 597；重点乃原文所加)

然而，如果我们仔细考察布兰顿就这段文字中涉及的不同区分所提出的说明性的不同转译，我们并不清楚它们是否同样都是可以的。对于第一种区分，布兰顿提出的转译看起来没有疑问：它仅仅只是计分态度的"本质的视域性"(*MIE* 649)这一特征的表达。考虑一下在有分歧的情形中，计分者各自认为正确的**内容**之间存在的不同，布兰顿从第三人称视角进行转译似乎是正确的，也即，它也看起来和参与实践者自己从第三人称视角做出的转译是**一样**的：在有分歧的情形中，每一计分者认为正确的东西(很平常地)就是他们相信是正确的东西。然而，布兰顿在这段文字中提到的另一个区分则与计分者承诺的各自**内容**毫不相干。这个区分就是“客观正确的东西和仅仅被当作是正确的东西的区分”。在这里，布兰顿提出的转译并没有保留原初区分的意义。因为，如果计分者已经完全理解了这一区分的意义，他们就会知道它与布兰顿随后提出的区分毫不相干，也即，由某个计分者加以公证的东西和另一个加以公证的东西的区分。当然，一旦接受了这一转译，一旦我们只关注不同计分者公证的不同信念，那么我们就有可能主张，客观状态和主观态度的不同可以被正确解释为态度和“所有真正需要考虑的就是态度”的社会视域性区分。显然，从第三人称视角出发，并且考虑到它们的内容，所有的信念看起来都是一样的：就只是由某个人或其他人公证了这些信念。但是仅仅信念的不同这一事实不可能让计分者充分理解在正确的东西和被当作正确的东西之间做出区分的意义。特别在这种情况下：如果我们考虑到，计分者只是**在某些情况下**才发现，从第三人称视角确定什么是**不兼容的**信念是有意义的，就像在**正确的东西和被当作正确的东西产生不一致**的那种情况下一样。[①]

为了更好理解这一问题，我们可以聚焦于布兰顿对这种特定情况的解释：也即，言说者提出了**知识**要求的断言句实践。因为，很显然在这种情况下，言说者发现区分正确的东西和被当作正确的东西是有意义的。布兰顿解释的核心在于，他所谓的“对经典的知识是得到证成的真信念(JTB)这一说法进行现象主义重构”(*MIE* 297)。正如其名称已暗示的那样，布兰顿的重构基于我们之前发现的相同类型的转译：在参与实践者的内在视角和现象主义者的外在视角之间进行转译。然而在这一特定情况下，我们更容易看到在转译的过程中真正丢失的东西。因为，正如我接下来要主张的，在现象主义第三人称视角的背景下描述的这一特定的**社会视域性**特征是参与实践者**实在论**预设的直接结论，

① 这不仅仅是信念性和实践性承诺之间不同之处的例子，它还是在信念性承诺内部的例子。信念性承诺取决于它们是否和客观世界相关，还是与言说者不同主观世界相关。(第一种断言句，类似“雪是白色的”或者“天正在下雨”被参与实践者看作为在正确的东西和被当做是正确的东西之间产生分歧的例子，而第二种断言句，类似“土壤里长的食物很难吃”或者布兰顿自己的例子“牛看起来笨笨的”则并非如此)。

这个预设**本身不可能以社会视域性的术语加以说明**。如果情况就是这样的，那么这也可以有助于回答我们先前的问题：在布兰顿进路的内部，言说者对客观性的感知和他们的实在论预设之间是什么关系。答案会是另外一种样子。如果外在的现象主义视角并没有转为内在的视角（也即，外在视角并不包含参与实践者的某种实在论预设），那么，所提供的解释仍然是**独一无二的**：也即，**在没有提供某种意义的情况下，它描述了一种实践的特征**。如果外在的视角确实要转入内在视角之中，那么所提供的解释就必须搞清楚参与实践者的实在论预设，这种预设使得我们能理解所描述的实践的社会视域性特征。

布兰顿对于知识的解释

在《知识和理由空间的社会阐明》[①]一文中，布兰顿用下述特征描绘了他对知识的分析。按照他的进路，知识被建构为“在理由空间内的一种立场（standing）”（*KSSR* 907），他的分析想要回答的一般问题是“为了让你也持有这一立场，我**必须**做些什么”（*KSSR* 907）。在布兰顿对这一问题的具体回答背后，其关键主张在于：

> 由类似“知道”这种语词所表达的东西**都能被理解为**社会阐明的理由空间中的立场：考虑到个别求知者，在**归属和受持承诺的独特社会视角**的形式中，这种立场整合了内在和外在认识论考量。（*KSSR* 907；重点乃引者所加）

按照一般的问题，布兰顿的分析想要提供一种对于言说者正确评价另一个言说者知道某物的时候她正在做的事情的解释。从方法论的视角来看，这种解释是从第三人称的计分活动的视角得到阐明的。然而，按照一般的主张，我们认为与此同时就掌握了当言说者使用类似“知道”这种语词时所要理解的所有东西。那么，布兰顿解释的一个重要充分条件是，他所谓的“归属和受持承诺的独特社

---

① 参见 *Philosophy and Phenomenological Research*, Vol. 55 No. 4 (1995)：895－908。（以下凡引用该文献均用 *KSSR* 表示。）

会视角”的第三人称分析是否还提供了一种从参与实践者自己的视角对于“由类似‘知道’这种语词所表达的东西”的正确解释。①

在《使之清晰》之中，布兰顿这样描绘了他对于知识评价的现象主义的分析：

> 按照现象主义对于知识是得到证成的真信念(JTB)这一经典说法的重构……要让某人知道某事物，我们首先要归属一个承诺，也即，要让这个人相信。我们再进一步把授权归属于该承诺，也即，让被赋予承诺的主体得到证成。那么，什么是知识的真值条件函项？一般来说，让主体被赋予承诺的那个主张为真，就理解为让某个属性归属于、特征化、摹状该承诺。但是我们已经指出，实用主义则是把该主张为真的说明作为对其加以公证并受持承诺。真值条件并没有确定已归属的被赋予授权的承诺，而只是表明知识的归属者必须赞同它。这是一种道义态度，不同于社会视角。知识的归属者具有主导语言地位，他们这么做就是因为在他们中，对一个主张的承诺既是归属又是受持。对于描述性属性的归属者来说，在归属承诺的行动和受持承诺的行动之间做出这种现象主义的社会视角区分，就是错误的(因为这看起来就会要求一种多余的形而上学)。(*MIE* 297)

那么，举一个布兰顿式的例子，他对于知识评价的解释似乎是这样的：

S1 评价，S2 知道这只手表是红色的，当且仅当

1. S1 把“这只手表是红色的”这一主张的承诺归属(attribute)于 S2；
2. S1 把“这只手表是红色的”这一主张的授权归属于 S2；
3. S1 向“这只手表是红色的”这一主张受持(undertake)了一个承诺。

这一解释提出了不同的问题。通过把知识归属于某人，它重新产生了言说

① 有时，布兰顿把他的第三人称分析描绘为获得如此描述的实践的一种“更为仔细”观点的一种方法，比如当他主张，“稍微更为仔细地看这些实践，把谈论道义状态转译为谈论道义态度，通过这种方式兑现了道义状态。参与实践者把他们自己或其他人当作是具有了多种承诺和授权”(*MIE* 166)。然而，在这个意义上，“更为仔细地看”这些实践，这一隐喻并不意味着“以参与实践者的方式”来看它们(也即，从参与实践者自己的视角)。因为很清楚，对于参与实践者而言，状态这东西恰恰不能与态度这东西相等同。

者所意指的东西(也即,被承诺的东西)吗?这种解释提供了言说者所使用的"知道"的表达句运用的环境和后果吗?如果我们要把这个解释交给不知道"知道"意味着什么的言说者,这个言说者能够像我们一样使用这一表达句吗?所有这些问题都是前面所述的方法论问题的变样,也即,在何种程度上,这种第三人称的知识解释与第一人称视角兼容。

在《知识和理由空间的社会阐明》中,布兰顿提供了类似于第一人称视角知识的说法,他写道:

> 关键问题在于,为了让你持有这一立场,什么是我必须去做的。根据知识是得到证成的真信念(JTB)这一说法,答案就是,和信念条件相对应……我必须**归属**一个有内容的命题性承诺,和证成条件相对应,我还必须把授权**归属**于这一承诺……并且和真值条件相对应,我自己还必须**赞同**或**受持**同一个有内容的命题性承诺。(*KSSR* 907;重点乃原文所加)

那么,按照这种解释,

我评价,S 知道这只手表是红色的,当且仅当

1′. 我把"这只手表是红色的"这一主张的承诺归属于 S;

2′. 我把"这只手表是红色的"这一主张的授权归属于 S;

3′. 我自己向"这只手表是红色的"这一主张受持了一个承诺。

然而,这种解释在两个方面是反直觉的。一方面,条件 3′暗示了,**言说者是否知道某事物**,这一问题**可以在某种程度上成为其他人道义态度的函项**。S 是否知道某事物,这一问题如何可能成为我(或者某个其他言说者在这个意义上)所赞同的函项?这并不是当我们评价某人知道某事物的时候我们意指的东西(或者,用布兰顿的术语来说,这似乎并不是在我们的评价中我们想要遵从的规范)。[①] 另一方面,不管这三个条件加在一起是否充分,条件 3′甚至不是一个必

① 对于解释可靠性评价,混合道义状态这一概念看起来是非常新奇的。因为,尽管这种评价(就像任何其他评价)依赖于评价者自己的承诺,但一方面,(1)可靠性所归属的言说者和知识所归属的言说者仍然是同一个,而且,(2)评价是基于被评价的言说者的**特征**和**环境**相关的假设,和任何人的道义态度无关(特别和被评价的言说者的道义态度无关;这是布兰顿解释中很有意思的特征)。然而,在知识评价的情 (转下页)

要条件。更有可能,它似乎是一个**结论**,而非**条件**。[①] 布兰顿条件 3′背后的合理之处在于这个事实:如果我评价 S 知道 p,那么我就因此承诺了这个主张,并且很显然,从而自己相信 p(也即,赞同人与人之间内容相关的推论:从归属于 S 的承诺到我自己受持承诺的推论)。但是这很难被理解为是我的评价正确性的一个**条件**,至多能够是它的一个**结论**。然而,它不可能只是条件 1′和 2′的结论。在布兰顿所使用的承诺和授权这组概念的意义上[②],很显然在条件 1′和 2′中,"这只手表不是红色"的可能性并没有被排除。但是如果这一可能性没有从我自己的视角中被排除,那就不清楚为什么我的评价应当把条件 3′中所表达的作为一个结论。[③] 如果有人把条件 3′解释为对于知识评价的一个约束,而不是解释为一个结论,情况也没有变得更好。因为,即便三个条件加在一起(姑且不管盖梯尔问题),**某人知道这只手表是红色的,但这只手表不是红色的,这种情况也没有完全被排除**。

如果情况是这样,那么布兰顿的分析看起来并没有掌握"诸如'知道'这种词汇所表达的东西"(也即,在我们评价某人知道某事物的时候,我们所做的事情)。因为它不能保留下述条件句的正确性:

1. 如果 S 知道"这只手表是红色的",那么这只手表就是红色的。

在这一条件句所隐含的意义上,言说者把"知识"理解为一种非常强的道义状态(也即,蕴涵了真值的状态)。当然,其他人可以采用一种修正的策略并提

(接上页)形中,布兰顿提出的混合道义状态是不太合理的,因为(1)它暗示了,不管言说者是否知道某事物,都能够在某种程度上成为其他言说者发生之事的函项,此外,(2)它被认为是另一个言说者拥有的承诺的函项,也即,道义**态度**的函项(不是在世界中发生之事的函项,就像可靠性例子中所发生的那样)。因此,在可靠性评价的情形中,外在主义的要素如在布兰顿自己的解释中那样得到了保留,而在知识评价的情形中,他的解释把外在主义的要素转化为一种内在主义的要素。这正是产生困难的地方,我将在接下来试着表明这点。

① 当然,另一个观点是这是一个巧合(也即,偶然的约束),但这只会让事情更糟(见第 136 页脚注②)。

② 见第 144 页脚注①。

③ 布兰顿在 *KSSR* 中提供了该情景的一个例子:

> 如果你站在一间黑暗的房间中,并且你似乎在前面十英尺处看到了一支蜡烛,那么我可以有好的理由让你相信在你前面十英尺处存在一支蜡烛,从而让你被赋予你的承诺的授权。但是即便是我知道(正如你不知道)在你前面五英尺处有一面镜子,而且在它后面没有蜡烛,这也可能是我的态度,因此,我不能赞同或承诺你所承诺的东西。(p. 903)

出一个更为“温和”的知识观念，相较于言说者在自然语言中所用的观念。[①] 然而一般来说，不管这种观念如何温和，在我们的文本中，这一问题就是一个非有即无的事情：或者它保留上述条件句的正确性，或者就不保留。如果它不保留，新的观念就会发展为布兰顿使用的授权观念，按照这一观念，下面这点就会成为可能：

对于“这只手表是红色的”这一主张，S被赋予授权，但是这只手表不是红色的。

然而，很明显，我不可能(基于我相关的承诺)做出这一评价，并赞同S被赋予承诺的同一个主张(也即，“这只手表是红色的”)。这就是为什么，在布兰顿自己的进路中，对一个主张的授权归属并不蕴涵归属者向同一个主张受持承诺。于是，不论布兰顿是否会承认关于知识观念的修正策略的可能性，似乎很明显，他不会想要排除上述条件句的正确性。因为这一条件句恰恰证明了他对这个条件的**具体**解释：对于知识的归属和其他道义状态的归属，也即，在评价某人知道p和对于p这一主张自己没被赋予承诺之间的不兼容性。[②]

① 在这段文字中，布兰顿并不致力于解释自然语言中使用的知识观念。这一点可能是重要的。在他的《阐明理由》(*Articulating Reason*, Cambridge, MA: Harvard University Press, 2000，以下凡引用该书均用*AR*表示)的一个注脚中，他暗示，对于知识观念来说，最佳认识论策略可能就是修正的策略，因为就像他所说的，很可能是这样的情形，言说者在他们自然语言中使用的知识观念不可思议地强，而在这种情形中，它会被处理为一个更加温和的观念。然而，布兰顿并没有严格说明，应当削弱强知识观念的哪个方面。在上述评论文字中，他排除了这种可能性：S知道p的一个条件是S知道他知道p。但是很显然，这只会排除一种特定内在主义的约束，而没有排除外在主义的约束。这里的问题是，布兰顿是否想要排除(或者想要用道义态度和状态这些认识论的术语来改变)某些外在主义条件，特别是所谓的真值条件(考虑到紧缩论的观点，这种条件或许更应当被称作实在性条件)。然而，很难想象在p的情形中，他想要排除：S知道p的一个条件是它就是p的情况。因为就像我会在接下来论证的，这一新观念没有证明布兰顿自己用计分活动术语对知识评价的分析，特别是基于条件3′中承诺“可继承性假定”的结果。尽管这一特征不是布兰顿进路中可任意选择的东西，但却是他解释断言句游戏(从而是一般交往游戏)的核心。

② 当然，这一不兼容性可以被理解为我们对“知道”这一语词用法的相关规定。考虑这样一条修正路线并非是不可能的：我们可以在我们的语言中引入一个语词——我们称之为“道知(fnow)”，每当某人被赋予承诺和授权并提出主张，并且由于我们也碰巧被如此赋予承诺，我们想要发出同意信号的时候，我们都会使用这一语词。(我很感激 Michael Williams 给我指出这一假定的思想路线。)在这种情形中，只有当我们也想要用这一语词来代替“知道”的时候，问题才会出现。因为在这种情形中，断言句就会成为“识知(fnowledge)”要求。相应地，言说者通过“这只手表是红色的”所主张的东西就只能是“对于‘这只手表是红色的’这一主张，我被赋予承诺和授权；你自己也应当承诺这一主张”。然而，如果我们接受布(转下页)

考虑到这些约束，似乎很清楚，从第一人称视角正确提出知识评价的惟一方法是这样的：

我评价，S知道这只手表是红色的，当且仅当[①]

1″. 我把“这只手表是红色的”这一主张的承诺归属于S；

2″. 我把“这只手表是红色的”这一主张的授权归属于S；

3″. 这只手表是红色的。

只有对真值条件[②]的**这一**理解才解释了为什么从言说者自己的角度来看

(接上页)兰顿的说法，那就不应当赞同下面这些条件句，也即，

如果对于“这只手表是红色的”这一主张，我被赋予承诺，那么这只手表是红色的；

以及，如果对于“这只手表是红色的”这一主张，我被赋予授权，那么这只手表是红色的。

结果似乎是这样的：言说者的断言句就**永远不会是“这只手表是红色的”这一主张**。考虑到布兰顿自己解释断言句实践的充分标准是，日常经验主张并不等同于承诺和授权谁什么东西的主张，那么显然，我们不能在第二种主张的组合之外获得第一种主张。如果我们想要玩经验主张的断言句游戏，并且如果我们想要凭借“这只手表是否是红色的”来成功断言“这只手表是红色的”，那么“定义了断言句的成功”(无论我们如何称呼它)的道义状态就必须包含“这只手表是红色的”。如果我们称之为“知识”，那么就应当赞同下面这个条件句，也即：

如果我知道“这只手表是红色的”，那么这只手表是红色的。

考虑到布兰顿把承诺和授权的“可继承性”作为一种(从其他人的主张到我自己的主张的)**推论**的东西，似乎很显然，我们在这里讨论的不兼容性被他理解为是一种**结果**，而不是一种巧合(或规定)。我并不想要暗示这里讨论的假设性思想路线是布兰顿自己的。

① 出于讨论布兰顿进路的目的，我在这里回避了有关盖梯尔问题的考虑，因为这些考虑与我的论证并不直接相关。在*KSSR*(pp. 904－905)的注解中，布兰顿指出，或许有可能在社会视角的框架内给出对盖梯尔问题的解释。这似乎是非常有可能的。因为，一旦认识到证成条件的满足应当得到知识评价者的赞同，并且不仅仅是得到知识所归属的那个人的赞同，那么我们就不可能彻底解决盖梯尔问题。盖梯尔的例子是基于规定了这一点的情境：我们具有与信念p的正确证成相关的、和言说者的承诺不兼容的一个附带承诺，我们必须评价该言说者的知识。一旦我们有了这一承诺并且把它当作正确的，我们就不可能承认该言说者知道p。然而，如果布兰顿按照这些路线想要解决盖梯尔难题，那么，就会产生和我在这里讨论的真值条件难题相类似的证成条件难题。因为在那些情形中，知识的评价者未给予赞同的东西并不需要S2在认识论上负责(也即，他在这一术语的非蕴涵了真值的弱意义上的授权)，但是实际上S2的证成是正确的，也即，S2的证成的确追踪到了真。这就意味着，知识的评价者预设了授权的强观念(作为蕴涵了真值)，而布兰顿并不想要在他的进路中包含这个强观念(见*KSSR* 899；*AR* 201)。这是因为S把她自己对p的授权作为**正确的证成**(并且不兼容于S1的)，尽管S1是在**认识论上负责**(也即，在她的弱意义上的授权)，S也不能接受S1对p的承诺成为知识。我在后面会讨论这个问题(见第151页脚注③)。

② 在这段文字中，注意到这点颇有意思：对真值条件的这种理解来自于布兰顿的真理的代语句(prosentential)理论，这种理论被认为保留了“P是真的，当且仅当p”这一等价模式的有效性(见*MIE* 299)。

情况是这样的：

1. 如果S知道"这只手表是红色的"，这只手表就是红色的。

而且因此，

2. 如果S知道"这只手表是红色的"，我必须自己向"这只手表是红色的"这一主张受持承诺。

然而，看起来像我们之前所做的那样，用言说者之间不同的社会视角来搞定条件3″，是没有任何方法的。因为，就像布兰顿明确承认的那样，从言说者自己的视角：

3. 如果对于"这只手表是红色的"这一主张，我现在被赋予承诺，那么这只手表就是红色的。

这个条件句不应被赞同。[①] 然而，如果他们理解真值条件的真实含义，言说者只能够搞清楚这一条件句的错误性。真值条件并没有表明，知识的归属者必须赞同"这只手表是红色的"这一主张，正如布兰顿所断言的那样。真值条件表明了这只手表必须是红色的。因此，言说者为了能够搞定实际的约束是什么，真值条件就**不能用社会视角来表达**。[②] 实际上，承认这点只不过是承认了布兰顿自己对于客观性解释的充分标准，也即"诸如'雪是白色的'……这种日常主张的内容并不等于承诺谁什么东西的主张的内容"(*MIE* 606)。

如果这是正确的，布兰顿进路的核心主张就应当以下述方式被修正。一方面(不同于布兰顿所谓的怪诞[Gonzo]可靠主义)，"所有由诸如'知道'这种语词所表达的东西都能够被理解为社会阐明的理由空间中的立场"，这点似乎是

---

① 见*AR* 199。

② 在一般策略中，似乎难以对付的是这个主张：

> 通过区分在断言句中被赋予承诺的状态和被赋予授权的状态，规范性表达的资源就会发挥作用，这样一个承诺**足以**区分：日常经验主张的内容和承诺或授权谁什么东西的主张的内容。(*AR* 199－201；重点乃原文所加)

> 在没有理解承诺和授权观念的情况下，言说者却能够理解与任何承诺和授权观念无关的某种事物，这似乎是令人怀疑的。似乎更令人怀疑的是，正是通过理解**状态**这一观念，他们理解了某些事态的获得和其他(也即日常经验事实和关于态度的事实)无关。但是，如果就是这种情况，那么被赋予承诺的状态和被赋予授权的状态之间的区分，只有当它已然被预设的情况下，才足以区分经验性主张和认识论主张。

正确的。但是，描绘了我们断言句实践的“归属并受持承诺的独特社会视角”具有布兰顿归属于它们的具体特征，**恰恰正是由于**这种“立场整合了……内在和**外在**的认识论考量”，并且别无他途。或者，用其他的术语来说，为了让这些实践具备布兰顿所分析的正确描述的具体特征，植入它们内部的知识观念必须包含实在论的要素，这些要素**不可能以社会视域的方式相交易**。只有根据这些实在论的要素，这样的知识观念才能够在布兰顿主张“知识的道义状态规定了断言句的**成功**”(*MIE* 203)的时候扮演他归属于这种知识观念的角色。

知识要求是视域性的吗?

布兰顿对知识的社会视域性解释告诉了我们关于断言句语言游戏的一些有意思的东西，也即，如果这种游戏的要点在于承诺和授权的可继承性(也即信息的交换)，无论言说者何时断言 p，他们主张的东西都不可能比这要少：在“知道”的最强可能意义上，他们知道 p。因为如果他们主张的东西比这要少，那么他们的主张就永远不会有这个结果：言说者在彼此的言语行动之外获得**信息**。然而，这种情况就是因为断言句实践的**实在论**意义。

与其他言语行动(诸如疑问句和命令句)不同，断言句属于这样一种语言游戏：说出事物在世界中是如何存在的。这是断言句行动的**要点**。因此，这是这种实践的结构性特征，在这种实践中，我们的主张不可能比这要少：说出事物是如何存在的。但是考虑到事物可以另外方式存在，如果我们想要主张事物就是如此这般，那么我们就必须有能力表明我们知道它，从而我们可以证成情况就是如此。一方面，相互交换断言句的关键在于继承承诺，也即获得聆听者之前不具有的信息。另一方面，为了算作信息，言说者**意图**说出事物如何存在还不够。他们还必须**成功**。这就解释了断言句游戏和给出并追问理由的游戏之间的内在关联。言说者凭借**意图**说出事物如何存在而受到他们的聆听者的评价，不管他们的言说是否成功。在这个意义上，说出事物如何存在的主张是一个复杂的主张。它可以被分析为不同的组成部分，而不用考虑它们是否清晰地被言说者陈述出来：在主张事物是这样**而不是那样**的时候，言说者不仅仅主张他们的陈述是真的(也即碰巧是真的)，而且还主张他们**知道**这点，并且如果有必要的话，他们能够**证成**情况就是这样。正是在这个意义上，“断言句行动就是提出一个知识要求”(*MIE* 203)。[①]

与任何其他游戏一样,基于已给定的要点,结果可能可以被分为成功和不成功两种情况。考虑到所断言的陈述句,这两种可能的结果被指向真和假的区分:如果事情如所断言的那样存在,那么陈述就是真的,反之就是假的。考虑到言说者的理由[②],这两种可能的结果被指向得到证成和未得到证成的区分:如果言说者的理由是正确的(也即,确定了陈述的真值),那么陈述就是被证成了,如果理由是不正确的,那就未得到证成。然而,结果的**成功**对于我们的断言句实践而言并不是唯一相关的问题。或许评价如此这般的**努力**也是有意思的。我们可能想要从顺境的努力中区分出逆境的努力,而不管是否成功。如果努力是顺境的,言说者就得到证成(也即,认识论上可负责的);反之就未得到证成。努力和成功之间的区分成为了两种不同意义的证成(或授权)的原因。一种意义是“证成”的成就意义,蕴涵了成功,也即蕴涵了这证成**碰巧是正确的**;另一种意义是“证成”的任务意义,蕴涵了只有按照相对应的(认识论的)规则才完成的努力。[③] 第二种意义的证成观念被限定在**言说者**的努力上,而不是限定在她证

① 正如布兰顿所指出的,言说者在他们的断言句中是否明确要求知道,并不重要。因为这一要求是断言句实践的结构性特征,“知识的复杂混合道义状态定义了断言句的**成功**。”(*MIE* 203;重点乃原文所加)对于其他的真值要求和证成要求也是如此。对这些要求做出**清晰**推论的断言句实际上标示出,从关于世界中事物是如何存在的日常交往背景转变为评价断言句认识论状态的反思性背景。一旦我们关于这个世界的断言句出问题了,我们就需要很清楚地说出类似“我知道 p”,“p 是真的”,或者“p 得到证成”(以及它们的反面:“你不知道 p”,“p 是假的”,等等。)

② 或者一般来说,考虑到信念形成的机制。言说者的证成可能会是她清晰的推理结果或者只是她可靠性的结果。

③ 布兰顿专门在证成的任务意义上(认识论上可负责与否)来使用“授权”这一概念。此外,在 *KSSR* 中,布兰顿指出,作为真值保证活动的证成观念“并没有被拥有”(p. 809)。不过这一主张可以用两种不同方式来解读。如果“真值保证活动”在我们这里所说的成就意义上来理解,就像“蕴涵了真值”的意义,那么这个概念就不能从我们对证成的理解中被排除,出于同样的理由,它也不能从我们有可能成功或者失败的其他活动的理解中被排除。考虑到被用来规定这些活动的某个表达的任务意义和成就意义之间的内在关联,如果我们不具有一个观念来规定其可能的结果——也即成功或失败,那么用一个观念对努力的正确性进行评价就没有什么意义了。我们不可能通过一个不包含成功的观念来规定成功。然而,“真值保证活动”的表达可以被理解为比“蕴涵了真值”更多的东西,并且与这种理解不同,还应该解释布兰顿所主张的“这一观念‘并没有被拥有’”。正如吉尔伯特·赖尔(G. Ryle)在《心的概念》(*The Concept of Mind*, Chicago: University of Chicago Press, 1984)中所解释的,成就词和任务词之间的区分恰恰是,成就词意味着“某种事态的获得,此外,这种事态存在于履行附属的任务活动之中”(p. 150)。这是成就词的外在主义含义:它们表达了某个事态的获得,但是它们并没有同时说明在某个特殊场景中,**如何分辨**是否 (转下页)

成(或其能力)的**内容上**,正如在第一种意义上那样。相应地,"知识"是道义状态,我们用它来指向成功的情形,也即,未出错的情形。如果言说者的陈述是真的,她的证成是正确的,并且她在认识论上是可负责的,那么她就知道;否则她就不知道。正是在这个意义上,正如布兰顿所表达的,知识的状态"**规定了**断言句的**成功**"。[①] 因此很清楚,如果我们只是**意图**断言 p,那么我们的主张就至少不能比我们知道 p 少,并且还很清楚,如果根据其他人,我们成功断言 p,那么他们自己必须赞同 p。

但是,如果不预设他们属于**这个特定游戏"说出这个事物在世界中如何存在"**——这个世界是与所有参与实践者以及他们各自态度没有关系的一个并且同一个世界,那么我们就没有任何办法来理解这两个相关特征的合理之处。我们的知识要求中所隐含的实在的最小观念,**既不是视域性的,也无法还原到任何其他观念中**。正是这一观念,才是参与实践者所共享的,以便于理解"世界存在的方式从这些实践内部以一种直接的方式约束了推论性的、信念性的以及实践性的承诺的性质"(*MIE* 332)。正是至少在这个意义上,客观性一直以来就不可能是视域性的。

(接上页)就是这种情形——正如在相应的任务表达式中,我们用来规定获得成就的努力的正确性。如果成就词的意义不能依赖于某种不同于其结果的有争议活动的东西,这些词就必须**在标准上是空洞的**。在这个意义上,成就词能够"蕴涵了成功",恰恰是由于它们并非"保证了成功",它们对于如何通过活动的正确履行来保证成功,并不提供内在主义的暗示。把所有这些都考虑进来,"并没有被拥有"的观念是一个证成的观念,这观念会给我们(内在主义的)认识论标准足以用来**保证**活动的成功(也即知识的成就)。但是我们只能够知道这一观念并没有被拥有,**因为**我们已经理解了成就本身的外在主义含义,"蕴涵了真值"的证成观念表达了这个含义:我们的证成是否碰巧是正确的,只有在理解了这一点不仅是我们认识论上负责的功能之后,我们才能够成为可错论者。(对此问题,在拙作《解释学哲学中的语言学转向》第六章中提供了一种更为详细的分析。)

① 这就是为什么道义状态只有成就意义:如果知识观念被认为指称了**成功**的例子,那么在这个例子中就**没有什么错误**,它不能同时**兼容于失败**。因为如果它是这样的,也即,如果它等同于作为认识论上负责的证成观念的任务意义,那么我们就必须发明另一个观念,以便于能够指出断言句的成功例子会是怎样的。

Is Objectivity Perspectival?: Reflexions on Brandom's and Habermas's Pragmatist Conceptions of Objectivity

Cristina Lafont

Abstract: Habermas's account of objectivity is inclusive of the realist presuppositions and his approach has a kind of nonperspectival or cross-perspectival content. However, Brandom develops a scorekeeping model for describing communicative practices and his approach does not have any realist content. Then the author further put forward a critical argument that Brandom's notion of knowledge has to contain realism elements that cannot be traded in for social-perspectival ones. She gives an answer from an internal realist point of view: the notion of objectivity and reality is neither perspectival nor reducible to any other kind of notion.

Keywords: objectivity, perspectival, realism

文学研究

中唐韩、柳诗文中的人性与政治*

刘 顺**

[摘　要]　后安史之乱的中唐，因虐杀与相食所引发的人性危机，是韩愈、柳宗元等活动于贞元、元和年间的儒者难以回避的社会问题，也是两人中唐危机介入的焦点领域。虽然两人因人生经历与生命体验的差异，在人性论、政治伦理以及现实善恶的判定标准上产生了可以清晰观察的差异，但修身与及物的分歧所各自展开的问题域在推进中唐时期的思想进程的同时，也预示了宋学演进的方向。但韩、柳对人性与政治关系的考量，在后世的思想史上似乎并未得到应有的关注。

[关键词]　韩愈；柳宗元；人性论；政治伦理

在先秦以来的思想脉络中，对于人性的理解，或处于思想论争的漩涡中心，

* 基金项目：国家社科基金项目“初盛唐的儒学与文学”(2016XZW003)。

** 刘顺(1978—　)，男，安徽定远人，文学博士，黑龙江大学文学院教授，博士生导师，主要研究领域为中古思想与文学。

或成为某一思想流派构建政治与社会观念的逻辑起点。[①] 人性论所具有的思想聚合力,使其成为考量思想变迁及思想周密度的重要标尺,也是思想解读是否实现"语境化"的重要判准。今日言及中唐,总难以置身于"唐宋转型说"的影响之外,但转型在提示转向与巨变的同时,也暗示一种可以有效观察的连续脉络的存在。韩愈、柳宗元对于人性问题的讨论,自理论的新创而言,似乎并无突出的思想史位置。后世接受中对于道统谱系与文道关系的焦点化,在确立韩、柳历史地位的同时,也自然而然地弱化了对此问题关注的必要与兴致。[②] 由此,韩愈、柳宗元即使在文学史、哲学史研究中拥有无可替代的影响力,但基于历史处境与生存经验的思想言说却可能因一种过度文本化的解读倾向,而难以得到应有的"语境化"的理解。如若将韩、柳的文本书写视为对中唐政治与社会危机的回应,则思想的新创乃至技法的更新或许也是问题回应过程中的衍生效应。韩、柳在人性的基本理解上与荀子接近[③],并非仅为纯粹的理论兴趣使然,中唐时期的历史事件与政治态势的冲击应亦有以致之。在此过程中,韩、柳间的思想差异逐步清晰,中唐而后,人性(理、气)、忠孝以及意(心、理)与事等问题占据思想光谱中心位置的格局也于此见其端倪。

① "人性论是以命(道)、性(德)、心、情、才(材)等名词所代表的观念、思想,为其内容的。人性论不仅是作为一种思想,而居于中国哲学思想史中的主干地位;并且也是中华民族精神形成的原理、动力。要通过历史文化以了解中华民族之所以为中华民族,这是一个起点,也是一个终点。文化中其他的现象,尤其是宗教、文学、艺术,乃至一般礼俗、人生态度等,只有与此一问题关连在一起时,才能得到比较深刻而正确的解释。"徐复观:《中国人性论史(先秦篇)·序》,上海:上海三联书店,2001 年,第 2 页。

② 冯友兰先生《中国哲学史》第十章第一节专论韩愈,以其"真可为宋明道学家先驱之人",但对其《原性》篇则着墨甚少。相较而言,李翱所受的关注则更高。(参见《中国哲学史》,上海:华东师范大学出版社,2000 年,第 197—204 页。)劳思光先生虽对韩愈《原性》有较为详细的论述,但对其"性三品"说,则曰:"此盖因韩氏对孟荀二家之说均不深知其义,而于此处所关涉之哲学问题亦不能掌握。"(《新编中国哲学史》第三卷上,桂林:广西师范大学出版社,2005 年,第 20 页。)钱穆先生《朱子新学案》释《语类》相关段落曰:"韩愈之只将仁义礼智说性,是能在人性与物性之同中求异,又能于人与人性之异中求同,故朱子赞其识见之高。然少说一气字,则亦是论性不备也。"相较冯、劳二位先生,钱穆先生给予韩愈《原性》较高的认可。(《朱子新学案(二)》,北京:九州出版社,2016 年,第 18 页。)

③ 关于荀子"性恶"的解读,学界颇有差异。可参看黄玉顺:《中国正义论的形成——周孔孟荀的制度伦理学传统》,北京:东方出版社,2015 年,第 309—449 页。

一、中唐时期的虐杀及相食与性三品说

自孔子主张“为仁由己”，将对“礼”的贯彻与落实植根于个体为人的自觉，进而至子思以“天命之谓性”、孟子曰“人有四端”，在天人关系的框架中，认定个体生命的自然价值，“天地之性人为贵”[①]已可视为儒家在人性理解上的基本共识。其间虽有荀子一系，以性恶立说，但亦同样自人性能力层面肯定生命“最为天下贵”的价值。当个体的生命拥有天赋的价值之时，作为类别的人即拥有了超越于伦理与政治之上的维度。即使等差依然是处理人际关系的重要原则，但相互救助及不可杀人却是不可突破的人之为人的底线，这也意味着人对于自我以及他人有天然的人性责任。[②] 虽然，在漫长的历史进程中，对于人之生命的残害乃至虐杀，屡见不鲜，提示着一种理念即使在得到制度保障的前提之下，依然会因制度的执行能力以及行动者个人或群体的认知能力与惯习的限制，而难以形成对现实生活的全面覆盖。但只要此种理念存在并发挥着不可忽视的影响力，对于生命的剥夺即需要相应的合理化过程，更遑论对于生命的残害与虐杀。[③]

元和元年(806)，宪宗因西川节度使刘辟出兵东川，下令征讨。九月，战事结束，刘辟被擒，后处死于长安。韩愈《元和圣德诗》对行刑过程有颇为详细的纪述：

① 李隆基注、邢昺疏：《孝经注疏》卷五《圣治章第九》，阮元校刻：《十三经注疏》，北京：中华书局，2003 年，第 2553 页。

② “人之生于代，苟不病盲聋喑哑，则五常之性全，性全则豺狼燕雀亦云异矣。而或公然忘弃砺名砥行之道，反用狂言放情为事，蒙蒙外埃，积成垢恶。日不觉寤，以至于戕正性，贼天理，生前为造化剩物，殁复与灰土俱委。此岂不为辜负日月之光景耶。”舒元舆：《贻诸弟砥石命》，董诰编：《全唐文》卷七百二十七，北京：中华书局，1990 年，第 7489 页。

③ 卜正民等所著《杀千刀——中西视野下的凌迟处死》对中国历史上的“合法”虐杀有过系统的讨论，但详于宋后，于唐代关注有限。“至北宋，凌迟被明确定义为剐剐。我们也在这个时期第一次讨论凌迟的细节。在宋朝，一些讨论凌迟的评论者关注它适用于特定的罪名，而另一些更重要的评论者，则质疑在法律制度中推行凌迟。事实上，宋代的史料并没有显示凌迟已经向合法化迈进，相反，当时质疑和反对在法律中推行凌迟的意见极为强烈。”卜正民著、张光润等译：《杀千刀——中西视野下的凌迟处死》，北京：商务印书馆，2013 年，第 91 页。

来献阙下，以告庙社。周示城市，咸使观睹。解脱挛索，夹以砧斧。婉婉弱子，赤立伛偻。牵头曳足，先断腰膂。次及其徒，体骸撑拄。末乃取辟，骇汗如写。挥刀纷纭，争刌脍脯。①

血腥、恐怖的行刑过程被记录于以“圣德”为名的四言诗中，与以祥瑞毕呈、年丰民乐、万国来朝为样板景观的书写传统拉开了足够的距离，韩愈也因此写法受到后世的批评。②《元和圣德诗》对于刑杀细节的书写有着明确的放大事件效应，有震慑藩镇的意图，但此种笔法所传递的对于生命的态度，应可成为理解韩愈人性观念的重要线索。虽然，对于生命的虐杀，秦汉以来，并非鲜见，但对于生命自然价值的认可，也在此历史时段中自文本理念而成为一种极有影响的政治价值。《汉书·董仲舒传》载其策论曰：

人受命于天，固超然异于群生，入有父子兄弟之亲，出有君臣上下之谊，会聚相遇，则有耆老长幼之施，粲然有文以相接，驩然有恩以相爱，此人之所以贵也。生五谷以食之，桑麻以衣之，六畜以养之，服牛乘马，圈豹槛虎，是其得天之灵，贵于物也。故孔子曰：“天地之性人为贵。”③

董仲舒以为“人”有德性与智慧，可役使万物以为己用，故而“为贵”。在两汉的经学义解与政治言论中，“天地之性人为贵”多次见于经注、奏疏及诏令，实可视为当世知识与政治领域的价值共识。④ 在律令领域，其影响亦在逐步提升，而

① 韩愈：《元和圣德诗》，钱仲联集释：《韩昌黎诗系年集释》卷六，上海：上海古籍出版社，2007 年，第 627 页。

② “诗人咏歌文武征伐之事，其于克密曰：‘无矢我陵，我陵我阿。无饮我泉，我泉我池。’其于克崇曰：‘崇墉言言，临冲闲闲。执讯连连，攸馘安安。是类是祃，是致是附，四方无悔。’其于克商曰：‘维师尚父，时惟鹰扬。谅彼武王，肆伐大商，会朝清明。’其诗形容征伐之盛极于此矣。韩退之作《元和圣德诗》，言刘辟之死曰：‘宛宛弱子，赤立伛偻。牵头曳足，先断腰膂。次及其徒，体骸撑拄。末乃取辟，骇汗如泻。挥刀纷纭，争切脍脯。’此李斯颂秦所不忍言，而退之自谓无愧于《雅》、《颂》，何其陋也！”苏辙：《诗病五事》，曾枣庄等校点：《栾城集·栾城第三集》，上海：上海古籍出版社，2009 年，第 1554 页。

③ 班固撰、颜师古注：《汉书》卷五十六《董仲舒传》，北京：中华书局，2006 年，第 2516 页。

④ 关于此问题的分析，可参见陈壁生：《经义与政教——以〈孝经〉“天地之性人为贵”为例》，《中国哲学史》，2015 年第 2 期。

展现为对于生命自然原则优先的主张。《后汉书·张敏传》曰："敏复上疏曰：'……臣伏见孔子垂经典，皋陶造法律，原其本意，皆欲禁民为非也。未晓《轻侮》之法将以何禁？必不能使不相轻侮，而更开相杀之路，执宪之吏复容其奸枉。议者或曰：'平法当先论生。'臣愚以为天地之性，唯人为贵，杀人者死，三代通制。"[①]张敏以"天地之性，唯人为贵"为理据，试图以刑止杀，介入民间复仇，阻止"反开杀路"的《轻侮法》的推行。虽然，在魏晋南北朝时期，因为"准五服以制罪"的律令原则，生命的伦理原则有逐步强化的明确倾向，但也只是在特殊的生命事件中形成对人性自然价值的局部冲击。正史叙事中对于"纵囚归狱"的频繁书写所营造的重视生命的文化氛围[②]，以及官方诏令中对于人性自然价值的认可[③]，则构成了隋唐之际理解个体生命的基本语境。虽然，唐太宗纵囚归狱的举措，一试辄止，但贞观时期对于人性的理解所保有的温情[④]，对于逐步进入律令制时代的唐人而言，依然是颇可珍视的政治遗产。贞观十七年，"兰成坐腰斩。右武侯将军丘行恭探兰成心肝食之；上闻而让之曰：'兰成谋反，国有常刑，何至如此！若以为忠孝，则太子诸王先食之矣。岂至卿邪！'行恭惭而拜谢"[⑤]。太宗在谋反案中，强调"国有常刑"，反对在此过程中有违人之常情的举动，无疑明确了反对虐杀生命的官方姿态。高宗以至玄宗时期的诏令中，轻刑重生一直

① 范晔撰、李贤等注：《后汉书》卷四十四《张敏传》，北京：中华书局，2011年，第1503页。

② 中古历史对于"纵囚归狱"的书写，可参看陈爽：《纵囚归狱与初唐的德政制造》，《历史研究》，2018年第2期。

③ "流人咸悦，依期而至，一无离叛。上闻而惊异之，召见与语，称善久之。于是悉召流人，并令携负妻子俱入，赐宴于殿庭而赦之。乃下诏曰：'凡在有生，含灵禀性，咸知好恶，并识是非。若临以至诚，明加劝导，则俗必从化，人皆迁善。往以海内乱离，德教废绝，官人无慈爱之心，兆庶怀奸诈之意，所以狱讼不息，浇薄难治。朕受命上天，安养万姓，思遵圣法，以德化人，朝夕孜孜，意在于此。而伽深识朕意，诚心倡导。参等感悟，自赴宪司。明是率土之人非为难教，良是官人不加晓示，致令陷罪，无由自新。若使官尽王伽之俦，人皆李参之辈，刑厝不用，其何远哉！'"魏征：《隋书》卷七十三，北京：中华书局，2002年，第1686页。

④ "(贞观四年)太宗尝览《明堂针灸图》，见人之五藏皆近背，针灸失所，则其害致死，叹曰：'夫箠者，五刑之轻；死者，人之所重。安得犯至轻之刑而或致死？遂诏罪人无得鞭背。"欧阳修、宋祁：《新唐书》卷五十六《刑法志》，北京：中华书局，2003年，第1409页。

⑤ 司马光：《资治通鉴》卷一百九十六《唐纪二》，北京：中华书局，1997年，第1573页。

是唐王朝基本的政治理念。[①] 即使李唐前期的政治生活中虽仍偶有生命虐杀事件的发生，但并不足以挑战“天地之性人为贵”的认知氛围。[②] 相较于白居易《七德舞》以“死囚四百来归狱”为贞观之德政[③]，韩愈《元和圣德诗》对于生命的书写，则有了太多令阅读者毛骨悚然的血腥与恐怖。但颂诗的题材特性，却决定了书写者在此问题上并非时代的异议者，而这也意味着一个历史时期对于人性理解上的变化。

自安史之乱始，指向生命的虐杀及相食事件频繁出现。在此类事件中，“刳其心肝”与“脔（杀）而食之”的处置方式最为典型。天宝十五年，“安禄山使孙孝哲杀霍国长公主及王妃、驸马等于崇仁坊，刳其心，以祭安庆宗”[④]。至德元年，张巡、许远困守睢阳，粮尽食人；鲁炅被围南阳，人相食。建中四年，“（石）演芬乃使门客部成义密疏，具言怀光无状，请罢其总统……怀光使左右脔食之，皆曰：‘此忠烈士也！可令速死。’乃以刀断其颈”[⑤]。贞元十五年，宣武节度董晋卒，军情不安，“（陆）长源性刚不适变，又不为备。才八日，军乱，杀长源及叔度等，食其肉，放兵大掠”[⑥]；元和二年浙西李锜策动兵变，“因给冬服，锜坐幄中，以挽硬、蕃落自卫，（王）澹与中使入谒，既出，众持刀嫚骂，杀澹食之。监军使遣牙将赵琦慰谕，又食之”[⑦]。元和中，“蔡将有李端者，过溵河降重胤。其妻为贼束

① “论曰：圣唐刑名，极于轻简。太宗文皇帝降隋氏大辟刑百三十六条入流、入徒免死，其下递减唯轻。开辟以来，未有斯比。如罪恶既著名，制命已行，爱惜人命，务在哀矜，临于剿绝，仍令数覆。获罪自然引分，万姓由是归仁。感兹煦仁，宇内忻虞，亿兆同心，妖氛旋廓，刑轻故也。国家仁深德厚，固可侔于尧舜，夏殷已降，无足征矣。”杜佑撰、王文锦等点校，《通典》卷一百七十《刑法八》，北京：中华书局，2003 年，第 4414 页。相关轻刑重生诏令可见于贞观元年二月《男女婚姻以时诏》（李希泌：《唐大诏令集补编》，上海古籍出版社，2003 年，第 1254 页）、永徽初年《详定刑名诏》（《唐大诏令集补编》，第 861 页）、太极元年四月《颁太极格制》（《唐大诏令集补编》，第 867 页）、天宝元年《详定刑名诏》（《唐大诏令集补编》，第 863 页）、天宝八年《详定法律诏》（《唐大诏令集补编》，第 863 页）。

② 以上两种对于生命的虐杀在唐代前期已然存在，但其出现的频次较低，且合法度有限。贞观初王君操报父仇，“剔其心肝”（《新唐书》卷一百九十五《孝友》，第 5585 页）。神龙元年，“诛易之、昌宗于迎仙院，及其兄昌期、同休、从弟景雄皆枭首天津桥，士庶欢踊，脔取之，一夕尽”（《新唐书》卷一百零四，第 4016 页）。

③ 白居易：《七德舞》，朱金城笺校：《白居易集笺校》卷二，上海：上海古籍出版社，2016 年，第 140 页。

④ 司马光：《资治通鉴》卷二百一十八，第 1774 页。

⑤ 刘昫：《旧唐书》卷一百八十七《忠义下》，北京：中华书局，2002 年，第 4907—4908 页。

⑥ 欧阳修、宋祁：《新唐书》卷一百五十一《陆长源传》，第 4822 页。

⑦ 欧阳修、宋祁：《新唐书》卷二百二十四《叛臣上》，第 6382 页。

缚于树，脔食至死，将绝，犹呼其夫曰：‘善事乌仆射’”[①]高频出现的生命虐杀事件，在满足特定生命情感诉求之外，更多指向行动效应的营造。但作为同类，如何能够坦然面对虐杀乃至相食的生命场景？人既然为人，又如何自怵惕恻隐的不忍而至残忍如斯？即使佛教的地狱变相[②]及民间对于人肉疗疾的传言，可以为此行为提供相应的参照，但信仰领域及民间行为对于功能的偏重，并不能直接解决行为的是非问题。[③] 且隋唐死罪，惟有绞、斩两类[④]，对于韩愈而言，刘辟事件书写的合法化，在于酷刑（虐杀）的正当化，而其对此行为的正当化，也自然会潜在地将上述的虐杀行为合理化。但如若试图突破相互救助及不可杀人的道德底线，韩愈必须将处于相关事件中的某些个体“非人化”，且此种“非人化”的处理必须天然合理，方始能有对抗“天地之性人为贵”的理论深度。由此，韩愈对于人性的理解，即不能不首先为人之“非人化”预留解读的空间。其大体成文于贞元二十年前后的《原性》一文曰：“性之品有上中下三。上焉者，善焉而已矣；中焉者，可导而上下也；下焉者，恶焉而已矣。”[⑤]以三品论性而以最下者无向善的可能，则人世间于逻辑上必存有性恶而无善者。如此，若以“善”为人之为人的判准，则下焉者即为“非人”之禽兽。在韩愈的诗文中，有着极为明显的人兽并置的论说偏好[⑥]：

① 刘昫：《旧唐书》卷一百六十一《乌重胤传》，第 4223 页。

② “唐代佛寺还有一类壁画，专门描绘阴司中地狱的图变形相，号为‘地狱变相’。所谓地狱，是古印度人根据‘三世轮回’说虚构的一个恐怖世界。佛教主张‘业力’说，认为人们所作的善业恶业都会得到报应，凡在阳世作恶的人，死后都要堕入地狱，在那里受到各种刑罚的折磨。因此唐代佛寺所画的地狱变相，尽是描绘一些使人目不忍睹的‘怖畏之相’。杜牧的散文《杭州新造南亭子记》，就有一条‘地狱变相’的记载，其中说到画中描绘的刑罚非常可怕，‘人未熟见者，莫不毛立神骇’。董逌《广川画跋》卷一《书杨杰摹地狱变相后为王道辅跋》，亦云地狱变画‘阴刑阳囚，众苦具在，酸惨凄恻，使人畏栗’。”陈允吉：《佛教与中国文学论稿》，上海：上海古籍出版社，2010 年，第 383 页。

③ 《新唐书·孝友传》：“唐时陈藏器注《本草拾遗》，谓人肉治羸疾。自是民间以父母疾，多刲股肉而进。”韩愈有《鄠人对》抨击此类行为。参见韩愈撰，刘真伦、岳珍校注：《韩愈文集汇校笺注》卷三十四，北京：中华书局，2010 年，第 3164 页。

④ “开皇元年诏：夫绞以致毙，斩则殊刑。除恶之体，于斯已极。”司马光：《资治通鉴》卷一百七十五，第 1388 页。

⑤ 韩愈：《原性》，刘真伦、岳珍校注：《韩愈文集汇校笺注》卷一，第 47 页。关于此文写作的时间，参见文后笺注。

⑥ 如《送浮屠文畅师序》：“民之初生，固若禽兽夷狄然”（《韩愈文集汇校笺注》，第 1074 页）；《送郑权尚书序》：“好则人，怒则兽”（《韩愈文集汇校笺注》，第 1205 页）；《祭马仆射文》：“其东有猘，其西有虺”（《韩愈文集汇校笺注》，第 1430 页）；《祭张给事文》：“虺豺发衅，阖府屠割”（《韩愈文集汇校笺注》，第 1495 页）。

鸣呼！士穷乃见节义。今夫平居里巷相慕悦，酒食游戏相征逐，诩诩强笑语，以相取下，握手出肺肝相示，指天日涕泣，誓生死不相背负，真若可信。一旦临小利害，仅如毛发比，反眼若不相识，落陷阱不一引手救，而反挤之，又下石焉者皆是也。此宜禽兽夷狄所不忍为，而其人自视以为得计。①

当某些个体或群体（夷狄）因为蒙昧与德性的欠缺而被视为禽兽之时，对其生命的剥夺即可回避“不可杀人”的难题。对其生命的虐杀，也由之成为对于其罪行的恰当回应。与之相应，非官方授权的对于生命的虐杀本身亦可成为人之禽兽化的佐证。故而，韩愈的人性论也即成为其对时代问题回应的理论形式。

然而，相形之下，韩愈所面对的最为真切的难题，则来自于睢阳张巡、许远事件：

当二公之初守也，宁能知人之卒不救？弃城而逆遁，苟此不能守，虽避之他处何益？及其无救而且穷也，将其创残饿羸之余，虽欲去，必不达。二公之贤，其讲之精矣。守一城，捍天下。以千百就尽之卒，战百万日滋之师，蔽遮江淮，沮遏其势。天下之不亡，其谁之功也？当是时，弃城而图存者不可一二数，擅强兵坐而观者相环也。不追议此，而责二公以死守，亦见其自比于逆乱，设淫辞而助之攻也。②

张巡、许远坚守睢阳，阻止安史叛军的南下，保全了李唐王朝的财政命脉并牵制了叛军向西的力量。由于河南地区复杂的人事结构与地缘政治，困守孤城的张、许二人未得救援，终城破而死。③ 后张、许二人虽得追赠并于当地立庙，但守城时，粮尽食人却是难以回避的话题。虽鲁炅守南阳亦曾食人，然二者性质相近，且以前者的影响为大，更易成为关注焦点。相较于诛杀刘辟、吴元济等叛臣而视之为禽兽，困守城中的无辜民众，则难以被等同于道德窳败的禽兽。如

① 韩愈：《柳子厚墓志铭》，《韩愈文集汇校笺注》卷二十二，第 2408 页。

② 韩愈：《张中丞传后叙》，《韩愈文集汇校笺注》卷三，第 296—297 页。

③ 关于此时河南地区的政治地理格局，参见李碧妍：《危机与重构——唐帝国及其地方诸侯》，第一章“河南：对峙开始的地方”，北京：北京师范大学出版社，2015 年，第 15—113 页。

此，张巡、许远所杀而食之者即为同类之人，此类行为如何自我合理化？又能否被合理化？即使其可以主张一种合理化的理由，人又如何面对行动中的"忍"与"不忍"？对于韩愈，乃至中唐时期的知识群体而言，睢阳事件提出了一个道德的难题，这不仅是一场军事领域的攻防战斗，更是一场思想领域的惨烈纷争。

在韩愈作《张中丞传序》之前的上元二年，已有李翰为之作传："巡亡三日而缟至……时议者或谓：巡始守睢阳，众六万，既粮尽，不持满按队出再生之路，与夫食人，宁若全人？于是张澹、李纾、董南史、张建封、樊晃、朱巨川、李翰咸谓巡蔽遮江、淮，沮贼势，天下不亡，其功也。翰等皆有名士，由是天下无异言。"[①] 张、许守城的悲壮与惨烈，造成了睢阳地方难以弥补的心灵创伤，也向当时的知识群体提出了一个必须予以回应的难题。虽然，李翰等人不断为张、许辩护，但时空双重距离的拉远，却不免隔膜于事件亲历者的真实体验，所谓"天下无异言"不过纸上之具言。或许，"空城唯白骨，同往无贱贵。哀哉岂独今，千载当歔欷"的感叹[②]，却更能见出睢阳事件对时人的创痛。无论是人禽之别，还是人与人之间生命价值的高低之别，均要求韩愈在人性论上予以回应，这也意味着其对于人的理解，必然包含着先天的等差。韩愈既无法主张"天生德于予"，亦无法认可一气化生之偶然所隐含的先天平等，由此，其在天人关系上所展现的"天人相仇"的决绝姿态，即是其人性观念的内在逻辑使然。也因为其认可生命价值的等差，故而，人性上自然原则的失落，必然导致伦理原则与政治原则在政治与社会生活中的优位。[③] 而自其对于睢阳事件的理解而言，也易于推论出国家、家族与个人的价值间的高低位序。

安史之乱后政治生态平衡的重建，不得不以攻占杀伐为手段。以武力相博弈，最易呈现政治运作血腥残暴的面相，也会自然而然地改变时人对于政治运作方式与人性的基本理解。与韩愈大体同时的柳宗元，同样也面临着回应现实的挑战。但与韩愈在宣武与武宁节镇两度险些丧身兵变，且曾为史官谙熟近代

---

① 《新唐书》卷一百九十二《张翰传》，第 5540—5541 页。

② 韦应物：《睢阳感怀》，陶敏等校注：《韦应物集校注》，上海：上海古籍出版社，2007 年，第 416 页。

③ 韩愈对于生命价值等差的理解，亦可见于杜佑《通典》："议曰：按法用刑，诚难差异。然酌于人情，通于物理，衣冠之与黎蒸，如草木之有秀茂。若戮一士族，虽或无冤，如摧茂林，薙翘秀；或睹其瘆痒，则多伤悯之怀，使人离心，皆如崩角。若戮一匹庶，纵或小屈，如斩丛拔，蹂荒芜，未觉其凋残，乃鲜嗟叹之议。"杜佑撰、王文锦等点校：《通典》卷一百六十四，第 4224 页。

史事不同，柳宗元对于是时的生命虐杀只有远距离的打量。此种生命经历的差异，对于两人回应人性难题的方式当会产生不可忽视的影响。在刘辟事件后，柳宗元曾有《剑门铭》一文，与《元和圣德诗》的写法有着明显的差异：

天兵徐驱，卒乘啴啴。大憝囚戮，戎夏咸欢。
帝图厥功，惟梁是先。开国进位，南服于藩。
邦之清夷，人以完安。铭功鉴乱，永代是观。①

《剑门铭》回避了处决刘辟的具体过程，而刻意突出"人以完安"的事件效应。由于韩文在前，柳宗元不再详述刑杀场景可能只是文本的技术选择，并不能必然推定两人在人性问题上存有可予清晰区分的差异。但《武冈铭》曰"愿完父子"②，《平淮夷雅》曰"完其室家，仰父俯子"③，足可见出柳宗元对于社会有序、民众生命得以保全的关注。在柳宗元的诗文中，另有使用频次极高的"生人"一词，亦流露出其对他人的真实关切。④ "生人"是生活于现世今生的一切生灵、含生者，柳宗元以此意指一切体尝生命苦患的在世者，此处并无在上位者俯视下民的优越感受，相反其近于众生皆苦的语义，却意味着众生皆处苦海，故众生平等之意。

虽然，在具体的语境之下，柳宗元同样会以人禽之别及人际等差作为事件解读的预设前提，但在天人不相与的框架下，柳宗元更强调"一气化生"的偶然，并由此提示生命先天的平等：

---

① 柳宗元：《剑门铭》，《柳河东集》卷二十，上海：上海古籍出版社，2018年，第350页。

② 柳宗元：《武冈铭》，《柳河东集》卷二十，第355页。

③ 柳宗元：《平淮夷雅》，《柳河东集》卷一，第6页。

④ "再值一考者，子厚不言'生民'，常用'人'，此并非避唐太宗讳而用，又冠以'生'字。'生人'之词不新，而其概念却新。如今传《韩愈集》仅出两处：'生人之治，本乎斯文'；'盖生人之所宜为，曷(足)为异乎'，均作'生人'，盖避唐太宗讳也。可知'生人'非韩愈惯用之词，平时并无此观念。而子厚用'生人'二十五处之多，别有'生民'一处，疑'生人'之讹。此'生人'并非'民'，如《祭吕衡州温文》云：'君子何厉？天实仇之；生人何罪？天实仇之。'吕温君子，亦属'生人'。又如《吕侍御恭墓志》云：'必立王功，活生人。'吕恭亦吕温之弟。其'生人'之'生'谓现世今生，'人'谓生灵、含生。何为加'生'字，意在于'天下之穷甿'、'艰饥羸寒，蒙难抵暴，悴抑无告'等等生活苦患，故'无忘生人之患，则生人之道幸甚'。子厚描述'生人'活在苦海，殆似活地狱。"户崎哲彦：《读柳宗元〈武冈铭并序〉》，《中华文史论丛》，2013年第1期。

用朱墨以别焉，房于是取二毫如其第书之。既而抵戏者二人，则视其贱者而贱之，贵者而贵之。其使之击触也，必先贱者，不得已而使贵者，则皆慓焉惛焉，亦鲜克以中。其获也，得朱焉若有余，得墨焉则若不足。余谛睨之，以思其始，则皆类也，房子一书之而轻重若是。适近其手而先焉，非能择其善而朱之，否而墨之也。然而上焉而上，下焉而下，贵焉而贵，贱焉而贱，其易彼而敬此，遂以远焉。然则若世之所以贵贱人者，有异房之贵贱兹棋者欤？无亦近而先之耳。[①]

偶然是对一切合理化现实秩序与状态的潜在的否定，当偶然在生命的起点与过程中不断植入自身的影响，所谓稳定的结构、秩序与意义或许只是世人的执念。在"天人不相与"的大判断之下，柳宗元虽然同样认可人在日常生活中作为秩序创制者与意义赋予者的角色，但其似乎也更能敏锐感受到，超越维度的隐去所可能产生的对"圣人"迷信与盲从的危险。[②] 故而，其在认可历史人物对于文明创作的伟大功绩的同时，亦强调"势"的影响并将人之"志"与"明"视为"天爵"，由此来削弱圣人在历史演化中的作用：

仁、义、忠、信，先儒各以为天爵，未之尽也。夫天之贵斯人也，则付刚健纯粹于其躬，倬为至灵，大者圣神，其次贤能，所谓贵也。刚健之气，钟于人也为得志。得之者，运行而可大，悠久而不息。拳拳于得善，孜孜于嗜学，则志者其一端而耳。纯粹之气，注于人也为明。得之者爽达而先觉，鉴照而无隐，盹盹于独见，渊渊于默识，则明者又其一端耳。明离为天之用，恒久为天之道。举斯二者，人伦之要尽是焉。故善言天爵者，不必在道德忠信，明与志而已矣。[③]

"志"与"明"是个体因一气化生，先天而有的能力，个体间此种能力的差异虽然

---

① 柳宗元：《序棋》，《柳河东集》卷二十四，第 412 页。

② 关于此问题的讨论，参见刘顺：《历史之势与生民之意：柳宗元政论中道德与政治》，《北大政治学评论》，2020 年第 7 辑。

③ 柳宗元：《天爵》，《柳河东集》卷三，第 49—50 页。

有后天磨砺的影响存在，但其尤要者则在于先天而有的能力的强度。因为对先天因素的强调，柳宗元又一次将现实生活中人性能力的差异回溯至先天的偶然：

> 生死悠悠尔，一气聚散之。偶来纷喜怒，奄忽已复辞。
> 为役孰贱辱，为贵非神奇。一朝纩息定，枯朽无妍媸。①

一气聚散，悠悠无定，生命本有自然平等的维度，由此一气化生的平等也即有强化生命一体之感的效应。因此平等与一体的存在，柳宗元对于赋形为禽兽的生命也予以令人动容的同情。其《宥蝮蛇文》曰："吾悲夫天形汝躯，绝翼去足，无以自扶，曲膂屈胁，惟行之迂。目兼蜂虿，色混泥涂。其颈蹙恧，其腹次且。褰鼻钩牙，穴出榛居。蓄怒而蟠，衔毒而趋，志蕲害物，阴妒潜狙。汝之禀受若是，虽欲为鼋为螾，焉可得已？凡汝之为恶，非乐乎此，缘形役性，不可自止。草摇风动，百毒齐起，首拳脊努，呥舌摇尾。不逞其凶，若病乎已。世皆寒心，我独悲尔。吾将薙吾庭，葺吾楹，窒吾垣，严吾扃，俾奥草不植，而穴隙不萌。与汝异途，不相交争。"②人禽之别是气化的结果，赋形的偶然决定了生命生存于世的基本形态与方式。被赋形者只是自然造化的掌中棋子，无法影响此赋形的过程，故而偶然而得恶禽猛兽之形，已是值得同情的生命事实。虽然，依据偶然的内在逻辑，生命体间的同情不免矫揉造作，但相较韩愈对于恶禽的冷眼相看中，常夹杂着几丝嘲讽③，柳宗元此种情感的流露，对于意义世界的维护弥足珍贵。但也正因为天人相分的结构之下，生命的价值缺少超越维度的支撑，生命体间的一体感与人性责任难以成为"人之为人"的奠基成分。故而，宋儒必须通过超

---

① 柳宗元：《掩役夫张进骸》，《柳河东集》卷四十三，第 744 页。

② 柳宗元：《宥蝮蛇文》，《柳河东集》卷十八，第 321—322 页。

③ 韩愈《病鸱》："屋东恶水沟，有鸱堕鸣悲。有泥掩两翅，拍拍不得离。群童叫相召，瓦砾争先之。计校生平事，杀却理亦宜。夺攘不愧耻，饱满盘天嬉。晴日占光景，高风送追随。遂凌鸾凤群，肯顾鸿鹄卑？今者运命穷，遭逢巧丸儿，中汝要害处，汝能不得施。于吾乃何有，不忍乘其危。丐汝将死命，浴以清水池。朝餐辍鱼肉，暝宿防狐狸。自知无以致，蒙德久犹疑。饱入深竹丛，饥来傍阶基。亮无责报心，固以听所为。昨日有气力，飞跳弄藩篱。今晨忽径去，曾不报我知。侥幸非汝福，天衢汝休窥。京城事弹射，竖子岂易欺。勿讳泥坑辱，泥坑乃良规。"《韩昌黎诗系年集释》卷九，第 1024 页。

越维度的重建，以“天理”的阐明去回应韩柳的难题。[①]

元和初，柳宗元在永州曾应南霁云之子南承嗣之请，作《唐故特进赠开府仪同三司扬州大都督南府君睢阳庙碑》。何以面对人相食的难题同样摆到了柳宗元的面前：

> 时惟南公，天与拳勇，神资机智，艺穷百中，豪出千人。不遇兴词，郁龙眉之都尉；数奇见惜，挫猿臂之将军……贼徒乃弃疾于我，悉众合围。技虽穷于九攻，志益专于三板。偪阳悬布之劲，汧城凿穴之奇。息意牵羊，羞郑师之大临；甘心易子，鄙宋臣之病告。诸侯环顾而莫救，国命阻绝而无归，以有尽之疲人，敌无已之强寇。[②]

柳宗元采用了其在《乞巧文》中认之为“炫耀为文，琐碎排偶，抽黄对白，啽哢飞走”的骈四俪六式组织文字，以骈文体式的特性来弱化问题的难度。虽然骈文体式更符合王言的言说体例，但骈文好用典故，易于敷衍文字的特性，有助于书写者拉远事件距离，以掩饰作者体验与观念的强度。[③] 由于睢阳事件无法回避守城的忠义与人相食之残忍重叠交织而成的难题，柳宗元以“甘心易子”的典故，凸显守城者的忠勇与悲壮，并借此回避了与人相食正面相对的难题。但此种刻意的文体选择与书写策略，无疑暗示了柳宗元在食人问题上与韩愈颇有距离的个体态度。虽然，在初盛唐的文学书写中，亦不乏“十步杀一人”的粗豪壮气，但流于文学想象的类型表达与真实的生存经验间毕竟存有极大的差异。然而，安史之乱及其后续效应，却将对待生命的虐杀植入了士人群体的日常生活。此种变化在催生理论难题的同时，也逐步弱化了士人对于生命事件的敏感度。

---

① “天以阴阳五行化生万物，气以成形，而理亦赋焉，犹命令也。于是人物之生，因各得其所赋之理，以为健顺五常之德，所谓性也……人物各循其性之自然，则其日用事物之间，莫不各有当行之路，是则所谓道也。性道虽同，而气禀或异，故不能无过不及之差，圣人因人物之所当行者而品节之，以为法于天下，则谓之教，若礼、乐、刑、政之属是也。盖人之所以为人，道之所以为道，圣人之所以为教，原其所自，无一部本于天而备于我。”朱熹：《四书章句集注》，北京：中华书局，1983 年，第 17 页。

② 柳宗元：《唐故特进赠开府仪同三司扬州大都督南府君睢阳庙碑》，《柳河东集》卷五，第 85—87 页。

③ 刘宁《以王言褒忠臣：柳宗元〈南霁云睢阳庙碑〉的骈体写作用心》（《中国社会科学院研究生院学报》，2018 年第 5 期）一文对于柳宗元的文体选择作了较为细致的分析，但却忽视了人相食所形成的中唐思想的难题。

以与韩愈、柳宗元同时代的刘禹锡为例，其在《城西行》中虽以“城西人散泰衢平，雨洗血痕春草生”，暗示人性与历史的残忍与冷漠[①]，但其《美温尚书镇定兴元以诗寄贺》一诗则已流露对于果决杀伐的认可。其诗曰：“旌旗入境犬无声，戮尽鲸鲵汉水清。从此世人开耳目，始知名将出书生。”[②]此诗本事见于《旧唐书·温造传》：“（温造）即召坐卒，诘以杀绛之状。志忠、张丕夹阶立，拔剑呼曰‘杀’。围兵齐奋，其贼首教练使丘铸等并官健千人，皆斩首于地，血流四注，监军杨叔元在坐，遽起求哀，拥造靴以请命，遣兵卫出之，以俟朝旨。敕旨配流康州。其亲刃绛者斩一百断，号令者斩三断，余并斩首。内一百首祭李绛，三十首祭王景延、赵存约等，并投尸于江。”[③]将某些人禽兽化，自然而然地合理化了指向生命的虐杀，无论此种杀伐自时人应对政治危机的视角而言是何等的必要，权力展示过程中的血腥与残暴毕竟会改变一个时期的对于生命理解的基本共识，而这也构成了中唐思想转型最为真实的“现场感”。因为对于人性理解上的差异，在国事与家事的理解上，也自然体现出相应的差异。故而，中唐时期的人性观念应可成为理解忠义观念的逻辑起点。时下的文学或思想文学研究，偏重文本意义解读取向无疑多少隔膜了时人的生命感受，也自然难以实现中唐文学思想研究的语境化。

二、国事与家事孰先：韩、柳的忠义观

唐宋间思想文化的转型，若以君臣及君民关系为考察的对象，“忠”之内涵的变化极为清晰，日趋成为一种在下位者对于政治领袖的无限义务。[④] 与之相

① 刘禹锡《城西行》：“城西簇簇三判族，叛者为谁蔡吴蜀。中使提刀出禁来，九衢车马轰成雷。临刑与酒杯未覆，仇家白官先请肉。守吏能然董卓脐，饥乌来觇桓玄目。城西人散泰衢平，雨洗血痕春草生。”瞿蜕园笺证：《刘禹锡集笺证》卷二十五，上海：上海古籍出版社，2018年，第770页。

② 刘禹锡：《美温尚书镇定兴元以诗寄贺》，《刘禹锡集笺证》卷二十四，第743页。

③《旧唐书》卷一百六十五《温造传》，第4318页。

④ 佐藤将之《中国古代的“忠”论研究》一书，对中国早期思想中的“忠”论作了极为详尽的研究，其观点与中国大陆学界的主流理解有着极为明显的差异。如其论述《荀子》、《吕氏春秋》的观点曰：“历来，许多学者对于《荀子》和《吕氏春秋》的思想内容往往从其书成立的所谓‘历史条件’来‘界定’其思想特色。特别是对此两书，大体上归纳其思想核心于建立大一统的国家体制这一点。关于《荀子》，笔者相信，本章的分析反而厘清了与此非常不同的面向：就‘忠’的观念的思想演变层面而言，由于荀子在展开他的思（转下页）

应，隋唐时期政治领域尚有一定影响的双向伦理关系渐趋衰没，自汉代以来政治伦理的单向化进程也将尘埃落定。[①] 虽然，对于“忠”是否自“孝”分歧而出，学界渐持否定意见，但两者的并置使用，却意味着作为社会领域最为基础的人伦关系之间的交叉重叠的亲缘关系。自西周而下，“孝”由生者与已逝祖先的关系转变为以父子血缘为主干的生者间关系[②]，并在儒家的思想演进中逐步占据了一种超越的价值优先位置，即使此种价值优先曾受到“天地之性人为贵”的挑战，但其强势地位却难以撼动。魏晋南朝时期，“孝”更是理解君父、家国先后关系的重要依据。[③] 故而，在政治领域，忠孝的并置，既意味着孝作为一种国家治理之术的影响，同时也可能意味“忠”通过语词的修辞术，为自身赢得作为“天伦”的位置。[④] 忠孝间的此种关系，使得《孝经》在儒家经典中具有政治大典的突出位置。[⑤]

(接上页)想活动的时候，慎到等思想家对‘忠’或‘忠信’功用和价值之批评应已为许多人所知。因此荀子应先明确意识到之前的‘忠论’，而进一步整理、批评以及重申‘忠’概念之价值。毕竟，正如笔者的过去研究不断地证称，荀子哲学之究竟目标就是在于伦理学说之重建，非在所谓‘君权’之巩固化。同样地，《吕氏春秋》‘忠’观之特质恐怕也未必代表像王子今所称的秦国特有的政治文化情况，而其主张内容是其作者们整理当时在整个中原世界展开的各种有关‘忠’的论辩而后提出的。”佐藤将之：《中国古代的“忠”论研究》，台北：台大出版中心，2019 年，第 174—175 页。

① 参见李若晖：《久旷大仪——汉代儒学制度研究》，第三章“以人伦为制度”，北京：商务印书馆，2019 年，第 107—132 页。

② 参见查昌国：《先秦“孝”“友”观念研究》，合肥：安徽大学出版社，2006 年，第 10—29 页。

③ “综合上面所述，我们知道君父先后本来是魏晋间辨析名教的一个论题，所以称为论题是由于现实的政治发生了这个问题，同时牵涉到对于人物的评价，不能不加以注意。在开始时二者的轻重还没有决定，但因现实社会及政治的发展，孝逐渐超过了忠，所以温峤不免受清议的责备，而何、荀、褚、王这一流人反而获得安身立命的理论根据。后世往往不满于五朝士大夫那种对于王室兴亡漠不关心的态度，其实在门阀制度下培养起来的士大夫可以从家族方面获得他所需要的一切，而与王室的恩典无关，加上自晋以来所提倡的孝性足以掩护其行为，因此他们对于王朝兴废的漠视是必然的，而且是心安理得的。”(唐长孺：《魏晋南北朝的君父先后论》，朱雷等编：《唐长孺文存》，上海：上海古籍出版社，2006 年，第 246 页。)

④ “父子关系、君臣关系皆是人伦之重，而孝、忠，俱为道德之要。郑玄注解，于‘父子之道天性。君臣之义’一句，从伦理上将父子、君臣关系断然分别，而于‘君子之事亲孝故忠，可移于君’一句，则从道德上将孝、忠明确区分。但是唐明皇作为一时之君主，要颁布《孝经》之正义以教训天下，所以千方百计地并举君臣与父子，等同忠和孝。《圣治章》采《古文孝经》经文而成‘父子之道，天性也，君臣之义也’。由伦理而言，君臣与父子混同矣。《广扬名章》‘居家理治可移于官’，自道德而言，孝与忠合一矣。”(陈壁生：《孝经学史》，上海：华东师范大学出版社，2015 年，第 225 页。)

⑤ “训世之风，唯礼与孝。孝是立身之本，礼固为政之先……源其人伦详备者，岂过礼与《孝经》乎。《孝经》者，自庶达帝，不易之典，从生暨死，终始具焉……三德之基，人伦为主，百行之首，要道为源。”(法琳：《辩正论》卷七，大正新修大藏经本。)

唐太宗时，即亲论《孝经》曰："孝者，善事父母，自家刑国，忠于其君，战陈勇，朋友信，扬名显亲，此谓之孝。"[①]太宗注意到身份差异对于"孝"的语境意义，虽较合《孝经》本义，但以"自家刑国，忠于其君"为"孝"，则有强化忠君的明确意图。[②]高宗时，进士、明经两科加试《孝经》和《老子》[③]；武则天《臣轨》则以"忠臣出于孝子之门"，强调"先其君而后其亲，先其国而后其家"[④]。及玄宗时，两度亲注《孝经》并颁行天下，更是大体完成了忠孝的同质化过程，也构成了考察中唐时期"忠"之观念变迁的一般的知识氛围。

天宝二年(743)，唐玄宗再次修订颁布《孝经御注》，其序曰："圣人知孝之可以教人也，故因严以教敬，因亲以教爱，于是以顺移忠之道昭矣，立身扬名之义彰矣。"[⑤]再次修订《孝经》，玄宗将"以顺移忠"作为意图，删改郑注、孔传，并以御注的形式，弱化《孝经》在两汉以来作为政教大典的经典地位[⑥]：

> 故自天子至于庶人，孝无终始，而患不及者，未之有也。
>
> 明皇注：始自天子，终于庶人，尊卑虽殊，孝道同致，而患不能及者，未之有也。言无此理，故曰未有。[⑦]

① 《旧唐书》卷二十四《礼仪志》，第917页。

② "贞观十四年三月丁丑，太宗幸国子学，亲观释奠，祭酒孔颖达讲《孝经》……太宗又谓侍臣曰：'诸儒各生异同，皆非圣人论孝之本旨也。孝者，善事父母，自家刑国，忠于其君，战阵勇，朋友信，扬名显亲，此谓之孝。具在经典，而论者多离其文，迥出事外，以此为教，劳而非法，何谓孝之道邪。'"(《旧唐书》卷二十四《礼仪志》，第917页。)

③ "至调露二年，考功员外郎刘思立始奏二科并加帖经。其后又加《老子》、《孝经》，使兼通之。"(《通典》卷十五，第354页。)

④ "《至忠篇》有强调'忠臣出于孝子之门'，只有'纯孝'者才能立大忠。但所谓'纯孝'，是能以'大义修身、知立行之本'；而父母和家庭存在的根本，正在君与国，'亲非君而不存'，'家非国而不立'。因此'欲尊其亲，必先尊于君；欲安其家，必先安其国'，官员应当'先其君而后其亲，先其国而后其家'。"(郑雅如：《亲恩难报：唐代士人的孝道实践及其体制化》，台北：台大出版中心，2014年，第242—243页。)

⑤ 李隆基：《孝经注疏序》，《十三经注疏》，第2540页。

⑥ "玄宗的做法明显不同，他将忠孝论依附于士人最熟悉的经典《孝经》，于开元十年、天宝二年两度颁布《御注孝经》，令天下通行。玄宗第一次整饬孝经的背景，与当时今、古文《孝经》之争相关，第二次注《孝经》则更加凸显玄宗的个人意图……可见重视、整理《孝经》其实是为宣扬移忠之道。"郑雅如：《亲恩难报：唐代士人的孝道实践及其体制化》，第244页。

⑦ 李隆基注、邢昺疏：《孝经注疏》卷三，《十三经注疏》，第2579页。

玄宗在修订中，将“而患不及己者”中的“己”字删去，严可均辑郑注曰：“明皇本无‘己’字，盖臆删耳。据郑注‘患难不及其身’，‘身’即‘己’也。《正义》引刘瓛云‘而患行孝不及己者’，又云‘何患不及己者哉’，则经文原有‘己’字。”[①]《孝经》首章《开宗明义章》论孝之终始，其后分天子、诸侯、卿大夫、士而及庶人之孝，故《庶人章》此处经文有回应首章且总论孝道之意图。郑注曰：“总说五孝，上从天子，下至庶人，皆当孝无终始。能行孝道，故患难不及其身也。”[②]明皇注删去“己”，则将此处本文释读为始自天子、终于庶人，皆应各行其孝，是没有道理担忧自己做不到的。《孝经》论孝虽亦主张自天子至庶人均应履行孝道，但身份职责有异，故行孝的方式不同。如其论天子之孝曰：“爱敬尽于事亲，而德加于百姓，形于四海，盖天子之孝也。”[③]“孝”于在上位者而言，意味着社会与政治责任的担当，而非单纯上下一致地孝养父母的伦理责任。玄宗的改篡，弱化了《孝经》作为政典的功能，并通过将天子之孝与其社会与政治责任剥离，从而为政治伦理的单向度化提供理论支撑。[④] 与之相应，玄宗同样将《孝经》正文中有损天子绝对权威的相关礼仪予以删落：

> 案：《祭义》疏曰：“《孝经》‘虽天子，必有父也’，注：‘谓养老也。’父，谓君老也。此食三老而属弟者，以上文祀文王于明堂为孝，故以食三老、五更为弟，文有所对也。”然则《祭义》之文不必泥，邢氏所疑，孔疏早已解之。《援神契》《白虎通》皆曰：“尊三老者，父象也。”《白虎通》

---

① 皮锡瑞撰、吴仰湘点校：《孝经郑注疏》，北京：中华书局，2017 年，第 47 页。张涌泉主编审订《敦煌经部文献合集》录《孝经》残卷，《庶人章第六》正文为：“用天之道，分地之利，谨身节用，以养父母。此庶人之孝。故自天子至于庶人，孝无终始，而患不及己者，未之有也。”张涌泉：《敦煌经部文献合集》，北京：中华书局，第 1893 页。

② 《孝经郑注疏》，第 47 页。

③ 《孝经郑注疏》，第 19 页。

④ “《孝经》孔传原本很少有人学，郑注一直也被质疑，学术质量并不很高，基础本来就比较薄弱，所以御注以政治力量强行推广后，郑注也很快被淘汰了。由于郑注、孔传失传，学者单独看御注，很难发现其中的问题。现在郑注、孔传重现人间，再回头看御注，发现御注竟随己意，从《孝经》中消除了一切包含学术思或思想价值的内容。孔传中引用《管子》，要求人君、官长、父兄修身，善待人民、下属、子弟的内容，在御注中都被淡化；君不君则臣不臣，父不父则子不子的自然道理，御注更不见提及。御注只要求人民顺从，子弟听话，是宣传专制的愚民理论，其中没有任何真知灼见。”（乔秀岩、叶纯芳：《学术史读书记》，北京：三联书店，2019 年，第 205 页。）

又曰："既以父事，父一而已。"谯周《五经然否论》曰："汉中兴，定礼仪，群臣欲令三公答拜。城门校尉董钧驳曰：'养三老，所以教事父之道。若答拜，是使天下答子拜也。'诏从钧议。"是古说皆谓父事三老以教孝，非但同"倍年以长"之敬。明皇注于郑引古礼以解经者皆刊落之，专以空言解经，实为宋、明以来作俑。邢疏依阿唐注，排斥古义，是其蔽也。[1]

养老礼的刊落，虽有空言解经之弊，但玄宗的意图实在于强化皇帝独尊的政治权威。当"忠"作为政治伦理已具有与"孝"相抗衡甚或超而越之的地位，皇天同尊也就是自然的结果。在唐初《五经正义》中尚得到明确表达的"天子有爵"乃官僚制度之一级的观念，在皇帝称圣已然成为政治现实的态势之下，不免成为纸上之空文。[2] 虽然玄宗强化政治伦理的实践会受到社会的柔性抵抗，但《孝经》御注在目标与路径上已为其后继者作了颇为细致的指引。

由于在人性论上主张的三品论以及个人在贞元时期的入幕经历，韩愈在国家与家庭和个体之间，更倾向于认同国家价值的优先。其在《猫相乳说》中明确提出"国事既毕，家道乃行"的主张[3]，韩愈对于"忠"的理解，处身于天宝而后的思想语境之中，且其论证思路也在《孝经》御注的笼罩之下：

悲夫！为人谋而不忠者，范蠡其近之矣。夫君存与存，君亡与亡，备三才之道，未有不显然而自知矣。勾践奋鸟栖之势，申鼠窜之息，竟能焚姑苏，虏夫差。方行淮泗之上，以受东诸侯之盟者，范蠡、文种有其力也。既有其力，则宜闭雷霆，藏风云，截断三江，叱开四方，高提霸王之器，大弘夏禹之烈，使天下徘徊，知越有人矣。奈何反未及国，则背君而去。既行之于身，又移之于人，人臣之节合如是耶？且臣之于

---

① 《孝经郑注疏》，第 106 页。

② 《礼记·曲礼》下："君天下曰天子。"孔疏："《异义》：'天子有爵不？《易》孟、京说：《易》有周人五号：帝，天称，一也；王，美称，二也；天子，爵号，三也；大君者，兴盛行异，四也；大人者，圣人德备，五也。是天子有爵。古《周礼》说：天子无爵。同号于天，何爵之有！许慎谨案：《春秋左氏》云：'施于夷狄称天子，施于诸夏称天王，施于京师称王。'知天子非爵称，同古《周礼》义。'郑驳云：'案《士冠礼》云："古者生无爵，死无谥。"自周及汉，天子有谥，此有爵甚明。云无爵，失之矣。'"郑玄注、孔颖达疏：《礼记正义》卷四，《十三经注疏》，第 1260 页。

③ 《韩愈文集汇校笺注》卷四，第 427 页。

君，其道在于全大义，弘休烈。生死之际，又何足道哉！况君者，天也，天可逃乎？[1]

范蠡的识时而退，在君臣以义合的双向政治伦理之下，不过为士大夫出处选择的常态。此种双向伦理既要求明确君臣各自的职责分际，同样也认可臣下对于此种关系结合作自主选择的权利。虽然，政治伦理单向化的进程，逐步改变着秦汉以来的政治生态，但直至天宝而后的中唐，双向伦理关系依然具有不容忽视的影响力。潼关失守，"万乘南巡，各顾其生"[2]，当时的社会舆论中就有一些言论认为，玄宗抛弃百官，仓促离开长安，是背弃君臣大义的举动。故而，臣下另寻出路，亦不过是自然而合理的选择。[3] 但在安史之乱的刺激之下，李唐王朝强化"忠"的意愿无疑会进一步强化，也更易赢得认同。韩愈对于范蠡的批评及其对龙逄的称誉，已不再接受臣下智免的选择，从而应和于安史之乱后李唐王朝对于"忠"绝对优先的宣扬：

人臣之节，有死无二；为国之体，叛而必诛。况乎委质贼廷，宴安逆命，耽受宠禄，淹延岁时，不顾恩义，助其效用，此其可宥，法将何施？达奚珣等或受任台辅，位极人臣；或累叶宠荣，姻联戚里；或历践台阁，或职通中外。夫以犬马微贱之畜，犹知恋主；龟蛇蠢动之类，皆能报恩。岂曰人臣，曾无感激？自逆胡作乱，倾覆邦家，凡在黎元，皆含怨愤，杀身殉国者，不可胜数。此等黔首，犹不背国恩。受任于枭獍之间，咨谋于豺虺之辈，静言此情，何可放宥。[4]

肃宗的诏书，强调君臣间的恩报关系，并以"有死无二"作为臣下政治操守的原则。若此意图得以推行，臣下政治行为选择的空间将被极大压缩。虽然，复杂

---

① 韩愈：《范蠡招大夫文种议》，《韩愈文集汇校笺注》卷三十一，第 3061 页。

② 《旧唐书》卷一百一十二《李岘传》，第 3345 页。

③ "或曰：'洛阳之存亡，操兵者实任其咎，非执法吏所能抗。师败将奔，去之可也。委身寇仇，以死谁怼？'及以为不然。勇者御而忠者守，必社稷是卫，则死生以之。危而去之，是智免也，于忠何有？"《全唐文》卷三百八十六《故御史中丞卢奕谥议》，第 3925 页。

④ 《旧唐书》卷十《肃宗纪》，第 250 页。

的政治局势为士大夫群体的柔性对抗提供了结构性的社会条件[①],但宣扬“忠”的价值优位却得到了越来越多的社会回应。张建封、李翰、独孤及、元稹等人或为张巡、许远辩诬,或作论指斥“贰臣”,这些已逐步改变中唐时期的舆论环境,士人群体政治出处的道德压力增大,自省思过也渐成士林风习。[②] 由于“智免”者行为选择的正当性多源于养亲尽孝的需要,故而,“以忠成孝”即成为“国事优先”的制度导向。[③] “立人之道,惟孝与忠。孝莫大于荣亲,忠莫先于竭节。惟尔师长卿校,洎乎方岳列藩,保乂皇家,交修庶绩,竭节之效,既昭乃诚,荣亲之恩,宜洽国典。”[④]贞元九年的南郊赦文以荣亲为孝之极致,而荣亲则需要政治制度性的资源赐予,经此转圜,尽忠乃是尽孝的最佳路径。由此“忠”相对于“孝”的优位即可在社会生活中自然而然地合理化。韩愈《欧阳生哀辞》曰:“詹,闽越人也,父母老矣。其心将以有得于是而归为父母荣也,虽其父母之心亦皆然。詹在侧,虽无离忧,其志不乐也;詹在京师,虽有离忧,其志乐也。若詹者,所谓以志养志者欤!詹虽未得位,其名声流于人人,其德行信于朋友,虽詹与其父母皆可无憾也。”[⑤]欧阳詹贞元八年与韩愈同榜登第,后曾任国子监四门助教,不幸早亡。韩愈所作哀辞,既痛友人之亡,亦以求仕荣亲为“志养”,以安顿中唐士人漂泊流转中的两难与挣扎。

相较于韩愈对于中唐王廷舆论导向的认同甚而应和,柳宗元则在回向经典的过程中,保持了对政治单向伦理之强化的警惕。其《答元饶州论〈春秋〉书》曰:

> 复于亡友凌生处,尽得宗指辨疑集注等一通,伏而读之,于纪侯大去其国。见圣人之道与尧舜合,不唯文王、周公之志,独取其法耳。于夫人姜氏会齐侯于禚,见圣人立《孝经》之大端,所以明其分也。于楚

---

① 关于中唐社会对“忠”的相关言论与接受态度,参见仇鹿鸣:《长安与河北之间——中晚唐的政治与文化》,第二章,北京:北京师范大学出版社,2018年,第33—86页。

② 参见王德权:《为士之道——中唐士人的自省风气》,第二章,台北:政大出版社,2012年,第109—150页。

③ 在李唐后期的诏令中,“国先于家”是一种易于观察的文本现象。“(史宪忠)生知臣节,幼学兵符,气高风云,声振河朔。许国之心既壮,忘家之义以明,忠必尽于君臣,情可断于昆弟,秉是名节,服我周行。”《唐大诏令集续编》,第206页。“具官某乙……言皆许国,志在忘家。”《唐大诏令集补编》,第230页。“具官某……累代以勋劳报国,徇节忘生;一门以忠孝承家,推心济物。”《唐大诏令集补编》,第236页。

④ 陆贽:《贞元九年冬至大礼大赦制》,王素点校:《陆贽集》卷三,中华书局,2006年,第77页。

⑤《韩愈文集汇校笺注》卷十二,第1278—1279页。

人杀陈夏征舒，丁亥，楚子入陈，纳公孙宁、仪行父于陈，见圣人褒贬予夺，唯当之所在，所谓瑕瑜不掩也。[①]

柳宗元对于啖助、赵匡、陆淳的《春秋》学极为服膺，其于亡友凌准处所得即为啖、赵《春秋》学的相关著述。其中"纪侯大去其国"条曰：

> (陆)淳闻于师曰：国君死社稷，先王之制也，纪侯进不能死难，退不能事齐，失为邦之道矣，《春秋》不罪，其意何也？曰：天生民而树之君，所以司牧之，故尧禅舜，舜禅禹，非贤非德，莫敢居之，若捐躯以守位，残民以守国，斯皆三代已降家天下之意也。故《语》曰："唯天为大，唯尧则之，《韶》尽美矣，又尽善也。《武》尽美矣，未尽善也。禹，吾无间然矣，达斯语者，其知春秋之旨乎！"[②]

"天生民而树之君"，君为民而立，其德能不称者则不能居其位。故而，纪侯虽不能守其国，但不残其民，合于王者之道。在此政治伦理关系中，在上者有着明确的政治职责，且其政治行动的选择以生民之利为标准，即使应以死守社稷，也首先要承担王者之责。认可"纪侯大去其国"之政治伦理的柳宗元自然会和韩愈在"忠"是否为臣下"有死无二"的理解上产生差异。而其对《孝经》"所以明其分也"的再次确认，则恰恰与玄宗御注的政治意图形成了隐性的对抗。另外，他以"唯当之所在"作为圣人褒贬予夺的标准，乃是将公"义"作为政治行动的价值依据，由此将私"恩"限制于家庭内部，并由此厘清忠与孝的边界。《非国语·嗜芰》曰："屈到嗜芰，将死，戒其宗老曰：'苟祭我，必以芰。'及祥，宗老将荐芰，屈建命去之，曰：'国君有牛享，大夫有羊馈，士有豚犬之奠，庶人有鱼炙之荐。笾豆脯醢，则上下共之，不羞珍异，不陈庶侈。夫子其以私欲干国之典，遂不用。'非曰：'门内之理恩掩义。父子，恩之至也。而芰之荐，不为愆义，屈子以礼之末，忍绝其父将死之言，吾未敢贤乎尔也。苟荐其羊馈而进芰于笾，是固不为非。礼之言斋也，曰思其所嗜，屈建曾无思乎，且曰违而道，吾以为逆也。'"[③]柳

---

① 柳宗元：《答元饶州论〈春秋〉书》，《柳河东集》卷三十一，第 505 页。

② 陆淳撰：《春秋集传微旨》卷上(丛书集成初编本)，北京：中华书局，1991 年，第 15 页。

③ 柳宗元：《非国语·嗜芰》，《柳河东集》卷四十五，第 786—787 页。

宗元以“门内之理恩掩义”，不仅意在强调处理父子伦理关系的基本原则，同时意在明确“义”理当成为社会公共领域的基本原则。其所谓“父子，恩之至也”，亦是对将君臣关系视为“恩报”的反驳。虽然在中唐的舆论环境中，柳宗元无法公开表达对“忠”被逐步理解为一种单向度政治伦理关系的异议，但其对于父子关系的着意凸显，自然会导向对于政治“公义”原则及其治理能力的要求，故而，其在面对复仇问题时会展现出一种有限认同的姿态：

> 且其议曰：“人必有子，子必有亲，亲亲相雠，其乱谁救?”是惑于礼也甚矣。礼之所谓雠者，盖以冤抑沈痛而号无告也。非谓抵罪触法陷于大戮，而曰彼杀之，我乃杀之，不议曲直，暴寡胁弱而已。其非经背圣不以甚哉！《周礼》，调人掌司万人之雠，凡杀人而义者，令无雠，雠之则死。有反杀者，邦国交雠之，又安得亲亲相雠也。《春秋公羊传》曰：“父不受诛，子复雠可也；父受诛，子复雠，此推刃之道。复雠不除害。”今若取此以断两下相杀，则合于礼矣。且夫不忘雠，孝也；不爱死，义也。元庆能不越于礼，服孝死义，是必达理而闻道者也。夫达理闻道之人，岂其以王法为敌雠哉。①

柳宗元驳斥陈子昂在徐元庆复父仇案中的建议，主张公权力的介入，以当“义”与否作为裁决的标准，避免民众因陷入“父仇不共戴天”的舆论压力而循环报复，造成个体与家庭的生存悲剧，并由此形成良性的社会秩序。但公权力的介入会受到能力与德性的双重制约，不免会产生对受害一方的叠加伤害。故而，柳宗元将复仇作为适宜的自力救济的途径，既是以对血亲复仇的认可，以标识父子伦理至高的价值位次，也是对公权力社会治理能力的重要补足。②

---

① 柳宗元：《驳复仇议》，《柳河东集》卷四，第 65 页。

② “三代之时，皇极建而公道明，非士师无擅杀之吏，非天命无枉死之人，非独无不报之雠，而亦雠无可报也。然先王以好生为德，恒恐一人之不得其生，而或有以戕其生者，故既本天地相生之理，制刑罚之常以弼教，又因五行相克之理，明报复之义以垂训，使人人知杀人之亲交者必死，杀己之亲交者必报，而皆不敢相戕害以丧其生，兼容忍以忘其死。此古昔盛时所以人无冤声，天无鳌气而世无祸乱之作也。自秦汉以来，此义不明，一切以法律持世，惟知上之有法，而不知下之有义，所谓复雠之义，世不复讲。至于有唐，陈子昂、韩愈、柳宗元，始因适有报复父仇者而各言所见，要之，皆是也，而未尽焉。”丘濬：《大学衍义补》卷一百一十，《四库全书》子部第 713 册，台北：台湾商务印书馆，1983 年，第 290—291 页。

李唐自武后垂拱年间至宪宗元和初，对于民间复仇持打压态度，以主张公权力在社会事务处理上的至上性。[①] 但由于宣扬“孝”道本身即为国家的治理之术，且其自秦汉以来的发展，也缘于中央王朝试图以此离散民间社会组织，弱化基层社会流动性，从而调节中央与地方关系的政治意图的实践。[②] 即使孝道的宣扬会导致地方家族势力的发展，并因此与中央之间形成新的合作形态，但其在“以忠成孝”的制度设计之下依然是促成社会凝聚、提升社会治理效果的重要方式。由此，至元和时期，“复仇”的问题再次成为一个热点性的话题，柳宗元的《驳复仇议》为复仇的有限认同，在韩愈的议论中亦有所体现：

职方员外郎韩愈献议曰：“伏奉今月五日敕：复雠，据礼经则义不同天，征法令则杀人者死。礼法二事，皆王教之端，有此异同，必资论辩，宜令都省集议闻奏者。伏以子复父雠，见于《春秋》，见于《礼记》，又见于《周官》，又见诸子史，不可胜数，未有非而罪之者也。最宜详于律，而律无其条，非阙文也。盖以为不许复雠，则伤孝子之心，而乖先王之训；许复雠，则人将倚法专杀，无以禁止其端矣。夫律虽本于圣人，然执而行之者，有司也。经之所明者，制有司也。丁宁其义于经，而深没其文于律者，其意将使法吏一断于法，而经术之士，得引经而议也……臣愚以为复雠之名虽同，而其事各异。或百姓相雠，如《周官》所称，可议于今者；或为官吏所诛，如《公羊》所称，不可议于今者。又《周官》所称，将复雠，先告于士则无罪者，若孤稚羸弱，抱微志而伺敌

① 参见李隆献：《复仇观的省察与诠释——先秦两汉魏晋南北朝隋唐编》，台北：台大出版中心，2012年，第115—116页。

② 增渊龙夫论及汉代的民间秩序，有如下论断：“这是具体的家家户户的、以某一族为中心，在其外围扩张具体的人际关系这样的极其个别的秩序世界。在现实中，这种个别秩序的群小世界，大量并存，这些群小世界的中心是土豪、豪侠和豪族。所谓‘父老’性土豪所维持的秩序，也不例外。在这种个别秩序的群小世界之外，亦即在各个群小世界相互之间发挥支配作用的是弱肉强食的力量关系。也就是说，在这里，像那个私斗复仇盛行表示的那样，人们没有可以遵守的规范，只有依靠力量来保卫自己的世界。对于这些群小的世界，依靠力量的关系来支配外部的世界。而能以更大的力量胁迫这些群小的个别秩序所具有的力量，则是在政府最基础组织中任职的郡县制吏。朱家、郭解等豪侠，也就是这种群小世界的中心之一，司马迁所称赞的他们的伦理和行动，在于维持和扩大他们相结合的、他们所掌握的人际关系的机能，他们对于超越这一机能的外部世界，或者说对于胁制他们秩序世界的外界力量，无疑施以暴力。”增渊龙夫著、吕静译：《中国古代的社会与国家》，上海：上海古籍出版社，2018年，第91—92页。

人之使，恐不能自言于官，未可以为断于今也。然则杀之与赦，不可一例。宜定其制曰：凡有复父雠者，事发，具其事由，下尚书省集议奏闻。酌其宜而处之，则经律无失其指矣。”①

对于民间复仇，韩愈虽自经义所强调的父子天伦的角度作了一定的认可，但在的复仇案例上，则主张依据事件的具体情形由官方集议而定。其与柳宗元的不同在于，后者认为，复仇的合理性缘于公权力不能有效主张社会公义。韩愈则回避了公权力可能存在的结构性缺陷，而只是意在调节经（主张复仇）与律（禁止复仇）之间的关系，以弥补两者间过于紧张而可能产生的裂隙。因此，如何有效强化政治权威依然是韩愈思考的要点所在，其运思的方向在身后也得到了宋儒更为明确的回应。② 但即使如此，在中唐时期的思想语境中，“孝行”与“民本”依然是极具“政治正确”度的社会观念，韩愈对于“忠”的宣扬，本因于其对于重建中唐社会秩序的思考，故而自然不会与以上观念形成实质的对抗，且会在行文中作一定的揄扬。③ 与柳宗元从公权力社会治理的效应论证复仇的合理性不同，韩愈更在意调和经律的政治意图的展现。而此种差异，在两人关于现实之善恶判断的视角选择上亦有体现。

三、意之善与事之善：韩、柳的善恶论

在后世的接受中，韩愈较之柳宗元无疑具有更高的思想史位置。虽然在宋

---

① 《旧唐书》卷五十《刑法志》，第 2154 页。

② “士大夫忠义之气，至于五季，变化殆尽。宋之初兴，范质、王溥，犹有余憾，况其他哉！艺祖首褒韩通，次表卫融，足示意向。厥后西北疆场之臣，勇于死敌，往往无惧。真、仁之世，田锡、王禹偁、范仲淹、欧阳修、唐介诸贤，以直言谠论倡于朝，于是中外搢绅知以名节相高，廉耻相尚，尽去五季之陋矣。故靖康之变，志士投袂，起而勤王，临难不屈，所在有之。及宋之亡，忠节相望，班班可书，匡直辅翼之功，盖非一日之积也。”（脱脱：《宋史》卷四百四十六《忠义一》，北京：中华书局，2011 年，第 13149 页。）

③ “徐处得地中，文德为治。及偃王诞当国，益除去刑争末事。凡所以君国子民待四方，一出于仁义。当此之时，周天子穆王无道……与楚连谋伐徐。徐不忍斗其民，北走彭城武原山下，百姓随而从之万有余家。偃王死，民号其山为徐山，凿石为室，以祠偃王。偃王虽走死失国，民戴其嗣，为君如初。驹王、章禹，祖孙相望。自秦至今，名公巨人，继迹史书。徐氏十望，其九皆本于偃王。”（韩愈：《衢州徐偃王庙碑》，《韩愈文集汇校笺注》卷十七，第 1865 页。）

明儒学的思想谱系中，对道统的构建是韩愈最为最要的理论贡献，但若尝试重绘中唐时期的思想光谱，韩愈以“心”作为判断现实善恶的视角，则是将梁肃、权德舆等人对于心性问题的讨论具体化了。[1] 虽然韩愈对于“心”并无较有深度的理论分析，但其对于“心”与现实善恶之间关联的强化，却向其后的儒者提出了须予以回应的问题：现实的善恶依“心”而定，其依据与限度何在？“心”具有何等的功能与结构？心之善恶与性之善恶有何等的关联？“心”之善恶与人的修养之间又有何具体的方法路径？以上诸问题并不必然由韩愈提出，但却可由其表述所体现的端绪合理推论而得。与韩愈在人性论及忠孝观念上存有差异的柳宗元，同样在现实善恶的判定依据上保持了异议者的角色。其以“事”论善恶的解读视角似乎并未引起宋明儒学的高度关注[2]，但若抛开宋明儒者在佛教问题上的批评，柳宗元对“事”的聚焦则恰恰构成了理学对抗过度心性化、形上化的重要话语资源。故而，韩、柳回应中唐社会问题的路径取向，本应具有更高的思想史意义。

贞元十年，韩愈有《省试颜子不贰过论》，论及颜回“不贰过”曰：“夫圣人抱诚明之正性，根中庸之至德，苟发诸中，形诸外者，不由思虑，莫匪规矩。不善之心无自入焉，可择之行无自加焉。故惟圣人无过。所谓过者，非谓发于行，彰于言，人皆谓之过而后为过也，生于其心则为过矣。故颜子之过，此类也。不贰者，盖能止之于始萌，绝之于未形，不贰之于言行也。”[3]在此段文字中，韩愈意在给出其对于“过”的理解，并由此阐明颜回何以“不贰过”。自文章的书写技法论，以上文字未见特出之处，但自儒学思想的演进而言，却颇值留意：

《易·系辞下》：“子曰：颜氏之子，其殆庶几乎？有不善未尝不

---

① “或问心要者，答曰：‘心本清净而无境者也，非遣境以会心，非去垢以取净，神妙独立，不与物俱。能悟斯者，不为习气生死幻蕴之所累也。’故荐绅先生知道入理者多游焉。尝试言之：以《中庸》之自诚而明，以尽万物之性；以《大易》之寂然不动，感而遂通，则方袍褒衣，其极致一也。向使师与孔圣同时，其颜生、闵损之列欤？”（权德舆：《唐故章敬寺百岩禅师碑铭》，郭广伟点校：《权德舆诗文集》卷十八，上海：上海古籍出版社，2008 年，第 294 页。）

② 在宋儒中，朱熹对于柳宗元思想的此一特点有着较高的认同。“柳子厚虽无状，却又占便宜，如致君泽民事，也说要做。”（黎靖德编、王星贤点校：《朱子语类》卷第一百三十七，北京：中华书局，2004 年，第 3260 页。）

③ 韩愈：《省试颜子不贰过论》，《韩愈文集汇校笺注》卷四，第 529 页。

知，知之未尝复行也。”韩康伯注：“在理则昧，造形而悟，颜子之分也。失之于几，故有不善；得之于二，不远而复，故知之未尝复行也。”《周易集解》引虞翻曰：“几者，神妙也。颜子知微，故殆庶几。”孔颖达疏：“其殆庶几乎者，言圣人知几，颜子亚圣，未能知几，但殆近庶慕而已。故云其殆庶几乎。又以殆为辞，有不善未尝不知者，若知几之人，本无不善。以颜子未能知几，故有不善。不近于几之人，既有不善，不能自知于恶，此颜子以其近几，若有不善，未尝不自知也。知之未尝复行者，以颜子通几，既知不善之事，见过则改，未尝复更行之。但颜子于几理闇昧，故有不善之事，于形器显著乃自觉悟。所有不善，未尝复行。”（刘真伦、岳珍）谨按：所谓“不贰过”，韩康伯、虞翻谓“失之于几不远而复”；皇侃《义疏》、孔颖达疏、邢昺疏谓“有不善未尝复行”。韩愈“绝之于未行，不贰之于言行”之说，即出于韩康伯、虞翻。①

韩康伯、虞翻以“在理则昧，造形而悟，颜子之分也”释读颜子何以“不贰过”，这与魏晋以来王弼易学兴起、渐与郑注争途，而逐步实现思想范式自“形”向“体”的过渡有着密切关联。② 因此，不能“知几”而需“见形”是颜回所以不能无过的原因，其焦点在“知”。孔颖达以“既知不善之事，见过则改”，善与不善应在形器显著的“事”上加以分判。两者间虽存有明显的差异，但并不以“过”为纯粹道德的善恶却颇为一致。以人的行动而言，事实认知与价值评价交叉并存，实然与应然共同引导着人的现实生活。韩愈以“生于其心则为过”，将善与不善归于意之善恶，在解读的形式上近于韩康伯、虞翻。只是韩愈之“过”，极易导向纯粹的道德维度，而将作为一种综合判断能力的“识度”，简化为单向的善恶之别。

贞元十六年(800)五月，徐泗濠节度使张建封卒，佐幕于此的韩愈被迫离徐

---

① 韩愈：《省试颜子不贰过论》，《韩愈文集汇校笺注》卷四，第535页。

② “从中国思想史看，作为所以然的‘体’是王弼等魏晋玄学家所追求的目标。王弼‘以无为本’将‘无’与‘体’都推向了与‘道’并列的高度……王弼自觉批判‘形名’，提出‘不以形立物’、‘不以形制物’、‘不立形名以检于物’的观点。如‘居无为之事，行不言之教，不以形立物，故功成事遂。’‘以形立物’字面意思就是以‘形’作为确立事物的‘根据’。‘形’一方面通过‘刑’，指人为制作的规范、规则；另一方面指事物外在的、确定的形式。当外在的、确定的形式被当做事物的本质，它亦成为认知事物的规范、架构。在两种意义上，‘形’都属于广义的人为之物。‘以形立物’意指以人的意志、目的、欲望施加于物，以使物与之相合。”贡华南：《从“形与体之辨”到“体与理之辨”》，《中国社会科学》，2017年第4期。

而至下邳，衣食为忧，遂作《闵已赋》："余悲不及古之人兮，伊时势而则然。独闵闵其曷已兮，凭文章以自宣。昔颜氏之庶几兮，在隐约而平宽。固哲人之细事兮，夫子乃嗟叹其贤。恶饮食乎陋巷兮，亦足以颐神而保年。有至圣而为之依归兮，又何不自得于艰难。曰：余昏昏其无类兮，望夫人其已远。行舟楫而不识四方兮，涉大水之漫漫。勤祖先之所贻兮，勉汲汲于前修之言。虽举足以蹈道兮，哀与我者为谁。"[①]虽然，在论颜子不贰过中，韩愈给予心特殊的关注，但他并未因此走向对"孔颜之乐"的讨论，称颜回箪食陋巷"固哲人之细事"在后世也受到了颇为激烈的抨击。"颜子之故居，所谓'陋巷'者，有井存焉，而不在颜氏久矣。胶西太守孔君宗翰始得其地，浚治其井，作亭于其上，命之曰颜乐。昔夫子以箪食瓢饮贤颜子，而韩子乃以为哲人之细事，何哉？苏子曰：古之观人也，必于小者观之，其大者容有伪焉。人能碎千金之璧，而不能无失声于破釜；能搏猛虎，不能无变色于蜂虿。孰知箪食瓢饮之为哲人之大事乎？乃作《颜乐亭诗》以遗孔君，正韩子之说，且用以自警云。"[②]韩愈强调以"心"论善恶，是处身中唐思想秩序与价值观念相对混杂的境况中，对于重建秩序及价值共识的一种路径的设想，其注重个体自省之目标并不在于个体私人天地中的德性的完善，而首在于政治与社会目标的达成。即使韩愈注重自内圣开出外王的进路，其在人性论上对人性价值等差与次序的坚持，也会形成对外王的偏重。苏轼以及其他儒者对于韩愈的批评，多少忽视了"孔颜之乐"问题化所产生的思想环境与中唐时期的差异。[③] 但以思想演进转化的造始而言，则不得不归功于韩愈。

因为注重对"心"的考察，韩愈的文章常常会对行动者的心态作细致的描写或推论：

> 两家子弟材智下，不能通知二父志。以为巡死而远就虏，疑畏死而辞服于贼。远诚畏死，何苦守尺寸之地，食其所爱之肉，以与贼抗而不降乎？当其围守时，外无蚍蜉蚁子之援。所欲忠者，国与主耳。而

---

① 《全唐文》卷五百四十七，第 5543 页。

② 苏轼：《颜乐亭诗叙》，黄任轲等校点：《苏轼诗集合注》卷十五，上海：上海古籍出版社，2009 年，第 685 页。

③ 关于宋儒对"孔颜之乐"的解读及对韩愈的批评，参见刘顺：《宋儒的韩愈接受——以"孔颜之乐"为中心的考察》，《中原文化研究》，2013 年第 3 期。

贼语以国亡主灭误之。远见救援不至，而贼来益众，必以其言为信。外无待而犹死守，人相食且尽，虽愚人亦能数日而知死处矣，远之不畏死亦明矣。乌有城坏而其徒俱死，独蒙愧耻求活？虽至愚者不忍为。呜呼！而谓远之贤而为之邪？[①]

韩愈通过“原心”的方式，彰显许远的忠义之志，以回击非议之辞，为许远辩诬。在中唐特定的历史语境中，韩愈的选择无疑有助于提升忠义等德目在社会中的影响力。但由“心”论事、论人，不免过于偏重对行动者内心的考察，会相对忽视事件展开的方式、结果与效应等诸多因素。且内心的考察无法实现“明见性”的

追求，故而难以避免乡愿与伪诈。即使将监督的职责归于行动者自身，但自我何以能够有效达成自警、自省，这在韩愈处尚未形成明确的问题意识。而相形之下，柳宗元对于“事”的注重，则提示了考察善恶的另外的可能。其《答问》曰：“先生曰：仆少尝学问，不根师说，心信古书，以为凡事皆易。不折之以当时急务，徒知开口而言，闭目而息，挺而行，踬而伏，不穷喜怒，不究曲直，冲罗陷阱，不知颠踣，愚蠢狂悖，若是甚矣，又何以恭客之教而承厚德哉。”[②]虽然柳宗元对于“意(心)”的作用，正如韩愈对于“事”的作用，并非完全无视，但“事”构成了柳宗元讨论现实善恶的基本视角。他重视以一种可以客观化的标准去衡量行动者的能力与德性，进而达成所谓的“中道”：

宗元白：“化光足下，近世之言理道者众矣，率由大中而出者咸无焉，其言本儒术，则迂回茫洋，而不知其适，其或切于事，则苛峭刻覈，不能从容，卒泥乎大道。甚者好怪而妄言，推天引神，以为灵奇，恍惚若化，而终不可逐，故道不明于天下，而学者之至少也。”[③]

相较于韩愈以“心”论善恶，易于导致对道德的狂热，柳宗元以“事(及物)”论善恶，则注意到事实认知与价值评价双重维度的影响。“事”的目的是“心”的指向；事的展开是“心”之能力的呈现；事的展开同时也是对外部世界法则与诸条

---

① 韩愈：《张中丞传后叙》，《韩愈文集汇校笺注》卷三，第 296 页。

② 柳宗元：《问答》，《柳河东集》卷十五，第 280 页。

③ 柳宗元：《与吕道州温论〈非国语〉书》，《柳河东集》卷三十一，第 506 页。

件的适应；事的完结则是“心”之预期的自我实现的样态，而“心”终究需要在“事”中生成、调整与自我实现。故而，认可“事”在生活世界中的中心作用，才能实现有效与正当的统一。①

柳宗元的《吏商》、《河间传》、《答吴武陵论非国语书》诸文均是将“事”的展开作为判准，由此，其在对待佛教的态度上自然更为包容。“事”所展开的世界无疑较“心”更为广阔，虽然朱熹关于“其实只是要讨官职而已”的论评失之苛刻②，但离“事”言“心”易流于空疏的弊端，却是韩愈难以逃避的责难：

> 述三皇太古之道，舍近取远，务高言而鲜事实，此少过也。君子之于学也务为道，为道必求知古，知古明道，而后履之以身，施之于事，而又见于文章而发之，以信后世。其道，周公、孔子、孟轲之徒常履而行之者是也；其文章，则六经所载，至今而取信者是也。其道易知而可法，其言易明而可行……孔子之言道，曰“道不远人”；言《中庸》者，曰“率性之谓道”，又曰“可离非道也”。……凡此所谓道者，乃圣人之道也，此履之于身、施之于事而可得者也……孔子之后，惟孟轲最知道，然其言不过于教人树桑麻、畜鸡豚，以谓养生送死为王道之本……其事乃世人之甚易知而近者，盖切于事实而已。③

士人如何在德性与能力的双重向度上适合社会治理的要求，以完成为士之道的重建，是中唐时期被强化的时代问题。韩愈、柳宗元自此有了极为明确的路径上的差异。欧阳修在儒学史上的影响力虽不及宋初五子，但其所言及的明道必求知古，而后履之于身、施之于事，却与汉儒以经义论政、追求知古知

---

① “作为人的活动，做事既与正当性相关，也与有效性相涉，‘事’的正当以合乎当然（体现合理的价值方向）为前提，事的有效则基于合乎实然（与存在法则一致）。在化本然界为人化世界的做事过程中，事实认知和价值评价从不同的方向面对人提供引导，并由此担保‘事’本然的有效和正当，而由此形成的现实世界则表现为事实界和价值界的统一。不难看到，在这里，‘事’从本源上为事实界和价值界的统一，提供了根据。”（杨国荣：《基于“事”的世界》，《哲学研究》，2016 年第 11 期。）

② 黎靖德编、王星贤点校：《朱子语类》卷一百三十七，第 3260 页。

③ 欧阳修：《与张秀才第二书》，洪本健校笺：《欧阳修诗文集校笺》，上海：上海古籍出版社，2009 年，第 1759—1760 页。

今的精神十分合拍，也为理解中唐的古文运动提供了颇具启示意义的接受角度。[①] 宋儒追求由修身而及物，融内圣与外王为一体。惟有“施之于事”，重归事的世界，儒家士人才能避免成为私人世界中的“自了汉”，也惟有进入“事”的世界，才能防止空言心性的弊端。韩、柳取径的分歧，至此又重新融合。而韩愈另外的贡献则在于，其对“心”的关注为宋儒引导了问题的方向。在“涵养须用敬”的工夫论之外[②]，关于“心”的分析，也是同样重要的问题：

> 夫心者，人之所以主乎身者也，一而不二者也，为主而不为客者也，命物而不命于物者也。故以心观物，则物之理得。今复有物以反观乎心，则是此心之外复有一心，而能管乎此心也，然则所谓心者为一耶？为二耶？为主耶？为客耶？为命物者耶？为命于物者耶？此亦不待教而审其言之谬矣……大抵圣人之学，本心以穷理而顺理以应物，如身使臂，如臂使指，其道夷而通，其居广而安，其理实而行自然。释氏之学，以心求心，以心使心，如口龁口，如目视目，其机危而迫，其途险而塞，其理虚而其势逆，盖其言虽有若相似者，而其实之不同盖如此也，然非夫审思明辨之君子，其亦孰能无惑于斯耶。[③]

虽然关于“心(意)”的分析并不是韩愈思考和关注的重点，但其对于“心”之善恶的偏重，必然会走向对意识活动及其道德能力的分析。故而，韩、柳对于中唐而后的思想世界而言，其隐含的重要贡献在于其所展开的极具生长性的问题域，而此一点在流行的韩、柳研究中，并未得到应有的关注。

---

① “刘氏逢禄《论语·述何篇》：‘故，古也。六经皆述古昔、称先王者也。知新，谓通其大义，以斟酌后世之制作，汉初经师皆是也。’案：刘说亦是……孔颖达《礼记叙》：‘博物通人，知今温古，考前代之宪章，参当时之得失。’是汉、唐人解‘知新’多如刘说。”(刘宝楠撰、高流水点校：《论语正义》，北京：中华书局，1990 年，第 55 页。)

② “学者先须识仁。仁者浑然与物同体，义、礼、智、信皆仁也。识得此理，以诚敬存之而已，不须防检，不须穷索。若心懈则有防，心苟不懈，何防之有？理有未得，故须穷索。存久自明，安得穷索？此道与物无对，大不足以明之，天地之用皆我之用，孟子言：‘万物皆备与我’，须反身而诚，乃为大乐。”(《二程集河南程氏遗书》卷二上，北京：中华书局，1981 年，第 17 页。)

③ 朱熹：《观心说》，《晦庵先生朱文公文集》卷六十七，《朱子全书》，上海：上海古籍出版社，2002 年，第 3540—3542 页。

中唐时期的政治与社会危机，尤其是由虐杀与人相食引发的人性危机，对于韩、柳的理论思索与文章书写产生了整体的影响。虽然两人因为人生经历与生命体验的差异，在人性论、政治伦理以及现实善恶的判定标准上产生了可以清晰观察的差异，但修身与及物的分歧所各自展开的问题域在推进中唐时期的思想进程的同时，也预示了宋学演进的方向。虽然韩、柳在身后的接受上存在影响的差异，且所受关注的重点也并不在人性及政治伦理诸领域，然而，若研究者尝试通过历史语境的重构来考察韩、柳的思想，或许会对两人的历史影响有新的解读的可能。

The Human Nature Theory and Political Views of Han Yu and Liu Zongyuan

Liu Shun

Abstract: The crisis of human nature caused by maltreatment and cannibalism was an unavoidable social problem and the focus area in response to crisis for Confucians such as Han Yu and Liu Zongyuan in the middle Tang Dynasty. Although the differences between the two people's life experience produced the differences that can be clearly observed in the theory of human nature, political ethics and the criteria for judging the real good and evil, the differences between self-cultivation and transitivity not only promoted the ideological process in the middle Tang Dynasty, but also guided the evolution of Confucianism in the Song Dynasty. However, Han Yu and Liu Zongyuan's consideration of the relationship between human nature and politics did not seem to have received due attention in the ideological history of later generations.

Keywords: Han Yu, Liu Zongyuan, the human nature theory, political views

非"利己"
——早期鲁迅对功利主义政治伦理的批判*

孙尧天**

[摘　要] 鲁迅早年多次批评清末改革界由于利己之风导致的腐败现象。在章太炎的影响下,鲁迅主张排除利己之心的革命道德,并将对于"利己"的批评引申到了更深入的功利主义伦理及其人性论层面。鲁迅早年关于"个人主义"的论述思路,其出发点是为了反驳清末盛行的功利主义的利己论。针对功利主义改革者从"利己"出发提出的重建群己关系的思路,鲁迅首先区别了"个人"与"利己",他认为"个人"必须超越功利主义的自然人性论。在此基础上,鲁迅呼吁用诗学方式重建群己之间的精神纽带,"个人"之间最终实现的是一种非功利主义的精神大联合。

[关键词] 鲁迅;利己;功利主义;个人;人国

---

* 基金项目:上海市哲学社会科学规划青年课题"东西文明交汇视域中的鲁迅科学知识谱系研究"(2019EWY001)、上海市"晨光计划"(19CG30)。

** 孙尧天(1990—),男,江苏丰县人,文学博士,华东师范大学中文系讲师,主要研究领域为中国现代文学与思想史。

由于传统中国社会以伦理为本位，这种特征使得清末的政治改革也是一场伦理重建运动，无论改革派抑或革命派，他们的政治主张都必须回应群己之间的伦理问题。鲁迅早年有关“个人”的论述便发生在这一语境之中，相应地，鲁迅对“个人”的论述并不孤立，而是包含着他对群己伦理关系的思考。通过论辩的形式，鲁迅深刻地介入了清末政治改革的激烈论争之中。一个值得注意的现象是，当鲁迅站在革命者阵营批评改革派的时候，他很少正面反驳对方的具体方案，而更多是从道德立场指责改革者包藏了利己之心，同时，鲁迅的批评并不只是针对个别的改革者，他还把锋芒进一步指向了清末政治改革所依据的功利主义原理。这些改革者拥护功利主义的主张，他们并不讳言改革是为了获取更大利益，如果用合理的方式调节了个人与群体的利益关系，那么“功利何足病”？[①]

自20世纪80年代以来，学界多强调早期鲁迅有关“个人”的论述，却鲜少考辨鲁迅的“个人”主张与清末功利主义思想之间的关系。事实上，鲁迅有关“个人”的论述不仅包含着他对群己关系的思考，还融汇了他对清末功利主义政治改革伦理的深刻批评。本文试图从鲁迅早年的革命立场出发，首先分析鲁迅区别于“利己”的“个人”观，进而讨论鲁迅对于作为功利主义基础的自然人性论的批评，最后说明他如何运用诗学方式提出了新的政治改革设想。

一、“非利己”的革命伦理

在《摩罗诗力说》、《文化偏至论》、《破恶声论》等文中，经常可以见到鲁迅花费大段篇幅批评清末改革者及其利己之心。在鲁迅看来，清末大多鼓吹政治改革的人不过是为了从中谋取利益以满足一己之私欲，他认为这样的人即便提出了再精致的改革方案，最终都是毫无意义的，以至于在许多地方，他对于改革者的批评完全升级为对改革者道德品质的批评。不妨摘引部分如下：

> 夫子盖以习兵事为生，故不根本之图，而仅提所学以干天下；虽兜牟深隐其面，威武若不可陵，而干禄之色，固灼然现于外矣！……盖国

① 严复案语，参见《严复集》第5册，北京：中华书局，1986年，第1395页。

若一日存，固足以假力图富强之名，博志士之誉；即有不幸，宗社为墟，而广有金资，大能温饱，即使怙恃既失，或被虐杀如犹太遗黎，然善自退藏，或不至于身受；纵大祸垂及矣，而幸免者非无人，其人又适为己，则能得温饱又如故也。①

至尤下而居多数者，乃无过假是空名，遂其私欲，不顾见诸实事，将事权言议，悉归奔走干进之徒，或至愚屯之富人，否亦善垄断之市侩，特以自长营措，当列其班，况复掩自利之恶名，以福群之令誉，捷径在目，斯不惮竭蹶以求之耳。呜呼，古之临民者，一独夫也；由今之道，且顿变而为千万无赖之尤，民不堪命矣，于兴国究何与焉。②

夫势利之念昌狂于中，则是非之辨为之昧，措置张主，辙失其宜，况乎志行污下，将借新文明之名，以大遂其私欲者乎？是故今所谓识时之彦，为按其实，则多数常为盲子，宝赤菽以为玄珠，少数乃为巨奸，垂微饵以冀鲸鲵。③

特于科学何物，适用何事，进化之状奈何，文明之谊何解，乃独函胡而不与之明言，甚或操利矛以自陷。嗟夫，根本且动摇矣，其柯叶又何侂焉。④

盖浇季士夫，精神窒塞，惟肤薄之功利是尚，躯壳虽存，灵觉且失。于是昧人生有趣神閟之事，天物罗列，不关其心，自惟为稻粱折腰；则执己律人，以他人有信仰为大怪，举丧师辱国之罪，悉以归之，造作躛言，必尽颠其隐依乃快。⑤

---

① 鲁迅：《文化偏至论》，《鲁迅全集》第 1 卷，北京：人民文学出版社，2005 年，第 46 页。

② 鲁迅：《文化偏至论》，第 47 页。

③ 鲁迅：《文化偏至论》，第 47 页。

④ 鲁迅：《破恶声论》，《鲁迅全集》第 8 卷，北京：人民文学出版社，2005 年，第 28、29 页。

⑤ 鲁迅：《破恶声论》，第 30 页。

彼徒除利力而外，无蕴于中，……[①]

科学为之被，利力实其心，……[②]

旧性失，同情漓，灵台之中，满以势利，因迷谬亡识而为此与！[③]

这些引文或出自篇首或源于篇末，包罗了鲁迅早年关心的几乎所有话题，涉及政治、科学、文学与精神信仰等诸多方面，大多同义而且重复。从中不难体会出鲁迅的愤恨之情，他被清末利欲膨胀的改革者激怒，或更准确地说，在他看来，被利己主义者所造成的恶劣风气层层包围，这使得他的论述往往从此展开，却禁不住又再次绕回到这里。鲁迅深刻怀疑清末改革界的道德水准，尽管他严厉批评改革者鼓吹的民主政治将会压抑个体独特性[④]，但上文显示鲁迅并不只从形式层面强调个体的意义，更为关键的是，他从根本上不相信群体的道德品质，这些自私自利的"多数者"不过是在借改革的名义"遂其私欲"。对此，鲁迅打了一个比方，他认为道德正像花草树木的根，而改革的各种方案犹如枝叶，如果作为改革根本的道德被利己之心抽空了，那么枝叶有什么意义呢？[⑤]

鲁迅的批评与他写作这些文章时正在追随的革命家章太炎颇为相似，在一些具体的观点上，例如对代议制和维新党的批评几乎如出一辙[⑥]，相比于原理层面的探讨，改革者的道德水平受到了更大程度的质疑。章太炎呼吁，必须把道德建设作为革命的根本，正如我们在鲁迅那里看到的，他反复强调道德对救国的重要性，"道德衰亡诚亡国灭种之根极也"[⑦]，"道德堕废者，革命不成之原"[⑧]。直接促使章太炎重视革命者道德的，是其对于保皇党与戊戌党人利欲

① 鲁迅：《破恶声论》，第 32 页。

② 鲁迅：《破恶声论》，第 33 页。

③ 鲁迅：《破恶声论》，第 36 页。

④ 这种思路在研究界颇具代表性，如认为鲁迅对于民主与平等的反省"都集中于个体的独特性的压抑"。参见钱理群：《与鲁迅相遇》，北京：生活·读书·新知三联书店，2003 年，第 78 页。

⑤ 鲁迅：《破恶声论》，第 29 页。

⑥ 鲁迅《文化偏至论》中的相关批评明显借鉴了章太炎的《代议然否论》、《箴新党论》等文。

⑦ 章太炎：《革命道德说》，《章太炎全集　太炎文录初编》，上海：上海人民出版社，2014 年，第 285 页。

⑧ 章太炎：《革命道德说》，第 293 页。

熏心与贪生怕死的认识。章太炎描绘了林旭、杨锐在变法失败后的畏死表现，他讥讽这些改革者不过是借变法谋私利，“徒以萦情利禄，贪著赠馈，使人深知其隐，彼既非为国事，则谁肯为之效死者。戊戌之变，戊戌党人之不道德致之也”[①]，又有“庚子之变，庚子党人之不道德致之也”[②]。正是从利己心衍生出了种种不德，并导致了变法失败。章太炎在更严格的层面上主张建立革命道德，他要求革命者应当具备“确固坚厉，重然诺，轻生死”[③]的革命道德。章太炎认为，真正的革命者必须从一开始破除利己之心，直至将生死置之度外，“非不顾利害、蹈死如饴者，则必不能以奋起；就起，亦不能持久”[④]。这种激进的道德立场很容易让人想起鲁迅早年神往的“勇猛无畏”、“独立自强，去离尘垢，排舆言而弗沦于俗囿者”以及“多力善斗”、“刚毅不挠”、“排斥万难，黽勉上征”的“绝大意力之士”。[⑤]

章太炎和鲁迅批评贪图利益、怯弱怕死的改革者，他们的批评并不只是针对个别现象，还指向了改革者所依据的深层原理：功利主义。这种理论公开地为利己的合理性与人的自然欲望辩护。章太炎多次斥责功利理论的流行及其对于清末革命的危害，他认为革命者不可“利己”，同时，他也不认为革命者的苦行乃至牺牲是为了换得晚清部分佛学提倡者所谓的福报，如“今世宿德，愤于功利之谈，欲易之以净土，以此化诱贪夫，宁无小补？然勇猛无畏之气，必自此衰，转复陵夷，或与基督教祈祷天神相似。夫以来生之福田，易今生之快乐，所谓出之内藏，藏之外府者，其谓利己则同”[⑥]，又如“光复旧邦之为大义，被人征服之可鄙夷，此凡有人心者所共审，然明识利害，选择趋避之情，孔、老以来，以此习惯而成儒人之天性久矣。会功利说盛行，其义乃自固”[⑦]。章太炎认为，“功利说”并非什么时髦的理论，它接续了更为久远的儒家传统，而清末的功利主义进一步强化了人们对利益的渴求。章太炎早年多指责孔子之徒以“富贵利禄为

---

① 章太炎：《革命道德说》，第 288 页。

② 章太炎：《革命道德说》，第 288 页。

③ 章太炎：《革命道德说》，第 285 页、第 296 页。

④ 章太炎：《答铁铮》，《章太炎全集·太炎文录初编》，第 386 页。

⑤ 鲁迅：《文化偏至论》，第 54、56 页。

⑥ 章太炎：《答铁铮》，第 392 页。

⑦ 章太炎：《社会通铨商兑》，《章太炎全集·太炎文录初编》，第 350 页。

心”[①]，或许也来自这种现实感的激发。在《摩罗诗力说》中，鲁迅呼应了章太炎的上述批评，他认为中国衰败的根源正在于实利之心蒙蔽人的精神，所谓“孤立自是，不遇校雠，终至堕落而之实利，为时既久，精神沦亡”[②]。

对于章太炎和鲁迅而言，功利主义是革命道路上必须清除的障碍。他们批评功利主义者是考虑到，一旦关于个人利益和自然欲望的因素渗入进来，革命者的意志将会受到动摇，进而造成革命功亏一篑。为此，章太炎多次重申了“非利己”[③]的革命伦理，这一点同样被鲁迅继承下来。在《文化偏至论》中，鲁迅最为系统地阐述了他早年有关“个人”的思想，其中，颇为值得注意的是，在解释个人主义的观点之前，他首先将其联系到反功利主义的主题上来：

> 个人一语，入中国未三四年，号称识时之士，多引以为大诟，苟被其谥，与民贼同。意者未遑深知明察，而迷误为害人利己之义也欤？夷考其实，至不然矣。而十九世纪末之重个人，则吊诡殊恒，尤不能与往者比论。[④]

鲁迅澄清他所论述的“个人”并非“利己”的意思，这恰恰说明了在清末改革界普遍存在的将“个人”直接解释为“利己”的思路。鲁迅对“个人”的解释有着明确的对比和限制，他指出，自己所谓的“个人”是 19 世纪末西方思想发展的结果。鲁迅随后列出了诸多代表性的思想家，但问题是，在这份名单中，诸如施蒂纳、克尔凯郭尔与叔本华都生活在 19 世纪中叶之前。对于鲁迅而言，或许比年代更重要的是，他们的思想已经体现出了 19 世纪末叶“个人主义”的思路，“试按尔时人性，莫不绝异其前，入于自识，趣于我执，刚愎主己，于庸俗无所顾忌”[⑤]。在这个意义上，他们仍有资格成为“个人主义”思想的前驱。

鲁迅从“人性”角度概括了 19 世纪末“个人”思想的特点，他以此有意识地将表面上的政治争论引入到更为深刻的人性论层面。作为“个人”思想的对立

---

① 章太炎：《诸子学略说》，《章太炎政论选集》，第 289 页。

② 鲁迅：《摩罗诗力说》，《鲁迅全集》第 1 卷，第 101 页。

③ 章太炎：《答铁铮》，第 393 页。

④ 鲁迅：《文化偏至论》，第 51 页。

⑤ 鲁迅：《文化偏至论》，第 51 页。

面，“利己”包含着相应的人性论，正是这种人性论在清末的流行，使得鲁迅感到极有必要澄清有关“个人”的思想。那么，鲁迅如何从人性论层面突破以“利己”为起点的功利主义？另外，由于这两个概念体现了两种重建群己关系的思路，鲁迅又如何从反功利主义政治的角度来论述群体与“个人”的关系？

二、“个人”、“利己”话语考辨

鲁迅指出“个人”在清末遭到误解，但即便在西方，“个人”话题也难以一概而论。16 世纪的宗教改革者认为个人通过忏悔可以拯救灵魂，进而从这种个体性经验中产生了个人观念，17 世纪的伦理学家已开始将个人而不是共同体作为理论前提，假定个体对自己的行为、信仰有独立的选择和追求，这种思路在启蒙运动中被推向高峰，不过，正如奥克肖特指出，尽管“个人”引发了近代最引人注目的道德革命，但许多欧洲人并不愿意贸然拥抱个人主义。[①] 卢克斯考察了个人主义在 19 世纪法国、英国和德国的历史境遇，他认为出于时空差异，人们的态度并不相同。经历了大革命的法国人多数认为，个人主义削弱了社会纽带并存在导向无政府主义的危险，从而带有贬义色彩；在英国，个人主义被等同于边沁式的功利主义和自由主义；德国的浪漫主义思想家将原子化的个人主义改造成个人创造性和自我实现的个性观念，并强调个人与自然、民族的结合。[②]

由此看来，鲁迅的“个人”更接近德国浪漫主义的“个性”观。他这样解释个人观念的起源：“盖自法朗西大革命以来，平等自由，为凡事首，继而普通教育及国民教育，无不基是以遍施。久浴文化，则渐悟人类之尊严；既知自我，则顿识个性之价值；加以往之习惯坠地，崇信荡摇，则其自觉之精神，自一转而之极端之主我。且社会民主之倾向，势亦大张，凡个人者，即社会之一分子，夷隆实陷，是为指归，使天下人人归于一致，社会之内，荡无高卑。此其为理想诚美矣，顾于个人特殊之性，视之蔑如，既不加之别分，且欲致之灭绝。”[③]

当鲁迅把这种个人思想引向清末知识界时，他将施蒂纳、叔本华、克尔凯郭

① 参见迈克尔·奥克肖特：《近代欧洲的道德与政治》，顾玫译，上海：上海文艺出版社，2003 年，第 24 页。

② 参见史蒂文·卢克斯：《个人主义》，阎克文译，南京：江苏人民出版社，2001 年，第 1—40 页。

③ 鲁迅：《文化偏至论》，第 51 页。

尔、易卜生与尼采等人当作了同路人，而忽略了他们内在的诸多差异。鲁迅以施蒂纳为开端并用最长的篇幅对其思想进行了介绍，以至于形成了较为完整的论述体系。① 这显示出他对于这位青年黑格尔派思想家的欣赏。鲁迅的论述来自施蒂纳《唯一者及其所有物》第二部分“我”的第二章“所有者”，但鲁迅并没有直接阅读过施蒂纳，他的论述是从当时日本无政府主义研究著作中采译而来。李冬木考证出这部著作原是 1902 年烟山专太郎的《近世无政府主义》，尽管烟山专太郎并不支持无政府主义，但这部著作的写作却颇为可贵地坚持了学术性的立场。《近世无政府主义》对于清末无政府主义运动有着重要的影响，吸引了辛亥革命期间一批革命家的关注，堪称是中国无政府主义者的思想指南。②

不过，施蒂纳的想法却很难与鲁迅反对“利己主义”的观点联系起来。这种矛盾同样存在于鲁迅的引文中，如有“自由之得以力，而力即在乎个人，亦即资财，亦即权利”③。这里提到了施蒂纳对于财产权利的要求，施蒂纳虽不反对国家和社会，但最终目的却是为了让国家和社会变成个人的所有物。因此，施蒂纳指出个体之间实现的应当是“利己主义者的联合”，对他而言，“唯一者”也是利己主义者。事实上，曾有不少学者批评施蒂纳是一位不折不扣的利己主义者。1844 年，在写给马克思的一封信中，恩格斯斥责施蒂纳是边沁式的利己主义者，比边沁更极端，因为后者仍然不肯放弃对于原子化个体的社会改造。④文德尔班认为，施蒂纳的唯我主义仅仅追求自身的福利，这使得他的哲学更像“矫揉造作的犬儒哲学”，文德尔班甚至怀疑《唯一者及其所有物》是否值得被严肃对待。⑤ 卢克斯也指出，施蒂纳是反理智与反伦理的利己主义者，代表了一种社会虚无主义的最极端的形式。⑥ 那么，施蒂纳具备作为鲁迅“个人”思想的先驱者资格吗？李冬木介绍，在鲁迅留学日本时期，时任东京大学哲学系教授的井上哲次郎便将施蒂纳视作“极端的利己主义者”，他在文章结尾据此

① 汪晖：《反抗绝望：鲁迅及其文学世界》，北京：生活·读书·新知三联书店，2008 年，第 74、75 页。

② 李冬木：《留学生周树人“个人”语境中的“斯契纳尔”——兼谈“蚊学士”、烟山专太郎》，《东岳论丛》，2015 年第 6 期。

③ 鲁迅：《文化偏至论》，第 52 页。

④ 恩格斯：《致马克思(1844 年)》，《马克思恩格斯论哲学史》，西安：陕西人民出版社，1988 年，第 597 页。

⑤ 文德尔班：《哲学史教程》，罗达仁译，北京：商务印书馆，1997 年，第 920 页。

⑥ 史蒂文·卢克斯：《个人主义》，第 16、17 页。

指出，施蒂纳是鲁迅从“利己主义”的污水中打捞出来的个人主义者。[①] 鲁迅如此推崇的施蒂纳，却难以与他一开始所反对的追求“利己”的个人主义者划清界限。

还需追问的是，当鲁迅批评清末知识界对个人主义的误解时，他所谓的“害人利己”是什么意思？像李冬木一样，董炳月也考察了鲁迅早年的舆论环境，他认为，鲁迅所批评的误解个人主义的观点主要来源于在日的华人言论界，更确切地说，是梁启超在《新民说》(1902)与《论政府与人民之权限》(1902)中否定“个人”的说法。梁启超之所以否定“个人”，是因为这一概念与他力图塑造“国民”的理想矛盾，“在梁那里，‘个人’因具有‘非国民’、‘非自由’的性质最终成为具有负面意义的词汇，而在鲁迅的《文化偏至论》中，‘个人’的价值却得到了高度肯定和正面阐述”[②]。如果梁启超提供的是“国民-国家”思想，那么，鲁迅提供的则是“个人-国家”思想，他由此颠覆了梁启超的论述。[③]

在《科学史教篇》和《摩罗诗力说》等文中，鲁迅多次表达过对“国民”的期待，他的个人观未曾脱离这个使命，对于这时的梁启超而言，个人与国家也难说构成了对立的二元。[④] 在《论政府与人民之权限》中，梁氏意在调节个人与国家之冲突，他开篇指出“天下未有无人民而可称之为国家者，亦未有无政府而可称之为国家者，政府与人民皆构造国家之要具也”，他表明写作的宗旨即“以政府对人民之权限为主眼，以人民对政府之权限为附庸”。[⑤] 梁启超借助边沁和穆勒的观点协调政府与人民的关系，他尤其长段引用了穆勒在《论自由》中的观点，强调政府的权限，指出只有在政府权力被限定的情况下，人民才能获得自由，利益才能得到保障。在这个意义上，梁启超并不否定“利己”，只不过在将“利己”作为国家建设的出发点时，同时强调真正的“利己”必须兼顾他人和群体

---

① 李冬木：《留学生周树人“个人”语境中的‘斯契纳尔’》。

② 董炳月：《“同文”的现代转换：日语借词中的思想与文学》，北京：昆仑出版社，2012 年，第 182 页。

③ 董炳月：《“同文”的现代转换：日语借词中的思想与文学》，第 182 页。

④ 1903 年，梁启超访美，这次经历极大地改变了他对民主制度的设想，并进一步强化了其思想中原本存在的国家主义倾向，自美国归来之后不久，梁氏即明确拥护以伯伦知理、波伦哈克等为代表的国家主义，这种变化决定了他随后几年的政治态度。参见张灏：《梁启超与中国思想的过渡(1890—1907)》，崔志海、葛夫平译，南京：江苏人民出版社，1995 年，第 141—161 页。

⑤ 梁启超：《论政府与人民之权限》，《梁启超全集》第 4 卷，第 881 页。

的关系。[1] 梁氏在多个地方都指出过“利群”才是通达“利己”的必然路径。[2]

如果紧扣“利己”话题寻找鲁迅对于梁启超的批评，更合适的文本或许是《利己与爱他》(1900)与《乐利主义泰斗边沁之学说》(1902)。梁启超接受边沁的观点而认为：“人道最善之动机，在于自利。又常言最大多数之最大幸福，是其意以为公益与私益，常相和合，是一非二者也。”[3]同样，“利己心与爱他心，一而非二者也”[4]。从自利原则出发，梁启超主张解放人的欲望，正如他的师友康有为与谭嗣同都曾号召过的那样，欲望不仅不可怕，而且可以成为救国救民的起点，甚至有所谓“救国救天下，皆以纵欲也”[5]。梁启超将“利己”视作道德与法律的基础，他甘愿为中国历史上饱受诟病的利己主义者杨朱辩护，批评把利己视作恶德的传统，认为只有通过利己才能够在生存竞争中获胜。可见，梁启超并没有批评“利己”的意思，对他而言，“利己”也并非一种恶德。

事实上，有关“个人”与“利己”的关系，在清末出现了两种认识方式，同时，它们的提出者都热烈拥护改革，也即鲁迅所批评的“号称识时之士”。其中一种思路从根本上否定“利己”，认为个人的“利己”直接导向群体的腐败。例如，1906 年发表于《东方杂志》的《个人说》，其作者便认为“私者，利己之谓，立物我分町畦，一事必等量利害于我于人之分数多寡以为准，于是鄙吝骄贪侈诈等弊缘附而从生焉”[6]。出于建设群体公德的目的，这篇文章的作者指出必须杜绝一切利己的念头。这种思路体现了当时人们对“个人”的担忧，相当接近鲁迅批评的“害人利己”的说法。另一种思路则像梁启超一样，仅在特定前提下认同个人的“利己”，如果“利己”最终有益于群体，那么，这就是一种值得提倡的道德，反之则是鲁迅所谓的“害人利己”。尽管呈现出两种相反的态度，但这两种思路的相似性在于：一方面，都是从群体角度发现了“个人”，另一方面，在解释“个人”的时候，又都直接将“个人”与“利己”视为等同的概念。

正是在这种思想背景下，鲁迅感到必须在提出“个人主义”的时候，首先澄

---

① 梁启超：《论公德》，《梁启超全集》第 3 卷，第 666 页。

② 在《十种德性相反相成义》中，梁启超有所谓“善能利己者，必先利其群，而后己之利亦从而进焉”。《梁启超全集》第 2 卷，第 431 页。

③ 梁启超：《乐利主义泰斗边沁之学说》，《梁启超全集》第 4 卷，第 1049 页。

④ 梁启超：《利己与爱他》，《梁启超全集》第 2 卷，第 431 页。

⑤ 梁启超：《乐利主义泰斗边沁之学说》，第 1049 页。

⑥ 参见《个人说》，《东方杂志》，1906 年第 3 卷第 10 期。

清把“个人”当作“利己”的普遍性误解，切割开“个人”与“利己”的关联。通过这种方式，鲁迅否定了从“利己”理解“个人”的路径，也因此显示出，他的“个人主义”观完全不同于清末的功利主义思路，是一种全新的观念。①

三、超越自然人性：以《文化偏至论》和《破恶声论》为例

在清末的一些改革者看来，“利己”并不像鲁迅说的那样“害人”，而恰恰符合自然的法则。这里的“自然”指向人的生理本能，对于欲望的满足与对于利益的追求被认为是符合人性的合理需要。尽管传统理学家并不否认人性就是“人之自然”，但“自然”并不直接指向人的生理本能，而首先是形而上的天理，并且为了达到真正的自然状态，需要对人的后天行为进行谨慎的指导。“存天理，灭人欲”，这个出自《礼记》而后又被宋明理学家深度发挥的道德教诲常被解释为禁绝人欲，事实上，由于天与人的关系仍被统摄在天理的范畴中，天理和人欲虽然存在紧张关系，却没有分裂成对立的二元。另外，从宋至明清，天理与人欲的关系不断被修正，对于生理自然欲望的承认，使得“天理自然”逐渐向“人欲自然”倾斜，当清末功利主义学说开始盛行的时候，人欲已经得到了承认。②

清末的改革者如康有为、谭嗣同、严复呼吁解放自然的人欲，在将这个思想潮流推向高峰的同时，也用生理本能的“自然”取代了天理意义上的“自然”，由此，源于生理本能的趋利避害、背苦求乐的自然冲动构成了政治改革的人性论真理。他们将本能欲望的解放与发展现代工商业联系起来，并真诚地相信奢侈能够带来富裕，中国的衰败在于欲望被限制以及人民不够奢侈。③

---

① 1908年，与鲁迅发表《文化偏至论》同年，《牖报》上曾有一篇名为《个人主义之研究》的文章，文章开篇即批评了清末流行的从“利己”理解“个人”的成见，作者指出不能把个人主义含混地理解成“置国家于不顾之谓”、“升官发财纳妾一切自私自利之丑陋名词”。（参见《个人主义之研究》，《牖报》，1908年第8期。）这种区分“个人”与“利己”的思路和鲁迅非常相似。

② 沟口雄三：《中国的公与私》，郑静译，北京：生活·读书·新知三联书店，第25—26页。

③ 谭嗣同反对“黜奢崇俭”，他希望中国的未来能够出现这种繁荣局面，“然治平至于人人可奢，则人之性尽；物物皆可贵，则物之性亦尽……私天下者尚俭，其财偏于壅，壅故乱；公天下者尚奢，其财均以流，流故平”。（《仁学·二十二》，《谭嗣同全集》，北京：中华书局，1981年，第326、327页。）梁启超有所谓“西人愈奢而国愈富，货之弃于地者愈少，故说亦黜奢崇俭为美德……举国尚俭，则举国之地利，日堙月塞，驯至穷蹙不可终日”。（《〈史记·货殖列传〉今义》，《梁启超全集》第1卷，第117页。）

在寻找中国衰败的原因时，清末改革者非难的是一个还不够实利的传统。[①] 鲁迅得出了与这些改革者完全相反的结论。鲁迅认为，中国的衰败恰恰在于过度推崇实利，无论是对于政治还是文艺的评论，他长期坚持着这种观点。[②] 在传统伦理学中，义、利之辨有着比天理与人欲的辩论更为久远的传统，《论语》中即有"君子喻于义，小人喻于利"，这种道德至上的利益观不仅适用于个人，也被视作国家层面的行为准则，如《大学》中还有"国不以利为利，以义为利也"。孟子认为，当生存欲望与道德理想出现对立时，儒家的正确选择是舍生取义，"生，我所欲也；义，亦我所欲也。二者不可得兼，舍生而取义者也"。在清末热心功利的改革者那里，这种重义轻利的传统得到了相当负面的评价，相比之下，孟子的对手杨朱大受推崇。在这个意义上，似乎鲁迅更加接近儒学传统——当然，他自己并不会这样看待。在早期的论述中，鲁迅并未提及解放人类的自然欲望，他对于儒家功利传统的指责直接受到章太炎影响，这一时期，章太炎多次批评儒家，而他的意见大多就集中在儒家湛心荣利、攀附权贵的弱点。

这种诉诸自然人性的功利主义还得到了进化论的支持，人的欲望与其动物本性没有根本区别，如"凡属生人，莫不有欲，莫不求遂其欲"[③]。严复认为，生物学向人们表明了一个最基本的道理，即，"舍自营无以为存"，因而改革的目的就是为了找到更为合适的方式让个人"自营"的愿望得到更大满足。[④] 虽然鲁迅曾经从生物进化论中获得许多启示，并把自然界的生存斗争规律引入人类社会，鼓励人们积极参与现实斗争，但他并没有因此将自己对于人类的评价与期待完全同化在自然主义的脉络中。鲁迅多次表示人类应当超越本有的自然性，例如在《文化偏至论》中，他认为物质、欲望的满足将遮蔽人的内在的精神世界，

---

① 严复在《原富·案语》中指出，中国几千年来治化不进，原因就在于君子言义不言利，他强调应当义利相结合（《严复集》第 4 册，第 859 页）；吴汝纶在为《原富》写作的序言中，更是激烈地指出"然而不痛改讳言利之习，不力破重农抑商之故见，则财且遗弃于不知，夫安得而就理。……以利为讳，则无理财之学"。（吴汝纶：《原富·序》，北京：商务印书馆，1981 年，第 1 页。）

② 在《中国小说史略》中，鲁迅认为中国古代神话传统之所以不发达，便是因为过于重视实利，如有"一者华土之民，先居黄河流域，颇乏天惠，其生也勤，故重实际而黜玄想，不更能集古传以成大文。二者孔子出，以修身齐家治国平天下实用为教，不欲言鬼神，太古荒唐之说，俱为儒者所不道，故其后不特无所广大，而又有散亡"。（《鲁迅全集》第 9 卷，第 23、24 页。）

③ 赫胥黎：《天演论》，严复译，《严复集》第 5 册，第 1345 页。

④ 严复案语，《严复集》第 5 册，第 1395 页。

从而提出“去现实物质与自然之樊，以就其本有心灵之域”[①]。与自然界的其他物种不同，人类应当超越自然，这种区别方式显示出鲁迅思想深处物质、自然与精神的二元论特征。当追逐外在物质的自然之欲膨胀的时候，很容易造成道德上“诈伪罪恶”的出现，此即鲁迅所谓“物欲来蔽，社会憔悴，进步以停，于是一切诈伪罪恶，篾弗乘之而萌，使性灵之光，愈益就于黯淡”[②]。

在《破恶声论》中，这种要求人类从自然界独立出来的思路得到了集中论述。这篇文章开端即是大段篇幅关于自然之性与人类之性的对比。鲁迅指出，在自然万物中，除了人类之外，都受到自然界“物性”与“生理”的必然律束缚。尽管鲁迅承认人类具有与其他生物一样的自然本性，但他更强调人类的特异之处，并相信只有人类能够凭借自由的意志违抗自然规律——“天时人事，胥无足易其心，诚于中而有言；反其心者，虽天下皆唱而不与之和”[③]。从这种对于人类本性的理解出发，鲁迅不可能认同功利主义者将“个体”理解为“利己”的思路，也由此，他所谓的“个人”从人性论的层面超越了追求自然欲望的“利己”。

鲁迅认为，从自然世界中无法生长出人类的主体性，人的根基应当立足其本有的“心灵之域”，这种思路似乎和康德相似。或许，鲁迅也会认同康德的观点，即人类的自由必须挣脱自然律的束缚，但不同于康德从形而上的绝对律令为道德提供自律说，在鲁迅的思想世界中并不存在这种先验的理性维度，借助尼采和克尔凯郭尔的主观主义，他甚至对此提出了激烈的反对意见：“至凡有道德行为，亦可弗问客观之结果若何，而一任主观之善恶为判断焉。”[④]

通过这种方式，鲁迅不仅排除了功利主义的实用效果论，也否定了道德的普遍性与客观性。我们可以由此理解为什么鲁迅始终相信“人各有己”[⑤]，他有关人性的认识同时超越了自然界与形而上学的束缚。鲁迅虽然没有提到康德，但他所推崇的叔本华、尼采都一定程度延续了康德的脉络，事实上，鲁迅对于康德的原理应当不会陌生，一个重要的证据是，鲁迅在反对从群学思路要求诗歌的道德性时，所给出的最主要的理由是这种思路本质上要求诗歌符

---

① 鲁迅：《文化偏至论》，第 55 页。
② 鲁迅：《文化偏至论》，第 54 页。
③ 鲁迅：《破恶声论》，第 25 页。
④ 鲁迅：《文化偏至论》，第 55 页。
⑤ 鲁迅：《破恶声论》，第 26 页。

合“普遍观念之诚”。他认为，“所谓道德，不外人类普遍观念所形成”，“诗与道德合，即为观念之诚，生命在是，不朽在是”。[①] 同样，康德认为人的道德应当建立在普遍观念之上，由这种普遍观念构成道德形而上学基础，而判断一种行为合乎道德的根据，就在于这种行为任何时候都符合普遍观念亦即先验理性的要求。[②]

鲁迅虽然排除了自然规律对于人类自由精神的干涉，但他并不祈求于形而上的理念世界，那么，鲁迅号召人们重回的本有的“心灵之域”究竟是什么意思呢？对此，鲁迅没有做出进一步的说明，他只是相信每个人的“心灵之域”都是美好的，在每个人的“心灵之域”中都闪烁着光芒，这种内在于人性深处的光辉（“内曜”）能够澄清恶浊的世界。[③] 事实上，鲁迅反对功利主义，主张将道德基础放归个人的主观判断，这种观念受到了尼采的深刻影响。如果说鲁迅曾根据穆勒的说法，将近世文明总结为功利主义的文明，那么引导他批判这种功利的“近世文明之伪与偏”的无疑是尼采。[④] 鲁迅在明治末期的日本语境中接受了尼采的影响，同时，他接受的尼采方式颇能显示出他对于自然人性论的看法。

据伊藤虎丸介绍，为这一时期日本尼采研究定型的是高山樗牛的“本能主义”；“所谓幸福究为何物，以吾人之见即唯是本能的满足。所谓本能究为何物，人性自然之要求是也。使人性自然之要求满足，此即所谓美的生活。”[⑤]这种对于幸福与人性本能的理解与清末功利主义者差别不大，两者都将自然本性的满足视作人类幸福的源头。伊藤虎丸认为，这种尼采形象“与此后于日俄战争后崭露头角而取代了尼采主义登上论坛的日本自然主义的观点，已基本上没有什么差异了”[⑥]。这种“本能主义”的尼采观开辟了日本现代文学自然主义的道路，但伊藤虎丸却发现，鲁迅虽然从尼采那里吸收了个人主义，却并不夹杂“本

---

① 鲁迅：《摩罗诗力说》，第 74 页。

② 康德：《道德形而上学原理》，苗力田译，上海：上海人民出版社，2005 年，第 42、43 页。

③ 如：“使其羞白心于人前，则不若伏藏其论议，荡涤秽恶，俾众清明，容性解之竺生，以起人之内曜。如是而后，人生之意义庶几明，而个性亦不至沉沦于浊水乎。”鲁迅：《破恶声论》，第 29 页。

④ 鲁迅：《文化偏至论》，第 50 页。

⑤ 高山樗牛：《论美的生活》，《太阳》第 7 卷第 9 号，1901 年 8 月。转引自伊藤虎丸：《鲁迅、创造社与日本文学》，孙猛、徐江、李冬木译，北京：北京大学出版社，2005 年，第 47 页。

⑥ 伊藤虎丸：《鲁迅、创造社与日本文学》，第 47 页。

能主义”因素。[①] 鲁迅不仅对“本能主义”的尼采观不感兴趣，对于此后的自然主义也相当冷漠。日本近代自然主义文学在日俄战争之后达到高峰，一些最为著名的自然主义文学代表作与理论纲领都发表于 1906 年前后，此时，鲁迅已从仙台回到东京从事文艺运动，但鲁迅在阅读了田山花袋的《棉被》与佐藤红绿的《鸭》之后，对此并不感兴趣，他也很少留意日本文学界盛行的这些作品。[②] 自然主义作家强调生理、本能对人的作用，突出人物的自然情感乃至动物性的肉欲，这种潮流的发展造就了此后的私小说。[③] 鲁迅寄希望于非功利主义的革命者，这让他对于那些被压迫和被侮辱民族的文学表示出高度的热衷，同时很难欣赏自然主义私小说这类文学。

四、非“利己”的个人如何回归群体

清末功利主义者倡导解放人欲，尤其是对于“利己”的认可，制造出了群己伦理关系的新难题：如果容许个体追逐私利与自然欲望的满足，那么群体又应当如何建立起来呢？这种问题使得功利主义的拥护者们必须更加谨慎，在清末的思想语境中宣传“利己”显然不能让人过于放心，正像鲁迅在介绍个人主义思想时一样，把“利己”误解为“害人利己”的困扰总是普遍存在的。为了解开这种纠结的心态，他们回到了功利主义思想的西方源头。

在《乐利主义泰斗边沁之学说》(1902)中，梁启超对边沁不乏赞美之辞，他坚信这位西方导师已经给出了解答，即，在不取消利己原则的前提下，利用最大多数的最大幸福原理，引导个人服从群体——而服从群体的目的，也即在保存自我利益的基础上获取更大的利益。如有所谓“道德云者，专以产出乐利，豫防苦害为目的。其乐利关于一群之总员者，谓之公德；关于群内各员之本身者，谓

---

① 伊藤虎丸指出：“鲁迅适值这个时期来日本留学，他所接受的尼采思想与日本文学的情况相同，不是‘反近代’思想，而是作为欧洲近代精神的‘个人主义’。虽然鲁迅从日本文学继承了‘反国家主义’、‘反道德主义、‘反平等主义’等等观念，但是在鲁迅的尼采观里我们完全找不到‘个人主义 = 本能主义’这一日本尼采观的结论。”(伊藤虎丸：《鲁迅、创造社与日本文学》，第 48 页。)

② 周作人回忆：“自然主义盛行时亦只取田山花袋的《棉被》、佐藤红绿的《鸭》一读，似不甚感兴味。”“至于岛崎藤村的作品则始终未曾过问。”周作人：《关于鲁迅之二》，《年少沧桑：兄弟忆鲁迅(一)》，石家庄：河北教育出版社，2000 年，第 246 页。

③ 参见西乡信纲：《日本文学史》，佩珊译，北京：人民文学出版社，1978 年，第 276—290 页。

之私德”[1]。但是,梁启超也意识到了“公”与“私”在现实中常常无法相合,因此,他不断强调教育在引导个人服从群体时的意义,要通过教育,让个体深刻认识到,从长远的目的来看,服从群体是实现自我利益最大化的唯一途径,这也就纾解了他最大的焦虑。在这个意义上,如何教育个体根据功利主义的原则服从群体,必须被视作根本性的问题,所谓“教育不普及,则乐利主义,万不可昌言”[2]。事实上,这时的梁启超已经逐渐接近了穆勒的观点,他指出专注“声色货利”而忽视快乐的性质是最下等的功利主义者,这即是教育不普及的结果。梁氏认为,在教育普及后,个人将会自觉地向外生发出“智略的爱他心”或“变相的爱己心”。这种群己之间的伦理关系源自“人人求自利”[3]的假定,“爱他心”并不否定“利己”,而是为了更好保障与实现自我利益最大化不得不做出的选择,最终仍需回到“利己”的出发点。这使得从自我出发的对于他人的道德关怀难免成为一种临时性和过渡性的策略。梁启超的论述受到加藤弘之影响,两人于1899年的一次会议上相识,梁氏从此深为服膺后者的学说。在更早的《利己与爱他》中,他就在加藤弘之的引导下调节利己与爱他的关系,并随后将加藤弘之的启发贯通到对于边沁的介绍中。[4] 正是借助加藤弘之的《道德法律进化之理》,梁启超重申了边沁的功利主义原理,事实上,也只有通过教育解决了利己与爱他这对相反相成的伦理关系之后,他才不惮于这样理直气壮地对边沁发出衷心的赞誉。[5]

像梁启超一样,严复也相信真正的功利主义应当是利己与爱他的平衡。他认为个人融入群体,其最初动机必然是为了求利,为此,他反对赫胥黎从同情心出发建立群体的思路。严复还认为,相比于边沁,在解决个体与群体关系时,赫胥黎的办法实在是太不高明了,因为赫胥黎将人类社会与自然世界区分为对立的二元,要维持人类社会的伦理进程,就不得不时刻抗拒自然因素的侵入,在这个意义上,赫胥黎强调个体必须在人群的形成过程中克服自然欲望,“是故成已

---

① 梁启超:《乐利主义泰斗边沁之学说》,第1047页。

② 梁启超:《乐利主义泰斗边沁之学说》,第1048页。

③ 梁启超:《乐利主义泰斗边沁之学说》,第1049页。

④ 梁启超:《利己与爱他》,《梁启超全集》第4卷,第431页。

⑤ 只有解决了个体与群体可能造成的矛盾,功利主义才在原理上得到承认,否则将十分危险。梁启超认为:“边沁之说,其终颠扑不破矣。虽然,无教育之人,不可以语此。以其无教育,则不能思虑,审之不确,必误用其术,以自毒而毒人也。”梁启超:《乐利主义泰斗边沁之学说》,第1050页。

成人之道，必在惩忿窒欲，屈私为群”[①]。这与边沁恰恰走上了相反的路径[②]，无论梁启超还是严复，都难以接受赫胥黎的禁欲主义的群体观。严复从功利主义的原则指责道：“赫胥黎氏是篇所称屈己为群为无可乐，而其效之美，不止可乐之语，于理荒矣。且吾不知可乐之外，所谓美者果何状也。”[③]同时，他也再一次明确了功利主义的原则：“人道所为，皆背苦而趋乐，必有所乐，始名为善，彰彰明矣。”[④]严复试图寻求一种能够“两利”的解决办法，在这个地方，亚当·斯密启发了他，严复认为，现代欧洲富强的根本之道就是亚当·斯密的功利主义经济学，最重要的是，后者提供了一种能够实现最大利益的处理自我与他人关系的方式。“其中亦有最大公例焉，曰：‘大利所存，必其两益：损人利己，非也，损己利人亦非；损下益上非也，损上益下亦非。’其书五卷数十篇，大抵反复明此义耳。”[⑤]不过，这样的群体却无异于利益的共同体。

鲁迅反对从功利主义的“利己”原则理解个人，他对于自然人性论不以为意，在这个意义上，无论是边沁还是亚当·斯密，都没有打动鲁迅。梁启超、严复对于自他两利的群体观念赞不绝口，但从这种原则中无法生发出让鲁迅渴望的革命者。革命者必须毫无挂碍，必须放弃世俗的利益纠葛之后才能勇猛无畏，他一再强调真正的“个人”必须“独立自强，去离尘垢”[⑥]。

这种个人观在功利主义的方案中没有容身之地。严复虽然反对赫胥黎的“窒欲说”，但他相当认同赫胥黎将特立独行的个人从群体中排除出去的做法：“或谓古有人焉，举世誉之而不加劝，举世毁之而不加沮，此诚极之若反。”[⑦]有意思的是，在《破恶声论》中，鲁迅恰恰从个人主义提出了与此相反的观点：“故今之所贵所望，在有不和众嚣，独具我见之士，洞瞩幽隐，评骘文明，弗与妄惑者同其是非，惟向所信是诣，举世誉之而不加劝，举世毁之而不加沮，有从者则任其来，假其投以笑傌，使之孤立于世，亦无慑也。”[⑧]作为回应，他在相反的意义

---

① 赫胥黎：《天演论·新反》，严复译，《严复集》第 5 册，第 1358 页。

② 梁启超介绍边沁对于旧道德的破除，第一条即是破除“窒欲说”。《乐利主义泰斗边沁之学说》，第 1046 页。

③ 严复案语，《严复集》第 5 册，第 1359 页。

④ 严复案语，《严复集》第 5 册，第 1359 页。

⑤ 严复案语，《严复集》第 5 册，第 1349 页。

⑥ 鲁迅：《文化偏至论》，第 54 页。

⑦ 赫胥黎：《天演论》，严复译，《严复集》第 5 册，第 1346 页

⑧ 鲁迅：《破恶声论》，第 27 页。

上使用“举世誉之而不加劝,举世毁之而不加沮”,这句话本出自《庄子》的《逍遥游》,鲁迅用它来描述脱离了世俗利害关系的革命者的风范。鲁迅当然不会再像梁启超和严复那样,困扰于如何处理个人与他人的利益关系,这根本不是他所应当操心的事情。恐怕梁启超、严复等功利主义的提倡者以及他们的西方导师,都无法想象一个排除了所有功利之心与欲望的孑然一身的个体。

那么,鲁迅放弃了群体吗?毫无疑义的是,鲁迅并没有放弃“群”的理想。他强调“人各有己,而群之大觉近矣”①,可见他对群体抱有很高的期待,只不过区别于功利主义者对于群体利益的呼吁,鲁迅诉诸一种精神层面的群体觉悟。正是为了实现这种理想,他提出了全新的“个人”思想,并在重建群己关系的起点处与功利主义者的“利己”论分清界限。在这个意义上,鲁迅希望中国出现“摩罗诗人”,通过诗歌的力量激发群体的觉悟。在《摩罗诗力说》中,他强调诗歌要有“撄人心”的作用,一个急迫的原因便是清除功利主义造成的恶浊世风:

> 人人之心,无不泐二大字曰实利,不获则劳,既获便睡。纵有激响,何能撄之?夫心不受撄,非槁死则缩朒耳,而况实利之念,复黏黏热于中,且其为利,又至陋劣不足道,则驯至卑懦俭啬,退让畏葸,无古民之朴野,有末世之浇漓,又必然之势矣,此亦古哲人所不及料也。②

如果说群体应当觉悟,那么,最重要的恰恰是遏制住人们对于利益的追逐。所谓“撄人心”的文学的目的就是要清除人们心灵世界中的这种“实利之念”,以诗歌的力量重建群己关系。鲁迅相信,诗歌的力量能将人群带向“诚善美伟强力敢为之域”③,这让人想起他在《文化偏至论》中呼吁的“去现实物质与自然之樊,以就其本有心灵之域”④,两种表述存在着内在原理的一致性。鲁迅相信人的“心灵之域”是美好的——如同功利主义者从自然人性论设定了“人人求自利”,这种对于人性深处的期待也成为鲁迅早年论说的基本设定。鲁迅以诗歌重建群己关系,他强调这种非功利主义的个人与群体的关系,“诗人为之语,则

① 鲁迅:《破恶声论》,第 26 页。

② 鲁迅:《摩罗诗力说》,第 71 页。

③ 鲁迅:《摩罗诗力说》,第 71 页。

④ 鲁迅:《文化偏至论》,第 55 页。

握拨一弹,心弦立应,其声澈于灵府,令有情皆举其首,如睹晓日,益为之美伟强力高尚发扬,而污浊之平和,以之将破。平和之破,人道蒸也”[①]。

鲁迅试图用诗歌唤起个体内在的自觉,再通过个性者的联合,最终实现“人国”的理想,所谓“国人之自觉至,个性张,沙聚之邦,由是转为人国”[②]。这种个体之间的联合是高度团结和紧密的,“人国”的群体理想与清末涣散的局面形成了鲜明反差。鲁迅希望通过诗歌,或者说,通过每一个个体内在的精神力量铸造出新的群体。鲁迅从未在制度层面论述群体与个人的关系,正如汪晖指出:“鲁迅把‘个性张’视为通达‘人国’的途径,说明‘人国’的建立不是政治革命的结果,也不是一种国家形式或政治制度的建立,而是一种伴随所有人的自由解放而自然产生的联合体,即‘人 + 人 + 人 + 等等’这样一种自由人的联盟。”[③]或许可以就此补充的是,鲁迅同时强调诗歌作为介质的意义,正是诗歌使得这种联合体成为可能。鲁迅旨在借助诗歌的力量实现对个人的改造以及个人之间的联合,在此过程中,“个人”首先摆脱“利己”的束缚,其次,“个人”将与他人在超越现实功利的层面上实现心灵相通。在这个意义上,“人国”构想的是一种精神共同体。对于诗歌力量的崇信以及对于个体内在精神世界觉醒的期待,使得鲁迅的“人国”理想在清末重建群己关系的功利主义思潮中彰显出了精神的强力和高度。

四、余论

鲁迅对于诗歌力量的崇信受到英国 19 世纪浪漫派思想家卡莱尔的启发。鲁迅与卡莱尔之间渊源颇深,他不仅在《科学史教篇》的结尾将卡莱尔与达尔文并列,而且在《摩罗诗力说》开篇大段引用了卡莱尔“诗人英雄”演讲中的观点。卡莱尔向他说明了但丁、莎士比亚如何在民族意识形成过程中发挥重大乃至根本的作用,尤其对于国民精神的塑造,诗歌的意义远胜于枪炮。

值得一提的是,在“诗人英雄”演讲中,卡莱尔多次批评了边沁等功利主义者,这对于理解鲁迅的反功利主义思想不无裨益。卡莱尔认为,我们根本无法

---

① 鲁迅:《摩罗诗力说》,第 73 页。

② 鲁迅:《文化偏至论》,第 56 页。

③ 汪晖:《反抗绝望:鲁迅及其文学世界》,第 64 页。

从功利的层面来衡量像但丁、莎士比亚这样伟大的诗人英雄,他们之于历史的意义是无可估量的,也是无价的。卡莱尔斥责功利主义导致18世纪的平庸生活发展到了极点,他以一种反讽的语气提到边沁:"边沁主义是一种盲目的英雄精神:人类就好像一个不幸失明的参孙在非利士人的大庙里受折磨,他抱紧大庙的柱子,造成巨大的坍塌,从而获得最终的解脱。"①卡莱尔随后加重语气,谴责功利主义带来的危害:"当一个人只相信肥其私囊,满足身体某种需要进行享受,这就太可悲了!没有比他的这种情况更低级的了。我认为,那种使人变得如此卑贱的时代,是历史上最可悲、最病态和最低下的时代。社会的心脏是瘫痪的,它的肢体又怎能健康无恙呢?"②卡莱尔对于平庸生活的拒斥,对于污浊世风的批评,与鲁迅对清末功利主义者的批评不是很相似吗?卡莱尔重视超越物质和机械的人的心灵与精神世界,他强调,只有通过诗歌重建人的精神世界,才可能将人类从这种低级、世俗的时代中拯救出来,这些地方都与鲁迅反驳功利主义者的原理一致。同卡莱尔一样,早年的鲁迅选择了英雄主义的道路,他无法接受梁启超、严复所描述的利益共同体,不过,如上所述,鲁迅的英雄仍然要回归人群之中,激发起人群的觉悟,也只有在这重意义上,英雄才值得崇拜。

Against "Self-interest": Early Lu Xun's Criticism of Utilitarian Political Ethics

Sun Yaotian

Abstract: In his early years, Lu Xun repeatedly criticized the corruption in the reform circle in the late Qing Dynasty. Under the influence of Zhang Taiyan, Lu Xun advocated the revolutionary morality of eliminating self-interest and extended his criticism of "self-interest" to a deeper level of utilitarianism ethics. Lu Xun's early thinking on "individual", of which the starting point was to refute utilitarian egoism prevailing in the late Qing. Against the ideas of group-self relation reconstruction from "self-interest" put forward by the utilitarian reformers, Lu Xun firstly separated the relationship

① 卡莱尔:《论英雄、英雄崇拜和历史上的英雄业绩》,周祖达译,北京:商务印书馆,2005年,第195页。

② 卡莱尔:《论英雄、英雄崇拜和历史上的英雄业绩》,第197页。

between "individual" and "self-interest", he believed that "individual" must go beyond human nature which the utilitarianism theory insisted on. On this basis, Lu Xun called for a poetic way to reconstruct the spiritual bond of group and individuals. Finally, the individuals realized a spirit grand coalition instead of the kind of utilitarian.
Keywords: Lu Xun, self-interest, utilitarianism, individual, natural humanity, human state

爱尔兰戏剧现代化进程中的贝克特与辛格*

陈 惠**

［摘　要］ 贝克特戏剧一向被纳入法国荒诞派戏剧的坐标加以考察，而忽略了其对爱尔兰本土戏剧艺术的传承。本论文从爱尔兰戏剧现代化的进程出发考察贝克特戏剧对辛格戏剧的融汇创造。论文具体分析贝克特早期戏剧如何在戏剧人物塑造、场景设计、视觉呈现和戏剧风格类型等方面从辛格戏剧中吸取营养，又如何在总体美学倾向上承继并发扬辛格的诗意戏剧的特色，将爱尔兰戏剧艺术带向欧洲，影响全世界。

［关键词］ 爱尔兰戏剧；现代化；贝克特；辛格

贝克特戏剧一向被纳入法国荒诞派戏剧的坐标加以考察，这种视角不免忽略了贝克特对爱尔兰本土戏剧艺术的传承。本论文从爱尔兰戏剧现代化进程考察贝克特对辛格戏剧的融汇创造。论文分三部分，第一部分简单介绍 19 世

* 基金项目：教育部人文社会科学规划基金项目“贝克特戏剧创作思想及形式实验研究”(15YJA760003)。

** 陈惠(1971—)，女，安徽安庆人，华东师范大学英语博士，上海师范大学外国语学院英语系副教授，主要研究领域为爱尔兰文学与戏剧。

纪末由叶芝、辛格等人掀起的爱尔兰戏剧运动及其对青年贝克特的吸引;第二部分阐述贝克特早期戏剧在人物塑造、场景设计、视觉呈现、悲喜剧风格等方面如何深受辛格影响;第三部分分析贝克特戏剧在总体美学倾向上如何继承与发扬了辛格诗意戏剧的特色。

一

19 世纪末的爱尔兰,在叶芝等人成立阿比剧院之前,没有一家自己的剧院,没有原创性剧作,英国、欧洲大陆戏剧占据都柏林舞台,爱尔兰民族戏剧处于近乎失语的状况。这种局面从 1899 年开始,随着叶芝、格里高利夫人等人掀起的爱尔兰戏剧运动而得到巨大改观。叶芝作为这场运动的发起人和领导人,担当着打造爱尔兰的戏剧传统和推进爱尔兰戏剧现代化的双重使命。在设计爱尔兰戏剧发展方向方面,叶芝提出了这样的戏剧理想:

> 理想的戏剧不是当时一统天下的现实主义戏剧,不是流行的肤浅、趣味低级的都市剧和商业剧,而应当是接近戏剧之初始状态的诗意的戏剧。演员必须重新变得像荷马时代吟游诗人,最重要的是要做到保有诗的韵律、声音的音乐感。戏剧的目标就是对崇高、英雄的生活的思考。①

可以看出,叶芝在设计爱尔兰理想戏剧时,对当时以萧伯纳为代表的英国现实主义戏剧的排斥,对普通观众的通俗趣味的不妥协和对高贵的诗意戏剧的追求。在叶芝看来,戏剧的目标就是要对观众产生精神影响,唤起崇高的民族意识。为此叶芝自己积极投身戏剧创作,将爱尔兰的古老神话故事和历史传说融入自己的戏剧作品中,他早期的《凯斯琳伯爵夫人》(*The Countess Cathleen*)、《凯斯琳 · 尼 · 胡里安》(*Cathleen ni Houlihan*)都是回到过去、回归爱尔兰民族精神,展现独特的爱尔兰性,打造爱尔兰戏剧传统的努力。

---

① 出自叶芝 1899 年 3 月在都柏林的爱尔兰文学社的一篇演讲,参见 *Irish Writing in the Twentieth Century: A Reader*, David Pierce (ed.), Cork: Cork University Press, 2012, pp. 49 – 52。

"创作属于爱尔兰自己的诗意戏剧",为了这样的戏剧理想,叶芝在 20 世纪初开始了极具开拓性的戏剧创新实验。阿比剧院也成为自由的实验的阵地,这场戏剧运动持续了四十年,从 1899 年叶芝、格里高利夫人等人建立爱尔兰文学剧院(阿比剧院前身)开始,以叶芝 1939 年逝世标志其鼎盛时期结束[①],其间涌现出来的辛格和奥凯西,在推进爱尔兰戏剧现代化过程中尤为耀眼夺目。

这场运动对当时刚在文坛起步的贝克特(1906—1989)有很深的影响。贝克特在都柏林圣三一念大学期间(1923—1927 年),在阿比剧院看过不少叶芝、辛格和奥凯西的戏剧(如 1924 年 3 月《朱诺与孔雀》的首演,1926 年 2 月奥凯西的《犁与星》的首演,1926 年叶芝的《俄狄浦斯王》、《大钟塔王》的演出,及大部分辛格剧目的重新排演)。[②] 贝克特对爱尔兰戏剧运动的肯定和对这些戏剧的认同和激赏可以从他后来在 1950 年代写给友人的一封信中感知到。当时他在爱尔兰的友人——演员西里尔·库赛克(Cyril Cusack),邀请他为都柏林欢乐剧院上演的萧伯纳戏剧季写一篇献辞,贝克特在回信里委婉拒绝:

> 我并不是说萧伯纳不是伟大剧作家……我要做的是为了能一饮鹰井之水或圣人之泉,为了能获一缕朱诺之烟,就不来添乱,打翻了这辆稳当向前的苹果车了。[③]

贝克特这封信里巧妙地用了双关语[④],表达了自己真正仰慕的爱尔兰戏剧家是叶芝、辛格和奥凯西[⑤]。

这三位受贝克特敬仰的爱尔兰戏剧家中,辛格对贝克特的影响尤其深远。贝克特在为数极少的几次坦承自己所受到的文学人物影响时,曾对其指定传记作家詹姆斯·诺尔森明确提到辛格。[⑥] 在贝克特谢世前三年(即 1983 年)依然在友人家中背诵了辛格作品中一些段落并默写出辛格的诗歌《墓志铭》:

---

① 此说采自李成坚:《当代爱尔兰戏剧研究》,成都:四川人民出版社,2015 年,第 42 页。

② James Knowlson, *Damned to Fame*, London: Bloomsbury Publishing PLC., 1996, pp. 56 - 57.

③ Vivian Mercier, *Beckett/Beckett*, New York: Oxford University Press, 1977, p. 23.

④ upset the apple cart,直译是"打翻了苹果车",另一层含义指打乱了别人的计划。

⑤ 贝克特在这句话里暗指了叶芝《在鹰井边》、辛格《圣泉》、奥凯西《朱诺与孔雀》和萧伯纳《苹果车》等戏剧。

⑥ James Knowlson, & John Pilling, *Frescoes of the Skull: The Later Prose and Drama of Samuel Beckett*, New York: Grove Press, 1980, p. 260.

墓志铭

沉默的罪人，日日夜夜，
没有人类心灵亲近过他，
独自一人他徘徊于老路，
在孤寂与少爱中他死亡。

死神为他选下了秋天，
一个雨雾濛濛的季节，
作为带他而去的死期，
彼时夜露再次覆地。[①]

贝克特在戏剧上的成就始于他的《等待戈多》、《终局》和《快乐的日子》的创作。而这三部早期戏剧中明显存在辛格戏剧中常见的艺术手法和美学倾向。

二

辛格戏剧对贝克特的影响首先体现在具体的艺术手法上，包括人物塑造、场景设计、视觉呈现、悲喜剧风格等。

（一）人物塑造

当贝克特第一部成名戏剧《等待戈多》1953 年在巴黎上演时，其中有两个明显是爱尔兰式流浪汉形象：他们衣衫破旧，脚上是磨破的旧鞋，啃着胡萝卜，出现在荒凉的乡村道边，熟悉爱尔兰乡村的沟渠并很可能夜宿于此，言谈中还提到爱尔兰中西部独特的地貌泥炭沼（bog）[②]。而有这些特征的人物形象在辛格的戏剧里最常见到。辛格六部戏剧中有流浪者形象的就有四部（1905 年的《峡谷阴影》中路过山区并夜宿山中村民家的年轻的流浪汉；同年创作的《圣泉》

① Anne Atik, *How It Was: A Memoir of Samuel Beckett*, London: Faber and Faber, 2001, pp.118–119. 中译为笔者所作。

② S. Beckett, *Samuel Beckett: The Grove Centenary Edition*, Vol. III, *Dramatic Works*, Paul Austere (ed.), New York: Grove Press, 2006, p.9.

中在村头路边乞讨并最终选择去南方漂泊的盲人夫妇；1907 年的《西方世界的花花公子》中一路漂泊来到西部闭塞村庄的年轻小伙克里斯蒂·马洪和 1908 年的《补锅匠的婚礼》中四处迁徙的补锅匠一家三口）。在这些剧里，辛格笔下的那些流浪汉都是些社会边缘人，生活在社会底层但不是无能之辈，他们更像是生命力旺盛、精神强大的人。他们有自己的人生思考，追求精神自由并在关键时刻寻求人生方向、做出人生选择。他们是精神家园里的流浪者，是现实中异样的声音。他们就像辛格本人，从都柏林圣三一学院毕业后有近十年流浪在欧洲大陆，是寻求精神家园的自我放逐者（辛格在给未婚妻信件里署名总是"你的老流浪汉"①）。在这一点上，贝克特有着非常类似的精神放逐经历。② 所以在贝克特的戏剧里，不管是《等待戈多》中那两个白天站在乡村路边等待、夜晚睡在沟渠的流浪汉迪迪和戈戈，还是《终局》中整装待发又原地未动的奴仆克劳夫（Clov），甚或半截身子已埋入黄沙的女性形象温妮（Winnie），都是人地上的异乡者、精神家园的流浪者，与辛格戏剧里的人物有着来自爱尔兰地域的亲缘。他们有以下几个共同特点。

1. 具有小丑般的幽默喜剧特征。贝克特《等待戈多》里的戈戈和波佐，都有着和辛格《西方世界的花花公子》里流浪汉克里斯蒂·马洪一样的既可怜又好笑的习性，啃吃萝卜，或手里抓着根鸡骨头，同时有着爱尔兰人喋喋不休的气质，人物常陷入难以抑制的滔滔不绝的言说中，甚至是独白。在贝克特《快乐的日子》这出戏里，被埋在沙丘里只露出个头的温妮，忍耐着烈日的灼烤，一直喋喋不休，保持着乐观和梦想，力图忘却艰难处境，这与辛格《西方世界的花花公子》里马尤村里那些爱尔兰人如出一辙，他们爱聊天，力图凭借习惯性的滔滔不绝的说话，将痛苦的现实埋没在自己编织出的让人更惬意点的虚幻世界里，从而浑然忘却艰难处境。这些流浪汉形象的塑造完全脱胎于他熟悉的爱尔兰的

---

① 引自 Anthony Roche, *Synge and the Making of Modern Irish Drama*, Dublin: Carysfort Press, 2013, p. 185。

② 贝克特与辛格毕业于同一所大学——都柏林圣三一学院，游历过同样的欧洲大陆三国，意大利、德国和法国，都接触到意大利文学、德国现代派先锋绘画艺术以及法国先锋文学和前卫绘画。1930 年代贝克特选择远离爱尔兰都柏林文学圈，游走在伦敦（1933—1935）和欧洲大陆（1936—1937）的荷兰阿姆斯特丹，德国汉堡、德累斯顿和柏林，在柏林逗留 6 个月之后，去德国波茨坦和慕尼黑等处游历，直到 1937 年底正式迁居法国巴黎。游历期间写下六大本游历笔记，现存于英国雷丁大学贝克特研究中心。

普通民众。这个有着“丰富亲切的幽默生活和人生观”①的民族，为他从中汲取幽默提供了最需要的营养。

2. 人物成对存在，且有共生的关系。辛格的《圣泉》中，盲人夫妻相互依赖才能生存，当两人的眼睛因圣泉水的滴洒而第一次见到光明，看清对方丑陋真面目而翻脸各自离去后，最终还是发现：谁也离不了谁，在困境中彼此需要，要靠对方取暖以及排遣孤寂。

> 马青：我从今天起会是孤孤单单的一个人了，不怕活着的人通是些坏蛋，不怕我那马利，她虽然是怪煞难看的老婆，假使有她坐在这儿，也比一个人也没有的总要好点。我想我一个人坐在这样冷的天气里，听着黑夜走来，黑雀在藜茨里四处的飞扑，你呼我唤的，有时候会听见一乘车子远远地在东方滚，有时候又听见别一乘车子远远地在西边滚，有时候狗又会叫，稍微一点的风吹动干了的树枝，我是定会死的了。（倾听，长太息）一个人坐在这里，我是定会丢命了，我把眼睛瞎了，恐怕还要弄成疯子了，一个人坐在这儿只听见自己出气的声气，谁个会不害怕呢？②

这种成对存在并互相依赖共生的关系在贝克特早期戏剧人物关系中非常明显。《等待戈多》中第二场，哑了的奴仆幸运儿，靠拴在自己脖子上的绳子，拉带着瞎了的主人波佐，行走在路上，哪怕那行走的路是通往主人要卖掉他的市场，哪怕他们的相处模式里充满相互折磨，但他们彼此只有依靠对方才能生存下去。《终局》里成日坐在轮椅里、无法站起来的哈姆（Hamm）要靠走来走去、爬上爬下、无法坐下来的克劳夫照料，而后者也靠前者给他提供住处和食物。

> 哈姆：伺候我睡觉。（克劳夫不动）去拿毯子。（克劳夫不动）克劳夫。
>
> 克劳夫：是。

---

① 参见《外国现代剧作家论剧作》，中国社会科学院外国文学研究所外国文学研究资料丛刊编辑委员会编，北京：中国社会科学出版社，1982 年，第 212 页。

② 译文引自郭沫若：《约翰沁孤的戏曲集》，上海：商务印书馆，1925 年，第 272—273 页。

哈姆：我不会再给你吃任何东西了。

克劳夫：那我们都得饿死。

哈姆：我只给你吃让你饿不死的那一点点。你将一天到晚觉得肚子饿。

克劳夫：那我们就饿不死了。（略停）我去拿毛毯。

他向门走去。

哈姆：这不值。（克劳夫停下）我将每天给你一片饼干。（略停）一片半饼干。（略停）为什么你要和我待在一起？

克劳夫：为什么你留着我？

哈姆：因为没别的人可留。

克劳夫：因为没别的地方可待。

（略停。）①

从贝克特这些戏剧人物身上，我们看到，他把辛格式人物形象及人物关系的设定，相当直白和娴熟地运用在自己的戏剧里。

3. 都被用来服务了等待与被救赎的主题。《圣泉》里盲人夫妻在剧首待在乡村空旷的大路边，一个十字路口，等待村民施舍，之后等待圣徒带来圣泉之水，治愈他们的眼睛，带来奇迹和光明。这样的主题在《等待戈多》中同样循环，迪迪和戈戈在乡村路边一棵树下，等待戈多的拯救，奇迹的发生。

4. 都代表着整个人类，面对人生方向的选择。《圣泉》里盲人夫妻在短暂的复明阶段看清了人世现实中的丑陋与残酷后，决定放弃光明，选择宁愿待在黑暗却保有美好想象的世界里，并离开村头十字路口，选择去南方流浪，过一种自由的生活。辛格的《补锅匠的婚礼》里，补锅匠和他的恋人都希冀着神父能在教堂为他们证婚，神父却因他们的布施不足而不肯，补锅匠一家在发现神父的贪婪、伪善后，将神父装进了麻袋里痛揍了一顿，勇敢地选择了与教会决裂，不再为证婚仪式而向神父折腰。同样，在贝克特《等待戈多》中，迪迪和戈戈也选择过，在经历自杀未遂、逃避式自娱自乐之后，他们选择留下来继续等待。辛格

① 贝克特：《贝克特选集(4)：是如何》，赵家鹤、曾晓阳、余中先译，长沙：湖南文艺出版社，2006年，第9—10页。

和贝克特两人笔下的看似具象的流浪汉式人物，在极简背景下，被抽象化为整个人类的象征，他们都或站或坐在村头十字路口，苦苦寻求生活中的转变和转机。

从以上分析我们看出，贝克特在塑造笔下的戏剧人物形象时，大量吸收融合了辛格剧作中的人物创作经验，尤其是流浪汉这样的精神放逐者形象，在其戏剧人物特质上打上了爱尔兰的烙印。

(二) 场景设计

辛格的戏剧尽管划归现实主义戏剧，但在戏剧场景设计方面，辛格却并不遵从当时一统天下的主流现实主义戏剧的套路，常常表现出非现实主义的一面，呈现内在心灵景观。比如《圣泉》的舞台设计，场景设在“一个或几个世纪以前，爱尔兰东部某些偏僻的山区”[①]。时间上的故意不精确，使该剧摆脱具体的时间，而增加了它存在的抽象性和普适性。此剧的时空感也被剧中主要人物(盲人夫妻)的眼盲进一步侵蚀着。因为眼盲，他们的生活节奏慢了下来，观众的注意力被这对盲人夫妇的行为的行为举止和观点所吸引，逐渐发现他俩不同于常人的体察世界的模式及由丰富的想象力创造出来的内心深处的世界。戏剧舞台上实际展现的便是盲人夫妻用心灵之眼观看到的世界，即他们的内心景观。

该剧发生地点：空旷的乡村路边。一方矮墙，一座坍塌的教堂和一块大石头。一对盲人夫妻歇坐在大石头上。[②] 这种几乎光秃秃的极简舞台设计，甚至将现实主义戏剧中常见的具体室内景象都从舞台上剥离掉，而展现出空间的空和多义性，容纳了更多的想象。辛格的这个场景设计让人立刻想到那更有名的《等待戈多》的舞台：乡村道路。一棵枯树。黄昏。两个流浪汉。其中一个正坐在矮丘上脱鞋。

早在贝克特如此承袭辛格的戏剧场景设计之前，叶芝已经在其创作的《炼狱》(1938 年)里明显表现出受到辛格《圣泉》这个场景设计的影响。[③] 叶芝的

---

① J. M. Synge, *Complete Works of J. M. Synge*, East Sussex, UK: Delphi Classics, 2018, p.65.

② J. M. Synge, *Complete Works of J. M. Synge*, p.106.

③ 叶芝本人在《对我戏剧的介绍》一文中承认受辛格戏剧的影响。“也许我就改而成为辛格戏剧的追随者了。在《圣泉》第一场里，尽管两个主要人物从头到尾都只是并肩坐在一块石头旁，却紧紧抓住了观众的注意力，那当然是大获全胜之日。”参见 W. B. Yeats, “An Introduction for My Plays,” *Modern Irish Drama*, John Harrington (ed.), New York: W. W. Norton & Company, Inc., 1991, p.407。

《炼狱》背景是这样的：空旷的乡村道路旁，一幢堙废的房屋，一男孩一老人，一棵枯树和一块可以歇坐的大石头。[①] 这样的戏剧场景设计是对当时主流现实主义戏剧的背离，强调的是充满主观想象的世界，展现的更像是心灵之眼所看到的景观。

大学时代在阿比剧院看过诸多辛格和叶芝戏剧的贝克特，自然在潜移默化中受到他们的影响。1971 年贝克特在德国柏林席勒剧院导演自己的戏剧《快乐的日子》(*Happy Days*)时，在自己的剧场笔记里[②]，就引用了叶芝《在鹰井边》(*At the Hawk's Well*)开头的句子"我对着心灵的眼叫喊"，显示了贝克特的戏剧在对内心景观的展现方面趋同于辛格和叶芝所打造的爱尔兰戏剧传统。

（三）视觉呈现

辛格戏剧以人物动作凝固化形式影响了包括贝克特在内的爱尔兰其他剧作家。在《圣泉》第一场里，两个主要人物实际上没有什么动作，呈现出静止戏剧中常见的如雕塑般的视觉形象。叶芝受其影响，也在其《在鹰井边》里同样对人物做了去动作化的处理，人物行动简洁洗练到几乎静止的地步，最后仅保存了守井人的鹰舞蹈的视觉形象，借此丰富和突出人物语言之美，使整部作品变得像是一首经过精心锤炼的隐喻诗。贝克特对爱尔兰戏剧前辈在戏剧中的凝练风格更是加以承继和发展。在不断删减舞台人物不必要的动作直到只剩凝固的视觉形象方面，贝克特甚至将辛格和叶芝戏剧的形式实验进行得更彻底。纵观贝克特戏剧，早期的《等待戈多》中还能在舞台上看到乡村道路、光秃孤树和四五个舞台人物在路边、室内或枯树下走动，越到中后期作品，人物数量和人物的动作越来越少，背景越发被抽离，直至空寂的舞台上的静止或虚空化的形象：或是黑暗中悬浮于舞台上的头颅(如《戏》里伸出尸瓮的三个头颅，《那时》里飘荡在空中的白发头颅)，或仅仅是个嘴巴(如《不是我》中滔滔不绝说话的一张嘴)，甚或是一缕强光划过一堆垃圾时听到的一声呼吸(如《呼吸》)。以极简风格突出舞台形象方面，贝克特似乎已经青出于蓝而胜于蓝了。

---

① W. B. Yeats, *The Collected Plays of W. B. Yeats*, New York: The Macmillan Company, 1963, pp. 440-441.

② 参见 *Happy Days: Samuel Beckett's Production Notebooks*, James Knowlson (ed.), London: Faber and Faber, 1985, pp. 51, 61, 71。

(四)悲喜剧风格

在戏剧风格类型上,辛格对生活的悲喜剧的认识,明显影响了其后爱尔兰戏剧家,尤其是奥凯西和贝克特。辛格通过他采撷自爱尔兰民间闹剧的一个个故事,将生活中一个个喜剧笑料片断嘲讽式地呈现在我们面前,但故事里透出的哀伤让我们看到,生活的喜剧笑料改变不了人类注定受苦的悲剧。他的《西方世界的花花公子》里年轻农民马洪作为一个杀父后出逃在外的流浪汉,竟然在荒僻的中西部乡村里受到英雄般的待遇,这故事本身就怪诞可笑,围绕在马洪身边的马尤村村民对他的态度的一再变化在剧中遭到无情嘲讽,马洪在这场闹剧中终于成长起来,选择离开了这个愚昧冷酷的不属于自己的地方,跟着未死的父亲去流浪。辛格以喜剧闹剧的方式来呈现他看到的孤独、虚无又颇具讽刺意味的世界。他对闹剧的采用,是爱尔兰式的,是狂暴的笑,是充满悲剧的欢乐。由辛格所开创的这种悲喜剧风格,在"一战"后由奥凯西强有力地接续和推进。在《朱诺与孔雀》中,奥凯西将爱尔兰城市普通平民的喜剧形象和他们政治生活上的悲剧,无缝地融合在一起。这从该剧冷嘲加热讽的结尾可见一斑。都柏林普通工人家庭里的父亲酒鬼波伊尔在家破人亡关头,还在和他的酒友浪荡鬼拿爱尔兰的苦难当作笑话的材料:

浪荡鬼(摇摇晃晃向床边走去,勉强扶着床站着)把你的……所有的……苦恼……都放在……你身后的背包儿里……你笑吧……笑吧……笑吧!

波伊尔　这个国家有些立脚不住了……它眼看……要滚到……地狱里去了……

浪荡鬼(伸直身子躺在床上)锁链……和……奴役……这个格言……真是太棒了……太棒了!

……

波伊尔　我早跟你说……浪荡鬼……整个儿世界……已经在一种非常可……怕的……混乱状态中!

幕落。[①]

---

① 译文引自奥凯西:《奥凯西戏剧选》,黄雨石译,昆明:云南人民出版社,2001年,第100—101页。

在运用喜剧的手法刻画悲剧主题方面，贝克特以它的《等待戈多》、《终局》和《快乐的日子》中许多喧闹的喜剧表演对辛格和奥凯西的悲喜剧手法做了最佳诠释。《等待戈多》中迪迪和戈戈将裤腰带拴到枯树枝上来上吊，带子不结实上吊不成，裤子倒是从腰间滑下来，上吊竟变成了可以让观众哑然失笑的糗事。《终局》描绘的是世界末日前，几个最后的人类在最后一个避难所里的困局，瞎眼的哈姆瘫痪在轮椅上，靠着无法坐下来又无处可去的仆人克劳夫推着自己的轮椅在这封闭的空间里走动，却美其名曰"推着我周游世界"！[①] 哈姆的父母悲惨到被喂养在屋角的两个垃圾桶里，却依然伸出头回忆着往昔，互相打趣，贝克特借人物之口提出"再没有比不幸更好笑的事了"[②]，将对一切不幸加以嘲笑的悲喜剧手法上升到一种戏剧美学思想的高度。

三

如果说在具体戏剧创作手法上，贝克特对辛格有所承继和发展，那么在总体美学倾向上，贝克特戏剧依然与辛格戏剧保持着高度的相似性：辛格戏剧整体上呈现出普适性和诗意性特点，这也是贝克特戏剧的总体特征。

辛格戏剧中一个明显的特点是有意将地方特色的、日常琐碎的素材转化成普遍的、重大的、难忘的、原型式的内容。[③] 其戏剧(《骑马下海的人》、《补锅匠的婚礼》、《圣泉》、《西方世界的花花公子》)的一些基本情节，都是爱尔兰民间故事或一些乡村逸闻趣事，辛格非常善于提炼这些故事，能将其中一些片段或场景戏剧化，从戏剧角度提取故事中的戏剧性冲突，呈现出其中普适性的主题或原型式内容。比如《峡谷阴影》取材于一个古老的爱尔兰闹剧(这是辛格在第一次去阿兰岛的途中收集来的)，讲一个发生在威克洛山区农民身上的故事，年老的丈夫在家中装死，躺在棺材里，借此刺探他年轻的妻子是否会偷情背叛他，果然

---

① *Samuel Beckett: The Grove Centenary Edition,* Volume III, *Dramatic Works*, Paul Auster (ed.), p.109.

② *Samuel Beckett: The Grove Centenary Edition,* Volume III, *Dramatic Works*, Paul Auster (ed.), p. 104.

③ James Knowlson, & John Pilling, *Frescoes of the Skull: The Later Prose and Drama of Samuel Beckett,* p. 65.

妻子当晚冒雨找来她的牧羊人情人，被年老的丈夫抓个正着，情人懦弱无能而不敢带走女主人，竟转而与她丈夫把酒言和，年轻的妻子则被赶出门，却最终心甘情愿与当晚留宿其屋檐下的一个流浪汉远走他乡。这么个搞笑的民间笑话，在辛格手中，却能从一个女子极力摆脱无爱的婚姻生活、寻求个人幸福的具体故事素材中，发掘出具有普适性的主题。《峡谷阴影》里流浪汉这样邀请农人年轻的妻子与他同去流浪：

> （站在门口）老板娘，好，你跟着我来罢，你以后可以听见的不仅是我自己的牛皮，你要听见一群鹭鹚鸟叫着从很深的湖水上飞过，你要听见山鸡和猫头鹰，天气暖和起来的时候，你要听见百灵和画眉；想那些小雀子们谈的故事，你可以晓得不是像培儿科芳那成了老妈子的话，也不是说你的头发会落，你的眼睛会瞎，太阳升高了的时候你听它们唱着好歌，那时候再没有气喘的老头儿来纠缠，就像一条害了病的羊子一样，在你耳朵旁边罗唣呢。①

流浪汉这段诗意的表白，在故事的结尾水到渠成地体现了身处孤独压抑生活中的人对快乐自由无法遏制的渴望这一通用的主题。

这种普适性特征在贝克特戏剧中一样可见。《美好的日子》里被埋在土丘里只露出个头的女主角温妮，在炽烈的阳光下依然哼唱着小曲、回忆着美好的过去，她令人吃惊的忍耐和乐观，让观众看到一个受苦受难的普通人身上所具备的勇气和面对困境的幽默。通过将可怕的事实与可笑的举止言行融入一人之身，贝克特就让这样一个可笑的普通人成为面对人类整个困境的原型式悲剧人物。

除了具有普适性特征，辛格戏剧还有通过优美生动的语言激发出诗意的特点。辛格早年在圣三一学院念书时学的是古典音乐和盖尔语，同时他也从事诗歌创作，辛格在诗歌、音乐和语言学方面的背景可以让我们更好理解他对语言和语言中音乐性的超越常人的敏感。辛格以很明显的音乐的形式规划他的戏剧结构，构建他的对话，演员演他的戏须像读乐谱或像演奏管弦乐曲那样带着

---

① 译文引自郭沫若：《约翰沁孤的戏曲集》，第 339 页。

节奏。他像叶芝一样，吸引了如沃恩·威廉斯(Vaughan Williams)这样的作曲家在1937年将《骑马下海的人》谱写成音乐作品。辛格使用的语言均来自爱尔兰农民或西海岸渔民甚至路上的流浪汉，或是都柏林附近民谣歌手使用的方言。他强调要到“爱尔兰乡亲”中去发现一种独特的、潜在的、诗的语言，“因为在人们的想象力、言谈话语都十分生动多彩的国家里，一个作家完全可能遣词丰富而同时又用一种综合的自然的形式来表现真实——而真实正是一切诗作的根本”[①]。他坦言自己“从这些好人的富于民族色彩的想象力中获益匪浅”[②]。他的《峡谷阴影》中人物所使用的语言便来自于他在威克洛乡村房子的地板缝中听到楼下传来的乡村谈话方言。但他并不是要记录真实的生活，而是对这些语言做重新组合处理，形成加工过的合成的方言。学者尼古拉斯·格林(Nicholas Greene)就曾指出，辛格戏剧中的人物，比如在梅约地方的农民，可能使用着凯里地区的方言在说话，他的重新组合的标准便是根据语言中的音乐性和由此产生的美感和诗意。其戏剧中的节奏感和音乐感，应该源自他对爱尔兰古老的语言盖尔语中发音的旋律感、抑扬顿挫感的深深体会。[③] 上文提到的《峡谷阴影》里流浪汉邀请年轻的农人之妻与他同去流浪一段即是明证。其诗歌般优美生动的语言，不仅使对白充满音乐的美感，更使整部剧充满诗意。

贝克特也是诗人出身，对语言的敏感加上对古典音乐的爱好，使他在自己的戏剧作品中极力打造诗性语言。他甚至将叶芝诗歌中的语词和形象创造性地运用于自己戏剧作品中，创作出了一部戏剧《但，那云……》(*But, The Cloud...*)。以戏剧形式对叶芝的诗《塔》中诸如“衰老、艺术的想像力、人类灵魂的自由”等人类境况中普遍的主题，做了创造性运用，去展现人的潜意识里某些难忘的瞬间记忆，将贝克特式主题——追求来自无意识的词语和形象——以戏剧形式，更简洁、直接地呈现出来。[④] 英国学者A.阿尔瓦雷斯就认为贝克特的戏剧是“逐步磨炼，剥去华饰”，“正是在他的戏剧创作的纯洁和浓缩中他达到了真正的诗”。“无论是从戏剧概念还是从语言来说，他们造成的印象，像诗一

① 参见《外国现代剧作家论剧作》，第211页。

② 参见《外国现代剧作家论剧作》，第210页。

③ Nicholas Greene, *The Politics of Irish Drama*, Cambridge: Cambridge University Press, 1999, p. 101.

④ 参见拙作：《叶芝和贝克特》，《思想与文化(第二十辑)》，上海：华东师范大学出版社，2017年，第96—108页。

样直接而省略，通过一种删除多余笔墨而抓住本质，同时又富有生气、激动人心的语言”①——这不正是叶芝以来一直推崇的诗意的戏剧理想吗？贝克特从辛格、叶芝等人的戏剧中真正吸收的，是在戏剧中对生活作一种诗意的表达。

结语

贝克特与辛格都生活在爱尔兰民族文化创建的氛围下，在推进爱尔兰戏剧的现代化进程中，两人走上的似乎是不同的道路。辗转于欧洲大陆、最后于1903年来到巴黎的辛格准备在此当个文学评论家，但最终接受叶芝的建议，回到爱尔兰，到西部尤其是阿兰岛这样未曾被写过的地方去。自此辛格扎根于爱尔兰文化，用本土文化中生机勃勃的语言，糅和现实与想象，真实反映爱尔兰民族，推进爱尔兰文学尤其是爱尔兰戏剧的现代化。而贝克特在1930年选择离开爱尔兰，最终留在巴黎。在创作戏剧的过程中，吸收法国先锋派艺术家对艺术形式的实验，并在背景和人物身份上进一步去除爱尔兰语境，其戏剧人物越来越抽象和符号化，布景也越来越荒芜和极简化，最终贝克特在戏剧中摆脱爱尔兰民族性主题的束缚，呈现出对整个人类生存境况的深层思考。

贝克特与辛格的道路看似完全不同，但是，今天我们回过头来审视爱尔兰戏剧的现代化进程，却发现贝克特其实与辛格殊途同归。在贝克特选择留在巴黎并在上世纪五六十年代活跃于法国文坛之时，爱尔兰的阿比剧院却陷入一段时间的沉寂。一方面是剧院方面保守的管理和囿于狭隘的爱尔兰传统文化的界定，造成其文化孤立，另一方面是没有了辛格、叶芝时代那样富于戏剧实验性的精神，这些掣肘了爱尔兰戏剧现代化的发展。而作为流民生活在法国的贝克特，却在其有着爱尔兰特质的戏剧中，保持着活跃的创新和实验，承继爱尔兰戏剧家一直以来对戏剧形式的探索(从辛格到叶芝再到贝克特，这条爱尔兰戏剧逻辑发展的线索，成为爱尔兰现代戏剧发展的主线，标志着一个“现代”传统已然建立)。如果说在爱尔兰戏剧发展现代化的初期，由辛格、叶芝等人开拓了爱尔兰诗意的戏剧传统，那么在这样的传统陷入停滞的年代，正是贝克特将爱尔兰戏剧带到了异国他乡，继续追求戏剧新的表现形式，最终以其“真正的诗歌般

---

① A. 阿尔瓦雷斯：《贝克特》，赵月瑟译，北京：中国社会科学出版社，1992年，第113页。

的戏剧"[①]获诺贝尔文学奖(1969年)。在推进戏剧形式实验和打造诗意戏剧的目标上,贝克特与辛格可谓殊途同归。随着贝克特的戏剧获得了全球性接受[②],我们发现,恰恰是贝克特,将爱尔兰戏剧艺术带向欧洲,影响全世界。这不也是当年辛格、叶芝等人的理想么?

Beckett and Synge in the Context of Modernization of Irish Drama

Chen Hui

Abstract: Samuel Beckett's drama is tended to be investigated in the context of Absurd Theatre originated in France, rather than as the part of heritage of Irish drama. This paper is to understand Beckett's drama in the context of modernization of Irish drama, to explore how Beckett absorbs J. M. Synge's art of drama and develops it into his own from five aspects, (specifically, the character identity, scene design, visual image, drama genre and the poetic quality of drama) to lead to the conclusion that it is Samuel Beckett who inherits Synge's art of drama and brings the art of Irish drama to Europe and the whole world, which helps further the modernization of Irish drama.

Keywords: Irish drama, modernization, Samuel Beckett, J. M. Synge

---

① A. 阿尔瓦雷斯:《贝克特》,赵月瑟译,北京:中国社会科学出版社,1992年,第113页。

② 2009年的《贝克特的全球性接受》一书目录里,15个章节名中就列明了全球19个接受了贝克特的国家和地区。参见 Mark Nixon & Matthew Feldman (eds.), *The International Reception of Samuel Beckett*, London: Continuum, 2009。

“以李杜之句法，写莎米之骚心”
——旧体译诗衍生文本视野下的“归化”传统*

张子璇　钟　锦**

［摘　要］　旧体译诗选择以“归化”的策略承载外语诗歌，是植根于漫长的中国古代翻译传统的。晚清民国是旧体译诗的繁盛时期，极大丰富了这个传统。一个有趣的现象是，“类比”成为了“归化”传统的集中反映，如苏曼殊将拜伦与李白类比，钱稻孙将但丁与屈原类比等。不仅限于诗人，中西作品间也多有此种类比。译者在使用旧体翻译的同时，已经开始对翻译策略的反思，从独特的视角对“归化”翻译进行了理论思考。

［关键词］　旧体译诗；衍生文本；归化；类比

---

* 基金项目：2019 年度教育部人文社会科学研究一般项目“中国旧体译诗文献纂集与研究”(19YJAZH119)。

** 张子璇(1999—　)，男，陕西兴平人，香港浸会大学中文系硕士在读，主要研究方向为先秦两汉传世文献、旧体译诗及明清晚近诗词。钟锦(1973—　)，男，辽宁岫岩人，华东师范大学哲学系副教授，主要从事康德哲学、中西人文学科会通研究。

一、旧体译诗对"归化"策略的选择

于诗歌翻译而言，翻译策略是翻译文本生成过程中不可忽视的重要因素。1995年，劳伦斯·韦努蒂（Laurence Venuti）在其著作《译者的隐形》（*The Translator's Invisbility*）一书中归纳出"归化"（domestication）与"异化"（foreignization）两种不同的翻译策略。① 对于外语诗歌的汉译而言，也定然是存在"归化"与"异化"两种策略的。各类语言中的诗歌均存在不同的体裁，而被翻译的诗歌之体裁作为客观存在是译者无法注入翻译策略去试图动摇的，因而外语诗歌的汉译，最关键的一节就在于，运用何种汉诗的体裁去承接外语诗歌。

新文化运动以降，中国的新诗逐渐走向成熟，并且占据诗坛的优势位置。而外国诗歌的译介，自然也较多地以新诗为承接体裁，这种翻译形式所体现出的翻译策略更多的是"异化"，即尽可能地突破汉语语境，向外语语境靠拢，以"保存原作的丰姿"②。然而近现代中国的外国诗歌翻译，最早可以追溯到1854年的登载在《遐迩贯珍》第9号上所译的约翰·弥尔顿（John Milton）的《失明》（On His Blindness）③；在漫长的古代中国时期，也存在不少以汉语诗歌为载体翻译的少数民族诗歌，比如《越人歌》、《匈奴歌》和《敕勒歌》等。兹录《越人歌》与《失明》如下：

今夕何夕兮搴洲中流。今日何日兮得与王子同舟。蒙羞被好兮不訾诟耻。心几烦而不绝兮得知王子。山有木兮木有枝。心说君兮君不知。④

世茫茫兮，我目已盲。静言思之，尚未半生。天赋两目，如托千

---

① 参看韦努蒂：《译者的隐形：翻译史论》，张景华等译，北京：外语教学与研究出版社，2009年。

② 鲁迅：《且介亭杂文二集·"题未定"草（二）》，《鲁迅全集》第6卷，北京：人民文学出版社，2005年，第353页。

③ 参看刘宏照：《晚清英文诗歌翻译摭谈》，《台州学院学报》，第29卷第5期，2007年。

④ 刘向撰，向宗鲁校正：《说苑校正》卷十一，北京：中华书局，1987年，第277—279页，以下"吾不知越歌，子试为我楚说之"同。

金。今我藏之，其实难任。嗟我目兮，於我无用。虽则无用，我心郑重。忠以计会，虔以事主。恐主归时，纵刑无补。嗟彼上帝，既闭吾瞳。愚心自忖，岂责我工。忍耐之心，可生奥义。苍苍上帝，不较所赐。不较所赐，岂较作事。惟我与轭，负之靡暨。上帝惟皇，在彼苍苍。一呼其令，万臣锵锵。驶行水陆，莫敢遑适。彼待立者，都为其役。[①]

两首译诗均属于旧体诗的范畴，其“归化”的翻译倾向在文本中也体现得十分清晰。《越人歌》见刘向《说苑·善说》，从该篇所载鄂君子晳的话语“吾不知越歌，子试为我楚说之”中即可判断出下文出现的《越人歌》是一首译诗。《越人歌》的文学价值是公认的，中国古代的众多诗集都对该诗进行了收录，如《乐府诗集》、《玉台新咏》、《艺文类聚》及《古诗纪》等。试以明曹学佺《石仓历代诗选》卷十三古逸歌谣为例进行横向比较，《越人歌》与《越谣歌》、《若何歌》、《渡易水歌》等同卷收录，单看文本并不能很直观地判断出《越人歌》作为译诗与其他古逸歌谣在性质上的区别，可见其归化的色彩是十分浓重的。[②]《失明》一诗的汉译，虽然不及《越人歌》的文学性强，但译者借助旧体诗中四言古诗的体裁，以及译者较为娴熟的旧体诗语感，也使得此诗沾染了中国传统诗歌的些许特质。

学者对旧体译诗的关注，出现得也较早，但与旧体译诗本身一样，都存在时间上的断层。晚清学人文廷式，在其《纯常子枝语》卷十三便录有《越人歌》，并断言“此译诗歌之始，盖本原意而文饰之，然原歌乃无一字之可通。是当时之越人与华夏迥殊，其后通于中原，遂失其故有之语言矣”[③]。此条的后半部分还列举了《后汉书·南蛮西南夷列传》中载白狼王唐蕞所作《歌诗三章》、日本《近古史谈》卷二所载的丰臣秀吉之歌汉译等译诗，可见其视野已涉及旧体译诗。同样是在卷十三中，文廷式还提及了蒙古字、北魏虏语以及英国、德意志文字等，卷十九、卷二十五中也涉及了域外文字、佛教文献汉译的问题。[④]

新诗出现之前，旧体诗作为中国文学史上影响力最大的文体之一，在早期

---

① 参看刘宏照：《晚清英文诗歌翻译摭谈》，前揭。

② 曹学佺：《石仓历代诗选》卷十三，清文渊阁四库全书补配清文津阁四库全书本。

③ 参看文廷式：《纯常子枝语》（续修四库全书本）卷十三，上海：上海古籍出版社，2002 年，第 182—183 页。

④ 参看文廷式：《纯常子枝语》（续修四库全书本）卷十九、卷二十五，前揭，第 263—284 页，第 362—385 页。

的诗歌翻译中，定然责无旁贷地发挥着作为承载体的作用。而在新诗出现之后，旧体译诗作为一种归化翻译策略的集中体现，也并没有消失，而是散佚在各类晚近报刊、别集、文论、小说等文献中。笔者在对旧体译诗进行系统的整理辑录中发现，旧体译诗不乏极具文学性的佳作，也能较好地反映归化策略被忽视的一部分实践历程。

从文化接受的角度看，贴近接受对象所熟识的文化语境，则更容易被接受。于接受者而言，“对任何言语的分析也应该把它放到文化的大语境中观照才能发现其真正的意义所在”[①]，因此在一般情况下，旧体诗比新诗更具有归化策略操作的潜能。旧体译诗的“归化”不是背离原作，而是为了将原作在一个崭新的文化语境中更好地转化、传递和展现给长期浸染在这一语境中的接受者。

旧体译诗的“归化”策略是有传统的，诗歌文本固然重要，而诗歌文本之外的衍生文本，如与译诗有关的序跋、书信、按语、小传、旧体诗、诗话、注释，都能从另一个角度折射出旧体译诗的归化传统。旧体译诗虽然在中国古代就零散地分布在各类典籍中，但大量出现这一译诗形式，还是晚清民国时期，因此本文所谓“传统”，晚清民国自然占到较大比例。我们不妨以衍生文本作为主要视野，来观察旧体译诗这一易被忽略的翻译形式下蕴涵的“归化”传统。

二、中外诗人类比间的“归化”色彩

《德诗汉译》是中国现存最早的一部汉译德诗集，现在通行的版本应当是中华民国二十八年元月初版，由世界书局印行。作者署名“吴兴应时”，字溥泉。然而根据《湖州文献考索》可知，1914 年 1 月浙江印刷公司所印行的《德诗汉译》当为初版，该书以旧体诗的形式翻译了乌郎（Uhland）、莱茵聂客（Robert Reinick）、许洼伯（Gustav Schwab）、戈德（Goethe）等人的诗歌共十一首。[②] 在民国二十八年版的《德诗汉译》中，应时有两篇自序，《自序二》中有这么一段话：

---

① 董明：《翻译学的时空观》，杭州：浙江工商大学出版社，2014 年，第 173 页。

② 参看王增清主编：《湖州文献考索》，北京：社会科学文献出版社，2015 年，第 467 页。

当一九〇三年，时肄业上海南洋公学时，偶从友人处得睹曼殊大师选译英国诗人拜伦所著《哀希腊》、《大海行》等篇什为一集颜之曰《潮音》。读之铿锵有金石声，极为倾倒，且旨高意远，振聋发聩，诚不愧海潮之音。译体五古，每什八韵，慷慨激昂，诗意盎然，驾乎原文之上，假令李杜复生，亦将惊绝。鬼斧神工，译迹尽泯，设非天赋奇才曷克臻此。[①]

苏曼殊的旧诗创作一直以来受到较高的评价，如马以君在《燕子龛诗笺注》中评其诗“隽永轻清，蒨丽绵眇”[②]，在拥有较好旧体诗语词意境驾驭水准的基础上进行旧体译诗，译诗文本的文学性自然是毋庸置疑的。甚至很多评论者认为苏曼殊的译诗比其本人的旧诗创作更佳，郁达夫就有“他的译诗，比他自作的诗好”[③]的论断。应时的这段自序，其对曼殊译诗的震撼之情流露得淋漓尽致，一番言辞上的抒情和赞美之后，应时联想到了李杜，他说“假令李杜复生，亦将惊绝”。

“李杜复生，亦将惊绝”云云，自然是有所夸张的。但可以确定的是，应时本人的确强烈地感到了“惊绝”，他用“铿锵有金石之声”、“振聋发聩”等词语毫不掩饰地抒发“惊绝”之感。这种“惊绝”至少来自两个方面：一方面是来自对苏曼殊“译迹尽泯”的高超归化策略的感叹，另一方面则是应时本人初期接触西方诗歌所带来的文学史观上的冲击。在这篇序言的下文中，应时写到，自己读辜鸿铭所译《痴汉骑马歌》时有“从此不敢鄙视西诗，易憎为爱矣”[④]的转变，可见归化的翻译策略成功地对应时产生了感染，他也接受了这一翻译策略，并付诸自己的诗歌翻译实践中。

“假使李杜复生”是一处耐人寻味的假设，或者说是不那么明显的比拟，在译介外国诗歌时，却提及中国古代的著名诗人，这不得不说是一种有趣的现象。如果我们翻开苏曼殊的译诗集《文学因缘》，也会看到类似的比拟，例如他在序

---

① 应时：《德诗汉译》，上海：世界书局，1939 年，序言第 41—42 页。

② 苏曼殊著，马以君笺：《燕子龛诗笺注》，成都：四川人民出版社，1983 年，出版说明页。

③ 苏曼殊：《苏曼殊诗集》，北京：北京十月文艺出版社，2013 年，第 188 页。

④ 应时：《德诗汉译》，前揭，序言第 42 页。

言中就有“顾欧人译李白诗不可多得,犹此土之于 Byron 也”[①]的论述,将李白与拜伦类比。苏曼殊在写给高天梅的书信中,这种类比中西方诗人的论述则更多了:

> 衲常谓拜伦足以贯灵均、太白;师梨足以合义山、长吉,而莎士比、弥尔顿、田尼孙及美之郎弗劳诸子,只可与杜甫争高下,此其所以为国家诗人,非所语于灵界诗翁也。[②]

将拜伦与屈原、李白作类比,将雪莱与李商隐、李贺作类比,将莎士比亚、弥尔顿、丁尼生、郎费劳与杜甫作类比。这样的论述既直观又生动,对与拜伦、雪莱等异国诗人处于两种完全不同的语言、文化语境的中国人而言,用中国历史文化语境下熟知的著名诗人来作为异国诗人的类比对象,则异国诗人的形象就在文化接受上简便、贴近了许多。他们的诗风、性格、生平等重要因子仿佛也在这种类比中实现了向接收者最为简洁的解读与传递,这也是“归化”策略的一种映射。

还是在这封致高天梅的信中,苏曼殊为了阐述其对“凡治一国文学,须精通其文字”观念的笃信不移时写道:“夫以瞿德(即歌德)之才,岂未能译拜伦之诗?以非其本真耳。太白复生,不易吾言。”[③]这种“太白复生”的假设,也体现了“归化”翻译策略下的一种文化本位。苏曼殊举了歌德劝人为读拜伦诗而学英文的例子,完全可以说“瞿德复生,不易吾言”,但在汉语的语境中,“太白”则更有震慑力,“瞿德”则相对陌生了。由此显而易见的是,苏曼殊虽然在论述译诗和外国诗歌,秉持的文化本位却依然是汉语的文化本位。

以中国诗人为外国诗人的类比对象,这种“归化”策略的体现形式在民国时期的报刊中则更为常见。顾谦吉在译爱伦坡(Edgar Allan Poe)《鵩鸟吟》(The Raven)的序言中说:“窃谓若以英文诗中之摆伦拟李太白,弥尔顿拟杜工部,威

---

① 苏曼殊著,马以君编注:《苏曼殊文集》上册,广州:花城出版社,1991 年,第 295 页。

② 苏曼殊著,朱少璋编:《曼殊外集——苏曼殊编译集四种:英汉对照》,北京:学苑出版社,2009 年,第 317 页。

③ 苏曼殊著,马以君编注:《苏曼殊文集》下册,广州:花城出版社,1991 年,第 517 页。

至威斯(即华兹华斯)拟陶渊明、白香山,则阿伦波其西方之李长吉乎。”[①]Raven一词本是乌鸦的意思,但作者为了更好地“归化”,在此稿中译作鹏鸟,则是考虑到鹏鸟较之乌鸦在汉语语境中更具有深厚的可阐释性,贾谊《鹏鸟赋》便是其中一例。虽然不是直译,却也更贴近了爱伦坡原诗所表达的情感,实现了两种语境的对接。

再如《学衡》杂志 1929 年总第 72 期中,钱稻孙将 1921 年原刊在《小说月报》上所译的《神曲》增改后重新刊登。杂志的第九页有一张插图,题曰“但丁像”,题下有对画意的阐述行小注“出亡于外,类屈原之放逐,回睨故国佛罗稜斯城,欲归不得”[②]。这种类比,就超越了诗歌风格类比的限制,而转向对两位诗人生平本事等相似之处的更为宏大的阐发,两位异界诗人与译者间的微妙心灵感触就显现了;晚近时期类似“奇服深衣百世豪,但丁神曲拟离骚”[③]、“丹顿裴伦是我师,才如江海命如丝”[④]般的异界歌哭,也便感人肺腑而顺理成章了。但丁出亡与屈原放逐,都符合中国古典语境下对政治理想破灭之诗人的审美范式,因此钱稻孙在译诗时,也选择了骚体,并在兼顾原著押韵方式的基础上,尽可能地贴近《离骚》的诉说方式,例如“对曰否兮古之士,朕考妣为隆巴提,满都乏你兮并同里”[⑤]便与“帝高阳之苗裔兮,朕皇考曰伯庸”在诉说方式上有共通之处。拜伦的生平也极其符合古典审美,对“三代之隆”与“致君尧舜上,再使风俗淳”的古典理想之向往,可谓是绝大多数中国古代知识分子的最高追求;而拜伦一生有着极强的希腊情结,最终因投身希腊独立战争操劳患病,病逝于Messolonghi。为古典理想奋斗并献身是极其浪漫与崇高的事,这也就不难解释为何晚近时期有那么多人对拜伦如此推崇了。

“丹顿裴伦”句源自苏曼殊《本事诗》十首其三,从诗题即可管窥作者与但丁、拜伦这些异国、异代诗人的情感距离,《燕子龛诗》中还有名为《题师梨集》的诗:

---

① 《学衡》第 45 期,1925 年,第 130 页。

② 参见《学衡》第 72 期,1929 年,第 9 页。

③ 参见吴宓著,吴学昭整理:《吴宓诗话》,北京:商务印书馆,2005 年,第 231 页。李思纯《以欧人中古冠服摄影,戏题四诗》句。

④ 苏曼殊著,马以君笺:《燕子龛诗笺注》,成都:四川人民出版社,1983 年,第 27 页。

⑤ 《小说月报》第 12 卷第 9 号,1921 年,第 5 页。

谁赠师梨一曲歌，可怜心事正蹉跎。琅玕欲报何从报，梦里依稀认眼波。[①]

中国译者和诗人的视角下，在对外国诗人与中国古代诗人进行类比时，往往可见相似或重合之处。比如雪莱也不止一次被类比作李商隐，章炳麟就曾有“师梨所作诗，于西土最为妍丽，犹此土有义山也”[②]的表述，与苏曼殊“英雄所见略同”，这也体现了中国早期旧体译诗中对异国诗人气质的独特把握与“归化”策略的巧妙。苏曼殊同时翻译过拜伦与雪莱的作品，可以说其“归化”策略的运用是较为成功的，内涵亦是有叠加的、丰富的。作为旧学学者的黄侃亦对苏曼殊所译《哀希腊》、《去国行》等作十分喜爱，并有抄录的手稿留存，由此可见一斑。

三、“归化”策略下多样性的旧体译诗衍生文本

除了诗人间的直接类比外，作品与作品间的类比也是存在的，试举两例。如田世昌在翻译雪莱的《西风辞》(Ode to the West Wind)时，即发出了“觉其感情之浪漫，想象之丰富，音节之激越，唯《离骚》《九歌》差堪仿佛”[③]的感慨。再如俞之柏译英国湖畔派诗人罗伯特·骚塞(Robet Sonthey)的《布勒林之战》(Battle of Blenheim)一诗时，就在序言中将此诗与杜甫的《兵车行》及《前出塞》、《后出塞》作对比，他说《布勒林之战》“借童稚之口，写战争之苦，言浅意深，与杜甫《兵车行》及前后《出塞》之意颇合”。1704 年的布莱尼姆战役，马尔勃罗公爵与欧根亲王的联军大败法国与巴伐利亚联军，歼敌两万余人，可谓惨烈。[④]“几经兵火劫，触目尽荒芜”与杜甫笔下的“千村万落生荆杞”[⑤]、“百里风尘昏”[⑥]之状确有相似之处。

新诗出现之后，译者多少对新诗这种文体是持保留意见的。萧远译纳什

---

① 苏曼殊著，马以君笺：《燕子龛诗笺注》，前揭，第 54 页。

② 苏曼殊著，马以君笺：《燕子龛诗笺注》，前揭，第 54 页。

③《国学丛刊(南京)》第 2 卷第 1 期，1924 年，第 151 页。

④ 参见《学术》第 19 期，1923 年，第 133—134 页。英国苏西(Robet Sonthey)原作。“几经兵火劫，触目尽荒芜”句亦引于兹。

⑤ 杜甫著，钱谦益笺注：《钱注杜诗》卷一，上册，上海：上海古籍出版社，1979 年，第 9 页。《兵车行》句。

⑥ 杜甫著，钱谦益笺注：《钱注杜诗》卷三，上册，前揭，第 94 页。《前出塞九首》其八句。

(T. Nash)《春谣》(Spring)一诗时,就毫不隐晦地在序言中坦言对新诗派译诗的厌恶,他说:"近人译诗喜用新诗派调,余恶其鄙俚不文、呕哑难听,戏用别裁诗代之。"[①]雪莱的《西风颂》(Ode to the West Wind)一诗译本很多,其中郭沫若的译本为"散体",接近散文诗的形式;而田世昌用旧体翻译时,就委婉地表露出对"散体"翻译的存疑,"唯文为散体,殊失外美;过重直译,有难索解"[②]。旧体诗对形式与内容两方面的美感追求都十分看重,因此对"外美"也不会懈怠。对译诗而言,旧体诗有其优势,也必然有其较难承接的部分;译介过程中的损失难以避免,要在译介的基础上协调好旧体诗的美感追求亦不容易,这时便有一些译者感叹旧体译诗之难了:

> 翻译本属至难之业,翻译诗歌尤属难中之难。本篇中国调译外国意,填谱选韵,在在室碍,万不能尽如原意。刻画无盐,唐突西子,自知罪过不小,读者但看西文原本,方知其妙。[③]

梁启超译《哀希腊》采用了传统的曲体,仅译两节,寄调《沉醉东风》与《如梦忆桃源》,所引评论即梁启超在《新小说》中的案语。对旧体译诗之难的感叹,遣词造句间略带自谦的色彩,实则满怀思虑与诚恳。"读者但看西文原本,方知其妙"的坦陈与引导,也是一种向原典秩序的回归,是另一种层面上的"归化"。除了对原典的重视外,对旧体译诗之难的具体原因作分析,也有助于"归化"策略下的旧体译诗在不断发现问题与思考中更加成熟。这一时期的报纸期刊中,在承认困难并坚持"归化"策略的同时,也有很多反思旧体译诗并试图寻找补瑕方法的字句,涉及诸如诗体、文字组织、艺术训练等多种方面的思索:

> 全诗以二三节为最难译,因其写景细微而详尽,中国诗体难曲达。然此种难能,究属绝对抑系译者之艺术训练,则吾于此诗,尚未能自

---

① 《约翰声》第 33 卷第 2 期,1922 年,第 84 页。

② 参见《国学丛刊(南京)》第 2 卷第 1 期,前揭,第 151 页。

③ 施蛰存编:《中国近代文学大系:翻译文学集(1840—1919)》,上海:上海书店,1990 年,第 139 页。

断矣。[①]

原诗一气呵成，因文字之组织不同，译以中诗，殊失原美，于此可征译诗之难能也。

求就我范围，则失之不信；求吻合原意，则失之不雅，信乎译诗之难矣。[②]

旧体译诗的衍生文本不止如此，诗话、年表、小传等衍生文本也有“归化”传统的影子。《海天诗话》是南社诗人胡怀琛所著的一部评论译诗为主的诗话，以传统诗话的形式专论译诗，“归化”色彩显而易见；胡怀琛认为旧体译诗“亦吟坛之创格，而诗学之别裁”[③]，这种视角等于已将旧体译诗拉入传统诗学的体例编排中。苏曼殊在《潮音》中参订有《拜伦年表》，虽为英文，然其体裁亦颇似中国传统的年表，这也属于衍生文本多样性的佐证。[④]

译介诗人作品，少不了对诗人生平的介绍，而选择用旧体译诗的译者，往往会采用传统文言传记的形式，如王国维所撰《英国大诗人白衣龙小传》、吴芳吉所撰《彭士烈传》[⑤]、毕崧所撰《华兹华斯传》等。试节录《华兹华斯传》的篇首部分：

威廉华兹华斯(William Wordsworth)，英之考克穆斯(Cockermouth)人也，以一七七八年三月生，生八岁而丧其母。越五稔，父殁，依其叔以成长。年十七，读书于剑桥，四载竟其业。其后数年，淹寂无以自己见。学律不成，愿治军；又不果行其志，乃去而之巴黎。[⑥]

其叙事结构和叙事侧重与传统的中国传记极其相似，对于中国读者来说，是较容易接受与代入的。无论是家庭本位、时间顺序，还是先抑后扬的事实组合方

---

① 《国学丛刊(南京)》第2卷第1期，前揭，第151页。田世昌语。

② 《国学丛刊(南京)》第2卷第3期，1924年，第120页。田世昌语。

③ 参见林香伶：《南社诗话考述》，台北：里仁书局，2013年，第134页。

④ 苏曼殊著，朱少璋编：《曼殊外集——苏曼殊编译集四种：英汉对照》，前揭，第102—105页。

⑤ 参见《学衡》第57期，1926年，第126页。

⑥ 《约翰声》第44期，1935年，第36页。

式，尤其是“学律不成，愿治军；又不果行其志，乃去而之巴黎”一句与《史记·项羽本纪》中“乃教籍兵法，籍大喜，略知其意，又不肯竟学”①为代表的传统表述方式存在着微妙相似，这些都有利于目标受众的接受。在王国维的《英国大诗人白衣龙小传》中，亦借鉴了传统史传的叙事模式，概述拜伦幼年、恋情、游冶、客死等重要的人生节点，结尾一段综述阐发时尤为精彩，提出“主观诗人”的概念，描述之为：“盖白衣龙处此之时，欲笑不能，乃化为哭；欲哭不能，乃变为怒。愈怒愈滥，愈滥愈甚，此白衣龙强情过甚之所致也。”喷薄激昂的诗人形象顿出，亦符合传统审美对狷介、疏狂的想象。②

旧体译诗在产生时便肩负着“归化”的职能，然而当新文学日益占据主流话语后，旧体译诗的“归化”职能则有所转变，更多是转向一种“雅化”色彩。1941年1月，章士钊在《文史杂志》创刊号上发表《英诗翻译》凡二十一首，他在序言中说：“文字浅深，因人异喻，今之少年动以创造自诡之，为过早计也。尝谓中外诗事，格律难同，而理趣弥合。有能者出，以李杜之句法，写莎米（即莎士比亚、弥尔顿）之骚心，定许飞登世界诗坛，建一大纛。”③对少年们热衷的“创造”持保留意见，选择“李杜句法”，既有“归化”色彩，亦有“雅化”倾向。若将翻译史的发展看作创作的一面镜子，那么翻译时所选用文体的当下处境便可折射出来。近年来旧体诗词与旧体译诗的回暖，也值得我们思考“归化”策略在新语境下何去何从。

① 司马迁著，赵生群等修订：《史记（修订本）》卷七第一册，北京：中华书局，2013年，第380页。

② 原刊1907年11月《教育世界》162号，“白衣龙”今译“拜伦”；转引自姚淦铭、王燕主编：《王国维文集》下部，北京：中国文史出版社，2007年，第241页。

③ 章士钊：《章士钊全集》第七卷，上海：文汇出版社，2000年，第185页。

"Using the Syntax of Li Bai and Du Fu, Writing the Poetic Hearts of Shakespeare and Milton": The Tradition of "Domestication" from the View of Derived Text in Old Chinese Style Poetry Translation

Zhang Zixuan, Zhong Jin

Abstract: It is rooted in the long tradition of ancient Chinese translation that the strategy of "domestication" is adopted to carry foreign language poetry. The late Qing Dynasty and the Republic of China were the prosperous period of the old style poetry translation, which greatly enriched the tradition. An interesting phenomenon is that "analogy" has become a concentrated reflection of the "domestication" tradition, such as Su Manshu's analogy between Byron and Li Bai, and Qian daosun's analogy between Dante and Qu Yuan. It is not only limited to poets, but also between Chinese and Western works. While using the old style translation, the translator has begun to reflect on the translation strategies, and has carried out theoretical thinking on "domestication" translation from a unique perspective.

Keywords: old Chinese style poetry translation, derived text, domestication, analogy

史海钩沉

禘、祫再考

陈 徽 樊智宁*

[摘 要] 关于禘、祫问题,学界纷争数千年。本文认为,作为大祭之禘,其表现有六:天祭二(于圜丘祭昊天、于南郊祭感生帝)、地祭二(于方丘祭大地、于北郊祭后土)、宗庙之祭一(即大禘)以及明堂之祭一(泛祭天地,而以文、武配之)。上述诸禘各有其用,《中庸》曰:"郊社之礼,所以事上帝也。宗庙之礼,所以祀乎其先也。"就宗庙之祭而言,唯有大禘以尊祖和次序昭、穆。后儒所谓的"祫祭"和"吉禘",皆为无中生有。作为宗庙之祭,大禘三年一举。它审定的不仅是死者之间的昭、穆之序和尊卑、亲疏之伦,实则亦是通过此法以厘定、规范生者之间的伦理关系,维护相应的宗法政治秩序。这种昭、穆之序的"无乱"或"不失其伦",展现了儒家实现其王道理想的人伦基础。

[关键词] 禘;祫;吉禘

* 陈徽(1973—),男,安徽凤台人,哲学博士,同济大学哲学系教授、博士生导师,主要研究领域为儒家哲学、道家哲学、经学等。樊智宁(1992—),男,福建南平人,同济大学哲学系博士研究生,主要研究领域为伦理学、政治哲学。

学者关于禘、祫的争论，可谓由来已久。郑玄曰："儒家之说禘、祫也，通俗不同。或云岁祫终禘，或云三年一祫、五年再禘。"又云："学者竟传其闻，是用讻讻争论，从数百年来矣。"[①]则所谓禘、祫之争，汉时已久而不决。郑君据《春秋》经、传所记鲁国祭事，考索演绎，作《鲁礼禘祫志》[②]，冀以窥察王室禘、祫之大端。虽然，争议仍未得平，且后儒异论愈显纷纷。对此，孙诒让尝有详辨。其例举唐以前论禘、祫异于郑说者，计有二十一种[③]，而"宋以后异说尤繁"[④]。清儒多擅考订，其覆核《经》《传》，往往以郑说为上。如皮锡瑞曰："郑考《春秋》所书与《公羊》五年再殷祭，定为三年祫、五年禘，其精密实胜诸家。"[⑤]尽管如此，疑郑、辟郑之声亦未曾止歇。逮至今日，究竟如何理解禘、祫，学者仍存其惑。在此，本文亦稍进其辨，以俟端正。

一、禘礼考

关于禘礼，首先需要澄清的是：其仅为宗庙之祭，抑或可统谓天神、地祇及人鬼之祭？在此问题上，王肃与郑玄的观点之争堪为代表。《礼记·祭法》曰："有虞氏禘黄帝而郊喾，祖颛顼而宗尧。夏后氏亦禘黄帝而郊鲧，祖颛顼而宗禹。殷人禘喾而郊冥，祖契而宗汤。周人禘喾而郊稷，祖文王而宗武王。"郑《注》："禘、郊、祖、宗，谓祭祀以配食也。此禘谓祭昊天于圜丘也。祭上帝于南郊曰郊，祭五帝、五神于明堂，曰祖、宗。祖、宗通言尔。"[⑥]又，其注《礼记·丧服

---

① 皮锡瑞：《鲁礼禘祫义疏证》，《皮锡瑞全集》第四册，北京：中华书局，2015年，第544页、第545页。

② 按：诸经《正义》及诸史《志》《传》多引作此名。皮锡瑞疏证此文，名之曰《鲁礼禘祫义》。

③ 孙诒让：《周礼正义》，卷三十三，北京：中华书局，2013年，第1340—1344页。

④ 孙诒让：《周礼正义》，卷三十三，第1344页。

⑤ 皮锡瑞笺注、王锦民校笺：《〈王制笺〉校笺》，北京：华夏出版社，2005年，第116—117页。按：引文标点有改动。后文例此，不复言。

⑥《礼记正义》(标点本)，卷第四十六，北京：北京大学出版社，1999年，第1292页。按：《祭法》此文当引自《国语》。《鲁语上》有禘、郊、祖、宗、报五祭之说，其曰："故有虞氏禘黄帝而祖颛顼，郊尧而宗舜；夏后氏禘黄帝而祖颛顼，郊鲧而宗禹；商人禘喾(引按："喾"，原作"舜"。韦昭云："'舜'当为'喾'字之误也。"说是。)而祖契，郊冥而宗汤；周人禘喾而郊稷，祖文王而宗武王。幕，能帅颛顼者也，有虞氏报焉；杼，能帅禹者也，夏后氏报焉；上甲微，能帅契者也，商人报焉；高圉、大王，能帅稷者也，周人报焉。凡禘、郊、祖、宗、报，此五者国之典祀也。"韦《注》："贾侍中云：'有虞氏，舜后，在夏、殷为二王后，故有郊、禘、宗、祖之礼也。'昭谓：此上四者，谓祭天以配食也。祭昊天于圜丘曰禘，祭五帝于明堂曰祖、宗，祭上帝于南郊曰郊。(转下页)

小记》“王者禘其祖之所自出，以其祖配之”时，曰：“禘，大祭也。始祖感天神灵而生，祭天则以祖配之。自外至者，无主不止①。”②《丧服小记》此文在《大传》中重现，郑《注》于彼篇益申其说曰：“凡大祭曰禘。自，由也。大祭其先祖所由生，谓郊祀天也。王者之先祖，皆感大微五帝之精以生，苍则灵威仰，赤则赤熛怒，黄则含枢纽，白则白招拒，黑则汁光纪，皆用正岁之正月郊祭之，盖特尊也焉。《孝经》曰‘郊祀后稷以配天’，配灵威仰；‘宗祀文王于明堂，以配上帝’，泛配五帝也。”③又，在《鲁礼禘祫志》中，康成曰：“《王制》记先王之法度、宗庙之祭，春曰禴，夏曰禘，秋曰尝，冬曰烝。……周公制礼，祭不欲数，乃改先王夏祭名礼为礿（引按：“礿”同“禴”），禘又为大祭。”④则禘又指宗庙之礼。可见，在郑玄看来，作为大祭之禘，其既可谓祭天之礼，亦可指宗庙之祀。而在祭天之礼中，又存在着圜丘之禘（按：以祀昊天）、郊禘（按：以祀感生帝，就周人而言，此帝即苍帝灵威仰）与明堂之禘（按：以泛祀五帝）之别。

郑玄之说遭到了王肃的断然否定，且被斥为“乱礼之名实”。王氏认为：禘礼无关于祭天，而仅谓宗庙之祭。其驳郑说曰：“《祭法》说禘，无圜丘之名，《周官》圜丘不名为禘，是禘非圜丘之祭也。玄以《祭法》禘黄帝及喾为配圜丘之祀，《大传》‘禘其祖之所自出’，玄又施之于郊祭后稷，是乱礼之名实也。《尔雅》‘禘，大祭也；绎，又祭也’，皆祭宗庙之名，则禘是五年大祭先祖，非圜丘及郊也。祖、宗，谓祖有功、宗有德，其庙不毁也。”⑤

对于上述二说，后世学者各有所从。然总体上，“唐、宋以后儒者，多遵王义，而郑义益晦”（孙诒让语）⑥。在反郑者中，唐代赵匡基于王说，更是详证何以

（接上页）有虞氏出自黄帝，颛顼之后，故禘黄帝而祖颛顼；舜受禅于尧，故郊尧。《礼·祭法》：‘有虞氏郊喾而宗尧。’与此异者，舜在时则宗尧，舜崩而子孙宗舜，故郊尧也。虞、夏俱黄帝、颛顼之后，故禘祖之礼同。虞以上尚德，夏以下亲亲，故郊鲧也。”亦是以禘、郊、祖、宗为祭天。韦昭注、明洁辑评：《国语》，上海：上海古籍出版社，2008年，第75—76页。

① 引按：“止”，原作“上”。作“上”无义。金榜《礼笺》云：“古者配祭有二：自外至者，无主不止，故祭必有配，郊祀后稷以配天是也……”（转引自黄以周：《礼书通故》，第十七，北京：中华书局，2007年，第765页）其“无主不止”之说，即是援引郑《注》。

② 《礼记正义》，卷第三十二，第962页。

③ 《礼记正义》，卷第三十四，第997页。

④ 皮锡瑞：《鲁礼禘祫义疏证》，《皮锡瑞全集》第四册，第521页。

⑤ 转引自黄以周：《礼书通故》，第十二，第619—620页。

⑥ 孙诒让：《周礼正义》，卷四十三，第1769页。

禘礼仅谓宗庙之祭。如其释《大传》"礼，不王不禘。王者禘其祖之所自出，以其祖配之。诸侯及其大祖。大夫士有大事，省于其君，干祫及其高祖"之义时，曰：

> "不王不禘"，明诸侯不得有也。"所自出"，谓所系之帝。诸侯存五庙，唯太庙百世不迁。"及其太祖"，言"及"者，远祀之所及也。不言"禘"者，不王不禘，无所疑也。不言"祫"者，四时皆祭，故不言祫也。"有""省"，谓有功往见、省记者也。"干"者，逆上之意，言逆上及高祖也。据此体势相连，皆说宗庙之事，不得谓之祭天。《祭法》载虞、夏、殷、周禘礼，所谓"禘其祖之所自出"，盖禘、郊、祖、宗并叙永世，追祀而不废绝者也。禘者，帝王立始祖之庙，犹谓未尽其追远、尊先之义，故又推寻始祖所出之帝而追祀之。"以其祖配之"者，谓于始祖庙祭之便，以始祖配祭也。此祭不兼群庙之主，为其疏远而不敢亵狎故也。其年数，或每年或数年，未可知也。郑玄注《祭法》云：禘，谓配祭昊天上帝于圜丘也。盖见《祭法》所说文在"郊"上，谓为郊之最大者，故为此说耳。《祭法》所论禘、祖、郊、宗者，谓六庙之外永世不绝者有四种耳，非关祭祀也。禘之所及最远，故先言之耳，岂关圜丘哉！若实圜丘，五经之中何得无一字说出？又云"祖之所自出"，谓感生帝灵威仰也，此何妖妄之甚！此文出自谶纬，始于汉哀、平间伪书也。故桓谭、贾逵、蔡邕、王肃之徒疾之如仇，而郑玄通之于五经。其为诬蠹，甚矣！①

相对于王肃"禘是五年大祭先祖"的含糊之论，赵匡更明确地指出：《大传》所谓"祖之所自出"，是指"始祖所出之帝"。即此"帝"为人帝（始祖之父），而非郑玄所谓的感生帝。而郑玄之所以作此说，乃至将本为宗庙之祭的禘礼解为祀天之祭，实是受谶纬之说影响之故。赵氏之说颇受后人推崇，南宋杨复赞曰："唐赵伯循生于二千岁之后，独得其说于《祭法》《大传》《小记》《子夏传》之中。于是禘、郊、祖、宗之义焕然而大明，言虽简约而义已该备，故朱子深有取焉。"②

---

① 卫湜：《礼记集说》，卷八十四，《文渊阁四库全书》第118册，上海：上海古籍出版社，2003年，第750—751页。

② 卫湜：《礼记集说》，卷一零八，《文渊阁四库全书》第119册，第340页。

然而，若结合古籍所载，王肃等所谓禘礼仅为宗庙之祭的看法实难成立。一方面，《祭法》禘、郊、祖、宗之说表明：相较于郊礼，禘礼的规格似更高些。既然郊礼是祭天，则此处的禘礼便不可能是低于郊礼的宗庙之祭。赵匡认为：《祭法》论诸祭时，之所以将“禘”字列于“郊”上，乃是因为“禘之所及最远(引按：“最远”，谓始祖所出之帝)，故先言之耳”。其说嫌于牵强。另一方面，《礼记·王制》论牺牲云：“祭天地之牛角茧栗，宗庙之牛角握，宾客之牛角尺。”而《国语》曰：“郊、禘不过茧栗，烝、尝不过把握。”(《楚语下》)则《国语》所谓郊、禘，正是指天地之祀。清人金榜亦证云：

> 天祭莫大于圜丘，地祭莫大于方泽，与宗庙禘其主之所自出，三者皆禘。《周语》：“禘、郊之事则有全烝。”《鲁语》：“天子日入监九御，使洁奉禘、郊之粢盛。”《楚语》：“禘、郊不过茧栗，烝、尝不过把握。”又曰：“天子禘、郊之事，必自射其牲，王后必自舂其粢；诸侯宗庙之事，必自射牛，刲羊、击豕，夫人必自舂其盛。”又曰：“天子亲舂禘、郊之盛，王后亲缲其服。”其言禘、郊，与宗庙烝、尝对文，明禘非宗庙之祭。《王制》“祭天地之牛角茧栗，宗庙之牛角握”，与《国语》禘郊茧栗、烝尝把握之文合。《表记》“天子亲耕，粢盛秬鬯以事上帝”，与《国语》“天子亲舂禘、郊之盛”文合。天地之祭名禘，著于此矣。[①]

金说甚辨。故禘礼亦可指祭天，无可疑也。不仅如此，郑玄注《周礼》之《大司乐》时又云：“此三者，皆禘大祭也。天神则主北辰，地祇则主昆仑，人主则主后稷。”[②]则康成谓禘礼亦可指祭地。贾公彦亦疏曰：“案《尔雅》云‘禘，大祭’，不辨天神、人鬼、地祇，则皆有‘禘’称也。《祭法》云黄帝之等，皆据祭天于圜丘。《大传》云‘王者禘其祖之所自出’，据夏正郊天。《论语》‘禘自既灌’，据祭宗庙。是以郑云三者皆禘大祭也。云‘天神则主北辰，地祇则主昆仑，人鬼则主后稷’者，此三者，则《大宗伯》云‘祀之、享之、祭之’。”[③]至孙诒让，其总结禘礼云：

---

① 转引自孙诒让撰：《周礼正义》，卷四十三，第 1769—1770 页。

②《周礼注疏》，卷第二十二，北京：北京大学出版社，1999 年标点本，第 586 页。

③《周礼注疏》，卷第二十二，第 588 页。

此天神之祭为圜丘祭昊天，地示之祭为方丘祭大地，人鬼之祭为大祫，通谓之禘。又天神有南郊祭苍帝，地示有北郊祭后土，又有明堂合祭五天帝、五地示，人鬼有吉禘、大禘，五者亦同谓之禘。是禘为诸大祭之总名也。[①]

如此，则周人的大祭之禘表现有八，即：天祭二（于圜丘祭昊天、于南郊祭感生帝）、地祭二（于方丘祭大地、于北郊祭后土）、宗庙之祭三（大祫、吉禘、大禘）以及明堂之祭一（泛祭五天帝、五地示）。

不过，下文将明：所谓“大祫”与“吉禘”乃后人臆生，本无其礼。又，圜丘、方丘之名见于《周礼》（又曰《周官》）。郑玄、孙诒让等以《周礼》为周公所著，其于上述二祭自无怀疑。近世以来，学者不仅认为《周礼》与周公无涉，且多谓其为汉人伪作。如康有为作《新学伪经考》，专斥刘歆伪造《周礼》《左传》《逸礼》等经之谬。且曰：“歆欲附成莽业而为此书（引按：谓《周官》）。其伪群经，乃以证《周官》者。故歆之伪学，此书为首。”[②]康氏论学常失之武断，然其刘歆伪造《周礼》之说却非孤论。如徐复观说稍有异，其谓“《周官》是王莽草创于前，刘歆整理于后”[③]。为证成己说，徐氏从文献、文字、土田制度、赋役制度、商业与商税、刑罚制度等方面详证《周礼》一书之非。钱穆则认为：“何休曾说：‘《周官》乃六国阴谋之书。’据今考论，与其谓《周官》乃周公所著，或刘歆伪造，均不如何氏之说遥为近情。”[④]宾四又证曰：

《诗》《书》只言“天”“帝”，而无“五帝”。“五帝”乃战国晚起之说。祀“五帝”，其事兴于秦。[⑤]

据此，可证五帝祠乃秦人特创。且秦人亦只祠白、青、黄、赤四帝，尚无黑帝。直至汉高祖入关，始足成“五帝”。其前不见有所谓“五帝

---

① 孙诒让：《周礼正义》，卷四十三，第 1762 页。

② 康有为：《新学伪经考》，北京：中华书局，2012 年，第 76 页。

③ 徐复观：《〈周官〉成立之时代及其思想性格》，载《徐复观论经学史二种》，上海：上海书店出版社，2002 年，第 249 页。

④ 钱穆：《〈周官〉著作时代考》，《两汉经学今古文平议》，北京：商务印书馆，2001 年，第 322 页。

⑤ 钱穆：《〈周官〉著作时代考》，《两汉经学今古文平议》，第 323 页。

祠”。①

五天帝之说，本兴于燕、齐海疆之方士。②

“受命帝”云云，当系邹衍之徒主张“五德终始”一派学说者所提出。③

(《封禅书》曰：)“三年一郊。秦以十月为岁首，古常以十月上宿郊见。通权火，拜于咸阳之旁而衣上白。其用如经祠云。”可见秦人郊礼也只有一次，并不以昊天上帝和受命帝分别为两祭也。④

王肃专与郑玄立异。郑玄说郊天、圜丘是二，王肃说是一。郑玄说鲁惟一郊，王肃说有二。郑玄对于郊天、圜丘之辨是错了，因此王肃的说法便对了。郑玄对于鲁惟一郊之说是准了，于是王肃又不得不错了。……根据上论，《周官》所记“天”和“上帝”，故不见有何分别。而“圜丘”祭天，也未见和“南郊”是二非一。所以王肃说：“郊即圜丘，圜丘即郊。所在言之则谓之郊，所记言之则谓之圜丘。于郊筑泰坛，像圜丘之形。以丘言之，比诸天地之性。故《祭法》云‘燔柴于泰坛’，则圜丘也。《郊特牲》云：‘周之始郊日以至。’《周礼》云：‘冬至祭天于圜丘。’知圜丘与郊是一也。”(《郊特牲》《疏》)其论极精明。⑤

宾四论“五帝”及“受命帝”，说颇辨。然其从王肃说曰圜丘即郊天，则又未必然也。否则，《国语》及《祭法》所谓禘、郊之说(即“有虞氏禘黄帝而郊喾”云云)又作何解？且尽管“秦人郊礼也只有一次”，却未必意味着周以前天祭不可为二。又，孟献子曰：“夫郊祀后稷，以祈农事也。是故启蛰而郊，郊而后耕。”(《左传·襄公七年》)后稷为周人始祖，郊祀以其配祭，此即为“郊稷”。既如此，则《国语》等所谓“周人禘喾而郊稷”，即是言禘天而以喾配。禘、郊既有别，则郑玄圜丘与郊天为二之说便不可废。

圜丘所祭者为昊天，郊天所祭者乃上帝。然昊天与上帝实系一天二名，非

① 钱穆：《〈周官〉著作时代考》，《两汉经学今古文平议》，第 324 页。

② 钱穆：《〈周官〉著作时代考》，《两汉经学今古文平议》，第 328 页。

③ 钱穆：《〈周官〉著作时代考》，《两汉经学今古文平议》，第 334 页。

④ 钱穆：《〈周官〉著作时代考》，《两汉经学今古文平议》，第 336 页。

⑤ 钱穆：《〈周官〉著作时代考》，《两汉经学今古文平议》，第 342—343 页。

谓二“物”。盖昊天就其广大、深远之状而言,上帝则就其人格性与神性而言。故《诗·大雅·云汉》曰:“昊天上帝,则不我遗。”“昊天上帝,宁俾我遯。”“昊天上帝,则不我虞。”此是合昊天与上帝为一而言。又曰:“后稷不克,上帝不临。”此是就其人格性与神性言天,且以“后稷”与“上帝”并言,可证后儒以后稷配天之说不诬。又曰:“瞻卬昊天,云如何里!”“瞻卬昊天,有嘒其星。”“瞻卬昊天,曷惠其宁!”此是就其广大、深远之状言天。清人朱大韶认为:“配上帝与配天,两义绝不同。”又云:“郊祀后稷,谓祀天南郊,以稷配食。……配,对也,匹也。……《召诰》:‘其自时配皇天。’《君奭》:‘殷礼陟配天。’《大雅》:‘殷之未丧师,克配上帝。’皆谓其德足以相配也。”[①]据此,则所谓“禘黄帝”或“帝喾”,当指先帝或先王因其功德卓著,故得以禘天配祭。

由是,在孙诒让所总结的八禘中,除去后人臆生的“大祫”与“吉祭”,其余六禘及其所祭对象分别为:天祭二(于圜丘祭昊天、于南郊祭上帝)、地祭二(于方丘祭大地、于北郊祭后土)、宗庙之祭一(大禘)以及明堂之祭一(泛祭天地,而以文、武配之)。

又,今人基于考古所得,亦有消解禘礼包含天祭之论。如董莲池指出,据甲骨文,禘祭是殷王“用以祭祀先公、先王、先臣以及除上天之外的其他诸神祇,它是一种膜拜对象广泛的祭祀活动”;而据金文,西周祭祀的对象“一律只限于祭祀先祖先考”。[②] 以新近出土的简、帛、金文和甲骨文等文献来探察古代思想或礼仪典章制度,诚开近代以来思想学术研究之新风。此法取得的成果,也堪为卓著。然因出土文献的片面性(如目前所见到的殷周甲骨文、金文等,毕竟非其全部),以及对于其内容释读的歧义性(如对于郭店简《老子》的一些文字的释读,学者之间分歧甚大)乃至茫然性(如对于殷墟甲骨文,尚有约三分之二的文字未得识读),均会影响相应的判断或结论。故以此法研究古代思想或典制时,当慎之又慎,不宜轻下断语。

其次,关于宗庙之禘,其祭有二,曰:时禘与大禘。其中,前禘属夏祭,后禘

---

① 朱大韶:《春秋传礼徵》,卷三,见凌曙等:《春秋公羊礼疏》(外五种),上海:上海古籍出版社,2015 年,第 428 页。按:不过,朱氏认为禘祭仅指人鬼之礼,非谓祭天。且禘祭的对象,为始祖之父(此其所谓《大传》“祖之所自出”)。朱氏还指出,“明堂非祀五帝之所”,而所谓“配上帝者”,是指“立明堂以尊祀文王,与配天南郊者相匹”(参见上书,第 425—428 页)。谓“明堂非祀五帝之所”,说是。余说则似未安。

② 参见董莲池:《殷周禘祭探真》,《人文杂志》,1994 年第 5 期。

则为大祭。就时禘而言，其名亦需有辨。《诗·小雅·天保》："禴、祠、烝、尝，于公先王。"毛《传》："春曰祠，夏曰禴，秋曰尝，冬曰烝。"[①]《礼记·祭统》则曰："凡祭有四时：春祭曰礿，夏祭曰禘，秋祭曰尝，冬祭曰烝。"《王制》亦云："天子、诸侯宗庙之祭，春曰礿，夏曰禘，秋曰尝，冬曰烝。"郑《注》于《王制》篇释云："此盖夏、殷之祭名。周则改之，春曰祠、夏曰礿，以禘为殷祭。《诗·小雅》曰：'礿、祠、烝、尝，于公先王。'此周四时祭宗庙之名。"[②]孔《疏》进而指出：

> 疑为夏、殷祭名者，以其祭名与周不同，故以为夏、殷祭名。其夏、殷之祭又无文，故称"盖"以疑之。此云"春礿"，而《郊特牲》云"春禘"者，郑彼《注》云"'禘'当为'禴'"，从此为正。……云"周则改之，春曰祠、夏曰礿"者，按《宗伯》云"以祠春享先王，以禴夏享先王"。又知周以禘为殷祭者，按《公羊传》曰："五年而再殷祭。"又《春秋经》僖八年："秋，七月，禘于大庙。"是禘为殷祭。殷犹大也，谓五年一大祭。引《诗·小雅》者，是文王之诗、《天保》之篇。谓文王受命，已改殷之祭名：以夏祭之禘改名曰礿[③]。而《诗》先言"礿"后"祠"者，从便文。"尝"在"烝"下，以韵句也。[④]

又曰："今郑《注》此云……。参验上下，并与《周礼》不同，不可强解合之为一。此《王制》所陈，多论夏、殷之制。"[⑤]对于孔《疏》之说，后儒多从之。皮锡瑞赞云："孔《疏》于郑《注》分别夏、殷、周，解说甚通。"[⑥]且谓："云'夏、殷祭无文'，又云'不可强解合之为一'，足见《礼》家记载各异，有夏、殷礼，有周礼，有周损益二代

---

① 《毛诗正义》(标点本)，卷第九，北京：北京大学出版社，1999 年，第 585 页。

② 《礼记正义》，卷第十二，第 385 页。

③ 孔《疏》于《天保》篇指出："自殷以上则禴、禘、尝、烝，《王制》文也。至周公则去夏禘之名，以春禴当之，更名春曰祠。……周公制礼，乃改夏为禴，禘又为大祭。《祭义》注云：'周以禘为殷祭，更名春曰祠。'是祠、禴、尝、烝之名，周公制礼之所改也。若然，文王之诗所以已得有制礼所改之名者，然王者因革，与世而迁事，虽制礼大定，要亦所改有渐。《易》曰：'不如西邻之禴祭。'郑注为夏祭之名，则文王时已改。言周公者，据自礼大定言之耳。"《毛诗正义》，卷第九，第 585—586 页。

④ 《礼记正义》，卷第十二，第 386 页。

⑤ 同上。

⑥ 皮锡瑞笺注、王锦民校笺：《〈王制笺〉校笺》，第 111 页。

之礼,有孔子损益三代之礼。《王制》损益三代,故或从周,或从夏、殷。"[①]然《国语》又引郈敬子之言曰:"先臣惠伯以命于司里,尝、禘、蒸(引按:"蒸"通作"烝")、享之所致君胙者有数矣。"(《鲁语上》)韦《注》:"秋祭曰尝,夏祭曰禘,冬祭曰蒸,春祭曰享。享,献物也。……致君胙者,谓君祭祀赐胙,臣下掌致之也。有数,有世数也。"[②]是春秋时仍有夏禘之说。如此,则与上述所谓周礼祠、禴、尝、烝之说不合。孙希旦认为:"愚谓礿、禘、尝、烝,夏、殷四时之祭名也。天子别有大禘之祭,故周改春、夏祭名以避之:春曰祠,夏曰禴。而诸侯之祭,其名不改。"[③]说可参。

时禘之所以非为大祭,是因为其祭祖、祢各于其庙,而非合祭于始祖(按:就周王而言)或太祖之庙(按:就鲁国等诸侯国而言)。[④] 大禘则不然,其之所以属于大祭,即是就其于太庙合祭众祖而言。然后儒论大禘,多有迷误:其不仅臆生了"吉禘"与"袷祭"之说(按:辨见下文),且于禘、袷关系又滋生诸多困惑。纷纷争辩,因而不绝。

二、"吉禘""袷祭"考

统观学者关于禘(作为宗庙之祭的大禘)、袷的争论,其说可分为两类:其一,谓禘与袷同,二者乃一祭而二名。刘歆、贾逵、郑众、马融、杜预、孔颖达等少数学者持此说。《王制》孔《疏》云:"《左氏》说及杜元凯皆以禘为三年一大祭,在太祖之庙。《传》无袷文,然则袷即禘也:取其序昭、穆谓之禘,取其合集群主谓之袷。"[⑤]是尽管所指为一,但禘、袷二名亦各彰其义。其二,谓禘与袷异,二者乃属二祭。历来学者多主此说。虽然,其关于禘、袷的纷纭之争,亦主要集中于此。如:若就时制言,有曰岁袷而终禘者(如许慎、徐禅、袁准、虞喜等),有曰袷三年、禘五年者(如郑玄),有曰"禘既三年,袷则五年"者(如范宁),有曰禘、袷同

---

① 皮锡瑞笺注、王锦民校笺:《〈王制笺〉校笺》,第 111 页。

② 韦昭注、明洁辑评:《国语》,第 77 页。

③ 孙希旦:《礼记集解》,卷四十七,北京:中华书局,1989 年,第 1249 页。

④ 按:关于"始祖"与"太祖"是否为一,限于篇幅与问题所及,兹不论。

⑤ 转引自陈寿祺撰:《五经异义疏证》,卷上,上海:上海古籍出版社,2012 年,第 46—47 页。按:本段例举学者关于禘、袷关系的诸种观点,分别参见陈寿祺撰《五经异义疏证》第 46—50 页、孙诒让撰《周礼正义》第 1340—1344 页。

为三年且禘夏而祫秋者(如杨士勋),等等;若就所祭对象言,有谓禘、祫皆及毁庙之主者(如《白虎通》、徐禅、袁准、虞喜等),有谓祫则止及毁庙、禘则总陈昭穆者(如《后汉书·张纯传》、《序汉志》),有谓禘及毁庙、祫惟存庙者(如孔安国、王肃),亦有谓禘亦及功臣者(如何休),等等。

清季,基于考覆演绎,诸礼大家(如陈寿祺、黄以周、孙诒让、皮锡瑞等)多以郑玄之说为胜。孙诒让甚至认为,郑说中,惟"谓禘祭亦取文、武后迁主以昭、穆祭于文、武庙"之论"与礼制不合","此外诸义,则并综贯经、传,确不可易"。[①] 而皮锡瑞亦疏证《鲁礼禘祫志》,以伸郑说。由此,关于禘、祫的争论,似乎可得止息了。然而,此未必然也。

郑玄作《鲁礼禘祫志》,乃为复原周礼之禘、祫。之所以曰"鲁礼",是因为"周姬东亡,礼乐坏缺"(皮锡瑞语)[②],加之文献散佚,故周礼关于禘、祫的规定已不可考。既然"周礼尽在鲁矣"(《左传·昭公二年》),可以"由侯以溯王朝"(皮锡瑞语)[③]。不得已,郑玄才据鲁礼以论禘、祫。而鲁礼之要,可据《春秋》以窥之,故其曰:"窃念《春秋》者,书天子、诸侯中失之事,得礼则善,违礼则讥,可以发起是非,故据而述焉。从其禘、祫之先后,考其疏数之所由,而粗记注焉。"[④]然而,郑玄关于《春秋》诸祭的论断多属推测。以此而定禘、祫,殊难致信。进而言之,即便是对于《春秋》经、传所谓"吉禘"、"大祫"、"五年而再殷祭"等说,似亦需重新省察。在此,本文先就《禘祫志》以观郑玄禘、祫之论,然后再定经、传禘祫等说。

关于郑玄禘、祫之说的要点,可概之如下:首先,三年一祫(于孟秋)、五年一禘(于孟夏。按:黄以周则谓:"其实夏虽有禘,而以春禘为正。"[⑤]),一祫一

---

① 孙诒让:《周礼正义》,卷三十三,第1343页。

② 皮锡瑞:《鲁礼禘祫义疏证·序》,《皮锡瑞全集》第四册,第519页。

③ 同上。

④ 皮锡瑞:《鲁礼禘祫义疏证》,《皮锡瑞全集》第四册,第545—546页。

⑤ 黄氏证曰:"《毛诗》传云:'诸侯春禘则不礿,秋祫则不尝,惟天子兼之。'张纯云:'禘则夏四月,祫以冬十月。'何休云:'天子特禘、特祫,诸侯禘则不礿、祫则不尝。'郑玄云:'禘以夏,祫以秋。'杜佑云:'禘以五月,祫以六月。'以周案:今《閟宫》传'春禘'作'夏禘',误。以夏禘而先废春礿,断无是礼。《雝》诗《正义》云:'此禘,毛以春,郑以夏,不同。'是可证毛《传》本作'春禘'矣(今陈硕甫《毛诗疏》仍沿旧讹)。何注《公羊》云'诸侯禘则不礿,祫则不尝',即本毛《传》。其云'天子特禘、特祫',即毛《传》天子兼之之说也。郑于《祭义》《郊特牲》记时祭之春禘,皆破为'礿',而以《祭统》《王制》言夏禘者为正,周则改先王夏禘为夏(转下页)

禘，且祫、禘各自相距五年。其次，禘小于祫。此所谓禘、祫，皆是指宗庙之大祭，即"殷祭"。此义之禘，则大于作为四时之祭的时禘。禘之所以小于祫，是因为祫祭乃是集众主(即毁庙之主与未毁庙之主)合祭于太祖之庙[1]，禘祭则"各就其庙"[2]。孙诒让总结道："综此诸文，则郑说周之禘、祫并为殷祭。其异者：禘小而祫大，禘分而祫合。其年之疏数，则吉禘之后，三年祫、五年禘，禘、祫自相距各五年。其祭之时，则吉禘以春、大禘以夏、祫以秋。其祭之仪法，祫则毁庙、未毁庙之主皆升，合食于大祖；禘则文、武以前迁主于后稷之庙，文、武以后迁主：穆祭于文王之庙，昭祭于武王之庙，未迁之主各自祭于其庙。"[3]孙氏所言大体可参，然亦有一误，即其视"吉禘"与"大禘"为二事。观《禘祫志》所论：

鲁庄公以其三十二年秋八月薨，闵二年五月而吉禘。此时庆父使贼杀子般之后，闵公心惧于难，不得时葬。葬则去首绖于门外，乃入。务自尊成以厌其祸，若已练然，免丧又速。至二年春，其间有闰。二十一月禫，除丧。夏四月，则祫。既祫，又即以五月禘于其庙。比月大祭，故讥其速。讥其速者，明当异岁也。经独言'吉禘于庄公'，闵公之服凡二十一月，于礼少四月，又不禫，云'吉禘'，讥其无恩也。四月祫，五月禘。不讥祫者，庆父作乱，国家多难。故庄公既葬，绖不入库门。闵公早厌其乱，故四月祫，不讥。五月即禘，比月而为大祭，又于礼少

(接上页)禴，而以禘为大祭，仍行之于夏。说与毛《传》异。其实夏虽有禘，而以春禘为正。《祭统》《王制》记四时之别名，曰春礿、夏禘，《祭义》《郊特牲》则浑言之曰春禘、秋尝者，正以大禘行于春，故有是名也。禘在春，祫自在秋。张纯以为祫在冬，以冬祭有大烝之名也。其实冬虽有祫，而以秋祫为正。诸经言祭义之大，则举禘、尝，据春秋二大祭以言。《祭统》言成王、康王赐鲁大禘、尝，谓禘、祫也。祫谓之大尝，是祫以秋也。文二年八月，'大事于太庙'，《公羊》云'大祫也'，《穀梁》云'著祫、尝'，是大祫即大尝，而祫以秋明矣。春禘、秋尝，为周之通制。《王制》之祫、禘，记异代礼。《明堂位》之季夏六月禘，记始受礼。《杂记》之七月禘，记孟献子所为。《春秋》之定八年十月禘，尤末失也。"黄以周：《礼书通故》，第十七，第761—762页。按：周说辨，可参。不过，下文将证：正因为本无祫祭，故"诸经言祭义之大，则举禘、尝"也。

① 按：郑玄此说，取自《公羊传》。《春秋·文公二年》："八月丁卯，大事于大庙，跻僖公。"《公羊传》曰："大事者何？大祫也。大祫者何？合祭也。其合祭奈何？毁庙之主，陈于大祖，未毁庙之主，皆升，合食于大祖，五年而再殷祭。"

② 参见皮锡瑞：《鲁礼禘祫义疏证》，《皮锡瑞全集》第四册，第526页。

③ 孙诒让：《周礼正义》，卷三十三，第1338页。

四月。故书，讥其速也。[①]

则郑玄所言“大祭”(按:“比月而为大祭”之“比”，义为连续)，即为袷与禘二种。《春秋》之所以曰“夏，五月，乙酉，吉禘于庄公”，乃是讥闵公除丧太速，以致“丧事未毕而举吉祭，故非之也”(《穀梁传》语)。对此，三《传》均无异议。依礼：庄公丧后二十五月为大祥，二十七月为禫(按：关于大祥与禫之月，此从郑玄说[②]，下同)，除丧，然后举吉祭。据郑玄，吉祭即谓“吉禘”。在此之前，尚有袷祭。故其曰“四月袷，五月禘”。孙诒让曰“吉禘以春、大禘以夏、袷以秋”，凭空分“吉禘”与“大禘”为二。实则郑玄所谓“吉禘”，即是指“大禘”。《春秋》之所以曰“吉禘”，乃是加“吉”字以讥之。《左传》孔《疏》:“闵二年五月，‘吉禘于庄公’，以其时未可吉，书‘吉’以讥之。此年正月，晋已烝于曲沃，仍云‘未得禘祀’[③]，知其禘祀，是三年丧毕之吉祭也。”[④]又，何休亦云:“据禘于大庙不言‘吉’。都未可以吉祭。经举重，不书‘禘’于大庙，嫌独庄公不当禘。于大庙可禘者，故加‘吉’，明大庙皆不当。”[⑤]此益明“吉禘”即除丧之大禘。如此，则本无所谓“吉禘”之礼。故黄以周曰：

此郑以鲁禘推明天子禘法，用礼家禫后有袷及《春秋》古文家终禘之说，而以《春秋》今文家“五年再殷祭”及《礼》家“三年一袷，五年一禘”为除丧吉祭后推行之法。盖以丧毕之袷、明年之禘、吉祭之禘袷实为五年再殷祭之本，故从此以后三年袷、五年禘，又三年袷、五年禘，五年再殷、十年四殷。[⑥]

---

① 皮锡瑞:《鲁礼禘袷义疏证》,《皮锡瑞全集》第四册，第 534 页。

② 按：曾亦认为，“禫”与“祥”当同月，即皆为丧后第二十五月。说颇可参。参见曾亦:《孝道的构建与先秦儒家对古礼的改造——以丧礼中的祥、禫同异月问题为例》,《同济大学学报(社会科学版)》,2018 年第 4 期。

③ 引按：此是说《左传·襄公十六年》“冬，穆叔如晋聘，且言齐故。晋人曰:‘以寡君之未禘祀，与民之未息，不然，不敢忘。’”之事。

④《春秋左传正义》,卷第三十三，北京：第 941 页。

⑤《春秋公羊传注疏》(标点本),卷第九，北京：北京大学出版社，1999 年，第 193 页。

⑥ 黄以周:《礼书通故》,第十七，第 757 页。

由是，关于郑玄论禘、祫之年，其说表现为：

新君除丧行祫祭（即位第二年或第三年孟秋），明年（即位第三年或第四年孟夏）行禘祭（按：此即《春秋》所谓“吉禘”）。

即位第六年或第七年（即距前禘三年）行祫祭，即位第八年或第九年（即距前禘五年）行禘祭。

即位第十一年或第十二年行祫祭，即位第十三年或第十四年行禘祭。

即位第十六年或第十七年行祫祭，即位第十八年或第十九年行禘祭。

……

此即所谓“一祫一禘”，“三年一祫，五年一禘”及“五年而再殷祭”。郑玄还以文公之丧为例，以证其说，曰：“鲁文公以其十八年春二月薨，宣二年除丧而祫，明年春禘。至此之后，五年而再殷祭，与僖为之同。六年祫，故八年禘。经曰：‘夏六月，辛巳，有事于太庙，仲遂卒于垂。’说者以为‘有事’谓禘，为仲遂卒张本，故略之言‘有事’耳。”①

郑玄之说本为推论，其所举文公之丧之例，亦属推测。皮锡瑞虽伸郑说，也不得不承认：“郑云宣二年祫、明年禘、六年禘，不见于《春秋》经、传，皆郑以礼例推得之。云‘为仲遂卒张本，故略之言“有事”’者，义盖出于《左氏》。”②同样，论及郑说所举闵公之丧之例时，皮氏亦曰：“郑云僖二年祫、三年禘、六年祫，皆不见于《春秋》经及三《传》，盖郑君据礼例推得之。八年因禘事致哀姜，用《左传》义。”③

因此，尽管郑玄的禘、祫观点远较他说缜密，毕竟是基于推测而成。朱大韶指出：

至郑所推，《玄鸟正义》已疑之云：“闵二年五月吉禘于庄公，是《春

---

① 皮锡瑞：《鲁礼禘祫义疏证》，《皮锡瑞全集》第四册，第540页。

② 同上。

③ 同上书，第536页。

> 秋》文。而于禘之前，经无祫事。”知所云僖二年、文二年、宣二年、昭十四年除丧始祫，并是郑推算而云，非实事。况大祫仅见《公羊》说。《春秋》于十二公所载祭名，有尝、烝、禘三者，不见有祫。至昭二十五年《左传》：“将禘于襄公，万者二人，其众万于季氏。大夫遂怨平子。”此《传》因昭公将逐意如，杂叙前后事，非一时。禘于襄公未必实在二十五年，郑不过据以合五年之数耳，甚非实事。《公羊》所云“五年再殷祭”，“殷祭”不知何礼。①

则朱氏不仅怀疑祫祭存在的可能性，且疑于“殷祭”之说。又曰：“三年丧毕之祭谓之祫、谓之禘。按之礼经，都无明证。”②进而，他甚至否定了禘为大祭之说：“禘为时祭之名，非丧毕而祭之名。”③

朱氏之疑虽嫌于极端，但也彰显了郑玄祫、禘之说的诸多问题。而其关于祫祭的非议，则殊可留意。今人在此亦有考察，且益证祫祭存在之非。如钱玄认为：“《仪礼》《周礼》《左传》及其他先秦古籍都没有说及‘祫’。只有《礼记》三处有‘祫’字④，但都不跟‘禘’并列释为祭名，而都应释为一种祭祀的方式(引按：即合祭)。”⑤且谓：“根据以上三个问题的分析：一，祫不是祭名，只有禘祭。二，《春秋》所记只有《闵二年》《文二年》为三年丧毕之禘祭。《禘祫志》所举极大部分《春秋》无文，或与丧毕之祭无关。”又曰：“‘五年再殷祭’‘三年祫，五年禘’，为《公羊传》及何休注采用汉《礼纬》之说。”“《公羊传》在汉初仅为口授相传，尚未成书，至汉景帝时始著于竹帛。当时谶纬之说已出，是《公羊传》作者得采用《礼纬》之说。至于东汉谶纬盛行，何休作《解诂》，引《礼纬》之文解之，是为理之当然。”⑥

谓“祫”指合祭，而非为祭名，说可定谳。然谓“《公羊传》作者得采用《礼

---

① 朱大韶：《春秋传礼徵》，卷三，见凌曙等：《春秋公羊礼疏》(外五种)，第429—430页。

② 同上书，第423页。

③ 同上书，第422页。

④ 引按：此三处即：《王制》：“天子犆礿，祫禘、祫尝、祫烝。诸侯礿则不禘，禘则不尝，尝则不烝，烝则不礿。诸侯礿犆、禘一犆一祫，尝祫，烝祫。”《曾子问》：“当七庙、五庙无虚主。虚主者，惟天子崩、诸侯薨，与去国，与祫祭于祖，为无主耳。”《大传》：“大夫士有大事，省于君，干祫及其高祖。”

⑤ 钱玄：《郑玄〈鲁礼禘祫志〉辨》，《古籍整理研究学刊》，1994年第5期。

⑥ 同上。

纬》之说”，则有未安。张衡曰：“谶书始出，盖知之者寡。自汉取秦，用兵力战，功成业遂，可谓大事。当此之时，莫或称谶。若夏侯胜、眭孟之徒以道术立名，其所述著，无谶一言。刘向父子领校秘书、阅定九流，亦无谶录。成、哀之后，乃始闻之。……则知图谶成于哀、平之际也。”[①]又云：“初，光武善谶，及显宗、肃宗因祖述焉。自中兴之后，儒者争学图谶，兼复附以妖言。”[②]则以谶纬之说入于解经，乃后汉时事。又，眭孟乃董仲舒再传弟子，为公羊学大师，“其所述著，无谶一言”。既如此，则“汉景帝时始著于竹帛”的《公羊传》，更不当有援引《礼纬》之举。又，对于郑玄所谓“三年一祫，五年一禘”之说，孔颖达以为“郑本《礼谶》”[③]。“宋以后人攻击谶纬，率诋郑君崇信纬书。”(皮锡瑞语)[④]然据皮氏，所谓“五年而再殷祭”，“三年一祫，五年一禘”之说，韦玄成、刘向等已言。此说实本于“天道三年一小闰，五年一大闰”之理，“是郑非专据纬书，明矣”。[⑤]

三、禘之时制及其意义

不过，钱玄所谓“只有禘祭”的结论是正确的(按：以下所论，仍为作为宗庙之祭的大禘)。《春秋·文公二年》：“八月，丁卯，大事于大庙，跻僖公。”对此，三《传》皆讥之曰“逆祀也”[⑥]。此讥乃是针对“跻僖公”之举而言。其实，《春秋》此条尚有一讥，即文公行此“大事”时，仍处于僖公丧期。只是因为此祭违礼甚明，

---

① 范晔撰、李贤等注：《后汉书》，卷五十九，北京：中华书局，1965年，第1912页。

② 同上书，第1911页。

③ 皮锡瑞曰：“‘或云三年一祫，五年一禘’者，今《春秋》公羊说也。孔疏以为郑本《礼谶》，《王制》正义引《礼纬》亦同。”皮锡瑞：《鲁礼禘祫义疏证》，《皮锡瑞全集》第四册，第544页。

④ 同上。

⑤ 参见皮锡瑞撰：《鲁礼禘祫义疏证》，《皮锡瑞全集》第四册，第544—545页。

⑥ 当然，对于此“逆祀”所展现的闵、僖之间的关系，左氏与《穀梁》和《公羊》有着不同的理解。《左传》曰：“于是夏父弗忌为宗伯，尊僖公，且明见曰：‘吾见新鬼大，故鬼小。先大后小，顺也。’”杜《注》：“僖公，闵公庶兄，继闵而立，庙坐宜次闵下。今升在闵上，故书而讥之。”(《春秋左传正义》，卷第十八，第490页)即以闵、僖为弟、兄。《穀梁传》则曰：“先亲而后祖也，逆祀也。”《公羊传》亦云：“其逆祀奈何？先祢而后祖也。”即以闵、僖为祖、祢。

且有前讥“吉禘于庄公”之例，故《春秋》在此特举其重(即“跻僖公”)。[1] 对于所谓的“大事”，《左传》未曰其为何祭。《公羊传》曰：“大事者何？大祫也。大祫者何？合祭也。其合祭奈何？毁庙之主陈于大祖，未毁庙之主皆升，合食于大祖。五年而再殷祭。”《穀梁传》亦云：“大事者何？大是事也，著祫、尝。祫祭者，毁庙之主陈于大祖，未毁庙之主皆升，合祭于大祖。”则后二《传》皆以“祫”为祭名。后儒论“祫”之误，盖皆因此之故。既然“祫”非祭名，仅仅意味着合祭的方式(即君丧服满，毁庙之主与未毁庙之主皆合祭于太祖之庙)，故此祭当为大禘。此祭之设，既为尊崇太祖[2]，亦为审谛诸神主的昭、穆次序，以定尊卑、厘伦理。关于审谛昭穆之因，段玉裁释云：

> 昭、穆固有定，曷为审禘而定之也？禘必群庙之主皆合食，恐有如夏父弗忌之逆祀乱昭、穆者，则顺祀之也。天子诸侯之礼，兄弟或相为后，诸父诸子或相为后，祖行孙行或相为后。必后之者，与所后者为昭、穆。所后者昭则后之者穆，所后者穆则后之者昭，而不与族人同昭、穆。以重器授受为昭、穆，不以世系蝉联为昭、穆也。故曰：“宗庙之礼，所以序昭、穆也。”宗庙之礼，谓禘祭也。[3]

若三年丧毕，首禘(即后儒所误谓之“吉禘”)亦有迁主(即显考，新丧者之曾祖)告祖(即太祖及众祧)之意。至于众主在太祖庙中的昭、穆之序，孔颖达曰：“禘祭之礼，审谛昭、穆，诸庙已毁、未毁之主皆于太祖庙中以昭、穆为次序。父为昭，子为穆。太祖东向，昭南向，穆北向，孙从王父，以次而下。祭毕则复其庙。”[4]

---

① 如何休云：“不言‘吉祫’者，就不三年不复讥，略为下张本。”(《春秋公羊传注疏》，卷第十三，第281页)杜预亦曰：“时未应吉禘，而于大庙行之，其讥已明。徒以逆祀，故特大其事、异其文。”《左传》孔《疏》详释云：“僖公以其三十三年十一月薨，至此年十一月丧服始毕(引按：孔氏亦从杜预、王肃，以二十五月除丧)。今始八月，时未应吉禘，而于大庙行之，与闵公二年吉禘于庄公，其违礼同也。彼书‘吉禘’，其讥已明，则此亦从讥可知，不复更讥其速也。”(《春秋左传正义》，卷第十八，第490页)

② 如段玉裁曰：“《春秋》经言诸侯之礼：僖八年，‘禘于太庙’。太庙谓周公庙，鲁之太祖也。天子宗庙之禘，亦以尊太祖。此正礼也。”段玉裁：《说文解字注》，上海：上海古籍出版社，1988年，第5页。

③ 段玉裁：《说文解字注》，第5—6页。

④《春秋左传正义》，卷第十八，第490页。

然大禘是否有其时制？若有，究竟是三年一禘还是五年一禘？对此，或可据《春秋》予以定断。在《春秋》中，其记“太庙”之祀者凡有四例：其一为文二年，“八月，丁卯，大事于大庙，跻僖公”。其二为僖八年，“秋，七月，禘于大庙，用致夫人”。其三为宣八年夏六月，“辛巳，有事于大庙”。其四为定八年冬，“从祀先公”。需要指出的是，因臆生祫祭，注家常曰“大事”谓祫，而以“有事”为禘。杜预、孔颖达等认为禘、祫本一，或否认有祫祭，故谓“大事”“有事”均指禘祭。如《左传》孔《疏》：“昭十五年，‘有事于武宫’，《传》称‘禘于武宫[①]’。‘有事’是禘，则知‘大事’亦是禘也。”[②]又，文二年“大事于大庙，跻僖公”，乃为非礼之逆祀。定八年“从祀先公”，则是纠正上述逆祀之行[③]，故亦当合祭众主于太庙。

先来看文二年之禘(按：为简便计，以下诸例均不考虑闰月。若计闰月，则除服需提前一两月)。鲁僖公薨于其三十三年十一月(按：《春秋》记僖公薨于十二月，杜预曰：“乙巳，十一月十二日。经书十二月，误。”[④])，若禫后除丧禘祭，当于文三年二月(按：此据郑玄说，定禫为丧后第二十七月。下同)以后。文公于其二年八月举“大事”，违礼有二(说见前文)。虽然，此“大事”则是三年丧毕之禘祭也。其次，闵公薨于其二年八月，若禫后除丧禘祭，当于僖二年十一月以后。若于此年十一月或十二月行禘祭，其距僖八年相隔六年，则《春秋》僖八年秋七月“禘于大庙，用致夫人”之说，正合三年一禘之例。《春秋》常事不书，其之所以在此有书，乃是讥刺“用致夫人”之事[⑤]，而非针对禘年而论。复次，鲁文公薨于其十八年二月，若禫后除丧禘祭，当于宣二年五月以后。观《春秋》曰：宣

---

① 引按：昭公十五年，二月癸酉，《春秋》：“有事于武宫。”《左传》：“十五年，春，将禘于武公，戒百官。”(《春秋左传正义》，卷第四十七，第1340页)则孔《疏》此“宫”当为“公”之误。

② 《春秋左传正义》，卷第十八，第490页。

③ 如《公羊传》曰：“从祀者何？顺祀也。”《解诂》：“复文公之逆祀。”(《春秋公羊传注疏》，卷第二十六，第569页)《穀梁传》亦曰：“贵复正也。”范《注》：“文公逆祀，今还顺。”(《春秋穀梁传注疏》，卷第十九，第326页)

④ 《春秋左传正义》，卷第十七，第472页。

⑤ 《左传》杜《注》：“致者，致新死之主于庙，而列之昭、穆。夫人淫而与杀、不薨于寝，于礼不应致。”孔《疏》：“此‘致’，致哀姜也。哀姜薨已多年，非复新死，而于今始致者，《传》发凡例：‘夫人不薨于寝则不致。’哀姜例不应致，故僖公疑其礼。丧毕之日，不作禘祭之礼以致之。……因禘而致夫人，嫌其异于常礼，故史官书之。若其不致夫人，则此禘得常不书。为‘用致夫人’而书之耳。”(《春秋左传正义》，卷第十三，第352页)《公羊传》亦曰：“用者何？用者不宜用也。致者何？致者不宜致也。禘用致夫人，非礼也。”

八年夏六月,“辛巳,有事于大庙”,则其亦合三年一禘之例。最后,鲁昭公薨于其三十二年十二月,若禫后除丧禘祭,当于定三年三月以后。若据三年一禘之例,则定公“从祀先公”当于定九年。此于定八年冬,则有两种可能:其一,昭公丧后首禘实于定二年。如此,则此禘亦有除丧太速之过。其二,若其间有闰,且定公大祥后即行禘祭,则定八年冬“从祀先公”亦勉强合礼(按:何休曰:“在二十五月外可不讥。”[①])。

以上四例中,前三例均合三年一禘之制,而最后一例亦未必违背此制。三年一禘之说并非新见,《左传》杜《注》已曰:“故禘,三年大祭之名。”孔《疏》亦云:“《释天》云:‘禘,大祭也。’言其大于四时之祭,故为三年大祭之名。言每积三年而一为此祭也。大庙,庙之大者,故为周公庙。《释例》曰:‘三年丧毕,致新死之主以进于庙,庙之远祖当迁入祧。于是乃大祭于大庙,以审定昭、穆,谓之禘。’”[②]其说是也(按:关于大祥与禫祭之月,杜、孔二氏皆从王肃说,谓均为丧后第二十五月)。至于计算禘祭之年之法,依《春秋》所记,其表现如下:君丧三年除服,则行首禘。其后,三年一禘。若时君薨,则基于前君之丧而计年的禘祭自然终止。[③] 待新君丧毕除服,复行禘祭,且亦循三年一禘之例。如是而行。

大禘既以审定昭、穆之序,则其必行于太祖之庙,故《礼记·明堂位》曰:“季夏六月,以禘礼祀周公于大庙。”既如此,《春秋》何以有“吉禘于庄公”之说?《公羊传》曰:“其言吉何?言吉者,未可以吉也。……其言于庄公何?未可以称宫庙也。曷为未可以称宫庙?在三年之中矣。”何休解云:“经举重,不书‘禘’于大庙,嫌独庄公不当禘,于大庙可禘者,故加‘吉’,明大庙皆不当。”[④]“时闵公以庄

① 针对《春秋》“吉禘于庄公”之例,《公羊传》曰:“其言‘吉’何?言‘吉’者,未可以吉也。曷为未可以吉?未三年也。三年矣,曷为谓之未三年?三年之丧,实以二十五月。”则公羊家谓二十五月(大祥)即可视为三年丧毕。何休亦曰:“《礼·士虞记》曰:‘期而小祥,曰荐此常事。又期而大祥,曰荐此祥事。中月而禫,是月也,吉祭犹未配。’‘是月者’,二十七月也。《传》言二十五月者,在二十五月外可不讥。”《春秋公羊传注疏》,卷第九,第194页。

② 《春秋左传正义》,卷第十三,第352页。

③ 按:徐彦虽曰“若其有丧,(祫、禘)正可于丧废”,然又曰“其祫、禘之年,仍自乘上而数之,即僖八年‘禘于大庙’之时,禘、祫同年矣”(《春秋公羊传注疏》,卷第二十六,第569页)。其“仍自乘上而数之”(即连续数之)之说,恐非。又,徐彦引何休之说云:“何氏之意:以为三年一祫、五年一禘,谓诸侯始封之年,禘、祫并作之。”(同上)不知何据。

④ 《春秋公羊传注疏》,卷第九,第193页。

公在三年之中，未可入大庙，禘之于新宫，故不称宫庙。明皆非也。”[①]《左传》孔《疏》亦引《公羊传》之说曰：“丧毕而为禘祭，知致新死之主于庙也。新主入庙，则远主当迁。……《公羊传》曰：‘其言于庄公何？未可以称宫庙也。曷为未可以称宫庙？在三年之中矣。’三年之中，未得以礼迁庙，而特云‘庄公’，知为庄公别立庙，庙成而吉祭也（引按：此是释杜《注》‘庄公丧制未阕，时别立庙’之说）。”[②]显然，闵公之“吉禘于庄公”，实因诸种“不得已”：三年之丧未毕，不得行禘祭。闵公因患庆父作乱，急于主禘以成己尊。此“不得已”之一也。丧事未毕，于礼不得迁庙，故禘祭不得于太庙举行。此“不得已”之二也。远祖既不得循礼迁庙，新主则无庙可入，故为庄公别立庙，“禘之于新宫”。此“不得已”之三也。然而，以上诸“不得已”之举皆为非礼。故《春秋》曰“吉禘于庄公”：言“吉”，以讥禘之非时；言“禘于庄公”，既是讥不禘于太庙之失（“禘于庄公”），亦是辟别立庙之非（“特云‘庄公’”）。学者谓“鲁国君三年丧毕，只行一次禘祭”，且谓禘祭“或在太庙，或在己庙”[③]，说非。

禘者，“大祭也”（《尔雅·释天》）。又，《大传》与《丧服小记》皆曰：“礼，不王不禘。”鲁为诸侯，本不当有禘祭。《礼记·祭统》：“昔者，周公旦有勋劳于天下。周公既没，成王、康王追念周公之所以勋劳者，而欲尊鲁，故赐之以重祭。”则鲁之禘祭乃成、康所赐（按：此说或为后儒所疑，兹姑从之）。然世衰礼败，逮及春秋，遂屡有“吉禘于庄公”、“将禘于武公”（《左传·昭公十五年》），“将禘于襄公”（《左传·昭公二十五年》）之事。至于禘之时，自然亦复非以春、夏为正（黄以周：“其实夏虽有禘，而以春禘为正。”），或以秋（如：僖八年，“秋七月，禘于大庙，用致夫人”；文二年，“八月丁卯，大事于大庙，跻僖公”。），或以冬（如：定八年冬，“从祀先公”）。清人方观旭《论语偶记》曰：“……春秋时，鲁之禘祭不必定在太庙，群庙及祢庙亦屡有是事。闵二年《经》书‘吉禘于庄公’，昭十五年《传》称‘禘于武公’，二十五年《传》称‘将禘于襄公’，定八年《传》称‘禘于僖公’。武、僖非太祖，庄、襄又特闵、昭之祢，而《经》《传》明言有禘。凡此皆非正法。”[④]段玉裁亦谓：上述诸祭“皆专祭一公。僭用禘名，非成王赐鲁重祭、周公得用禘礼之

---

① 《春秋公羊传注疏》，卷第九，第 195 页。

② 《春秋左传正义》，卷第十一，第 306—307 页。

③ 见钱玄：《郑玄〈鲁礼禘祫志〉辨》。

④ 转引自程树德：《论语集释》，北京：中华书局，2014 年，第 222—223 页。

意也”[①]。

《祭统》曰：“夫祭有昭、穆。昭、穆者，所以别父子、远近、长幼、亲疏之序而无乱也。是故有事于大庙，则群昭、群穆咸在而不失其伦。此之谓亲疏之杀也。”作为大祭，禘礼审定的不仅是死者之间的昭、穆之序和尊卑、亲疏之伦，实则亦是通过此法以厘定、规范生者之间的伦理关系，维护相应的宗法政治秩序。这种昭、穆之序的“无乱”或“不失其伦”，展现了儒家实现其王道理想的人伦基础。故《中庸》引孔子之言曰：“宗庙之礼，所以序昭、穆也。”“郊社之礼，所以事上帝也。宗庙之礼，所以祀乎其先也。明乎郊社之礼、禘尝之义，治国其如示诸掌乎！”[②]又曰：“於呼哀哉！我观周道，幽、厉伤之，吾舍鲁何适矣？”（《礼记·礼运》）然而，“鲁之郊、禘，非礼也。周公其衰矣”！（同上）夫子之叹，良有以也！

A Re-examination of the Rites of *Di*（禘）and *Xia*（祫）

CHEN Hui，FAN Zhi-ning

Abstract：The academic circles have been arguing for thousands of years about the issue of the rites of *Di*（禘）and *Xia*（祫）. This paper holds that，as a great sacrifice in Zhou Dynasty，there are six kinds of rites of *Di*（禘）：two kinds of big sacrifices to worship Heaven (sacrifice to Haotian［昊天］in the Circular Mound Altar and sacrifice to Gansheng-di［感生帝］in the southern suburb)，two kinds of big sacrifices to worship God of earth (sacrifice to Dadi［大地］in the square altar for worship of Earth and sacrifice to Houtu［后土］in the northern suburb)，a great sacrifice to the ancestors in the ancestral temple (that is，the great rite of *Di*)，and a great sacrifice held in the Ming Hall (generally sacrificing to Heaven and Earth，and sacrificed accompanied by King Wen and King Wu of Zhou). The above-mentioned rites of *Di* have their own functions，The Doctrine of the Mean said：“By the rites of the sacrifices to Heaven and Earth they served God，and by the rites of the ancestral temple they sacrificed to their ancestors.” As far as the sacrifice of ancestral temples is concerned，only the great rite of *Di* is to

① 段玉裁撰：《说文解字注》，第5页。

② 《论语·八佾》亦曰：“或问禘之说。子曰：‘不知也。知其说者之于天下也，其如示诸斯乎！’指其掌。”

honor their ancestors and distinguish the royal kindred according to the order of their descent. The so-called "*Xiaji* (the rite of sacrifice of *Xia*)" and "*Jidi* (the rite of great auspicious sacrifice)" in the later Confucians were both born out of nothing. As a sacrificial rite of the ancestral temple, the great rite of *Di* is held once every three years. What it distinguishes is not only the order of descent among the former monarchs, and the noble or humble, intimate or distant ethical relationship among them, but also the way to define and standardize the ethical relations among the living monarchs and their relatives, so as to maintain the corresponding patriarchal political order. This kind of "no disorder" or "ethics abidance" by the order of descent shows the basis of ethical relationship among people for Confucians to realize its king-craft ideal.

Keywords: the rite of *Di* (禘), the rite of *Xia* (祫), *Jidi* (the rite of great auspicious sacrifice 吉禘)

雷州海康广济寺创建衍化考*

杨战朋**

［摘　要］ 关于雷州海康广济寺之创建，学界曾有“南朝梁”建立说和“五代梁”建立说，但都缺乏深入论述。本文综合运用文献学、历史学、地理学及人类学等多种研究方法，批驳“南朝梁”建立说的错误在于主观臆断、迎合时说，明确提出并证实广济寺曾是五代梁出现的中国大陆最南端的岭南名刹。进而考辨广济寺与五代时出现的广济禅寺的异同，梳理了其在宋明时期的衍化湮灭。其研究从侧面回应了学界一直关注的佛教海上传入说，纠正时说，具有一定的学术史意义和现实意义。

［关键词］ 雷州海康；广济寺；创建；衍化

* 基金项目：雷州半岛佛教艺文整理与研究（ZW2021012）。

** 杨战朋（1978—　），男，陕西咸阳人，文学博士，岭南师范学院文学与传媒学院讲师，研究领域为中国古典文献学佛教文献方向。

一、创建于南朝梁还是五代梁？

广济寺是雷州半岛海康县早期出现的佛教寺院之一。关于其产生的年代，明清方志记载就出现不同，先记载为“五代梁”，后又记载为“梁”，让人莫知所从。为了清晰的梳理诸种方志记载广济寺的情况，可通过下表一目了然：

表一　方志关于“广济寺”的记载及断代

序号	文献出处	记载内容	时代
1	《大明一统志》卷八十二《雷州府》(1461)	广济寺，在府城西南八里，五代梁时建。□宋寇准诗：十里寻幽景，寒泉数派分。僧同雪夜坐，雁向草堂闻。①	五代梁
2	嘉靖《广东通志初稿》卷三十六《仙逝》附寺观(1535)	广济，在雷庙之东，梁开山僧了容创建。②	梁
3	嘉靖《广东通志》卷三十《坛庙》(1561)	无	无
4	万历《广东通志》卷六十七《外志二》(1602)	广济寺，在府城西南八里，五代梁时建。□宋寇准诗：十里寻幽景，寒泉数派分。僧同雪夜坐，雁向草堂闻。③	五代梁
5	万历《雷州府志》卷二十二《外志》(1614)	广济寺，在雷庙之东，梁开山僧了容创建，名曰广教。洪武间，僧隆寿改今名。去城十里，与雷庙并峙。英山幽胜可爱，寇莱公及名士游此者咸有题咏，后废。弘治庚申，太监传伦鼎建，有田数顷，以供香火。嘉靖元年，□诏毁淫祠，寺废田发□，□民承买，遗址虽存，鞠为荒壤，题咏犹然在石。④	梁
6	《粤大记》(万历间)	无	无

① 李贤：《大明一统志》，西安：三秦出版社，1990年，第1255页。

② 《广东通志初稿》卷三十六《仙逝》，第二十七叶上。

③ 《广东通志》卷六十七《外志二》，第二十一叶下。

④ 《雷州府志》卷二十二《外志》，第四叶上。

续 表

序号	文献出处	记载内容	时代
7	康熙《雷州府志》卷五《学校志》(1672)	广济寺，在雷庙之东，梁开山僧了容创建，名曰广教。洪武间，僧隆寿改今名。去城十里，与雷庙并峙。嘉靖元年，诏毁淫祠，废。①	梁
8	康熙《广东通志》卷二十五《寺观》(1675)	广济寺，在雷庙之东，府城西南八里。五代梁开山僧了容创建，初名广教。明洪武间，僧隆寿改今名。嘉靖元年，诏毁滛祠，废。②	五代梁
9	康熙《海康县志》中卷《秩祀志》(1687)	同上。③	梁
10	乾隆《大清一统志》卷三百四十九《雷州府》(1784)	旧名广教寺，在海康县西八里，梁建。明洪武时改今名，宋寇准有诗。④	梁
11	雍正《广东通志》	无	无
12	嘉庆《雷州府志》卷八《坛庙志》(1811)	广济寺，在郡西十里，英山雷庙之东。五代梁开山僧了容创建，本名广教。明洪武间，僧隆寿改此名。嘉靖元年诏毁，废。⑤	五代梁
13	嘉庆《海康县志》卷二《建置》(1812)	广济寺，在县西十里，……⑥(省略处同上)	五代梁
14	道光《广东通志》二百三十《古迹略十五》(1822)	广济寺，旧名广教寺，在县西八里。在雷庙之东，府城西南八里，五代梁僧了容建，初名广教。明洪武间，僧隆寿改今名。嘉靖元年废。宋寇准诗：十里寻幽景，寒泉几派分。僧同云夜坐，雁向草堂闻。⑦	五代梁

① 《雷州府志》卷五《学校志》，第五十四叶上。

② 《广东通志》卷二十五《寺观》，第二十一叶上。

③ 《海康县志》中卷《秩祀志》，第二十叶下—第二十一叶上。

④ 《大清一统志》卷三百四十九《雷州府》，《四库全书》第 482 册，台北：台湾商务印书馆，1986 年，第 237 页下。

⑤ 《雷州府志》卷八《坛庙志》，第十二叶下。

⑥ 《海康县志》卷二《建置》，第二十四叶下。

⑦ 《广东通志》卷二百三十《古迹略十五》，第三十叶上—第三十叶下。

续 表

序号	文献出处	记载内容	时代
15	嘉庆《大清一统志》卷三百四十九《雷州府》(1842)	同序号10乾隆《大清一统志》。①	梁
16	民国《续修广东通志未成稿》(1916)	无	无
17	民国《广东通志稿》(未成稿)(1935)	无	无
18	民国《海康县续志》(1938)	无	无

从上表可以看出，第一次明确提出广济寺建于“五代梁”的是《大明一统志》，此后的万历《广东通志》、康熙《广东通志》、嘉庆《雷州府志》、嘉庆《海康县志》、道光《广东通志》都延续了五代梁的记载。最早记载广济寺建立于“梁”的是嘉靖《广东通志初稿》卷三十六《仙逝》，此后万历《雷州府志》、康熙《雷州府志》、康熙《海康县志》、乾隆《大清一统志》、嘉庆《大清一统志》皆延续这种记载。历史上的梁，有“南朝梁”和“五代梁”之分，此“梁”是指哪一个并没有明指。所以古代方志关于广济寺的建立年代就出现了“梁”和“五代梁”的不同记载。

当代学者张弓推论广济寺位于雷州半岛中腰的海康县，认为它当是6世纪末年我国最南端的佛教寺院了。② 查考作者参考文献，乃清康熙郑俊修、宋邵启纂《海康县志》卷中《祠庙》。然而，该县志只说广济寺建于梁，并没有指出该梁是南朝梁还是五代梁。张弓直接将此梁定位为6世纪末。张弓的判断得到其他学人进一步的呼应。陈立新明确指出：“由于资料缺乏，佛教传入雷州地区始于何时已难以考究，但佛教寺院在雷州的出现，最早见于南朝梁开山的广济寺。广济寺在雷祖庙东面，由僧了容创建于雷州地区。”③他首次提出广济寺出现于南朝梁而非五代梁。后来司徒尚纪在其《雷州文化概论》中继承这一观

① 《大清一统志》卷三百四十九《雷州府》，光绪丁酉(1897)夏杭州竹简斋石印本，第四叶上。

② 张弓：《汉唐佛寺文化史》，北京：中国社会科学出版社，1997年，第65页。

③ 陈立新：《湛江海上丝绸之路史》，香港：南方人民出版社，2009年，第87页。

点。[1] 然而,2005 年修订的《海康县志》认为广教寺建立于五代梁[2],牧野编纂的《雷州历史文化大观》也持同样的观点。[3] 先后两次修订的《湛江市志》对广济寺只字未提。

综上所述,针对广济寺的建立时间出现了至少两种不同的观点:五代梁建立说和南朝梁建立说。遗憾的是这两种观点都出于推测,没有论据。如果不能确定广济寺建立的时间,随之而来的发展衍化问题就无从谈起。所以,广济寺的创建时代,成为本文关注的焦点。

二、始建于五代梁之依据

明清方志有关"梁"的记载,不知何据?是五代梁的简化和默认呢,还是认为此梁是南朝梁?今天已经无法窥知古人心思。所以说,有关"梁"的记载模糊不清,为后代人的猜想和臆断留下了口实。此说得到后代学者的沿袭和改变,直接认为此梁是南朝梁。而广济寺的"五代梁"建立说,在明清方志和今人的论述中,脉络清晰,思路连贯。

"南朝梁"与"五代梁",统治范围一个在南,一个在北,一个在唐前,一个在唐后,时空差别极大。两个朝代的佛教发展情况差别也较大,南朝梁代佛教兴盛,寺院林立,对后代影响巨大;五代梁则因为统治时间极其短暂,在佛教方面影响有限。南朝梁代,与雷州半岛相邻的交州羸楼一度成为佛教的中心,五代梁时的佛教则被限制甚至禁止。在这些事实面前,我们似乎更有理由坚信广济寺建立于南朝梁。这似乎是一部分学者坚持"南朝梁"建立说的重要依据。其次,对于张弓先生而言,将广济寺的建立时间确认为南朝梁,是因失察造成的。对于地方学者而言,将广济寺的建立时间提前到南朝梁有抬高雷州半岛佛教地位之嫌。他们在潜在的知识背景和意识下认为,建立于南朝梁的广济寺是海上丝绸之路的产物。遗憾的是,因为缺乏文献依据和逻辑推理,其结论难以让人信服。

要考察广济寺建立时代,需要回到文本,考察相关细节。上面方志中提到

---

① 司徒尚纪:《雷州文化概论》,广州:广东人民出版社,2014 年,第 88 页。

② 雷州市地方志编撰委员会编:《海康县志》,北京:中华书局,2005 年,第 1033 页。

③ 牧野主编:《雷州历史文化大观》,广州:花城出版社,2006 年,第 296 页。

几类关键词,第一类是“在府城西南八里”、“去城十里”、“在海康县西八里”、“在郡西十里”、“在县西十里”、“在县西八里”等,此府城指的是雷州府,县指海康县,海康是雷州旧名,所以这两个地名指的是同一个地方。有的记载为八里,有的记载为十里,到底哪个更准确? 考虑到明清时期,雷州城址已经固定,并无大的变化,那么这里的距离计算结果之差别应该是参照点不一、计算方式不一造成的,甚或是一种模糊所指。然而,广济寺的大体方位在西南方位是确定的。第二类关键词是“在雷庙之东”、“与雷庙并峙”、“英山雷庙之东”。雷州雷庙甚多,与该文相关者主要有两个,一个是榜山雷祖古庙,一个是白院雷祖祠,两庙都是为纪念雷祖陈文玉而建。前者于贞观十六年(642)由原来的石牛庙改名形成。后者则在五代时因政治原因,城址变迁,庙随城迁,重建重修。雷庙的迁建,在宋吴千仞的《英山雷庙记》(又名《灵山雷庙记》)中这样记载:

> 至乾化二年八月十六夜,飓风大作,庙堂忽失二大梁,访寻莫知所在。有地名英榜山,原立石神,去州五里许,时有军士入山采木,忽见二大梁在石神之西。因申州尚书,率官吏诣其所验之,乃庙堂所失之梁也。焉知神托风雨,迁移若有择地而居。州谓其灵异,构材连石,神造庙宇。[①]

在上文中,雷庙的迁建被解读为灵异事件,是神的意愿。实际上,五代梁时发生了以孟喜为首领的黎族人民反抗官府的大起义,迫使城址从榜山村迁到白院村,雷祖祠也随之迁到白院村。[②] 方志中提到广济寺在“英山雷庙之东”,此英山雷庙中的英山,也叫英榜山,在雷州城西南。据万历《雷州府志》:“英山雷庙,在郡城西南八里英榜山。”[③]所以这里的“雷庙”当指白院雷祖祠。所以说,广济寺建立于五代梁。

① 《雷州府志》卷十八《艺文志》,第二叶下。

② 张应斌:《雷州雷神之谜——广东古越人文化寻踪》,广州:暨南大学出版社,2015 年,第 50—51 页。

③ 《雷州府志》卷十一《秩祀志》,第三叶下。

三、广济寺与广济禅寺之辨

五代时出现了广济禅寺，它与广济寺都在雷庙之旁，它们之间是什么关系呢？

1. 五代广济禅寺的出现

五代雷祖祠建立后，因为神灵凶神恶煞，急需一温和的神灵作为补充和调节，于是在雷祖祠旁建立了广济禅寺。据吴千仞《英山雷庙记》描述：

> 自是神灵益显，官吏祈祷，应如影响，犯神必死，求者必应。庙宇有活鸡活羊，盖祈祷之所舍也。为狸虎所捕，至旦而狸虎皆死于庙前。州之顽蠢者，假修庙之名，入各乡村乞钱粮，未入手，就共所在，皆自绞其手，号呼痛楚，直抵神庙。其家闻之，匍匐随至问之。即曰："我假大王之名，勾钱于人。今为大王使者，束缚鞭拷，速为救我。不然，当死其家。"急以大牲致祭，命僧道诵经谢过，始得释。庙人夜宿庙中，天将明，庙门忽开，有车盖侍卫直上抵正殿。庙人惊惶谓刺史，到庙奔走迎迓。忽尔，不见其灵显。如此左右田家，俱各畏惧，少有所逆，遂至亡命。乃议就庙之东北置立佛殿，祭祀杂以经文，为献冀神，威化为慈。由是威猛差减，后佛殿敕额为"广济禅寺"。至伪汉大有庚子岁正月十五夜，庙门井中，忽音乐振作，入抵庙正殿。……重修庙堂，增置两庙两门，三门始封为灵震王，而石神封庙内土地。其重修时，拟迁石神于西，而正殿居东，使人舁其石，推而不动。[①]

"犯神必死，求者必应"是对雷神凶煞与温善两面的具体描述。雷神之凶神恶煞的一面，已经使得当地民众非常恐惧，"少有所逆，遂至亡命"，修建一所佛寺便呼之欲出。从上文中"由是威猛差减"足可看出，广济禅寺确实起到了震慑神灵的作用。针对这段史料，学界多关注雷祖及雷祖文化，如牧野先生从文化学的

① 《雷州府志》卷十八《艺文志》，第二叶下—第三叶下。

角度分析雷祖。① 何天杰先生分析雷祖陈文玉的真假。② 刘岚则从民俗角度分析雷祖文化。③ 张应斌先生从文本、民俗、历史背景等角度对《英山雷庙记》进行了综合考察。④ 然而这些学术文献并没有从广济禅寺的产生、雷祖祠与广济禅寺之关系的角度进行学术探讨。近年来学者贺喜在其书《亦神亦祖——粤西南信仰构建的社会史》中，分析了雷神惩凶罚恶异常苛酷及建造广济禅寺的必要。⑤ 他后来持相同的观点。⑥ 这些研究对我们很有启发，但缺乏进一步的论述。

在吴千仞《英山雷庙记》中，言及"后佛殿勅额为广济禅寺"，此事发生在"(南汉刘龑)伪汉大有(940)庚子岁"之前，这个时期相当于五代朱全忠建立的梁代。按照前文的研究，五代梁创造"广教寺"(广济寺前身)，明洪武间僧隆寿改今名"广济寺"，诸种方志并没有提到"广济禅寺"，说明从广教寺向广济寺演变过程中没有经历"广济禅寺"这个阶段，那么怎样理解"广济禅寺"的出现呢？其与广济寺又是什么关系呢？

上文已经引用过"后佛殿勅额为'广济禅寺'"，按"后"应为"其后"，它的确切时间应该在"(后梁太祖)乾化二年(912)"至"(南汉刘龑)伪汉大有庚子年(940)"之间。而且"佛殿勅额"之中的"勅额"，应该是哪位皇帝赐予"广济禅寺"之名。雷州半岛在这期间，为南汉(917—971)统治，并且南汉政权崇信佛法。比如新藏寺即广州大佛寺，就是南汉政权建立的，这不仅说明南汉政权崇信佛法，还说明在岭南地区及雷州半岛，佛教寺院应该能得到南汉政权的保护。因此可以推论这里的"勅额"，当为南汉政权的几位皇帝之一。史载南汉政权共有刘龑、刘玢、刘晟、刘鋹四位皇帝，而刘龑在位时间最长。《旧五代史·僭伪政权第二》记载："唐同光三年冬，白龙见于南海，改伪干亨元年为白龙元年，陟又改名龑，以符龙之瑞也。白龙四年春，又改大有元年。是岁，陟僭行耤田之礼。……晋天福七年夏四月，陟以疾卒，凡僭号二十六年，年五十四。伪谥为天

① 牧野：《雷祖文化刍论》，《岭南文史》，2007 年第 4 期。

② 何天杰：《论雷祖的诞生及其文化价值》，《华南师范大学学报(社会科学版)》，2008 年第 3 期。

③ 刘岚：《雷祖文化特性研究》，《广西民族大学学报(哲学社会学版)》，2010 年第 2 期。

④ 张应斌：《雷州雷神之谜——广东古越人文化寻踪》，广州：暨南大学出版社，2015 年，自序第 1—2 页。

⑤ 贺喜：《亦神亦祖——粤西南信仰构建的社会史》，北京：生活·读书·新知三联书店，2011 年，第 112 页。

⑥ 贺喜：《雷民雷神》，广州：岭南美术出版社，2013 年，第 8 页。

皇大帝，庙号高祖，陵曰康陵。子玢嗣。”[①]刘龑在位时间从917年至942年，从而可以客观断定“勅额”的应为南汉太祖刘龑。但是刘龑“勅额”的“广济禅寺”，并非指本文探讨的广济寺。这是因为“佛殿勅额为‘广济禅寺’”的“佛殿”，并非指整个广济寺。又按照康熙《海康县志》记载，“广济寺，在雷庙之东，……去城十里，与雷庙并峙”（前文已引），也就是说广济寺在雷庙的东面，而这里的广济禅寺在雷庙东北，所以广济寺与广济禅寺不在同一个方位。

2. 雷庙、广济禅寺与广济寺之关联

根据前文诸方志记载，广教寺改为广济寺，中间没有言及广济禅寺的过渡期。这很可能是因为“广济禅寺”仅限于“佛殿”之类的佛教建筑物，影响力相对较小。但是，另一方面，“广济禅寺”之得名，很显然受到南方禅宗文化的影响。禅宗经过唐五代之发展，分为南宗和北宗[②]，在民间的影响力与日俱增。禅宗作为中国本土化的佛教派系，采用“广济禅寺”之名，用以震慑雷庙神灵，或许还有本土形成的佛教在法术方面依然胜于地方神灵的宗教寓意。葛兆光先生认为：“由于禅思想在当时绝不是悬浮于历史时空之上的超越哲学，所以如果不把禅思想放置在当时社会生活和思想环境中，是无法理解禅思想在中国思想史中的意义的。”[③]这说明佛教本土化以后，禅宗作为重要的思想与中国古代社会生活发生密切联系，从而在思想信仰方面深刻影响民众。

宋人《英山雷庙记》对广济寺的存现情况只字未提，那是因为广济寺在宋代影响很小吗？当然不是。方志中“寇莱公及名士游此者咸有题咏，……有田数顷，以供香火”的记载说明其影响力和规模情况。方志中“与雷庙并峙”的记载说明广济寺与雷庙之间有一定距离，且是当时两个重要的地理坐标。在这样的情况下，宋代《英山雷庙记》并未提到广济寺，当是在情理之中。

雷庙、广济禅寺、广济寺三者的关系，在上文已约略谈到。具体来讲，从地理位置来看，广济寺在雷祖古庙之东，广济禅寺在雷祖古庙之东北。从建造的背景来看，广济禅寺的建立，是为了震慑雷神的凶煞；而广济寺的建造，并无这方面的考量。从衍化的角度讲，广济寺是由广教寺发展而来，广济禅寺是从一

① 薛居正等：《旧五代史》卷一百三十五《僭伪政权第二》，北京：中华书局，1976年，第1808页。

② 杨曾文：《唐五代禅宗史》，北京：中国社会科学出版社，1995年，第127页。

③ 葛兆光：《中国禅宗史——从六世纪到十世纪》，上海：上海古籍出版社，2008年，第448页。

佛殿发展而来。此其异。另一方面，从大的方面来讲，广济寺和广济禅寺毕竟都属于佛教寺院，在教化众生方面都具有较为相同或相近的背景，也都承担着共同的历史使命。不仅如此，由于禅宗发展的大背景及两者距离之近，它们之间一定存在着相互影响的情况，这一点从其称谓就可看出，“广济寺”与“广济禅寺”仅一字之差。此其同。正因为它们都在雷庙之旁，且名称相近，易被混淆。对其异同，须细心辨析。关于它们三者的关系，可从下图清晰看出：

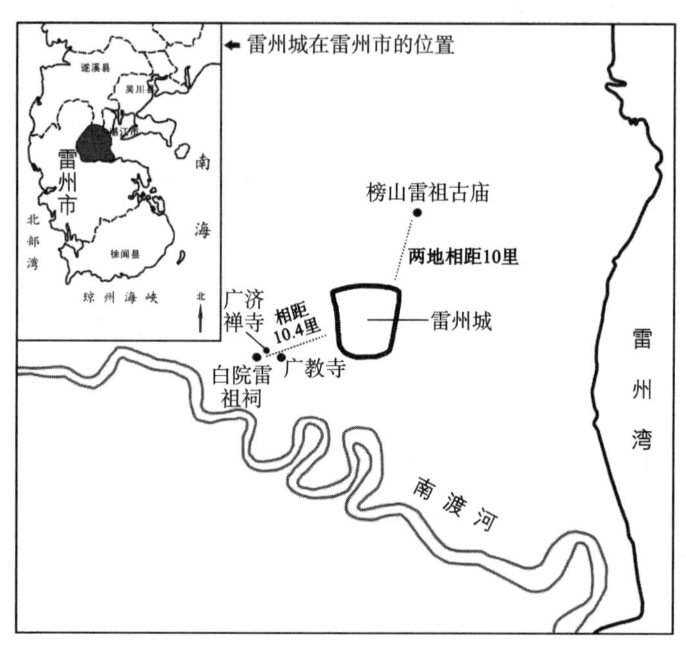

图1　雷庙、广教寺(广济寺前身)与广济禅寺的位置关系①

四、广济寺在宋明的衍化湮灭

据前引万历《雷州府志》卷二十二《外志》记载：“寇莱公及名士游此者咸有题咏。”其《广教寺》诗曰：“十里寻幽景，寒泉几派分。僧同云夜坐，雁向草堂闻。”从这里可以清楚地看出寇准在广济寺生活过的痕迹，这也说明广济寺在宋

---

① 本图参考了贺喜所绘“白院雷祖祠、麻扶雷祖行宫、英山雷祖降诞处、榜山雷祖古庙位置图”，见贺喜：《雷民雷神》，第59页。

代文人中有一定的影响。宋代时期，是流寓文人进入雷州半岛的高峰期，许多流寓文人或途经或直接被流放到雷州半岛，此时期的广济寺自然成为众多流寓文人驻足游览之地。宋代时期雷州半岛的佛教因为流寓文人的参与和构建，使得半岛佛教深深地打上了流寓的特色。宋代士林佛缘深厚，寇准就是其中一位。其与佛教的因缘，由来有自，这在他文中将另做讨论。然而，就目前笔者所见，其他名士在广济寺的题咏和相关记载，已很难考证。但这至少从一个侧面说明宋代的广济寺曾经是一处名刹，对于当地的佛教发展产生过重要影响。

广教寺消亡于明代魏校诏毁淫祠。岭南佛教至明朝，有两件事影响较大：一是魏校毁佛；二是憨山兴佛。魏校(1483—1543)，字子材，苏州府昆山县人，因居苏州葑门之庄渠而自号“庄渠”。《明史》、《广东通志》、《粤大记》等均有其传。其大毁淫祠寺观、兴建社学书院，多见诸史籍文献。《新修广州府志》卷七《习尚》记载：“俗素尚鬼，三家之里必有淫祠庵观。……嘉靖初，提学副使魏校始尽毁，而痛惩之，今乃渐革。”[①]郭棐纂《粤大记》曰：“(魏校)乃大毁寺观淫祠，或改公署及书院，余尽建社学。……自洪武中归并丛林为豪氓所匿者，悉毁无遗。僧、尼亦多还俗。”[②]屈大均著《广东新语》云：“吾粤督学使者，在嘉靖时有魏公校者，……大毁寺观淫祠，以为书院社学，使诸童生三时分肄歌诗习礼演乐，禁止火葬，令僧尼还俗，巫觋勿祠鬼，男子皆编为渡夫。”[③]

魏校所毁之“淫祠”指未入编朝廷祭祀典籍的寺院，实质是国家加强对政权的控制和垄断。《礼记·曲礼》曰：“非所祭而祭之，名曰‘淫祀’。”在古代“祀”与“祠”互通，因此有学者做了这样的界定：“中国古代，淫祠通常是民间不合国家祀礼的宗教信仰的总括性指称。”[④]“所谓淫祠，就是指与朝廷所编纂的祭祀典籍(祀典)里所记载的祠庙，即与通称的正祠不同，未被祀典登录的祠庙。”[⑤]在中国漫长的封建社会，屡有禁、毁“淫祠”的规制和举措。魏校诏毁淫祠，对岭南佛教产生了很多不良影响。对此，学者林有能先生从五个方面进行了考证。[⑥]

① 汪永瑞纂修：《新修广州府志》，《北京图书馆古籍珍本丛刊》第39册，北京：书目文献出版社，1995年，第46页。

② 郭棐纂：《粤大记》，广州：中山大学出版社，第144页。

③ 屈大均：《广东新语》卷九《事语·贤督学》，北京：中华书局，1985年，第286页。

④ 赵克生、于海涌：《明代淫祠之禁》，《社会科学辑刊》，2003年第3期。

⑤ 井上彻：《魏校的捣毁淫祠令研究——广东民间信仰与儒教》，《史林》，2003年第2期。

⑥ 林有能：《魏校岭南毁佛述略》，《暨南学报(哲学社会科学版)》，2015年第3期。

如毁掉了不少佛教道场,把佛教寺院改为社学和学院;强令僧尼还俗或集中管理;没收寺院田产,或充归社学、书院学田,或拍卖;把佛经列为禁书,禁止流通;砸碎六祖惠能大师的钵盂等等。这些措施直接冲击了粤西佛教,不仅雷州半岛最大佛教道场天宁寺难逃厄运,其他道场如六祖堂、广济寺等也在毁坏之列。史载"广济寺乃系私创,宜毁以灭迹,其寺田改为学田"[①],这次毁佛事件对于广济寺造成毁灭性破坏,从此该寺再没有获得重修机会。

五、余论

广济寺的建立问题,看似是一个小问题,实则关系者大。其建立时代问题,关涉雷州半岛作为重要的贸易港口,佛教何时传入当地的问题。部分学者将之建立时间臆断为南朝梁,缺乏令人信服的证据,有迎合时下流行观点之嫌。通过综合考察,我们认为广济寺建立于五代梁,纠正了时说。

广济寺从建立之日起,就担负起扶危济困、教化众生的佛教使命感和责任感。其名称沿革从广教寺到广济寺,说明当时创寺高僧的建寺宗旨,也说明佛教传播中国化的基本轨迹。在五代时期,出现了五代南汉政权敕封的"广济禅寺"。该寺虽然在地理位置上与广教寺(广济寺前身)同在雷庙之旁,却是另外一个佛教寺院。因为两者之间诸多的异同点,易生误解。广济禅寺建立的重要作用是震慑当地神灵,这说明佛教对当地信仰力量影响的加强。雷庙、广济寺、广济禅寺之间存在着较为复杂的关系,本文做了认真仔细的辨析,这有利于我们清晰认识广济寺在五代时期的流变问题。

宋代的广济寺,其影响不仅表现在民间信仰方面,还表现在其对当时名士的影响上。"寇莱公及名士游此者,咸有题咏"说明广济寺在当时文士当中的广泛影响力。虽然广济寺毁于明代魏校诏毁淫祠运动,现在已经不复存在,但是,其作为历史的存在,却是雷州佛教乃至中国南方佛教发展的生动写照,这方面的价值有待进一步探讨。

---

① 魏校撰:《庄渠遗书》卷九"谕教读",《四库全书》第1267册,上海:上海古籍出版社,1989年,第874页。

Research on the Establishment and Evolution of the Guang-ji Temple (广济寺) in Haikang County (海康县) of Lei-zhou Peninsula (雷州半岛)

Yang Zhanpeng

Abstract: Regarding of the establishment Guang-ji Temple in Haikang County of Lei-zhou Peninsula, there were once two theories in academia: "establishment in Liang Dynasty of the Southern Dynasty" (南朝梁) and "establishment in Liang Dynasty of the Five Dynasties" (五代梁). their opinions were all lack of in-depth discussion. By using many research methods such as philology, history, geography and anthropology the author refuted the mistake idea of the Guang-ji Temple built in "Liang Dynasty of the Southern Dynasty", which lay in the subjective assumption and pandering to what was said at the time, and clearly put forward and confirmed that the Guang-ji temple was the Ling-nan (岭南) famous temple at the southernmost end of mainland China in The Liang Dynasty of the Five Dynasties. Furthermore, it identified also the similarities and differences between Guang-ji Zen Temple (广济禅寺) which appeared in the Five Dynasties (五代) and Guang-ji Temple and combed its' development and disappearance in the Song and Ming Dynasties (宋明时期). The research responded to the theory that Buddhism had been introduced into China from the sea on the side and corrected the current view, which has a certain academic history and practical significance.

Keywords: Haikang County in Lei-zhou Peninsula, Guang-ji Temple, establishment, evolution

明清之际士人阶层对西洋气象学的容受刍议*

王　皓**

[摘　要]　明清之际，耶稣会士将亚里士多德学说体系中的气象学传入中国。作为学术传教的一部分，耶稣会士此举是为了取代中国传统的气象观，从而达到传播信仰的目的。当时，有少数中国士人以“格义”的方式将这些西洋气象知识援引到传统的中国学说之中，实现了西学中化。康雍乾时期，随着反教形势的发展，与西教密不可分的西学也受到牵连，士人对西学知识的吸收基本受制于“西学中源”的框架。这种类型的言说一直持续到清末民初甚至更晚。深入分析有清一代士人阶层对西洋气象知识的容纳、接受、改造乃至批驳，可以反映中西文化在长时段和结构性方面的一些深层次差异，以及在西学冲击下中国知识转型的艰巨和复杂。

[关键词]　耶稣会士；士人；气象学；西学中源；西学中化

---

* 基金项目：国家社科基金重大项目“徐家汇藏书楼珍稀文献整理与研究”(18ZDA179)。

** 王皓(1988—　)，男，安徽宿州人，历史学博士，上海大学文学院历史系副研究员，主要研究方向为中西文化交流史、近代中国学术史。

一、传学证道：耶稣会士与明清之际西洋气象学的传入

明清之际，以耶稣会士为主的天主教士将西洋气象学引入中国。这一时期，有很多天主教文献对西洋气象知识有所介绍，包括杨廷筠(1557—1627)著《天释明辨》、高一志(Alfonso Vagnoni, 1566—1640)著《空际格致》及《斐录答汇》、庞迪我(Diego de Pantoja, 1571—1618)著《天主实义续篇》、熊三拔(Sabatino de Ursis, 1575—1620)著《泰西水法》、艾儒略(Giulio Aleni, 1582—1649)著《口铎日抄》、汤若望(Adam Schall, 1591—1666)著《主制群征》、南怀仁(Ferdinand Verbiest, 1623—1688)著《验气图说》《坤舆图说》《坤舆全图》以及《新制灵台仪象志》、周志(清初人士，生卒年不详)著《身心四要》、陈薰(清初人士，生卒年不详)著《性学醒迷》、张星曜(1633—1715 以后)著《天教明辨》、朱宗元(约 1616—1660)著《拯世略说》、罗广平(清初人士，生卒年不详)录《醒迷篇》、冯秉正(Joseph de Mailla, 1669—1748)著《盛世刍荛》、沙守信(Emeric de Chavagnac, 1670—1717)著《真道自证》、陆铭恩(生卒年不详)著《释客问》以及不署撰者之《诠真指妄》等。①

与 19 世纪形成的现代气象学不同，当时的西洋气象学本于亚里士多德(Aristotle, 384—322 B. C.)的天象论，其理论基础是“四元素说”和“三际说”。正如谢和耐(Jacques Gernet, 1921—2018)所论：“我不能声称第一个耶稣会士传教区向中国传入了现代科学，这种科学直到 19 世纪才传入到那里。但他们完成了值得我们赞赏的一项艰巨而重要的事业，即向中国人提供了在繁琐哲学时代，即在信仰和知识结成一体的时代，欧洲观念的一种概况。”②明清之际传入的西洋气象学是知识和信仰的混合体，知识从属于信仰。天主教士将西洋气象学传入中国，是为了从知识论上颠覆中国传统关于气象的认知，进而取代中国传统的气象观念，达到传播信仰的目的。

本文以关于雷的叙述和解释为例，来分析“知识”和“信仰”在当时西洋气象学体系中的位置和关系。《空际格致》对雷之产生的学理解说是：“旱地发燥热

① 参见王皓：《明清之际西洋气象知识传华考略》，《澳门理工学报》，2019 年第 3 期。

② 谢和耐：《17 世纪基督徒与中国人世界观的比较》，谢和耐、戴密微等：《明清间耶稣会士入华与中西汇通》，耿昇译，北京：东方出版社，2011 年，第 233 页。

之气，渐冲入大厚云中，被云之寒湿围绕攻逼，若欲灭之者。而干热主动，又迫欲自全，故奋力飞流往来求出。其飞流之际，气愈加清薄，性愈欲开散，不容欝逼于内，以故冲击致响，而为轰雷。”[①]《空际格致》又称：“俗以雷降之体为神，所谓雷公，非也。神皆灵而无形雷有形而无灵。……雷降之力最强，凡值硬物，对敌而阻其行者，不得不注其力，因久奋而终必克胜，旋致击毁矣。若柔虚之物，无力能敌，雷乃以极清之气，瞬间通透，不暇损坏也。”[②]不过，《空际格致》并未对雷电击人的现象作过多的阐述，它对中国传统观念中雷公的批判也仅是点到为止。

在其他天主教文献中，常常可以看到关于雷电击人的解释。《口铎日抄》记载李九标（明末人士，生卒年不详）与艾儒略的对话，称：“其香曰：‘雷之击物也，或出于偶。若人之被震而死，岂出于偶然者乎？’先生曰：‘雷虽无情之物，然非上主所命，亦不能妄击一人。即如水火皆无情之物，然其焚人、溺人也，非有上主允命不可。是皆可推类而齐观者也。’”[③]潘国光（Francesco Brancati，1607—1671）著《天阶》，称：“闻雷之时，当思人惧雷之震击而死，更当畏天主之怒罚而至于永死。欲避雷霆之击，虽自战栗而难避，欲避天主之罚，能真心痛悔而可免。”[④]《经书精蕴》，著者不详，其中有“上帝主宰赏罚至公不爽”条，引述《周易·解卦第四十》和南宋赵汝楳（生卒年不详）《周易辑闻》，称：“雷雨作解，君子以赦过宥罪。《易》赵氏汝□曰：‘雷者，天之威。雨者，天之泽。威中有泽，犹刑狱之有赦宥。’”[⑤]多明我会士欧加略（Arcadio del Rosario，生卒年不详）著《人类真安稿》，称：“大东洋有五土人，往山中砍柴，适逢天时大变，震雷大雨，五人同逃入一石洞中，惟三人有带念珠，当此急持念珠，求圣母救。后雷震入洞，五人虽同一处，止杀两人，而带念珠者三人，无一受害。”[⑥]依欧加略之意，向圣母祈求可以化险为夷，此为“祈德”之功。“祈德”，“乃仰望无穷仁慈之天主，求其降福免

---

① 高一志：《空际格致》，日本早稻田大学图书馆藏，索书号二07 02288，卷下叶5。

② 高一志：《空际格致》，卷下叶7—10。

③ 艾儒略、卢安德口铎：《口铎日抄》，法国国家图书馆藏，索书号Courant Chinois 7114，卷之8叶14。

④ 潘国光述：《天阶》，法国国家图书馆藏，索书号Courant Chinois 6964，叶7。

⑤ 无名氏：《经书精蕴》，钟鸣旦、杜鼎克、王仁芳等编：《徐家汇藏书楼明清天主教文献续编》（第2册），台北：利氏学社，2013年，第353页。

⑥ 欧加略：《人类真安稿》，钟鸣旦、杜鼎克、王仁芳等编：《徐家汇藏书楼明清天主教文献续编》（第17册），第241页。

祸也"。[①]"夫祈德真为诸善之矿，最上之宝。有祈德者，遇难事能有勇德，在高位能行谦德，被辱能有忍德，遇险能有望德，总能切爱天主，及爱人如己。"[②]总结上述艾儒略、潘国光和欧加略等人的解释，雷霆击人为上主之意，含有惩罚问罪的意味，祈祷反省或许可以免祸，如果具备"祈德"则为"最上之宝"。

此外，有些中国奉教士人对雷的解释与传教士的说法稍有差异。如朱宗元著《拯世略说》，称："或又曰：雷霆击人，为天主之罚乎？曰：人必有死，但不无故而死，必有所以致死之由。或死于疾病，或死于杀伤，则亦有水淹而死者，火焚而死者。死于雷，与死于水火，原无以异，特以其自空轰轰而下，遂若独此为非常之罚耳。试观雷霆所击，或在无罪之孩童，或在不灵之木石，岂必死于雷者，恶于水火哉？若人之死生，不拘何等，俱出天主之命，被雷所击，岂非有天主之意乎。"[③]朱宗元将雷霆击人与天主惩罚说相分离，但是仍然将这一现象归为天主之意。清中前期奉教宗室德沛(1688—1752)论雷时，也对"天刑说"进行了批判，他从学理角度解释雷的现象，其说与《空际格致》所述甚为接近。德沛称："或问人物被雷击，果属天刑否？曰雷乃地阳热之毒，为众阴重寒围绕，奋极成声而突出。其击物也，遇刚硬之物，则化为齑粉；遇柔虚之物，则通透而过。盖阳为阴寒逼迫，不能相让，奋迅而出，人物适遇其所出之处，遂被震坏，非天刑也。或谓雷击之处，必有妖物，此尤乡曲鄙俚之论。如果天以雷击妖物，何不刑之于四时，而独击之于夏秋。岂妖物能肆志于冬春，而独懦怯于夏秋耶？此理之所必无者也。然观史氏所载，如雷击谨身殿，则书之者何，盖恐惧修省，乃圣贤之所借以自儆也。(讲学录八十二叶)"[④]值得注意的是，德沛在这一段论述中将西学知识与儒家修省之说相融合，使一般读者不易觉察其中来自天主教的渊源。这一现象应当与德沛的宗室身份以及他身处雍正朝禁教以后的时代背景有相当的关联。

综合而言，在关于雷的解释方面，天主教文献基本是将"天主的意志"视为气象变化的"目的因"，与此相应的是，亚里士多德的气象理论只能被视为气象变化的"动力因"。

---

① 欧加略：《人类真安稿》，第 93 页。

② 欧加略：《人类真安稿》，第 98—99 页。

③ 朱宗元著：《拯世略说》，法国国家图书馆藏，索书号 Courant Chinois 7139，叶 55—56。

④ 陈垣：《雍乾间奉天主教之宗室》，《陈垣学术论文集》(第 1 集)，北京：中华书局，1980 年，第 175 页。

与经验性的事物不同,“天主的意志”毕竟是超验性的,明清之际的天主教文献在谈论这一点时基本都持有“绝对论”(absolutism)的立场[①],在涉及其他信仰的时候,天主教徒往往都带有批判的态度。他们认为,“求天主降福免祸”是天主教之“祈德”,但是祈求其他神灵则会“愈招害也”,甚至“倍招主罚”。因此,我们一方面可以在利类思(Ludovic Bugli, 1606—1682)所译《弥撒经典》中看到“求雨祝文”,其文称:“天主,我等惟于尔活,于尔有,于尔动。恳赐时雨,使吾形躯不乏在世攸需,灵神愈慕天上永美。为尔子云云。”[②]另一方面,我们也能在天主教文献中看到对各种“异端”信仰的批判,比如清初天主教徒张星曜在其所著《天教明辨》中称:“或曰:尝见有释道神明能作灵显、预言未来、兴灾降祉、祷祈得应者,何也?答曰:人心向邪,不认真主,则鬼魔得以愚弄天下,伏藏佛道邪神像内,发语呈光,宣洩秘密。祭则免,否则灾,假天功为己力,如水、旱、疾病,而拯厥危。寔上主不忍澌灭下民,用施救护,人因素向彼祈,遂误归功于彼耳。始缘人心所信向,而因势颠倒之。究之信向益深,虽无知土木,未尝现灵异者,亦畏亦事。惟不认真主,故为所陷溺也。苟凭理细察,邪伪不难立见矣。”[③]

然而,要判定一种信仰是“真”还是“邪”,这并不完全是知识可以解决的问题。尤其在讨论祈晴求雨这种神秘特征与功利特征兼具的活动时,简单地将佛、道等其他信仰斥为“邪伪”,则未免忽视了复杂的历史因素而显得有些武断。[④] 事实上,诚如论者所说,在华耶稣会士迅速将其宗教目标与其所处的中国地方语境进行调适,“尽管存在少许异议,他们还是使修会屈从于无远弗届的中华帝国体系及其文人精英乃至天文实践中的占验吉凶之传统”[⑤]。耶稣会士在清朝前期的很长时间内执掌钦天监,但是“钦天监的气象观测流程和记录奏

---

① 关于“绝对论”,参见 Hans Küng, et al., *Christianity and the World Religions* (2nd edn.), London: SCM Press Ltd, 1993, pp. xvi - xix。

② 利类思译:《弥撒经典》,法国国家图书馆藏,索书号 Courant Chinois 7383,“各等祝文”叶 43。

③ 张星曜:《天教明辨》,钟鸣旦、杜鼎克、王仁芳等编:《徐家汇藏书楼明清天主教文献续编》(第 12 册),第 208 页。

④ 参见王皓:《明清之际西洋气象学对中国传统气象观念的冲击刍议》,《文化杂志》,2019 年总第 107 期。

⑤ Benjamin A. Elman, *On Their Own Terms: Science in China, 1550 - 1900*, Cambridge, Massachusetts, and London, England: Harvard University, 2005, p. 84.

报制度并没有发生本质上的改变，几乎没有受到西方气象科学的影响”[①]。

二、援西入中：士人阶层对西洋气象学的接纳与改造

尽管有学者认为，谢和耐的名著《中国与基督教》有“本质论”（essentialism）的倾向，但是也很难否认，谢和耐的一些观察还是相当深刻，他指出：

> 戴密微先生在触及中欧早期交流的重要问题时，所采纳的谨慎态度是有道理的。中国和欧洲的文化史形成了极其庞大的一个整体，彼此都以极其根深蒂固和独具一格的传统为基础，以至于其相互影响只能是间接的。这往往都是一些微妙的和捉摸不定的迹象，甚至完全不可能追寻它们在两个方向产生影响的踪迹。

谢和耐认为，应将中西文化交流纳入其历史背景中进行研究，其中尤其应当考虑的是欧洲和中国的历史变迁。[②] 在他看来，17世纪“在中国占统治地位的是宇宙的活力思想，而不是亚里士多德的静止论观念，更不是神意的思想”，中国人拒绝传教士所传入的西方世界观，包括在伦理与知识方面与之有牵连的内容，同时也执着于自己的价值和表现体系。[③]

谢和耐的说法和张维华（1902—1987）较为接近，张维华认为传教士带来的希腊哲学“随即消灭无闻，而未发生影响”。他指出，当时的理学家反对基督教主要有两点，一是否认上帝超越宇宙而存在，二是否认宇宙间有赏罚之说，这两点“在基督教视为极端重要，在中国人视之，则认为极端平常”[④]。一些个案研究似乎也呼应了谢和耐和张维华的说法。董少新称王宏翰（1648—1700）[⑤]是清

---

① 王挺等：《清钦天监气象工作的考察》，《中国科技史杂志》，2018年第1期。

② 谢和耐：《论16—18世纪的中欧文化交流》，谢和耐、戴密微等：《明清间耶稣会士入华与中西汇通》，第113页。

③ 谢和耐：《17世纪基督徒与中国人世界观的比较》，第233—242页。

④ 张维华：《明清间中西思想之冲突与影响》，《学思》，第1卷第1期（1942年1月），第21—24页。

⑤ 王宏翰的身份是奉教士人，参见王皓：《王宏翰奉教及其相关问题》，《基督教学术》，2020年总第23辑。

初中国医家当中接受西洋学说最为著名者，他的《医学原始》主要参考了艾儒略的《性学觕述》等西学著作，然而，《医学原始》“在清代医学界似乎并未引起强烈的反响”[①]。梅谦立(Thierry Meynard)称很少有证据显示高一志的《修身西学》是否影响了中国的道德思想。[②] 韩琦则称《寰有诠》在中国的影响有限。[③]

作为西学的一部分，明清之际由天主教士传入的西洋气象知识引起了中国士人阶层的关注，但是士人对这种论述的接纳和反应却并非像传教士所希望的那样照单全收。熊明遇(1579—1649)在其著作《格致草》中对四元行说进行了详细论述，并附带论及中国传统的五行说，但是他“似乎并未让五行说与四元说在自然现象上进行直接的或实质的辩论与批驳”[④]。方以智(1611—1671)的《物理小识》、游艺(生卒年不详)的《天经或问》以及揭暄(1613—1695)的《璇玑遗述》等论著都明确征引或回应了西士的著述，尤其是三际说和四元行论等内容。[⑤]

方以智在《物理小识》中论“四行五行说”，引用邵雍(1011—1077)、朱隐老(？—1357)、周敦颐(1017—1073)、《黄帝内经》、《周易》和《楞严经》诸说，综合耶、儒、释三家，援西学入中学，对天主教士传入的“四元行说”作了改造。方以智称：

> 问：中国言五行，太西言四行，将何决耶？愚者曰：岂惟异域？邵子尝言水、火、土、石而略金、木矣。地藏水、火，分柔土、刚土为土石也。朱隐老曰：四为体，五为用，金、石同体，言金而石隐矣。周子尊

---

① 董少新：《从艾儒略〈性学觕述〉看明末清初西医入华与影响模式》，《自然科学史研究》，2007年第1期。

② 梅谦立：《孔子土地上的亚里士多德伦理学——高一志〈修身西学〉研究》，中山大学西学东渐文献馆主编：《西学东渐研究：第5辑》，北京：商务印书馆，2015年，第127页。

③ 韩琦：《傅汎际、李之藻译〈寰有诠〉及其相关问题》，中山大学西学东渐文献馆主编：《西学东渐研究：第5辑》，第234页。

④ 徐光台：《明末清初中国士人对四元行说的反应——以熊明遇〈格致草〉为例》，《汉学研究》，第17卷第2期(1999年12月)。

⑤ 陈悦：《揭暄的学术交往及其著述》，《哈尔滨工业大学学报(社会科学版)》，2009年第2期；孙承晟：《揭暄〈璇玑遗述〉成书及流传考略》，《自然科学史研究》，2009年第2期；孙承晟：《明清之际西方“三际说”在中国的流传和影响》，《自然科学史研究》，2014年第3期；金文兵：《高一志与明末西学东传研究》，厦门：厦门大学出版社，2015年，第119—136页。

水、火在上，次表中土，下乃列金、木焉。金、木者，从土中生出者也。今所据者，地之五材也。金为土骨，木为土皮是也，水为润气，火为燥气，木为生气，金为杀气，以其为坚气也，土为冲和之气，是曰五行。《黄帝》曰："六合之内，不离于五。"既言五运，又分六气，不参差乎？播五行于四时，非用四乎？《易》曰："一阴一阳之谓道。"非用二乎？谓是水、火二行可也，谓是虚气、实形二者可也，虚固是气，实形亦气，所凝成者直是一气而两行交济耳，又况所以为气而宰其中者乎？神不可知，且置勿论。但以气言，气凝为形，蕴发为光，窍激为声，皆气也，而未凝、未发、未激之气尚多，故槩举气、形、光、声为四几焉。《楞严》七大：地、水、火、风、空、见、识也。地、水、火、风之四大，犹之水、火、土、气也。有四实则有四空，实皆空所为也，而犹有容余之空。故表空焉，皆因人目之见而显，见本于识而藏于识，故表见、识焉。心藏神而主性，肾藏精而主命，以见、识表之，亦可悟五脏六腑之实是二行矣。若欲会通，正当舍二求一，而后知一在二中，谓之二即是一，谓之不二不一，谓之三两，谓之九六，谓之七八，谓之四五，谓之五六，无不可者，且请学《易》。[①]

游艺在《天经或问》中也论及"四行五行"，其说与方以智《物理小识》有多处相契，两人都尝试对四行说和五行说进行调和。此外，他还引用揭暄所著《昊书》[②]和方以智之父方孔炤(1590—1655)所著《周易时论合编》。[③] 游艺称：

问：天有五纬，地有五行，不易之理也，而西国不用金、木，以水、火、土、气为四行，云火情至轻，则跻于九天之下而止，土情至重，则下凝而安天地之当中，水情比土而轻，则浮土之上而息，气情不轻不重，则乘水、土而负火焉。所谓土为四行之浊渣，火为四行之净精也，火在

① 方以智：《物理小识》，《钦定四库全书》(子部 10・杂家类 3)，卷 1 叶 16—18，《文渊阁四库全书》影印版第 867 册，上海：上海古籍出版社，1987 年，第 759 页。

② 陈悦：《揭暄宇宙论的影响》，《广西民族大学学报(自然科学版)》，2009 年第 2 期。

③ 冯锦荣：《明末熊明遇〈格致草〉内容探析》，《自然科学史研究》，1997 年第 4 期。

其本处，近天，则随而环动，每日偕作一周，此系元火，故极净、甚炎而无光焉。谓天下万象之初，皆以四元行结成之，理亦诚然。而金木之为用，果不能敌此四者，且释氏云：地、水、火、风。邵子云：水、火、土、石，亦未及金、木，则四行之义，已先言之矣，然则何从乎？

曰：《黄帝》曰："六合之内，不离于五。"既言五运，又分六气，不参差乎？播五行于四时，非用四乎？《易》曰："一阴一阳之谓道。"非用二乎？五行因世间可见之五材而隐，表其五气之行以谓之五也。然气分其气，以凝为形，而形与气为对待，是一之而用二也。土形居中，而水、火二行交旋其虚实之气焉，是土为形主，水形流地，火形缘物，而水、火实为燥、湿之二气也。金、木之形，因地而出，金则地中之坚气，木则地外之生气，然其为气也，列于东西，以为生杀。故举南北之水火，而东西之金木寓焉，非以为水火对待也，是天地之气必原之水、火，水之用实重，而火之用最神。而气蕴于火，而转动则为风，吹急则为声，聚发则为光，合凝则为形，是风、声、光、形总为气用，无非气也。故西国舍金、木而专言气与水、火、土并举者，指其未凝形之气，以为天地万物生生之机也。则五材之形、五行之气，顾不可以生克为至理。揭子曰，金能克木，然又不如火之克木，并其形而毁之也；火之克金，又不如火之克木，克木而木不存，克金而金愈精。曰，土生金，又不如土生木，木则连山徧岭，金则生不数处。曰，土克水，然土实生水，水非土载而生，水能空立乎？他物之生，生后可判为二，水、土之相生，胶漆不能离焉。曰，水克火，然水、火一也，论其质则相克，论其气则相生，论其形气之交则又相入。火见水而死，而温泉、沸汤，则火之气能入水之形；水见火而散，而灯脂、爀蜡，则水之气能入火之形。夫水化气而火，火化气而为水，则水、火互相生，变化以为道也，是二而居之一也。然就气以格物之质理，举其所以为气者以格物之通理，亦二而一也；费而象数，隐而条理，亦二而一也。若知二在一中，则错综变化，无不可为者，非自神明难析至理。①

---

① 游艺：《天经或问》，《钦定四库全书》（子部·天文算法类·推步之属），卷 4 叶 35—38，《文渊阁四库全书》影印版第 793 册，上海：上海古籍出版社，1987 年，第 640—642 页。

值得注意的是，这些人在学术上都有较为密切的联系。方以智父子与熊明遇有交往，方以智在《物理小识》中常常征引熊明遇之论，游艺曾问学于熊明遇，揭暄则与方孔炤、方以智父子交游较密并且对方以智执弟子礼。[①] 明清之际，受西学影响的非奉教士人还有很多，但是上例却反映出一些典型表征：一是对西学持较为开放和友好态度的士人群体一般具有内聚性特点[②]，他们彼此之间在学术和思想方面常有契合之处[③]；二是他们采取"格义"之法[④]，以中学为基础来理解西学，努力调和中西，最终化西学于中学[⑤]。四元行论是当时西方解释气象变化的理论基础，传教士将其传入中国，显然是为了取代中国传统的五行说。然而，这一理论基础在对西学较为开放的士人中间已经被理解得和本义有相当的距离，而且，这些对西学较有善意的中国士人所采取的调和策略恐怕也不尽符合传教士的期望。

士人阶层对西学的吸收和再创造也不尽相同，往往需要进行具体的分析和论述。黄百家（1643—1709）或许是中国士人中最早对哥白尼（Nikolaj Kopernik, 1473—1543）日心地动学说有所论述的人。[⑥] 他称："地转之说，西人歌白泥立法最奇：太阳居天地之正中，永古不动，地球循环转旋，太阴又附地球而行。依法以推，薄食陵犯，不爽纤毫。盖彼国历有三家，一多禄茂，一歌白泥，

① 徐光台：《熊明遇与幼年方以智——从〈则草〉相关文献谈起》，《汉学研究》，第28卷第3期（2010年9月）。

② 参见黄一农：《两头蛇：明末清初的第一代天主教徒》，上海：上海古籍出版社，2006年，第97—117页；徐海松：《清初士人与西学》，北京：东方出版社，2000年，第275页。

③ 有学者称熊明遇、方孔炤、方以智、揭暄和游艺等人形成了一个"方氏学派"，更可见这一士人群体的内聚特征。参见孙承晟：《观念的交织：明清之际西方自然哲学在中国的传播》，广州：广东人民出版社，2018年，第23页。

④ "格义"之说，本于陈寅恪（1890—1969）。乃以内典与外书相比较，如以周易老庄解释佛典，北宋以后援儒入释之理学，即"格义"之流。参见陈寅恪：《支愍度学说考》，《金明馆丛稿初编》，北京：生活·读书·新知三联书店，2009年，第172—173页；汤用彤：《汉魏两晋南北朝佛教史》（上册），北京：中华书局，1983年，第167—170页。

⑤ 潘光哲以朱一新（1846—1894）和沈曾植（1850—1922）等人为例，称晚清以降的中国已经形成一个采取"以西证中"或"中西互证"进行知识生产的"论述社群"（community of discourse）。或许这种"论述社群"的形成还可以追溯到明末清初时期。参见潘光哲：《朱一新的读书世界与"地理想象"的知识基础》，《晚清士人的西学阅读史（一八三三～一八九八）》，台北："中研院"近史所，2014年，第143—144页。

⑥ 杨小明：《哥白尼日心地动说在中国的最早介绍》，《中国科技史料》，1999年第1期。

一第谷。三家立法，迥然不同，而所推之验不异。究竟地转之法难信。”[①]所述三家即托勒密（Claudius Ptolemaeus, *ca*. 90—168）、哥白尼和第谷（Tycho Brahe, 1546—1601）。杨小明指出，黄百家对哥白尼日心地动说的了解与传教士有关，他提出三种可能的情形，分别涉及穆尼阁（Jean-Nicolas Smogolenski, 1611—1656）、罗雅谷（Jacques Rho, 1593—1638）和南怀仁等人。石云理也指出，黄百家对哥白尼学说的了解很可能来源于穆尼阁撰、薛凤祚（1600—1680）辑的《天步真原》。[②] 这些推测都较为合理。

笔者发现，黄百家的西学知识除了有可能来自传教士或者对西学态度友善的士人之外，还有可能来自中国奉教士人。《宋元学案·横渠学案》中有一则黄百家对于气象变化之解释的案语，这段案语源自明末清初奉教士人朱宗元的《拯世略说》，该书为护教类作品。朱宗元的论述综合了熊三拔的《泰西水法》和傅汎际（Francisco Furtado, 1587—1653）的《寰有诠》等耶稣会士的著作，黄百家在二次转述时完全删除了其中涉及天主教义的内容，这使得黄百家的案语看起来只有西学而无西教的色彩，显得十分理性。这种“取其知识，去其信仰”的论述策略类似于买珠还椟，与传教士对气象变化作两种层面解释的策略迥然有异。依传教士之说，从“目的因”的角度看，气象变化乃是天主的意志，从“动力因”的角度看，气象变化的基本原理是四元行论和三际说。这两个层面的解释并行不悖，“目的因”统摄着“动力因”。熊三拔在《泰西水法》中的一段论述或许最能体现这种“双重解释”：

> 问：向者，水法委属利便，力少功多矣。第江河不得，求之井泉，井泉不得，求之雨雪，兼之江河井泉，亦待雨雪以增其润。究竟农民所急，当在雨矣。然而雨旸时，若不可岁得，水旱虫蝗，或居强半，不知何术可得豫知，以为其备乎？曰：天灾流行，事非偶值。造物之主，自有深意。若诸天七政，各有本德所主，本情所属，因而推测灾变。历家之说，亦颇有之，然而有验不验焉，盖术数之赘余，君子弗道也。……问：

① 黄宗羲原著、全祖望补修：《宋元学案》（第1册），陈金生、梁运华点校，北京：中华书局，1986年，第675页。

② 石云理：《〈天步真原〉与哥白尼天文学在中国的早期传播》，《中国科技史料》，2000年第1期。

田家有术，以知一时晴雨，有之乎？曰：此则无关术数，殆四行之实理也。①

三、西学中源：文化优越论的心态与西学冲击的实际效果

除了从正面探讨士人对西洋气象知识的接受以外，我们还可以从另外两个角度进行考察。第一个角度是检视反教群体的论述。明清之际，在杨光先（1597—1669）撰《不得已》、钟始声（1599—1665）辑《辟邪集》和徐昌治（1582—1672）辑《圣朝破邪集》等反天主教文献中，似乎只有许大受（约 1575—1645）在《圣朝佐辟》中明确批判了“四元行说”，许大受称：

若乃先天八卦之体，自具后天之用，而五行禀职焉。即尧夫《皇极经世》一书，虽抒其所得，为水、火、土、石四象，然第各存其是，羽翼五行，而不敢非毁五行也。彼夷独谓五行为非，而夷之气、火、土、水四行为是，举《洪范》炎上润下之理，而悉刺讥之，曾不知气属阴阳，包五行之统宗者也，木金则一生一杀之大用，而分五行之能事者也，夷之是彼非此，又何当焉？②

与方以智和游艺一样，许大受也引用了邵雍的水、火、土、石之说。方以智和游艺引用邵雍之说，是为了调和四行说和五行说，从而为四行说的流行创造空间。许大受称邵雍之说“羽翼五行，而不敢非毁五行也”，“彼夷独谓五行为非，而夷之气、火、土、水四行为是”。应该说，许大受的论述更接近历史真实，传教士引介“四元行说”的直接目的的确是为了取代中国传统的五行说。中国士人深知这种意图的颠覆性，因此，对西学友善的士人在这一问题上闪烁其词。熊明遇对四行说和五行说的冲突不作实质性的论述，方以智和游艺则用“若欲会通，正

① 明刻本《泰西水法》（卷 5・叶 16），李之藻辑：《天学初函》（影印本第 3 册），台北：台湾学生书局，1965 年，第 1667—1668 页。

② 徐昌治辑：《明朝破邪集》，四库未收书辑刊编纂委员会编：《四库未收书辑刊》第 10 辑第 4 册，北京：北京出版社，2000 年，第 398 页。

当舍二求一，而后知一在二中，谓之二即是一，谓之不二不一”，“错综变化，无不可为”等修辞曲为调和，由此恰可看出这些士人的良苦用心，以及西学、西教在中国社会的实际处境。不过，在规模并不算小的反天主教文献中，对于“四元行说”的直接反驳可能只有这寥寥几行文字，这或许可以反映“四元行说”在中国社会并未产生可观的冲击力，因此没有像天主教伦理和礼仪等成为反教群体的主要关注点。

第二个角度是观察四库馆臣的评价。《四库全书总目提要》称，《物理小识》“虽所录不免冗杂，未必一一尽确，所论亦不免时有附会，而细大兼收，固亦可资博识而利民用”[①]。《天经或问》一书，“凡天地之象，日月星之行，薄蚀朒朓之故，与风云雷电雨露霜雾虹霓之属，皆设为问答，一一推阐其所以然，颇为明晰。至于占验之术，则悉屏不言，尤为深识。昔班固作《汉书·律历志》，言治历当兼择专门之裔、明经之儒、精算之士。正以儒者明于古义，欲使互相参考，究已往以知未来，非欲其说太极论阴阳也。……艺作此书，亦全明历理，虽步算尚多未谙，然反覆究阐，具有实徵存是一编，可以知即数即理，本无二致，非空言天道者所可及也”[②]。

在谈到传教士的著作时，《四库提要》称，《乾坤体义》“言天象，以人居寒暖为五带，与《周髀·七衡》说略同；以七政恒星天为九重，与《楚辞·天问》同；以水、火、土、气为四大元行，则与佛经同；佛经所称地、水、风、火，地即土，风即气也。至以日月地影三者定薄蚀，以七曜地体为比例倍数，日月星出入有映蒙，则皆前人所未发，其多方罕譬，亦复委曲详明”[③]。论《空际格致》和《寰有诠》，则称“西法以火气水土为四大元行，而以中国五行兼用金木为非，一志因作此书，以畅其说，然其窥测天文，不能废五星也。天地自然之气，而欲以强词夺之，乌可得乎？适成其妄而已矣。……欧逻巴人，天文推算之密，工匠制作之巧，实逾前古，其议论夸诈迂怪，亦为异端之尤，国朝节取其技能，而禁传其学术，具存深意，其书本不足登册府之编，然如《寰有诠》之类，《明史·艺文志》中已列其名，削而不论，转虑惑诬，故著于录而辟斥之。又《明史》载其书于道家，今考所言，兼剽三教之理，而又举

① 永瑢等：《四库全书总目提要》(24)，上海：商务印书馆，1933 年，第 16 页。

② 永瑢等：《四库全书总目提要》(20)，上海：商务印书馆，1933 年，第 77—78 页。

③ 永瑢等：《四库全书总目提要》(20)，第 66 页。

三教全排之，变幻支离，莫可究诘，真杂学也，故存其目于杂家焉”[①]。

陈垣(1880—1971)指出，四库馆臣对天主教文献多持摒弃的态度和负面的评价。[②] 这种情形的产生，主要原因是受制于君主对西学与西教的态度。康熙帝(1654—1722)曾对理学名臣李光地(1642—1718)说：“汝可知道，近来西洋人渐渐作怪乎？将孔夫子亦骂了，予所以好待他者，不过是用其技艺耳。”雍正帝(1678—1735)则称：“西洋教宗天主，亦属不经。因其人通晓历数，故国家用之。尔等不可不知也。”[③]这些都构成了《四库提要》所说“国朝节取其技能，而禁传其学术”的本事。雍正帝甚且将天主教列为与白莲教和闻香教等同的异端邪教，载之于《圣谕广训》中。[④] 从《四库提要》中，还可以看出馆臣对“西学中源说”的青睐。《物理小识》和《天经或问》都是作者受到西学刺激之后所作的“格义”之论，然而，四库馆臣对这些“经过改造的西学”更为认同，却对介绍西学的原本亦即传教士的著述较为苛刻。四库全书修于禁教之后，馆臣对待传教士著述的严苛态度在相当程度上受制于政治形势和社会氛围，不过，这多少也反映了当时士人阶层对待西学的普遍风气。

到了晚清，中西之间的形势已经发生明显的变化，明清之际的西学文献作为一种知识和思想资源，也得到了一些士人的关注。但是很多士人的言说基本不出《四库提要》的论述框架，馆臣所写的《乾坤体义》、《空际格致》、《寰有诠》提要被反复转述[⑤]，这些论著包括梁章钜(1775—1849)《退菴随笔》[⑥]、姚莹(1785—1853)《康輶纪行》[⑦]、魏源(1794—1857)《海国图志》[⑧]、何秋涛(1824—1862)《朔方备乘》[⑨]、

① 永瑢等：《四库全书总目提要》(24)，第 80 页。

② 陈垣：《重刊〈灵言蠡勺〉序》，《陈垣学术论文集》(第 1 集)，第 66—67 页；《基督教入华史略》，《陈垣学术论文集》(第 1 集)，第 87 页。

③ 参见颜广文、关汉华：《论阮元的西学思想》，《华南师范大学学报(社会科学版)》，2003 年第 2 期。

④ 周振鹤：《圣谕广训：集解与研究》，顾美华点校，上海：上海书店出版社，2006 年，第 70 页。

⑤ 参见徐光宜：《明清西方地震知识入华新探》，《中国科技史杂志》，2012 年第 4 期。

⑥ 梁章钜：《退菴随笔》卷 8 叶 24—26，沈云龙主编：《近代中国史料丛刊》(第 44 辑)，台北：文海出版社，1973 年，第 431—435 页。

⑦ 姚莹：《康輶纪行》卷 14 叶 22—25，沈云龙主编：《近代中国史料丛刊续编》(第 6 辑)，台北：文海出版社，1974 年，第 3632—3639 页。

⑧ 魏源：《海国图志》(中)，陈华等点校注释，长沙：岳麓书社，1998 年，第 835—838 页。

⑨ 何秋涛：《朔方备乘》卷 28 叶 19—25，《中国边疆丛书》(第 2 辑)，台北：文海出版社，1964 年，第 573—576 页。

文廷式(1856—1904)《纯常子枝语》[①]以及宋育仁(1857—1931)《泰西各国采风记》[②]等。需要注意的是,这些多是晚清经世派士人,他们在当时的语境下不能被视为保守者,因此这一现象很能折射中国传统士人在面对世变和西力冲击时,所体现出来的深刻的"路径依赖"。

以宋育仁为例。宋氏乃进士出身,被后世誉为"四川睁眼看世界第一人"。1894 年 4 月,宋育仁以二等参赞的身份随出使英、法、意、比四国大臣龚照瑗(1835—1897)前往欧洲。旅欧一年,宋育仁著有《泰西各国采风记》作为考察成果,全书分为政术、学校、礼俗、教门、公法五卷,系统地呈现了宋育仁的维新思想和考察心得。在"教门"卷中,宋育仁称基督教源自释、墨两家,称杨光先《辟邪论》为"极意深文之论",又称"自利、艾东来,见圣人之书,广大悉备,始稍修改其说,阳附而隐攻。于是利玛窦有《天主实义》、《辨学遗牍》、《畸人传》,庞迪我有《七克》,艾如略有《西学凡》,毕方济有《灵言蠡勺》,高一志有《空际格致》,溥汎际有《寰有诠》,徐光启、杨廷筠、王肯堂之徒又为之润色点定,假兵赍粮以张其帜"。接着,宋育仁征引《四库提要》,称"高一志《空际格致》,以气、水、火、土为四大元行,驳五行兼用金、木为非,则袭佛书地、水、火、风之说,而其推测天文,仍本五星","不过中邦陈法,释典唾余"。至于明末传入中国的详细介绍西学门类的著作《西学凡》,则被宋育仁视为艾儒略读了中国书之后附会朱熹(1130—1200)格物之说的产物,其目的在于"合之于教,推究于造天地,以证人无所能,神无不能","以攻中学之理有未穷,知有未至"。[③] 以宋育仁的学识和经历,他在筹议维新之策时仍然难以摆脱"西学中源"和"在传统中求变"(change within tradition)的知识论框架,一般人的情形更可以由此推想。事实上,在《泰西各国采风记》出版后的一年,上引宋育仁之论便被大篇幅收入杞庐主人(生卒年不详)所编的科场用类书《时务通考》之中[④],被众多八股士子广泛阅览,从而

① 文廷式:《纯常子枝语》卷 27 叶 12,扬州:江苏广陵古籍刻印社,1990 年,第 424 页。

② 宋育仁:《泰西各国采风记》第 4 叶 29—30,光绪丙申五月袖海山房石印影印本,董凌锋选编:《宋育仁文集》(第 6 册),北京:国家图书馆出版社,2016 年,第 206—208 页。

③ 宋育仁:《泰西各国采风记》第 4 叶 23—30,董凌锋选编:《宋育仁文集》(第 6 册),第 194—208 页。

④ 杞庐主人等:《时务通考》卷 18 教务 5 叶 3—4,《续修四库全书》编纂委员会编:《续修四库全书》(子部·类书类)第 1257 册,上海:上海古籍出版社,2002 年,第 531—533 页。

构成晚清西学“知识仓库”的重要组成。[①]

四、结语

明清之际，天主教士将亚里士多德学说体系中的气象知识带到中国。然而长久以来，学界在探讨西来天学时，似乎一直将重点放在“天文历算”部分，而对“气象”部分似乎不够重视，这使得关于中西两种天学相遇和碰撞的历史探讨显得不够均衡。西洋气象知识的传入引起了一些中国士人的关注。不过，他们对融合在这些学说中的基督教论述兴趣不大，他们的关注重点主要是涉及气象的理性知识。综合而言，尽管在明清之际有大量的天主教文献介绍了西洋的气象知识和观念，但是宏观地看，这些论述在中国士人群体中的接受程度并不高。少数士人曾化用这些西学资源而自创新说，如禅师觉浪道盛(1592—1659)，他的著作《尊火为宗论》很可能受到了“四元行论”的影响。[②]不过，这类著述即使利用了西学资源，也往往表现隐晦，不露痕迹，堪称“格义”之作。

有清一代，西学与西教密切联结。《四库提要》所称“国朝节取其技能，而禁传其学术”很好地概括了西学在华的传播框架。到了晚清，中西双方的形势对比已经发生剧变。此时，西学自身的发展也日新月异，它与西方军、政、商等因素一起构成了对传统中国的冲击，其力度远甚于明清之际。然而，即便如此，中国士人在发掘原有西学资源时，仍然普遍受制于“西学中源”的思维路径，由此表现出民族文化和时代心理的巨大惯性。[③] 晚清时期，对《空际格致》等介绍西洋气象知识的著作有过深入研读的郑复光(1780—约1853)和邵璔(1831—1877)，在调和四行说和五行说方面的努力，与明末清初的熊明遇、方以智和游艺等人甚为相似。[④] 积

---

① 参见潘光哲：《“知识仓库”的建立与读书世界的变化》，《晚清士人的西学阅读史(一八三三～一八九八)》，第89页。

② 金文兵：《高一志与明末西学东传研究》，第141—147页。

③ 参见王尔敏：《中西学源流说所反映之文化心理趋向》，《中国近代思想史论续集》，北京：社会科学文献出版社，2005年，第44—67页。

④ 参见陈志辉：《从〈空际格致〉邵璔批跋本看明译西书对晚清士人的影响》，《自然科学史研究》，2014年第3期；王尔敏：《郑复光与泰西科技知识》，《近代经世小儒》，桂林：广西师范大学出版社，2008年，第1—32页。

极倡论“西学中源”的王仁俊（1866—1913）[①]，坚称“西学实本中书”，通过“表古籍之微”，可以“发西学之覆”。在《格致古微》中，王仁俊也征引了《四库提要》中批判高一志和《空际格致》的言论。[②] 不过，中西之间的形势毕竟有了重要变化，王仁俊看似非理性和非客观的编纂方式，或许正反映了西学大规模涌入而莫之能御的态势。实际上，王仁俊此书征引了多种晚明和晚清的西人著述，这也体现他对西学曾下过相当的功夫。唐才常（1867—1900）为了证明中学和西学“自然符契者，难偻指述”，列举了二十条例证，其中一条称“中国金、木、水、火、土为五行，彼族旧说以气、水、火、土为四大行西人高一志著《空际格致》，以四大行立说，其与中土符契者十六”。[③] 这似乎显示，四行说与五行说到底是相互冲突还是可以调和，与其说是一个知识性问题，不如说是一个文化性问题，它所反映的历史背景和时代信息相当复杂。

总之，清代士人对西洋气象学乃至西学的容受犹如一段范围较广的光谱，排教者往往对西学坚决拒斥，信教者往往对西学基本接受，既不奉教也不反教的士人则常常因自身的特质和取向而融合两者，其基本表现则是援西学入中学。为了理解这种异质文化碰撞和妥协的复杂性，笔者想特别指出这一过程的非线性演进特征。换言之，从今日的知识观来看，后来的知识人在对待西学时不见得比早先的士人更“正确”。乾嘉时期的赵学敏（约 1719—1805）在其《本草纲目拾遗》中征引了数部包含西学的著作，如高一志《空际格致》、方以智《物理小识》、南怀仁《坤舆图说》以及西班牙方济各会士石铎琭（Pedro de la Piñuela, 1650—1704）《本草补》等[④]，其论说较为平实理性。赵学敏称：“西儒高一志《空际格致》云，硫黄有人造者，有天生者。天生者，外如灰色，内如黄泥而淡，其体浓肥，其味苦咸，其气臭毒，其性燥热，故近火则易为养也。”[⑤]此段话见

---

① 参见曾建立：《〈格致古微〉与晚清“西学中源”说》，《中州学刊》，2000 年第 6 期；张明悟：《〈格致古微〉与“西学中源”说》，《科学文化评论》，2017 年第 4 期。

② 王仁俊：《格致古微》微例叶 1、微 4 叶 27，四库未收书辑刊编纂委员会编：《四库未收书辑刊》第 9 辑第 15 册，北京：北京出版社，2000 年，第 55、121 页。

③ 唐才常：《觉颠冥斋内言》卷 1 叶 1—3，沈云龙主编：《近代中国史料丛刊》（第 33 辑），台北：文海出版社，1973 年，第 18—22 页。

④ 参见李超霞：《〈本草纲目拾遗〉引用书目探讨》，中国中医科学院 2015 年硕士学位论文，第 125—139 页。

⑤ 赵学敏：《本草纲目拾遗》卷 2 叶 46，《续修四库全书》编纂委员会编：《续修四库全书》（子部 · 医家类）第 994 册，上海：上海古籍出版社，2002 年，第 570 页。

于《空际格致》卷末，赵学敏称高一志为“西儒”，如果考虑到他那个时代的风气和西学的处境，则不难理解赵学敏对西学态度的难能可贵。到了20世纪，抗日战争爆发，马一浮（1883—1967）在竺可桢（1890—1974）三请之下允诺出任浙江大学的国学讲席。① 1938年5月14日竺可桢日记记载：

> 三点至新村十号教室听马一浮讲“西方近代科学出于六艺”之说，谓《诗》、《书》为至善，《礼》、《乐》为至美，《易》、《春秋》为至真。以《易》为自然科学之源，而《春秋》为社会科学之源。盖《春秋》讲名分，而《易》讲象数。自然科学均以数学为依归，其所量者不外乎数目Number、数量Quantity、时间与空间，故自然科学之不能逃于象数之外，其理亦甚明显。惜马君所言过于简单，未足尽其底蕴。陈立夫近在《教育通讯》亦主张《易》为自然科学之祖，且谓金、木、水、火、土为五种运动，金则结晶，故向内力；木向上，向外力；火则向上；水则向下；土归平衡。其言殆多误会矣。②

马一浮“西来学术统于六艺”说见于《泰和会语》。③ 竺可桢对马一浮的解释显然是不以为然的，他们二人的认知差异体现了以西学解释西学和以中学解释西学这两种理路的凿枘不容。在这篇日记的末尾，竺可桢还写上歌德（Johann Wolfgang von Goethe, 1749—1832）的名言：“A man knows no foreign language, does not understand his own.”（按：可直译为“不懂外语的人也不懂其母语”。）④这话在被比较宗教学的奠基人马克斯·缪勒（Friedrich Max Müller, 1823—1900）改写之后变得更为著名：“只知其一，则一无所知。”（He who knows one, knows none.）不过，马一浮有留洋经历，而且学习过多种外语，不能视为典型的传统士人。上述差异或许能够反映在西学冲击下中国的知识转型和观念变迁的艰巨和复杂。

---

① 参见虞万里：《马一浮与竺可桢》，《中国文化》，2007年第25—26期。

② 竺可桢1938年5月14日日记，竺可桢：《竺可桢全集》第6卷，上海：上海科技教育出版社，2005年，第519页。

③ 虞万里校点：《马一浮集》（第1册），杭州：浙江古籍出版社、浙江教育出版社，1996年，第21—22页。

④ 竺可桢1938年5月14日日记，竺可桢：《竺可桢全集》第6卷，第519页。

A Preliminary Study on the Reception and Adaption of Western Meteorology by the Literati Elites in the Qing Dynasty

Wang Hao

Abstract: During the Ming-Qing transitional period, the Jesuits introduced western Meteorology which is part of Aristotelian theories into China. The missionaries used this kind of science as a tool to propagate Christianity and replace Chinese traditional ideas of celestial phenomena. A few Chinese literati paid attention to western Meteorology and they successfully combined this scholarship with Chinese indigenous learning, namely, they have achieved the Sinicization of western scholarship. In the *Kangxi* 康熙, *Yongzheng* 雍正 *and Qianlong* 乾隆 era, the circulation of western learning was restricted due to the prohibition of Christianity by the imperial court, the Chinese elites who are interested in western scholarship have to comply with the mainstream of ideology and bring out a theory of "Chinese origin of western learning". Such a theory have great influence in China even until the 1930s. Deeply analyzing the reception, accommodation, adaptation and even refutation of western Meteorology by the Chinese elites in the Qing dynasty, we can find the significant differences between Chinese and western cultures as well as the complexity of the transformation of scholarship in modern China.

Keywords: Jesuit, Chinese literati, Meteorology, Chinese Origin of western Learning, Sinicization of western scholarship

刘师培的义例观与刘氏家学*

田 访**

［摘　要］ 江苏仪征刘氏以四代人共治《左传》，而刘师培专注于构建"左氏义例"。初见之下，与刘文淇等人所撰《春秋左氏传旧注疏证》的风格大异。但细究之，则刘师培在对待《春秋》性质、《左传》凡例、汉儒义例说以及杜预《释例》的态度上与其家学传统有一致之处；其精心构建的"六例"理论也是在继承其家学基础之上的发展。

［关键词］ 刘师培；义例；刘氏家学

江苏仪征刘氏以四代人共治《左传》而闻名于世。一方面，刘文淇、刘毓崧、刘寿曾共同编纂《春秋左氏传旧注疏证》（以下简称《旧注疏证》），其体裁是先列出经传，然后列出以贾逵、服虔（下文简称贾、服）为主的汉注，最后以"疏证"的形式对旧注做一番疏通证明。利用经史材料和其他学者的议论对经传的字面意思进行考察，或者对春秋时代的历史、地理、礼仪制度进行推理

* 基金项目：国家社科基金重大项目"《春秋》三传学术通史"（19ZDA252）、湖南省哲学社会科学基金项目"宋代春秋学中的义例观研究"（17YBQ028）。

** 田访（1984—　），女，湖北枝江人，日本京都大学文学博士，湖南大学岳麓书院助理教授，目前主要从事《春秋》《左传》的研究。

论证，反映出《旧注疏证》是一部考据性质的著作。另一方面，刘师培治《左传》则着力于阐释、构建“左氏义例”，与其祖、父的治学重心大相径庭。因此，有学者认为刘师培提出的“义”的课题是对家学的偏离。[①] 这种看法强调了刘师培异于其家学的一面，有一定的合理性；但也忽略了《旧注疏证》对汉儒所阐发的义例的态度，没有兼顾刘氏家学的多面性以及刘师培继承、发展其家学的一面。其实，在刘师培以前，刘氏一族就曾经关注和研究《左传》义例，并撰有相关著作。[②] 虽然这些著作未能流传于世，但是《旧注疏证》中有关义例的论述并不少，颇能窥见刘氏一族的义例观。本文将探讨刘师培的义例观与《旧注疏证》的义例观的异同，以及刘师培在这个问题上对其家学的继承和深化，以求教于方家。

一、刘师培的“六例”理论及其家学

刘师培通过整理和引申贾、服等汉儒所提倡的“左氏大义”，将细碎的、依附于具体事件的义例抽象化、系统化，最后构筑成了“六例”理论，即：“时月日例”、

---

① 罗军凤云：刘师培“在家学的基础上所提出的左传学礼、事、义三大课题，分别是对家学的传承、拓新与偏离。尤其在《左传》的义例问题上，刘师培的治经方法及最终成果，偏离了家学中不杂今文学说的根本宗旨”。见罗军凤：《清代春秋左传学研究》，北京：人民出版社，2010 年，第 255 页。罗氏又云：“刘文淇认为贾、服等人杂引公羊之例为自晦其学，与人以可攻，不为贾、服等人讳，但刘师培却认为汉儒阐发的义例亦本《左传》原有，东汉诸儒的义例被珍视……刘师培所论专在义例，与刘文淇所言褒讳抑损，一为经学，一为史学，属不同的研究领域。褒讳抑损，附属于史事；义例，以理论体系自重，研治的方法和态度，都不相同。刘师培变通刘文淇的话而私下里讲经学的理论体系，已经偏离家学的旧路。”罗军凤：《清代春秋左传学研究》，第 260—261 页。

② 关于这一点，罗军凤也已经注意并提及：“刘师培提出‘礼’、‘事’、‘例’三大课题，其实在《春秋左氏传旧注疏证》中，就已出现明显的迹象……《旧注疏证》虽不云‘义’，但已提出“例”的研究课题……所谓‘例’，即以条例的形式概括褒贬之‘义’，这与《旧注疏证》‘礼’和‘事’的疏证不仅在治经方法上迥异，而且在著作形式上，也与疏证体大不相同，故未便加入进《旧注疏证》中。刘文淇另作《五十凡例表》，未尝不是从著书体裁与风格上考虑的。刘文淇提出的‘例’的课题，意味着在今文经学兴起之后，受今文经学以例治经的影响，学者对《左传》之‘例’的有意探求……刘文淇于《春秋左氏传旧注疏证》之外另作的《五十凡例表》，不传于世。其子刘毓崧曾作《春秋左氏传大义》，探讨《左传》的义理，亦无传于世。著作无表，但毋庸置疑，刘氏家族已经把‘例’的研究以及义理的阐发放在一个重要的地位上。”罗军凤：《清代春秋左传学研究》，第 254 页。

"名例"、"地例"、"词例"、"事例"、"礼例"。[①] 具体而言,"时月日例"指的是《春秋》在某一类事件的时间记载上体例不一致,《春秋》并不是每次都把季节(时)、月份(月)、日子(日)这三个要素完整地记载下来。而刘师培认为这是孔子作《春秋》时故意为之,目的是体现褒贬的深意,并且《左传》对此也有阐发。同样,《春秋》在称呼某人时,时而称名,时而称字,时而称人或其他,也都各有其深意,而《左传》也对此例有所阐释,即是"名例"。"地例"是指《春秋》将褒贬大义蕴含在一些地名记载的差异之中,比如或写"某地",或写"都"或写"国"。"词例"是指《春秋》在描述同一类事件时根据不同的对象选用不同的词来表达,比如或用"溃"或用"逃"。"事例"和"礼例"的内涵也在于《春秋》通过同一类事件和礼仪中的不同人物的表现来反映褒贬。值得注意的是,刘师培认为,上述六例都是《春秋》本身所具有且为《左传》所阐发的,因而属于"左氏义例",其中的某些义例与《公羊传》和《谷梁传》的阐发相同或类似,那么这是三传义例相通之处。同时,刘师培又认为,《左传》忠实地阐发了《春秋》的义例,《左传》没有阐释详尽的义例,贾、服等治《左传》的汉儒进行了忠实的阐发和补充,换言之,贾、服等汉儒所阐释的义例亦是"左氏义例"。因此,在刘师培的观念中,《春秋》义例,《左传》义例和贾、服等汉儒所宣称的义例,三者是基本相同的内涵。

如上所述,刘师培"六例"理论的构筑,实际上建立在汉儒对"左氏义例"的阐发的基础之上。而尊信汉儒对《左传》的解释、纠正晋代杜预《左传注》及《释例》的错漏之处,是整个清代《左传》学的特色,也是《旧注疏证》以汉儒旧注为基准、重作《疏证》的目的所在。那么,"六例"理论与《旧注疏证》呈现出何种异同关系? 以下详细论述。

(一) 刘氏家学与"时月日例"、"名例"、"地例"、"词例"

先看《旧注疏证》与前四例——"时月日例"、"名例"、"地例"、"词例"的关系。

---

① 关于刘师培所构建的六例理论及其理论来源,参见王孝强《刘师培的〈左传〉"义例"观》(《淮阴师范学院学报(哲学社会科学版)》,2010 年第 3 期)、郭院林《刘师培在〈左传〉学史上的建树》(《中国典籍与文化》,2008 年第 4 期)、方光华《试论刘师培对〈左传〉的整理和研究》(《孔子研究》,1995 年第 4 期)以及罗军凤《清代春秋左传学研究》第五章第一节"刘师培的春秋左传学"。

1. “时月日例”

《旧注疏证》中有多处疏证以汉注为基准，主张这些经文中的时间记载含有孔子的褒贬之意，又进一步认为《春秋》的时间记载多有其义例。比如，隐公二年经“十有二月，乙卯，夫人子氏薨”，贾逵注云：“日月详者吊赠备，日月略者吊有阙。”此处，贾逵将日月记载的详细与否，与鲁公对臣子施恩的多寡对应起来。《旧注疏证》云：“此由‘众父卒’、‘公不与小敛，故不书日’推之。见日之详略，由于恩有轻重也。”肯定了贾逵的说法。[①] 又如，文公八年经“公孙敖如京师，不至而复。丙戌，奔莒”，贾逵注云：“日者，以罪废命，大讨也。”《旧注疏证》云：“杜注未释丙戌。《公羊传解诂》：‘日者，嫌敖罪明则起君弱，故讳使若无罪。’《谷梁传》：‘其如，非如也。其复，非复也。唯奔莒之为信，故谨而日之。’则贾所称为左氏义。敖不至京师而复，故曰废命。”此处，贾逵认为经文注明“丙戌”这个时间是为了责备公孙敖背弃君命，而《旧注疏证》进一步将贾逵之说与《公羊传》《谷梁传》作了对比，认为贾逵之说是与二传相异的左氏义。[②] 又如，宣公十二年经“晋人、宋人、卫人、曹人同盟于清丘”，贾逵、许淑注云：“盟载详者日月备，易者日月略。”《旧注疏证》云：“《公》、《谷》有经无传。贾、许所称，左氏例也。以经次十二月之后，又不日，故云日月略。”此处，《旧注疏证》亦以汉儒之说为准绳，并且认为这正是左氏之例。[③]

以上例证说明，《旧注疏证》承认《春秋》在时间的记载上含有微言大义，贾、服等汉儒所诠释的正是“左氏义例”。同样，刘师培也认为《春秋》中的时间记载是表达义例的手段，并强调了“时月日例”的普遍性和重要性。他说：

> 春秋一经，首以时月日示例……传文所著书日例，仅日食、大夫卒二端，余则隐含弗发，以俟隅反。汉儒创通条例，肇端子骏。贾许诸君，执例诠经，于时月日书法三致意焉。虽遗说湮沦，存仅百一，然掇彼剩词，详施考核，盖以经书月日，详略不同，均关笔削，礼文隆杀，援

① 刘文淇等：《旧注疏证》，北京：科学出版社，1957 年，第 16 页。

② 《旧注疏证》，第 527 页。

③ 《旧注疏证》，第 677 页。又参见拙论《〈春秋左氏传旧注疏证〉所见刘氏一族之义例观》，《思想与文化》第二十辑，上海：华东师范大学出版社，2017 年 6 月。

是以区，君臣善恶，凭斯而判。所谓辨同异，明是非者，胥于是乎在。[①]

刘师培认为，“时月日例”为《春秋》群例之首。虽然《左传》原文仅在“日食”和“大夫卒”两处点明了此例，但余下的隐晦条例皆由刘歆(子骏)、贾逵、许淑等汉儒依例指明，汉儒对此例的诠释存在于多处。即使如今汉儒之说大半遗失，但也要搜集这些零星之论详加考察；因为这些关系到《春秋》的笔削，是考察同异是非的关键。由此看出，刘师培尊崇汉儒，笃信“时月日例”的存在，正与《旧注疏证》的态度完全一致。

但是，《旧注疏证》仅止步于依据汉儒之说解释经传，而刘师培则更进一步，对《春秋》中的时间记载进行了网罗式、系统性的研究。这一过程体现在其《春秋古经笺》、《春秋左氏传时月日古例考》两部书中。这种对义例的研究，正是他对家学的发展。刘师培先撰《春秋古经笺》，虽然名为“笺”，体裁也是“笺注体”，但他的笺注不是对字词做一般的训诂，而是考察《春秋》在记载时间、地名、人名等要素时所体现的书法条例及其微言大义，因此这实际上是一部专门研究《春秋》书法和义例的著作。该书如今仅存卷七至卷九，其中阐释《春秋》的时间记载的多达 190 条。试举两例说明刘师培如何阐释“时月日例”。卷七宣公元年经“公子遂如齐逆女”，刘师培“笺”云：

传云“尊君命”者，据“还至不称公子”。逆女不月，以上事月。[②]

刘师培认为，《春秋》记载“逆女”时的一般条例是书写月份，此处经文不写月份，是由于承上事而省略。又如，宣公元年经“六月齐人取济西田”，刘师培“笺”云：

凡书外取，不以邑田系所取之国者，均取自鲁。传云“赂齐”，故从“不用师徒”之例。直书“齐取”，不云“齐假”者，非易地。月者，嫉齐受乱赂。[③]

---

① 刘师培：《春秋左氏传时月日古例考序目》，《仪征刘申叔遗书》第 3 册，扬州：广陵书社，2014 年，第 861 页。

② 《仪征刘申叔遗书》第 2 册，第 769 页。

③ 《仪征刘申叔遗书》第 2 册，第 770 页。

刘师培认为，此处经书“六月”，是因为鲁人为立宣公而割让济西之田给齐国，齐国接受了这个贿赂，孔子嫉之，故书。

如此，刘师培在《春秋古经笺》中，对《春秋》的时间书写方式做了网罗式的考察。接着，他又著《春秋左氏传时月日古例考》，将原来依附于各条经文的、零散的时间书法按照事件的类别做了归纳：他将《春秋》的历史记事分为“崩薨卒葬”、“侵伐入灭”、“会盟执杀”等二十五类，并整理出了每一类事件的一般通例，即“正例”。[①] 至此，刘师培将“时月日例”抽象归纳成了具有系统性的、内容丰富的一个义例。最后，刘师培在其集大成式的义例著作《春秋左氏传古例诠微》中专设《时月日篇》，以“时月日例”为“六例”之首。

综上，从“时月日例”来看，刘师培尊崇汉注、承认该例的存在，这是对《旧注疏证》立场的继承。而刘师培进一步网罗式地研究“时月日例”，吸纳汉注丰富该例的内容，再将这些零散的义例归纳整合成二十五种“正例”，这是超越《旧注疏证》之外的理论构建，是对其家学的发展。

2.“名例”

与“时月日例”一样，刘师培认为《春秋》对人物采用何种称呼也暗含了孔子的褒贬之意，并将其作为一个大的义例类别，这种看法也离不开其家学的影响。比如，桓公二年经“宋督弑其君与夷”，贾逵注云：“督有无君之心，故去氏。”《旧注疏证》云：“贾谓督有无君之心。据传文，氏受于君。故云去氏，不称华督也。”[②]《旧注疏证》认为氏受于君，《春秋》称呼华都时去其氏而直书其名，是贬斥其心中无君，沿袭贾逵说。

又如，桓公七年传“春，谷伯、邓侯来朝。名，贱之也”，服虔云：“谷、邓密迩于楚，不亲仁善邻以自固，卒为楚所灭。无同好之救，桓又有弑贤兄之恶，故贱而名之。”《旧注疏证》云：“《公羊》以名为失地之君，《谷梁》以名为失国，则服所称，确为左氏义矣。文十七年传，以陈、蔡之密迩于楚。注：密迩，比近也。亲仁善邻，隐五（当作六）年传五父语。”[③]《旧注疏证》赞同服虔说，认为谷、邓两小国一边与鲁国等中夏之国交好（然而他们结交的是杀害贤兄的鲁桓公），一边又

① 《仪征刘申叔遗书》第3册，第866—867页。

② 《旧注疏证》，第65—66页。

③ 《旧注疏证》，第103页。

暗地结交蛮夷之国楚国，但最终还是被楚国所灭。因此《春秋》记载谷伯、邓侯来朝见鲁桓公之事时，便直接书写二君之名，体现了孔子的贬斥之意。此处《旧注疏证》不仅申服，而且强调服虔之说是不同于《公》《谷》二传的“左氏义”。

由以上分析可知，贾逵、服虔等汉儒往往从义例的角度来解释《春秋》书法，而《旧注疏证》则采取了维护汉儒的态度。刘师培又沿袭了这一态度，在尊信、整理汉儒之说的基础上树立了“名例”。《春秋左氏传古例诠微》中有《名例篇》专门叙述其旨趣说：

> 春秋随称而书，此恒例也。若或贱从贵称，斯为进例，传例所著，曰嘉曰贵曰珍。贵从贱称，斯为退例，传例所揭，曰贱曰疾曰尤。[①]

刘师培认为，历史人物各有其身份地位，按合乎其身份地位的称谓来书写是《春秋》的常例。但是，如果用比其地位更尊敬的称呼来书写，则表明孔子对其持褒扬的态度；用比其地位更低下的称呼来书写，则表示孔子对其持贬损的态度。经文的褒贬之意，《左传》都用“嘉”、“贵”、“珍”或者“贱”、“疾”、“尤”等字眼做了明确的解释。

刘师培还在《春秋左氏传古例诠微·名例篇》中进一步总结出了称呼的“正例”，如天子的大夫当书字，天子的元士以下书“王人”。华夏诸侯当书爵，夷狄之君臣则只书国名。鲁国小君例书“夫人某氏”；国君的母亲即便不是正夫人，也称小君，且与正夫人同等待遇。[②] 刘师培认为，以这些正例为基准观察称呼的变化，孔子对《春秋》人物的褒贬就更加明确。由此可知，刘氏家学尊崇汉注、承认名称反映褒贬。在此基础上，刘师培进一步将其内容扩充，树立了“名例”这一大类，则是对其家学的发展。

3. “地例”

关于“地例”，《旧注疏证》大多是将《春秋》中出现的某地或某国的变迁从文献上做了梳理，但间或也肯定了《春秋》以地名、国名的书写方式体现微言大义。例如，庄公十二年经“宋万弑其君捷及其大夫仇牧”，《旧注疏证》云：“先儒说此

---

① 《仪征刘申叔遗书》第 3 册，第 939—940 页。

② 《仪征刘申叔遗书》第 3 册，第 939—940 页。

经不书蒙泽，以地在国内讳之。二传均无此义，乃左氏古说。释例谓先儒旁采二传，非也。”[①]这是主张，《春秋》之所以不书“蒙泽”，乃是因为宋国国君在国内被弑，经文为之避讳。又如，文公十二年传“故书曰郕伯来奔。不书地，尊诸侯也”，《旧注疏证》云：“不书地，谓不书夫钟、郕邽。杜注，既尊以为诸侯，故不复见其窃邑之罪。”[②]这是说，杜预认为，既然尊重郕伯，就不再凸显其窃取城邑之罪，故而不书夫钟、郕邽二地。《旧注疏证》引用杜预之说，是持赞同态度。

刘师培也继承了以地为例的说法并有所发展。他在《春秋左氏传古例诠微》中列“地例”一篇，强调该例的存在，并进一步探讨了地名、国名的书写方式：

> 土地者，所以佽远迩，志分合，表疆埸也。旧史书之，以昭事信。春秋因之，以宣经指。[③]

刘师培主张，旧史之所以记载土地，是为了表达事件的真实性，而《春秋》的目的是表达微言大义。刘师培还总结了书“都”与书“邑”、书“国”的不同内涵，书“城”与书“筑”、书“战”书与“伐”、书“邑”与书“田”的不同意义等等。[④] 由此可知，在以地名反映微言大义这一点上，刘师培比其家学走得更远。

4.“词例”

“某(之)词”，是《公羊传》和《谷梁传》在解释经文时的常用表达。《公羊传》庄公八年“师还。还者何？善辞也”[⑤]，《谷梁传》隐公四年“卫人立晋。卫人者，众辞也”[⑥]，僖公二十六年“公追齐师至巂……至巂，急辞也”[⑦]等，即是此例。贾、服等汉儒援用“某辞”来解释《左传》，并置换了“某辞”的内容。《左传》庄公

---

① 《旧注疏证》，第 162 页。

② 《旧注疏证》，第 547 页。

③ 《仪征刘申叔遗书》第 3 册，第 944 页。

④ 《仪征刘申叔遗书》第 3 册，第 944—945 页。

⑤ 《春秋公羊传注疏》(十三经注疏)，上海：上海古籍出版社，1997 年，第 2230 页。

⑥ 《春秋谷梁传注疏》(十三经注疏)，上海：上海古籍出版社，1997 年，第 2369 页。

⑦ 《春秋谷梁传注疏》，第 2401 页。

三年经“公次于滑”，贾逵称“书次者皆善之辞”[①]，认为“次”是善辞。《左传》庄公二十八年经“臧孙辰告籴于齐”，服虔说：“不言如，重谷急辞。以其情急于籴，故不言如齐告籴。乞师则情缓于谷，故云如楚乞师。”可见服虔认为“如”表示情势不急迫；反过来，不说“如”则表示势态紧急。

对于以上贾、服之注，《旧注疏证》予以拥护。对于“书次者皆善之辞”，《旧注疏证》云：

> 如疏说，则书次为善辞，左氏先儒皆然，非仅贾氏谊矣。传例皆本礼经，谓次非礼之素制，非。[②]

即《旧注疏证》认为，“次”（即“凡师，过信为次”）是《左传》凡例，体现的是周礼的趣旨，先儒都以之为“善辞”。对于“重谷急辞”，《旧注疏证》说：

> 杜注不及书法，疏引服说以补之。[③]

即承认了服虔对此处书法解释的正确性。从以上二例可知，在《旧注疏证》看来，“某辞”已经不是单纯的训诂，而是周礼的精神，与《春秋》书法、大义相关联。在此基础上，刘师培一边利用传例与汉注，归纳出“还为善词”、“取为易词”、“如为缓词”，一边提出“纳为不易之词”。他在《春秋左氏传古例诠微·词例篇》中说：

> 庄经师还，传云“善鲁庄公”。宣经归父书还，传亦云善。是还为善词……襄经取邿，传云“书取言易”。昭传又曰：“不用师徒曰取。”是取为易例……故公次乾侯，贾亦入例，明与次、滑之例同也……昭经纳

① 刘文淇等以“书次者皆善之辞”为贾注，本于孔疏，又作“美之辞”。孔疏云：“先儒又言书次者，皆美之辞。释例曰，叔孙救晋，次于雍榆。传曰礼者，善其宗助盟主，非以次为礼也。齐桓次于聂，北救邢，亦以存邢，具其器用，师人无私，见善不在次也。而贾氏皆即以为善次，次之与否，自是临时用兵之宜，非礼之所素制也。言非素制者，非礼家制此名，以为善号也”。见《旧注疏证》，第138页；《春秋左传正义》（十三经注疏），上海：上海古籍出版社，1997年，第1763页。

② 《旧注疏证》，第138页。

③ 《旧注疏证》，第202页。

> 北燕伯，贾云："时阳守距难，故称纳。"是明书纳非易词也。庄经告籴于齐，服云："不言如，重谷急词。"是明书如均缓词也。[①]

即，根据传例或者贾、服之注，凡是书"还"和"次"的地方，皆是褒扬之意，书"取"则有轻易地取得之意。反过来，书"纳"之处均有不容易之意。如此，《旧注疏证》赞成的"某辞"的深意，被刘师培总结起来成为重要的一类——"词例"，与"时月日例"、"名例"等并列。

虽然《春秋》的用字有其特定的意义，但刘师培也注意到，在上古很多词汇是上下通用，不分身份等级的。他在《读左札记》中说：

> 夫三代之时，尊卑之分未严，故古代之字多属上下互用之词。意之所专属者为壹，意之所分属者为贰。人同此心，非必为君者悉能无偏无党也。叛者，半也，义与背同。左传之书叛，所以著天王反复之罪也……后世以降，尊君抑臣，以得为在君，以失为在臣。由是下之对上也，有一定之词，上之对下也，亦有一定之词。[②]

意思是说，在上古，尊卑的区分并不严苛，无论是对身处上位的人还是对身处下位的人，多使用同一词汇。后世随着区分越来越严，对君和对臣所使用的语言也渐渐区别、限定下来。"王贰于虢"的"贰"字，"王叛王孙苏"的"叛"即是此类。其实，这一观点先出现在《旧注疏证》当中，正是刘师培沿袭其家学之处。《旧注疏证》隐公三年传"王贰于虢"下云：

> 俞正燮《癸巳类稿》云，《左传》隐三年"王贰于虢。"贰，欲兼任两用之。文十四年，周公将与王孙苏讼于晋，王叛王孙苏。叛者，初与合而后相背也。古语上下共之，秦汉以后始合于一。今读书多险词，当知古今之所以异。[③]

---

① 《仪征刘申叔遗书》第3册，第947—948页。

② 《仪征刘申叔遗书》第2册，第834—835页。

③ 《旧注疏证》，第19页。参照俞正燮《癸巳类稿》卷七"书隐三年左传后"。《丛书集成续编》第093册，上海：上海书店，1994年，第142页。

《旧注疏证》引用俞正燮的议论，表明了《春秋》中也有上下共享的词汇，在俞氏当时看来却是“险词”。这些“险词”与暗含微言大义的词同时存在于《春秋》中。由此可见，以“某辞”为代表的《春秋》深意与上古用语的特殊性，都是刘文淇等所承认的，后来又被刘师培所继承，冠名以“词例”。于此词例中，亦可见刘师培沿袭、发展其家学的轨迹。

综上，贾、服等先儒取《公羊》及《谷梁》之说以引申《左传》大义，而《旧注疏证》以贾、服等汉注为圭臬阐释《左传》之义。刘师培亦持同样的态度，并进一步搜集整理汉儒的义例说，构筑了“时月日例”、“名例”、“地例”、“词例”四大义例。在尊崇汉儒的义例说、批评杜预的义例说这一点上，刘师培完全沿袭了《旧注疏证》的立场，这是继承家学的部分。而刘师培进一步整理《旧注疏证》所搜集的具体的汉儒义例说，将它们概括化、体系化，形成抽象的义例理论，则呈现出发展家学的特性。

(二) 具有独创性的“礼例”、“事例”

如上所述，《旧注疏证》已经从“礼”、“事”、“义”三个侧面提示了研究《左传》的方向，即研究《左传》所记载的史实、礼制和《左传》所阐释的义例思想。而刘师培将“礼”、“事”分别与“例”相联系，又创造性地诠释了“礼例”(即礼制中所反映的义例)和“事例”(即事件中反映的义例)。

关于“礼例”，刘师培在强调《左传》与《周礼》相通的基础上，从“书”或“不书”的角度探讨《春秋》对周礼的处理，将“礼”的书法归纳为三种情况，即：其一，恒礼(正礼)必书，非礼(变礼)则不书；其二，恒礼不全书，只书一二回，以区分正、变之礼；其三，只书变礼以表贬损之意。举例来说，第一种情况，如公、夫人必书薨、葬，内女必书其归(嫁入他国)，夫人必书其至(自他国嫁入鲁国)，大夫必书其卒等。第二种情况，如三年一次军事演习，诸侯在祭祀其社之后送祳，太子出生等，仅书写一二回，以说明此是正礼。第三种情况，如拖延制作僖公的神主、季文子以战功建筑武宫、庄公盛饰桓公庙的楹桷等，都是因为非礼才被记载下来。①

关于“事例”，刘师培首先表明其旨趣云：

---

① 《仪征刘申叔遗书》第3册，第942—943页。

然则深切著明，必资君臣行事矣。德刑礼义，无国不纪。纤悉必举，纪录滋繁。经则矩范所程，义有分注。文既较略，罅漏互昭。比而同之，疑眩难一，则是见齐而不见其踦也。丘明以传弼经，率以书不书为说。①

刘师培认为，深切著明的大义必然要通过君臣的行事才能反映，但事件繁杂而经文简略，无法将事情的内情写尽。因此左丘明在《春秋》的"书"与"不书"之间体会，获得圣人的深意，从而解说经文。然后，他总结出了"内盟（鲁国与他国的盟誓）不书"、"外师（他国的军事行动）不书"、"敌国相宾（地位相当的诸侯之间的朝聘往来）均不书"、"自迁（自发的都城迁移）不书"等具体的书法。②

《春秋》的微言大义必须从礼制的内容领会先王、圣人在精神文化上的内涵，必须通过对具体事件的分析方能知晓，这样的想法或许比较常规，也为《旧注疏证》所具有。但将"礼"、"事"分别与"例"相联系，将其限定于书、不书，并类型化、具体化"礼例""事例"的内容，却是刘师培的创见。

由以上分析可知，刘师培对"时月日例"、"名例"、"地例"、"词例"四例的总结，一方面建立在其家学对汉注义例论的态度之上，是对其家学的继承；一方面也有理论上的推进，是对其家学的发展。而他对"礼例"、"事例"二例的总结，与其家学从"事"、"礼"的角度研究历史事实的初衷大相径庭，可说是发展大于继承。

二、对《春秋》性质的认识

（一）《春秋》是孔子所修之"经"，而不是对历史的忠实记录。在这一点上，刘师培与《旧注疏证》的态度一致。隐公元年传"元年春，王周正月。不书即位，摄也。"针对这一传文，《旧注疏证》云：

是先儒皆以隐公实即位，孔子修经，不书也。杜预云：假摄君政，

---

①《仪征刘申叔遗书》第3册，第946页。

②《仪征刘申叔遗书》第3册，第946页。

不修即位之礼,故史不书于策。……是隐公摄位,非摄政。况传明云公摄位而欲修好于邾,摄位则行即位之礼,杜预之说非也。……正义……曲护杜氏,谬矣。[1]

杜预认为,鲁隐公只是摄政,没有行即位之礼,故鲁史不书隐公即位。而《旧注疏证》根据汉儒之说认为,隐公实行即位之礼,孔子修经,不书而已。据此可知,刘文淇将《春秋》视为经,主张它不是原原本本记载历史的著作。刘师培也继承了这一点,并在《春秋左氏传古例诠微·崇经篇》中做了概述。他说:

春秋名一书二,前史后经。史出鲁臣所录,经为孔子所修。……孔经顾兼二体者,盖于事、于礼佥有因依,于旨、于词则为制作。[2]

即,《春秋》的历史事实与礼仪,的确是根据鲁史写成的,但其旨趣和用语却是孔子制作的。可见,刘师培认为,《春秋》的义例是普遍存在的,完全是孔子个人的制作而非"史例"(即史官的记载体例)。

刘师培又主张,不存在没有义例的经文,这也是对杜预的批评。杜预主张"非例说",认为《春秋》的书法之所以不能整齐划一,是因为历代史官在书写和保存史籍的过程中,存在"从史"、"史异辞"、"从告"、"旧史缺文"、"久远遗落"等情况。也就是说,孔子修《春秋》时大多都是抄录史籍旧文(刘师培又称之为"经承旧史"),而史籍旧文出自多位史官之手,流传中又有缺漏,所以书法体例不一在所难免,并非都是孔子有意以一字为褒贬。但刘师培在《春秋左氏传古例诠微·辟非例篇》中正面批评了杜预此说,又另著《非从史篇》、《箴缺篇》、《释赴告篇》,对杜预的"从史"、"旧史缺文"、"从告"诸说逐一进行了反驳。之后他又著《春秋左氏传传注例略》,总结杜预之误二十二处,再次严厉批评了杜预的"经承旧史"说。他说:"杜说之误,属于训诂典制者其失小,属于义例者其失巨。爰稽其失,厥有廿端。以经传为误,一也。经阙,二也。经倒文,三也。传写失之,四也。无义例,五也。经直因史成文,经用旧史,六也。书法一彼一此,并仍史旧,

---

① 《旧注疏证》,第5页。

② 《仪征刘申叔遗书》第3册,第923—924页。

七也。史言其实，所书非例，八也。史特书，九也。史异词，十也。史略文，十一也。史缺文，十二也。史失之，十三也。经不书，因史旧法，十四也。史承告词书策，《春秋》承策为经，十五也。告词略，十六也。书名不书名，从赴，十七也。以某事告，故时史因以为文，十八也。不书悉由不赴，十九也。不书悉由不告庙，二十也。"[①]总体来看，《旧注疏证》承认《春秋》是经不是史，但也没有完全否定"缺文"、"从告"、"简篇混乱"等史料本身问题以及编辑过程对经文的影响[②]；而刘师培坚信但凡经文皆有义例。因此可以说，刘师培更加彻底地肯定了《春秋》作为"经"的性质，是在继承其家学基础上的进一步发展。

（二）《左传》中"君子曰"的内容是左丘明对历史事件所做的评价，这一观点也与《旧注疏证》相同。隐元年传"遂为母子如初，君子曰，颍考叔，纯孝也"，对此，《旧注疏证》云：

> 据（魏）澹所说，则《左传》所称君子者，皆左氏自为论断之词。[③]

据上述疏证可知，刘文淇以"君子"为左丘明自称。在隐公四年传"君子曰，石蜡，纯臣也。恶州吁而厚与焉"处，刘文淇亦云："北史王劭传，劭上书曰……如劭所说，则《左传》中所称君子曰者，皆丘明自谓也。"[④]而刘师培在《春秋左氏传古例诠微·明传篇》中说："据史迁说，则传称君子，盖属丘明。"[⑤]显然，其主张与刘文淇一致，是继承其家学。

（三）批评杜预的"周公礼经说"，以《左传》凡例为左丘明的一家之言这一观点，刘师培与其家学一致。对于隐公传七年"谓之礼经"，《旧注疏证》云：

> 是礼经即周典，五十凡乃周典中史例，不关周公创制……此五十凡，乃左氏一家之学，异于公、谷……杜氏既尊五十凡为周公所制，而

---

① 《仪征刘申叔遗书》第3册，第988页。

② 僖公八年经"冬十有二月丁未天王崩"，《旧注疏证》云："策书之例，必俟告乃书，此来告之日"（第286页），僖公十五年经"己卯晦震夷伯之庙"，《旧注疏证》云："己卯晦，经文疑有错简"（第313页），成公十三年传"申之以盟誓"，《旧注疏证》云："秦穆，晋献盟事，经不书，盖不告也"（第885页）。

③ 《旧注疏证》，第11—12页。

④ 《旧注疏证》，第27页。

⑤ 《仪征刘申叔遗书》第3册，第925页。

> 其释例又不依以为说。自创科条，支离缴绕。是杜氏之例，非左氏之例也。今证经传，专释训诂名物典章，而不言例。另为五十凡例表，皆以左氏之例释左氏。其所不知，概从阙如。[①]

《左传》“五十凡”中，有叙述周制者，有叙述《春秋》书法者。杜预的“周公礼经说”认为，《左传》中的“五十凡”都是周公所制周礼；刘文淇对此予以否定，认为“五十凡”只是“史例”，更具体地说，只是左丘明的一家之学，与周公无关。刘文淇还批评杜预的《春秋释例》，认为《释例》所归纳的《春秋》义例已不是左丘明所阐发之义例，而是杜氏自创的义例，并且支离破碎。刘师培沿袭了其家学对“周公礼经说”的批判，他在《春秋左氏传古例诠微·诠凡例篇》中说：

> 杜预之说，以传文发凡言例，即周公礼经，亦即史官成法。……杜所演陈，亦非偭古，惟先师弗以史法即经例，亦弗云凡例即礼经。……是经殊史例，杜匪弗谙。惟妄解“礼经”“策书”二文，又以传云“善志”，“志”属周公，因以五十凡亦周公遗制。不知“善志”为赞经之词，自与周公靡预。凡为公制，传亦无文。[②]

刘师培认为，先师即汉儒都不以史法为经例，也不以凡例为礼经，这是对杜说的批评，同于其家学。刘师培又探讨杜预此说的成因，以为是杜氏妄解“礼经”、“策书”二处传文，遂误解凡例是周公所制。他对杜说的不满同时见于《春秋左氏传例略》[③]，这些不满都成为他构筑“六例”理论的动机。

三、结语

本文深入探讨了刘师培所构筑的“六例”理论与《旧注疏证》的关系，探讨了

---

① 《旧注疏证》，第 42 页。

② 《仪征刘申叔遗书》第 3 册，第 931 页。

③ 《春秋左氏传例略》第四条云：“汉儒旧说，凡与不凡，无新旧之别，不以五十凡为周公礼经，明经为孔子所作，经文书法并自孔子也。杜预以下，悉以五十凡为周公旧典。魏晋以前，未闻斯说。”《仪征刘申叔遗书》第 3 册，第 976 页。

在《春秋》性质和《左传》凡例的问题上刘氏的认识与《旧注疏证》的关系,得出的结论是:刘师培的义例理论是在其家学基础上的整理、继承和发展。具体而言,可概括为以下五点:第一,《春秋》是经,不是按照历史真实而书写,因此微言大义是普遍存在的;《左传》的"君子曰"就是左丘明自身对历史事件的评价。刘师培的这两个基本立场,直接来源于其家学。第二,杜预的"周公礼经说"、"非例说"以及杜预所整理的《释例》基本不符合《左传》义例,刘师培否定杜注的立场与其家学一致。第三,尊崇贾逵、服虔等汉儒的义例说,以之为真正的左氏例,刘师培的这一立场与其家学一致。第四,"时月日例"、"名例"、"地例"、"词例"四者是基于汉儒解释且为《旧注疏证》所承认的义例。刘师培搜集其实例,充实其内容,树立其名目,又总结其正、变例的多种情况,是在家学基础上的发展。第五,"礼例"、"事例"二者,是将其先祖所提出的"礼"、"事"、"例"三个研究方向,转换成"礼例"、"事例"的模式,且与前四例并列成为"六例",这是刘师培的理论创新。总之,刘师培贬低杜注、推崇汉注,秉承了家学的这个基本立场,而又专注于总结义例,构筑了较为丰富且抽象的理论体系。表面上看,刘师培专论义例的特征与以考证为特色的刘氏家学差异甚大,但从内部细节上看却是对其家学的继承、整理和升华。因此,片面强调刘师培的义例说与其家学的差异,而忽略其义例理论与其家学的联系,是有失偏颇的。

Liu Shipei's View on the Writing Style of *Chunqiu* (*Spring and Autumn Annals*) and the Liu Family's Tradition of Learning

Tian Fang

Abstract: JiangSu YiZheng Liu Family is famous for learning *Zuozhuan* (*Commentary on the Spring and Autumn Annals*) for four generations. The 4th generation was Liu Shipei, who concentrated on building the theory of the writing style and the implication of *Chunqiu* and *Zuozhuan*. It seems different from Liu Family's way of studies, but indeed, Liu Shipei's basic attitude on the following four aspects are the same with his Family, these are: *Chunqiu*'s characteristic, *Zuozhuan*'s explanations about the writing style and the implication (义例) *of Chunqiu*, the commentaries of scholars in Han

Dynasty, the commentaries of Du yu (杜预). Besides, Liu Shipei emphasized there were six sorts of writing style and the implication in *Chunqiu*, which was also developed from his family tradition.

Keywords: Liu Shipei, the writing style and the implication of *Chunqiu*, Liu Family's tradition of learning

钱穆与冯友兰*

陈 勇**

[摘 要] 钱穆与冯友兰都是20世纪中国的著名学者，一个是史学大师，一个是哲学巨擘。两人相识于北平，抗战时在长沙临时大学、西南联合大学曾为同事。两人皆出生在甲午战败、割让台湾之年，其一生都与中国甲午战败以来的时代忧患相终始，故其治学富有强烈的民族忧患意识和时代担当精神。尤其是在日寇步步侵逼、大片国土沦丧、民族危机严重的抗战时期，他们旗识鲜明地祭起学术经世的旗识，其著述讲演，皆以中华文化民族意识为中心论旨，在激发当时国人的民族意识和苏醒国魂方面起到了十分重要的作用，为国难之时书生报国树立了典范。

[关键词] 钱穆；冯友兰；学术交往；民族复兴意识；政治关怀

* 基金项目：国家社科基金重大项目“20世纪的历史学和历史学家”(19ZDA235)、国家社科基金一般项目“钱穆与民国学术研究”(16BZS003)。

** 陈勇(1964—)，男，四川巴中人，历史学博士，上海师范大学人文学院教授、都市文化研究中心研究员，陕西理工大学汉江学者特聘教授，主要从事中国近现代学术思想史、史学史研究。

一、北平之交

钱穆与冯友兰同年出生(1895 年),两人都生在一个书香门弟之家。所不同的是,五世同堂的七房桥钱家,到钱穆的父辈时早已家道中落,“沦为赤贫”。钱穆中学尚未读完,便因家贫辍学而为人师,在老家无锡乡间辗转十年。钱穆在乡村自行摸索为学的路径和方法,既无名师指点,又少学友切磋,用他自己的话说,他是在茫茫的学海中,“一路摸黑,在摸黑中渐逢光明”。

与钱穆早年自学苦读、一路摸黑相比,冯友兰无疑就要好得多了。他幼年即在自家所办的私塾读书,以后进入新式小学、中学就读。1912 年,即钱穆被迫辍学的那一年,冯友兰以河南省官费生身份考入上海中国公学,三年后毕业考入北京大学文科哲学门,学习中国哲学。1919 年,冯友兰负笈美国,入哥伦比亚研究院攻读西方哲学。1924 年,冯友兰在哥大获哲学博士学位后回国,先后任教于河南中州大学、广州中山大学、北平燕京大学、清华大学。从钱、冯二人早年所受的教育来看,钱穆没有上过大学,也没有出国留学的背景,是一个地地道道靠自学成才、从乡村走出来的学者;而冯友兰则是科班出身,受过正规大学的训练,又接受过西方教育的沐浴和熏陶,对西方文化有直接的体验和认识。

钱穆与冯友兰初识于钱氏任教北平燕京大学之后。

1930 年秋,由于古史辨派的主将顾颉刚的推荐,钱穆赴北平任燕京大学国文系讲师。有一天,他在城中一公园碰到了冯友兰。对于这次偶然的碰面,钱氏在晚年的《师友杂忆》中这样回忆道,刚一见面,冯友兰便讲道:“从来讲孔子思想绝少提及其‘直’字,君所著《论语要略》特提此字,极新鲜又有理。我为《哲学史》,已特加采录。”①

初次见面,冯友兰便称自己撰写《中国哲学史》时采纳了钱著《论语要略》的观点,说明在此之前,冯对钱的著作已有了解。众所周知,《中国哲学史》是冯友兰的成名之作,全书共 32 章,从先秦子学一直写到晚清今文经学,是继胡适《中国哲学史大纲》之后,系统研究中国传统哲学最为完整的一部中国哲学史著作。该书出版后,颇多好评,冯氏在中国现代哲学史上的名家地位由此奠定。

① 钱穆:《八十忆双亲·师友杂忆》,北京:生活·读书·新知三联书店,1998 年,第 158 页。

冯友兰把中国哲学史的发展历程分为子学和经学两部分，冯著上册为子学时代，专论先秦诸子之学，1929年完稿，1931年作为清华大学丛书之一，由上海神州国光社正式出版。当年陈寅恪在审察此书时就有"取材谨严，持论精确"的评价。[①] 当冯氏完成《中国哲学史》上册的写作时，在中学任教的钱穆也写出了《论语文解》《论语要略》《孟子要略》《墨子》《惠施公孙龙》《国学概论》等著作，他早年考辨诸子的名作《先秦诸子系年》也已脱稿，一时有"子学名家"之誉。

钱穆早年研究子学的著作多由商务印书馆出版，1925年出版的《论语要略》便是其中的一部。该书对孔子论"直"的解释，颇有新意。钱氏认为，孔子论"仁"，首贵直心由中，故又屡言"直道"。孔子论"直"，约有三义：其一，直者，诚也，即以真心诚意待人，不以欺诈邪曲待人。其二，直者，由中之谓，称心之谓。其三，直道即公道。前人研究孔子思想，多重"仁"，这固然不错，但对孔子论"直"则鲜有提及。钱穆独具慧眼，把"直"置于"仁"之后，专就"直"字作透彻的解释，引起了治子学的冯友兰的注意。冯氏认真拜读过钱著，并在《中国哲学史》上册第四章"孔子及儒家之初起"中直接引述了钱氏的新解。今查冯著上册"孔子屡言直"一节，确有"选抄钱穆先生《论语要略》"的注释，这说明钱氏晚年的回忆所言不虚。当然，冯友兰在论述这一问题时，也采用了美国学者德效骞(Homer H. Dubs)所著"The Conflict of Authority and Freedom in Ancient Chinese Ethics"一文的观点。[②]

其实，在《中国哲学史》上册中，冯友兰引用钱穆研究子学的成果远非上述一处。比如在第五章"墨子及前期墨家"和第七章"战国时之百家之学"中，冯著多次征引了钱穆《墨子》一书的研究成果。钱氏早年喜治墨学，写有《墨辩探源》《墨辩碎诂》《墨辩与逻辑》等文，1929年完成的《墨子》一书，是他早年研究墨学总结性的著作，全书分三章，1930年3月由商务印书馆出版。该书对墨家得名的由来，墨子的生卒年月，墨学的思想系谱，别墨与《墨经》，以及许行、宋钘、尹文、惠施、公孙龙诸家与墨学的关系，墨学中绝的原因等问题皆有深入的研究，颇多创获。关于墨家的得名，钱穆认为，"墨"乃古代刑名之一，墨家的"墨"字即取义于古代的"墨刑"。由于墨者崇尚劳作，以处苦为极，其生活方式近于刑徒，

---

① 陈寅恪：《冯友兰〈中国哲学史〉上册审查报告》，《金明馆丛稿二编》，北京：生活·读书·新知三联书店，2001年，第279页。

② 冯友兰：《中国哲学史》上册，上海：华东师范大学出版社，2000年，第60页。

故墨家的开创者墨翟遂以“墨”名其家，这一学派便被称作“墨家”了。关于墨子的生卒年代，自古以来，众说纷纭，而无定论。钱穆在书中作《墨子年表》加以考订，认为墨子之生至迟在周敬王之世，不出孔子卒后 10 年；其卒年当在周安王十年左右，不出孟子生前 10 年，年寿在 80 以上。关于农家与墨学的关系、南方墨学的崛起，钱氏认为农家出自墨家，许行即墨子的再传弟子许犯，南方墨学的崛起和勃兴与许行在南方的大力宣传有关。这些观点皆被冯著《哲学史》所征引。

冯友兰完成《中国哲学史》上册时，已是清华大学鼎鼎有名的教授，已是当时学术界如雷贯耳的大人物，而此时的钱穆尚未成名，其身份不过是一位中学教师。然而冯著《哲学史》却多次征引一位中学教师的研究成果，足见当时学术界不讲地位而重实际才学的淳朴学风。钱穆后来从中学中脱颖而出，成为大学教授、名教授，与当时这种质朴学风和良好的学术环境当有极大的关系。

1931 秋，钱穆转入北京大学史学系任教，并在清华兼课，冯友兰为清华大学文学院院长，这一时期，二人时有往来。当时，北平学术界就老子其人其书的问题展开了热烈讨论。胡适主张老子在孔子之前，冯友兰、顾颉刚等人则坚持老子在孔子之后，《老子》一书是战国时代的作品。冯友兰在《中国哲学史》上册第八章“《老子》及道家中之《老》学”中提出了三条证据：其一，孔子以前，无私人著述之事，故《老子》不能早于《论语》；其二，《老子》文体，非问答体，故应在《论语》《孟子》之后；其三，《老子》之文，为简明之“经”体，可见其为战国时代的作品。[①]

在《老子》晚出说上，钱穆站在冯友兰一边，支持冯说。他写有《关于〈老子〉成书年代之一种考察》《再论〈老子〉成书年代》等文，从社会背景、思想线索、文体修辞等方面对《老子》其书作了全方位的考察和分析，可谓是对冯友兰等人观点的具体深化。[②] 二人在《老子》成书的年代问题上互相声援、支持，这也引起了主张“早出说”的胡适的回击。胡适在致冯友兰的信中说：“你把《老子》归到战国时的作品，自有见地，然讲义(指《中国哲学史》——引者)中所举三项证据，则殊不足推翻旧说。”[③]在给钱穆的信中称：“我并不否认《老子》晚出之论的可

① 参见冯友兰：《中国哲学史》上册，第 130 页。

② 参见陈勇：《钱穆与老子其人其书的考证——兼论与胡适的争论》，《厦门大学学报(哲学社会科学版)》，2018 年第 4 期。

③ 胡适：《致冯友兰》(1930 年 3 月 20 日)，耿云志、欧阳哲生编：《胡适书信集》上册，北京：北京大学出版社，1996 年，第 502 页。

能性。但我始终觉得梁任公、冯芝生与先生诸人之论证无一可使我心服。若有充分的证据使我心服,我决不坚持《老子》早出之说。”①

钱穆、冯友兰都是《老子》“晚出说”的坚持者,但二人在具体的观点上也有差别。冯友兰主张《老子》在《庄子》之前,钱穆则主张《老子》书出庄周之后。有一天,钱穆和顾颉刚到胡适府上拜访,三人谈论的话题尽是老子成书的年代问题,胡适对主张晚出说学者的观点大加批驳,称“天下蠢人恐无出芝生右者”。钱穆把此事写入了《师友杂忆》中。当冯门弟子钟肇鹏看到钱氏晚年的这则回忆后告诉乃师,冯听后沉默良久,说道:“胡适顶聪明,但他‘作了过河卒子,只得勇往直前’。我却不受这种约束。”②

钱穆早年治诸子学,《先秦诸子系年》(以下简称《系年》)则是他早年治诸子学的系统总结。该书 1929 年完稿,1930 年代前期在北平任教时又多次加以修订增补。看过《系年》稿的蒙文通、顾颉刚对该书甚为推崇,蒙文通称《系年》是一部“体大思精”的大著作,顾颉刚则誉之为“民国以来战国史之第一部著作”③。书成之后,由顾颉刚推荐给清华,申请列入“清华丛书”,如冯友兰《中国哲学史》之例。当时负责审察此稿的有冯友兰、陈寅恪等三人。冯友兰认为此书不宜作教本,若要出版,当变更体例。陈寅恪则持相反的意见,认为《系年》“作教本最佳”④,并称赞“自王静安后未见此等著作矣”⑤。由于冯氏的反对,钱穆的这部著作审查时最终未获通过。

《系年》是钱穆早年最为重要的学术著作,也是 20 世纪中国学术史上的考据名作。钱穆对自己积十余年之功完成的著作也颇为自负,称前人治诸子约有三病:各治一家,未能条贯;详其著显,略其晦沉;依据史籍,不加细勘。称自己“以诸子之书,还考诸子之事,为之罗往迹,推年岁,参伍以求,错综以观,万缕千绪,丝丝入扣,朗若列眉,斠可寻指”⑥。他晚年曾对门下弟子说,自己一生著书无数,但真正能像乾嘉诸老那样传诸后世的只有一部,那就是《先秦诸子系年》,

---

① 胡适:《与钱穆先生论〈老子〉问题书》,《清华周刊》第 37 卷第 9—10 合期,1932 年。

② 郑家栋、陈鹏选编:《追忆冯友兰》,北京:社会科学文献出版社,2002 年,第 106 页。

③ 顾颉刚:《顾颉刚日记》第四卷,台北:联经出版事业公司,2007 年,第 249 页。

④ 引自《朱自清日记》,《朱自清全集》第十卷,南京:江苏教育出版社,1997 年,第 202 页。

⑤ 钱穆:《八十忆双亲·师友杂忆》,第 160 页。

⑥ 钱穆:“自序”,《先秦诸子系年》,北京:中华书局,1985 年,第 20 页。

这足以说明钱氏对自己的这部著作是何等看重。然而此书因冯友兰的审读意见不同而未能如愿列入"清华丛书",自然会引起钱穆的不快。钱门弟子余英时直到乃师逝世时仍撰文为师门叫屈,"此事为冯友兰所阻,清华没有接受《诸子系年》"[①],对冯氏当年反对出版《系年》仍耿耿于怀。

二、南岳山中的讲学与著述

1937 年 7 月 7 日,日军炮轰卢沟桥,进攻宛平城,中国军队奋起还击,抗日战争全面爆发。7 月 28 日,驻守北平的二十九军宋哲元部撤离,不久北平城便落入敌手。平津沦陷后,北平各高校纷纷南迁,国民政府教育部决定北大、清华、南开三校合并,在湖南省会长沙组建临时大学。

中国军队撤离北平后,日本人并没有立即进城,冯友兰与清华同仁怀着悲壮的心情参加了清华的护校活动。他们最初的想法是,守着清华为的是替中国守着一个学术上、教育上完整的园地。"似此星辰非昨夜,为谁风露立中宵?"(黄景仁《绮怀》)北平已不属中国了,还在这里守着,岂不是为侵略者服务了吗?一旦意识到了这一点,守护清华的冯友兰毅然决定南下了。

当时京汉铁路已被阻断,南下都得经过津浦路。冯友兰与吴有训同行南下,由天津经济南、郑州、汉口赴长沙。钱穆则于 11 月初由天津赴香港,转道长沙。

长沙临时大学设有理、工、文、法四个学院,理、工、法三院设在长沙市内,文学院暂驻南岳衡山。11 月 3 日,冯友兰、闻一多、朱自清等 10 人冒雨乘汽车从长沙抵南岳。钱穆、汤用彤、贺麟等人到南岳的时间比冯友兰等人晚了整整一月,他们大约在 12 日 4 日才到达学校。

文学院驻南岳圣经书院有一个学期,院长是胡适。由于胡氏远在美国,由冯友兰代理。当时南岳山中学者云集,学术空气甚浓,冯友兰讲中国哲学史,钱穆讲中国通史,闻一多讲《诗经》,金岳霖讲逻辑,吴宓讲西洋文学史。在众多的课程中,最受学生欢迎的是钱穆、冯友兰、闻一多的课。据文学院外文系学生李

---

① 余英时:《一生为故国招魂——敬悼钱宾四师》,《犹记风吹水上鳞——钱穆与现代中国学术》,台北:三民书局,1991 年,第 26 页。

赋宁回忆："当时南岳山上大师云集，生活艰苦，但学术空气活跃、浓厚，授课的教师有冯友兰、金岳霖、沈有鼎、钱穆、汤用彤、朱自清、闻一多、陈梦家、吴宓、叶公超、柳无忌等，还有英国青年诗人、批评家威廉·燕卜孙。当时冯先生的中国哲学史，钱穆先生的中国通史和闻一多先生的诗经这三门课的听众极为踊跃。教室窗外挤满了旁听的人。每当我回忆起南岳那一个学期的生活，我总是神往不已，好像是置身于最圣洁的殿堂之中。"①冯友兰本人对这段教学生活也作了深情的回忆：

> 我们在南岳底时间，虽不过三个多月，但是我觉得在这个短时期，中国的大学教育，有了最高底表现。那个文学院的学术空气，我敢说比三校的任何时期都浓厚。教授学生，真是打成一片。有个北大同学说，在南岳一个月所学底比在北平一个学期还多。我现在还想，那一段的生活，是又严肃，又快活。②

在南岳山中，学者们一面教书育人，一面又勤于著述，笔耕不辍。钱穆每逢星期六早晨，必下山至南岳市图书馆借书。当时该图书馆购有商务印书馆新出版的《四库珍本初集》，他专借宋明诸家文集，携回山中阅读，皆作笔记。其中有关王安石新政诸条，后来在宜良山中写《国史大纲》时，择要录入著中。有一天，钱穆随意借一部《日知录》返山阅读，忽有新解，感到旧著《中国近三百年学术史》有关顾亭林一章没有如此清楚的认识。惟恐书中有误，于是找来旧著细读，幸好书中没有大误。钱氏自言如果现在撰写此稿，恐怕与旧稿大有不同，遂有"厚积而薄发，急速成书之终非正办"之叹。

此时的冯友兰，正在南岳山中埋头从事《新理学》的撰写。冯氏多年前就有撰写此书的愿望，只因杂事甚多，一直未能将思考的问题见诸笔端。"城破国亡日色昏，别妻抛子离家门。"③民族危机的严重，激发了冯友兰的创作激情，他在南岳山中奋笔疾书，仅用两个月之力，便完成了他抗战时期最重要的著作《新理

---

① 李赋宁：《怀念冯芝生先生》，郑家栋、陈鹏选编：《追忆冯友兰》，第 64 页。

② 冯友兰：《回念朱佩弦先生与闻一多先生》，《三松堂全集》第 14 卷，郑州：河南人民出版社，2000 年，第 165—166 页。

③ 冯友兰：《我家南渡开始》(1937 年夏)，《三松堂全集》第 14 卷，第 507 页。

学》的写作。当年和他同住一室的哲学系教授郑昕回忆说，“冯先生写起书来，简直就像一部开动的机器”①。

国难当头，客居他乡，既激发了学者们的民族意识和著述灵感，同时也为他们交流思想、切磋学问提供了相逢的环境和条件。这么多的哲学家、史学家、文学家等学者都住在一栋楼里，朝夕相处，切磋问学，的确是居北平时期所未曾有的。冯友兰称在衡山虽然只有短短的几月，可是他们却生活在一个神奇的环境里，精神上深受激励。冯友兰完成《新理学》的写作后，向友人同道征求意见。他在书稿“自序”中称：“金龙荪岳霖、汤锡予用彤、钱宾四穆、贺自昭麟、郑秉璧昕、沈公武有鼎诸先生均阅原稿全部；叶公超崇智、闻一多、朱佩弦自清诸先生均阅原稿第八章，有所指正。”②

据钱穆《师友杂忆》回忆，一天傍晚，冯友兰来到他的居处，把《新理学》手稿送给他披览，盼其批评。钱穆读完全稿后，告诉冯氏，理学家论理气必兼及心性，两者相辅相成。今君书独论理气，不及心性，一取一舍，恐有未当。又，中国虽无自创的宗教，但对鬼神却有独特的见解。殷人尊神信鬼，敬鬼神而事之，朱子论鬼神亦多新创之言，故主张冯著在修改时应增加这些内容。钱穆建议冯友兰将《新理学》第一章改作序论，第二章论理气下附论心性，第三章专论鬼神，庶可使新理学与旧理学一贯相承。冯友兰听后，称“当再加思”。

其实，钱穆居南岳时对宋明理学多有注意。他读王龙溪（畿）先生集，识其讲学大要，撰成《王龙溪略历及语要》一文。又读罗念庵文集，成《罗念庵年谱》一文。钱穆称自己读王、罗二人文集，“于王学得失特有启悟”，是其“此下治理学一意归向于程朱之最先开始”。③ 与此同时，钱穆在文学院师生中也作过有关宋明理学的学术讲演，如发挥阳明良知之学与知行合一理论的深义，认为王学不把“心”与“物”对立，不把内外分成两截，直透大义，反向自心，故王学的精髓处，便是“圆浑天成”直诉“自心”。钱氏演讲时听者甚众，听众中就有哲学系教授金岳霖。据钱氏回忆，金岳霖听他演讲后，曾多次到他住处讨论理学问题。金岳霖与冯友兰是同事兼挚友，在南岳山中，两人分别完成了《论道》《新理学》

---

① 转引自任继愈：《总结往史，留待后人——纪念冯友兰先生百年诞辰》，郑家栋、陈鹏选编：《追忆冯友兰》，第14页。

② 冯友兰：“自序”，《新理学》，《贞元六书》，上海：华东师范大学出版社，1996年，第3页。

③ 钱穆：《八十忆双亲·师友杂忆》，第209页。

的写作。据冯氏回忆，两人在写作中互看稿子，互相影响，“他对于我的影响在于逻辑分析方面，我对他的影响，可能在于‘发思古之幽情’方面。……他曾经说，我们两个人互有短长。他的长处是能把很简单的事情说得很复杂，我的长处是能把很复杂的事情说得很简单”[①]。据钱穆推测，冯友兰把《新理学》的手稿送给他阅读，可能是出自金岳霖的主意。[②]

日军侵占京沪杭后，沿长江西进，进攻华中，武汉、长沙沦为前线。日寇的疯狂进攻和中国大片国土的沦丧，激发了临时大学学生的抗日热情，掀起了一个大规模的抗战卫国的从军运动。不少学生就地从军，参加抗战，也有一部分学生冲破封锁，奔赴延安。1937 年 12 月的一天，北大学生在南岳圣经学院的一片露天草地上举行会议，这既是北大成立三十九年的纪念会，又是为两位学生奔赴延安举行的欢送会。学生邀请冯友兰、钱穆前去演讲。冯氏先发言，引《左传》“不有居者，谁守社稷？不有行者，谁扞牧圉”之语，对到延安的两生多有鼓励。钱氏接着发言，对学生作了一番恺切的劝谕。他说抗战救国，匹夫有责，潜心读书，多学知识，也是支持抗战的一种表现，不必人人皆上前钱。即便是要上前线杀敌，也不必长途跋涉，远投延安。因为延安远在陕北偏远之地，是后方而非前线。钱穆的讲话似乎句句都是针对冯友兰之言而发的。

冯、钱二人对奔赴延安两学生的不同态度反映了二人不同的政治倾向。1933 年 9 月，冯友兰利用清华休假机会赴欧洲考察一年，其间访问过世界上第一个社会主义国家苏联。回国后在北平高校大谈访苏观感，对社会主义颇有好感，一时被目为“左倾教授”。抗战时期，他对学生上前线参战多持鼓励和支持态度。有一天，在南岳临大文学院读书的韦君谊在小街上遇到了冯友兰，她对老师说想离开学校到前线去。冯友兰沉思片刻，点头说道：“好啊！现在正是你们为国家做点事的时候了。”说完便与学生握手道别。韦君谊后来在回忆文章中说：“冯先生这次，并没有教我在混乱的局面下，像一个哲学家那样平心静气动心忍性去读书，却在街头庄严地鼓励我——一个青年去抗战，这印象，一直深深留在我的脑海里。”[③]

钱穆力劝在校学生应安心读书，这也是他一贯的主张。“九·一八”事变发

---

① 冯友兰：《三松堂自述》，北京：人民出版社，1998 年，第 240 页。

② 钱穆：《八十忆双亲·师友杂忆》，第 213 页。

③ 韦君谊：《敬悼冯友兰先生》，郑家栋、陈鹏选编：《追忆冯友兰》，第 49 页。

生时，钱正在北大教书。消息传来的第二天早晨，他正从西直门附近赶往北大红楼上课。在课堂上，满怀悲愤的学生要他谈谈对事变的看法，钱穆就赶往学校途中的所见所闻谈了一番自己的观感。他说他在赶往学校上课的途中，耳闻目睹了北平学生呼喊的抗议口号和标语，其中有一则"宁作刀下鬼，不为亡国奴"的口号令他感慨尤深。钱穆认为，此一口号反映了当时青年人在精神上，只是一种消极的、悲凉的、反面的、退一步的情绪和心境，而不是一种积极的、奋发的、正面的、进取的态度。从这句口号中，似乎只看见青年们理智的、在利害上打算，却没有看见青年们热血的、感情上的奋发。外面是慷慨激昂，里面却是凄凉惨淡。理智不准确，因而情绪也不健全。沈阳是中国的土地，日本何得无端攫取，中国青年似乎不觉得其可愤慨、可羞耻，不认它为一种侮辱和轻蔑，而只认为其为一种危险和压迫。这是知识青年平日心境和情绪的自然的表白和流露，此非小事，实在值得我们深刻的反省。①

钱穆对"宁作刀下鬼，不为亡国奴"这一口号的理解是否正确，这里暂且不论。按照钱氏的解释，青年人应对自己的国家民族抱有坚定的信心和希望，应立志自强，不应以"不亡国"为满足。如果一遇到挫折就对国家民族失去信心，自然会转向消沉颓废。在欢送学生赴前线的演讲中，有一位同学用"茫然"二字来形容自己的心境时，钱穆立即有感而发："战事正在展开，国家前途不是就此完了。青年报国有他无限的前程，安心留后方读书，并不是没有意义。若谓国家沦亡迫在眉睫，而茫然上前线去，一旦看到国家并不真是沦亡迫在眉睫的时侯，那时又不免自生悔心，自生动摇。我们应当把握住自己，正使国家真个亡了，我们还有我们努力的方向。"②

演讲会结束后，冯、钱二人又展开了一场辩论。冯友兰对钱穆说，你劝学生留校安心读书，其言不差，但不应对去延安的两学生加以指责。钱的回答是，你既称赞两生赴延安，又怎么劝得住其他学生留校安心读书？此两条路，摆在面前，"此是则彼非，彼是则此非"，如君"两可之见"，岂不自相矛盾。两人力辩，结果是不欢而散。

把抗战救国大业能否及时完成的责任寄托在年轻学子的身上，这是冯、钱

---

① 参见钱穆：《五十年来中国之时代病》，《历史与文化论丛》，台北：东大图书股份公司，1979 年，第 244—245 页。

② 钱穆：《五十年来中国之时代病》，《历史与文化论丛》，第 246 页。

二人共同的地方。但在抗战救国的具体方式和行动上，二人的看法又大异其趣。《论语》中有“狂狷”的界说，孔子云：“不得中行而与之，必也狂狷乎！狂者进取，狷者有所不为也。”在冯友兰看来，如果时代需要年轻人的血肉来供养，年轻人不妨做一个“狂者”而慷慨赴义；在钱穆看来，医七年之病，岂能无“三年之艾”的预蓄？所以他认为做不上一个“狷者”，也够不上做一个“狂者”。“狂者进取”，在当时做一个“狂者”是顺应潮流的，容易得到人们的尊敬和理解，而“狷者有所不为”，需待时而动，与潮流相背，不容易赢得人们的同情。所以在那个时代潮流中，钱穆主张做一个“待时而动”的“狷者”，是需要有相当大的勇气的。[①]当然，钱穆并不是一味反对青年学生上前线杀敌。1941 年 3 月，他应浙江大学的邀请赴遵义为浙大师生作“五十年来中国之时代病”的演讲时又重提此事，为自己的观点辩护：“我的意思并不反对青年们决意上前线去从军，只反对他们对国家前途的那种消极悲凉专在反面退一步的看法，我只要解除他们那种急躁的浅见。”[②]

对赴延安两学生的不同态度，反映了冯、钱二人在政治上的不同倾向。然而在政治上的不同看法并不妨碍二人在学术上的往来，冯友兰仍把《新理学》书稿送钱穆审读，嘱参意见，钱穆称“芝生此后仍携其新成未刊稿来盼余批评，此亦难得”[③]。

三、新宋学的弘扬者

南京失守之后，日军沿长江西进，进逼武汉，轰炸长沙，国民政府教育部决定将长沙临时大学迁往昆明。

1938 年 2 月 5 日，南岳文学院的师生回到长沙，与其他三院师生会合，开始了由长沙向昆明的撤退，文学院在南岳山中三个月的学习生活至此结束。临时大学由长沙向昆明的撤退，按当时的说法叫“转进”。此次“转进”共分三路：

一路沿粤汉铁路至广州，再到香港乘船至越南海防，再沿滇越铁路乘火车抵昆明，吴宓等人走的是这一路。一路组成“湘黔滇旅行团”，步行入滇。此路

---

① 参见詹耳：《宾四先生二三事》，香港《人生》半月刊，第 8 卷第 6 期，1954 年 8 月。

② 钱穆：《五十年来中国之时代病》，《历史与文化论丛》，第 245—246 页。

③ 钱穆：《八十忆双亲·师友杂忆》，第 210 页。

有闻一多、袁复礼、曾昭抡等师生 300 多名,徒步经湘西、贵州前往昆明。一路由广西入滇,钱穆、冯友兰等人走的是这一路。此路乘汽车沿湘桂公路经桂林、柳州、南宁等城市,出镇南关,绕道河内,再沿滇越铁路经蒙自入昆明。

一天早晨,汽车经过广西凭祥县城(在中越边境上)时,冯友兰不小心把左手伸出车窗外,碰在城墙上导致骨折,他不得不另乘车赶往河内的一家法国医院治疗。这一场意外的事故把冯友兰"转进"昆明的时间比其他人拉长了一月左右。

在河内住院期间,冯友兰认真思考了钱穆在南岳时对《新理学》提出的修改建议,觉到钱氏之言言之有理,决定增加"鬼神一章"。

长沙临时大学迁滇后,改名为西南联大。由于昆明没有足够的校舍,文、法学院移至蒙自。钱穆住在校内宿舍里,埋头于《国史大纲》的撰写,冯友兰则住在桂林街一家民宅中,从事《新理学》一书的修订。他在修改书稿时,部分采纳了钱穆的意见,如以首章移作"绪论",增加了鬼神一章。今查《新理学》一书,第九章即专论"鬼神"。不过冯友兰认为朱子论心性,无甚新意,所以冯著论朱子思想时,仍不谈心性。据说西南联大有一次演讲上,冯友兰称:"鬼者归也,事属过去。神者伸也,事属未来。钱先生治史,即鬼学也。我治哲学,则神学也。"[①]钱穆在晚年的回忆中也记有此事,称"芝生虽从余言增鬼神一章,而对余馀憾犹在,故当面揶揄如此"[②]。事实上,冯氏所谓鬼学、神学之别,意在区分史学、哲学的不同,用语不失幽默,何曾"揶揄"?

《新理学》完成后,由于惧怕日机轰炸导致书稿散失,在正式出版前,曾先在蒙自石印若干部,"分送同好"。这就是最初的《新理学》版本。该书是冯氏哲学体系的奠基之作,在他的哲学建构中具有特别重要的意义。完成书稿后的冯友兰,兴奋不已,在石印本的扉页上题下一诗:

印罢衡山所著书,踌躇四顾对南湖。
鲁鱼亥豕君休笑,此是当前国难图。[③]

---

① 钱穆:《八十忆双亲·师友杂忆》,第 213 页。

② 钱穆:《八十忆双亲·师友杂忆》,第 213 页。

③ 冯友兰:《手校〈新理学〉蒙自石印本》(1938 年 8 月),《三松堂全集》第 14 卷,第 511 页。

1939年秋后，钱穆离开了西南联大。此后辗转成都华西坝，在齐鲁大学国学研究所、华西大学文学院任教。冯友兰一直在西南联大，直到抗战胜利，复员北平。1939年以后，钱、冯二人见面渐少，但也不是没有来往。比如冯友兰利用清华第二次休假的机会，到成都华西大学作演讲。在一次欢迎冯氏的茶话会上，钱穆也在座，其间二人还展开了一场关于“做一中国人”还是“做一世界人”的辩论。二人曾在重庆复兴关为国民党“中央训练团”讲课，同住一处。1941年8月，《思想与时代》月刊在贵州遵义创刊，该杂志内容包括哲学、科学、政治、文学、教育、史地等项，而特重时代思潮与民族复兴之关系，是抗战时期很有学术水准的期刊，钱穆和冯友兰皆是该刊的主要撰稿人。钱穆把发表在该刊上的有关思想文化方面的文章，结集成《中国文化史导论》一书并出版，冯友兰1942年起连续在该刊上发表了10篇文章，合起来成《新原人》一书，1943年由商务印书馆出版。

《新原人》是一部讲人生哲学的著作，与冯友兰在抗战时期所写的《新理学》《新事论》《新世训》《新原道》《新知言》合称“贞元六书”。冯氏在《新原人》“自序”中说：

> “为天地立心，为生民立命，为往圣继绝学，为万世开太平”，此哲学家所应自期许者也。况我国家民族，值贞元之会，当绝续之交，通天人之际、达古今之变、明内圣外王之道者，岂可不尽所欲言，以为我国致太平、我亿兆安心立命之用乎？虽不能至，心向往之。非曰能之，愿学焉。此《新理学》、《新事论》、《新世训》及此书所由作也。……世变方亟，所见日新，当随时尽所欲言，俟国家大业告成，然后汇一时所作，总名之曰“贞元之际所著书”，以志艰危，且鸣盛世。

后来冯友兰在《三松堂自述》中对“贞元之际”作了这样的解释：“所谓‘贞元之际’，就是说，抗战时期是中华民族复兴的时期。当时我想，日本帝国主义侵略了中国大部分领土，把当时的中国政府和文化机关都赶到西南角上。历史上有过晋、宋、明三朝的南渡。南渡的人都没有能活着回来的。可是这次抗日战争，中国一定要胜利，中华民族一定要复兴，这次‘南渡’的人一定要活着回来。这就叫‘贞下起元’。这个时期就叫‘贞元之际’。”[①]所以冯氏称：“贞元者，纪时也。当我国家民族复兴之际，所谓‘贞下起元’之时也。”

面临着日本侵略者压城之黑云，冯友兰宣称这就是民族复兴和民族觉醒的前夜，坚信严冬即将过去，春天就会到来，国家民族必将有复兴之日。这种对国家民族充满着自信的情感也真切地体现在钱穆身上。

“九·一八”事变后，日本侵占东三省，步步进逼华北，日本人的飞机时时在北平城的上空低空盘旋，文化古都已成“危城”。此时在北大任教的钱穆目睹日寇猖獗，愤慨尤深。他的《中国近三百年学术史》就写于这一时期，“斯编初讲，正值九一八事变骤起。五载以来，身处故都，不啻边塞，大难目击，别有会心”[②]。此时在清华任教的冯友兰也发出了与钱穆同样沉重、激愤的呼声。他在《中国哲学史》“自序(二)”中说：“此第二篇稿最后校改时，故都正在危急之中。身处其境，乃真知古人铜驼荆棘之语之悲也。值此存亡绝继之交，吾人重思吾先哲之思想，其感觉当如人疾痛之见父母也。吾先哲之思想，有不必无错误者，然‘为天地立心，为生民立命，为往圣继绝学，为万世开太平’，乃吾一切先哲著书立说之宗旨。无论其派别为何，而其言之字里行间，皆有此精神之弥漫，则善读者可觉而知也。”[③]钱、冯二人皆出生在甲午战败、割让台湾之年，他们的一生都与中国甲午战败以来的时代忧患相终始。面对日寇的步步侵逼，具有强烈民族忧患意识和民族情感的钱穆在《中国近三百年学术史》中特严夷夏之防，表彰晚明清初诸儒不忘种姓的民族气节和操行，高扬宋学经世明道、以天下为己任的精神，即寓有他反抗外来侵略的写作意图。当年杨树达在读钱著时就有“注重实践，严夷夏之防，所见甚正”[④]的评价。而在全面抗战时期完成的通史著作《国史大纲》，更是被他的学生余英时誉为“为中国文化招魂”的大著作。他在书中旗识鲜明地祭起了宋学经世的旗识，对时人认定的宋学为空虚疏陋之学痛加批驳，称“自宋以后，一变南北朝隋唐之态度，都带有一种严正的淑世主义”，“以天下为已任，此乃宋明以来学者惟一精神所寄”。[⑤] 钱、冯二人对宋明理学皆有

---

① 冯友兰：《三松堂自述》，第263页。

② 钱穆：“自序”，《中国近三百年学术史》，北京：中华书局，1986年，第4页。

③ 冯友兰：“自序(二)”，《中国哲学史》，上海：华东师范大学出版社，2000年。

④ 杨树达：《积微翁回忆录》，上海：上海古籍出版社，1986年，第204页。

⑤ 钱穆：《国史大纲》(下册)，上海：商务印书馆，1940年，第555、606页。

精深研究，钱穆在宋明理学中推尊朱子，冯友兰宣称他的《新理学》是接着程朱讲，他写"贞元六书"的宗旨就在于弘扬宋儒"为天地立心，为生民立命，为往圣继绝学，为万世开太平"的救世精神，希望通过宋儒先贤的思想来"帮助中华民族，渡过大难，恢复旧物，出现中兴"①。可以说，抗战时期钱、冯二人以弘扬宋学为己任，他们都是当时学术界"新宋学"的代表人物。②

四、学者的"政治关怀"

钱穆与冯友兰是学者，但又不是纯粹埋首书斋、不问时事的学者，他们虽然没有直接参与政治，但却又关心政治，不忘情于政治。当年钱穆第一次被蒋介石召见时，蒋问钱"你是否对政治有兴趣"，钱的回答是："我治历史，绝不会对政治不发生兴趣。即如当年顾(炎武)、黄(宗羲)诸人，他们尽不出仕，但对历史上的传统政治都有大兴趣，其对现实政治乃至此下可能的理想政治亦都极大关心。"③冯友兰两度加入国民党，曾出席国民党六大并为主席团成员，在政治关怀方面，较钱穆尤深。

抗战时期，蒋介石提倡宋明理学，欲复兴民族意识，这与钱穆、冯友兰的论学宗旨是相契合的。当时钱、冯两人在西南后方，或著书立说，或奔走演讲，皆以弘扬民族文化、昂扬民族精神为己任，这自然会引起蒋介石的注意。冯、钱二人在抗战时期数次受到蒋介石召见、赐宴，某种程度上可以说蒋介石对他们礼遇有加。1943—1945年间，两人三度赴陪都重庆，在复兴关为国民党"中央训练团"党政高级训练班讲课。钱讲"宋明理学"，讲"晚明诸儒之学术及其精神"；冯讲"中国固有道德"，"中国固有哲学"。最后一次讲学，钱穆与冯友兰、萧公权、萧叔瑜同住一室，同在复兴关过阴历年。在元旦的那天早晨，蒋介石曾亲临其住所看望，问寒问暖，令他们感动不已。

---

① 冯友兰：《三松堂自述》，第264页。

② 当时与钱穆、冯友兰声气相通、引为同调的著名学者还有陈寅恪等人。陈寅恪在《邓广铭宋史职官志考证序》中说："吾国近年之学术，如考古历史文艺及思想史等，以世局激荡及外缘熏习之故，咸有显著之变迁，将来所止之境，今固未敢断论。惟可一言蔽之曰，宋代学术之复兴，或新宋学之建立是已。"《金明馆丛稿二编》，北京：生活·读书·新知三联书店，2001年，第277页。

③ 钱穆：《屡蒙蒋公召见之回忆》，《中国学术思想史论丛》(十)(《钱宾四先生全集》第23册)，台北：联经出版事业公司，1998年，第83页。

有学者在《中国青年报》上发表了一篇访谈文章，题目为《人物风流：谈谈一生多变的冯友兰》，文中也谈到了钱穆："领袖请学者吃饭，是学者和政治家更直接的交往。当年钱穆就是在四川青木关吃了蒋委员长的饭，以后说话就不自由了。正所谓文人难过皇帝关。"据钱穆《屡蒙蒋公召见之回忆》一文记载，1941年春末，他赴青木关教育部开会，会后返成都，忽得教育部来函，说蒋介石想召见他，询问其是否短期内可再往，钱回函婉拒。这是他蒙蒋氏召见而未获晋谒的一次，自然谈不上在青木关"吃了蒋委员长的饭"。

从已有的材料来看，当时的钱穆还是一个说话自由的学者，有自己独立的见解，并没有因蒋介石的召见、赐宴而改变其学术立场。抗战时期，钱穆写过不少研究中国传统政治的文章，力主中国传统政治是民主政治而非专制政治。此一观点在当时可能被国民党当局利用。马克思主义学者胡绳批评钱氏宣传这一观点的目的在于"攀龙附凤"①，自由主义学者胡适攻击钱氏的"见解多带反动意味"，"拥护集权的态度亦颇明显"。② 其实，钱穆的"非专制"论早在1930年代前期在北大任教时即已提出，且为其一生所坚持，并非在蒋介石宴请他以后一夜之间提出来的。

钱穆第一次被蒋介石单独召见的时间是1942年6月22日，地点在成都"中央军校"，谈论的内容多为宋明理学，尤其是明末清初遗民顾、黄、王诸家思想。他说顾炎武注重地方政治；黄宗羲主张内阁有权，主张法治与清议；王夫之提倡风俗人心之改造。"一则看到大处，一则切于实际，一则洞察人心，其特点皆以儒家学说，运用之于实际政治，而为有体有用之学。"③蒋对钱的看法表示赞同，两人谈话一小时后即到中午，蒋遂命钱同餐，并请他坐上座，以示尊敬。餐后又续谈十多分钟，宾主才依依告别。钱穆是学者，一生虽然未加入任何党派，但他对现实政治的关心并不亚于胡适、傅斯年等卷入政治甚深的一班学人，在抗战时期尤其如此。

其实，钱穆并不反对知识分子参政，相反，他还不断在为知识分子参政、引导社会寻找历史依据。钱穆认为由学术界与教育界所形成的"道统"，其地位乃

---

① 沈友谷（胡绳）：《评钱穆著〈文化与教育〉》，《群众周刊》第9卷第3、4期，1944年2月。

② 胡适著，曹伯言整理：《胡适日记全编》（7），合肥：安徽教育出版社，2001年，第539—540页。

③《蒋中正与钱穆讨论宋明理学儒家思想等谈话纪要》，详见台北"国史馆"典藏号：002-080114-00018-009。

在政府所形成的“法统”之上，中国历史的正途是“经济军事须由政治领导，而政治则须由教育来领导”，凡是“道统”的执行者——知识分子直接参与政治，掌握实际政权，就能“时运光昌”。如景帝师晁错，武帝师王臧；而贾谊“政事疏”与董仲舒“天人三策”，奠定了西汉的政治规模。平民学者公孙宏拜相封侯，从此形成“士人政府”。南北朝之际，南士尚清谈，与政府对抗；北士较笃实，与政府协调，此即统一势力来自北方而开隋唐盛世之主要因素。范仲淹的“十事疏”与王安石的万言书，其以天下为己任的精神始终贯统着宋代以后的历史。[①] 抗战时期钱穆写有《道统与治统》一文，指出中国传统政治有一要义就是“政治”与“学术”紧密相融洽，凡社会学术能上撼政府、领导政府的时代，政治就表现得有活力；反之政府与社会学术隔绝，政治必日趋恶化。钱穆对历史上知识分子参政的作用给予了充分的肯定。

抗战时期，蒋介石大力提倡宋明理学，而宋明理学又是钱穆平生最看重、最喜爱的一门学问。当时的“教育部国立编译馆”编宋元明清四朝学案，即是在蒋的授意下进行的，其中《清儒学案》即由钱氏承担。在初次被召见时，钱穆向蒋汇报了编写《清儒学案》的情况，蒋对钱从事的这项工作鼓励有加，称“此书关系中国哲学与民族传统精神之恢弘阐扬，至为重要”。盼其专心致志，著成此编，嘉惠后学。在钱穆的眼中，蒋的确是一位“礼贤下士”的领袖，在抗战的紧张氛围下如此关心学术文化，这给钱穆留下了极为深刻的印象。钱穆称，与蒋初次见面，谈话不到数分钟，已使他“忘却一切拘束，欢畅尽怀，如对师长，如晤老友”[②]。他从蒋“谦恭下士”的举动中看到了中国文化复兴的希望，增强了对蒋领导相关事务的信心。抗战之前，钱穆虽然已名播学界，但他只是一个潜心学问的知识分子，与国民党当局没有多少关联。抗战时期，钱穆数度受蒋介石召见、赐宴，他在政治上对蒋也有所支持。

1949 年，冯友兰和钱穆作出了人生中截然不同的选择。1946 年 8 月，冯友兰赴美讲学，于 1948 年 3 月回国。在回国之前，他已取得了在美“永久居留”的签证。但是身处异国的冯友兰，时常不能忘怀祖国。“虽信美乃非吾土兮，夫胡可以久留。”居美期间的冯友兰时时吟颂王粲《登楼赋》中的这句话，表达了他对

① 参见汤承业：《读〈国史大纲〉与〈国史新论〉感言——道统与法统献论》，《钱穆先生八十岁纪念论文集》，香港：香港新亚研究所，1974 年，第 386—388 页。

② 钱穆：《屡蒙蒋公召见之回忆》，《中国学术思想史论丛》(十)(《钱宾四先生全集》第 23 册)，第 83 页。

祖国的思念之情。当时国内局势已发生了重大转变，解放军由战略防御转为进攻，国民党军队节节败退，不少朋友劝他留在美国。冯友兰却说："俄国革命后，一些俄国人跑到中国居住，称为'白俄'。我决不当'白华'。解放军越是胜利，我越是要赶快回去，怕的是全国解放了，中美交通断绝。"[①]为了把"根"留在祖国的大地上，冯友兰毅然选择了回国。

在解放军包围北平期间，国民党当局实施了所谓的"抢救"北平学人计划。在被"抢救"名单的第一类中，就有清华大学文学院院长冯友兰的名字。但他拒绝离去。1948 年 12 月 14 日，清华大学校长梅贻琦离开北平南下，冯友兰被校方推为校务委员会主席，担负起了"护校"的重任，最后把清华完整地交到了人民的手中，为新中国教育事业保存了元气。

1949 年以后的冯友兰，改信马列主义，否定自己的过去，也真心写过不少颂扬社会主义、歌颂伟大领袖的文章。但是在"文革"期间，仍然受到冲击、批判，无法"洁身而退"。"文革"后期，在"批林批孔"的浪潮声中，一度失去了自我，说了一些违心的话，写了一些违心的文章。海外学者对冯友兰，特别是晚年的冯友兰多有指责，批评他观点多变，没有气节。钱穆也不例外，对故友多有指责。

冯友兰在《三松堂自述》中对"文革"后期批孔的行为作了深刻的反省、检讨，以未能做到"修辞立其诚"而自责。20 世纪 90 年代以来，海外学者也以"同情之了解"的眼光看待冯友兰的晚年。比如傅伟勋在冯氏去世后不久撰文指出："我对他晚年的行为的苛评，今天重新'盖棺论定'，应当收回。……包括'文革'在内的近现代中国历史的变迁，如此错综复杂，我们千万不能针对个人去作历史的以及道德的评价，我们必须从多种角度去考察整个事件，整段历史的前因后果，来龙去脉。……将近九十高龄的冯友兰仍能面对自己，谈诚、伪之分，敢于公开自己的错误，敢于剖心，似乎暗示他的赤子之心始终未泯。他的内在真实不因外在苦难与'吾不得已也'的曲折妥协，而消失不见。"[②]此段评论可谓平实之论。

有人认为冯友兰一生太过于接近政治，太过于接近权贵。其实，钱穆晚年

---

① 冯友兰：《三松堂自述》，第 118 页。

② 傅伟勋：《冯友兰的外在苦难与内在真实——为悼念冯氏而作》，《中国时报》，1990 年 12 月 11 日。

又何尝不是如此。

1949 年,溃败的国民党当局迁往广州,组成"战时内阁",一批不认同新政权的学人南下广州,这其中就有钱穆。后来钱氏居香港办学,固然有延续中国文化于内地之外的志业宏愿,但也反映了其政治倾向。钱穆居香江办学期间,每年必至台湾,接受蒋氏父子的召见,新亚书院最初的一部分办学经费即来自台湾当局领导人办公室的拨款。蒋介石曾把自己写的《科学的学庸》一文交其审读、修改,钱穆自己也写过不少捧蒋的文章,称蒋是"一位高瞻远瞩的政治家","丰功伟业,一世莫两",他甚至在一篇颂蒋的寿文中称蒋"诚吾国历史人物中最具贞德之一人"。①

1950 年代初,钱穆在香港撰文公开反对蒋介石连任,保留了知识分子对政治问题的独立见解。1959 年 9 月,他赴台讲学,受到蒋介石的召见。当时国民党第三届领导人选举即将举行,蒋立意再谋连任,问钱穆:"此次选举,你是否有反对我连任之意? 是否公开发表文字?"钱穆立改过去反对连任的态度,称"今已时移境易,情况大不同","担负此重任之最适当人选",非蒋氏莫属。② 钱穆晚年的捧蒋、颂蒋,遭到了当时台湾反传统的激进青年李敖的猛烈攻击。这位"文星论战"时期西化派的主将撰文称,在他成长的道路上,有一位大人物曾经逼近了他,这位大人物便是有"一代儒宗"之誉的钱穆。但是他又很快摆脱了钱氏的影响而把钱氏定位成一名"反动的学者"加以攻击。因为在他看来,"历史上,真正'一代儒宗'是不会倒在统治者的怀里的"③!

Qian Mu and Feng Youlan

Chen Yong

Abstract: Qian Mu and Feng Youlan are both famous Chinese scholars in the 20th

---

① 详见:《中国学术思想史论丛》(十)(《钱宾四先生全集》第 23 册),第 44 页。

② 钱穆:《屡蒙蒋公召见之回忆》,《中国学术思想史论丛》(十)(《钱宾四先生全集》第 23 册),第 89 页。

③ 李敖:《"一朝眉羽成,钻破亦在我"——我与钱穆的一段因缘》,《白眼看"台独"》,北京:中国友谊出版公司,1993 年,第 157 页。

century, one is a master of history, and the other is a giant of philosophy. They met in Peiping and worked as colleagues in the Changsha temporary university and the National Southwest Associated University during the period of The War of Resistance against Japanese Aggression. Both of them were born in the year of the first sino-japanese war and the cession of Taiwan, Their lives have been with The Times since China's defeat in the first sino-japanese war, therefore, they have a strong sense of national awareness of suffering and the spirit of responsibility in academic research. Especially during the period of The War of Resistance against Japanese Aggression, when the Japanese aggressors attacked in a large scale, a large number of lands lost, and the national crisis was serious, They hold up the banner of academic classics, their writings and speeches, all with the Chinese cultural national consciousness as the center of the topic, it has played an important role in arousing people's national consciousness and awakening the national soul, set a model for the scholar to serve the country in period of the national disaster.

Keywords: Qian Mu, Feng Youlan, academic interaction, national revival consciousness, political concern

“元寇纪念碑建设运动”与明治天皇制国家的建立

景梦如*

[摘　要]　1888年1月，时任日本福冈警察署长的汤地丈雄发起了一场“元寇纪念碑建设运动”，该运动以建立龟山上皇铜像为目标，宣扬“忠君爱国”精神，在当时影响广泛。从史学角度看，这是利用历史、建构记忆、树立民族主义意识和认同的运动。在甲午中日战争和日俄战争中发展的“元寇纪念碑建设运动”，既是明治时期日本向国家主义和军国主义道路前进中的“目击者”，也是“参与者”。本文着眼“参与者”角度，考察建碑运动在日本从封建国家向近代天皇制国家转型过程中发挥的作用。

[关键词]　汤地丈雄；元寇纪念碑建设运动；明治天皇制国家

“元寇纪念碑建设运动”①是由原福冈警察署长汤地丈雄发起，打着“蒙古

* 景梦如（1993—　），女，四川绵阳人，南京大学历史学院博士研究生，主要从事日本近代史研究。

① 为行文方便，下文将“元寇纪念碑建设运动”简称为“建碑运动”。

袭来”的旗帜，以建立亀山上皇铜像为目标，并将日本全国的民众卷入其中的所谓“护国”运动。这场运动以1888年1月汤地丈雄在全国号召人们为建设亀山上皇的纪念铜像募捐为开端，结束于1904年12月亀山上皇铜像的闭幕式。当时，“建碑运动”影响广泛，其在福冈、东京、大阪、京都、名古屋、三重、广岛、马关和长崎等地建立事务所，通过创作并传播有关“蒙古袭来”的歌曲，发行以“元寇”为题材的通俗易懂的小册子，花费巨资向全国散布广告，在各地进行演讲等形式鼓动人心，吸引世人的注目。[①]

管见所及，关于“元寇纪念碑建设运动”的先行研究相对较少。川添昭二的《蒙古襲来研究史論》详细介绍了汤地丈雄的生平经历和“建碑运动”的发展演变。太田弘毅付梓了几篇明治时期关于“元寇”的油画、军歌、书本等史料介绍的文章，并且收集了有关元寇纪念碑建设运动的史料，刊行了《元寇役の回顧——紀念碑建設史料》。[②] 谷惠萍、张雨轩的《日本军队歌曲〈元寇〉与甲午战争日军精神动员》论述了“建碑运动”与军歌《元寇》之间密切的联系。[③] 先行研究并未涉及“建碑运动”与明治天皇制国家之间的关系。本文将考察“建碑运动”在明治天皇制国家建立过程中起到的作用。

一、汤地丈雄的思想形成及变化

汤地丈雄是“建碑运动”的发起者，也是该运动的灵魂人物。考察建碑运动之时，有必要梳理汤地的思想形成及变化。1847年，汤地丈雄出生于熊本藩。他的父亲汤地丈右卫门是藩校时习馆的教师，与长冈监物（细川家家老）、元田

① “建碑运动”的缘起，参见1904年12月25日亀山上皇铜像建设的闭幕式上，主办者向与会人士散发的宣传册《元寇紀念碑来歴一斑》。古田隆一编：《元寇紀念碑来歴一斑》，《福岡県全誌（下編）》，福冈：安河内喜佐吉出版，1906年，第321—337页。

② 太田的论文如下：太田弘毅：《明治最初期の元寇絵画：鶴淵信英作の油絵（六枚）》，《政治経済史学》第548号，2012年6月，第1—28页。太田弘毅：《元寇役についての軍歌・唱歌：その一一編の歌詞と楽譜》，《軍事史学》第49卷第2号，2013年9月，第97—120页。太田弘毅：《湯地丈雄著〈元寇画帖〉について——外国人にも蒙古襲来を知らしめた書物》，《政治経済史学》第344号，1995年2月，第548—569页。

③ 谷惠萍、张雨轩：《日本军队歌曲〈元寇〉与甲午战争日军精神动员》，《抗日战争研究》，2018年第1期。

永孚、下津休也、横井小楠、道家之山、荻麗门六人相交甚笃。[①] 其父于 1860 年 6 月因病去世(享年 43 岁),母亲逝世于 1873 年。[②] 汤地丈雄在 14 岁的时候继承家督,由祖母汤地津尾子抚养长大。1796 年 3 月 23 日,祖母出生于肥后国,是熊本藩士佐佐文右卫门的女儿。1864 年的长州征伐中,汤地跟随藩主的世子细川良之助出征小仓。庆应年间,汤地作为熊本藩士往来于京都、大阪、江户之间。1870 年,汤地成为藩校时习馆的首席教师,1877 年的西南战争中作为政府军的一员出征,1886 年赴任福冈警察署长的职位,后半生致力于"建碑运动",1913 年 1 月 10 日,在东京的家中逝世。[③]

汤地在成长过程中受到"贤妇人"[④]祖母的影响很大。爱知县立第一高等女学校校长的鹈饲金三郎写道,"曾经,在恒雄的家中与丈雄有过一番谈话"[⑤],"在筑前的千代的松原之处巍然耸立着元寇纪念碑。这是汤地丈雄多年奔走而得来的结果,是他毕生的事业所在。他说他一直以宣扬爱国精神为己任,这些都是祖母津尾子的教导所致"[⑥]。汤地丈雄曾在爱知县立第一高等女学校的一次演讲中谈及自己从事"建碑运动"的原因。

明治四十二年 3 月,我在名古屋的第三师团偕行社讲述元寇的历史。演讲结束以后,主要出席的人们为我举办了犒劳会。宴会中师团长(陆军中将黑川通轨)突然问道:"我想知道你如此费心讲说元寇的

① 元田永孚还写下了一首诗,《六友之歌》。诗曰:"有友有友有六友、管鮑肅曹自抱負。米卿碩德學與富、巍似山嶽厭林藪。津公長者汎愛人、運思江洋龍蛇走。恢廓者是横時存、志氣軒昂衝北斗。決難解疑如割瓜、忠實精悍荻子有。揭網張目無遺漏、經綸之才誰出右。湯子純乎眞君子、似茹秋實飲諄酒。介然自守是道子、寛和亦能與人厚。吾性剪劣安能儔、幸喜執鞭随其後。嗚呼七賢六逸所不屑、漢朋宋黨我甘受。"(注:"湯子"指的是汤地丈右卫门。)参见湯地富雄著、畑岡紀元編:《〈前畑ガンバレ〉と私》,东京:湯地富雄自费出版,1996 年,第 69—74 页。

② 爱知县立第一高等女学校校友会编:《湯地津尾子の伝 : 賢婦人の跡を訪ねて》,名古屋:爱知县立第一高等女学校校友会自费出版,1918 年,第 60 页。另可参照汤地津尾子的年谱。

③ 川添昭二:《蒙古襲来研究史論》,东京:雄山阁出版,1977 年,第 140 页。

④ 作为爱知县立第一高等女学校校长的鹈饲金三郎,尤其钦佩汤地津尾子的品行,将她称为"模范妇人",并让全校学生学习她的精神。同校校友会还发行了《湯地津尾子の伝 : 賢婦人の跡を訪ねて》一书。

⑤ 爱知县立第一高等女学校校友会编:《湯地津尾子の伝:賢婦人の跡を訪ねて》,第 47 页。恒雄为汤地丈雄之弟。

⑥ 爱知县立第一高等女学校校友会编:《湯地津尾子の伝:賢婦人の跡を訪ねて》,第 49 页。

历史，惊醒昏睡之国民的动机。这是你自己的见识吗？抑或是受到什么人或事的激励？”

于是我回答道：“我哪有什么见识啊。我只是个不通情理，古板，寻常平凡，只知道读《论语》、《孟子》、《史记》、《左传》之类的书的无知汉罢了。只是有着一段不可思议的因缘。我的家在明治十年的西南战争中被烧掉了。祖母是巾帼不让须眉之人，即使穿梭于千军万马之间，也不离身的是村田清风先生写的‘不念却念心之所向，念兹在兹海之西北’一轴字和征韩之役中加藤清正随身携带着的‘日莲’所写的小旗。首先我坚信西北将有事情发生。元寇是从西北来的，今后外敌也一定会从西北过来，而且八十二岁的祖母精心护持着这两件珍物之事，更是让我慷慨激昂，终于下定决心了。”①

从上文可知，祖母的言传身教对汤地影响深远。除了祖母以外，汤地可能受时任藩校时习馆教师的父亲的影响，自小受儒家文化的熏陶，阅读《论语》、《孟子》、《史记》、《左传》等儒家经典。“1890 年 10 月 30 日，汤地在读《教育敕语》之时感激涕零。”②深受儒家思想影响的汤地在读宣扬“仁义忠孝”，以培养忠臣孝子为目的的《教育敕语》之时，一定有所共鸣才会感动流泪。其实，汤地在全国各地举办的一系列的演讲、幻灯会以及出版的书籍中最重要的思想是“忠君爱国”。他在 1891 年发行的《元寇反击护国美谈》的凡例中写道：“不忘敌国外患是立国之根本，读此书后能唤起诸君的国家意识，读此书后能激发诸君的忠君爱国之精神，此乃本书的主旨所在。”③“忠君爱国”的“君”指的是天皇，“忠君”为“爱国”之前提。对于明治时期以前的庶民来说，天皇是遥远的存在，并没有“忠君爱国”的思想。多木浩二(1988)认为：“事实上，在封建时代，天皇的权力丝毫没有渗透进民众的现实生活。对民众来说，虽然知道天皇的存在，

---

① 爱知县立第一高等女学校编：《湯地津尾子傳——附乃木大将と湯地津尾子》，湯地富雄著、畑岡紀元編：《〈前畑ガンバレ〉と私》，东京：湯地富雄自费出版，1996 年，第 184—188 页。引用自爱知县立第一高等女学校向全校学生发放的小册子。

② 湯地富雄著、畑岡紀元编：《〈前畑ガンバレ〉と私》，第 79 页。

③ 湯地丈雄编：《元寇反撃護国美談》，东京：护国堂发行，1891 年。

但也没有任何直接的关系。”①

铃木贞美(2005)写道:“德川幕府严厉禁止从战国时代开始发展势头迅猛的基督教,而是将朱子学定为正规的学问。因此,经过德川时代,武家和武士将对藩主的‘忠’看作第一位的,所谓的日本化的儒学扎根了下来。明治政府将武士对藩主的‘忠’置换为对天皇(家)的忠,而且分配给了‘四民平等’。这就是教育敕语。之后,对万世一系的天皇家的‘忠’就仿佛是日本国民从古代以来一贯有之的传统,这样的说法出现了。除了水户藩以外,难以想象德川时代诸藩的武家和武士会信奉明治时期所说的以天皇为中心的‘忠君爱国’之精神……这正是‘传统的发明’。”②而大贯惠美子(2003)也认为:“国家通过让全体日本人将天皇看作父亲之策略,消解了国民对天皇的忠和对父母的孝之间明显的矛盾。”③汤地自身属于武士阶层的一员,他自小所接受的儒家文化的教育也是德川时代的国学,而他所倡导的“忠君爱国”也是明治政府的国策。

从上文汤地的演讲中可知,他决意发起“建碑运动”也是受了祖母的启发。祖母随身携带的两件物品让汤地更加“坚信西北将有事情发生”。祖母带着“征韩之役中加藤清正随身携带着的‘日莲’所写的小旗”,其中“征韩之役”指的是16世纪末丰臣秀吉为征讨东亚大陆而发动的侵朝战争。日本称为“文禄・庆长之役”,中国称为“万历朝鲜之役”。汤地认为“元寇是从西北来的,今后外敌也一定会从西北过来”。这里,汤地混淆了“蒙古袭来”和“文禄・庆长之役”之间的区别,肯定了丰臣秀吉发动的侵略朝鲜的战争。从中也可窥探出汤地的军国主义倾向。

然而汤地发起“建碑运动”的原因,并非只是受了祖母的启发。《元寇纪念碑建设义捐金募集广告》④中详细地记载着汤地发起运动的缘由。汤地去福冈赴任之后,考察了“蒙古袭来”时期的古战场。他写道,“只有粕屋郡志贺岛村海岸有一处叫‘蒙古首切塚’的地方,在一个有两三棵松树的小山丘上而已,如果不寻求本地人的指点的话,都不知道这是什么东西”,这一曾让日本扬名的古迹,“只能求助于本地人的口耳相传(才能找到),这里连一块纪念的石碑都没有

① 多木浩二:《天皇の肖像》,东京:岩波书店,2002年,第4页。

② 鈴木貞美:《日本の文化ナショナリズム》,东京:平凡社,2005年,第70—71页。

③ 大貫恵美子:《ねじ曲げられた桜》,东京:岩波书店,2003年,第139页。

④ 古田隆一编:《福岡県全誌(下編)》,第322—323页。

留下。岂不是很遗憾吗”,“于是与志同道合之士商议,在此地建立一块大的纪念碑,用以旌表古代英雄的不朽之勋,也希望让他们的魂魄有所归之处……此工程真的完成以后,一目了然,观者可知我国国权的重要性,并且在锐意扩张国权的同时,警戒将来的成效哪里会小呢”。由上可知,汤地遗憾当地没有纪念“蒙古袭来”的场所,而他建纪念碑的目的在于让人们知道“我国国权的重要性”,并且扩张国权之时能警戒将来的人们不再忘记国权的重要性。

1904 年 12 月 25 日,汤地在“元寇纪念碑建设运动”的闭幕式上谈到了发起运动的原因:“(明治十九年)8 月 15 日,鉴于支那北洋舰队的水兵在长崎港的□□,深感为了国家应以重温元寇的历史为要务。(明治二十一年)1 月,发起纪念碑建设运动,愿意献身于此事业,渐渐地受到了政府与民间的支持。”[①]“长崎事件”也是汤地发起运动的原因之一。而仲村久慈在《汤地丈雄》中写到,当时日本全国霍乱肆虐,夺走了无数的生命。汤地在保护民众和防治霍乱之时,从现实的惨景联想起“蒙古袭来”时期当地民众遭受的苦难,因而更加坚定了发起“元寇纪念碑建设运动”的决心。[②]

其次,“建碑运动”的展开也可以依据日本国内的社会局势去考察。青木矮堂(1926)如是说:“随着日本国内欧化主义的盛行,以废除治外法权、恢复关税自主权为目标的条约改正论的沸腾,坚定了汤地发起建碑运动的信念。”[③]川添昭二(1977)认为,汤地领导的建碑运动应定位于“反欧化政策 = 国权主义”的历史语境之中。[④]

二、明治天皇制国家的建立

明治初期,日本政府推行废藩置县、征兵制、地租改正等一系列大改革的同时,但普通民众的思想和江户末期相比,并没有发生显著的变化。多木浩二

---

① 湯地丈雄:《成功除幕祝詞》,湯地丈雄:《元寇画帖:護国記念精神教育》,东京:皇典讲究所国学院大学出版部,1909 年。

② 仲村久慈著、三浦尚司监修:《(復刊)湯地丈雄——元寇紀念碑・亀山上皇像を建てた男》,福冈:梓书院,1943 年初版发行,2015 年复刊发行,第 21—50 页。参照“赤心の種子”一章。

③ 青木矮堂:《元寇狂と呼ばれたる湯地丈雄翁》,《海之世界》第 20 卷第 8 号,1926 年 1 月,第 61—63 页。

④ 川添昭二:《蒙古襲来研究史論》,第 118 页。

(2002)如是说:“一般民众与成为政治家、官僚的武士,还有原本就与地方的掌权势力有关系的上层民众不同,他们对天皇不关心的态度从封建时代持续到了明治时期。于是这种精英与非精英的意识的差异,以阶级性的形式保留至明治时代。”①

鹤见俊辅记载过出生于明治维新以前的两位平民的口述回忆。一位是万延二年(1861)2月9日出生于熊本县天草岛,祖上代代都是渔民的须崎文造。他回忆了以前从村里的老奶奶们的口中听到的内容:“即使天皇大人取代了天下大人(指幕府将军,天草属于幕府领地),天皇大人是什么样的人呢?印象中是狂言中看见的头戴金冠、身穿金缎和服的人。如果是天下大人的话,有田的人家交了运上税(注:江户时代的杂税,按一定的税率向商、工、渔、矿、运输业等各行业者征收)就完事了。到了天皇的时代就不一样了,每家每户连轧棉机都不剩地交运上税。恰似佐仓宗五郎的狂言那般的世界。”②另一位出生于安政五年(1858)1月16日,住在鹿儿岛县大口市山野町小木原的友郷きく回忆道:“萨摩的藩主大人是萨摩藩最高贵的人,听说天皇大人是日本最高贵的人。即使天皇大人代替了萨摩的藩主大人,那也是我们这些人不知道的上面的事情吧。”③由此可见,对当时的底层民众而言,最有权势的人是幕府的将军或者藩主,而不是天皇。天皇在他们眼中,是狂言里出现的贵人,是遥远的存在。

不仅如此,因为一系列的变革,民众对于明治政府的批判与抵抗也屡屡不绝。明治政府以建立发达资本主义、中央集权制度的现代国家为目标,1872年推行近代教育制度——“学制”,1873年颁布“征兵令”和“地租改正条例”。然而,风俗习惯和思想意识仍然保守的民众并没有适应一系列的改革政策。“征兵令”要求民众具备以身献国的觉悟,但现实中广泛存在对官吏、富人等的免役规定。同年颁布的“地租改正条例”虽然促进了资本主义经济的发展,却让农民的生活陷入困窘,小商工业者破产。1876年颁布的“学制”强制推行西方的教育制度,脱离了普通民众的生活实际,给人们留下“为政府之教育”的印象。大

① 多木浩二:《天皇の肖像》,第4—5页。

② 鹤見俊輔:《御一新の嵐》(《鶴見俊輔集·続2》),东京:筑摩书房,2001年,第300页。

③ 鹤見俊輔:《御一新の嵐》(《鶴見俊輔集·続2》),第305—306页。

约从 1873 或 1874 年开始，全国各地的多所学校发生了火灾事故。① 明治政府在建立现代国家的初期，其基础并不牢固，一方面是失去封建时代特权的武士阶层对政府的愤懑，另一方面是全国各地不断出现反抗“学制”、“征兵令”、“地租改正条例”的民众起义。②

在这样的状况下，明治政府为了巩固权力基础，急需得到国民的支持。1874 年，以板垣退助、后藤象二郎、副岛种臣、江藤新平为中心而提出的《民撰议院设立建白》在报上发表之后，以土佐的立志社为首，全国各地建立了自由民权思想的政治结社，翌年，这些结社联合起来成立了爱国社。③ 明治十年代这一时期，天皇制绝对主义意识形态和自由民权思想成为两大对立的思潮。④ 在两大思潮对立的高峰期，论争的主题涉及人民主权论和宪法论，甚至农村也出现了批判天皇的现象。⑤ 政府以明治十四年(1881)政变为契机，加强了对自由民权运动的监督。1882 年以后，日本国内的经济变动更让自由民权运动陷于艰难之境，农民和半无产阶级相继成立了“借金党”、“困民党”等组织。⑥ 尤其是 1884 年，“秩父困民党事件”成为自由民权运动中最激进的代表，农民起义事件的顶峰。

如前所述，在明治初期，天皇对普通民众来说是遥远的存在，而且人们普遍反抗政府的政策。但是，当天皇制国家成立以后，天皇却被人们当作“现人神”来崇拜。大贯惠美子(2003)说道：“通往‘为天皇牺牲即为国牺牲’这条道路，是和绘制蓝图的明治宪法一起开始的，而不是起源于 1930 年代。”⑦长谷川正安(1957)认为：“第二次世界大战中的天皇制意识形态，绝不是只有第二次世界大

---

① 玉城肇：《日本教育発達史》，京都：三一书房，1956 年，第 15—16 页。学校发生火灾事故的有鸟取县、冈山县、小仓县、岛根县、爱知县、三重县、埼玉县、千叶县。

② 遠山茂樹：《近代概説》，家永三郎等编：《岩波講座・日本歴史》第 14 卷(近代 1)，东京：岩波书店，1962 年，第 24 页。

③ 遠山茂樹：《近代概説》，第 27 页。

④ 色川大吉：《明治二十年代の文化》，家永三郎等编：《岩波講座・日本歴史》第 17 卷(近代 4)，东京：岩波书店，1962 年，第 283 页。

⑤ 色川大吉：《明治二十年代の文化》，第 283 页。

⑥ 遠山茂樹：《近代概説》，第 35 页。

⑦ 大貫恵美子：《ねじ曲げられた桜》，东京：岩波书店，2003 年，第 237—238 页。

战中才有，这是明治以来的天皇制的本相。”[①]近代天皇制国家是怎样建立起来的？明治政府通过怎样的措施，使天皇制意识形态渗透到人们的意识中？

远山茂树(1992)认为：“‘天皇制’一词在学术上包含两种意义，一是以天皇为顶点的统治机构、国家机构；二是以天皇为顶点的官僚势力。”[②]“这里作为国家统治机构的‘天皇制’指的是，明治二十二年(1889)制定的明治宪法(大日本帝国宪法)所规定的国家体制。”[③]后藤靖在论文《明治的天皇制与民众》中从国家制度的视角出发，清晰地论述了明治天皇制国家的形成和确立的过程。后藤将历时四十五年的明治天皇制国家分为了三个时期：“第一期，从维新政权的诞生至 1884 年(明治十七年)镇压自由民权运动。此为天皇制国家的形成期。第二期，1885 年设立内阁制至日清战争(注：甲午中日战争)。此为天皇制国家的确立期。第三期，日清战争，尤其是从‘战后经营’开始，经过日俄战争至之后的时期。此为天皇制国家的再编成期。”[④]换言之，明治天皇制国家的建立是政府构建绝对主义体制，将国民强制统合于体制之中的过程。但是，除了在经济和政治上对民众强力镇压之外，明治政府还出台了一系列的政策，致力于将“忠孝一致”的天皇制意识形态向民众输出。

如上文所述，一般民众对天皇漠然视之。除了底层民众以外，诸藩大部分的武士离“天皇崇拜”也很遥远。比如尊皇倒幕派的中心人物岩仓具视批判过孝明天皇；大久保利通公然主张，即使是天皇的命令，也可以分情况不执行。[⑤]后来倡导家族国家观的加藤弘之甚至说道：“天下国土的亿兆都如天皇一人的私有臣仆一般，这样野鄙陋劣的风俗作为我国之国体是毫无道理的。天皇和人民之间没有区别。”[⑥]明治政府利用民众对乡土的“爱”和武士对藩主的“忠”，将它们都置换为对天皇的“忠”。丸山真男(1964)认为：“在日本的民族主义精神构造中，国家多倾向于表现为个人自我埋没的第一群体(家庭和部落)的直接延

---

① 長谷川正安：《日本国憲法》，东京：岩波书店，1957 年，第 58—59 页。

② 遠山茂樹：《遠山茂樹著作集》第 6 卷，东京：岩波书店，1992 年，第 3 页。

③ 遠山茂樹：《遠山茂樹著作集》第 6 卷，第 3 页。

④ 後藤靖：《明治の天皇制と民衆》，後藤靖编：《天皇制と民衆》(4 版)，东京：东京大学出版会，1979 年，第 111—150 页。

⑤ 色川大吉：《明治の文化》，东京：岩波书店，1970 年，第 271 页。

⑥ 加藤弘之：《国体新論》，谷山楼，1874 年，第 4 页。

长，爱国热情特别体现为一种热爱环境的乡土感情。”[①]民众不会自发地形成“忠君爱国”的精神，明治政府通过一系列的政策延长了民众的“故乡情”，将其转变为“祖国情”，最终变形为“忠君爱国”的精神，将“家族国家观”自上而下地灌输到民众的脑海之中。“家族国家观”的含义是将国家理解为“家”的延长，天皇如同大家长，“臣民”被视为天皇的“赤子”。[②] 丸山真男(1964)认为：“由于日本的维新改革是那样的形式，所以明治政府的指导者不可能依存民众间自发成长的能动的国民连带意识，但是他们从不断的对外危机感中认识到唤起民众爱国心的急迫性，故必然会通过国家教育来自上而下完成这个课题……因此，对第一群体的非合理性的热爱，特别是那种传统的、封建的乃至家长制式的忠诚被大大地动员起来并集中到作为国家统一具体象征的天皇身上，国家意识就是这样得到一味灌输的。”[③]明治政府在建立近代天皇制国家的过程中的首要任务是改造民众的思想意识。

德川幕府倒台后，明治政府为了弥合江户时代天皇与民众之间的隔阂，通过让天皇巡幸全国，发放“御真影(天皇和皇后的照片)”等措施，不仅将朦胧而遥远的天皇形像具体展现给民众，还通过展示天皇权威的方式，强化了权力。“天皇的巡幸给民众带来两方面的影响，一是让民众知晓了天皇的存在；二是通过将天皇展示给民众的方式，在民众几乎无意识之间显示了权力并加强了统治。”[④]

全国规模的天皇巡幸从1872年开始至1887年总共进行了8次。[⑤] 天皇去

① 丸山真男：《现代政治的思想与行动》，陈力卫译，北京：商务印书馆，2018年，第158页。

② 藤田省三：《天皇制国家の支配原理》(新編)，东京：影书房，1996年，第15页。

③ 丸山真男：《现代政治的思想与行动》，陈力卫译，第159页。

④ 多木浩二：《天皇の肖像》，第68页。

⑤ 天皇8次巡幸的时间、地点及同行者如下。第1回：1872年(近畿、中国[注：指日本的“中国地区”]、四国、九州方面)5月23日—7月12日。西乡隆盛等74余人同行。第2回：1876年(东北、北海道方面)6月2日—7月21日。岩仓具视、木户孝允等230余人同行。第3回：1877年(近畿方面)1月24日—7月30日。第4回：1878年(信越、北陆、东海方面)8月30日—11月9日。岩仓具视、大限重信等300余人同行。第5回：1880年(甲信、近畿方面)6月16日—7月23日。三条实美、山田显义等360余人同行(除去警官)。第6回：1881年(东北、北海道方面)7月30日—10月11日。有栖川宫炽仁亲王、大限重信等350人同行。第7回：1885年(山阳方面)7月26日—8月12日。伊藤博文等130人同行。第8回：1887年(近畿、东海方面)1月25日—2月24日。皇后美子(后来的昭宪皇太后，1849—1914)等约300人同行。原武史：《可視化された帝国——近代日本の行幸啓》(增补版)，东京：みすず书房，2011年，第28—34页。

往全国的学校、工厂、军事设施、神社、寺院等各种各样的场所巡视，接触普通民众。原武史(2011)写道："天皇想通过巡视军事机构、学校、工业设施等地，来演一出作为'军事的指导者'、'开化的象征'、'产业或学艺的奖励者'的天皇像。但是人们将天皇当作能匹敌将军的'神'一般的统治者，民俗意义上的'活神'，或者是能倾听控诉和痛苦的'仁爱之人'。"①天皇在巡幸过程中，他带给人们的印象是各不一样的，这正是天皇意识形态向民众浸透的初始阶段，因而传达给人们的印象偏离了初衷。

除了天皇的巡幸以外，明治政府也转换了策略，向全国发放天皇的肖像"御真影"，将天皇视觉化并展示给民众。1873 年 6 月，奈良县令四条隆平向宫内省申请下放天皇的玉照，他希望"新年，天长节等节日里将玉照敬奉于政厅，让县民和官吏都前来瞻仰"②。他的请求随后得到了许可，这象征着"御真影"朝拜仪礼的开始。③ 之后全国范围内开始发放"御真影"，也意味着天皇制国家在现实中统治权力的逐步扩大。多木浩二(2002)认为"御真影"的发放制度使全体民众臣民化，首先出现了天皇和臣民两项对立关系，并且随着"御真影"发放手续的细化，从宫内省/文部省、文部省/县、县/郡、郡/学校、学校/学生等关系中出现了阶层的分化；其次，通过瞻仰"御真影"时的仪式，给予全体成员无论从属于哪个阶层，其共同的中心都是天皇，并且因为这个中心自己才有了存在的意义的感觉。④

这个体系看似充分地影响到了下层，最底层的民众却被排除在外。⑤ 当时贫困阶层的儿童入学率低，因而没有入学的儿童被排除在"御真影"臣民化体系之外。⑥ 多木浩二(2002)认为："征兵制度可能为被排除、不能读写的下层阶级的民众提供了一个被纳入天皇制国家的机会。明治六年，征兵令被颁布之时引起了一些叛乱。但是政府将其镇压以后，因为上层阶级、接受过高等教育的人们会行使特权巧妙地躲过(征兵)。结果，被征兵的人中以农民或贫穷的人为

① 原武史：《可视化された帝国——近代日本の行幸啓》，第 18 页。

② 多木浩二：《天皇の肖像》，第 108 页。

③ 多木浩二：《天皇の肖像》，第 108 页。

④ 多木浩二：《天皇の肖像》，第 182—183 页。

⑤ 多木浩二：《天皇の肖像》，第 202 页。

⑥ 横山源之助：《日本の下層社会》，东京：岩波书店，1985 年(34 刷)，第 379—380 页。根据横山源之助的统计，即使到了 1896 年(明治二十九年)，入学率也只有百分之六十四。

主。明治初期，他们在军队里学会了读写，接触了西式生活，知道了怎样去消费的同时，也成为了近代社会要求的劳动力，有些时候甚至了解社会问题的矛盾。”[①]除了征兵制度以外，笔者认为“建碑运动”弥补了天皇制国家的结构缺陷，将底层民众纳入了天皇制国家的同时，还通过宣扬“忠君爱国”精神、树立民族主义意识和认同，缩小了各阶层之间身份认同的差异性。

三、“元寇纪念碑建设运动”与记忆中的“元寇”

1274年、1281年忽必烈统治的元朝对日本发动了两次战争，中国学界一般将这两次战争合称为“元日战争”。日本学界则将这两次战争分别称为“文永之役”和“弘安之役”，当时的日本史料将其记载为“异国合战”、“蒙古合战”、“蒙古袭来”。[②] “元寇”是日本对元军的蔑称，盖因其在明治至昭和前期被政府利用。关于“元寇”出现的时间，目前学界没有定论。杉山正明(2003)认为“元寇”一词起源于江户时期，确定于幕末至明治时期。[③] 而川添昭二指出，“元寇”的用语是从近世开始固定下来的，因为享保五年(1720)进贡给幕府的《大日本史》的本纪第63项弘安之役中能看到“元寇”一词。[④] 目前大致可以推断“元寇”起源于江户时期，但被人们广泛使用是从明治时期开始。“元寇纪念碑建设运动”是一场以重温“元寇”/“蒙古袭来”的历史为主题的国家主义运动。本节论述被回忆的“元寇”/“蒙古袭来”与明治天皇制国家之间的联系。

不同于社会精英创办的脱离底层民众的艰深晦涩的杂志，汤地出版了一系列通俗易懂的书籍。比如，汤地为了求得民众对运动的支持，于1889年6月15日出版了一本题为《儿孙礼物——日本无双纪念碑会话》的宣传册。这本宣传册的序言中写道：“本书的主要目的是做到简易明了，让一般人能理解，而不是必须得到有识之士的赏识。”[⑤]这本宣传册中有一段师生对话正好可以作为我

① 多木浩二：《天皇の肖像》，第204页。

② 杉山正明：《モンゴル時代のアフロ・ユーラシアと日本》，近藤成一编：《モンゴルの襲来—日本の時代史9》，东京：吉川弘文馆，2003年，第123页。

③ 杉山正明：《モンゴル時代のアフロ・ユーラシアと日本》，第123页。

④ 川添昭二：《蒙古襲来研究史論》，第15页。

⑤ 未找到原著，转载仲村久慈著、三浦尚司监修：《(復刊)湯地丈雄——元寇紀念碑・亀山上皇像を建てた男》，第53页。

们的分析对象。[①]

在上述对话中，“蒙古袭来”被视为“历史上让国民万众一心的事件”，所谓“空前绝后的大国难”。然而根据佐藤弘夫（2006）的研究，“迎来蒙古袭来的镰仓时代后期是庄园体制初步呈现尖锐矛盾的时期。对当时的武士、寺院和神社来说，蒙古袭来不是与日本民族的命运密切相关的国难，而是使自己一举成名，通过向幕府尽忠而得到恩赏的千载难逢的好机会”[②]。可以说，汤地讲的是建构的“蒙古袭来”的历史叙事。大贯惠美子（2003）说：“国家主义运动和民族运动通常有着建构甚至发明国民的过去，填补过去与现在之间的距离这两方面的特点。因此理想的过去定义了现在国民的本质。这个过程总是被自然化进程所加速，所谓的自然化进程即以历史的连续代替历史的断裂。”[③]汤地向遗忘“蒙古袭来”这段历史的民众讲述被建构的“蒙古袭来”，填补了过去与现在之间记忆的空白，宣扬了军国主义和极端民族主义。汤地的话带给人们这样的感觉——被建构的“蒙古袭来”就是历史事实上的“蒙古袭来”，而当时的日本民众应该像先人一样有“爱国心”以及“正确的军事思想”，做好“以身殉国的思想准备”，从而“国权也能日益巩固并得到扩张”。而民众也在以历史之连续代替历史之断裂的自然化进程中，不知不觉地成为日本帝国主义向外扩张的主体。

上述文献的相关段落说，“日本帝国宪法能不输于各国颁布出来”是因为“蒙古袭来”中“君民一致努力击退劲敌”。彼时正是天皇制国家建立初期，政府刚刚颁布明治宪法，极力改造民众的思想意识并将他们统合进绝对主义体制之中。“当下的民族认同迫切需要通过阐明过去来获得合法性。”[④]明治政府为巩固政权，迫切需要通过阐述过去来建立国民的民族主义认同，而阐述过去的过程就是唤起记忆的过程。而汤地讲述的“蒙古袭来”也是对过去的回忆。1889年8月1日，汤地在千代松原举行的“元寇纪念会”上围绕“蒙古袭来”的历史做了一番演讲。

---

① 具体可参见仲村久慈著、三浦尚司監修：《（復刊）湯地丈雄——元寇紀念碑・亀山上皇像を建てた男》，第58—60页。

② 佐藤弘夫：《神国日本》，东京：筑摩書房，2006年，第150—151页。

③ 大貫恵美子：《ねじ曲げられた桜》，第383页。

④ 皮埃尔・诺拉：《记忆之场：法国国民意识的文化社会史》（第二版），黄艳红等译，南京：南京大学出版社，2017年，第9页。

> 我谈到元寇的强大之时，有人向我反驳道："汤地君，因为飓风我们才能侥幸战胜元寇。"不用说，我当然知道飓风的自然力。文永之役中元寇侵袭壹岐、对马之后占领筑前沿岸逼近大宰府，他们从间谍那得知日本军戒备森严、声势浩大以后突然退军于海上的船舶。从中可以判断当时的日本有自卫的武力。之后的弘安之役中，虽然当时海岸的守卫也伤亡惨重，十万元军一度兵临城下，但我方不仅没让元军上岸一步，反而挑战元军，烧掉他们的军舰，生擒敌方将领，将他们逼迫至守势之境。由于一夜飓风过境，敌方的船舶破损沉没，我方追击敌军大获全胜，敌军仅生还三人。[①]

首先，根据目前的研究，文永之役中蒙古军队撤退的原因有：蒙古草原出身的将军面对波涛汹涌的大海时的恐惧与不安，不同民族的将军之间的意见冲突，强制高丽人民突击施工时做的战舰质量低劣，因日本武士的坚强抵抗而对武器的消耗等。[②] 杉山正明(2003)认为："蒙古在文永之役中可能没有征服日本的想法。"[③]蒙古将远征日本视为攻陷南宋战略的一个环节，没有征服日本的意图而是以威赫、牵制日本为目的。其次，在弘安之役中，因为台风，蒙古方面的东路军和江南军确实都遭受了巨大的伤亡，由于江南军的舰船质量低劣，他们遭受的打击更大。但即使如此，蒙古军的生还者也约有三万数千人。[④] 在此不讨论汤地逻辑上的问题，而是努力探寻汤地建构的"蒙古袭来"叙事背后，他所受的社会框架的影响。汤地在演讲中说，文永之役中，蒙军撤退的原因是从间谍那得到"日本军戒备森严、声势浩大"的情报，并且"从中可以判断当时的日本有自卫的武力"。如前文所述，1886 年的长崎事件也是汤地掀起"建碑运动"的原因之一。汤地一方面强调"蒙古袭来"之时日本军队壁垒森严，另一方面可能也在暗示此时日本的兵力不足，有待提升。

---

① 野上伝蔵编著：《千代の礎》(《湯地署長：元寇記念碑の由来》)，福冈：福冈县警友会，1959 年，第 26—27 页。

② 近藤成一：《モンゴルの襲来》，第 46 页。

③ 杉山正明：《モンゴル時代のアフロ・ユーラシアと日本》，第 136 页。

④ 旗田巍：《元寇》(第 20 版)，东京：中央公论社，1980 年，第 144 页。

“历史是过去发生的事实，记忆是对过去事实的唤起和再现。”[①]汤地描述的“蒙古袭来”不是基于历史事实，而是处于明治时期的社会框架下对过去的“回忆”。阿莱达·阿斯曼如是说：“人类所拥有的回忆是一种非感官的接受形式。被回忆的过去可能是一种纯粹的建构、一种虚造、一种幻象，但它确实是一种被直觉和主观认为是真实的感知。比回忆的真实性更重要的是那些被回忆的事件的意义。”[②]“那些被回忆的事件的意义”指的是什么？阿莱达·阿斯曼解释说，赋予那些逝去的事物以现代的意义，即“被回忆的并不是当时的事件，而是变成了以当下的视角去看待的它，并且它很有可能还在不停地发生新的变化。新的当下所决定和判断的过去，绝不可能与曾经的当下相一致。只要过去还是当下，它就交织着对未来的期望”[③]。

汤地是处于明治天皇制国家建立初期的时代背景之下去讲述被回忆的“蒙古袭来”，他在赋予“蒙古袭来”新的内涵之时，也在期待国民能有“忠君爱国”之心，举国一致向外扩张。他的期待也实现了，日本的民族主义最终演变为军国主义和法西斯主义。“‘被回忆的过去’并不等同于我们称之为‘历史’的、关于过去的冷冰冰的知识。被回忆的过去永远掺杂着对身份认同的设计，对当下的阐释，以及对有效性的诉求。”[④]被回忆的“蒙古袭来”成为了明治政府建立国家身份认同的手段，通过神化“蒙古袭来”来激励当下的民族主义行为，要求人们“忠君爱国”并为“君”牺牲。

被回忆的事件的内涵也会随着时代变迁而改变。长崎事件之后，汤地脑海中的“元寇”就是清国。“1894 年日清战争(注：甲午中日战争)爆发以后，全国各地很多人都联想起元寇的历史，邀请汤地进行演讲的请求也增多了。”[⑤]从中可见汤地在甲午中日战争之前做的一系列“元寇”演讲、“元寇”油画和幻灯片展览等工作起到了作用，战争也推动了运动的发展。然而日俄战争期间，汤地脑海中的“元寇”变为了俄国。1904 年 12 月，汤地在“建碑运动”闭幕式的祝辞中

---

① 孙江：《序言：在记忆与忘却之间》，孙江主编：《新史学：历史与记忆》第八卷，北京：中华书局，2014 年，第 2 页。

② 阿莱达·阿斯曼：《记忆中的历史：从个人经历到公共演示》，袁斯乔译，南京：南京大学出版社，2017 年，前言。回忆指个人的回忆，记忆指集体对于过去的回忆。

③ 阿莱达·阿斯曼：《记忆中的历史：从个人经历到公共演示》，袁斯乔译，前言。

④ 阿莱达·阿斯曼：《回忆空间：文化记忆的形式和变迁》，潘璐译，北京：北京大学出版社，2016 年，第 85 页。

⑤ 湯地富雄著、畑岡紀元编：《〈前畑ガンバレ〉と私》，第 79—80 页。

说道:“明治三十七年5月17日,奉旨追赠北条时宗从一位。呜呼圣恩泽及枯骨,众庶万民无不感泣。恰逢派出征俄膺惩之军,陆海战斗最激烈之时,将士听闻之后定能士气高涨。何况本年正值亀山上皇驾崩六百年之际,逢遇振古无比的外患,在亿兆一心为君报国的秋天……”①

当时的俄国与日本相比是军事大国、西方强国。日俄战争正值亀山上皇逝世六百周年,汤地脑海里浮现的“元寇”也从清国变成了俄国。此时,“元寇”已经被符号化,从“蒙古袭来”这一历史事件转换为“外敌”的象征。而且,随着日本军国主义和极端民族主义的泛滥,在日本不断向外扩张的过程中,被符号化的“元寇”的内涵也在不断变迁,从甲午中日战争中的清国变为日俄战争中的俄国,再到第二次世界大战中的英美各国。从甲午中日战争开始至第二次世界大战,“元寇”一词充斥于各种报刊杂志、人们的日常生活之中。“元寇”一词出现于江户时期,但是直到明治时期才开始得到广泛使用,此间汤地领导的“建碑运动”起到了很大作用。

四、“元寇纪念碑建设运动”与明治天皇制国家

最初,汤地在发起“建碑运动”之时,响应之人寥寥无几。仲村久慈在《汤地丈雄》中表示,汤地在策划运动之时,不仅没有得到周围人的支持,还遭受了许多人的嘲讽。

> 于是,运动的企划终于发表了。但是先不要说官吏,连丈雄的亲友中认真听的人一个也没有。已经是六百年以前的事情了,事到如今有何必要再提起呢——当时世人的想法。不仅如此,大多数人连文永·弘安之役是怎样的事件都不太清楚。不知从何时开始,这一大国难的历史从世人的记忆中渐渐淡去,被遗忘了。更何况,本来没有发生什么事情,突然说外敌之类的话,对于完全没有这种观念的人们来说,就好像是狂人的梦呓一般作响。于是不知从何时开始人们称呼汤

① 湯地丈雄:《元寇画帖 : 護国記念精神教育》,东京:皇典讲究所国学院大学出版部,1909年。

地为“元寇狂”。①

当时，因为知道“蒙古袭来”历史的人寥若晨星，世人难以理解汤地不断讲述“蒙古袭来”历史的行为。甚至最初汤地在以东京为主的各地进行单独讲演之时，人们以为他是“江湖骗子”或“诈骗犯”。② “汤地征求志同道合之士的同意，以明治二十一年 1 月 1 日为期起草‘元寇纪念碑建设宗旨书’并寄送给当时的内阁各大臣和全国的各新闻社。最初福冈有数十人支持他，但是等到发表之时，大家都瞻前顾后拒绝了联合署名。结果变成了汤地一人的发起。”③ 从中可窥见“建碑运动”最初，汤地得到的支持很少。“明治二十年前后是天皇制国家刚走出摇篮期，重建新的法律体系和伦理体系，抑制高涨的民权运动，使支配体制发挥作用的阶段。”④在此阶段，因为天皇制国家还没有完全确立，世人无法理解意图通过讲述“蒙古袭来”的历史来唤起民众爱国精神的汤地的行为。

1888 年 3 月，陆军参谋在福冈进行旅行演习，各师团的参谋长和青年参谋齐聚福冈县，伏见宫、北白川宫也参加了，汤地作为福冈警察署长负责警卫的工作，成为随行人员。汤地利用这次机会向伏见宫和北白川宫陈述元寇纪念碑建设计划，被赏赐了若干“事业赞成赐金”。⑤ 之后，汤地在福冈县令安场保和的援助之下开展运动，此时已经得到世人广泛的认同。其中，九州的头山满，东京的清浦奎吾、万里小路通房、横井时雄、大隈重信、井上馨、鸟尾小弥太、谷干城，广岛县的野津道贯，长崎县的日下义雄等各界名流支持建碑运动；而且东京的久迩宫朝彦亲王、伏见宫贞爱亲王、北白川宫能久亲王、小松宫彰仁亲王等皇族也赞成建碑运动的开展。⑥ 运动初期，法华宗本佛寺住持日菅上人佐野前励与

① 仲村久慈：《（復刊）湯地丈雄——元寇紀念碑・亀山上皇像を建てた男》，第 48—49 页。

② 博多を語る会编：《矢田一嘯画伯の生涯 ：偉大なる洋画家 ：元寇記念碑建設陰の協力者》，福冈：博多を語る会，1957 年，第 10 页。

③ 野上伝蔵编著：《千代の礎》，第 16 页。

④ 多木浩二：《天皇の肖像》，第 178 页。

⑤ 野上伝蔵编著：《千代の礎》，第 16—17 页。

⑥ 仲村久慈：《（復刊）湯地丈雄——元寇紀念碑・亀山上皇像を建てた男》，第 85 页。

汤地约定举宗门之力全力支持建碑事业。[①] “1890 年 1 月，汤地得到内务省的许可，将筑前千代的松原的公园内 1 万坪土地作为建碑用地。”[②]同年 3 月，汤地辞去官职倾心投入建碑事业之中。“1890 年 4 月 2 日，元寇纪念碑的开工仪式和地镇祭于千代的松原举行，参加者达到了 4 万人。”[③]

“1890 年 12 月 15 日，汤地在学习院向皇太子讲述了元寇反击的幻灯片。1891 年 8 月 24 日在伊势二见浦的旅馆，汤地又一次给皇太子展示了这个幻灯片。”但汤地不仅仅面向皇族和高官进行“元寇演说”、解说“元寇反击”的幻灯片，他还携带矢田一啸所绘的全景油画和幻灯器材，跑遍全国各地的农村、学校、军事机构、寺院神社以及监狱等地方，面向一般民众进行“元寇演说”，举办“元寇”幻灯片和“元寇”油画的展览会。1901 年 1 月，汤地演讲的听众人数甚至达到了 100 万。[④]

以上叙述了“建碑运动”的发展过程。以下略述“建碑运动”与明治政府之间的关系，以及“建碑运动”在明治天皇制国家的形成和确立期间发挥的作用。

首先，笔者认为“建碑运动”与明治政府是相辅相成的关系。如上所述，汤地在发起运动的初期，被人们百般揶揄。他为了得到政府的支持，起草《元寇纪念碑建设宗旨书》并寄给内阁各大臣征求意见，在担任伏见宫和北白川宫的警卫之时，积极地向他们陈述“建碑运动”的策划方案。“建碑运动”初期遇到瓶颈

---

① 博多を語る会编：《矢田一嘯画伯の生涯：偉大なる洋画家：元寇記念碑建設陰の協力者》，第 7 页。关于佐野和元寇纪念碑建设运动的因缘，《元寇紀念碑来歴一斑》如是写道：“日莲宗的僧正佐野前励在九州传教游历之时，偶然路过福冈并拜访汤地丈雄的事务所。佐野向汤地询问元寇建碑运动的由来之际，两人谈笑风生、情投意合。佐野满心诚意地对汤地说，建碑运动很有意义。我宗宗祖日莲上人曾预言蒙古袭来，撰写立正安国论，祈愿以一己之牺牲来换取外寇的溃败。其法德发扬为爱国之心并流传后世，为人们熟知。因此述说日莲上人的爱国之心，承诺协助元寇建碑运动的发展。”见《元寇紀念碑来歴一斑》，古田隆一编：《福岡県全誌（下編）》，第 325—326 页。

佐野向汤地承诺举日莲宗全宗门之力支援元寇建碑运动。不仅如此，元寇建碑运动的起步阶段，佐野与汤地达成了在纪念碑中嵌入日莲肖像的约定。但是随着建碑运动范围的扩大，此约定受到了神官和日莲宗以外的僧侣们的强烈反对。因此，汤地被迫取消了约定。在此之后，佐野退出元寇纪念会，举宗门之力建立了日莲铜像。如今，福冈市东公园里并立着龟山上皇和日莲两个铜像。

② 湯地富雄著、畑岡紀元編：《〈前畑ガンバレ〉と私》，第 78 页。1 坪约等于 3.30 平方米。

③ 野上伝蔵编著：《千代の礎》，第 41 页。

④ 仲村久慈著、三浦尚司监修：《（復刊）湯地丈雄——元寇紀念碑・亀山上皇像を建てた男》，第 210—225 页。该文献详述了汤地在全国各地进行的每场演讲、幻灯片展示会、画展的具体时间、地点以及人数。

的汤地迫切地寻求政府的支持，利用政府的权威和资源发展运动并在更广阔的范围内推行“爱国教育”。

汤地领导的“建碑运动”跨越明治时期的各个社会阶层，尤其面向底层民众进行演讲，举办幻灯片、油画的展览会，制作发行通俗易懂的书籍。出生于香川县香川郡高松市的日本文坛巨擘菊池宽(1888—1948)也在自传《话的纸篓》中谈及他在少年时代看见“元寇大油画”时的感受。他写道：“在我们的少年时代，有一个拿着元寇油画到处展览，到处说国防之重要性的人。那油画逼真地描绘出了蒙古的残忍，即使将近四十年后的现在回想起来也历历在目。前些日子，和久米谈论起来，他也说同样的话。在大都市长大的人可能不怎么知道，但成长于地方的我们和同辈的人可能都铭心镂骨。”①即使四十年过去了，菊池宽对矢田一啸所绘的元寇油画仍然记忆犹新。从中可以看出“建碑运动”给当时的民众留下了深刻印象。

除了“建碑运动”对底层民众的广泛影响以外，运动的主旨也和政府的政策相一致。汤地在《元寇反击护国美谈》中谈到了“护国的义务”，他写道：“上至天子下至庶民，只要是生于此国之人都必须承担护国的义务。古往今来东西南北无论何国，国民重大义、有强烈的护国精神的国家总能兴旺。反之，其国必将衰亡。”②“建碑运动”也可以称为“爱国教育”运动，汤地在“元寇演说”中总是教导人们要有“爱国心”。政府也利用“建碑运动”缓和了与民众之间紧张的关系，缓解了他们的反政府情绪。

其次，如前所述，多木浩二(2002)认为征兵制度可能为被排除的、不能读写的下层阶级提供了一个被纳入天皇制国家的机会。笔者认为征兵制不是唯一的机会，“建碑运动”也起到了相同的作用，弥补了天皇制国家建立时期结构上的缺陷。其一，“建碑运动”影响的范围很广，运动波及全国各地，受影响人数众多且以底层民众为主，汤地演讲的听众人数甚至达到了一百万。其二，“建碑运动”的主旨是宣扬“忠君爱国”的精神，这也与明治政府的策略相吻合。

丸山真男曾指出，“转嫁压抑”是日本社会体制的内在精神构造之一。“这意味着这一种体系，即日常生活中的上位者把压抑依次顺位转嫁给下位者，借

---

① 菊池寛：《菊池寛文学全集》第 7 卷，东京：文艺春秋新社，1960 年。

② 湯地丈雄編：《元寇反擊護国美談》，第 2 页。

此保持全体的精神平衡。”[①]他继续写道:“在抑压委让原理通行的世界里,位于金字塔最底层的民众的不满已经没有可委让的地方,所以必然要向外爆发。这就是为何非民主主义国家的民众容易陷入狂热的排外主义的原因。他们的排外主义与期待战争的心情中注入有对日常生活的不满。”[②]“建碑运动”通过向民众讲述重构的“蒙古袭来”的历史,使人们将脑海中的“元寇”与现实中日本面对的外敌相结合,尤其是将最下层民众的目光转移至现实中的“元寇”,让他们把怨恨与愤懑注入排外主义之中,从而转移了日本的国内矛盾。

Genkō Monument Construction Campaign and the Establishment of the Emperor [Tennosei] State in the Meiji Era

Jing Mengru

Abstract: In January 1888, Yuchi Takeo, the director of the Fukuoka Police Department at that time, launched the "Genkō (The Mongol invasions of Japan) Monument Construction Campaign". This campaign was to build a bronze statue of Kameyama-JoKo and promote the spirit of "loyalty and patriotism". The campaign had a wide influence. From the perspective of history, this is also a campaign that uses the history to construct memory and establishes nationalist consciousness and identity. The Genkō Monument Construction Campaign, developed during the Sino-Japanese War and the Russo-Japanese War, is the "witness" and the "participant" of Meiji Japan's development to nationalism and militarism. This paper focuses on the Genkō Monument Construction Campaign from the view of "participant" and studies what kind of role this Campaign plays in the transformation of Japan from a feudal state to a modern Emperor [Tennosei] State.

Keywords: Yuchi Takeo, Genkō Monument Construction Campaign, Meiji Emperor [Tennosei] State

① 丸山真男:《现代政治的思想与行动》,陈力卫译,第108页。

② 丸山真男:《现代政治的思想与行动》,陈力卫译,第109页。

哲学论衡

重建合法性

——新《春秋》学的问题意识及其展开*

张立恩**

［摘　要］　从啖助、赵匡到陆淳，对《春秋》性质的界定经历了一个教化之书、政治治理之书、道尧舜之道之书的变化过程，力图证成孔子褒贬黜陟的政治合法性。其说各有优长，亦各有困境。程颐接续啖助学派综合三传、以意说经的解经方法，但在《春秋》性质的理解上则与啖赵异途，而近于陆淳，其以孔子为圣王，以《春秋》为垂法后世之书，但未证成其说。胡《传》则以"仲尼，天理之所在"的方式重新确立起孔子以素王身份进行褒贬黜陟之合法性，为了避免素王与周王之冲突，其折衷素王立法与遵循周制，提出"夏时冠周月"说。

［关键词］　新《春秋》学；程颐；胡安国

众所周知，以啖助（字叔佐，724—770）、赵匡（字伯循）、陆淳（字伯冲，？—

* 基金项目：教育部社科基金青年项目"中唐以来新《春秋》学演进逻辑研究"（20YJC720028）、西北师范大学青年教师科研能力提升计划项目（NWNU－SKQN2019－36）。

** 张立恩（1982—　），男，甘肃武威人，哲学博士，西北师范大学哲学学院副教授，主要研究《春秋》学。

805)为代表的新《春秋》学，不仅对中唐以来经学变古思潮的兴起与有力焉，对于中唐以后《春秋》学风的发展和走向，更是影响至巨。有关啖助新《春秋》学派的研究，学界已有较多成果，主要集中于其学与中唐以后学术转型之关系、与唐代政治变革之关系，以及其学之经解特点、啖赵陆三人著作、师承关系考辨等方面[①]，对于其《春秋》学之问题意识、理论困境以及宋儒接续其风而做出的开拓与创新，则尚有未揭。但实际上上述问题对于深入理解啖赵以来新《春秋》学之演进具有重要意义，因此，本文不揣蒙陋，拟就此问题做一分析，以期对新《春秋》学之研究稍有裨益。文章第一部分分析啖助学派《春秋》学的问题意识及其理论困境，第二部分以程颐与胡安国《春秋传》（以下简称胡《传》）为例，分析宋儒如何在接续并反思啖赵学风的基础上进一步推进新《春秋》学问题意识之发展。

一、啖助学派《春秋》学的问题意识及其理论困境

啖助、赵匡、陆淳三人，啖助为赵匡、陆淳之师，赵、陆则在师友之间。[②] 啖助撰有《春秋集传集注》、《（春秋）统例》，其自述曰：

> 予辄考核三传，舍短取长，又集前贤注释，亦以愚意裨补阙漏，商榷得失，研精宣畅，期于浃洽，尼父之志，庶几可见，疑殆则阙，以俟君子，谓之《春秋集传集注》。又撮其纲目，撰为《统例》三卷，以辅《集

---

① 可参阅：杨世文《经学的转折：啖助赵匡陆淳的新春秋学》（《孔子研究》1996年第3期），林庆彰、蒋秋华主编《啖助新〈春秋〉学派研究论集》（台北："中研院"中国文哲研究所筹备处，2002年），谢保成《中唐啖助、赵匡、陆淳的春秋学》（载姜广辉主编：《中国经学思想史》（第二卷），北京：中国社会科学出版社，2003年），高淑君《陆淳对啖助、赵匡〈春秋〉学思想的继承与发展》（《孔子研究》2012年第5期），齋木哲郎《永贞革新与啖助、陆淳等春秋学派的关系——以大中之说为中心》（《西北大学学报（哲学社会科学版）》2018年第1期），何俊《经义型塑与经典搁置——啖助新〈春秋〉学的悖论》（《四川大学学报（哲学社会科学版）》2018年第6期），《历史表象的背后——啖助新〈春秋〉学的意识指向及其张力》（《哲学研究》2020年第1期）以及葛焕礼《尊经重义：唐代中叶至北宋末年的新〈春秋〉学》（济南：山东大学出版社，2011年）的相关章节。

② 关于三人生平及交谊之详细考证，可参葛焕礼《尊经重义：唐代中叶至北宋末年的新〈春秋〉学》第三章"啖助、赵匡和陆淳的《春秋》学"。

传》,通经意焉。[①]

啖助撰成二书后即去世,其书稿由赵匡损益,陆淳纂会完成,陆氏《修传终始记》曰:

(啖助)以上元辛丑岁,集三传,释《春秋》,至大历庚戌岁而毕。赵子时宦于宣歙之使府,因往还浙中,途过丹阳,乃诣室而访之,深话经意,事多响合,期反驾之日,当更讨论。呜呼!仁不必寿,是岁先生即世,时年四十有七。是冬也,赵子随使府迁镇于浙东,淳痛师学之不彰,乃与先生之子异,躬自缮写,共载以诣赵子,赵子因损益焉,淳随而纂会之,至大历乙卯岁而书成。[②]

陆氏纂会而成者即今所见《春秋集传纂例》十卷。此外,陆氏还撰有《春秋集传辨疑》十卷、《春秋微旨》三卷,亦皆阐述啖赵之说。可见,这一新《春秋》学派的建立经历了一个创说、损益、纂会并发扬光大的过程。其《春秋》学问题意识的展开与转进亦贯穿于这一过程之中,以下即逐一分析三人之说,以揭明其《春秋》学问题意识及其理论困境。

1. 啖助:"《春秋》者,救时之弊,革礼之薄"

啖助《春秋》观的建立基于其对三传及其后学《春秋》学观念的批判。首先,针对左氏学,啖氏指出:

说左氏者以为:《春秋》者,周公之志也,暨乎周德衰,典礼丧,诸所记注,多违旧章,宣父因鲁史成文,考其行事,而正其典礼,上以遵周公之遗制,下以明将来之法。[③]

据杜氏所论,褒贬之指,唯据《周礼》,若然,则周德虽衰,礼经未泯,化人足矣,何必复作《春秋》乎?且游夏之徒,皆造堂室,其于典礼,

---

① 陆淳:《啖氏〈集传注义〉第三》,《春秋集传纂例》卷一,7页左,影印文渊阁《四库全书》146册,382页上。

② 陆淳:《春秋集传纂例》卷一,23页右,影印文渊阁《四库全书》146册,390页上。

③ 陆淳:《春秋宗指议第一》,《春秋集传纂例》卷一,1页左,影印文渊阁《四库全书》146册,379页上。

固当洽闻，述作之际，何其不能赞一辞也？又云“周公之志，仲尼从而明之”，则夫子曷云知我者亦《春秋》，罪我者亦《春秋》乎？斯则杜氏之言，陋于是矣。[①]

检视杜预《春秋左氏传序》[②]可知，啖助所述基本忠实杜意。针对杜预主张的孔子作《春秋》为遵循周公遗制之说，啖氏提出三条反对意见：其一，说孔子依《周礼》在《春秋》中施行褒贬不通，因为，褒贬的目的在于实施教化[③]，但《周礼》尚在，孔子可径取《周礼》以行教化，没必要多此一举地作《春秋》。其二，杜说与《史记·孔子世家》所云孔子作《春秋》，“笔则笔，削则削，子夏之徒不能赞一辞”亦有抵牾，因为，子夏作为孔门高弟，即便学不如孔子，但对于《周礼》则理应熟稔，因而，假如孔子依循《周礼》作《春秋》，则其不至于不能赞一辞。其三，《孟子·滕文公下》引孔子曰：“知我者其惟《春秋》乎！罪我者其惟《春秋》乎。”此说表明，《春秋》为孔子志之所在，这与杜预所云“周公之志，仲尼从而明之”扞格。以上三条意见孰是孰非，非本文关切，在此不予置评，但由此三条意见可以看出，啖氏试图表明：《春秋》并非遵从周公之志，而是取决于孔子的意志，所谓“(《春秋》)虽因旧史，酌以圣心”[④]。他认为，孔子作《春秋》“参用二帝三王之法，以夏为本，不全守周典”[⑤]。与之相应，啖氏对左氏家(如杜预)所主经承旧史、史承赴告之说亦有所訾议，称：“左氏言褒贬者，又不过十数条，其余事同文异者，亦无他解。旧解皆言从告及旧史之文，若如此论，乃是夫子写鲁史尔，何名修《春秋》乎？”[⑥]

同样，啖助对《穀梁》学家范宁(字武子)将《春秋》视为惩劝之书的做法提出批评：

解《穀梁》者则曰：平王东迁，周室微弱，天下板荡，王道尽矣，夫

---

① 陆淳：《春秋宗指议第一》，《春秋集传纂例》卷一，3页右，影印文渊阁《四库全书》146册，380页上。

② 见李学勤主编：《十三经注疏·春秋左传正义》卷一，北京：北京大学出版社，2000，第1页。

③ 杜预《春秋左氏传序》称孔子作《春秋》“指行事以正褒贬”，有“惩恶而劝善”之效。见《春秋左传正义》卷一，第18、23页。

④ 陆淳：《春秋宗指议第一》，《春秋集传纂例》卷一，4页右，影印文渊阁《四库全书》146册，380页下。

⑤ 陆淳：《春秋宗指议第一》，《春秋集传纂例》卷一，3页右，影印文渊阁《四库全书》146册，380页上。

⑥ 陆淳：《三传得失议第二》，《春秋集传纂例》卷一，6页左，影印文渊阁《四库全书》146册，381页下。

子伤之，乃作《春秋》，所以明黜陟，著劝戒，成天下之事业，定天下之邪正，使夫善人劝焉，淫人惧焉。①

范氏之说，粗陈梗概，殊无深指，且历代史书，皆是惩劝，《春秋》之作，岂独尔乎？②

啖氏认为范宁之说是将《春秋》等同于史书，而这是他不能接受的。

最后，针对《公羊》家说，啖助称：

言《公羊》者则曰：夫子之作《春秋》，将以黜周王鲁，变周之文，从先代之质。③

何氏所云变周之文，从先代之质，虽得其言，用非其所，不用之于性情而用之于名位，失指浅末，不得其门者也。周德虽衰，天命未改，所言变从夏政，唯在立忠为教，原情为本，非谓改革爵列，损益礼乐者也。故夫子伤主威不行，下同列国，首"王正"以大一统，先"王人"以黜诸侯，不言"战"以示莫敌，称"天王"以表无二尊，唯王为大，邈矣崇高，反云"黜周王鲁"，以为《春秋》宗指。……两汉专门，传之于今，悖礼诬圣，反经毁传，训人以逆，罪莫大焉。④

啖助对何休的态度相对复杂，他一方面反对何休黜周王鲁之说，认为此说是悖礼诬圣、训人以逆⑤，但另一方面，又对其变周之文从先代之质的观点予以有限的肯定。不难看出，啖助在引用何休之言时对其说做了修改，何文原作"变周之文，从殷之质"⑥，啖助改为"变周之文，从先代之质"，而其所谓"先代"则指夏。

① 陆淳：《春秋宗指议第一》，《春秋集传纂例》卷一，1 页左，影印文渊阁《四库全书》146 册，379 页上。

② 陆淳：《春秋宗指议第一》，《春秋集传纂例》卷一，4 页右，影印文渊阁《四库全书》146 册，380 页下。

③ 陆淳：《春秋宗指议第一》，《春秋集传纂例》卷一，1 页左，影印文渊阁《四库全书》146 册，379 页上。

④ 陆淳：《春秋宗指议第一》，《春秋集传纂例》卷一，3 页右—4 页右，影印文渊阁《四库全书》146 册，380 页。

⑤ 啖氏此说盖源出杜预左氏学，杜预《春秋左氏传序》称："子路欲使门人为臣，孔子以为欺天。而云仲尼素王，丘明素臣，又非通论也。"其后，孔颖达敷而倡之："道为升降，自由圣与不圣；言之立否，乃关贤与不贤。非复假大位以宣风，藉虚名以范世，称王称臣，复何所取？……若仲尼之窃王号，则罪不容诛。而言'素王''素臣'，是诬大贤而负圣人也。"见《春秋左传正义》卷一，第 34、35 页。

⑥ 李学勤主编：《十三经注疏·春秋公羊传注疏》卷三，北京：北京大学出版社，2000 年，第 67 页。

应当说，这一修改并非由于啖氏疏忽，抑或出于随意，而是有意为之。如所周知，何休“变周之文，从殷之质”的说法在《春秋》学义理上与其黜周王鲁说对应。[①] 而啖助亦承认这一理解，称何氏变周之文从先代之质之说是用之于“名位”，《纂例》自注“名位”即称“谓黜周王鲁也”[②]。其既然反对黜周王鲁说，则必不能认同“变周之文，从殷之质”之说。

其之所以将变周从殷改为变周从夏，除了上述原因，还基于其对三代政治文化特点和理想社会状态的理解。其转述《史记·高祖本纪》有关三代政治特点的描述：“夏政忠，忠之弊，野。殷人承之以敬，敬之弊，鬼。周人承之以文，文之弊，僿。救僿莫若以忠。”[③]啖氏肯定史迁所述有其合理性，并认为依其说，则“复当从夏政”。但他又申明：此处所描述的忠、敬、文递嬗并非一种历史发展的合理选择，比如，在他看来，周人以文代替殷人之敬就并非最好的选择，而是出于无奈。其称：“武王、周公承殷之弊，不得已而用之，周公既没，莫知改作，故其颓弊甚于二代，以至东周王纲废绝，人伦大坏。”[④]在他看来，理想的社会状态应表现出“立忠为教”的特点，原因在于：“夫文者，忠之末也。设教于本，其弊犹末，设教于末，弊将若何？”[⑤]

但啖氏强调，变周从夏不适用于政治上的王朝更迭，而只能用之于“性情”。所谓“性情”，《纂例》自注为“用忠道原情”，从啖氏所云“变从夏政，唯在立忠为教，原情为本，非谓改革爵列，损益礼乐者也”来看，“忠道”是说《春秋》以忠道为原则进行教化，“原情”即《春秋》对所记载的人物、事件之情伪、动机进行呈现。综合言之，即孔子在《春秋》中从弘扬忠道的角度去推原事件之情伪以行教化，如隐公四年，“卫人立晋”，啖助解之曰：

> 言“立”，明非正也；称“人”，众辞也，所以明石碏之贵忠而善其义也。此言以常法言之，则石碏立晋，非正也，盖当时次当立者不贤，石

---

① 何休云：“《春秋》改周之文，从殷之质，……王者起所以必改质文者，为承衰乱救人之失也。”（《春秋公羊传注疏》卷五，第 116 页）又主张以“《春秋》当新王”（《春秋公羊传注疏》卷九，第 206 页），而其新王说之具体化即“王鲁”说（黄开国：《公羊学发展史》，北京：人民出版社，2013 年，第 382 页）。

② 陆淳：《春秋宗指议第一》，《春秋集传纂例》卷一，3 页左，影印文渊阁《四库全书》146 册，380 页上。

③ 陆淳：《春秋宗指议第一》，《春秋集传纂例》卷一，2 页右，影印文渊阁《四库全书》146 册，379 页下。

④ 陆淳：《春秋宗指议第一》，《春秋集传纂例》卷一，2 页，影印文渊阁《四库全书》146 册，379 页下。

⑤ 陆淳：《春秋宗指议第一》，《春秋集传纂例》卷一，2 页右，影印文渊阁《四库全书》146 册，379 页下。

磪不得已而立晋，以安社稷也，故书“卫人立晋”，所以异乎尹氏之立王子朝，即原情之义而得变之正也。[①]

啖氏并没有通过详密的考据来呈现经文“卫人立晋”背后的客观事实，而是从表彰“石磪之贵忠而善其义”的角度，推定此条经文背后的事实真相是“当时次当立者不贤，石磪不得已而立晋”，由此显然可以起到一种教化世人“贵忠”的效果。

基于如上理解，啖助提出《春秋》之旨在“救时之弊，革礼之薄”。[②] 时之弊、礼之薄即周文之僿，改革方案即是从文化、精神层面变周从夏。

综上所言，啖助反对以《春秋》为史书、孔子为史家，认为《春秋》体现了孔子意志，是以其对主张《春秋》为孔子志之所在的公羊家说[③]有所肯定，但又因依从何休之说会导致孔子僭越天子之权的后果[④]，因而其又对何休之说进行修改，将何氏作为政治制度更迭原则的文质递嬗说置换为社会教化层面的改革方案[⑤]，由此一方面保障孔子在《春秋》中进行褒贬黜陟[⑥]之政治合法性，同时，又可规避何说之不良后果。可见，啖氏念兹在兹的问题意识所在即如何重建孔子以匹夫身份进行褒贬黜陟的政治合法性，事实上，啖氏即称“(孔子)有其德而无

---

① 陆淳：《春秋集传微旨》卷上，7 页右，影印文渊阁《四库全书》146 册，541 页下。

② 陆淳：《春秋宗指议第一》，《春秋集传纂例》卷一，2 页右，影印文渊阁《四库全书》146 册，379 页下。

③ 此为公羊学基本共识，如《公羊传·哀公十四年》：“君子曷为为《春秋》？拨乱世，反诸正，莫近诸《春秋》。”董仲舒称，孔子作《春秋》，“因其行事，而加乎王心焉”(《春秋繁露·俞序》)，汉唐公羊学家何休、徐彦等亦皆以《春秋》为孔子意志之体现。此外，前引《孟子·滕文公下》“孔子曰：知我者其惟《春秋》乎！罪我者其惟《春秋》乎！”以及《史记·孔子世家》所云孔子作《春秋》，“笔则笔，削则削，子夏之徒不能赞一辞”，皆表现出以《春秋》为孔子之志之意。

④ 在何休那里，黜周王鲁说所带来的消极后果在很大程度上被孔子为汉制法说所消解，其云“《春秋》王鲁，讬隐公以为始受命王”(《春秋公羊传注疏》卷一，第 18 页)。又云“夫子素案图录，知庶姓刘季当代周”(《春秋公羊传注疏》卷二十八，第 713 页)。但亦有学者指出，何氏此二说在理论上存在矛盾(黄开国：《公羊学发展史》，第 382 页)。

⑤ 从前文所引啖助转述《史记·高祖本纪》忠、敬、文之说来看，啖助应是以董仲舒公羊学的“三统说”替换何休的变周文从殷质之说，进而对董说进行改造。史迁所云忠、敬、文之说源出董仲舒，“夏上忠，殷上敬，周上文”(《汉书·董仲舒传》)，董氏认为，孔子改制当变赤统为黑统，用夏之忠改周之文(黄开国：《公羊学发展史》，第 182 页)。

⑥ 啖助云：“忠道原情为本，不拘浮名，不尚狷介，从宜救乱，因时黜陟。”见陆淳：《春秋宗指议第一》，《春秋集传纂例》卷一，2 页左，影印文渊阁《四库全书》146 册，379 页下。

其位，不作礼乐，乃修《春秋》，为后王法”[①]。“有德无位”，依董仲舒之说，即以孔子为素王[②]，但啖氏没有延续这一理路，而是将孔子从素王降低为文化和教化上的改良者，将《春秋》从经世之书变为改良教化之书，所谓“不作礼乐，乃修《春秋》”即是。但这样一本书能否具备为公羊家首揭[③]，而又为啖助所继承的所谓“拨乱反正、归诸王道”[④]之功能，从而成为为后世百王立法之书，是不能没有疑问的，这从宋代《春秋》学家对待啖助《春秋》观的态度上即可窥其一二(详后)。

2. 赵匡：《春秋》“兴常典，著权制”

事实上，其门人赵匡就对其说提出异议：

> 啖先生集三传之善，以说《春秋》，其所未尽，则申己意，条例明畅，真通贤之为也。惜其经之大意，或未标显，传之取舍，或有过差，盖纂集仅毕，未及详省尔，故古人云圣人无全能，况贤者乎？[⑤]

赵氏不同意啖助将《春秋》界定为教化之书的做法，他仍然将《春秋》视为政治治理之书：

> 问者曰：然则《春秋》救世之宗指安在？答曰：在尊王室，正陵僭，举三纲，提五常，彰善瘅恶，不失纤芥，如斯而已。[⑥]

他认为《春秋》所记有常事与非常事，常事即有周代典礼可以遵循之事，非常之事则为无典礼可循、在新的历史条件下出现的新情况。依此，其将《春秋》功能界定为“兴常典”与“著权制”：

---

① 陆淳：《春秋宗指议第一》，《春秋集传纂例》卷一，4页右，影印文渊阁《四库全书》146册，380页下。

② 董氏《天人三策》云：“孔子作《春秋》，先正王而系万事，见素王之文焉。”见班固：《汉书》卷五十六，北京：中华书局，2012年，第2183页。

③《公羊传·哀公十四年》：“君子曷为为《春秋》？拨乱世，反诸正，莫近诸《春秋》。”

④ 陆淳：《春秋宗指议第一》，《春秋集传纂例》卷一，4页右，影印文渊阁《四库全书》146册，380页下。

⑤ 陆淳：《赵氏损益义第五》，《春秋集传纂例》卷一，8页左，影印文渊阁《四库全书》146册，382页下。

⑥ 陆淳：《赵氏损益义第五》，《春秋集传纂例》卷一，10页右，影印文渊阁《四库全书》146册，383页下。

啖氏依《公羊》家旧说，云《春秋》变周之文，从夏之质。予谓《春秋》因史制经，以明王道，其指大要二端而已：兴常典也，著权制也。故凡郊庙、丧纪、朝聘、搜狩、婚取，皆违礼则讥之，是兴常典也。非常之事，典礼所不及，则裁之圣心，以定褒贬，所以穷精理也。①

就是说，若常事违礼，则《春秋》讥之；非常之事因无典礼可循，故圣人“裁之圣心，以定褒贬”②。

值得思考的是，从兴常典的角度来看，假如要承认这一说法的合理性，则不得不面对上述啖助在反思杜预之说时提出的三条质疑：其一，“周典未亡，焉用《春秋》”？其二，何以说“游夏之徒不能赞一辞”？其三，何以说《春秋》为孔子志之所在？由前述分析可知，要回答这三个问题，关键是要回答第一个问题，因为，假如可以说明孔子作《春秋》之必要性，则意味着《春秋》为孔子意志之体现，后两问自然迎刃而解。③ 对此，赵匡以划定周礼与《春秋》作用范围的方式予以回应：

礼典者，所以防乱耳。乱既作矣，则典礼非能治也。喻之一身，则养生之法所以防病，病既作矣，则养生之书不能治也，治之者在针药耳。故《春秋》者，亦世之针药也，相助救世，理当如此，何云变哉？若谓《春秋》变礼典，则针药亦为变养生，可乎哉？④

他认为周礼的作用在防乱，而《春秋》的作用在治乱，二者是在两个不同领域相对独立又互补地发挥巩固周代统治的作用，所谓“相助救世”即是。既然乱已

① 陆淳：《赵氏损益义第五》，《春秋集传纂例》卷一，8页左—9页右，影印文渊阁《四库全书》146册，382页下—383页上。

② 赵伯雄：《春秋学史》，济南：山东教育出版社，2014年，第292页。

③ 事实上，针对《春秋》中非常之事部分的类似质疑，赵匡即是如此回应的，他认为孔子作《春秋》——准确说是其中的非常之事部分——的必要性在于：非常之事，典礼所不及，因而需要圣人裁之圣心，以定褒贬，以穷精理。而“精理者，非权无以及之，故曰：‘可与适道，未可与立。可与立，未可与权。’是以游夏之徒不能赞一辞”。见陆淳：《赵氏损益义第五》，《春秋集传纂例》卷一，9页，影印文渊阁《四库全书》146册，383页上。

④ 陆淳：《赵氏损益义第五》，《春秋集传纂例》卷一，9页左，影印文渊阁《四库全书》146册，383页上。

作，则《春秋》亦须作。[①]

从著权制的角度来说，由于出现新情况需要孔子裁之圣心以定褒贬，那么，这是否意味着孔子是要变周从夏？赵匡申言，不存在这样的可能性："圣人当机发断，以定厥中，辨惑质疑，为后王法，何必从夏乎！"[②]但即便如此，是否还存在虽不从夏，但孔子仍不免以其私意变周的情况？从上述赵匡所述养生、治病之喻来看，亦不存在这样的情况，因为，一方面，尽管在具体的治世策略上周礼与《春秋》可能有所不同（防乱与治乱），但就维护周代统治这一目标而言，两者是一致的，故不可谓《春秋》变周。另一方面，由于二者的作用领域不同，因而也谈不上谁改变谁。

总上所言，赵匡基于《春秋》中所记常事与非常之事的区分，将《春秋》的政治功能相应地划分为兴常典和著权制。由于兴常典即意味着依循周礼进行评判，从而《春秋》的这一功能等于被隶属于周礼的理论框架。赵氏又通过限制周礼发挥政治作用的范围，将《春秋》之著权制的政治功能纳入巩固周代统治这一目标之下。依此可见，同啖助一样，赵匡《春秋》学之问题意识亦是如何重建《春秋》的政治合法性，但他不同意啖助将《春秋》界定为教化之书的做法，而是力图重新赋予将《春秋》作为经世之书的政治合法性。事实上，赵氏即云："夫改制创法，王者之事，夫子身为人臣，分不当耳。若夫帝王简易精淳之道，安得无之哉？"[③]其肯定《春秋》有帝王治世的简易精淳之道，但又认为孔子身为人臣缺乏改制创法的政治合法性，从而提出如上的解决方案。

从另一方面来看，赵氏之说亦非无瑕，从兴常典来说，说《春秋》依循周礼进行评判，实际上等于承认周礼具有治乱之效，则与其对周礼仅为防乱的界定相悖。其次，赵氏以区分周礼、《春秋》作用范围的方式强调孔子作《春秋》之必要性，从而论证"游夏之徒不能赞一辞"的合理性，但如果承认《春秋》中存在依循周礼进行评断的部分，则这一部分内容又很难说不能为游夏之徒赞一辞。

---

① 对于"周典未亡，焉用《春秋》"之问，一种可能的回答是：孔子作《春秋》的必要性在于，《春秋》中除了常事，还有非常之事，而"非常之事，典礼所不及，则裁之圣心，以定褒贬"，故须作《春秋》。这种回答忽视了这一质疑是针对《春秋》中的常事部分而发，用《春秋》中存在非常之事作答，没有抓住问题的要害。

② 陆淳：《赵氏损益义第五》，《春秋集传纂例》卷一，9 页，影印文渊阁《四库全书》146 册，383 页上。

③ 陆淳：《赵氏损益义第五》，《春秋集传纂例》卷一，9 页左—10 页右，影印文渊阁《四库全书》146 册，383 页。

第三，从著权制来说，赵氏认为周礼和《春秋》是在两个相互独立的领域发挥作用，则说明《春秋》中的非常之事是周礼所不能应对的，所谓“非常之事，典礼所不及”，那么，这就等于承认孔子之制礼，但孔子这一行为的政治合法性从何而来，从赵匡的叙述中无法得到充分说明。赵氏试图以巩固周代统治为目标来为孔子之著权制找到政治合法性，但这一说法很难避免为后世打着巩固统治而行叛乱之实的做法留下口实。

第四，从理解孔子身份与《春秋》之经史性质的角度来看，赵氏之说亦有困难之处。依兴常典说，则《春秋》遵周公之志，为史书，孔子为史家。依著权制说，则《春秋》裁之圣心，为经。可见，赵氏实际上是对杜预之说与公羊家说进行折衷，而折衷的结果则是，使孔子之身份与《春秋》之经史性质含混不明。

3. 陆淳：《春秋》道尧舜之道

陆淳对《春秋》性质的理解折衷啖赵而又有所推进：

> 传曰："唯天为大，唯尧则之。""《韶》尽美矣，又尽善也。《武》尽美矣，未尽善也。"又曰："禹，吾无间然矣。"推此而言，宣尼之心，尧舜之心也；宣尼之道，三王之道也。故《春秋》之文通于礼经者，斯皆宪章周典，可得而知矣。其有事或反经而志协乎道，迹虽近义而意实蕴奸，或本正而末邪，或始非而终是，贤智莫能辩，彝训莫能及，则表之圣心，酌乎皇极，是生人已来未有臻斯理也，岂但拨乱反正，使乱臣贼子知惧而已乎？[①]

陆淳认为《春秋》中有可通于礼经者，陆氏自注这一部分内容为“凡郊、庙、朝、聘、雩、社、婚姻之类是也”，这与赵匡对兴常典的理解一致，赵氏谓“凡郊、庙、丧、纪、朝、聘、蒐、狩、婚、取，皆违礼则讥之，是兴常典也”[②]。而陆淳所谓“事或反经而志协乎道，迹虽近义而意实蕴奸，或本正而末邪，或始非而终是”，是指《春秋》中不能通于礼经的部分，对于这种情况，赵匡主张“裁之圣心，以定褒

---

① 陆淳：《春秋集传微旨》卷上，1页，影印文渊阁《四库全书》146册，538页下。

② 陆淳：《赵氏损益义第五》，《春秋集传纂例》卷一，9页右，影印文渊阁《四库全书》146册，383页上。

贬”，陆淳亦主张“表之圣心，酌乎皇极”。可见，对这一部分的理解，陆氏之说显然取益于赵匡之著权制说。陆氏又强调，圣心之裁决是综合动机与效果两方面——所谓志、意、本、末、始、终——揭示事件之情伪，以行教化。如宣公十一年，“冬十月，楚人杀陈夏征舒。丁亥，楚子入陈，纳公孙宁、仪行父于陈”，陆氏于经文下先列三传说解，而后以“淳闻于师曰”[①]做结：

> 楚子之讨征舒，正也，故书曰“人”，许其行义也。入人之国，又纳淫乱之臣，邪也，故明书其爵，以示非正。《春秋》之义，彰善瘅恶，纤介无遗，指事原情，瑕瑜不掩，斯之谓也。[②]

可见，对于与《春秋》中不能通于礼经部分相应的《春秋》之功能的理解，陆氏是综合了赵匡之“著权制”与啖助之“忠道原情”思想。

在对《春秋》根本性质的界定上，陆淳的理解既不同于啖助以《春秋》为改良教化之书的观念，亦有别于赵匡将《春秋》范围于周礼和巩固周之统治目标的做法，而是直接将孔子之心等同于尧舜之心。陆氏此说，与公羊家之说如出一辙。《公羊传·哀公十四年》在阐述孔子作《春秋》之意图时称：“其诸君子乐道尧、舜之道与?”何休注云：

> 作传者谦不敢斥夫子所为作意也。尧、舜当古历象日月星辰，百兽率舞，凤皇来仪，《春秋》亦以王次春，上法天文，四时具然后为年，以敬授民时，崇德致麟，乃得称大平，道同者相称，德合者相友，故曰乐道尧、舜之道。[③]

徐彦疏称：

> 云道同者相称者，谓孔子之道同于尧、舜，故作《春秋》以称述尧、

---

① 有论者指出，《春秋集传微旨》中“淳闻于师曰”实为陆氏阐述己说之处。见高淑君：《陆淳对啖助、赵匡〈春秋〉学思想的继承与发展》，《孔子研究》，2012 年第 5 期。

② 陆淳：《春秋集传微旨》卷上，第 39 页左，影印文渊阁《四库全书》146 册，576 页下。

③ 《春秋公羊传注疏》卷二十八，第 720 页。

舜是也。云德合者相友者，友者，同志之名。言孔子之德合于尧、舜，是以爱而慕之，乃作《春秋》，与其志相似也。[①]

陈立《公羊义疏》又引董仲舒、孟子等说论之：

《繁露·俞序》云："苟能述《春秋》之法，致行其道，岂徒除祸哉！乃尧舜之德也。"《孟子·滕文公》云："知我者，其惟《春秋》乎？"《史记注》引刘熙《孟子注》云："知者行尧舜之道者也。"[②]

依此可见，啖、赵、陆对《春秋》根本性质的理解经历了一个教化之书、政治治理之书、道尧舜之道之书的演进过程。不过，值得思考的是，如所周知，何休以上说解的一个基本前提是承认孔子作《春秋》代汉制法[③]，那么，在不接受这一预设的情况下，如何保证孔子借《春秋》陈说尧舜之道的政治合法性？陆氏似乎并未意识到这一问题。从另一方面来看，陆氏既然在对《春秋》基本功能的理解上折衷啖赵，因而，从逻辑上讲，其对《春秋》根本性质的理解亦不可能越出啖赵之范围，但其却将《春秋》视为陈述尧舜之道之书，则在逻辑上显然有跳跃之嫌。就此而言，其《春秋》之思似乎尚未抵达啖赵思想之深处。

综上所述，啖助学派（以啖助、赵匡为主）围绕着如何重建《春秋》褒贬黜陟的政治合法性问题，对《春秋》根本性质予以重新界定，力图完成这一时代课题，但由于啖助将《春秋》从经世之书变为仅仅在"性情"层面开展教化之书，这改变了自三传以来历代学者对《春秋》根本性质的基本定位，显然不能被后儒接受。赵匡之说较之啖助更加精微，但亦存在诸多难以融贯之处。实际上从宋代《春秋》学来看，宋儒对啖赵《春秋》学风之承继，更多是接续其尊经胜传、综合三传、

① 《春秋公羊传注疏》卷二十八，第 721 页。

② 陈立：《公羊义疏》卷七十五，刘尚慈点校，北京：中华书局，2017 年，第 2911 页。

③ 《公羊传·哀公十四年》："君子曷为为《春秋》？拨乱世，反诸正，莫近诸《春秋》。……制《春秋》之义以俟后圣。"何休注云："待圣汉之王以为法。"见《春秋公羊传注疏》卷二十八，第 721 页。

以意说经的解经立场和方法①,对于其《春秋》观则不免轻忽。

二、宋儒对啖助学派《春秋》学问题意识的继承与开拓
——以程颐、胡《传》为例

作为宋代理学开山,二程有关《春秋》的讲说在宋代《春秋》学史上占有重要一席,尤其是由程颐发端并为胡安国所接续和发扬光大的《春秋》学脉,更是影响卓著。其学在继承啖赵《春秋》学风的同时,对其《春秋》学问题意识亦有所推进。

1. 程颐:圣人"作《春秋》为百王不易之大法"

二程十分推崇啖助学派《春秋》学,程颢(字伯淳,1032—1057)论之曰:

> 《春秋》何为而作哉?其王道之不行乎!孟子有言曰:"《春秋》,天子之事"是也。去圣踰远,诸儒纷纭,家执异论,人为殊说,互相弹射,甚于仇雠。开元秘书言《春秋》者盖七百余家矣。然圣人之法,得者至寡,至于弃经任传,杂以符纬,胶固不通使圣人之心郁而不显。吁!可痛也,独唐陆淳得啖先生、赵夫子而师之,讲求其学,积三十年始大光莹,绝出于诸家外;虽未能尽圣作之蕴,然其攘异端,开正途,功亦大矣。②

这段话虽然出自程颢,但考虑到二程之关系及其思想旨趣上的一致性③,

---

① 晁公武云:"啖、赵以后学者,喜援《经》击《传》,其或未明,则凭私臆决。"(氏著《郡斋读书志》卷三,孙猛校正,上海:上海古籍出版社,2011 年,第 109 页)《四库总目》以啖助《春秋》学"舍传求经,实导宋人之先路"(《四库全书总目》卷二十六,北京:中华书局,1997 年,第 333 页)。皮锡瑞云:"啖、赵、陆不守家法,……宋儒治《春秋》者皆此一派。"又云:"今世所传合《三传》为一书者,自唐陆淳《春秋纂例》始。淳本啖助、赵匡之说,杂采三传,以意去取,合为一书,变专门为通学,是《春秋》经学一大变。宋儒治《春秋》者,皆此一派。"(氏著《经学通论》,周春健校注,北京:华夏出版社,2011 年,第 434、435 页)侯外庐等认为:宋儒治《春秋》,大体循着啖、赵、陆一派的学术路径,弃专门而求通学,名为弃传从经,实则兼采三传,断以己意(侯外庐、邱汉生、张岂之:《宋明理学史》(上),北京:人民出版社,2005 年,第 224 页)。

② 程颢、程颐:《河南程氏文集》卷二,《二程集》,北京:中华书局,1981 年,第 466 页。

③ 历史上将二者并称"二程",朱子将其学合称"洛学",就反映出这一认识。近代以来有论者反思这一认识,认为二程学术差别很大,但据陈来、张立文等学者分析,二程之间的差别并非本质性的,毋宁说只是显示了不同的境界取向,二程思想基本相同。见陈来:《宋明理学》,上海:华东师范大学出版社,2004 年,第 70 页;张立文:《宋明理学研究》,北京:中国人民大学,2016 年,第 229 页。

说这段话代表了程颐对啖助学派《春秋》学的基本看法，亦不为过。[1] 事实上，就程颐《春秋传》[2]的经解特点来看，亦延续了啖赵综合三传以意解经的特点，元儒李廉(字行简，吉安人)于此有见：

> 传《春秋》者三家，左氏事详而义疏，公谷义精而事略，有不能相通，两汉专门，各守师说，至唐啖赵氏，始合三家所长，务以通经为主，陆氏纂集已为小成，宋河南程夫子始以广大精微之学，发明奥义，真有以得笔削之心，而深有取于啖赵，良有以也。[3]

不过，在有关《春秋》根本性质的理解上，程颐则不免与啖赵异途，而与陆淳更为接近，其《春秋传序》云：

> 二帝而上，圣贤世出，随时有作，顺乎风气之宜，不先天以开人，各因时而立政。暨乎三王迭兴，三重既备，子丑寅之建正，忠质文之更尚，人道备矣，天运周矣。圣王既不复作，有天下者，虽欲仿古之迹，亦私意妄为而已。事之谬，秦至以建亥为正。道之悖，汉专以智力持世。岂复知先王之道也？夫子当周之末，以圣人不复作也，顺天应时之治不复有也，于是作《春秋》为百王不易之大法，所谓"考诸三王而不谬，建诸天地而不悖，质诸鬼神而无疑，百世以俟圣人而不惑"者也。[4]
> (着重号为引者所加，下同)

程氏认为，尧舜二帝以前之圣王及二帝、三王，皆能随时创制、因时立政，从而使人道备、天运周，至东周末，则圣王不复作，顺天应时之治不复有，出现礼崩乐坏的混乱局面，于是孔子亦应时而作《春秋》，创制("为")百王不易之大法。显然，

---

① 有论者即径将以上引文属之"程氏"(见赵伯雄：《春秋学史》，第354页)，言下之意，以上引文之说亦可代表程颐《春秋》学观念的基本立场。

② 程颐《春秋传》原止于桓公九年传，其后部分由编者纂集程子说《春秋》之文而成，《春秋传·桓公九年》传末编者注云："先生作《春秋》传至此而终。旧有解说者，纂集附之于后。"见程颢、程颐：《河南程氏文集》卷四，《二程集》，第1107页。

③ 李廉：《春秋会通原序》，《春秋诸传会通》，1页右，影印文渊阁《四库全书》162册，164页下。

④ 程颢、程颐：《河南程氏经说》卷四，《二程集》，第1124—1125页。

程氏是以二帝三王视孔子，这与啖助将孔子视为文化教化上的改良者、赵匡将《春秋》视为巩固周代统治的政治治理之书的观念无异天壤，而与陆淳将孔子之心等同于尧舜之心的说法不谋而合，亦与《公羊传》、何休之说无异，皮锡瑞云：

宋儒通学啖、赵遗风，至程子出，乃于孔子作《春秋》为后王立法之意有所窥见。……自汉以后，论《春秋》者鲜知此义，惜其《传》（按：程颐《春秋传》）作于晚年），略举大义，襄、昭以后尤略书，止二卷。[①]

程氏认为，孔子在《春秋》中通过抑纵、与夺、进退等褒贬黜陟之方式表达其经世思想：

《春秋》大义数十，其义虽大，炳如日星，乃易见也。惟其微辞隐义，时措从宜者，为难知也：或抑或纵，或与或夺，或进或退，或微或显，而得乎义理之安，文质之中，宽猛之宜，是非之公，乃制事之权衡，揆道之模范也。[②]

僖公二十七年，“楚人、陈侯、蔡侯、郑伯、许男围宋”。程氏曰：“楚称人，贬之，为其合诸侯以围宋也。”[③]僖公二十九年，“夏六月，会王人、晋人、宋人、齐人、陈人、蔡人、秦人盟于翟泉”。程氏曰：“晋文连年会盟，皆在王畿之侧，而此盟复迫王城，又与王人盟，强迫甚矣，故讳公，诸侯贬称人，恶之大也。”[④]基于这一理解，程氏反对晋唐《春秋》学中将《春秋》等同于褒善贬恶之史书的观点：

后世以史视《春秋》，谓褒善贬恶而已，至于经世之大法，则不知也。[⑤]

---

① 皮锡瑞：《经学通论》，第 454 页。

② 程颐：《春秋传序》，《二程集》，第 1125 页。

③ 程颐：《春秋传》，《二程集》，第 1113 页。

④ 程颐：《春秋传》，《二程集》，第 1113 页。

⑤ 程颐：《春秋传序》，《二程集》，第 1125 页。有论者据此指出，“程子不以褒贬视《春秋》也”（曾亦、郭晓东：《春秋公羊学史》（中册），第 672 页），这种说法忽视了褒贬之经世义与史学义的区分。

不过，程氏当然清楚，将孔子比于二帝三王所带来的消极后果——承认孔子为僭越，因此，其论二帝三王之后的情况时称“圣王不复作”，至论孔子时的情况则云“圣人不复作”。从“圣王”到“圣人”，一字之差，程氏试图消解因使用“圣王”二字所产生的僭乱意味的意图显露无疑，由此亦可看出程氏对孔子身份的微妙理解及其《春秋》学所内蕴的问题意识：孔子身为人臣，何以具有褒贬黜陟、改制创法之政治合法性？如前所述，何休对孔子褒贬黜陟、改制创法之政治合法性的论证是通过将“后圣”诠解为“圣汉”实现的，那么，假如不接受这一说法[①]，面对孔子之德与位的分离，如何证成其说？对此，程子未曾明言，这一问题在私淑程子的胡安国那里得到了更为深入的理论建构。

2. 胡安国："仲尼，天理之所在"

胡氏自述其《春秋》学乃私淑诸程子，“吾所闻在《春秋》，自伊川先生所发”[②]，全祖望称其为“私淑洛学而大成者”[③]。其有关《春秋》与五经之看法即取自程颐，所谓“五经之有《春秋》，犹法律之有断例也”[④]。程颐以孔子为圣王，胡氏亦称其作《春秋传》之目的是“庶几圣王经世之志，小有补云”[⑤]。其对啖赵《春秋》学亦有所继承，其《春秋传》中多有征引啖赵之说[⑥]，并于其《春秋传序》中称引、发挥赵匡之说，所谓“兴常典，则体乎礼之经……著权制，则尽乎《易》之变”[⑦]。

众所周知，胡《传》有较强的淑世色彩，但即便如此，作为一种学术理论建构，胡氏既须凭借前贤《春秋》学之思想资源，则对于其《春秋》学之问题意识亦应有所回应。事实上，在《春秋传》中，其即假或者之问提出了对这一问题的回应：

---

① 从逻辑上看，程氏既然将《春秋》视为为后世百王立法之书，显然不可能接受何休之说。

② 《宋元学案·龟山学案》，北京：中华书局，1986 年，第 956 页。

③ 《宋元学案·武夷学案》，第 1170 页。

④ 胡安国：《春秋传序》，《春秋传》卷首，长沙：岳麓书社，2011 年，第 2 页（标点有改动，下同，不再说明）。程颐曰：“《诗》、《书》、《易》言圣人之道备矣，何以复作《春秋》？盖《春秋》圣人之用也。《诗》、《书》、《易》如律，《春秋》如断案；《诗》、《书》、《易》如药方，《春秋》如治法。”（《二程集》，第 401 页）

⑤ 胡安国：《春秋传》卷首，2 页。

⑥ 其说见其对桓公十七年“癸巳，葬蔡桓侯”、庄公元年“王使荣叔来锡桓公命”、庄公三十二年“公薨于路寝”等经文之解释。见胡安国：《春秋传》卷六、七、九，第 71、75、112 页。

⑦ 胡安国：《春秋传》卷首，第 2 页。

或曰：非天子，不制度，不议礼，不考文，仲尼岂以匹夫专进退诸侯、乱名实哉？则将应之曰：仲尼固不以匹夫专进退诸侯、乱名实矣，不曰“《春秋》，天子之事乎”，“知我罪我者，其惟《春秋》乎？”世衰道微，暴行交作，仲尼有圣德无其位，不得如黄帝、舜、禹、周公之伐蚩尤、诛四凶、戮防风、杀管蔡，行天子之法于当年也，故假鲁史，用五刑、奉天讨、诛乱贼，垂天子之法于后世，其事虽殊，其理一耳，何疑于不敢专进退诸侯，以为乱名实哉？夫奉天讨、举王法以黜诸侯之灭天理、废人伦者，此名实所由定也，故曰：“《春秋》成而乱臣贼子惧。”[1]

胡氏以孔子有圣德无其位，不能像舜、禹、周公那样行天子之事，因此假鲁史以垂天子之法于后世。易言之，在胡氏看来，孔子是有德无位之王，元儒汪克宽(字德辅，一字仲裕，1304—1372)注其说曰：“孔子虽不得位，然假《春秋》以寓王法，实行天子之事也。”[2]这是典型的素王议论，是以皮锡瑞称其说与公羊家素王说无异。[3] 胡氏还继承了由董仲舒首倡的孔子改法创制说：[4]

仲尼德配天地，明并日月，自以无位与时，道不行于天下也，制《春秋》之义，见诸行事，垂训方来。虽祖述宪章，上循尧、舜、文、武之道，而改法创制，不袭虞、夏、商、周之迹。[5]

胡氏认为，孔子作为素王进行改制创法的政治合法性在于“名实所由定也”，亦即以孔子为天理之所在。

周道衰微，乾纲解纽，乱臣贼子接迹当世，人欲肆而天理灭矣。仲尼，天理之所在，不以为己任而谁可？五典弗惇，己所当叙；五礼弗庸，

---

① 胡安国：《春秋传》卷四，第46—47页。

② 汪克宽：《春秋胡传附录纂疏》卷首上，2页右，影印文渊阁《四库全书》165册，13页下。

③ 皮锡瑞：《经学通论》，第363页。

④ 黄开国：《公羊学发展史》，第166页。

⑤ 胡安国：《进表》，《春秋传》卷首，第7页。

己所当秩；五服弗章，己所当命；五刑弗用，己所当讨。故曰："文王既没，文不在兹乎！天之将丧斯文也，后死者不得与于斯文也；天之未丧斯文也，匡人其如予何！"圣人以天自处，斯文之兴丧在己，而由人乎哉！故曰："我欲载之空言，不如见诸行事之深切着明也。"空言独能载其理，行事然后见其用。是故假鲁史以寓王法，拨乱世反之正。叙先后之伦，而典自此可惇；秩上下之分而礼自此可庸。有德者必褒，而善自此可劝；有罪者必贬，而恶自此可惩。其志存乎经世，其功配于抑洪水、膺戎狄、放龙蛇、驱虎豹，其大要则皆天子之事也。故曰："知我者，其惟《春秋》乎！罪我者，其惟《春秋》乎！"①

在此，胡氏首先通过引入理学"天理、人欲"范畴而实现对春秋时代社会属性的重新刻画，所谓"人欲肆而天理灭"。其次，以《论语·子罕》中孔子斯文在兹之自述，指明孔子以天自处，以理学话语言之，即"仲尼，天理之所在"。再次，天理之所在的身份——名，决定孔子有规范混乱的政治秩序的政治权利和义务——实。最后，孔子规范政治秩序的方式是惇典、庸礼、命德、讨罪。总而言之，《春秋》是实现孔子经世之志之书，是拨乱反正之书，是有关天子之事之书。

通过以上说解，胡氏重新确立起孔子作为素王的身份，从而在理论上使孔子具有褒贬黜陟的政治合法性。是以在《春秋传》中，其即广泛发挥一字褒贬的解经方法，宣公九年，"楚子伐郑，晋郤缺帅师救郑"，胡氏云：

至是称爵，岂与之乎？按《公羊》例："君将不言帅师，书其重者也。"至此书爵，见其陵暴中华，以重兵临郑矣。何以知其非与之乎？曰：下书"晋郤缺帅师救郑"，则知非与之也。由此观《春秋》书法，皆欲治乱贼之党，谨华夷之辨，以一字为褒贬，深切著明矣。②

不过，从现实的角度来说，毕竟周天子尚在，以孔子为素王，行褒贬黜陟，仍然难免僭越之诘，胡氏对此的解决方案可由其对隐公元年"春王正月"的诠释窥

① 胡安国：《春秋传序》，《春秋传》卷首，第1页。

② 胡安国：《春秋传》卷十七，第215—216页。

其一斑：

> 建子非春亦明矣，乃以夏时冠周月，何哉？圣人语颜回以为邦，则曰："行夏之时。"作《春秋》以经世，则曰"春王正月"，此见诸行事之验也。或曰："非天子不议礼，仲尼有圣德无其位，而改正朔，可乎？"曰："有是言也，不曰'《春秋》，天子之事'乎？以夏时冠月，垂法后世，以周正纪事，示无其位，不敢自专也，其旨微矣。"①

胡氏以行夏之时为孔子所立之法的思想是承自程颐，程氏曰：

> 三王之法，各是一王之法，故三代损益文质，随时之宜。若孔子所立之法，乃通万世不易之法。孔子于他处亦不见说，独答颜回云："行夏之时，乘殷之辂，服周之冕，乐则《韶》舞。"②

其解隐元年"春王正月"曰："周正月，非春也，假天时以立义尔。"③胡氏认为，"春王正月"是以夏时冠周月，理由是：一方面孔子为素王，笔削《春秋》，垂法后世，故书夏时。另一方面，孔子身为人臣，亦须遵周制，故月书周正。依此而言，胡氏"夏时冠周月"的命题乃是对素王立法与遵循周制进行折衷的结果。

Reconstruction of Legitimacy: The Problem Consciousness and Development of the New Study of *Chunqiu*

Zhang Li'en

Abstract: From Dan Zhu, Zhao Kuang to Lu Chun, The definition of the essence of

---

① 胡安国：《春秋传》卷一，第12页。

②《二程集》，第174页。

③ 程颐：《春秋传》，《二程集》，第1086页。

Chunqiu experienced a process of change from the book of enlightenment, the book of political governance, and the book of introducing the thoughts of Yao and Shun. They tried to prove the political legitimacy of Confucius' criticism. Their statements have their own advantages and disadvantages. Cheng Yi inherited Dan Zhu school's method of interpreting scriptures to synthesize *Zuo Zhuan*, *Gongyang Zhuan* and *Guliang Zhuan* and explain them according to their own understanding.

But his understanding of the essence of *Chunqiu* was different from Dan Zhu and Zhao Kuang, but similar to Lu Chun. He believed that Confucius was the holy king, and the *Chunqiu* was a book to determine the political charter for future generations, but he failed to prove his theory. Hu Anguo reestablished Confucius's status as a uncrowned king to criticize by regarding Confucius as heavenly principle. In order to avoid the conflict between the uncrowned king and the king of Zhou Dynasty, Hu Anguo made a compromise between the legislation of uncrowned king and the following of Zhou Dynasty system, and put forward the theory of "xia shi guan zhou yue".
Keywords: new study of *Chunqiu*, Cheng Yi, Hu Anguo

恽日初蕺山学诠释中的朱王折衷色彩*

——兼谈来自黄宗羲的批评声音

张天杰**

［摘　要］　恽日初虽是刘宗周的重要弟子，然因其出身东林学派，故所编《刘子节要》的体例，及其附录的《行状》、《高刘两先生正学说》等文章的学术主张，都体现出朱子学与阳明学折衷的色彩。黄宗羲则在《明儒学案》中指出，恽日初排斥刘宗周意为心所主的观点，其实并不懂蕺山学。恽日初与黄宗羲的学术纷争，其实并不止于所谓蕺山学的诠释权之争，背后还有从东林学派开始的朱王折衷的学术倾向等问题在。

［关键词］　恽日初；黄宗羲；朱王折衷；蕺山学派；东林学派

自宋以降，程朱、陆王之争时隐时现，成为宋明儒学发展过程之中的一条主线。到晚明清初之际，因为对阳明学流弊的不满，故而东林学派开始转向朱子

* 基金项目：国家社科基金一般项目“刘宗周大传与年谱长编”(20BZX079)。

** 张天杰(1975—　)，男，浙江桐乡人，历史学博士，哲学博士后，杭州师范大学公共管理学院、国学院教授，研究方向：浙学、宋明理学、明清思想文化。

学，并对阳明学诸多问题进行了批判。① 然而从顾宪成(1550—1612)到高攀龙(1562—1626)，以及他们的后学，依旧还在为朱子学与阳明学二系的折衷而作努力，恽日初(1601—1678，字仲升，号逊庵)便是其中一个特别典型的个案。恽日初生于常州武进，深受东林学派的思想影响，还曾讲学于东林书院；同时他又因为特殊的机缘而师从于浙中大儒刘宗周(1578—1645)，明亡后还到浙中寻访"刘氏遗书"并编撰《刘子节要》，留下了诸多折衷高攀龙、刘宗周二子以及朱子学与阳明学的文字。同为刘门高弟的黄宗羲(1610—1695)，则在《明儒学案》的编撰过程中，对恽日初既有高度的评价，又有严厉的批判。故而以恽日初为中心，再附及黄宗羲等同门，考察他们围绕《刘子节要》的编撰以及对高、刘二子的评定所体现的学术异同，对于认识晚明清初的思想界如何思辩朱子学与阳明学之折衷，当有重要的意义。②

一 恽日初其人其学

恽日初年方弱冠，便补为县学生员；崇祯六年(1633)中乡试副榜，不久之后进入国子监求学；崇祯十五年清兵入关，应诏上陈《守边十策》，因受阻而未得上报。问学于刘宗周之事，便发生在崇祯十六年前后。曾在常州从游于恽日初之子画家恽格(1633—1690)，故而"具知本末"的朱溶，在《恽日初传》之中对其生平，有特别详尽的记载，其中说：

> 为人方正有气，好说理学，与同里张玮游，甚善也。崇祯癸酉，中副榜，寻入顺天国学。于是时，刘宗周为左都御史，而玮为副都御史，玮谓日初曰："今之学理在刘先生，仲升盍事之？我日与仲升言，犹未

① 参见何俊：《论东林对阳明学的纠弹》，《浙江大学学报(人文社会科学版)》，2000年第4期。

② 学界关于恽日初的研究，据笔者检索，只有如下几篇：王汎森：《清初思想趋向与〈刘子节要〉——兼论清初蕺山学派的分裂》，载氏著《晚明清初思想十论》，上海：复旦大学出版社，2004年，第249—289页；林胜彩：《恽日初与〈刘子节要〉》，载恽日初著、林胜彩点校、钟彩钧校订：《刘子节要附恽日初集》，台湾"中研院"文哲所，2015年，第1—26页；钟彩钧：《恽日初的思想》，载陈来、高海波主编：《刘宗周与明清之际儒学——纪念刘宗周诞辰440周年学术研讨会论文集》，天津：天津人民出版社，2020年，第36—69页。王文集中于蕺山学派分裂问题，林文与钟文则侧重概述恽日初之思想，故对恽日初之朱王折衷等问题尚未作深入的探讨。

也。"日初遂从宗周问，宗周令以慎独力，自是学业益进。[①]

恽日初是经过张玮的介绍方才师从于刘宗周的，而张玮则师从于孙慎行(1565—1636，文介)，他们都是常州武进人，故而恽日初原本是在东林学派的影响之下开始讲求理学，而后师从于跟高攀龙等东林学人为师友关系的刘宗周，刘便教其把握"慎独"之旨。张玮后来为恽日初的文集作序说：

> 间尝浏览博士弟子之文，窃怪其题，不论性命经济，而一以言外者为至极，……以故，亟欲与二三同志讲明性学于文介先生止躬之庐，而恽子仲升为之领袖。仲升学有渊自，直证洙泗无言之义，敦行笃古，盖真君子其人。[②]

在武进之时，张玮因为当时士人之学徒有"言外者"，对于内向的性命之学少有讲求，故与同志之友讲学于孙慎行当年的"止躬之庐"，恽日初便是此中领袖，他不但在学术上"直证洙泗"，还在践行上"敦行笃古"。张玮还说其文集之中"言性命者有焉，则程朱诸子之所敛衽也"，可见其对于程朱理学的体认在当时学人之中已经较为著名，故推荐其向刘宗周问学。不久之后，发生了刘宗周因为"申救姜埰、熊开元"而被革职的事件，刘门另一高弟祝渊(1614—1645，开美)此时上疏为刘宗周明冤，恽日初也要上疏，被刘宗周所制止：

> 顷之，宗周罢去，日初为疏请留宗周，宗周移书让之曰："君子素位而行，子为诸生，何出位妄书？"日初乃止。见边寇益急，势终不可为，遂归。以家事属长子桢，携子桓、格，载书三千卷，隐读天台山中。[③]

此时刘宗周回复恽日初的书信，可以看作是学者在人生的紧要关头应当如何抉择的一次问答，故而有必要全文摘录：

---

① 朱溶：《恽日初传》，载《刘子节要附恽日初集》，第373页。

② 张玮：《恽逊庵文集序》，载《刘子节要附恽日初集》，第335页。

③ 朱溶：《恽日初传》，载《刘子节要附恽日初集》，第375页。

数日前接来教，见相爱之切。至不难处以非分，一至于此，然而害道甚矣。在前日，开美已多此举，况待今日？学人平日只是信道不笃，每事不免向外驰求，往往陷于过举而不自觉。如此类者甚多，不可不深察而惩艾之。昔贤云“即向好事，犹为物化”，况未必然乎！吾辈只合素位而行，才涉位外，便伏私意；习熟不已，眠梦日长，终身堕落矣。幸二无先生早为救正，省却多少事，不然，当此多事时，只吾辈二三人，坏天下事而有余矣。仆从兹益反而自艾，名利场打不过、洗不净尽，必有一种声音笑貌为人所窥及处，至使朋友中遂有迎风而动者，益觉暗然一关，不易过也。千万珍重！①

在刘宗周看来，申救事件已至于此，便不必如祝渊一般再多此举，因为学者往往“信道不笃”以至于每事都会“向外驰求”，不能做到“素位而行”。也就是说，作为诸生的恽日初，不可狂妄“出位”上疏，乱了大事。刘宗周自己也在此事之中，进一步反思名利场的“打不过、洗不净”，以至于“为人所窥及”，这些都是“慎独”之学的践行问题，应当会对恽日初有所启发。此后不久，因为国势不可为，恽日初便南归，然而带着两个儿子读书于天台山，以求传承学术。

恽日初再次受到蕺山学的熏陶则已是在入清以后，而刘宗周去世多年了。私淑于黄宗羲的全祖望在读了恽日初为刘宗周作的《行实》后说：

日初避乱天台，闻讣，道阻，嗣后崎岖闽粤越五年，己丑南返，始得哭先生于古小学。②

刘宗周殉节于顺治二年（乙酉，1645），此时恽日初正在天台山中读书，因为道阻而不能前往吊唁；顺治六年（己丑），恽日初结束了“崎岖闽粤”的五年多后，方才得以前往山阴，哭刘宗周于曾经的讲学之地古小学，然此时仅匆匆路过，还未来得及研读尚未编辑完的“刘子遗书”。再据恽日初自己说：“会嗣君捐馆，日初走

① 刘宗周：《复门人恽仲升》，载吴光主编：《刘宗周全集》第三册，杭州：浙江古籍出版社，2007 年，第 484—485 页。

② 全祖望：《题恽氏刘忠正公行实后》，载《鲒埼亭集》外编卷三十，《全祖望集汇校集注》，上海：上海古籍出版社，2000 年，第 1352 页。

哭于蕺山之阴。”[①]刘宗周之子刘汋(1613—1664,字伯绳)去世是在康熙三年(1664),那么恽日初在该年或该年之后曾到过山阴。据黄宗羲的两条记载:“戊申岁,羲与恽日初同在越城半年……其时为《刘子节要》。”[②]“岁己酉,毘陵恽仲升来越,著《刘子节要》。”[③]则恽日初当在康熙七年(戊申)再次到山阴,且住了半年以上,直到康熙八年(己酉)方才离开。故恽日初虽多次前往山阴,然真正能够较系统地研读刘宗周的著述,则当在康熙七、八年,也即编撰《刘子节要》之时。黄宗羲还在为其文集所写的序中详细回顾二人的交游:

> 武进恽仲升,同门友也。壬午,见之于京师;甲申,见之于武林。通朗静默,固知蕺山之学者,未之或先也。而年来方袍圆顶,丛林急欲得之,以张皇其教,人皆目之为禅学。余不见二十年,未尝不以仲升去吾门墙,而为斯人之归也。今年渡江吊刘伯绳,余与之剧谈昼夜,尽出其著撰。格物之解,多先儒所未发。盖仲升之学,务得于己,不求合于人,故其言与先儒或同或异,不以庸妄者之是非为是非也。余谓之曰:“子之学非禅学也,此世之中儿有吾两人相合,可无自伤其孤另矣。”[④]

这一段较为详尽地介绍了黄、恽二人的交游历程,也说明了恽日初的为学特色。在刘门之中,黄、恽二人的情谊最深,崇祯十五年(壬午,1642)“见之于京师”,这也正是恽日初拜师刘宗周之时;崇祯十七年(甲申)“见之于武林”,恽日初此时正在前往天台山的路上,当是路过杭州才得见,大约二人也有长谈,故而黄宗羲认为其“固知蕺山学者”;接着就是“不见二十年”,到了撰写序文的康熙七年(戊申),黄、恽二人“同在越城半年”[⑤],一是吊刘汋,一是抄录刘宗周的遗书,二人得以“剧谈昼夜”,并交流著述。黄宗羲认为恽日初之学“务得于己,不求合于人”,而与宋明先儒“或同或异”,也就是说有自己的独到见解,虽曾隐于僧寺,然“非

---

① 恽日初:《刘子节要序》,载《刘子节要附恽日初集》,第3页。

② 黄宗羲:《蕺山学案》,载黄宗羲著、沈盈芝点校:《明儒学案》卷六十二,北京:中华书局,2008年,第1509页。

③ 黄宗羲:《明儒学案序》(原本),载沈善洪主编、吴光执行主编:《黄宗羲全集》第十册,杭州:浙江古籍出版社,2005年,第78页。“恽”原作“郓”,标点有所改动。

④ 黄宗羲:《恽仲升文集序》,载《黄宗羲全集》第十册,第5页。

⑤ 黄宗羲:《蕺山学案序》,载《明儒学案》卷六十二,第1509页。

禅学也”。黄宗羲对入清之后的刘门弟子往往多为否定的评价,故对恽日初如此肯定已属非常难得。

因为刘宗周担任都察院左都御史的时间实际不足三个月,恽日初在刘宗周生前的问学时间极短。故恽日初对东林之学,确实比对蕺山之学更为稔熟,而且在其为学之初,以及人生的最后阶段,其交游范围大多还在东林一系。在刘溶的传记中对此曾有详细的说明:

> 无锡东林书院,废久复立。时高攀龙兄孙世泰在,世泰进士,至湖广提学道。每春秋仲丁日祭,辄请日初主之。前日,讲学丽泽堂,诸生环立以听终日。日初谓人之学,知行必并进,故以格物为先,而实致其力,大归不离慎独者近是。[①]

高攀龙之侄高世泰(1604—1676,汇旃)在明末曾任湖广提学,入清以后隐居讲学,重修东林书院之丽泽堂,请恽日初前往讲学。其讲学的宗旨为“以格物为先”,同时也倡导“慎独”,以东林为主而兼及蕺山学。恽日初去世之后,与孙慎行一同被祀于东林书院,可见常州一带的学者也肯定其为东林之传人。

二 《刘子节要》编撰及其折衷意图

恽日初曾说:“先师为明季二大儒之一,顾自《人谱》外,海内竟不知先生有何著述。”[②]所以他对于“刘子遗书”极为看重。而《刘子节要》的编撰,是恽日初一生治学的重大事件,也是他在山阴滞留约两年的辛苦所得。然而该书完成之后,请黄宗羲写序,却遭到严词拒绝,其背后的原因,也即此书是否忠实于刘宗周的原著,这一关涉为学宗旨的问题,便值得推敲了。

问题之一,此书仿《近思录》体例,也即分“十四卷”对刘宗周的语录、文集加以重新辑录:一道体、二论学、三致知、四存养、五克治、六家道、七出处、八治体、九治法、十居官处事、十一教人之法、十二警戒改过、十三辨别异端、十四总

---

① 朱溶:《恽日初传》,载《刘子节要附恽日初集》,第 375 页。

② 参见董瑒所引恽日初书信,董瑒:《刘子全书抄述》,载《刘宗周全集》第六册,第 689 页。

论圣贤，该书《四库全书》有著录。恽日初在序中说：

> 子刘子念台先生，立朝大节，炳烺宇宙，……独先生之学，学士罕能言之，则先生著述，亟宜公之天下。而嗣君汋诸所汇订藏家塾者，篇帙繁富，未易举其赢。夫亦表精揽粹乎？会嗣君捐馆，日初走哭于蕺山之阴，其嗣孙德林辈太息言，先生著述，藏名山与传其人，所见各别。日初以前说两解之，仲士林深有当焉，而以其事属日初。于是仿《近思录》例分十四卷，而曰“节要”者，则仍高忠宪公节要朱子意也。[1]

此处先说了两层意思，其一，刘宗周的著述亟待公开，其二，刘宗周之子刘汋汇订、藏于家塾尚未刊行的“刘子遗书”篇帙繁富，故有待精选。刘汋去世之后，恽日初前往山阴，便将这两层意思告知刘宗周之孙刘德林、刘士林等人，而刘氏兄弟也正在担心刘宗周的著述“藏名山”与“传其人”，其间的差别极大，故而邀请恽日初来作《刘子节要》。至于体例问题，仿《近思录》例，至于名为“节要”，则是以高攀龙（忠宪）“节要朱子意”，也就是仿照高攀龙所编撰《朱子节要》的体例。一是因为《近思录》体例是朱子所定，此后效仿此体例的也大多也是朱子后学；另一则是“节要”的名称，直接来自高攀龙。故恽日初编撰《刘子节要》具有将蕺山学向着东林学加以诠释的倾向，而一般认为蕺山学仍在阳明心学的脉络上，所以说恽日初其实是将朱子学与阳明学加以折衷了。

另一问题，恽日初此时如何认识蕺山学？他在此序中接着还说：

> 先生学先存遏，耻空文而务实践，凛凛以真儒自命矣，后讲于高忠宪、冯恭定两先生，益晰至圣之关键。逆奄难作，动忍之余，一日豁然，卓见不惑，自此先生壹以慎独为功，久之，动静语默皆与独位不相畔援，敬立而诚尽，诚尽而天通，而先生之学进于知天矣。……于是合于高子，合于宋之五子，而尧舜之道可得而言矣。

在恽日初看来，刘宗周先以真儒自命，而其学术之关键则有二，一是跟高攀龙、

---

① 恽日初：《刘子节要序》，载《刘子节要附恽日初集》，第3页。下同。

冯从吾(1557—1627,恭定)两先生一道讲学,高、刘之间是亦师亦友的关系;二是在阉党魏忠贤之难时的“一日豁然,卓见不惑”,这一体证近似于高攀龙的“汀州之悟”。也就是说在诠释蕺山学时,恽日初特别加入了“顿悟”之说,同时又特别强调了刘宗周的学术先要“合于高子”,然后方才是合于宋五子以及尧、舜。从这两点来看,恽日初此序也是在努力将刘宗周的学术纳入东林学以及朱子学的谱系之中,其用意是很明显的。

恽日初对于蕺山学的认识,还体现于他在《刘子节要》一书最后的《行状》部分的长篇论述,其中对刘宗周为学宗旨的概括为:

> 先生之学,从主敬入,中乃进之慎独,以扼其要焉,晚乃反之一诚,以达乎天焉。故尝曰:敬则诚,诚则天。而又以慎独为达天之要。[①]

这一概括,可与刘汋《年谱》相互比较:

> 先君子学圣人之诚者也。始致力于主敬,中操功于慎独,而晚归本于诚意。诚由敬入,诚之者,人之道也。……意诚而后心完其心焉,而后人完其人焉。[②]

恽、刘二人,都肯定了刘宗周之学从“主敬”开始,再到“慎独”,最后回归于“诚”或“诚意”,并且也都说“诚”当由“敬”而入。但是恽日初更强调通过“慎独”或“诚”而“达天”,这与其序中所说的“敬立而诚尽,诚尽而天通”、“知天”是一致的;刘汋则仅仅将“诚”落在“人之道”、“人完其人”上,此即“证人”之旨。恽日初在《行状》中还有一段从宋明儒学的发展历程来看蕺山学的文字,其篇幅较长,故分之为四。先看第一部分:

> 窃尝合诸子而论之,周元公、程纯公尚矣。其一主静,其一主存诚,皆直达本心,彻上下、合显微、体太极,先天于日用,使千载不传之

① 恽日初:《行状》,载《刘子节要附恽日初集》,第 155 页。

② 刘汋:《蕺山刘子年谱》,载《刘宗周全集》第六册,第 173 页。

学复明于后世。其为孔氏正宗，无得而议也。

评价周敦颐(1017—1073，元公)的主静与程颢(1032—1085，纯公)的主存诚，认为都是“直达本心”之学，都是孔氏正宗。第二部分：

朱子生数大儒之后，而接其源流，剖豪抉芒，简疑别异，其学凡数变，致于精一，周、程之道，赖以益明。要之，断以晚年者为定论。后儒不省，持前说而墨守之，又济师焉，以故辨击愈繁而道愈晦，虽有踔绝之资，不能自拔。

对于朱子的评价，则认为其传承了周、程之道，而此处之“程”，当是指上文的程颢，这就与传统的朱子学脉络有异了；还有特别强调“断以晚年者为定论”，而朱子后学则“辨击愈繁而道愈晦”。也就是说恽日初将蕺山学纳入朱、陆折衷之中，肯定所谓“晚年定论”，也即认为朱、陆“早异晚同”并开始关注“悟”的工夫。第三部分：

盖晦蚀者二百余年，而阳明子倡良知以救之，复固有、证同然，其为功于朱子甚大。然其弊也，情识炽然，猥言举目前而即是，异端杂霸错出而乘其胜，而良知之说又穷。

再来评价王阳明，则以为其“为功于朱子甚大”，这当是指“朱子晚年定论”一事；同时又指出其弊端，也即“情识炽然，猥言举目前而即是”。刘宗周曾说：“今天下争言良知矣，及其弊也，猖狂者参之以情识，而一是皆良；超洁者荡之以玄虚，而夷良于贼，亦用之者之过也。”[1]值得注意的是，此处恽日初并未直接照抄刘宗周的话，他所批评的只是阳明后学之中陷入“情识”的一路，并未批评陷入“玄虚”的一路，究其原因当是因为其为学近于东林学派，而东林本多有“玄虚”之处。最后的第四部分：

---

① 刘宗周：《证学杂解·解二十五》，载《刘宗周全集》第二册，第 278 页。

于是先生言诚意之学。盖意者心之几、知之会,而物之所以为物也。故诚意而《大学》之能事毕矣。格物致知者,诚意之功,正心以往,则举而措之耳。抑诚者道之极挚也,故意诚而天下之能事毕矣;故意诚则无内无外、无动无静,而一以贯之矣。故先生之学,同朱子之穷理而守其约,合阳明之良知而举其全,折衷群儒,以归至当。总周、程而上接孔氏,为我明儒者之冠,又何疑哉![①]

开始评述刘宗周的诚意之学,主张诚意之功在于格物,则与东林学派以及恽日初本人的为学宗旨接近;主张"诚意而《大学》之能事毕矣",以及"意诚而天下之能事毕矣"等等,则有将诚意之学视作"顿悟"的嫌疑了。至于"同朱子之穷理而守其约"与"合阳明之良知而举其全",所谓的"折衷群儒",其实就是朱子学与阳明学的折衷;故而恽日初称赞刘宗周"总周、程而上接孔氏"而成为"明儒之冠",其关键因素也就是朱王折衷。

三　黄宗羲对《刘子节要》的批评

经过上述分析,再来看黄宗羲的态度,也就容易理解了:

《刘子节要》成,老兄即命弟为之增删,此时草草,不能赞以辞。今已刻成,老兄又寓书曰:"老师之学,同门中惟吾兄能言之,或作序,或书后,《节要》中有可商榷出,更希一一指示。"以弟之固陋,而老兄郑重下问如此,则其大同无我可知,弟敢不尽一得之愚乎?[②]

也就是说,恽日初约在康熙七年,在山阴所完成的《刘子节要》初稿,黄宗羲曾有见到,但并未发表意见,等下一年书稿刻成,再次邀请黄宗羲作序,于是便作了《答恽仲升论子刘子节要书》陈述自己的意见。

因为仔细推敲之后,无论从《刘子节要》编撰的体例,到书中对刘宗周语录

① 恽日初:《行状》,载《刘子节要附恽日初集》,第155—156页。

② 黄宗羲:《答恽仲升论子刘子节要书》,载《黄宗羲全集》第十册,第224—225页。

的选择，黄宗羲都极不赞同。[①] 于是，黄宗羲非但没有作序，还写了严词切责的回信。其中说：

> 夫先师宗旨，在于慎独，其慎独之功，全在“意为心之主宰”一语，此先师一生辛苦体验而得之者。……故于先师之言意者，一概节去以救之，弟则以为不然。
>
> 《人谱》一书，专为改过而作，其下手功夫，皆有涂辙可循。今《节要》《改过》门无一语及之，视之与寻常语录泛言不异，则亦未见所节之要也。
>
> 今先师手笔粹然无疑，而老兄于删节接续之际，往往以己言代之，庸讵知不以先师之语，迁就老兄之意乎？《节要》之为言，与文粹语粹同一体式，其所节者，但当以先师著撰为首，所记语次之，碑铭行状皆归附录。今老兄以所作之状，分门节入，以刘子之《节要》而节恽子之文，宁有是体乎？[②]

一方面，关于刘宗周蕺山学的理解，可分为两点。其一，黄宗羲指出“意为心之主宰”乃师门重要宗旨，所以对恽日初删节刘宗周“言意”的语录，是坚决不能认可的。其二，黄宗羲认为《人谱》是刘宗周讲下手工夫的最重要著述，恽日初将其当做普通语录而未曾选录，也是黄宗羲所不能认可的。在黄宗羲看来，恽日初对于先师刘宗周思想的认识很成问题。需要说明的是，恽日初对《人谱》也较为重视，同为刘门高弟的陈确（1604—1677，乾初）曾引恽日初语：“吾辈检身之功，惟当奉刘先生《人谱》。其讲改过之学，可谓极详。舍此，又何学之讲乎？”[③]在另一书信中也提到恽日初“临别又教以从事先生《人谱》”，并说：“先生《人谱》所戒，本未尝烦，由学者观之，觉得太繁耳。若又从简，势将何所不至。此子桑氏之‘居简行简’，不可之甚者也。即吾兄立身，于儒释去取之间，要亦以《人谱》

---

① 关于黄宗羲与恽日初的学术分歧，参见王汎森：《清初思想趋向与〈刘子节要〉——兼论清初蕺山学派的分裂》，载氏著《晚明清初思想十论》，第249—289页。王汎森先生写作此文时未见恽日初的文集与《刘子节要》，故而对于恽日初思想趋向的判断与黄宗羲不愿为《刘子节要》写序原因的分析尚多偏差。

② 黄宗羲：《答恽仲升论子刘子节要书》，载《黄宗羲全集》第十册，第224—225页。

③ 陈确：《会永安湖楼序》，载《陈确集》文集卷十，北京：中华书局，1979年，第233页。

律之，可立决也。”[①]可见恽日初在看重《人谱》的同时感觉《人谱》太过繁琐，这也就是为什么他编辑《刘子节要》没有收录《人谱》的原因。

另一方面，关于《刘子节要》的编撰体例，黄宗羲认为存在着两大问题：一是恽日初将他自己写的《子刘子行状》作为正文分门别类，然后节要插入刘宗周的语录；一是他在删节接续的地方，用自己的话来代替老师的话。这些做法就有以自己的意思来组织老师本意之嫌疑，最后就会模糊了老师的思想。无论是对老师的理解正误，还是如何编撰才能正确传递老师的思想，这两个方面黄宗羲提出的批评都非常有道理。文章最后黄宗羲又说：

> 嗟乎！阳明身后，学其学者遍天下。先师梦奠以来，未及三十年，知其学者不过一二人。则所藉以为存亡者，惟此遗书耳！使此书而复失其宗旨，则老兄所谓明季大儒惟有高、刘二先生者，将何所是寄乎？且也，阳明及门之士亦多矛盾，以其学之者之众也，有离者即有合者；先师门下，使老兄而稍有不合，则无复望矣。[②]

对比阳明学派的发展，阳明弟子论学常有矛盾，阳明后学与阳明主旨有离也有合。因此，黄宗羲指出，维护师门宗旨的关键就是保存先师“遗书”传播的正确性。至于为什么要以“阳明身后”来作对照，则还是隐含着刘宗周蕺山学与阳明学的关系，对于恽日初要将刘宗周学术纳入东林学或朱子学谱系，黄宗羲显然是不会认同的，虽然在此文中并未明言。

从黄宗羲对恽日初的批评来看，他为了护持师门宗旨，可谓用心良苦。这种维护还是非常有道理的，主要是两个方面：一是关于选“遗书”或编“语录”，黄宗羲认为必须要以“存真”为原则，保存老师学术的原貌必须要遵循严格的学术体例；另一是对于老师学术宗旨的认识，黄宗羲认为不能掺杂自己的主张，即便与先儒不合也不能轻易怀疑。

① 陈确：《与恽仲升书》，载《陈确集》文集卷三，第125—126页。

② 黄宗羲：《答恽仲升论子刘子节要书》，载《黄宗羲全集》第十册，第225页。

四　恽日初对高、刘二子的折衷

恽日初在另一篇重要文章《高刘两先生正学说》中专门对高、刘二子之学作了折衷的论说，其核心观点为：

> 忠宪先生得之悟，其毕生闵免，只重修持；山阴先生得之修，其末后归趣，亟称解悟。①

在他看来，高攀龙由“悟”入而毕生勤勉“只重修持”，刘宗周则由“修”入而晚年定论则“亟称解悟”。若不论先后，则两人的工夫取径同为“悟”与“修”的结合。再来看他对于高攀龙之学的认识：

> 忠宪先生以格物为宗，成乎形之谓物，本乎天之谓则。格者，穷至其极也，物格则天然之则见焉。先生既于程子“万变在人，实无一事”语下有省，知则非悟无由见，悟非格物无由臻，故立格物为宗。
>
> 然格物开知至之始，而尤要意诚以后之终，则修是已。务尽于日用彝伦，而发挥于物则，乃天德良能，无声臭可即。理一在是，分殊在是。先生尝曰：“圣学须从格物入。”又曰：“格物者，格知物则也。”又曰：“有物有则，式和民则，顺帝之则，动作礼仪威仪之则，皆天理之自然，非人所为，圣贤传心之学在此。”可谓独提圣学之纲要，究之一敬以达天，践履于曰明曰旦之中，则精微之极致也。晚乃心与之孰而几非在我，盖以乾知统摄坤能，惟实修始完其真悟也。②

恽日初认为高攀龙“以格物为宗”，“格物”是求所谓“物则”，也即“天然之则”，也即“圣贤传心之学”，而“格知物则”又必须由“悟”入，“悟”格物之“知”，然后从“物格”到“意诚”又需要“修”，也即在日用彝伦之中“发挥于物则”，体会理

---

① 恽日初：《高刘两先生正学说》，载《刘子节要附恽日初集》，第 161 页。

② 恽日初：《高刘两先生正学说》，载《刘子节要附恽日初集》，第 161 页。

一分殊。[①] 再看他对于刘宗周之学的认识：

> 山阴先师以慎独为宗。一于位之谓独，原于性之谓诚。慎者，主宰精明也；慎独，则所性之诚复焉。先师既用力之久，顿见浩然天地气象，知存诚尽乎持敬，持敬尽乎慎独，故立慎独为宗。
>
> 密察于显见隐微，而默成于独觉。既以慎独操复成之键，而即透还明之几。其为悟也，乃天德良知，非见闻可到。……晚乃心与之一而诚则无事矣，盖以坤能证入乾知，惟真悟始契其实修也。[②]

恽日初在比较之中强调，刘宗周“以慎独为宗”，“慎独”也就是使性归复其“诚”或“独”，而处于“一于位”的“主一”状态。然而他强调“用力之久，顿见浩然天地气象”，方才明白“存诚”与“持敬”、“慎独”之间的关系，则又是在强调“悟”，此“悟”直接“天德良知”，而非见闻之知了。

恽日初认为高、刘二人晚年在学术上非常接近，“乾知统摄坤能”与“坤能证入乾知”，或者以“实修”完善其“真悟”，或者以“真悟”契合其“实修”。事实上，修与悟，这两者在日常修养工夫之中，必然是兼具的，故而不必也不能分辨其中的先后轻重，恽日初在高、刘二先生那里体会到的也就是悟、修二者必然要结合起来而已。所以恽日初接着还说：

> 两先生之学，其同中有异，异而无害其同如此。学者将为穷理之学，则开关启钥，必不能外格物以托始；将为主敬之学，则求端用力，必不能舍慎独以操切。要以穷理、主敬，用各有当，而进实相资，孔门之博约也，虞廷之精一也。两先生所由直接其传，而学者恶容以偏废也。
>
> 若夫体认要于静坐，克治验于应事，广心畜德，资于读书，惕理欲存遏之端，决好善恶恶之意，审义利公私之分，策改过不吝之勇，勉小物克勤之图，肩道统学术之责，懔天下万世之忧，而慎辨于阴阳消长、

---

① 高攀龙甚至还有“格物穷理，皆所以致其良知”的观点。对其“格物”说的研究，参见：黄晓荣：《新朱子学还是阳明后学——高攀龙哲学新解》，上海师范大学博士学位论文，2008 年；李卓：《折衷朱王去短合长——高攀龙格物思想平议》，《江海学刊》，2014 年第 5 期。

② 恽日初：《高刘两先生正学说》，载《刘子节要附恽日初集》，第 161—162 页。

君子小人、治乱兴亡之故，则又两先生之所大同。[①]

通过格物来穷理，或通过慎独来主敬，这两种方法“用各有当”而“进实相资”，在恽日初看来都是孔门之学，不可偏废，所以是“同中有异，异而无害其同”。至于“静坐”之法则又是高、刘两先生的“大同”，这是他们共同提倡的体认工夫，也是有助于“蓄德”和“读书”，还有“惕理欲存遏之端”、“决好善恶恶之意”等多方面的意义。

除了在《高刘两先生正学说》中对于高、刘之学作了评论之外，恽日初还有《笺高刘二子语》，此文对高、刘二人语录的摘录大多为讨论心体工夫的，而且兼顾了主敬、慎独、心体三大方面，至于笺注则高、刘二人几无差别，而恽日初自己独特的格物说，也正是在高攀龙“无对之独”与刘宗周“无隐见显微之独”以及事物与天、心之贯通的基础上提出来的。[②] 恽日初另外还说：“先师固绝非姚江派，而亦初无别视姚江之心。”[③]这是特意强调了刘宗周蕺山学与阳明学的绝然不同。

恽日初认为高攀龙之学“以格物为宗”，而从他本人唯一保存下来的语录《见则堂问语》等文献来看，他自己的为学宗旨也就是“格物”。当年他带到山阴的著撰，也当是指此“格物新说”，故而黄宗羲说其“格物之解，多先儒所未发”[④]。另有曾参与抗清而失败后隐居毗陵的李长祥（1609—1673），有《与恽逊庵论格物》，其中就说：

先生于格物固有真见，今读先生之言曰：“一物之则，物物之则也；物物之则，一心之则也。见一心之则，即见物物之则；见一物之则，亦即见吾心之则。”格物之说，明白如此。……先生指出则字，当是为格物指出把柄来。……真是精义至论。[⑤]

① 恽日初：《高刘两先生正学说》，载《刘子节要附恽日初集》，第 162 页。

② 关于《笺高刘二子语》，钟彩钧作了较详细的分析，参见钟彩钧：《恽日初的思想》，载陈来、高海波主编：《刘宗周与明清之际儒学：纪念刘宗周诞辰 440 周年学术研讨会论文集》，第 36—69 页。

③ 恽日初：《答高学宪论刘子节要及行状书》，载《刘子节要附恽日初集》，第 165 页。

④ 黄宗羲：《恽仲升文集序》，载《黄宗羲全集》第十册，第 5 页。

⑤ 李长祥：《与恽逊庵论格物》，载《刘子节要附恽日初集》，第 351 页。

此处所引的语录，反复说明“物则”与“心则”的统一，补充说明格物穷理之学，也即物之理与心之理的贯通。再看其《见则堂问语》中说：

> 圣人说格物，只教人于形形色色上见那无声无臭底道理。《系》言“形而上者谓之道，形而下者谓之器”，是格物了义。器非道也，离器却更无道。如水乳然，水非乳也，离水却更无乳。后之执器以为道者，滞于形名度数之迹，便是俗学。离器以求道者，入于窈冥寂灭之乡，便是异学。从来歧路，尽此二者，合一都是功夫，分开尽成弊病。①

此处所说的，其实也就是孔子所说的学与思的关系，然却是从恽日初最为精通却未成著作的《周易》之系辞道与器的关系发端，认为道与器的不即不离关系也即格物之“了义”；还有就是水与乳的不即不离，也可作为理解之助。若是格物而偏执于“物”，也即“执器以为道”，便会“滞于形名度数之迹”，“便是俗学”；若是格物而偏执于“理”，也即“离器以求道者”，便会“入于窈冥寂灭之乡”，“便是异学”。这些说法对于认识朱子学一系的“格物穷理”之学，当有重要的意义。另一条则说：

> 又问：在物上彻见，功夫甚难，竟不知如何下手？曰：未曾到物格时，自是如此。魏庄渠曰“物格则无物”，看来物未格时，眼前物事，件件都与我隔碍。正此隔碍处，好用全副精神与之研究。且说某与贤，清晨一番如此，如今又如此，此却都是甚个物事？又问：却是不好执着一物否？曰：不必如此说。一物如此，物物如此。若能触处有见，一得万毕，更无疑障。②

此处说的“清晨一番如此”，也即“昧爽清明，切须警觉”③，在人一天之中最为清明的凌晨时刻加以警觉、体证。恽日初又发挥魏校（1483—1543，庄渠）说的“物格则无物”，认为“格物”的关键在于彻悟本体，没有彻悟之时往往觉得“眼前物

---

① 恽日初：《见则堂问语》，载《刘子节要附恽日初集》，第 321 页。

② 恽日初：《见则堂问语》，载《刘子节要附恽日初集》，第 322 页。

③ 恽日初：《见则堂问语》，载《刘子节要附恽日初集》，第 328 页。

事，件件都与我隔碍”，而一旦彻悟则“触处有见，一得万毕，更无疑障”。

由上可知，恽日初的“格物”新说，当是沿着东林之学而发展的，特别重视的就是心与理的合一、道与器的合一，以及彻悟本体的工夫。这与他本人对于朱子学的认识有着密切的关系。恽日初曾为高世泰《紫阳通志录》作序，其中说：

> 凡儒者之学，未有不言本体功夫者也，而不必其皆由格物。由格物而言本体功夫，则乾知之始，即坤行之终，进德修业，发乎天则，此颜、曾以上圣人之学也。不由格物而言本体功夫，则必遏人欲，方能存天理，察识扩充，知行互进，损、雍以下贤人之学也。人知阳明王子不由格物，而不知象山陆子先立乎其大者，正是察识扩充贤人之学，而其立言则皆乾知奋迅者着力不得之事，不从穷理而得，所以失之粗。阳明良知亦然。要以贤人之学，二子为的切，但非优入圣域之初门，亦未可概《孟子》七篇之全旨。……故象山、阳明不足以尽孟子，而忠宪则断可以继程、朱，皆以格物辩之也。”①

他强调“由格物而言本体功夫”是颜回、曾子以上的圣人之学，“不由格物而言本体功夫”是闵损（子骞）、冉雍（仲弓）以下的贤人之学，这样说则将“格物”之学提升到了新的高度。他又将陆九渊（象山）、王阳明作为“察识扩充”的贤人之学的代表，且因为不讲格物穷理而“失之粗”；而强调高攀龙可以接续程、朱，因为他们都是“格物”之学，也即圣人之学。此文虽不免迎合高世泰而带有一定的门户之见，然而也真实体现了恽日初本人对于“朱子—高攀龙”一系“圣人之学”的推崇，以及对于其“格物”说的推崇；对于“陆九渊—王阳明”一系则仅仅肯定其为“贤人之学”，虽也说了儒者之学“不必皆由格物”。恽日初另外还说：

> 若夫紫阳晚年，宗极一心，易简直截，固已同符周、程矣。此之不求，而举世所诵习，执为定论，与夫概目以斤斤章句者，其智皆不足以知朱子。②

① 恽日初：《紫阳通志序》，载《刘子节要附恽日初集》，第198页。

② 恽日初：《二程语要序》，载《刘子节要附恽日初集》，第200页。

此条也在强调朱子晚年定论“宗极一心，易简直截”，反对那些“斤斤章句”的朱子后学，认为他们不足以知道朱子之学。所以说，恽日初是站在东林学派较为认同的朱子学、阳明学折衷的学术理路之上，那么对蕺山学的认识必然是有所偏颇的。

五 黄宗羲对高、刘以及恽日初的评判

上文已论及黄宗羲对恽日初所编《刘子节要》的批评，而在此期间，黄宗羲还曾为恽日初的文集写序，其中论及了恽日初的其他学术论著。特别值得注意的是，黄宗羲先谈了他本人对于“朱子之教”的独特看法：

> 夫朱子之教，欲人深思而自得之也。
>
> 尽发藏书而读之，近二十年胸中空碍解剥，……然吾心之所是，证之朱子而合也，证之数百年来之儒者而亦合也。嗟乎！但不合于此世之庸妄者耳！[①]

从此二条可知，其一，他将“朱子之教”诠释为“自得之学”；其二，黄宗羲自己在研读刘宗周著述之后，逐渐形成自己的观点，且认为与朱子相证而合，与数百年来的儒者相证亦合。也就是说黄宗羲认为其“自得之学”是合于朱子的。由此而再看他对于恽日初之学的评价：

> 格物之解，多先儒所未发。盖仲升之学，务得于己，不求合于人，故其言与先儒或同或异，不以庸妄者之是非为是非也。

黄宗羲此处的观点与其为另一同门陈确所撰写的墓志铭的初稿“凡不合于心者，虽先儒已有成说，亦不肯随声附和”[②]很接近，他肯定了恽日初学术的价值，有诸多“先儒所未发”之处，这种创见“不以庸妄者之是非为是非”。也就是说恽

① 黄宗羲：《恽仲升文集序》，载《黄宗羲全集》第十册，第5页。

② 黄宗羲：《陈乾初先生墓志铭》（初稿），载《黄宗羲全集》第十册，第358页。

日初与陈确一样都有一种独立精神，不人云亦云；恽日初治学“务得于己”，重视自己的践履体验。

黄宗羲因为对恽日初《刘子节要》的不满，故而重新编撰了《蕺山学案》，也即后来的《明儒学案》的最后一卷。在其序中有对于高攀龙以及恽日初《刘子节要》与《高刘两先生正学说》的评说。先看其论高攀龙：

> 今日知学者，大概以高、刘二先生并称为大儒，可以无疑矣。然当《高子遗书》初出之时，羲侍先师于舟中，自禾水至省下，尽日翻阅，先师时摘其阑入释氏者以示羲。后读先师《论学书》，有答韩位云：“古之有朱子，今之有忠宪先生，皆半杂禅门。”又读忠宪《三时记》，谓：“释典与圣人所争毫发，其精微处，吾儒具有之，总不出无极二字；弊病处，先儒具言之，总不出无理二字。其意似主于无，此释氏之所以为释氏也。”即如忠宪正命之语，本无生死，亦是佛语。故先师救正之，曰：“先生心与道一，尽其道而生，尽其道而死，是谓无生死。非佛氏所谓无生死也。”忠宪固非佛学，然不能不出入其间，所谓大醇而小疵者。若吾先师，则醇乎其醇矣。后世必有能辨之者。①

所谓“高、刘二先生并称为大儒”其实是恽日初在《高刘两先生正学说》等文中提出来的，黄宗羲表示认可，然而就陈龙正（1585—1645）与高世泰等编的《高子遗书》，则说“阑入释氏”与“半杂禅门”，且强调是老师刘宗周的观点；他自己又摘录了高攀龙论释氏的话，以及殉节时“本无生死”这一佛语，刘宗周解释高氏之语为“尽道”故“无生死”，则是为了“救正”。所以就杂禅问题来说，高、刘二人的高下很清楚了，黄宗羲看来“醇乎其醇”的儒门正学，当时只有蕺山学而已。再看此处论《刘子节要》，可以看作是对《论子刘子节要书》的补充以及最后定论，故语气更为强硬：

> 戊申岁，羲与恽日初同在越城半年。日初，先师高第弟子，其时为《刘子节要》，临别，拜于河浒，日初执手谓羲曰：“知先师之学者，今无

---

① 黄宗羲：《蕺山学案序》，《明儒学案》卷六十二，第1509—1510页。下同。

人矣。吾二人宗旨不可不同,但于先师言意所在,当稍浑融耳。”羲盖未之答也。及《节要》刻成,缄书寄羲,曰:“子知先师之学者,不可不序!”嗟乎!羲岂能知先师之学者。

似乎是恽日初再三请求黄宗羲写序,而黄已经指出其中涉及“先师言意”处存在问题,恽便要求“稍浑融”,黄则“盖未之答”。最后文中又指出恽日初对于高、刘两先生,也是认识未明:

然观日初《高刘两先生正学说》云:“忠宪得之悟,其毕生黾勉,只重修持,是以乾知统摄坤能;先师得之修,其末后归趣,亟称解悟,是以坤能证入乾知。”夫天气之谓乾,地质之谓坤,气不得不凝为质,质不得不散为气,两者同一物也。乾知而无坤能,则为狂慧;坤能而无乾知,则为盲修。岂有先后?彼徒见忠宪旅店之悟,以为得之悟,此是禅门路径,与圣学无当也。先师之慎独,非性体分明,慎是慎个何物?以此观之,日初亦便未知先师之学也。使其知之,则于先师言意所在,迎刃而解矣。此羲不序《节要》之意也。惜当时不及细论,负此良友。

此处所引恽日初的话,当是重新概括的,故文字有出入。其一,黄宗羲认为“乾知”与“坤能”本当合一,故不可分先后;其二,强调高攀龙“旅店之悟”是禅门路径,而刘宗周“慎独”重点不在“性体”而在“慎”的工夫。从此两点来看,恽日初“未知先师之学”,可惜当初并未与其细论,辜负了“良友”。也就是说,黄宗羲认为恽日初对于刘宗周蕺山学的评价基本错误,这也导致了《刘子节要》编撰的种种问题,就其根本原因则是黄宗羲不认同恽日初以东林学的思路来诠释蕺山学,也即不认同东林一系朱子学、阳明学折衷的学术理路。

关于此事,黄宗羲在《明儒学案》原序中的记述也可以作为补充:

岁己酉,毘陵恽仲升来越,著《刘子节要》。仲升,先师之高第弟子也。书成,某送之江干,仲升执手丁宁曰:“今日知先师之学者,惟吾与子两人,议论不容不归一,惟于先师言意所在,宜稍为通融。”某曰:“先师所以异于诸儒者,宗旨正在于意,宁可不为发明!”仲升欲某叙其《节要》，某终不敢。是则仲升于殊途百虑之学，尚有成局之未化也。[①]

恽日初希望黄宗羲在“言意”上能够通融，其实是说在传播蕺山学之时“议论不容不归一”。恽日初认为，为了传承蕺山学，某些问题可以通融；而黄宗羲却认为，正是为了使蕺山学得以真正传承，所以在关键之处决不可迁就。黄宗羲对恽日初的再三批评就是因为学术宗旨最为关键，如果在诸如“言意所在”等要点上出了问题，那么学术的传承也就无从谈起了。他还指出恽日初为学的弊病就在于过于固执，“于殊途百虑之学，尚有成局之未化也”，结合上文《恽仲升文集序》，似乎对其“务得于己”的自得之学，也持保留意见了。

话虽如此，其实在刘门之中，黄宗羲对恽日初还是非常欣赏的，这一点一直都没有变过，这可以从他写给陈确的书信中看出来：

唯先师之及门，凋谢将尽，存者既少，知其学者尤少，弟所属望者，恽仲升与兄两人而已，此真绝续之会也。[②]

此信写于康熙十五年丙辰(1676)，也即黄宗羲与恽日初发生学术论辩的多年以后，特意提及对恽的“属望”，当非虚词。需要补充的是，陈确对恽日初也非常欣赏：

二十年同门兄弟，从未识面，白首相遇，良为慨然。连日获读雄篇聆快论，进我良多。临别又教以从事先生《人谱》，益为警切。至云“如对奕一事，恐亦非宜”，尤见因事寓诲之意，当敬为兄翁戒之。……先生门墙，零落殆尽，今其仅存者，要如吾兄之年德并茂，指难再屈。[③]

陈确此信约在康熙七、八年之间，当时恽日初前往山阴而途经海宁，故而陈确得以读到恽之著述。陈确还强调刘门弟子的零落，仅存之人当中如陈、恽“年德并茂”者“指难再屈”。因为在此书信中，陈确还提到“已约张考兄至澉湖，图更聚

---

① 黄宗羲：《明儒学案序》(原本)，《黄宗羲全集》第十册，第 78 页。

② 黄宗羲：《与陈乾初论学书》，《黄宗羲全集》第十册，第 158 页。

③ 陈确：《与恽仲升》，《陈确集》文集卷三，第 125 页。

首”，似乎在他眼中，另一同门张履祥(1611—1674，考夫)并非“年德并茂”之列，那就可以说，在刘门之中陈确真正认可的似只有恽日初了。陈确《大学辨》系列中也有回复恽日初的一通，其中说“荷长兄赐教，拳拳切切，虽父兄之教子弟，无过此者”[①]，在众多同门的论学书信之中，对恽日初表示了一份特别的认可。

结语

恽日初之为学，发端于东林，又归结于东林，仅在其中途受到刘宗周蕺山学的影响，故真正支撑其学术的还是东林学。后人在评价恽日初时说：

> 时念台弟子实繁有徒，而浚恒求深，流弊不少，惟先生践履笃实，出处皎然，与钱塘沈兰先甸华、西安叶静远敦艮、桐乡张考夫履祥，并称刘氏功臣云。[②]

恽日初的践履、出处两方面与沈甸华(1617—1679，兰先)、叶敦艮(1617—1689，静远)、张履祥一致，故而都是“刘氏功臣”。其中沈甸华常与张履祥往来，一般也被视为转向朱子学的刘门弟子。由此可见，将之视为蕺山学派后学之中与刘汋、张履祥、沈昀等人一样为转向朱子学的一系，有一定的道理。[③] 全祖望在《子刘子祠堂配享碑》中说：

> 武进恽先生日初，字逊庵，尝上书申救子刘子，其风节近开美，丙戌以后，累至山阴哭祭。为之行状，几十万言，独于子刘子所言“意为心之所存”有未然者，故行状中略之，尝为梨洲黄氏诘难。晚披缁，颇以嗣法灵隐，为世所讥，然其人终属志士也。[④]

---

① 陈确：《答恽仲升》，载《陈确集》别集卷十六《大学辨三》，第 607 页。

② 汤修业：《恽逊庵先生传》，载《刘子节要附恽日初集》，第 380 页。

③ 除了王汎森先生，还有李纪祥先生也论及了蕺山学诠释的分化问题，然将恽日初与刘汋视为一派，黄宗羲、陈确、邵廷采为另三派，李文所用材料及观点与王文接近，都未关注其东林背景。见李纪祥：《清初浙东刘门的分化及刘学的解释权之争》，载《第三届华学研究会论文集》，1992 年，第 703—728 页。

④ 全祖望：《子刘子祠堂配享碑》，载《鲒埼亭集》卷第二十四，《全祖望集汇校集注》，第 446 页。相似的评价，另见《题恽氏刘忠正公行实后》，载《鲒埼亭集》外编卷三十，《全祖望集汇校集注》，第 1352 页。

此文的评价包括三点：一是表彰恽日初对刘宗周的孺慕之情，“风节”近于祝渊，是指其在京时想为刘宗周上书一事；二是撰写了几十万字的行状，也即《刘子节要》一书，该书在“意为心之所存”问题上则因有不同意见而略去相关语录，故曾被黄宗羲诘难；三是因身为遗民而晚年隐于僧寺，被所世人讥笑。在全祖望看来，恽日初首先在人格精神上无愧刘门，其次在传承蕺山学上虽有不足，然终究有功，故必当推其于配享之中。

然而因为《明儒学案》的影响巨大，再加之《刘子节要》以及恽日初本人文集不易得，故学界对恽日初之学的认识往往停留在黄宗羲“未知先师之学也”，“于殊途百虑之学，尚有成局之未化”两句，以及《刘子节要》失却了师门宗旨等评价上。黄宗羲并不认为恽日初得蕺山学之真传，可见其师门护持之严格，赵园先生就认为黄宗羲对同门过于苛责，过甚其辞。[①] 其实，若是将恽日初与黄宗羲的学术纷争仅仅视作所谓刘宗周蕺山学的诠释权之争，便无法真正理解为什么黄宗羲一再提及其不愿为《刘子节要》作序一事，以至于如此耿耿于怀。他起先在书信中作了批评，再将之写入《明儒学案》之《蕺山学案》还不够，又在为该书第一版所作的序中提及此事。

黄宗羲真正的用意，其实就是贯穿于《明儒学案》全书的核心问题，也即朱子学与阳明学以及蕺山学三者之异同，而“先师言意所在”便是其中的焦点之一。黄宗羲本人其实将蕺山学归入阳明学的谱系：“盖先生于新建之学凡三变，始而疑，中而信，终而辩难不遗余力，而新建之旨复显。”[②]《蕺山学案》作为《明儒学案》全书的殿后，正是意在使得王阳明（新建）的要旨重新开显出来。现在学界一般也认为其属于阳明后学之中的修正一系。[③]

再来回顾恽日初对蕺山学的诠释，则与张履祥等人只想将蕺山学往朱子学一路诠释并不相同，恽日初是倾其全力去做朱子学与阳明学折衷的工作，而这

---

① 赵园：《刘门师弟子——关于明清之际的一组人物》，载《新国学研究》第 1 辑，北京：人民文学出版社，2005 年，第 1190 页。

② 黄宗羲：《子刘子行状》，载《黄宗羲全集》第一册，第 254 页。

③ 如杨国荣《王学通论》，将蕺山学作为阳明后学发展的重要一环，见杨国荣：《王学通论》，上海：华东师范大学出版社，2003 年，第 153 页。

又与其东林学的出身密切相关。[①] 一方面，恽日初编撰了《刘子节要》一书，其《近思录》的体例与"节要"的名称，都与东林学派以及朱子学密切相关；另一方面，他又特意在《刘子节要》书后附上了自己所作的《行状》以及《高刘两先生正学说》等文章，传递其对高攀龙与刘宗周的折衷评定。恽日初对刘宗周蕺山学的评定，其实与其对"朱子晚年定论"的看法都是一样的，其特点都是强调一个"悟"字，并在此基础上强调高、刘二子的会通；至于他本人所谈论的"格物"之学，核心的观点其实也是一个"悟"字，这些主要都是对东林学派新朱子学的发展。钟彩钧先生也主张恽日初之学为"接近于东林学派的新朱子学"[②]，至于东林学派则诚如冈田武彦先生所说，"归根到底秉持的是折中朱陆、取长舍短的立场"，"东林学是经由王学而产生的新朱子学"。[③] 至于恽日初为什么不顾黄宗羲的批评，坚持采取朱王折衷的学术倾向来诠释蕺山学，就是因为其东林之出身，朱王折衷原本就是东林学的鲜明特点。至于黄宗羲，则在《明儒学案》中引述刘宗周的话说："古之有朱子，今之有忠宪先生，皆半杂禅门。"他本人又说："若如先生言，人心明即是天理，则阳明之致知即是格物明矣。先生之格物，本无可议，特欲自别于阳明，反觉多所扞格耳。"[④]由此可知，东林一系的朱陆折衷之说，正是刘宗周与黄宗羲所批评的。

总之，恽日初作为绾合东林、蕺山二派的纽带人物，无论其编撰《刘子节要》的学术活动，还是相关文章所透露的学术主张，其实都是为了将朱子学与阳明学加以折衷，以便其在东林学的理路上弘扬蕺山之学。再就本文的讨论范围，对于蕺山学派的分化可以提出新的认识，恽日初其实与完全转向了朱子学且对东林学派尊朱的不彻底持有批判态度的张履祥一系是极为不同的。故刘宗周身后当分为四支：倾向王学、忠于刘氏原旨的黄宗羲；朱王折衷的恽日初；转向朱学的张履祥；对朱王都持批判态度的陈确。

---

① 关于张履祥的"由王返朱"以及对蕺山学的诠释，参见拙作：《张履祥所受刘宗周思想影响及其师门"补救"之功》，《湖南大学学报(社会科学版)》，2014年第3期。

② 钟彩钧：《恽日初思想研究》，载陈来、高海波主编：《刘宗周与明清之际儒学：纪念刘宗周诞辰440周年学术研讨会论文集》，第36—69页。

③ 冈田武彦著，吴光、钱明、屠承先译，钱明校译：《王阳明与明末儒学》，重庆：重庆出版社，2016年，第346页。

④ 黄宗羲：《东林学案一》，载《明儒学案》卷五十八，第1398页。

The Compromising Attitude That Yun Richu Adopted Towards Wang and Zhu in interpreting Jishan School

Zhang Tianjie

Abstract: Although Yun Richu was one important disciple of Liu Zongzhou's, because he originally belonged to the Donglin School, the style which he edited Liuzi Jieyao with and its appendix articles all showed the characteristics of the compromise between Zhuzi and Yangming. In the book of Mingru xue' an, Huang Zongxi pointed out that Yun Richu rejected the view that Liu zongzhou made the will the master of his heart. He thought that Yun Richu did not understand the Jishan School. As a matter of fact, the academic disputes between Yun Richu with Huang Zongxi were more than the debates about the right of interpretation. At the back, there were some other questions, such as the academic tendency of Zhuzi School and Yangming School from Donglin School.

Keywords: Yun Richu, Huang Zongxi, Zhu and Wang's compromise, Jishan School, Donglin School

乾嘉后期公羊礼学思想对康有为的影响
——以《春秋董氏学》为视角

钱　寅*

［摘　要］ 乾嘉后期以学者凌曙为代表的公羊礼学的出现，对康有为公羊学思想乃至改制思想有很大的影响。康有为认为公羊学应该划分为义、例、礼三个方面，并且指出由礼到例再到义的公羊学路径。在公羊之礼的方面，康有为提倡凌曙之书可看。以康有为的《春秋董氏学》的“春秋礼”为考察点，可以发现其对凌曙《春秋繁露注》中思想的承继与发展。由此可以认为凌曙的学术对后来的思想界产生了一定的影响，这是为之前学术史所忽视的。

［关键词］ 凌曙；公羊礼学；改制；康有为

在晚清变革思想的浪潮中，康有为的改制学说独领风骚，并且对后来的思想界仍有很大的影响。康有为生平里接触过理学、汉学和今文经学，其改制学说的理论基础是春秋公羊学，这是众所周知的。然而，康有为对清代公羊学的

* 钱寅（1986—　），男，河北献县人，历史学博士，河北工业大学人文与法律学院讲师，主要研究领域为清代学术思想。

吸收是分三个方面的，在很多场合他都提到公羊学要分为义、例、礼。这一点往往被研究者大而化之或者忽略，特别是公羊学之礼对康有为的改制思想有重要的启发，至今这方面学术史脉络的疏理还存在着不足。

春秋之礼：凌曙到康有为的脉络

康有为曾言："《公羊》先通制，次通例，次通义。"[①]这是他心目中研习公羊学的次第，其中所谓"制"当为礼制。康有为在桂林讲学时尝言：

> 《春秋》公羊之学，董子及胡毋生传之。董子之学，见于《繁露》；胡毋生之说，传于何休。故欲通《公羊》者，读何休之注、董子之《春秋繁露》。（吾有《春秋董氏学》。）有义、有例、有礼，要皆孔子所改之制。分而求之，则《公羊》可通，而《春秋》可通矣。陈立《公羊义疏》，间有伪经，而征引繁博，可看。（此书见《续皇清经解》。）刘氏逢禄、凌氏曙说《公羊》诸书，可看。（见《皇清经解》。）[②]

其中的凌曙（1775—1892），字晓楼，江都人，生活在乾隆末期至道光初期，是扬州学派的重要人物之一。他所作的《公羊礼疏》、《公羊礼说》和《春秋繁露注》对后来公羊学的发展有一定的积极意义。康有为在讲学时也提到公羊学的三个方面：义、例、礼。这个次序显然是和之前的次第倒置，义是公羊学之最高层次，例是通向义的阶梯，礼是公羊学的基础。在康有为所举的书目中，何休《解诂》、董仲舒的《繁露》和陈立的《义疏》到底都是在综合讲《公羊传》经义的，而刘逢禄《春秋公羊传何注释例》是专门研究《公羊》例的著作，凌曙《公羊礼疏》、《公羊礼说》则是专门说礼的著作。可以认为，康有为主张读凌曙著作的目的是为研习公羊之义预先打下公羊之礼的基础。由于凌曙所注为公羊学最基础的层面，所以康有为又说："凌曙注《公羊》耳，未关大义。"[③]既然指出凌曙未关公羊之义，又提倡凌曙之书可看，无非是肯定了凌曙疏通公羊礼制是公羊学入

---

① 康有为：《万木草堂口说（外三种）》，北京：中国人民大学出版社，2010 年，第 87 页。

② 康有为：《桂学问答》，《万木草堂口说（外三种）》，第 145 页。

③ 康有为：《万木草堂口说（外三种）》，第 91 页。

门的基础。康氏认为:“孔子制度在《春秋》,义理亦在《春秋》。”[①]可以看出,其对《春秋》之礼的重视程度。

说到凌曙,在现代学术界所受到的关注并不多,一般在公羊学学术史的叙述脉络中,凌曙往往属于被批评的对象。[②] 台湾学者对凌曙的关注比大陆要多一些,但仍然未能形成大观。在台湾,对凌曙的研究曾经受到过短暂的重视,1997 年和 1998 年高雄师范大学先后出现两部关于凌曙的博士论文,分别是郑卜五的《凌曙公羊礼学研究》和李幸长的《凌晓楼学术研究》。这两部论文对凌曙的学术进行了剖析,但仍未关注凌曙对后代学术思想进路的影响,故可以说这种重视非常短暂。既然我们能在康有为这样不容忽视的思想家的著作里看到对于凌曙著作的肯定评价,同时也能看出康有为对其发明公羊礼学的著作的重视与吸收,那么我们应该对凌曙作一些更深刻的认识。

从凌曙的生平学术来看,他对郑氏礼,特别是《仪礼》丧服学的兴趣要远远大于公羊学。[③] 从晚清曹元弼、梁启超等人的议论中可以看出,凌曙被推崇的学术成就主要集中于礼学。曹元弼在自己的《礼经学》中褒扬了凌曙的学术,认为他能够廓清敖继公等人对郑学的否定,“其学甚正、其功甚大”[④]。梁启超在回顾清代礼学研究时说:“若凌晓楼之《公羊礼疏》、侯君模之《穀梁礼证》等,虽择他经,然专明彼中礼制一部分,亦礼学之流别也。”[⑤]因此,可以认为凌曙的主要学术兴趣仍在礼学。

虽然凌曙关注的重心在礼学,但是通过他用礼学来疏解《公羊传》的工作,也可以发现公羊义的发挥。如《春秋》鲁庄公八年夏经云“师及齐师围成”,传

---

① 康有为:《万木草堂口说(外三种)》,第 7 页。

② 如陈其泰:《清代公羊学》,北京:东方出版社,1997 年;杨向奎:《清儒学案新编》,济南:齐鲁书社,1994 年,等等。这些著作从公羊学应该申明大义的角度出发,认为凌曙的著作无所发挥,只是罗列材料。另外如黄开国的《公羊学发展史》(北京:人民出版社,2013 年)则肯定了凌曙对公羊经传注释的工作,而曾亦、郭晓东合作的《春秋公羊学史》(上海:华东师范大学出版社,2017 年)将凌曙归为“别传”一脉,这两部著作对待凌曙的态度显然要比陈著和杨著温和许多。

③ 通过考察凌曙一生的学术发展,可以看出他最初的学术成果是《四书典故覈》,这是一本用礼学来考察四书典故的著作。后来有一段时间做了公羊礼学的研究,然而并没有继续延着公羊学研究的路线走下去。最后仍旧回归《仪礼》丧服学,直到弥留之际仍念念不忘自己所作的《礼论》。阮元在编纂《皇清经解》的时候收录了凌曙的《公羊礼说》和《礼说》,都是考证礼制的典范之作。

④ 曹元弼:《礼经学》卷七《礼经各家撰述要略》,清宣统元年刻本。

⑤ 梁启超:《中国近三百年学术史》,长沙:岳麓书社,2010 年,第 204 页。

云："成者何？盛也。盛则曷为谓之成？讳灭同姓也。"[①]惠栋《九经古义》中说："成与盛通。"[②]对此，凌曙提出了反对的意见。凌曙认为如果此处用通假来解释的话，那么经义就无法成立了。盛与鲁是同姓之国，《春秋》甚恶鲁灭同姓，但是由于"内大恶讳"的义例，所以只能变盛为成，将其比作鲁国本有的成邑。那么既然比作鲁国境内的成邑，那么"围"这种行为就无从谈起。在这个矛盾里，《春秋》的褒贬寓意其中。凌曙引用《春秋繁露》"变盛谓之成，讳大恶也"，进一步指出"若以成与盛通，而圣人之微言几息矣"[③]。考据的方法是礼学研究的基本方法，通常认为考据由于本身的碎片化分析，难以提供义理上的贡献。从这个例证中，显然可以看出凌曙运用考据方法对经义的发明。再如隐公三年春，王二月。何休注："二月、三月皆有王者，二月，殷之正月也；三月，夏之正月也。王者存二王之后，使统其正朔，服其服色，行其礼乐，所以尊先圣，通三统，师法之义，恭让之礼，于是可得而观之。"[④]这里，何休已经明确说明了"通三统"的经义。凌曙首先通过《白虎通》来考察何休注释的依据，其次引《礼记·郊特牲》疏："尊贤不过二代者，所以尊贤之事，取其法象。但代易时移，今古不一，若皆法象先代，今则不可尽行，故所尊之贤，不过取二代而已。若过之，远难为法也……"[⑤]凌曙引《礼记·郊特牲》的疏文解释了为何要"存二王之后"，同时发明了礼制中贤贤的原则。可以说，在凌曙的疏文中，用公羊学中"存三统"之义和礼学中"贤贤"之义互相发明，以"贤贤"来说"存三统"，以"存三统"来说"贤贤"，从而实现公羊学和礼学在义理上的交融。

通过举例，可以看出凌曙试图将公羊大义引到礼学范畴中，并试图给予其可以考据的渊源。这样可以消解学界长期存在的"非常异义可怪"之论。凌曙在北京时曾寓阮元所，彼时公羊学家刘逢禄亦在其处。凌曙与刘逢禄相识并有过交流。刘逢禄治学追求以例求义，虽然也关注《公羊传》与何休解诂中所涉及的礼，但是与凌曙治学的根本还是大不相同的，故而其对待礼的态度也与凌曙

---

① 何休注，徐彦疏：《春秋公羊传注疏》卷七，影印清嘉庆二十年江西南昌府学刻阮元校刊宋本十三经，第7册，京都：中文出版社，1989年，第4839页。

② 惠栋：《九经古义》卷十三《公羊古义》，影印《文渊阁四库全书》本。

③ 凌曙：《公羊礼说》"师及齐师围成"条，载《春秋公羊礼疏(外五种)》，上海：上海古籍出版社，2015年，第278页。

④《春秋公羊传注疏》卷二，第7册，第4780页。

⑤ 凌曙：《春秋公羊礼疏》卷一，《春秋公羊礼疏(外五种)》，第30页。

不同。凌曙没有像刘逢禄一样以例求义，而是走了以礼求义的路径。他不曾想到日后会被康有为发掘，提出由礼到例再到义的治经门径。那么凌曙的做法在思想上有什么启发呢？我们认为，“以礼求义”是将义的心性属性转化为实践属性。

在传统《春秋》学的伦理体系中，判断是非有一条重要的原则，即“原心定罪”。所谓“原心定罪”，是以动机判断行为的善恶和是非。“原心定罪”之说，见于《春秋公羊传》隐公元年三月“公及邾娄仪父盟于眛”[①]经下何休注。定公十三年冬“晋荀寅及士吉射入于朝歌以叛”经下何休注“君子诛意不诛事”[②]，可以视为对“原心定罪”之意的发明。这种从动机来判定行为善恶和是非的思想，是汉代公羊学中长期存在的。《春秋繁露·玉杯》云：“《春秋》之好微与？其贵志也。”[③]《盐铁论·刑德》云：“论心定罪，志善而违于法者免，志恶而合于法者诛。”[④]《后汉书·霍谞传》云：“《春秋》之义，原情定过，赦事诛意。”[⑤]以上这些都昭示着“原心定罪”这种侧重于主观动机的判断方式，普遍存在于汉代公羊学的伦理体系中。

“原心定罪”的表现，《春秋公羊传》中最典型的有“如其意”。以桓公即位为例，在公羊学的叙述中，当惠公殁时，隐公长而卑本不当立，但桓公幼不能立，因此以隐公摄位待桓公长成后还政。然而桓公误认为隐公将长期窃位，不会把君位归还自己，于是弑杀隐公而即位。桓公元年春王正月经书“公即位”；《公羊传》云：“继弑君不言即位，此言即位何？如其意也。”何休注云：“弑君欲即位，故如其意，以著其恶。”[⑥]公羊学者认为，既然桓公杀隐公就是为了即位，那么干脆在《春秋》中写上“即位”两字满足他，以彰显桓公弑君之罪。隐公五年冬十二月经云“宋人伐郑围长葛”，《公羊传》云“邑不言围，此其言围何？强也”，何休注云：“至邑虽围当言伐，恶其强而无义也，必欲为得邑，故如其意言围也。”[⑦]公羊学者认为宋军攻打长葛，是想强硬地占有长葛，所以书“围”来彰显宋国的意志，

---

① 《春秋公羊注疏》卷一，第 7 册，第 4765 页。

② 《春秋公羊注疏》卷二十六，第 7 册，第 5087 页。

③ 苏舆：《春秋繁露义证》卷一《玉杯》，北京：中华书局，1992 年，第 39 页。

④ 桓宽：《盐铁论》第五十五《刑德》，载《诸子集成》，第 8 册，上海：上海书店，1986 年，第 56 页。

⑤ 范晔：《后汉书》卷四十八《霍谞传》，第 6 册，北京：中华书局，1965 年，第 1615 页。

⑥ 《春秋公羊注疏》卷四，第 7 册，第 4800 页。

⑦ 《春秋公羊注疏》卷三，第 7 册，第 4790 页。

从而揭露其罪。陈立《公羊义疏》云:“郑伯志在灭段,故如其意书克。宋人志在得长葛,故如其意言围。所谓逆而罪之,不如徐而味之也。《春秋》之所恶者,不任德而任力,故表其意,以恶其强也。”[①]

公羊学所“原心”,所“诛意”,主要从意志的发生和意志的强弱两个角度入手。宣十一年冬十月经云“楚人杀陈夏徵舒,丁亥楚子入陈”,何休注:“日者,恶庄王讨贼之后欲利其国。”[②]按照《春秋》之例,入国书时,伤害多则书月,这里书日则见对楚庄王之恶行的揭露。陈的夏徵舒有罪,楚人讨杀他本是正确的义举,这是对陈国有利的,所以《春秋》先褒扬了“杀陈夏徵舒”的行为。但是,杀陈夏徵舒之后“入陈”的行为是不义的,因此《春秋》书日彰显其罪。徐彦昭公元年疏云:“先书讨贼,乃言入陈者,庄王讨贼之后,始有利陈国之意,故后书入者。”[③]再一次说明了楚庄王最初是正义之举,当其萌生入陈恶意时才对其进行揭露。这是在意志的发生时期,做出“原心定罪”的判断。再来看隐公元年三月经云“公及邾娄仪父盟于眛”,《公羊传》云:“及者何?与也。会、及、暨皆与也,曷为或言会、或言及、或言暨?会犹最也,及犹汲汲也,暨犹暨暨也。及,我欲之也;暨,不得已也。”[④]这里区分了意志的强弱程度,从而能够用于判断善恶的轻重。对于善行,我欲之而为则善重,不得已而为则善轻;对于恶行,我欲之而为则恶深,不得已而为则恶浅。所以哀公十三年“公会晋侯及吴子于黄池”[⑤],时吴强而无道,这是“我欲之”而行的恶事,揭露了鲁、晋二君的深恶。可见,这种“原心定罪”是针对主观意志的强弱来进行的是非、善恶判断。

从上述的讨论中,可以看出《春秋》的伦理观念有很大一部分是基于心性和意志的,特别是公羊学反复论证了这种从主观动机判断善恶的伦理观念。因此,长期以来学者认为公羊学是解释《春秋》的纯理派,要求探明潜在的义理而忽略对事或事实的讨论。[⑥] 笔者认为,这种伦理观念是从行为者主观心性出发的,重视动机,强调对主观意志的约束。这样的经义可以通过例的检讨而发明。

---

① 陈立:《公羊义疏》卷七,上海:中华书局,据南菁书院《续经解》本校刊《四部备要》本。

②《春秋公羊注疏》卷十六,第7册,第4956页。

③《春秋公羊注疏》卷二十二,第7册,第5028页。

④《春秋公羊注疏》卷一,第7册,第4765页。

⑤《春秋公羊注疏》卷二十八,第7册,第5107页。

⑥ 日原利国:《公羊學の倫理思想:判斷方式について》,《东洋史研究》1964年第3号,第240页。

而凌曙用礼来解读《春秋公羊传》,可以视为利用了礼的实践性和习惯性,进而从实践层面来对经义进行发挥。凌曙以礼为标准,分析其中合礼的行为和非礼的行为,进而查明《春秋》的褒贬是非。曹元弼通论《公羊传》、《穀梁传》,认为:"凡《公羊》、《穀梁》所述名言至理,皆孔子据礼正事,决嫌疑,别异同,明是非,杜渐防萌之精意。"[①]张寿安在《以礼代理——凌廷堪与清中叶儒学思想之转变》的绪论部分说道:"清儒本诸六经以求治世之道的传统,以《春秋》和《礼》为大宗。这是因为《春秋》和三礼较诸其他经书(如《易》、《诗》、《书》)载存了更多的具体制度,和对具体事件的裁断,很可以作为实践的参考。"[②]

再回到康有为的改制思想。如果从改制的角度考虑,能改动者很难是众人的心性,而应该是典章制度,若三代亲迎之礼制的改变:"夏后氏逆于庭,殷人逆于堂,周人逆于户。"[③]由于改制本身就是对礼制的改动,所以无论是从理论渊源还是从实践对象来看,都无法回避公羊礼学的内容。考察版刻实物,可以发现凌曙的《公羊礼疏》和《公羊礼说》等著作初刻于广东,这是他在阮元幕府时完成的。这意味着康有为在两广地区活动时更容易接触到凌曙的著作,于是可以认为康有为的改制思想中一定存在凌曙公羊礼学的影响。为了更好地探讨这一问题,下面将尝试比较康有为的《春秋董氏学》、凌曙的《春秋繁露注》和苏舆的《春秋繁露义证》来考察康有为在春秋之礼上如何吸收了凌曙的学术观点。

董子之礼:《春秋繁露注》的相因与相悖

在康有为的改制学说中,《春秋董氏学》是不容忽视的一部著作,为改制学说奠定了思想基础。据康有为自作年谱《我史》之言,《春秋董氏学》是光绪二十年甲午(1894)的五月在桂林写作的,与此同时的著述还有《孔子改制考》。[④] 据茅海建所著的《从甲午到戊戌:康有为〈我史〉鉴注》所言:

---

① 《礼经学》卷四《会通·公羊穀梁》。

② 张寿安:《以礼代理——凌廷堪与清中叶儒学思想之转变》,台北:中国台湾"中研院"近代史研究所,1994年,第3页。

③ 何休注隐公二年九月"纪履緰来逆女"引《书传》说。

④ 康有为:《我史》,北京:中国人民大学出版社,2011年,第58页。

康称"著《春秋董氏学》"一事,《我史》手稿本光绪十八年,在"……选同学高才助编纂焉"后,删"□□春秋原文考"一语。康为何删去,尚不明其意。康有为的著述中,未见《春秋原文考》。这是《我史》第一次出现《春秋董氏学》之作。

康称著《孔子改制考》一事,《我史》光绪十八年记,"是书(《孔子改制考》)体裁博大,自丙戌年与陈庆笙议修五礼通考,始属稿,及己丑在京师,既谢国事又为之。是年编次甚多,选同学诸子分葺焉"。"丙戌"为光绪十二年(1886),"己丑"为光绪十五年(1889)。此时在桂林,康有为继续写作。①

可以看出这两部著作,同为康有为在桂林讲学时所修订。而且,根据前面所言,康有为对公羊学三方面内容划分的态度,也是在桂林讲学时明确表达的。根据龚守昌回忆:"康有为有两种嗜好,一是好古习礼,讲学之暇,常率门徒在风洞山后福庭学习'乡饮酒礼'、'投壶礼'及'庚子拜经'等。"②这表明了在桂林讲学期间,康有为对礼制有着非常浓厚的兴趣,并且礼制与"孔子改制"的思想又紧密联系。

康有为在其《春秋董氏学》中,就全面贯彻了对《春秋》学内涵的三分法。《春秋董氏学》是康氏论证孔子改制理论的重要依据。③ 其开篇的三章,便分别是"春秋旨第一"、"春秋例第二"和"春秋礼第三"。其后才是"春秋口说第四"、"春秋改制第五"、"春秋微言大义第六"、"传经表第七"和"董子经说第八",从章节安排上可以看出前三章为后面发挥改制思想做了理论铺垫。康有为写作《春秋董氏学》的方法是将《春秋繁露》的内容拆散,再按专题摘录汇编,且加以按语。在《春秋繁露》的版本选择上,乾隆时虽有董天工的《春秋繁露笺注》,但流传不广,凌曙的《春秋繁露注》吸收了卢文弨的校勘成果,在当时算是最好的注本。后来与康氏相争翼教而写成《春秋繁露义证》的苏舆,也是以凌曙注本为基

---

① 茅海建:《从甲午到戊戌:康有为〈我史〉鉴注》,北京:生活·读书·新知三联书店,2009年,第54页。

② 龚寿昌:《康有为桂林讲学记》,载夏晓虹编:《追忆康有为(增订本)》,北京:生活·读书·新知三联书社,2009年,第200页。

③ 楼宇烈:《点校说明》,载康有为:《春秋董氏学》卷首,北京:中华书局,1990年,第1页。

础。可见经过凌曙校注的《春秋繁露》，为晚清的学术和思想准备了重要的资料。

同样都是以凌曙注本为基础，康有为和苏舆对待文本的态度并不相同。苏舆往往在凌曙的校勘基础上提出新的意见，与之相比康有为则更信赖凌曙的校勘成果，几乎不再重校。如"春秋指"中，康有为首引《俞序》篇。其中有"故因行事，涉小过"句，凌曙在"因行事"下校云："官本[①]按：他本脱'道之'以下七字，误衍'孔子曰吾缘人情'七字。今校正。"[②]是凌曙采信官本意见。康有为径从之（上海大东译书局初刊本），而苏舆不以为然，其援从卢文弨之校云："卢本作'故缘人情'，今从之。窃疑'故缘'下十六字并衍文。"[③]再如同出此篇的"圣王之道，莫美于恕"，官本作"圣人之德"，凌曙不从官本，康有为从凌本，苏本作"圣人之德"，并按语"凌本作'圣王之道'"[④]。再如此篇中"序王公"，官本作"见王公"，王（道焜）本作"也王公"，凌本作"序"，康有为径从凌本，苏本作"见"，并说："王公，疑缘上而误，当作'见王心'。隐元年何注：'春秋上刺王公，下讥卿大夫而逮士庶人。'见，或刺之误耶？凌本见作序，云：'王本误作也。'"[⑤]今按，凌本作"序王公"，与下文"史记十二公之间"云云，文义相贯。苏本作"见王公"，文义不可解，故复疑"王公"为"王心"之讹，"见"为"刺"之讹，颇生枝节。当然，这里对比康有为《春秋董氏学》和苏舆《春秋繁露义证》对凌曙《春秋繁露注》的采信态度，并不是为了求得哪一方校勘质量更高，而是为了说明康氏对凌本的依赖度更高。这意味着，凌曙的学术研究为后来康有为思想的形成提供了物质形态的基础。

物质形态之外，凌曙将礼学和公羊经传结合的路径也给康有为提供了思想上的启发。在《春秋董氏学》之"春秋礼"中，康氏提出："《春秋》为改制之书，包括天人，而礼尤其改制之著者。故通乎《春秋》，而礼在所不言矣。孔子之文传于仲舒，孔子之礼亦在仲舒。"[⑥]"改制之著"者，实际上是将礼和制度等同来看

---

① 凌曙所据官本，依卷首凡例言，当为聚珍本。

② 《春秋繁露注》卷六《俞序》。

③ 苏舆：《春秋繁露义证》卷六《俞序》，第163页。

④ 《春秋繁露义证》卷六《俞序》，第161页。

⑤ 《春秋繁露义证》卷六《俞序》，第159页。

⑥ 《春秋董氏学》卷三《春秋礼》，第40页。

的。我们在前面论述过，凌曙将公羊学和礼学结合讨论，实现了心性伦理向实践伦理的转变。如果谈公羊学者只停留在心性之义上，那么所谓的改制便会侧重于改人心，这几乎是不可能操作的。礼具有实践性以及对于是非判断的客观性和标准性，只有通过礼的变革才能够实现社会的改变。所以康有为认为"礼尤其改制之著者"。而且，言今文学者不信《周官》及《左传》，我们在探讨凌曙治学家法的时候提到其在礼疏《公羊传》以及何休《解诂》的时候，不轻易采用《周官》与《左传》的材料，这就意味着以公羊学为代表的今文经之礼，同样有坟典足征，不必合于所谓的"伪经"。

在《春秋董氏学》中，康有为从《春秋繁露》中归纳了三十四个条目，分别是改元、授时、三正、即位、爵国、考绩、度制、田赋、器械、宫室、章服、乐律、卜筮、学校、选举、冠、昏、相见、丧、祭、郊、封禅、雩、星、宗庙、禘祫、时享、燕飨、朝、会盟、吊唁、战伐、田狩、刑罚。这些条目几乎包括了礼的绝大部分内容。康有为这种分类辑录的工作，完全可以作为凌曙在《春秋繁露注》序言中所说"识礼义之宗"[①]的注脚。从这点上看，康有为和凌曙对于《春秋繁露》中的礼学内涵有着相似的认识。康有为在《春秋董氏学》中分类辑录《春秋繁露》文句之余，在关键处写下按语表明意见。在"春秋礼"一卷中大致有九条，兹条列于下，并参核凌曙与苏舆对相关问题的看法，以便讨论：

	康有为	凌曙	苏舆
改元	元者，君之始年。一国之民随君，孔子欲其谨始。[②]	王弼曰："一者，数之始也，物之极也。"《尔雅》："元，始也。"《春秋元命包》："孔子曰：某作《春秋》，始于元，终于麟，王道成也。"[③]	谓一年为元年，未修《春秋》之先，盖已有此。商称元祀是也。而序《书》称"一年戊午"，《书传》称"周公摄一年"，又云："文王一年质虞芮。"意周初尚参错用之，圣人沿殷法取元，遂为定称。[④]

① 《春秋繁露注》卷首《自序》。

② 《春秋董氏学》卷三《春秋礼》，第 41 页。

③ 《春秋繁露注》卷三《玉英》。

④ 《春秋繁露义证》卷三《玉英》，第 67 页。

	康有为	凌曙	苏舆
三正	三正散见于六经，观此篇（按，《二端》。）所发明，实皆孔子所定，夏、商、周皆所托也。①		《白虎通·三正篇》："三正之相承，若顺连环也。孔子承周之弊，行夏之时，知继十一月为正者，当用十三月也。"《檀弓》疏推郑君义云："伏羲以下，女娲以十二月为正，神农以十一月为正，黄帝以十三月，少昊以十二月，高阳以十一月，高辛以十三月，尧以十二月，舜以十一月，夏以十三月，殷以十二月，周以十一月。是三王之相承若循环也。"所谓"迎来而受"。汉初，承秦继周十一月，而以十月为岁首，失其序矣。《文选·典引》注："汉承周后，当就夏正，以十三月为岁首。"是也。②
爵国	遍见汉前书，无非三公、九卿者，三三相成，董子之说尤精透，而六卿之谬伪，不待攻矣。③	《春秋元命包》："立三台以为三公，北斗九星为九卿，二十七大夫内宿卫部之，八十一纪以为元士。凡百二十官，下应十二子。"《汉书·百官公卿表》："周官则备矣，天官冢宰、地官司徒、春官宗伯、夏官司马、秋官司寇、冬官司空，是为六卿。太师、太傅、太保是为三公。盖参天子坐而议政，无不总统，故不以职为官名，又立三少为之副，少傅、少师、少保，是为孤卿，与六卿为九焉。"④	此与《王制》合，郑氏康成以为夏制，不知所据。《大传》云："古者天子三公，每一公三卿佐之，每一卿三大夫佐之，每一大夫三元士佐之，故有三公、九卿、二十七大夫、八十一元士。所与为天下者，若此而已。"郑注亦云："自三公至元士，凡百二十，此夏时之官也。"《说苑·君道篇》："汤问伊尹曰：三公、九卿、二十七大夫、八十一元士，知之有道乎？"似商制亦如此。《白虎通·封公侯篇》："三公、九卿、二十七大夫、八十一元士，凡百二十官，下应十二子。"桓九年何注同。又见《礼记·昏义篇》及《异义》引《今文尚书》夏侯阳说。《淮南·泰族训》云："故举天下之高以为三公，一国之高以为九卿，一县之高以为二十七大夫，一乡之高以为八十一元士。"⑤

① 《春秋董氏学》卷三《春秋礼》，第 44 页。

② 《春秋繁露义证》卷六《二端》，第 155 页。

③ 《春秋董氏学》卷三《春秋礼》，第 67 页。

④ 《春秋繁露注》卷七《官制象天》。

⑤ 《春秋繁露义证》卷七《官制象天》，第 214 页。

	康有为	凌曙	苏舆
乐律	乐器之有黑、白、赤，鼓之或载、或设、或程、或县。舞之用锡、用纤，施用羽，籥用万，佾之员、方、椭、衡，皆孔子改制，托夏、商、周以为三统也。①	《贤良策》："三王之道所祖不同，非其相反，将以捄溢扶衰，所遭之变然也。"又"故王者有改制之名，亡变道之实，然夏上忠，殷上质，周上文者，所继之捄，当用此也。"《啖助传》言"孔子修《春秋》，意以为夏政忠，忠之弊野，商人承之以敬，敬之弊鬼，周人承之以文，文之弊僿。救僿莫若忠。夫文者，忠之末也。设教于本，其弊且末。设教于末，弊将奈何。武王周公承商之弊，不得已用之。周公没，莫知所以改，故其弊甚于二代。孔子伤之曰：'虞夏之道，寡怨于民；商周之道，不胜其弊。'故曰后代虽有作者，虞帝不可及已。盖言唐虞之化难行于季世，而夏之忠当变而致焉。故《春秋》以权辅用，以诚断礼，而以忠道原情。云不拘空名，不尚狷介，从宜捄乱，因时黜陟。古语云：商变夏、周变商、春秋变周。而公羊子亦言乐道尧舜之道以拟后圣。知春秋用二帝三王法以夏为本，不一守周典明矣。"⑥	《礼器》："三代之礼一也，民共由之，或素或青。"盖言礼制同而文质之相变也。《史记·孔子世家》："观殷夏所损益，曰：'后虽百世可知也，以一文一质。周监于二代，郁郁乎文哉。吾从周。'故《书传》、《礼记》自孔氏。"《论语》"子张问十世可知也"，《集解》引孔曰："文质礼变。"《汉书·兒宽传》：宽上寿曰："臣闻三代改制，属象相因。间者圣统废绝，陛下发愤。合指天地，祖立明堂辟雍，宗祀泰一。六律五声，幽赞圣意，神乐四合，各有方象，以丞嘉祀，为万世则，天下幸甚。"《后汉书·鲁恭传》："王者质文不同，四时之政，行之若一。"舆案：三代殊制，见于《礼记》明堂位、檀弓、礼器、祭法诸篇者甚多。如子服景伯、子游争立孙立弟，檀弓争葬之别合，曾子、子夏争殡之东西，子游、子夏之裼袭不同，孟子、公羊爵之三等五等，禄之三品二品，以及小敛之奠，或云东方，或云西方，同母异父昆弟，或云为之齐衰，或云大功，皆师说所传异制。学者质文随习，不必尽合。⑦
冠	此冠礼字子之三统也，合《春秋》之制为四而复。②		
昏	此昏礼之三统也。③		
丧	此丧礼之三统，与《檀弓》同。④		
刑罚	此刑之三统也。⑤		

① 《春秋董氏学》卷三《春秋礼》，第 75 页。

② 《春秋董氏学》卷三《春秋礼》，第 77 页。

③ 《春秋董氏学》卷三《春秋礼》，第 78 页。

④ 《春秋董氏学》卷三《春秋礼》，第 80 页。

⑤ 《春秋董氏学》卷三《春秋礼》，第 94 页。

⑥ 《春秋繁露注》卷七《三代改制质文》。

⑦ 《春秋繁露义证》卷七《三代改制质文》，第 183 页。

	康有为	凌曙	苏舆
郊	董子之言郊事，至详明。其义皆以事天，未尝以事地。其时皆以正月上辛，所谓冬至，未尝夏至。郊止一，更无北郊，况东西郊，五郊乎？天为百神之大君，故独尊天，无与比偶者。可证《周礼》之伪。①	僖三十一年传“天子祭天”，注：“郊者，所以祭天也。天子所祭，莫重于郊。”成十七年传“然则曷用郊？用正月上辛”，注：“鲁郊，传卜春三月，言正月者，因见百王正所当用也。三王之郊，一用夏正。言正月者，春秋之制也。正月者，岁首。上辛，尤始新，皆取其首先之义。”②	古文说，禘为祀天帝，郊为祈农事。（郑康成用此说。）禘重于郊。周礼“圜丘之祭”，禘而非郊。西汉诸儒罕言圜丘，董据《春秋》为说，以郊为祭天专名，禘为宗庙之祭。（见五行相胜篇。）如闵公吉禘庄公，僖八年禘于太庙是已。此今文说也。王肃以禘为宗庙之祭，暗用董说，而并混郊丘为一，则非董旨。孙星衍《六天》及《感生帝辨》云：“张融引董仲舒、刘向、马融之论，皆以为《周礼》圜丘，则孝经云南郊，与王肃同，其言谬。《繁露》云：‘郊因新岁之初。’又云：‘郊因先卜不吉不敢郊。’是董不以郊为冬至祭圜丘之明证。肃等诬之，且诬刘马者，盖见汉人多议郊祀，不议圜丘，因疑诸儒即以郊为圜丘，不知秦汉时固无冬至圜丘之祭。秦以冬十月为岁首，故常以十月上宿郊见，非因冬至。”按：孙说是也。汉制郊祀最为纷杂，至成帝时，匡衡等议定郊祭，始重董言，郊专言事天，而不言天地合祭。时以正月上辛，而不以冬至夏至。郊止有一，而无二郊四郊之繁。匡衡定制为南北郊，与董略殊矣。③

借助上表，我们可以清楚地看出康有为与凌曙、苏舆对特定问题的看法有相似之处，也有不同之处。首先在对待改元问题里“元”字意义的认识上，凌曙认为元即始于元，孔子立元年与其心目中的“王道”相关。而苏舆认为以初年为元年并非孔子所创，早在殷商时已经如此使用，孔子修《春秋》用元年为起点，实际上是沿用了殷商之法。显然凌曙的解释包含更丰富的经学义理思想，而苏舆

① 《春秋董氏学》卷三《春秋礼》，第 85 页。

② 《春秋繁露注》卷十五《郊义》。

③ 《春秋繁露义证》卷十四《郊语》，第 394 页。

的解释则是试图从历史的角度来看待。康有为在凌曙解释的基础上进一步结合公穀之说，形成了自己的观点，认为立元年托有孔子谨始之义。在另外的场合，康有为还进一步申论说："礼始于元，元统天，天统王，王之制以爵国为先。"[①]是故，谨始是礼之根本，明显与凌曙有所相承。其次，对于"三正"的问题，凌曙没有过多的发明和解说，对《二端》篇也更多着力于校勘上。康有为认为三正之说为孔子所制，至于夏商周是不是真存在着三正的循环，康有为的观点更倾向于此为孔子托言。苏舆与康氏相左，认为三正在夏商周确实存在着一个循环，孔子发现了三正的循环并且指明。第三，对于爵国中的九卿之说，康有为、凌曙与苏舆的观点基本一致。苏舆详细排列了设立九卿的证据，凌曙则在《汉书·百官表》中发现由六卿到九卿的原因。康有为则比凌、苏更猛烈，直接批判言六卿之说的荒谬。第四，对于郊的问题，三人也持有基本相近的观点。凌曙引何休解诂来诠释董仲舒的观点，苏舆则分别古文说与今文说，并将今文之说发明。康有为不仅延续了何休解诂之说，并且更加激进地斥责《周官》之伪。

最后，尤其关键的是在对待三代改制的问题上。不难看出凌曙顺着董仲舒的观点承认三代存在着制度变革，同时引用啖助之言认为孔子是希望制度能有所改变的。凌曙虽然未能像康有为一样提出"孔子改制"这般惊世骇俗的论点，但是从他征引的材料中可以看出其对《春秋繁露》的注解已经为康有为进一步提出改制的主张做好了理论准备。苏舆以《春秋繁露义证》翼教反康，故而必不能认同改制的主张。因此，苏舆认为三代虽然异制，但只是文质的变换，礼制没有根本的不同。至于典籍中能见到的礼制差别，被苏舆归结为师说不同所造成的。苏舆认为："本篇(三代改制质文)所纪，但述师说。至以《春秋》当新王诸义，不见于《传》，盖为改正而设，与《春秋》义不必相属。自何休取以注《传》，转令经义支离，为后世诟病。"[②]显然，苏舆不愿让康氏这种改制之说蔓延。

从上述的分析中，我们可以发现在某些礼制的问题上，苏舆与康有为之间的差别并没有特别显著，仅仅是态度剧烈程度的不同而已。但是在改元、改制等关键问题上，康有为与凌曙之间的观点差异并不大，而与苏舆则往往正好相左。段熙仲称："南海康有为绍凌君之绪，辑《春秋董氏学》，而寖寖涉政治之革

① 《万木草堂口说(外三种)》，第 41 页。

② 《春秋繁露义证》卷七《春秋改制质文》，第 184 页。

新，遂开数千年未有之新局。”[①]由此看来，这一论断不无道理。凌曙注《春秋繁露》之初并没有政治目的，康有为不仅利用凌本作为阅读研究的版本，而且从中发现了有利于自己改制的思想素材。可以说凌曙无心插柳之作，为后世的政治风云伏下了重要一笔。

总结与思考：接续思孟的学统

综上所述，本文探讨了凌曙的公羊礼学对康有为的启发。从学统上看，康有为认定《公羊》与孟子之间有密切关系，其云：“诗、书、礼、乐，统于《春秋》有据乎？据于孟子。……《春秋》三传何从，从公羊氏。有据乎？据于孟子。”[②]我们发现，凌曙所治的《丧服》和《公羊传》虽然都被认作乃子夏所传，但他仍为其找到了思孟的学统。《公羊答问》中，问曰：“庄三年传‘鲁子曰’，元郝氏经以‘鲁子皆是曾子之讹，昭十九年传引乐正子春为说，子春是曾子弟子，则此为曾子无疑也’，此说可信否？”答曰：“按《元和姓纂》：‘周公子伯禽至顷公三十四代，九百余年，为楚所灭，子孙以国为氏。汉鲁赐，碭人也。’据此则孔氏之门徒受《春秋》者尚无鲁姓也。又按董仲舒《繁露》引‘故曾子、子石盛美齐侯安诸侯’云云，则曾子亦深于《春秋》者，此处之为曾子更无疑矣。又按王伯厚《玉海·急就篇》‘鲁春秋’注已引‘《公羊传》鲁子’，其误已久。”[③]可以看出，凌曙认为《公羊传》的传承中也有曾子的学统，陈立在《公羊义疏》中继承了凌曙的观点。至于礼学中有曾子之传，在《礼记》诸篇显然可见，不须多言。由此可以认为凌曙虽然治子夏之传，而其学统还是在追续孔、曾、思、孟。可见凌曙的公羊学统观念，对陈立和康有为都有一定的影响。总的来说，凌曙在著作中认为《公羊传》中有曾子之学，而在学统上思孟之学直接曾子。这样一来，凌曙在公羊学中加入曾子学脉，康有为以曾子过于保守复加入有子学脉。[④] 曾子虽然保守，但在典籍上看其能够传礼。至曾子之下传子思，子思传孟子，如此公羊学和礼学能够名正言顺地走在一起，为改制所需要的思想渊源提供了学术脉络上的合理性。

---

① 段熙仲：《春秋公羊学讲疏》，南京：南京师范大学出版社，2002 年，第 36 页。

② 《春秋董氏学》卷首《自序》，第 1 页。

③ 《公羊答问》卷上，第 240 页。

④ 田家弘：《清朝公羊學に就て二題》，《汉文学会会报》1936 年第 4 卷，第 139 页。

The Influence of Gongyang's Ritual Thoughts on Kang Youwei in the Late Qianjia Period: From the Perspective of "Chunqiu Dongshixue"

Qian Yin

Abstract: The emergence of the Gongyang etiquette represented by the scholar Ling Shu in the late Qianjia period had a great influence on Kang Youwei'sGongyang thought and even the thought of restructuring. Kang Youwei believed that ram study should be divided into three aspects: justice, example, and ceremony, and pointed out the path of ram study from rite to example to justice. Regarding the gift of the ram, Kang Youwei's book on advocating Ling Shu can be seen. Taking the "Chunqiu Rites" of Kang Youwei's "Chunqiu Dongshixue" as the inspection point, it can be found that it inherits and develops the ideas in Ling Shu's "Chunqiu Fanlu". Therefore, it can be considered that Ling Shu's academic influence has a certain influence on the later ideological circles, which was ignored by the previous academic history.

Keywords: Ling Shu, Gongyang's Ritual Thoughts, reform, Kang Youwei

“心”与“时间”*

——牟宗三哲学建构的一个线索

方　用**

［摘　要］ 牟宗三初涉哲思时就已经意识到“时间”问题的重要性。尽管在其学术生涯中，对“时间”的具体阐述有调整、发展，但无论是以“时间”为主观建构，或以“历史”为“精神表现”，或将“时间”归结于“有限心”、“识心之执”等，其共同特征即是不离“心”而论“时间”。他始终以离物而即心的方式理解与规定“时间”，对“时间”之根源、时间相等方面进行了缜密的分析。其思考对安顿现象界、展露本体界涵有敏锐的洞见与超越的智慧，大大拓展了20世纪中国哲学思考时间之广度和深度。

［关键词］ 时间；历史；心；有限心

在20世纪的世界哲学中，“时间”是一个被不同文明深度沉思过的重要问

* 基金项目：国家社科基金项目“中国现代哲学中的‘时间’观念研究”(15BZX058)。

** 方用(1971—　)，女，安徽歙县人，哲学博士，同济大学人文学院哲学系副教授，主要从事中国现代哲学研究。

题。海德格尔的《存在与时间》将“时间”主题化,使“时间”凸显为现代哲学的中心。在中国,“古今中西之争”促使人们反思“进化”、“发展”、“历史”等观念,这些观念的根基则是“时间”。由此,“时间”成为20世纪中国哲学的内在关切点。众多哲学家从不同立场与层次出发思考“时间”问题,比如胡适从科学理性出发,朱谦之注目于“情”,梁漱溟立足“意欲”,金岳霖从“道”出发,方东美从“生命”立论,等等。这些对“时间”的思考丰富了“时间”的内涵,显示出中国哲学健旺的思考力。然而,就对“时间”问题思考的深度与广度而言,牟宗三的哲学尤其值得关注。

从早年运思易理到后期哲学体系的建构,对“时间”的考察贯彻牟宗三哲学思考之始终。时间与空间密不可分,牟宗三对“时间”问题的考察也常常与“空间”相互联系,但“时间”更为根本。初涉哲思的他就已注意到,在中国思想传统中对时空问题少有具体讨论,也意识到时空观念在融贯中西思想尤其是为科学知识奠基中的重要性。随其学术生涯中运思对象、主题的变化,他的时间观也经历了一个不断调整、深化的过程。这个过程大致可分为三阶段,第一阶段是其着力学习西方逻辑、知识论的时期。在其最早的学术专著《周易的自然哲学与道德函义》中,他详细梳理了胡煦易学中对时空问题的讨论,阐释了“具体的‘时一位’”与“构作的‘时一空’”两个概念的丰富内涵。在之后的《认识心之批判》一书中,他主要承袭了康德的时间观念,在静态的精神结构中对“时间”做了多方面的考察。第二阶段,他借用黑格尔“历史哲学”的思想,以心之全部活动转而为精神表现的历程理解“历史”,并据此深入考察了中国的文化生命,期以完成“历史的精神发展观”。第三阶段,他融汇中国传统资源与康德,创建“道德的形上学”,在“两层存有论”架构下,将“时间”置于“有限性”、“有限心”序列,以“识心之执”为“时间”之源,以“时间相”为现象诸相的“基体”或“底据”。尽管他在三阶段对“时间”的具体表述有差异,但一以贯之的是不离“心”论“时间”。

一、时间之“主观建构”

1932年,尚在北大求学的牟宗三撰成了第一本学术专著:《周易的自然哲学与道德函义》。其中,他非常重视和推崇清代胡煦易学思想,因为“时间与空间中国人鲜有解析,而胡氏则特注意,且其观点亦很对,即(i)相对而绝对,(ii)

由物事之生成而被显,(iii)具体的'时一位'与构作的'时一空'之区分是。这个构作的时一空,胡氏以干支名之,象之。即天干地支这两个系列便足以表象时间与空间之合一。"[①]在绵延庞杂的易学史中,牟宗三敏锐地发现胡煦易学思想的特别之处,即其对时间和空间的关注。他尝试用西方哲学的术语重新解释古老的易学概念,详细分析了胡氏有关时空观念的诸多具体观点和特征,尤其值得注意的是他对胡氏"爻时位"和"干支"概念的阐释。

牟宗三以"生成哲学"概括胡氏易学的主要特征。胡氏将世界理解为"始终微盛"的生成过程,此生成过程之动为阳、为"时",之静为阴、为"位","爻"表示一个体有始有终的生成过程,并可以九六初二三四五上八个"数"的方式确定地表达。牟宗三进而解释,"盖月日交光即有时空性在也。日月为易而四时成,时间性也。相交而位成,空间性也"[②]。"生成的时位合一之所限便是一个爻,即一个体。"[③]"时"表示个体在生成过程各阶段不同状态的持续与更迭,可具体表现为"初中末"三候;"位"指个体不同阶段所处的空间位置,可具体表现为"上中下"三等;一个体之完整的生成过程可以用"时""位"合一的"爻"来表示。

牟宗三很赞赏胡氏对时位合一的发现,以及以"数"来解说个体生成过程的观点。他将此由个体生成过程派生分化而成的称作"具体的'时一位'","时间空间即由此具体的时位而抽象成"[④]。"抽象的时间与空间",他亦称为"构作的'时一空'",他认为真正的"时间"和"空间"是人们通过对具体的时位之抽象"构作"而成的,在胡氏易学中表现为"干支"的形式,"干象时间……支象空间"。[⑤]时位合一,故时空亦合一,但时、时间更为重要,六爻合一卦,一卦统六爻。"卦统者即是一个时系(time-system)之谓也。……以时系意卦统非必即无空,盖取重于时也。"[⑥]正因为取重于"时",《周易》重终有始,彰显了永远创新生生不息的精神。生成过程是曲线的而非直线的,是一"螺旋式"的形态;一个体之时间是间断、有限的,但个体之间相因相连,时间又是连续、无限的。时间是循环的,

① 牟宗三:《周易的自然哲学与道德函义》,《牟宗三先生全集》第1卷,台北:联经出版事业有限公司,2003年,第269—270页。

② 牟宗三:《周易的自然哲学与道德函义》,《牟宗三先生全集》第1卷,第270页。

③ 牟宗三:《周易的自然哲学与道德函义》,《牟宗三先生全集》第1卷,第242页。

④ 牟宗三:《周易的自然哲学与道德函义》,《牟宗三先生全集》第1卷,第272页。

⑤ 牟宗三:《周易的自然哲学与道德函义》,《牟宗三先生全集》第1卷,第275页。

⑥ 牟宗三:《周易的自然哲学与道德函义》,《牟宗三先生全集》第1卷,第274页。

表现为甲子之轮转。

“干支”即“构作的‘时一空’”。那么,这一时空表象是如何“构作”而成的?“胡氏以为这并不是先天的(a priori),乃是由经验之历试历验而归纳成的,即时空是建基于经验世界之生成条理上。人可以发现之,历试历验而使其渐近于准确。这观点又是对的……”①也就是说,人在无数的经验中逐渐发现了天地万物变化的节奏、秩序,通过反复将人心的发现与具体物事的生成过程比较、调整并最终抽象、稳定为“干支”这样的时间和空间观念。牟宗三认同胡氏把时间视作人在后天经验中对生成条理的归纳,是“心”之“构作”。所以具体的时位与物事有关,但构作的时空如干支却不属于“物”,亦并非实有,只是对三候之时三等之位之生成系列的逻辑抽象。干出于生数,支出于成数,时空与“数”密切相关。“构作的‘时一空’”是人的主观构建,“数”之观念也是人基于对世界数学性的发现而抽象以成的一个公共符号。通过干支纳法,世界有了“数学底基础”,人们可以通过“干支”这一特殊的时空形式说明和理解天地万物的生成流转。

牟宗三特重胡煦,即因其自发触及了中学传统中罕被关注的时空问题,且创见颇多。由此不仅可以为汉易奠基,也可以为中国思想找到与科学相接近的传统资源,开出知识论的新局面。当然,他对胡氏时间观的阐释建基于其西方哲学,尤其是知识论的视域。如我们所知,在西方,真正将时间和空间范畴引入知识论领域的,就是康德。

1949 年渡海之前,牟宗三完成了他的第一部研述康德哲学的专著——《认识心之批判》。他意识到康德时间观的重要意义,在此书中对“时空与运动”、“时空与数学”、“时间与算数学”等问题作了专门考察。他对时空的看法可归结为以下两点:“一、时空属于心之主观建构,其建构之活动如上所定;二、所如此建构之时空必为直觉之形式因而复为现象之形式。”②总体而言,这些观点基本是对康德哲学的转说。康德将时间和空间视作主体的先天感性形式,以“唯心性”的时间和空间担保普遍必然知识的可能性。

如前已述,牟宗三认同胡煦之“构作的‘时一空’”是非先天的,而在康德,时空作为直觉的形式是先天的(牟宗三在此文中写作“先验的”)。他认为,康德只

---

① 牟宗三:《周易的自然哲学与道德函义》,《牟宗三先生全集》第 1 卷,第 275 页。

② 牟宗三:《认识心之批判》(下),《牟宗三先生全集》第 19 卷,第 764 页。

就时空之“形上”和“超越”两个方面解析了时空的先验性；然而对“时空之起源”的解析，却不甚明了。他区分了“心理上之先在”与“逻辑上之先在”，并以后者为康德之真实义[①]，并就“时空之起源”而指出：心之活动有两个方面，一是“建构此形式”即心于经验中“因反省心之活动而获得”时空形式，一是“形式赋与”，即时空作为人心之固有的“潜能之形式”在经验中成就一直觉活动。这两方面缺一不可且不相矛盾。牟宗三为康德的辩诉艰辛而隐晦，他想超越形式“获得”与“赋与”的冲突，回看他对胡氏时空之“构作”“不是先天的”的讨论[②]，也与此有关。事实上，“时空之起源”也是其日后思考的要点之一。

牟宗三对《认识心之批判》并不满意，自认此书非成熟之作，未能参透康德划分现象与物自身之洞见的重大意义。不过，无论是其对胡煦易学时空观的现代阐释，还是对康德时间主观说的接受都表明，他认同以“心”理解“时间”的思想途径，主张时间属于“心”之主观建构，赞成以时间和空间为知识奠基。

二、历史之“精神表现”

赴台之后，牟宗三开始撰写《历史哲学》等“新外王三书”。他将“历史”理解为“心之全部活动转而为‘精神’表现之全部历程。……历史之精神表现即是一部在发展途程中企求完成之哲学系统”[③]。以“精神表现”论历史，历史并非一些在特殊时间点发生的偶然的、客观的历史事件的集合，其试图探寻的，就是历史的“时间性”。

在黑格尔看来，“哲学用以观察历史的惟一的‘思想’便是理性这个简单的概念。‘理性’是世界的主宰，世界历史因此是一种合理的过程”[④]。他反对当时德国流行的客观主义历史学，认为历史是被人以理性建构而成的、有着内在联系的发展过程。同时，他还认为世界精神的本性“永远是同一的”，“世界历史无

① 参见牟宗三：《认识心之批判》（下），《牟宗三先生全集》第19卷，第762页。

② 牟宗三指出，先天后天是胡氏易学的出发点，但其对二者的区分“与邵朱及西洋所谓先天后天意义都不同”。详见牟宗三：《周易的自然哲学与道德函义》，《牟宗三先生全集》第1卷，第185—195页。

③ 牟宗三：《历史哲学》自序，《牟宗三先生全集》第9卷，第21页。

④ 黑格尔：《历史哲学》，王造时译，上海：上海书店出版社，2006年，第8页。

非是‘自由’意识的进展”。[①] 以“自由”意识发展的不同程度为标志，世界历史如同太阳，从东方到西方，从亚洲到欧洲，包括中国在内的东方因而被他偏颇地视作匮乏自由的“历史的幼年时期”。

此时牟宗三深受黑格尔《历史哲学》影响，但其旨首在中国文化之疏通。与黑格尔相较，牟宗三《历史哲学》中所阐发的中国历史之“精神表现”更为丰富。比如在“理性”之外，他又提出中国文化另有一种表现为“艺术性主体”的“综和的尽气之精神”；对“理性”，他指出不同于西方的“理论理性”和“逻辑理性”，中国文化的“理性”是“道德主体”的“实践理性”或“道德理性”。他认为历史的“精神表现”有不同形态、不同原理、不同方式，不同的精神表现皆要求在历史中扩大、彰著，不经过发展，则精神只是潜隐地存在，而无法实现。

“西方文化生命一往是‘分解的尽理之精神’。……中国文化生命一往是‘综和的尽理之精神’与‘综和的尽气之精神’。然此所谓‘一往’是有时间性。”[②]此处的“时间性”即：在大量貌似偶然、特殊的史实中，有一贯通古今的“精神实体”。虽然在历史进程中，“精神”的具体表现各异，但有其内在的有机发展，随着时间流逝、历史延展，“精神”必定荡涤黑暗腥秽，在“光明与常道”中演进，所以历史具有明确的方向和价值。“时间性”意味着历史精神终将陆续实现、历史必然不断“进步”。具体到中国文化，比如由“主观精神”到“客观精神”即是一“进步”，这就是“综和的尽理之精神”之发展脉络。牟宗三在讨论“夏商周”时认为，由母系进至父系为一大“进步”，其标志是亲情意识的扩大，精神从其最直接性中解放。就殷周言，由亲亲至于尊尊，由笃母弟而至笃世子，这也是一大“进步”。其理由是：这一转变由私而公，人格更开阔，生命能够客观化。礼乐制度为一客观精神，这保障了客观精神之稳定。

“历史之精神表现即是一部在发展途程中企求完成之哲学系统。”[③]在牟宗三那里，“精神表现”不仅绵延不息而且丰富多姿。如秦之发展为“物量数量之精神表现”，楚汉相争涵着“综和的尽气之精神”，西汉二百年为“理性之超越表现时期”，东汉二百年为“理性之内在表现时期”。所谓中国历史无非是“中国精神”之实现和进步。

---

① 黑格尔：《历史哲学》，第 17 页。

② 牟宗三：《历史哲学》自序，《牟宗三先生全集》第 9 卷，第 22 页。

③ 牟宗三：《历史哲学》旧序一，《牟宗三先生全集》第 9 卷，第 22 页。

牟宗三以王夫之"通论"为本观史,"通"即纵贯古今,亦即"一往"之时间性。虽然他重在疏通中国文化,但其"古今"关涉整个人类。他认为精神表现的不同形态在各民族间,会有"先后之异"、"偏向之差",出现方式亦不相同。但"人类各民族史之精神表现,必在其发展奋斗中,刮垢磨光,而趋于系统之完成,归于精神之大通"[①]。如前已述,他以"综和的尽理之精神"与"分解的尽理之精神"区别中西历史,表现在主体则分别是"道德主体"与"知性主体"。前者展开为"道德的形上学",后者展开为逻辑、数学与科学。二者都是人的精神表现,原则上彼此相通,但究竟如何相通?这对牟宗三是个问题。他不同意黑格尔历史哲学所思辨构造的精神起于东方、归于西方的德意志中心论调,认为东西方精神乃各自独立发展,那么二者在什么层次上能相通呢?既然黑格尔这里找不到答案,牟宗三只能又再次回到康德。但这次,他不仅对中国各期哲学进行了详细理解与诠释,对康德哲学也有了更为透彻的了解。随着"道德的形上学"之挺立,其对"时间"的考察也更深入。[②]

三、时间与"有限心"

从《现象与物自身》之书名就可以看出,牟宗三此著即以康德《纯粹理性批判》作为直接的对话者。他对康德区分"现象"与"物自身"、"感触直觉"与"智的直觉"(牟宗三用语,通常译作"感性直观"与"理性直观")非常赞赏。但他认为,康德并没有证成"现象"与"物自身"区分之洞见,其根本原因在于康德否认人有"智的直觉"。否认人有"智的直觉",则"感触直觉"与"智的直觉"被割裂,人被限定在"感触直觉"所对应的"现象界",被限定为与无限性绝缘的存在者。然而在中国哲学传统中,人是有限而能无限的存在,可以有"智的直觉",能够呈现"物自身"。由此,牟宗三建构起"两层存有论":本体界的存有论(亦曰"无执的

---

① 牟宗三:《历史哲学》旧序一,《牟宗三先生全集》第9卷,第21页。

② 此时,牟宗三中国哲学的相关著作有《才性与玄理》、《佛性与般若》、《心体与性体》、《从陆象山到刘蕺山》等,又译注了康德的《纯粹理性批判》、《实践理性批判》等。经过渡性著作《智的直觉与中国哲学》,他终于在《现象与物自身》、《圆善论》中完成对康德哲学的消化与"道德的形上学"之挺立。《圆善论》偏重道德形上学的挺立,对"时间"问题并无专论。因此,以下对牟宗三"时间"问题的考察集中在《现象与物自身》一书。

存有论”)，以及现象界的存有论(亦曰“执的存有论”)；在此视域下，他重新探讨了“时间”问题。

首先，牟宗三继续沿承了康德时空观的基本立场：时空乃是人类感性的基本形式。他坚持感性主体必须依时空之形式去摄取对象，人有感官、感觉，感觉中先天具有时空形式。他进而指出，当感触直觉将对象给与我们时，对象已经被放到了时空形式中。或者说，对象已经转换为带着时空形式的“现象”。“形式”是架子，它有边界，有界限，有限制。进入时空形式的现象即是被限定的有限的存在。所以时空仅与“有限”和“现象”有关。物之有时空性并不是物所固有的，而是我们的感性去摄取外物时以时空为形式而带上去的，因此物之时空性的根源在我们的“心”，时空之所以是“有限”的，因为构建时空的是人的“有限心”。

在牟宗三看来，康德的时空观裹挟着某些矛盾。比如：上帝及其创造物“物自身”有时空性吗？“假定时间、空间是被造物之为物自身之一必然属性，则势必作为创造者的上帝……亦必在时间、空间中，即必服从时间、空间之条件，今说上帝不服从这些条件，即时空不属于无限存有底存在，这便成自相矛盾。”[①]他指出，康德之所以深陷此“夹逼的状态”，关键在于，他把“现象”与“物自身”都当成了“事实”概念。当作“事实”看，“物自身”与“现象”之时空性便难以稳定下来。问题的症结在于康德视有限物为客观存在，如果将其视为主观物，此问题则迎刃而解。

四、“时间”与“识心之执”

在牟宗三看来，“物”是什么取决于人类以何种心去面对。人心只有一个，但其用却呈现为二：一是“不执着心”，或者叫“无执的无限心”；二是“执着心”，或者叫“有执的有限心”。后者即西方哲学中的认知心，包括感性、知性等，他也以中国佛教之“识心”来称之。

牟宗三认为人的认知心、“识心”的本质就是“执”：“识心之执就是认知心之执性。执性由其自执与著相两义而见。识心由知体明觉之自我坎陷而成。由

① 牟宗三：《现象与物自身》，《牟宗三先生全集》第21卷，第112页。

坎陷而停住，执持此停住而为一自己以与物为对，这便是识心。”[①]“知体明觉”即无限的自由心，其自觉地自我坎陷而成“识心之执”：执持它自己而成为认知主体，又把物自体推出去而视其为对象，所以识心之执的基本结构即主客对偶，所谓“现象”就是识心之执“皱起”或“挑起”而成。“在无限心底明照前，物既是这样的物自身，则只当在‘识心之执’底认知活动前，它始成为决定的有限存在物，成为现象义的对象，因此，它有时空性，有生灭相。此是客观地从它本身说。若溯时空性之源，则根本是源于识心之执，因此，说时空是主观的，物之有时空性是我们的感性去摄取外物时以时空为形式而带上去的，因此说那被摄取的物有时空性。”[②]以有执之心对万物，即必然地有现象，其所知的亦必然是现象。有执，即意味着感性必须以时空为形式，知性必须使用这样的概念。以“识心之执”对之，物以时空性呈现。所以时空性只与“识心之执”对应，而不是物的固有属性。

在康德那里，智的直觉只属于上帝；在牟宗三这里，“虽有限而可无限”的人不仅有感触直觉，也有智的直觉。感触直觉即是认知之心或“识心”陷于感性中而“皱起”现象，即在其摄取外物时使对象着之以时间相与空间相；智的直觉创造、实现、呈现物自身，则无需时空形式，亦无时空相。现象与物自身之分，不是“事实”之区分，乃是主观之心“执”与“无执”之别，是一“价值”之决定。物自身是一个价值意味的概念，它只对着智的直觉呈现，且其存在形态系于“无执”的“无限心”，并无时空架子框限之、封限之、扭曲之，因此可谓之自在相、如相。由此，牟宗三反对康德以时空性为区别现象或物自身的标尺，在他看来，心之“执”与“无执”才是判分二者的决定因素，“时间”本于人因“执”而至的“有限心”。

另一方面，康德只是说时空是感性的形式，属于心之主观建构。牟宗三认为，时空由“识心之执”而成，形成之以用于感性。这样他就确定地将时空与主观性、有限心联系在一起。

“识心”有三种形态：知性、想像以及感性所发的感触直觉。那么，形成时空的“识心之执”到底是什么？牟宗三进一步将此心具体到“纯粹的想像”或“超越的想像”。“纯粹的想像无经验的内容，……不过就是时间与空间。纯粹而超

---

① 牟宗三：《现象与物自身》，《牟宗三先生全集》第21卷，第171页。

② 牟宗三：《现象与物自身》，《牟宗三先生全集》第21卷，第19页。

越的想像形式地形构成或涌现地执成一纯粹的影像，即时间与空间。……此像一旦形成，它即是一'形式的有'；而当其用于感性而为感触直觉之形式条件时，它即被名曰'纯粹的形式'。它是'超越的想像心'所形式地形构成或涌现地执成者，故它是'心之主观建构'，因此而亦为'先验的'。"①感触直觉活动时，时空与之俱在，当其直觉外物时，把其所直觉的现象置定于时间空间中，因而现象有时间相与空间相。但是，直觉发于当下，囿于当下，它不是形成时空的原因。时空作为"形式的有"先于感触直觉，而能成为感触直觉的形式条件，并且可以用于感触直觉。能跳出而不囿于当下者是"想像"，故时间空间之超越的根源即是"超越的想像心"。"想像心"构成时空，所以是超越的。感性论之所以为超越的感性论，正因为感触直觉以先验的时空形式为形式条件。

康德只将时空视作感觉上的量度的"纯粹影像"，牟宗三则进而解释此"纯粹影像"的根源在"超越的想像心"。当感触直觉以时空为形式条件去摄取对象时，此对象之量度即为时空这一形式条件所表象。立足于不同面相，时空所呈现也不同："就感触直觉以及此直觉之对象而言，我们就说时间、空间是它们的先验形式；就感觉对象之量度而言，我们就说时空是量度底纯粹影像。"②时空作为影像，由纯粹而超越的想像所构成，这是牟宗三对时空根源性的解释。

想像从一个现象转移到另一个现象，预设不同现象服从同一规律，从而实现不同现象之联结。想像之综合之所以能使现象之重现成为可能，不仅在于想像机能就对象之量度而形成时间与空间，更重要的是，它可对每一范畴而形成一规模(Schema)，以此作为范畴落实之感触条件。牟宗三同意康德的说法：规模依时间而形成，"超越的想像之就时间而形成规模必须是就时间之所表象，以时间这个形式条件为主，而复亦渗透到其所表象者。所谓渗透到其所表象者，目的不在对于其所表象者之特殊内容期有所知，而是意在牵率着其所表象者，就之而先验地或超越地形成一规模"③。以时间为主，表象是时间的先验决定，以一切表象俱不离时间故。若以时间所表象者为主，亦可说每一规模相是时间所表象者之一先验的决定，因而反映于时间上，遂说为时间之一先验决定。

可以看出，由感触直觉执之拘限于当下而跃起而进至于想像，进而由此想

① 牟宗三：《现象与物自身》，《牟宗三先生全集》第21卷，第136—137页。

② 牟宗三：《现象与物自身》，《牟宗三先生全集》第21卷，第139页。

③ 牟宗三：《现象与物自身》，《牟宗三先生全集》第21卷，第148页。

像说明时空之起现以及规模之构成，此乃“想像之执”。时空之起现而用于直觉以为其形式，便成直觉执中现象之时间相与空间相。规模之构成以迎接范畴而使之落实，这便是范畴之感触条件。想像即已执成大略的十二相，并执成时空为一形式的有。再由想像而跃起以至于思，即知性之起现概念。借此概念，它顺时空之决定现象之时相与空相，进一步复经由规模决定现象之普遍的性相，此即“知性之执”。感触直觉之执、想像之执、知性之执三者层层递进，使现象彻底成为“决定的对象”。

五、时间与“存有论”

牟宗三主张“时间”是人的有限心所建构，将“时间”视作“识心”形态之一的“想像心”所执而成者。依照中国文化传统之“人虽有限而可无限”义，他区分了两层存有论：由本体界的存有论（亦曰“无执的存有论”），可见宇宙人生的本来面目；由现象界的存有论（亦曰“执的存有论”），即陷入感性与知性之搅扰或扭曲。所以，重要的是以道德本心的明觉发用即“智的直觉”之逆觉体证破“执”。由此，物自身展露，因“识心之执”所构建的时间亦被化而无之。牟宗三以此为“调适上遂的疏导”。

牟宗三从康德及两层存有论出发，认为海德格尔在西方文化传统中，因为不承认“智的直觉”，无法建立“本体界的存有论”，故只能“把存有论置于时间所笼罩的范围内”，此实为“形上学的误置”。[①] 在他看来，海德格尔所阐释的“时间”并没有最终跳出康德的现象界，他甚至认为“时间”在海德格尔那里只是一个“借用”的概念，“用来表示人在现实存在上表现其真实的人生有发展奋斗的过程”[②]，和“时间”对应的，仍旧是人之存在的有限性。据实而论，牟宗三对海德格尔“时间”误解甚多[③]，但沉沦之人在现象界的时间性和生死相中辗转纠缠，他试图以“智的直觉”、超越的实体、道德理想的力量向上引领，这些努力确有

---

① 参见牟宗三：《智的直觉与中国哲学》序，《牟宗三先生全集》第 20 卷，第 7 页。

② 牟宗三：《智的直觉与中国哲学》，《牟宗三先生全集》第 20 卷，第 455 页。

③ 部分学者对此已有详尽分析。代表性观点可参考倪梁康：《牟宗三与现象学》，《哲学研究》，2002 年第 10 期；赵卫国：《牟宗三对海德格尔基础存在论的误置》，《陕西师范大学学报（哲学社会科学版）》，2010 年第 1 期。

“足以借镜处”。

尽管牟宗三思想归宗于本体界，但这并不意味着现象界时空之主观构建是无意义的。“由时间相，(1)我们可自然想到一多相与广度量相；(2)自然想到实在相与虚无相以及强度量相；(3)自然想到因果相以及力相，主被动相与产生相；自然想到常住相以及常体不变相与自身同一相；自然想到交互相以及共在相以及抵阻相；(4)最后，自然想到态势相以及要是、已是、是已、变化等相。”① 由被决定的现象以及时空相推演下去，便会得到诸多存有论的概念，而“时间相”为尤重要。人类的“识心之执”有其客观的结构，也具有经验的实在性，因此，时空虽主观，但却不是个人的幻觉。由“时间相”而想到种种相，这表明“时间相”乃诸相产生之前提，牟宗三称之为“基体”或“底据”(underlying ground)。由此可知时间在安顿现象界、成就人类知识特别是科学知识中的重要作用。

结语

牟宗三一方面承继康德将时间视为主体感性形式之说，另一方面，以中国哲学，特别是儒家哲学为根柢，进而推演、补缺康德的时间理论。他以人“虽有限而可无限”，一心可呈现为有限的“有执心”与无限的“无执心”，人既有“感触直觉”也有“智的直觉”等理论为前提，将“时间”归于“有限性”，视之为有限之执心——“想像心”之建构，并用时间以表象或决定现象，遂使现象有“时间相”。由此，知识、科学得以奠基，现象界的存有论得以建立。另一方面，欲解除宇宙与人生之僵滞，需要本体界的存有论松动而朗现之。有执，即意味着感性必须以时空为形式，知性必须使用这样的概念。无执，则不以时空形式观之，不以生灭概念想之，物自身系于无执的无限心这个主体。此有价值意味的物自身，就是物之实相。视时间本身是“执有”而不是客观自存的实有，知其为执有之假相，为假法、方便之权说，当人从执心转至无执心，时间就可从根源上被消解。

相较于朱谦之将“情”视为时间的本体，金岳霖将道作为时间之根基，方东

① 牟宗三：《现象与物自身》，《牟宗三先生全集》第21卷，第232页。

美以生命论时间等形上论述，以及胡适以科学理性、进化、经济等形下概念界定时间，牟宗三以“心”论时间的理路，虽与常识有出入，但富有洞见且解析精详。他对作为感性形式的时间之根源、意义、有限性及其超越等方面都展开了讨论，无疑大大拓展了 20 世纪中国哲学思考时间之广度和深度。

Heart and Time: A Clue of Mou Zongsan's Philosophy Construction

Fang Yong

Abstract: Mou Zongsan's thinking on the time problem has always been closely linked to the heart. In the early days, he was fascinated by Kant. In Kant's static spiritual structure, he inherited his time as intuitive form and subjective construction. Later, Mou Zongsan turned to the study of Chinese thought, revived the evolution of the Chinese spirit for thousands of years with Hegel's ideological structure, and understood time as the process and form of spiritual expression. Due to dissatisfaction with Hegel's German priority position, Mou Zongsan finally returned to Kant and completed his moral metaphysics through dialogue, absorption and transcendence of Kant. Under the theory of two-layered ontology, he attributed time to finite heart and thought that time was generated by imagination. Dissociation and understanding of the heart and the definition of time, this is a mystery, but there is no lack of deep insight and transcendent wisdom.

Keywords: time, heart, finite heart, imagination

海德格尔与实践哲学*

王宏健**

[摘　要]　在亚里士多德模式和康德模式之外,海德格尔提出了实践哲学的新范式,可以将其称为实践存在论。实践存在论以生活存在论为基础,以形式显示的诠释学为主导方法,对亚里士多德的实践智慧概念进行了存在论化,但它与亚里士多德模式有根本区别。实践存在论是一种后形而上学的实践哲学,它体现了海德格尔对哲学的重新规定,亦即哲学只有作为"实践哲学"才是可能的。

[关键词]　海德格尔;亚里士多德;实践哲学;实践存在论;形式显示

关于"海德格尔与实践哲学"这个课题,在学界备受关注且争议不断。看起来,我们既可以只谈海德格尔而不谈实践哲学,也可以只谈实践哲学而不谈海德格尔。甚至有人认为,把"海德格尔"与"实践哲学"放在一起,是把两个相互

* 基金项目:国家社科基金青年项目"诠释学视域下的实践智慧思想研究"(19CZX041)。

** 王宏健(1989—　),浙江温岭人,德国弗莱堡大学哲学博士,湖南大学岳麓书院副教授,研究方向为19—20世纪欧陆哲学、实践哲学、诠释学。

矛盾的东西拼凑在一起。[①] 的确,在大众的印象中,海德格尔是反实践哲学的。可以看到,海德格尔将伦理学问题引到存在论问题上,走的是一条前伦理或非伦理的道路。[②] 海德格尔不但拒绝了伦理学这个实践哲学的重要组成部分,而对于实践哲学的其他部分例如政治学,也几乎没有涉及,在这个意义上,很难提出一种海德格尔的实践哲学。

那么,在"海德格尔"与"实践哲学"之间究竟是否存在着汇通的可能性? 在本文中,我们试图指出,对海德格尔与实践哲学之关系的探讨,无论对于更新实践哲学,还是对于更深入地理解海德格尔,都具有重要意义。首先,我们将通过分析实践哲学中的康德模式和亚里士多德模式,指出海德格尔在两种模式之外,提出了一种新的实践哲学范式。其次,我们将海德格尔的这套模式刻画为"实践存在论",并通过它与生活存在论的比照,揭示方法的转换在其中扮演的核心地位。同时,我们也强调这种实践存在论与亚里士多德实践哲学模式的根本区别。最后,我们将重新回到海德格尔对哲学的重新规定上,表明"海德格尔的实践哲学"究竟意味着什么。

一、何种实践哲学?

首先,"海德格尔有没有实践哲学?"是一个海德格尔研究者面对的问题,需要着眼于已有的文本依据,去分析这个问题。对这个问题的回答大概经历了两个阶段。在海德格尔生前,由于大量讲稿、手稿尚未出版,研究者基于当时已经出版的文献,认为海德格尔那里没有实践哲学,甚至他是反实践哲学的。其中最重要的文本依据则是我们之前反复引述过的海德格尔在《人道主义书信》中对建构伦理学之意图的批判。

然而,随着海德格尔去世后他的遗稿的不断出版,特别是他早年在弗莱堡和马堡的讲课稿的出版,研究者又惊讶地发现:在这些讲课中,海德格尔对亚里士多德的实践哲学十分重视。他详尽地解读和采纳了《尼各马可伦理学》第六卷,并且,有学者甚至指出:《存在与时间》可以看作是《尼各马可伦

① Diana Aurenque, *Ethosdenken. Auf der Spur einer ethischen Fragestellung in der Philosophie Martin Heideggers*, Freiburg/München, 2011, p. 13.

② 参见王宏健:《伦理之隐匿——海德格尔的伦理学问题探析》,《道德与文明》,2017 年第 5 期。

理学》的现代转写版。① 同时，随着海德格尔研究的不断展开，海德格尔与伽达默尔、海德格尔与阿伦特之类的研究论题也不断形成，于是，人们更加清楚地看到了一个对实践哲学有着浓厚兴趣和深刻研究的海德格尔。于是，问题就不再是"海德格尔有没有实践哲学"；毋宁说，问题在于，海德格尔式的实践哲学是何种意义上的实践哲学。换句话说，海德格尔对实践哲学的贡献何在。

我们知道，传统的实践哲学有两种模式：亚里士多德模式和康德模式。在亚里士多德的实践哲学中，"实践智慧"(phronesis)具有重要地位，通过这个概念，他所强调的是伦理行动与具体处境(Situation)的密切关系。在此，具体、当下的时机(kairos, Augenblick)十分关键。人应该在不同的时机采取不同的行动，要"随机应变"；而在这个过程中，无法找到一劳永逸的行动原则，相反，既要注重对行动的深思熟虑，又要作出当下的决断。与之相反，康德模式则强调道德准则的普遍适用性，他对绝对命令的表述是："要让意志所遵循的准则永远同时能够成为一条普遍的立法原理。"②也就是说，道德准则不依赖于具体处境，而是具有普遍有效性。可以说，这两种模式构成了实践哲学的两大高峰。

那么，我们能否从海德格尔那里推出实践哲学的第三种模式？此处，我们且着眼于它与传统模式的关联：它既吸收了亚里士多德重视具体事物和具体处境的风格，但又对亚里士多德加以转换，学界称其为对亚里士多德的"存在论化"和"中性化"。③ 而在这个过程中，康德又发挥了重要作用。在海德格尔的"智者课程"中，他对亚里士多德的评价还远高于康德："由亚里士多德清理出来的，并且在实践智慧与智慧的论题下被探讨的东西，正是后来在理论理性和实践理性的论题下被探讨的东西。……没有亚里士多德的引导，其原初的现象土壤是难以识别的。此外，以康德对实践理性和理论理性的划分为线索，去探寻实践智慧与智慧，是行不通的。"④然而，我们注意到，从马堡讲课的后期开始，

---

① F. Volpi, "Sein und Zeit: Homologien zur Nikomachischen Ethik?," *Philosophisches Jahrbuch*. Bd. 96 (1989): 225 - 240.

② 康德：《实践理性批判》，关文运译，北京：商务印书馆，1960 年，第 30 页。

③ F. Volpi, "Sein und Zeit: Homologien zur Nikomachischen Ethik?," pp. 230 - 232.

④ Heidegger, *Platon. Sophistes*, Frankfurt am Main, 1992, pp. 60 - 61.

海德格尔暂时远离了亚里士多德，而将目光投向康德[①]，并且指出康德对“形式”的关注在其实践哲学中具有重要意义。[②] 不过，此处的“形式”不是与具体事物相反的理论意义上的形式，而是作为具体充实的开端的形式。而海德格尔的这些表述，很容易让我们联系到他的形式显示方法。显然，海德格尔是在“形式显示”的意义上理解康德的形式概念，从而重新激活了康德。而形式显示方法所蕴含的“具体的普遍性”也构成了海德格尔立论的基础，有别于亚里士多德过分具体的和康德过分普遍的实践哲学模式，海德格尔提出了一种实践哲学的新模式。

二、实践存在论

对于海德格尔的这种新模式，我们称其为“实践存在论”。首先，它意味着海德格尔对实践概念的形式化和存在论化，亦即着眼于其存在而理解实践，并且在存在论的视域内理解实践哲学。其次，“实践存在论”揭示了实践与存在的共属一体性，存在本身不再是一种现成存在，而是活生生的、动态的、实践性的存在。

前面提到，随着海德格尔早期讲课稿的出版，研究者认识到海德格尔的实践哲学不是空穴来风，而是有文本基础的。事实上，海德格尔的早期讲稿(早期弗莱堡与马堡讲稿共17卷)可以分为两个部分：第一是哲学建构的部分，海德格尔自己给了这一哲学观不同的名称，完整地说是“关于实际生活的现象学诠释学存在论”[③]，可以将其简称为“生活存在论”；第二是哲学史解构的部分，涉及对亚里士多德、康德等哲学家的解读。谈论海德格尔的实践哲学，主要是着眼于后面一个部分的文本，但我们必须同时认识到，这两个部分对于海德格尔

---

① 海德格尔1925—1926年冬季学期的讲课“逻辑：对真理的追问”(讲课稿后作为全集第21卷)可谓是一个分水岭。这门讲课的第一个主体部分涉及亚里士多德，分析了亚里士多德《形而上学》和《解释篇》等文本，而第二个主体部分则涉及康德的图式论。参见 Heidegger, *Logik. Die Frage nach der Wahrheit*, Frankfurt am Main, 1976.

② Heidegger, *Vom Wesen der Menschlichen Freiheit. Einleitung in die Philosophie*, Frankfurt am Main, 1982, p. 279.

③ 海德格尔：《形式显示的现象学：海德格尔早期弗莱堡文选》，孙周兴编译，上海：同济大学出版社，2004年，第90页。

是同时、交叉进行的，也就是说，两者是互相推动和发展的。这意味着，将早期海德格尔的生活存在论与他的实践哲学——实践存在论——联系起来，是有道理的。[①]

如果仔细研究就可以发现，在海德格尔生活存在论与实践存在论之间，有着高度的一致性。首先，简而言之，生活存在论的基本矛盾是日常生活与本真生活的张力。海德格尔认为，现象学研究的起点是日常生活，而终点则是本真生活。现象学就是一条通往本真生活的道路。与此相应，在他的世界分析中，区分了周围世界和自身世界。周围世界是日常的生活世界，它是没有重心的，不同的世界(周围、共同、自身世界)互相缠绕着；而自身世界则是一种特殊的视角，只有着眼于、聚焦于自身世界，也就是反求诸己，才能通达本真的生活。[②]而在海德格尔的实践存在论中，我们可以发现制作(poiesis)与实践(praxis)的对立，这事实上对应于日常生活与本真生活的区分。[③] 制作与实践的第一个区分在于，制作对于生活而言是局部的，而狭义上的实践是关乎生活整体的。其次，制作是一种日常活动，以外在于制作活动的作品为目标；而实践则没有外在目标，亦即它以自身为目标。海德格尔对实际生活中的自身世界和自身性的强调，以及对自身世界在通往本真生活中所扮演的角色的强调，与他对实践本身的强调是一致的。"实践"着眼于自身，强调"为了自身"(Worumwillen)，因此对应于自身世界与本真生活，有别于支配着日常生活世界的"制作"。

其次，在生活存在论与实践存在论中贯穿一致的乃是早期海德格尔的诠释学方法，这一方法在学界被称为形式显示的诠释学。简而言之，这种方法与传统哲学中基于理性反思的理论化方法不同，它将概念性的把握转化为对诠释学

---

① G. Imdahl, *Das Leben Verstehen. Heideggers formal anzeigende Hermeneutik in den frühen Freiburger Vorlesungen (1919 bis 1923)*, Würzburg, 1997, p. 15, p. 231. 学者沃尔皮在他对海德格尔的亚里士多德阐释的分析中指出，海德格尔的主线可以被刻画为理解生活。参见 F. Volpi, "Das ist das Gewissen! Heidegger interpretiert die Phronesis (*Ethica Nicomachea* VI, 5)," in: *Heidegger und die Griechen*, Frankfurt am Main 2007, pp. 168 - 169。学者菲加尔也在海德格尔哲学中看到了实践哲学与实际性诠释学的一致性。参见 G. Figal, *Gegenständlichkeit. Das Hermeneutische und die Philosophie*, Tübingen, 2006, pp. 22 - 26。

② Heidegger, *Grundprobleme der Phänomenologie*, Frankfurt am Main, 1993.

③ 在海德格尔处，实践指的是人生实践整体。当然，广义上的实践既包括制作，也包括这种狭义上的实践，而我们在此则是在狭义上使用"实践"一词。

处境的通达、理解和展开。概念性的把握以通达和把握对象为目的，在这个意义上，哲学概念就是哲学思考的终点；但是海德格尔所提倡的是概念的临时性和动变性，他认为，“一切哲学概念都是形式显示的”①，这意味着，概念不是终点，而是起点，因此，他也用先行把握（Vorgriff）一词来替换概念（Begriff）。在这个意义上我们可以说，海德格尔以一种“起点论”取代了“终点论”。也就是说，形式之物不是作为哲学思考的终点和目的，而是哲学思考的起点，这恰恰是我们所揭示的海德格尔形式显示方法的实质。而这一点也体现在“制作”与“实践”的对立中。制作是以外在的作品为终点，是一种朝向终点的活动；而实践则没有终点，始终是一种在不断塑造、不断形成的展开和实行活动。在这个意义上，两者的对立，根本上是一种方法上的对立。综上所述，无论是在主题上还是在方法上，在生活存在论与实践存在论之间都有着相互对应的关系。

就海德格尔所继承的传统而言，海德格尔的实践存在论比较接近亚里士多德模式，但又与之具有根本的不同。业已指出，学界将海德格尔对亚里士多德模式的改进和转化称为“存在论化”。值得注意的是，存在论化不是理论化，不是如塔米尼奥所说的那样，放弃了实践要素，反而陷入一种柏拉图主义之中。②我们知道，亚里士多德尽管承认了实践智慧的重要性，但他在“智慧”和“实践智慧”的优先性问题中选择了智慧，认为智慧可以统摄一切。与此相反，海德格尔选择的则是“实践智慧”；恰恰因为海德格尔选择了实践智慧，所以他需要改造实践智慧概念，让它可以承担起作为哲学之基础的责任。在亚里士多德那里，实践智慧关乎具体处境，但却缺乏某种普遍性。而海德格尔则认为，实践智慧是一种关乎生活整体的实践性、历史性的观看，他用“沉思”（Besinnung）③来翻译这个词，后者指的是某种前理论、前反思之思。④ 海德格尔的改造所面临的

① Heidegger, *Die Grundbegriffe der Metaphysik. Welt-Endlichkeit-Einsamkeit*, Frankfurt am Main, 1983, p. 425.

② J. Taminiaux, “Heidegger and Praxis,” *The Heidegger Case: On Philosophy and Politics*, Philadelphia, 1992, p. 196.

③ 在《科学与沉思》中，海德格尔指出：“选取一个路向、选取一个实事已经自发地取得的路向，在德语中叫做sinnan、sinnen。参与对意义的探讨，这是沉思的本质。沉思意味着比对某物的单纯意识更多的东西。”海德格尔：《演讲与论文集》，孙周兴译，北京：生活·读书·新知三联书店，2005年，第64页。

④ J. Backmann, “Für das Wohnen denken. Heidegger, Arendt und die praktische Besinnung,” *Heidegger und Aristoteles*, Freiburg/München, 2007, p. 220.

核心难题乃是，如何从关于具体的实践智慧之中推出某种普遍性，或者说，如何让具体和普遍要素得以兼容。

在此，起决定作用的是恰恰是海德格尔所发明的形式显示方法。可以看到，形式显示所带来的视角转换和方法论革命，其实质是从“终点论”到“起点论”，或者说从普遍化到具体化的方法。以传统哲学的普遍化方法来看，普遍和具体要素是分离的。普遍要素尽管产生于具体事物，却脱离了具体事物而获得独立性，反过来，人们又以普遍要素强暴具体事物，而这就是形而上学的根本问题。反之，海德格尔提倡具体化的哲学方法，形式要素、普遍要素不是普遍化的终点，而是具体化的起点，这意味着，普遍要素本身也是临时的、可发展的。普遍和具体要素之间构成了某种诠释学循环，并以这种方式重新融合在一起。在亚里士多德那里，实践智慧作为一种理智德性与 ethos(伦理)具有统一性；而在海德格尔的解读中，他一直回避作为具体德性的 ethos，而强调实践智慧的形式意义。把实践智慧理解为某种形式开端和形式起点，使得实践智慧概念既具有某种普遍意义，但是，这种普遍性——从形式显示和具体化方法的视角看——不是和具体处境相矛盾的抽象的普遍性，相反，它能够和具体处境相融合，从而体现为某种具体的普遍性。在这个基础上，海德格尔开启了一种实践存在论，堪称实践哲学的第三种范式。

而这一范式的继承者诸如伽达默尔、阿伦特，以各自的方式丰富了这一实践哲学的开端。尽管伽达默尔对海德格尔有所批判，但他仍旧处身于海德格尔所揭示的问题域之内。[①] 我们知道，后期伽达默尔曾经提出“作为实践哲学的诠释学”[②]，这个表述意味着，他也认识到了，对于建立一种实践哲学的任务而言，方法是决定性的，而诠释学方法恰恰承担了这样的使命。当然，更准确地说，诠释学不只是方法论，而关乎存在论，关乎哲学本身。在此，伽达默尔显然支持海德格尔对诠释学发动的存在论转向，并强调诠释学的普遍要求。在这个意义上，海德格尔实践存在论的整体构思为后来伽达默尔对实践哲学的复兴提供了基础。

---

① 参见王宏健：《实践哲学的两种面向——试论伽达默尔对海德格尔的批判与发展》，《中国诠释学》第 16 辑，第 125—136 页。

② H. G. Gadamer, "Hermeneutik als Praktische Philosophie," *Rehabilitierung der praktischen Philosophie*. Bd. 1, Freiburg, 1972, p. 343.

学界通常将伽达默尔在海德格尔影响之下所建构的实践哲学视为新亚里士多德主义的复兴之代表，这意味着，海德格尔所开创的这一模式被认为是亚里士多德模式之下的一个子模式。然而，基于上文对海德格尔与亚里士多德之差异的论述，笔者认为，海德格尔所开创的模式乃是一种新的实践哲学范式。那么，这种新的范式究竟“新”在何处？要理解这一点，则需回到海德格尔对哲学本身的重新思考。

三、后形而上学的实践哲学

当我们谈论“海德格尔的实践哲学”时，我们试图寻求的首先是实践哲学的海德格尔模式，可以说是一种有别于亚里士多德和康德的全新模式，或者说，我们如何在海德格尔的基础上重建实践哲学。而当我们谈论“海德格尔与实践哲学”时，这里的“与”可以理解为“作为”，也就是说，我们试图将海德格尔哲学理解为“实践哲学”或者“前理论哲学”，这体现了海德格尔对哲学的重新规定——哲学只有作为“实践哲学”才是可能的。[①]

海德格尔对哲学的重新规定，涉及海德格尔对整个现代性和现代文明及其所源出的哲学传统的宏观思考。我们知道，在 1930 年代，海德格尔通过对尼采的解读，将形而上学称为价值形而上学，同时将现代性的根本问题揭露为虚无主义，亦即最高价值的自行罢黜。[②] 在海德格尔看来，形而上学并没有能够成功地克服虚无主义，其原因在于，形而上学围绕着价值，而却遗忘了存在本身。而海德格尔的根本路线就是从价值回到存在。值得指出的是，对价值的反对倒并不意味着，一切被标志为价值的东西，都是无价值的；毋宁说，恰恰是因为这些东西被贴上了“价值”的标签，才真正丧失了价值。[③] 在这个论证逻辑里，海德格尔区分了“价值”和“价值的位置”。[④] 他的批判并不仅仅、也非主要针对“价

① 张汝伦提出了这一问题的两种表述。在 2005 年的论文中，他所使用的标题是《海德格尔与实践哲学》，而在 2013 年的论文中，他则直接使用了“海德格尔的实践哲学”这一表述。参见张汝伦：《海德格尔与实践哲学》，《哲学动态》，2005 年第 2 期，第 3—7 页；张汝伦：《海德格尔的实践哲学》，《哲学研究》，2013 年第 4 期，第 60—67 页。

② 海德格尔：《尼采（第二卷）》，孙周兴译，北京：商务印书馆，2008 年，第 683 页。

③ 海德格尔：《路标》，孙周兴译，北京：商务印书馆，2000 年，第 411 页。

④ 海德格尔：《尼采（第二卷）》，第 673 页。

值”,而是针对价值这一位置,或者说价值之为价值。因此,要想彻底克服虚无主义,就必须取缔“价值的位置”,从而防御形而上学的死灰复燃。

由此可见,当我们谈论海德格尔的“实践哲学”或实践存在论时,我们绝不是说他要回到价值哲学或价值形而上学中去,毋宁说,他恰恰要以此彻底颠覆后者,因为价值哲学代表着一种“理论化了的”实践哲学方向。柏拉图把最高理念规定为善本身,在海德格尔看来这就是一种价值化和理论化。而海德格尔在其对柏拉图的洞穴比喻的解读中,试图再现“走出洞穴”的过程,从而揭示出作为解蔽的 aletheia 的积极意义。[①] 因而,从价值到存在的根本在于,从理论到“前理论”,从某种固定的最高价值回溯到活生生的生命实践之上,从僵死的真理回溯到揭示真的过程,亦即解蔽过程之上,而这恰恰是海德格尔哲学一以贯之的根本使命。在这个意义上,海德格尔给哲学带来了全新的视野,亦即一种后形而上学的视野。

而对于亚里士多德,海德格尔的评价是:他虽然是以柏拉图主义为特征的形而上学传统的一个另类,但是,他仍然还是处身于由柏拉图所确立的形而上学框架之内。[②] 更准确地讲,亚里士多德的确构成了柏拉图的“本质形而上学”的一个对立面,但他却仍落入了“实存形而上学”之中,后者依然是一种形而上学。而由于实践哲学与其背后的形而上学基础密不可分,因此,亚里士多德的实践哲学模式在海德格尔看来依然不够源初。海德格尔的确借鉴了亚里士多德,且对后者有极高的评价,但海德格尔决不会承认,他是一个亚里士多德主义者。基于此,我们也必须承认,海德格尔在对实践哲学的范式革新中确实是一个有别于亚里士多德的开创性角色,他的“实践存在论”乃是一种“后形而上学”的实践哲学。

可以看到,海德格尔对“理论哲学”的解构,也体现在他对亚里士多德的《形而上学》开首部分的解读之上。亚里士多德的这个文本讲的是哲学的起源,或者说智慧、理论的起源。这一序列共有五个阶段,分别是感觉、经验、技艺、知识和智慧。每一个后面的阶段,较之前面的阶段,都是一种“更多”,并且是“在(理论)智慧上更多”。对于一个普通人而言,他也许不能直接讲出智慧的定义,但

---

① 海德格尔:《路标》,第 269 页。

② 海德格尔:《尼采(第二卷)》,第 860—861 页。

是,他知道,谁“更有智慧”:这是一种日常的比较性的视角。通往智慧的道路是一个上升的过程,其顶点就是纯粹的智慧。海德格尔把智慧翻译成“本真的理解”,所谓本真的,也就是在智慧上“最多的”。那么,这个上升过程到底是如何的呢?海德格尔指出了其中的两个特点。第一,形式、普遍要素、“什么-存在”(Was-sein),逐步凸显出来。经验比素朴的感觉更为普遍,而掌握了技艺,就是知道了原因,因而更为普遍。第二,与周围世界的日常的交道逐步被排除。这一序列的顶端,亦即智慧,完全脱离了日常活动,而成为纯粹的观审。然而,纯粹观审的对象,也就是纯粹的形式,却脱离了它自身的基础和根源,也就是生活本身。理论,在这个意义上,被刻画成脱弃生活(ent-leben)。[①]值得指出的是,亚里士多德对纯粹理论的确立,决定了西方哲学史上此后的一切形而上学与存在论。自此,存在成为了现成存在(Vorhandensein)和在场存在(Anwesensein)。可以说,海德格尔的这个解读,针对的不仅仅是亚里士多德的这个文本,更是对整个西方形而上学历史的隐喻。正是在这个意义上,海德格尔试图通过对亚里士多德的批判而建构一种后形而上学的“实践哲学”。

最后,我们试图回到文初所提出的问题:海德格尔究竟有没有实践哲学?要想回答这个问题,我们必须区分两种意义上的“实践哲学”。如果我们在与理论哲学相对的意义上理解实践哲学,那么,可以说,海德格尔的实践存在论还不是一种“实践哲学”。如果我们在前理论的意义上理解实践哲学,将“实践哲学”理解为对哲学的本性之揭示,那么,我们的确可以谈论“海德格尔的实践哲学”,亦即一种前理论的、源始的实践哲学。海德格尔的思想的确是开创性的,因为他以“实践哲学”(第二种含义)揭示了哲学的本性,重新规定了哲学;但我们也必须承认,他没有能够建构,乃至反对建构一种“实践哲学”(第一种含义),这也包括他在伦理学上的沉默和隐身。

在《人道主义书信》中,海德格尔别出心裁地援引了赫拉克利特的一个故事。人们围观赫拉克利特,想发现哲学家生活的与众不同之处,却失望地发现,赫拉克利特和普通人一样,在家里围炉烤火。然而,赫拉克利特却对失望的众人说:此处也有神在。一方面,海德格尔认为,赫拉克利特的这句话显明了“另

---

① 海德格尔:《形式显示的现象学:海德格尔早期弗莱堡文选》,第 114—117 页。

一道光亮"，以此视角来看，真理和价值并不在别处，而恰恰是源于我们所亲熟的日常生活，源于生活实践本身。[①] 然而，海德格尔又指出，这里的真理乃是出自存在之真理，"从存在而来并且向着存在而去规定人之本质居留"[②]。可以看到，在这个故事中其实包含了两个要点：转向极端具体的日常生活和转向极端普遍的存在本身。看起来，这两个要点是相互矛盾的。然而，海德格尔想要揭示的恰恰是：把两者——具体生活和存在意义——对立起来的做法，本身就是一种庸常的视角；而在"另一道光亮"之下，人们发现了日常生活中的不寻常之处，立足于日常并超越日常，进而人们看到，日常生活和存在意义、具体要素和普遍要素本身就是相互融合的。当我们把"具体"和"普遍"对立起来，无论是片面朝向具体事物，还是片面强调普遍要素，都已经落入了柏拉图主义"两个世界理论"的圈套之中，而其结果不是"价值形而上学"，就是"价值虚无主义"。与之相反，海德格尔在这里回溯到赫拉克利特所试图揭示的东西，恰恰是一种前理论的源初经验、一种具体的普遍性。在这个意义上，海德格尔的实践存在论，尽管它以"存在"为基本词语和主要导向，但它绝不是某种只关注超越的存在，而不关心具体的生活世界的哲学；毋宁说，它旨在打破哲学的理论化和普遍化倾向，将普遍之物回溯到具体生活，在这个意义上，它所关心的存在乃是一种"具体的存在"，因而哲学只有作为"实践哲学"才是可能的。

Heidegger and Practical Philosophy

Wang Hongjian

Abstract: In addition to the Aristotelian and Kantian models, Heidegger proposes a new paradigm of practical philosophy, which can be called the ontology of practice. It is based on the ontology of life, with the hermeneutic of formal indication as the dominant approach; the ontology of practice is an ontologicization of Aristotle's concept of practical wisdom, but it differs fundamentally from the Aristotelian model. It is a post-

① 海德格尔：《路标》，第 419 页。

② 海德格尔：《路标》，第 421 页。

metaphysical practical philosophy that embodies Heidegger's re-determination of philosophy, that is, philosophy is only possible as "practical philosophy".
Keywords: Heidegger, Aristotle, practical philosophy, ontology of practice, formal indication

人工智能的哲学问题

吴万伟*

[摘　要]　最近一两年,人工智能似乎成为中外学术界和普通大众都津津乐道和热烈讨论的新潮流。人工智能究竟是什么?人们在谈到这个话题时为何往往按捺不住兴奋激动之情,同时又感到忧心忡忡?人工智能涉及哪些哲学问题?中国的人工智能前景如何?本文根据最近报刊上发表的文章和作者翻译的若干文章,对这些问题做初步的分析,希望对国内学界有些启发。

[关键词]　人工智能;认知能力;意识;伦理;死亡;进步;创造性

一、人工智能风头强劲

人们近期对人工智能的热情大幅增加。风险投资家对人工智能的投资已

* 吴万伟(1967—　),男,河南洛阳人,文学硕士,现为武汉科技大学外语学院教授、翻译研究所所长,主要从事政治哲学等学术著作的翻译。

经从 2013 年资助 291 家创业公司增加到现在的 1 028 家人工智能创业公司。在瑞士达沃斯世界经济论坛年会上，2018 年的议程中有 11 个分论坛涉及人工智能问题。《财富》杂志 2018 年在广州召开的全球技术论坛也是由人工智能的讨论占主导地位。人工智能不仅仅是一种时尚潮流，而且代表了一种做生意的新方式。①

麻省理工学院在 2018 年 10 月 15 日宣布了投资 10 亿美元的人工智能工程。用六亿五千万美元资助和招聘 50 名员工成立新学院，打破学科边界，专门研究人工智能。除了人工智能的应用性进步外，该学院将支持研究应对两大挑战的办法：如何处理人工智能对所要改造的社会带来的伦理和哲学含义，以及如何打破学术界内部的学科孤立的制度樊篱。② 不久，加州大学伯克利分校于 2018 年 11 月宣布成立数据科学和信息部，与其他学院平级，并在全世界招聘该部主任，主任具副教务长头衔。这是该校过去几十年来最大的机构改革，帮助确立其作为国家一流数据科学研究和培训中心的地位。③

我国显然也意识到了人工智能的重要作用，政府正采取积极行动，改善中国人才库的规模和质量。教育部 2018 年 4 月启动的高校人工智能创新行动计划就包括：为特定行业的人工智能应用创建“50 个世界一流的本科和研究生教材”，将创建“50 个国家级高质量在线开放课程”，将建立“50 个人工智能系，研究机构或跨学科研究中心”。教育部还计划推出一项新的五年人工智能人才培训计划，以培养 500 多名人工智能教师和 5000 名顶尖中国大学的优秀学生。④

① A. Lashinsky, “Artificial Intelligence: Separating the Hype from Reality,” *Fortune*. (2019 - 01 - 22) [2019 - 02 - 08] http://fortune.com/2019/01/22/artificial-intelligence-ai-reality/

② L. Gardner, “MIT Plans $1 - Billion Project to Develop Artificial Intelligence — and to Tackle Challenges the Technology Will Create,” *The Chronicle of Higher Education*. (2018 - 10 - 15)[2019 - 01 - 16] https://www.chronicle.com/article/MIT-Plans-1-Billion-Project/244806

③ A. C. Kafka, “With Student Interest Soaring, Berkeley Creates New Data-Sciences Division,” *The Chronicle of Higher Education*. (2018 - 11 - 01)[2019 - 01 - 16] https://www.chronicle.com/article/With-Student-Interest-Soaring/244986

④ 格雷·艾伦：《中国的人工智能战略》，《爱思想》。(2019 - 02 - 12)[2019 - 02 - 13] http://www.aisixiang.com/data/115051.html

二、人们对人工智能正反两方面的看法

(一) 人工智能简介

那么,人工智能的魅力究竟何在?人工智能(Artificial Intelligence)被定义为机器从事与人有关的认知功能的能力,如认识、推理、学习、与环境互动、解决问题甚至发挥创造性等。人工智能的技能涉及机器人和自动化技术、计算机视觉、语言、虚拟代理人和机器学习等。算法的进步加上数据增生,以及计算能力和存储能力的大幅度提高,促成人工智能从夸张宣传变成现实。①

著有《在人工智能时代生存:机遇与风险》的英国作家卡鲁姆·查斯(Calum Chace)认为,人工智能对人类是个威胁,但也可能带来巨大的潜在利益。我们以他近期推荐的五本新书的简要介绍,可以了解该领域关心的主要话题。第一本书是雷·库兹维尔(Ray Kurzweil)的《奇点接近》,该书认为 2029 年将出现通用人工智能(AGI),机器将取得技术突破,变得和人一样聪明甚至更聪明。不过,他觉得库兹维尔过于乐观了。第二本是尼克·波斯特罗姆(Nick Bostrom)的《超级智能:道路、危险和战略》,专业性很强,作者的资历令人信服,最糟糕的风险是我们忽视风险的存在。第三本书是马丁·福德(Martin Ford)的《机器人崛起》,谈论经济问题,忧惧造成大规模失业。如何应对不平等问题?特权阶层将不仅拥有经济优势,而且有认知和身体优势,成为比他人更聪明、更敏捷、更长寿的物种,人类将分为两种:神和废物。剩余两本有关人工智能的书是麻省理工学院教授埃里克·布莱恩约弗森(Erik Brynjolfsson)和安德鲁·麦克菲(Andrew McAfee)的《第二个机器时代》以及澳大利亚科幻小说家格雷戈·埃根(Greg Egan)的《序列城市》。② 如果谈到人工智能的理论基础,中国科学技术大学计算机学院陈小平的介绍通俗易懂。他认为人工智能涉及三层空间:现实层、数据层和知识层。底层是现实层,是人类的复杂、含糊和具象的现实世界。中间层是数据层,是从现实层获得的抽象

---

① M. Chui, et al., "An Executive's Guide to AI." [2019 - 01 - 16] https://www.mckinsey.com/business-functions/mckinsey-analytics/our-insights/an-executives-guide-to-ai

② S. Roell, "The Best Books on Artificial Intelligencerecommended by Calum Chace." [2019 - 01 - 17] https://fivebooks.com/best-books/artificial-intelligence/

的、格式化的数据。在现实层和数据层上，经过人工建模或机器学习得到结构化的、包含语义的知识。在知识层上，人工智能研究自然语言处理、推理、规划、决策等。人工智能经典思维在数据层和知识层取得了巨大进展。但是，智能机器人和现实层人工智能必须能够有效应对环境的不确定性，这是当前人工智能研究面临的主要科学挑战。

由于对象、属性和关联的不确定性，陈小平认为全能型人工智能是内涵矛盾的概念，其研究目标是基于中国讲究灵活性、灵巧性和灵敏性的传统思维，尝试发展一种“基于容差性的机器人灵巧性技术”①。

脸书人工智能研究院院长和纽约大学数据研究中心主任杨立昆（Yann LeCun）强调说，创造人类水平的人工智能即便不是没有希望的，至少是非常困难的，在可见的将来，超级机器人似乎很渺茫。蒙特利尔大学机器学习实验室主任（Yoshua Bengio）认为人工智能的最紧迫威胁不在人工也不在智能，而是应对品牌推广挑战而非技术挑战，教育民众区分科幻和现实。②

人工智能主要有四大应用领域：视觉处理、语音识别、自然语言处理和智能机器人。智能机器人领域主要与自动化、控制和技术学科相关，视觉处理更多与电子通信学科相关，而语音识别、自然语言处理则涉及计算机科学和语言学知识。在语音识别和自然语言处理的应用之中，语料库作为必不可少的技术支撑，需经由语言学的知识建立。为了对人工智能在政治、经济、心理、教育等领域产生的问题进行回应，应该创建包括智能政治学、智能社会学、智能法学、智能经济学、智能教育学、智能心理学和智能语言学等在内的智能社会科学，为未来全球范围内的人工智能发展、社会问题的解决提供中国智慧和中国方案。③

人工智能不是先锋概念，而是企业需要准备接受的技术现实。早期采用者占领先机，机器人自动化系统取代数据输入等重复性劳动，自然语言处理被用

---

① 陈小平：《人工智能的历史进步、目标定位和思维演化》，《爱思想》。［2018－11－15］http://www.aisixiang.com/data/113425.html

② E.S. March, “Why Artificial Intelligence Will Not Obliterate Humanity.”(2015－03－20)［2019－01－08］https://www.popsci.com/why-artificial-intelligence-will-not-obliterate-humanity

③ 高奇琦：《人工智能的学科化：从智能科学到智能社会科学》，《爱思想》。［2018－10－26］http://www.aisixiang.com/data/113036-2.html

来产生人类话语的意义,机器学习处理分析数据并据此行动。目前的挑战在于实施的高成本、与现有体系的融合、专业知识的缺乏等。[①]

(二)积极和正面的看法

说到人工智能,不能不提及要改变世界并塑造我们生活方式的硅谷数字巨头新精英群体。其中四个代表人物分别是:1)预言家库兹维尔,提到奇点概念和宣称2029年电脑能够做人能做的任何事,而且做得更好。2)工程师塞巴斯蒂安·特伦(Sebastian Thrun),他是幕课平台(Udacity)的总裁和斯坦福人工智能实验室主任,制造了无人驾驶汽车,他认为技术进步迫使社会接受终身学习的概念和面向所有人的教育,希望他的教育公司(Udacity)每天毕业一千人。3)意识形态理论家彼得·塞尔(Peter Thiel),他是在线支付工具Paypal创始人,硅谷最有影响力的风险投资家,几年前曾设立基金会,每年资助20岁以下的学生20名(每人10万美元)辍学办公司,他相信大学教育体制阻碍人的进步。4)征服者乔·格比亚(Joe Gebbia),爱彼迎(Airbnb)创始人,希望征服世界同时让它变得更好。[②]

几十年前曾经撰写过《自私的基因》的理查德·道金斯(Richard Dawkins)也是人工智能的支持者,他的革命性进化论为人工生命研究者带来灵感。他认为所有生命在本质上都是数字信息转移的过程。自私的基因这个隐喻不仅创造了解释人和动物行为的重要背景,而且创造了让分子生物学家考察基因有机互动的框架。道金斯认为电脑不仅是计算工具而且是进化媒介。在他看来,进化单位不是基因或者模因,而是复制因子(replicator),任何有机体都倾向于继承基因,并竭力创造精心设计的机器,即与上一代一样的身体。[③] 道金斯说,人工智能或许会比人更好地管理社会。[④]

---

① MIT Technology Review Insights, "The State of Artificial Intelligence," *Technology Review*. (2019-01-08)[2019-02-08] https://www.technologyreview.com/s/612663/the-state-of-artificial-intelligence/

② T. Schulz, "How Silicon Valley Shapes Our Future," *The Spiegel*. (2015-03-04)[2019-01-08] http://www.spiegel.de/international/germany/spiegel-cover-story-how-silicon-valley-shapes-our-future-a-1021557.html

③ M. Schrage, "Revolutionary Evolutionist," *Wired*. (1995-07-01)[2019-01-27] https://www.wired.com/1995/07/dawkins/

④ R. Dawkins, "A. I. Might Run the World Better Than Humans Do." [2019-01-27] http://www.promsagency.com/index.php/Site/details/48

人工智能将改变世界，但研究者试图明白何时和如何改变世界。第二届人工智能年度索引报告显示，硅谷领袖将其视为做生意的机会，参与人工智能研究的军备竞赛会带来巨额回报。麦肯锡全球研究所 2018 年 11 月的报告发现，到 2030 年，全世界 8 亿个工作将败给自动化产业，只有 6%的工作面临彻底自动化的风险。从只有人做的工作转变为机器协助的工作，这一转变过程如何发展将决定是全面的危机还是历史性的范式转移。自动化不会消灭所有工作，但会让工作的性质变得复杂起来。① 奥巴马政府发表的《为未来的人工智能做准备》报告谈到，智能汽车、智能大楼、智能教育、智能医药、智能政府将带来潜在好处和值得认真对待的风险和挑战。同时还有仿人机器人从事陪伴和看护、作为性伙伴等也是许多研究者探讨的可能性。②

（三）消极和负面的看法

技术总是令人感到恐惧，这是因为它是变革的催化剂。麻省理工学院媒体实验室副教授伊亚德·拉万(Iyad Rahwan)说："从前，早期医疗科学产生了弗兰根斯坦，工业革命产生了害怕机器抢了他们工作的路德分子。今天，人们在担忧人工智能不仅会抢了工作岗位，而且担忧机器人会毁灭人类。"③人工智能不仅剥夺蓝领工人的工作，而且威胁到中低层都市白领的工作。与 1990 年代互联网兴起之时吸收大量的程序员、技术人员和内容生产者不同，拥有深度学习能力的人工智能有可能取代编辑、记者、银行职员、医生、教师、投资分析师等脑力劳动者。不仅如此，人工智能的时代，随着云计算和大数据的研发，机器处理数据的效率大大增加。这种对个人数据的分析和处理，将影响、支配每个人的生活。④

人类依赖人工智能来发现的知识越多，我们就越丧失自己的认知能力，大脑会退化。人工智能在本质上就是在我们执行功能的过程中制造心理缺陷。

---

① N. Statt, "The AI Boom is Happening all over the World, and It's Accelerating Quickly," *The Verge*. (2018 - 12 - 12) [2019 - 01 - 16] https://www. theverge. com/2018/12/12/18136929/artificial-intelligence-ai-index-report-2018-machine-learning-global-progress-research

② C. T. Ribin, "Mind Games," *The New Atlantis*, No. 51 (Winter, 2017). [2019 - 01 - 16] https://www. thenewatlantis. com/publications/mind-games

③ N. Dreid, "Can an MIT Computer Learn to Scare You?," *The Chronicle of Higher Education*. (2016 - 10 - 30) [2019 - 01 - 17] https://www. chronicle. com/article/Can-an-MIT-Computer-Learn-to/238237

④ 张慧瑜：《人工智能的忧思与可能性》，《南风窗》，2018 年第 2 期。

如果不受限制地持续下去，我们将过分依赖人工智能以辨认出能改善生活的新东西，最终落到离开人工智能就活不下去的地步。[①]

美国国家科学基金会前项目主任保罗·沃布斯(Paul Werbos)不大相信几十年之内，机器将“不仅能走路、开车、飞行、打架，还能写书、作曲、拍电影、设定新目标”。机器人可能有意识，可能看起来像人，但若他们会注意到我们受苦，会为我们感到难过，因而倒会杀了我们，这是一种利他主义的毁灭。[②] 人工智能是一种处理方式，人工智能算法只能将信息简化为数据集，而不是增加。数据集是让人工智能工作的信息源。要增加信息，我们就必须增加数据。假设我们可以接触无限的数据，增加数据集的规模的边界是我们处理数据的速度。如果达到一个峰值，数据处理的改善停止不前，或者对改善的投资回报已经下降，就不值得再继续研究下去了。[③]

凯文·凯利(Kevin Kelly)也认为超人人工智能是个神话。他说，霍金、马斯克、盖茨等人所说的超级人工智能即将实现，是基于如下五个没有证据支持的假设：1)人工智能已经比我们聪明，而且以指数级的速度快速发展；2)我们将让人工智能拥有通用智能机器；3)我们用芯片制造人类智能；4)智能可以无限扩张；5)一旦制造出超级智能机器人，它能解决我们的大部分问题。但实际上，1)智能不是单一维度的，比人聪明的说法没有任何意义；2)人没有像瑞士军刀那样具通用目的的心灵，人工智能也不会；3)采用其他媒介模仿人类思维代价高昂，思维方式与人不同是人工智能的主要资产；4)智能维度不是无限的；5)智能只是进步的一个因素，思维只是科学的一部分。[④]

不仅有人对人工智能的技术前景表示怀疑，甚至觉得人工智能热潮本身就是个骗局。人工智能是现在用得最广泛、定义最松散和最容易误解的术语。

---

① Dr. J.，“The Last Iceberg：How Artificial Intelligence is Unlocking Humanities Deep Frozen Secrets.”(2018－03－03)[2019－02－08] https://datascientistinsights.com/2018/03/03/the-last-iceberg-how-artificial-intelligence-is-unlocking-humanities-deep-frozen-secrets/

② T. Bartlett，“Has Consciousness Lost Its Mind?，” *The Chronicle of Higher Education*. (2018－06－06)[2019－01－17] https://www.chronicle.com/article/Is-This-the-World-s-Most/243599

③ E. Holloway，“Will Artificial Intelligence Design Artificial Super-Intelligence?” (2019－01－04)[2019－02－08] https://mindmatters.ai/2019/01/will-artificial-intelligence-design-artificial-super-intelligence/

④ K. Kelly，“The Myth of a Superhuman AI，” *Wired*. (2017－04－25)[2019－01－27] https://www.wired.com/2017/04/the-myth-of-a-superhuman-ai/

2018 年前 8 个月英国六家主流媒体发表的 760 篇文章中，媒体对人工智能的报道主要聚焦企业本身，60%的文章集中在新产品或者发布会之类，三分之一来自企业，12%明确提到大富豪马斯克(Elon Musk)。[①]

剑桥大学智能未来研究中心执行主任斯蒂芬·卡弗(Stephen Cave)指出，作家卡夫卡(Franz Kafka)在其 1915 的小说《审判》中想象了这样一个复杂和不透明的系统：人被分为胜利者和失败者，但使用标准并不清楚。被评判者不知道收集了什么数据，也不知道与什么数据进行了比对，没有人愿意为系统的决定承担责任，人人都声称只负责分管的那部分功能。主人公约瑟夫·K 无缘无故被逮捕，最后像一条狗一样被处死。快进 100 年，人工智能被批评家描述为类似的东西：模糊不清，无须承担责任。其历史很长，与国家和企业权力有千丝万缕的联系，主要服务于政府、军方和大企业的利益。“人工智能”中的智能不是人类个体智能而是官僚制度的系统性智能。它的确有技术可以带来更好的医疗服务或更具针对性的在线学习，但可能存在使不公平长期化、体现从前的偏见等问题。[②] 哈佛商学院教授肖珊娜·佐伯芙(Shoshana Zuboff)在新书《监控资本主义》中指出令人担忧的现象：将一切数字化给予技术公司无限的社会权力。其理论核心是“行为过剩”(behavioral surplus)概念，技术公司借改善服务来收集数据，用更多数据卖广告，再预测甚至影响用户行为并创造“监控资本”。谷歌创造和完善监控资本主义的方式与一个世纪前通用汽车公司的管理资本主义一样，但又不仅仅是扩大监控范围，而是形成新经济秩序、市场形式和积累逻辑。“管理资本主义”将身体自动化，监控资本主义将心灵自动化。消费者在追求自我实现的过程中被消费心理劫持。[③]

英国哲学家朱利安·巴格尼尼(Julian Baggini)说，科学对世界的去神秘化是一把双刃剑，在带来好处的同时也带来风险，用道金斯的话说，把人变成“生

---

① J. Naughton, “Don't Believe the Hype: The Media are Unwittingly Selling Us an AI Fantasy,” *The Guardian*. (2019-01-13)[2019-01-27] https://www.theguardian.com/commentisfree/2019/jan/13/dont-believe-the-hype-media-are-selling-us-an-ai-fantasy

② S. Cave, “To Save Us from a Kafkaesque Future, We must Democratise AI,” *The Guardian*. (2019-01-04)[2019-01-27] https://www.theguardian.com/commentisfree/2019/jan/04/future-democratise-ai-artificial-intelligence-power

③ E. Morozov, “Capitalism's New Clothes,” *The Baffler*. (2019-02-04)[2019-02-08] https://thebaffler.com/latest/capitalisms-new-clothes-morozov

物学机器人”[①]。小说家戴夫·艾格斯(Dave Eggers)认为世界将变成数字监狱,人们心甘情愿地进入专制世界,实现了梦想,却丧失了自由。[②]

总之,人工智能本身并不是恶魔,重要的是我们如何防范风险,开发者在对象中积极嵌入保护性措施以免其被恶意使用。现在下结论哪一方正确还为时尚早。[③]

三、人工智能的哲学问题

读者或许已经注意到,在上文介绍人工智能尤其是谈到对人工智能的评价时,不仅涉及技术问题,更与哲学问题密切相关。本节简要论述人工智能涉及的哲学问题,如死亡、伦理、意识、进步、创造性等。

在英国皇家学会副会长阿利斯泰尔·麦克法兰(Alistair MacFarlane)看来,人工智能这个词让人误入歧途,似乎赋予机器能动性,更好的说法应该是“人工知识”(Artificial Knowledge)。创造机器智能是巨大的挑战,因为智能在本质上指的是使用已经学到的东西对付崭新的意外。他认为我们需要区分三大概念:信息、知识和智慧。它们分别反映了我们与现在、过去和将来的关系。信息告诉我们世界现在如何;知识告诉我们基于积累的过去经验应该做什么;智慧则指导预测和建议,告诉我们在新环境下应该怎么做。信息是可分享的有用模式,知识是可验证的真信念,只有明确的以语言为基础的知识能够轻易靠书本或机器传播,但很多知识是心照不宣的。智慧不是信息,而是对付难以预测的场景的能力。人与机器的潜能差异包括技能差距、知识差距、人格差距。人与机器之间的技能和知识差距在逐渐扩大,机器赢得人这种程度的智能、共情和情感潜能恐怕还很遥远。我们的终极挑战不是进一步开发更先进的技术,而是学会如何以一种新的社会形式与机器共处。科学家、技术人员可能发现挑

---

① J. Baggini, “I Am, Therefore I Think: Daniel Dennett's Hard Problem,” *Prospect Magazine*. (2017-04)[2019-01-27] http://www.prospectmagazine.co.uk/magazine/i-am-therefore-i-think-daniel-dennetts-hard-problem

② T. Schulz, “How Silicon Valley Shapes Our Future.”(2015-03-04)[2019-01-08] http://www.spiegel.de/international/germany/spiegel-cover-story-how-silicon-valley-shapes-our-future-a-1021557.html

③ A. Daley, “The Real Threats of Artificial Intelligence,” *The American Consumer*. (2018-03-27)[2019-01-17] http://www.theamericanconsumer.org/2018/03/the-real-threats-of-artificial-intelligence/

战令人兴奋,但后续的政治、社会和经济困难可能让其余人举步维艰。[①]

(一)人工智能本来就是哲学问题

牛津大学哲学教授卢西亚诺·弗洛里迪(Luciano Floridi)认为以人工智能为代表的第四次革命是人类重新定位人性和自己在宇宙中的位置的演变过程的延续,是对人类自恋的又一次打击。科学改变我们认识的方式有两种:一种是外向——世界,一种是内向——自我。他引用弗里德尔·韦纳特(Friedel Weinert)的书《哥白尼、达尔文、弗洛伊德:科学史与哲学上的革命》说,哥白尼的日心说动摇了人是宇宙中心的假设,达尔文显示人和其他物种拥有共同的祖先,一样依靠自然选择进化演变,弗洛伊德认为心灵不是纯粹的理性,受到潜意识的影响。以计算机鼻祖图灵为代表的人工智能挑战了人类的优越性。他强调了信息哲学的重要意义。哲学之所以特别有用,就是因为它能构建和改善我们需要的思想工具以便对付可能遭遇的最大挑战。我们面临历史的转折点,从模拟世界到数字世界的革命性转变和信息技术的快速发展改变了生活的每个方面:不仅改变了我们的行为,还改变了我们理解世界的方式、我们与世界的关系、我们看待自己的方式、与他人互动的方式、对更美好未来的希望。[②] 牛津大学物理学家大卫·道奇(David Deutsch)更是直言不讳地说,通用人工智能(AGIs)研发根本不是计算机科学或者神经生理学的问题,而是哲学问题。他说:"我们把不知道如何编程的任何东西都称为'人类智能'。"美国哲学家约翰·塞尔(John Searle)在电脑出现之前就说过,蒸汽机和电报是解释人类心灵如何工作的隐喻。创造性的存在使人们不可能永远被奴役。我们应该停止把教育看作灌输——看作传输现有知识,让现有价值观驯顺地实施的手段。[③]

塔夫茨大学认知研究中心的丹尼尔·丹尼特(Daniel C. Dennett)是哲学家,也是神经科学、语言学、人工智能、计算机科学和心理学方面的专家,他重新定义和改造了哲学家的角色。他在《哲学家遭遇人工智能》一文中提到,人工智

---

① A. Macfarlane, "Information, Knowledge & Intelligence," *Philosophy Now*. [2019-01-17] https://philosophynow.org/issues/98/Information_Knowledge_and_Intelligence

② L. Floridi, "Why Information Matters," *The New Atlantis*, No. 51 (Winter, 2017): 7-16.

③ D. Deutsch, "Philosophy Will be the Key That Unlocks," *The Guardian*. (2012-10-03)[2019-01-17] https://www.theguardian.com/science/2012/oct/03/philosophy-artificial-intelligence

能在很大程度上就是哲学。它常常直接与立刻辨认出的哲学问题相关：心灵是什么？意义是什么？理性是什么？感知中辨认出物体的必要条件是什么？怎么做决策？如何为决策辩护？但哲学家对这些问题似乎并不热心。很多人工智能项目是在探索做事的方式，更像思想实验而不是实证性实验。哲学家则往往将人工智能工程看作顽固的傻瓜不断尝试把圆形变成方形：我们已经证明这行不通，停下来吧，傻蛋。人工智能给哲学家提供了新问题和新的解决办法，还有更多可供思考的新的原材料。[①] 这个观点得到伦敦帝国理工学院认知机器人学系的教授默里·沙纳汉(Murray Shanahan)的支持，他在《技术奇点》(2015)中说："人工智能最终提出的问题是苏格拉底问题：我们应该如何生活？"[②]

人类之所以担心被超级智慧机器所奴役，之所以把拥有超级智慧的人工智能看作生存的威胁，是因为我们依据智能水平为自己的权势和地位辩护。在剑桥大学的斯蒂芬·卡弗看来，人类的最大威胁不是人工智能，而是天生的愚蠢。他说，一个人是否有智慧，不仅是指其智能水平，还是一种价值判断，因而是政治性的。在西方历史上，那些被认为智慧不足的人可能面临着被殖民、被奴役、被绝育甚至被杀戮的风险。难怪学者凯特·克劳福德(Kate Crawford)注意到，对人工智能的担忧主要出现在西方白人中间，这是因为他们处于社会等级的最高层，新智能产品的出现将使他们损失最大。如果智能概念发生变化，如东方文明认为有智慧的人不是有权统治他人的人，而是传播智慧和为天下带来太平的人，是嘲弄陷入虚荣的权力陷阱的人，我们还会担忧比自己聪明的机器人吗？[③]

(二) 死亡问题

高奇琦在《向死而生与末世论：西方人工智能悲观论及其批判》中谈到人工智能悲观论的基督教起源问题。在高看来，悲观论实际上是西方基督教叙事

---

① D. C. Dennett, "When Philosophers Encounter AI." [2019-01-17] http://pp.kpnet.fi/seirioa/cdenn/whenphil.htm

② N. Warburton, "The Best Books on Ethics for Artificial Intelligence Recommended by Paula Boddington." [2019-01-17] https://fivebooks.com/best-books/ethics-artificial-intelligence/

③ S. Cave, "Intelligence: A History," *Aeon*. (2017-02-21)[2019-01-17] https://aeon.co/essays/on-the-dark-history-of-intelligence-as-domination

的最新版本,最终可以追溯到西方哲学对待死亡的态度。末世论是基督教的经典叙事,因为人性恶,所以人类的历史将会终结于世界末日。人工智能的发展在本质上为末世论提供了新的叙事场景。人类不应该去充当神的角色,若更为激进地挑战神的领域,在未来必将付出更大的代价。因此,人们的恐惧心理也在与日俱增,正如曾经说过"学习哲学,就是练习自杀"的丹麦哲学家索伦·克尔凯郭尔(Soren Kierkegaard)在《恐惧与颤栗》中所描述的场景。西方关于人工智能的观念实际上就是一种自杀论,推动人工智能的进步,就是练习自杀。海德格尔思想中的一个重要概念是"向死而生"。海德格尔认为,偶然性就是人的意义本身,或者说人完全生活在偶然性之中。海德格尔的观点呼应了中世纪神学家托马斯·阿奎那(Thomas Aquinas)的"人本身没有终极意义,只有上帝才有终极意义"的观点。阿奎那的"灵魂不死"观说明人世的终结并不是终点,人生在世,只是灵魂的一趟旅行。与西方传统相反,中国人对待死亡有两种态度:儒家的"避而不谈"和道家的"举重若轻"。庄子强调"安时而处顺",用一种自然洒脱的心境来面对死亡,把自然的观念发挥到极致。这与海德格尔忧郁悲伤的心情完全不同。西方人用死来理解生,相比之下,中国人则用生来理解死。在西方文化当中,死亡就意味着结束、终结和灭亡,"向死而生"思考的结果就是人工智能终将统治世界和统治人类,并最终导致人类的被统治或者灭亡。但是,从生来思考这一问题则意味着新生、重塑和凤凰涅槃。相比西方的悲观情绪以及恐惧与颤栗,中国人对待人工智能的态度相对温和和健康,有一种谨慎乐观的态度,可能成为人工智能发展中的主流思想。①

美国洛杉矶罗耀拉大学哲学终身教授王蓉蓉在《机器人能否循道而行?道家哲学与人工智能》中对此问题有更详细的阐述。作者探讨了三个议题:"气之生命和超越:道家之人与人工智能"、"对真的终极追求:人工智能技术的道家伦理框架"以及"阴阳智慧:人工智能可从道家哲学中学到什么?"道家哲学认为,理解和分析人体的最重要方式之一,是通过区分三大要素:形、气、神。"气"成为身体中"形"与"神"的协调者。心和身通过"气"统一起来或产生互动。人不可能仅仅是"气"的流动而已;"神"显示了"气"流动的更深层次内涵。人类

① 高奇琦:《向死而生与末世论:西方人工智能悲观论及其批判》,《爱思想》。[2019-01-10] http://www.aisixiang.com/data/114482.html

生命不仅仅是简单的信息、数据和网络的组合体。人的生命本身是非线性的、动态的、自我组织的复杂系统，是从多层次组织起来的信息交换能量，以便维持生存和发展。计算机算法为“气”的一种流动形式，但人脑不仅做出符合逻辑的决策（视为算法），而且做出情感的复杂运算，这是机器所做不到的。庄子赞赏特别的道德人，即真人。这是人的最高境界。能“循道”而为，即意味着将自己的行为模式纳入“道法自然”之中。道家思想认为，不可预测性和变化的不可避免性实际上支配了我们的日常生活。它帮助我们挑战看重秩序和稳定性的线性的因果关系思维。变化不是简单的控制，以从一个稳定状态转向另一个状态，变化是生命的组成部分，我们不应该回避技术变化的现实。道家实践就是要学习老子的三宝：慈、俭、不敢为天下先。清虚自守，齐物而侍。[①]

著名宗教哲学家、中国人民大学宗教学系教授何光沪谈到，人类不仅没有把人性中的自由和“心”（如情感、想象、良心等等）等赋予人工智能，而且人工智能的物质材料是硅或一些稀有金属等没有生命的东西，因而无法摆脱自己的局限性。[②] 有意思的是，作者最近刚刚翻译的新加坡南洋理工大学教授李晨阳的文章正好谈到新型材料问题，“人工智能技术的进步伴随着生物工程技术的进步”。最近，康奈尔大学的科学家成功地实现了动态生物材料自下而上的构建，它是依靠人工新陈代谢驱动的，这种代谢代表不可逆的生物综合和耗散组装过程。他们通过编程让这种材料产生类似于真核微生物黏菌的自发移动行为。动态生物材料拥有像自动化模式产生和持续极化再生那样的性能。据报道：“人工新陈代谢驱动下的动态生物材料能够提供从前没有探索过的路径，以实现具有再生和自我维持特征的‘人工’生物系统。”新陈代谢和生物综合是生命的特征。康奈尔大学农业和生命科学学院生物学和环境工程教授罗丹（Dan Luo）说：“我们在引进一种崭新的、类生命的材料概念，它是由自身的人工新陈代谢系统所驱动的。（虽然）我们不是在生产某种有生命的东西，而是在创造一种从前没有见过的、更接近生命的材料。”当这种新技术与人工智能技术结合起

① R. R. Wang, “Can The Machine Flow Like Dao? The Daoist Philosophy on AI,” a paper the author translated into Chinese for the 2019 Berggruen Institute workshop “Artificial Intelligence Meets Chinese Philosophers”. [2019－04－14]

② 何光沪：《从宗教角度看人工智能》，《爱思想》。[2018－02－14] http://www.aisixiang.com/data/108396.html

来，可能从完全相反的方向满足人类“大脑延展”的目标。“人形机”(humanoid)不仅表明了类似人的非人的存在，而且证明了在具体的个体身上可能存在人和非人部件的混合体。①

华东师范大学的政治哲学教授吴冠军在谈到奇点时代的“长生不死”问题时说：“就是说过了 2049 年，我们的技术就可以保证很多人不死，不是说真的不死，而是说他可以不断换心脏、换肺，不断换身体器官，不断植入各种各样的仿生器官，从而能够接近不死，至少活两百年没有问题。”②这正好呼应了“新人类”的话题，即人工智能的人类中心主义的理念可能导致“人机协同的混合增强智能取代纯粹生物学的人。加上器官移植、再生医学、基因工程等技术，人之中的一小部分‘权—贵’则可能在生物学＋人工智能融合的新生命体系中完全不同于现在的人类”③。但即便如此，人工智能仍然无法帮助人们摆脱生死魔咒。罗伯特·诺齐克(Robert Nozick)在《无政府、国家和乌托邦》中设想了一种“体验机器”，插上电源，我们就可以获得希望的那种体验。但他说，真要这样做就是一种自杀。1987 年的诺贝尔文学奖获得者约瑟夫·布罗茨基(Joseph Brodsky)曾说，“人的生活中很大一部分是无聊”。无论贫富都难逃无聊的折磨。有钱人太无聊了，因为金钱买来时间，而时间是重复性的。对穷人来说，无聊是其痛苦中最折磨人的地方。无聊代表了让你见识无限性的机会之窗，教导我们学会谦逊、合作、妥协、创造。④

(三) 伦理问题

当前与人工智能有关的哲学问题往往集中在伦理学问题上：如有轨电车问题、使用人工智能的伦理问题、它对人的存在威胁问题以及隐私和数据安全问题。但是，在加州大学伯克利分校法学院的阿敏·阿夫洛兹(Amin Ebrahimi

---

① Li Chenyang, “The AI Challenge and the End of Humanity,” a paper the author translated into Chinese for the 2019 Berggruen Institute workshop “Artificial Intelligence Meets Chinese Philosophers”. [2019-04-12]

② 吴冠军：《人工智能时代的政治哲学思考》，《爱思想》。[2018-04-02] http://www.aisixiang.com/data/109253.html

③ 吴彤：《关于人工智能发展与治理的若干哲学思考》，《爱思想》。[2018-07-31] http://www.aisixiang.com/data/111273.html

④ C. Ffiske, “In Praise of Boredom Again,” *Quillette*. (2019-01-11)[2019-01-17] https://quillette.com/2019/01/11/in-praise-of-boredom-again/

Afrouzi)看来,这些都不是人工智能特有的问题,哲学家应该探讨专属人工智能的问题。这位身兼硅谷智能技术专家和法哲学博士双重身份的作者认为,这个交叉领域应该包括:(1)人工智能伦理学:一旦自私、自主的代理人争夺有限资源,伦理问题就出现了。另外,人工智能代理人如何对待对方也有相关意义,如合作型人工智能代理人。(2)人工智能意向姿态:我们必须开发一种人工智能特有的语言来描述它想要什么,如合作、尊重或者做什么。(3)模拟哲学:使用计算机模拟学习人工智能并检验与人工智能有关的哲学解释。①

至于具体的人工智能伦理问题,大致包括如下九类:1)失业、劳动等级差异,主要与自动化有关;2)不平等,如何分配机器创造的财富;3)人性,机器如何影响人的行为和互动,如机器依赖症;4)人工愚蠢,如何防止犯错误;5)种族主义机器人,如何消除偏见;6)安全,如何确保人工智能的安全;7)罪恶,如何保护自己不遭遇意外后果;8)奇点,如何控制日益聪明的系统;9)机器人权利,如何定义人工智能的人道主义待遇、法律地位以及机器的感情痛苦等。②

就拿隐私问题来说,很多人都觉得在人工智能时代隐私受到破坏,但哲学探讨会揭示出一些发人深思的新情况。上文提到的《监控资本主义时代》对人在监控资本主义中的异化问题的探讨就很能说明问题。著名科技作家尼古拉斯·卡尔(Nicholas Carr)在为该书所写的书评中尖锐指出,对脸书和谷歌等硅谷的私有企业来说,人类生命成了原材料。监控资本主义的真正产品是对人类将来行为的预测:我们看什么,我们去哪儿,我们持有什么观点等。日常生活经验被蒸馏成为数据,成为私有企业的资产,用以预测或者塑造我们的行为,这会破坏个人自由、腐蚀民主。我们不是客户也不是产品,而是数据尾气之源。数据就意味着财富。更可气的是,在线监控逐渐被政客、官僚和大众认为是正常的,甚至必要的,无须大惊小怪。隐私不是受到破坏而是被重新分配了,只是

---

① A. E. Afrouzi, "The Dawn of AI Philosophy. "(2018－11－20)[2019－01－17] https://blog.apaonline.org/2018/11/20/the-dawn-of-ai-philosophy/

② J. Bossmann, "Top 9 Ethical Issues in Artificial Intelligence." (2016－10－21)[2019－01－17] https://www.weforum.org/agenda/2016/10/top-10-ethical-issues-in-artificial-intelligence/

决定权从公民转移到了公司手中而已。①

若拿高级人工智能机器是否应该被当作伦理存在来对待以及如何被对待的问题来说，正如李晨阳所说："人工智能机器是机器，却是一种拥有智慧的特别存在物。伦理学的每个概念，尤其是在西方的主流传统中，都是把人当作唯一的道德行为者(moral agent)和道德行为的施受者(moral patient)，把世界上的所有其他生物都排斥在道德领域之外。随着环保意识的崛起，当今有些伦理学家开始将道德领域扩展，希望把生物有机体包括进来。即使我们同意高级人工智能机器能够和应该被当作道德行为的施受者，但究竟该如何对待它们仍然是远非清晰可见的。比如，世界各地的医院采用人工智能医生的情况越来越多，对它们的工作条件应该制定什么样的管理规定？是不是应该像我们对待真人医生那样，对其工作条件设置最低标准要求？电话和电脑现在已经拥有了内置的人工智能技术。这已经在很多根本方式上影响了人类，它们可能决定人类的命运。在此意义上，成功应对人工智能的相关伦理挑战甚至比应对人工智能的相关技术挑战更为艰巨。"在机器人伦理学上，儒家道德哲学能够为我们提供有用的资源。在李晨阳看来，儒家对伦理学的理解包括孟子的"软心肠途径"(the soft-heart approach)，即伦理学源于和遵循不忍之心，也包括荀子的"社会程序的途径"(the social wiring approach)，即通过习得社会规范而变得有道德。如果遵循孟子的途径，或许应该在仿人机器人身上安装一个系统，以"不害人"作为压倒一切的原则，确保机器人不能采取极端破坏性的行动伤害人、伤害其他生命形式，或者相互伤害。如果遵循荀子的进路，可能会订立能够指导人工智能机器的行为法则，却没有压倒一切的保护性原则，人工智能机器将主要完成所分配的任务，根本不考虑任务的性质。②

(四) 意识问题

麻省理工学院瑞典裔美国籍宇宙学家迈克斯·泰格马克(Max Tegmark)

---

① N. Carr, "Thieves of Experience: How Google and Facebook Corrupted Capitalism," *Los Angeles Review of Books*. (2019 - 01 - 15)[2019 - 01 - 17] https://lareviewofbooks.org/article/thieves-of-experience-how-google-and-facebook-corrupted-capitalism/

② Li Chenyang, "The AI Challenge and the End of Humanity," a paper the author translated into Chinese for the 2019 Berggruen Institute workshop "Artificial Intelligence Meets Chinese Philosophers". [2019 - 04 - 12]

在2017年出版的《生命3.0》中提出了生命演变的三个阶段：生物进化、文化进化和技术进化。生命1.0不能重新设计其硬件和软件，都由DNA决定；生命2.0能重新设计软件，学习复杂的技能，如语言、体育、职业等；生命3.0在地球上还不存在，但能重新设计软件和硬件。他提出了意识原则理论，即有意识的系统应该有信息储存能力、信息处理能力、独立性和融合性。如果没有意识就没有幸福、善良、意义、目的和美。不是宇宙给了有意识的人以生命的意义，而是有意识的人赋予宇宙以意义。传统观念认为人是地球上最聪明的动物，但人工智能的出现迫使我们放弃这个观念，变得更谦恭一些。[①]

中国社科院哲学所研究员赵汀阳专门写过一篇文章，谈论人工智能的自我意识问题。在他看来，"人工智能的危险之处不是能力，而是自我意识。如果人工智能拥有了拟人化的情感、欲望和价值观，必然更为危险，因为人的欲望和价值观正是一切冲突的根源"。他说："只有语言才足以形成智能体之间的对话，或者一个智能体与自己的对话(内心独白)，在对话的基础上才能够形成具有内在循环功能的思维，而只有能够进行内在循环的思维才能够形成自我意识。"正是语言的发明使得意识拥有了表达一切的功能和反思的功能，否定词的发明意味着在意识中发明了复数的可能性，成为人类产生自我意识和自由意志的关键条件。难怪他大胆地说："哪怕人工智能处理数据的能力强过人类一百万倍，只要不具有反思能力，就仍然在安全的范围内。"[②]

王蓉蓉谈及道家对人获得和丧失自我意识的思考。即便人工智能开发机器的自我意识，但它也能如道家指出的那样，失掉自我意识吗？如庄子曾经描述的境界：当一个人沉溺于手头工作的时候，他就可以忘掉自己的存在。让自己被物带着走，心由是可以自由飞翔，乘物以遊心。庄子详细描述了这一过程："臣将为鐻，未尝敢以耗气也，必齐以静心。齐三日，而不敢怀庆赏爵禄；齐五日，不敢怀非誉巧拙；齐七日，辄然忘吾有四枝形体也。当是时也，无公朝，其巧专而外骨消。"《庄子·外篇》中所描绘的自我意识的暂时忘却与获得，是不会轻

---

① M. Tegmark, *Life 3.0: Being Human in the Age of AI*, New York: Alfred Knopf, 2017.

② 赵汀阳：《人工智能的自我意识何以可能?》,《爱思想》。(2019-01-25)[2019-01-27] http://www.aisixiang.com/data/114807.html

易被人工智能实现的。①

（五）创造性问题

与人工智能有没有意识密切相关的是创造性问题。牛津大学教授马尔库斯·萨托利(Marcus du Sautoy)在刚刚出版的新书《创造性模式》中提出了“机器真能创造吗?”的问题。有意思的不在于明确的答案,而是考察该问题本身意味着什么。英国《展望》杂志 2019 年 3 月初发表了一篇文章,题目是“机器能创造吗?”,讲述了西班牙一所大学的研究人员开发的作曲算法机器人(Iamus),出了一张由伦敦交响乐团演奏的古典音乐 CD 的故事。人们通常觉得人工智能无法做出概念跨越,进入新领域,但萨托利认为未必如此。他认为,艺术上的真正进步是有人敢于打破常规,违背法则,用意料之外的方式使之结合起来而产生的。这种创造性同样出现在科学中。萨托利描述了一个名叫 Mizar 的制造数学定理的程序。制造的东西类似于阿根廷作家博尔赫斯(Jorge Luis Borges)的《巴别图书馆》,里面包括所有可能的书,是所有语言中的文字所有可能的排列组合。其中大部分是垃圾,但萨托利认为我们的“创造性概念就是与有限性绑在一起的”。如果我们认为创造性的本质在于和其他人一致,有目的地塑造材料,今天的人工智能当然离创造性还很远,但是如果“能够看到别人看不到的模式或者可能性是创造性的一个方面”,人工智能的艺术恐怕越来越难以和人的艺术区别开来。②

山东大学的贝淡宁教授在《从马克思主义儒家视角看人工智能》一文中对比了马克思主义和儒家对创造性的不同认识。在他看来,马克思主义看重实现多种形式的创造性工作的潜能,儒家则看重培养多样性社会关系尤其是与亲人的关系的潜能。“在高级共产主义阶段,发达的机器将生产人类需要的所有商品,我们将真正实现自由和平等,有机会发展我们认为合适的多方面才能。考虑到我们迫切需要创造性工作,多数人都将从实现创造性工作的潜能中获得快乐和满足感。从儒家视角看,马克思对人类美好生活的描述未免过于狭隘。创

① R. R. Wang, “Can The Machine Flow Like Dao? The Daoist Philosophy on AI,” a paper the author translated into Chinese for the 2019 Berggruen Institute workshop “Artificial Intelligence Meets Chinese Philosophers”. [2019 - 04 - 14]

② P. Ball, “Can Machines Create?, ” *Prospect Magazine*. (2019 - 03 - 04)[2019 - 03 - 15] https://www.prospectmagazine.co.uk/magazine/artificial-intelligence-creativity-music-art-philip-ball.

造性工作的潜力当然是人之为人的重要特征之一，但是，它总是人类的第一需要吗？它有必要成为每个人的第一需要吗？"从儒家视角看，关爱和照顾父母的工作不一定特别具有创造性，却是美好和令人感到满足的生活所必不可少的。如果人工智能将我们从社会必须的工作中解放出来，帮助我们实现自己对于构成身份的重要关系的承诺，如精心照顾上年纪的父母，人工智能的发展就应该受到欢迎。[①]

（六）进步与启蒙问题

进步与启蒙问题或许是人文学者和科学家之间最经常发生争吵的话题了。哈佛大学心理学家斯蒂文·平克（Steven Pinker）在2018年出版的《当下的启蒙》中集中论述了理性、科学、进步等启蒙的核心价值观，指责知识分子中的悲观论调是高人一等心态的表现。他认为"大部分人同意生比死好，健康比疾病好，饱比饥好，富足比贫穷好，和平比战争好，安全比危险好，自由比独裁好，平等权利比偏执和歧视好，读书识字比文盲好，知识比无知好，智慧比愚笨好，幸福比痛苦好，有机会享受天伦之乐、朋友相伴、文化娱乐、自然美景比枯燥乏味的劳作好"。他引用经济学家阿玛蒂亚·森（Amartya Sen）的观点"发展的终极目标是让人有能力做出选择"，并引证哲学家玛莎·努斯鲍姆（Martha Nussbaum）的观点，人人都应该拥有"基本潜能"以确保获得选择的机会：长寿、健康、安全、读书识字能力、知识、言论自由和政治参与，还包括审美体验、娱乐享受、欣赏自然、情感依恋、社会归属感、对幸福生活概念的反思等。我们不可能拥有完美的世界，去追求这样的世界是危险的。但是，只要用知识推动人的幸福，改善生活的进步应该没有边界。[②]

英国哲学家约翰·格雷（John Gray）在书评中指出，平克是科学主义的鼓吹者，科学不能支持任何政治工程，因为科学并没有人类价值观。实证主义者孔德（Auguste Comte）鼓吹公然反对自由思想的科学主义，因为在以科学为基础的社会，不需要自由价值观，道德和政治问题由专家来回答。难怪孔德的核心观点——理性、科学、人文主义和进步，恰恰是平克列举的启蒙核心价值观，

---

① D. A. Bell, "A Marxist Confucian Perspective," a paper the author translated into Chinese for the 2019 Berggruen Institute workshop "Artificial Intelligence Meets Chinese Philosophers". [2019－04－22]

② S. Pinker, *Enlightenment Now*, New York: Viking, 2018.

但两人都没有提到自由和宽容。平克的目的是要向读者保证他们站在历史的正确的一边，但终极而言，理性是激情的奴隶。[①] 格雷在新书《木偶的灵魂》中谈到，现代科学的意识形态是将精神从物质世界的束缚中解放出来。走向人工智能之路之所以不可避免，是因为我们陷入自由的困境不能自拔。人的自由不是自然的人类条件，而是相互不干涉对方的做法，这是缓慢习得却迅速遗忘的罕见技艺。人的独特性不在于意识或者自由意志，而是内心的冲突，是自我的分裂造就了人。[②] 这与赵汀阳的自我意识论相映成趣。

约翰·格雷反对进步论，萨特说过人总是一样的，面对变化的背景，选择总是特定背景中的选择。道德问题自从在奴隶制和反对奴隶制中作出选择的那个时期以来就没有变化。科学提供的世界是我们体验和选择的背景，要由我们来决定其意义。正如伯特兰·罗素(Bertrand Russell)所说："变化是一回事，进步是另一回事。变化是科学性的，进步是伦理性的；变化是不容置疑的，进步则是可争论的问题。"[③]格雷还说，我们是生活在污秽肮脏的物质世界中的动物，连不会说话的动物所拥有的无自我意识的优雅都没有。我们是在地上爬的婴儿，还不能像成年人那样站起来行走。[④]

有关进步的争论，或许可以从上文提及的哲学家丹尼特针对平克和《新共和》文学编辑维斯特勒(Leon Wieseltier)2013 年在《新共和》上展开的人文与科学论战的评论中看出端倪。丹尼特指出，争论显示知识分子不愿意和科学家对话，科学家直接与大众交流。平克鼓励人们使用新的思想工具(理论方法和模型等)和数据操作工具(电脑、光学字符识别、统计学、数据库)，担负起扩大知识宝库的使命。维斯特勒拒绝了，但他的替代选项似乎仍然没有摆脱后现代主义

---

① J. Gory, "Unenlightened Thinking: Steven Pinker's Embarrassing New Book is a Feeble Sermon for Rattled Liberals," *New Statesman*. (2018 - 02 - 22)[2019 - 02 - 03] https://www. newstatesman. com/culture/books/2018/02/unenlightened-thinking-steven-pinker-s-embarrassing-new-book-feeble-sermon

② J. Sturgeon, "Will Our Robot Overlords Be Freer Than Us? A Philosophical Investigation. " (2015 - 05 - 19)[2019 - 02 - 03] http://flavorwire. com/519471/will-our-robot-overlords-be-freer-than-us-a-philosophical-investigation

③ T. Riggins, "John Gray, David Hawkes, and the Myth of Progress." (2013 - 09 - 11)[2019 - 02 - 03] https://dissidentvoice. org/2013/09/john-gray-david-hawkes-and-the-myth-of-progress/

④ J. Bottum, "The Soul of the Marionette," *Books and Culture*. (2015 - 06)[2019 - 02 - 03] https://www. booksandculture. com/articles/webexclusives/2015/june/soul-of-marionette. html? paging = off

潮流的影响。任何研究核心哲学话题，如道德、自由意志、意识、意义、因果性、时间、空间等的人，如果希望受到认真对待，最好充分了解这些话题在多种科学推动下的最新发展。不幸的是，很多文科学者仍然以传统方式探讨这些问题，是对新发展一窍不通的坐在摇椅里的理论家。难怪丹尼特毫不客气地指出，人文学科收复失地的最好办法，是向侵略者学习，重新建立对真理的尊重，而不是指责他人越界。[①]

如果从儒家视角看人工智能是不是进步，问题就变成了人工智能是否有助于让个人和社会变得更有美德。美国汉学家、卫斯理大学（Wesleyan University）教授安靖如围绕儒家五大美德（仁、义、礼、智、信）展开论述，并得出了肯定的回答。他认为，人工智能会帮助我们更多关注需要我们关心的目标，帮助我们变得更有仁德。手机软件知道到你的位置和日程安排，知道众多需要关心（有关民众或环境）的机会，知道你的专长和兴趣。通过将事务与这三个维度搭配，手机就能提醒你关注一些可能性，并以最佳的方式满足你的要求，实现你关心他人的愿望。有了 GPS 应用软件的帮助，开车时要想忽略违规行为就更加困难了，这帮助我们培养义的美德。就礼而言，我们可以考虑一下电子邮件系统有能力提醒用户，正在写的信息内容是否有冒犯他人之处。儒家的第四个美德是智。智慧的根源是“是非之心”，如果情感人工智能提醒我们“及时”关注典型场景来影响行为，结果可能带来更大的智慧。至于信，在儒家看来，其关键是领袖表现出高尚的行为，君子行动的自发性和真诚性表现在脸上。可是，人们不禁要问，如果人工智能帮助人们采取某种行动，这还能说是有德之举吗？对此疑问，似乎可以用几乎所有美德都需要花费时间和精力来培养的说法来应对。更大的挑战，如移植到人们体内的“半机器人（cyborgs）”等打破人与非人的二元论的“后人类”未来，则是谁都无法回避的问题。[②]

---

① D. C. Dennett, “Let’s Start with A Respect for Truth,” *Edge*. (2013-09-10)[2019-01-17] https://www.edge.org/conversation/daniel_c_dennett-dennett-on-wieseltier-v-pinker-in-the-new-republic

② S. C. Angle, “Can Artificial Intelligence Lead Us to Genuine Virtue? A Confucian Perspective,” a paper the author translated into Chinese for the 2019 Berggruen Institute workshop “Artificial Intelligence Meets Chinese Philosophers”. [2019-04-08]

四、中国人工智能的优势

美国技术杂志《连线》总编尼古拉斯·汤普森(Nicholas Thompson)和欧亚集团主席伊恩·布雷默(Ian Bremmer)认为,中美两个大国在数字革命新阶段的竞争中,中国有数据规模优势,如腾讯的微信与脸书和推特类似,但中国手机用户是美国的三倍。中国的企业会配合国家的战略,百度、腾讯、阿里巴巴、科大讯飞都是人工智能的国家队。① 中国拥有 7 亿因特网用户,拥有庞大的数据资源来训练人工智能学习算法。中国欣欣向荣的移动互联网生态系统也为研究者提供了收集和分析人口特征和行为特征方面的大数据的便利,由此可以进行大规模的试验,这是其他国家的同行不具备的优势。②

Philosophical Issues of Artificial Intelligence

Wu Wanwei

Abstract: In the past two years, artificial intelligence seem to be the new boom for academics and people on the street. AI will not only reshape the world but also exert great impact on our cognitive capacity, concept of freedom and our way of life. A deeper understanding of AI requires our discussion on philosophical issues such as death, ethics, consciousness, creativity, progress and enlightenment. The development of AI is promising in China.

Keywords: artificial intelligence, cognitive ability, death, ethics, consciousness, creativity, progress, enlightenment

---

① N. Thompson, I. Bremmer, "The AI Cold War That Threatens Us All," *Wired*. (2018-10-23)[2019-01-17] https://www.wired.com/story/ai-cold-war-china-could-doom-us-all/

② N. Gardels, "Weekend Roundup: Whoever Dominates AI will Put Their Stamp on the Social Order," *Washington Post*. (2017-10-20)[2019-02-08] https://www.washingtonpost.com/news/theworldpost/wp/2017/10/20/weekend-roundup-whoever-dominates-ai-will-put-their-stamp-on-the-social-order/?utm_term=.ce5edeb431d6

海外汉学

浅析喜龙仁对苏轼诗歌及画论的翻译及海外传播

殷　飞　付兴林*

［摘　要］ 瑞典艺术史学家喜龙仁(Osvald Sirén)是西方学界从事中国艺术研究的先驱者,亦是最早对中国艺术史进行系统研究的西方学者之一。本文以喜龙仁对以苏轼为代表的中国古典诗歌及绘画理论的翻译为研究对象,基于喜龙仁对苏轼诗歌与绘画关系的阐述角度,把其对苏轼在中国传统文化领域中典型价值的认知、在书画艺术批评领域的地位评价以及对早期西方研究中国艺术的促进作用作为研究内容。喜龙仁化用西方艺术史基本原理,勾勒了完整的中国绘画知识谱系,将苏轼的生平经历、诗歌、绘画创作及画论思想系统翻译并传播至西方世界,实现了西方学者对苏轼以及中国传统文化认知形象的初步构建,开创了西方世界对中国传统艺术的研究先河,并为其提供了艺术史和文化史的“范式”

* 殷　飞(1983—　),男,河南信阳人,文学博士,云南师范大学讲师,研究方向为中国古代文学。
付兴林(1965—　),男,陕西勉县人,文学博士,云南师范大学教授,研究方向为中国古代文学、地域文学与文化研究。

研究理论，拓展了中国优秀传统文化在西方世界的传播路径和发展思路。

［关键词］ 喜龙仁；苏轼；画论；翻译；中国艺术史

1879年，瑞典籍艺术学家喜龙仁（Osvald Sirén）出生于当时还隶属于俄罗斯帝国的芬兰大公国，彼时的世界及近代中国正处于现代自然科学和政治思潮翻涌的特殊时期，现代性民主革命浪潮暗流涌动，浸润于西方古典艺术和东亚古典艺术的喜龙仁注定只为艺术而生。喜龙仁最早接触的是18世纪时期的瑞典艺术，其发表的文艺复兴时期艺术史论著使其名声鹊起；在早期学术生涯中，其沉浸于华丽精致的洛可可（Rococo）艺术，随后转移至意大利艺术，专攻文艺复兴早期画作，并迅速在该领域积累起国际声誉。① 20世纪10年代，喜龙仁的兴趣逐渐转移至中国及日本艺术，其在第一届弗利尔奖的获奖演说中表示，自己在波士顿美术馆中对中国画尤其是罗汉绘画一见倾心。1918年4月初，喜龙仁首次抵达中国，历时两个月先后考察了北京、洛阳、开封、苏州和杭州等地。次年，喜龙仁将个人收藏的14件画作交付瑞典国立博物馆并出售，以筹集购买中国艺术品以及再次前往中国旅行所需的资金。1921年至1956年期间，痴迷于中国传统雕塑、古代园林建筑以及绘画等中国传统艺术的喜龙仁多次踏上中国之旅，并以其毕生精力孜孜以求、奉献其中。②

喜龙仁被誉为西方学界研究中国传统艺术的集大成者，在中国传统建筑和艺术史领域受到广泛关注，国人对喜龙仁的了解亦大多始于其著作《北京的城墙与城门》。本文以喜龙仁对以苏轼为代表的中国古典诗歌与绘画的跨艺术领域研究为关注内容，探讨其对苏轼在中国传统文化领域的权威地位构建及海外传播影响。研究结果表明，喜龙仁是西方学界研究苏轼的先驱者和探路者。他对中国绘画艺术以及苏轼的研究，源于其自身对中国艺术藏品的好感及喜爱，他以苏轼题墨竹诗歌为切入点，探讨中国古典绘画中诗歌与画作关系的研究方法，开启了西方艺术史学框架下的中国绘画与诗学跨学科领域的全新研究方向。另外，喜龙仁对苏轼作为中国士人画家典型的价值塑造，将苏轼在中国传

① 张敏：《喜龙仁的转向》，《艺术工作》，2019年第6期。

② 叶公平：《喜龙仁在华交游考》，《美术学报》，2016年第3期。

统文化领域的权威地位广泛传播至西方世界，弥补了西方早期对苏轼诗歌翻译及绘画研究的不足，对以苏轼为代表的中国古典派画家的研究在西方学界的推介和传播产生了深远的影响。

一、东方艺术魅力激发学术生涯转向

20 世纪初，喜龙仁获取收入的主要手段是帮助收藏家添购画作、撰写艺术品鉴定证明、小规模买卖艺术藏品。因曾在第一次世界大战之前受邀为索罗门收藏(the Solomon Collection)的部分藏品鉴定真伪，并为德国发明家暨知名商人鲁道夫·齐灵渥斯(Rudolph Chillingworth)收藏的 44 件意大利绘画藏品撰写鉴定证明，他的艺术品鉴赏专业能力受到业界的普遍肯定。当时在美国讲学并开展研究的喜龙仁，在参观彼时拥有西方世界最好的中国艺术藏品的波士顿美术馆时，被《五百罗汉·经典奇瑞》、《五百罗汉·布施贫饥》等一系列描绘罗汉的画作所吸引。而后，根据喜龙仁在第一届弗利尔奖获奖演说中所述，这些罗汉绘画正是促使其由西方古典艺术转向研究中国和东亚艺术的关键。[①]

除艺术史学家的身份之外，喜龙仁还以中国艺术收藏家的身份活跃于西方世界，在工作之余，亦担任古董商和私人收藏家的顾问，以收藏中国艺术品为乐。喜龙仁最早涉足中国艺术品收藏是在 1916 年，其通过纽约古董商蒙特罗斯(N. E. Montross)向白威廉(A. W. Bahr, 1877—1959)购买陶器和瓷器，并于两个月后购入两幅罗汉画。查尔斯·弗利尔(Charles Lang Freer)是美国 19 世纪末 20 世纪初最重要的中国艺术品私人收藏家，被誉为“东亚艺术收藏黄金时代的先锋”。1917 年，喜龙仁应邀前往弗利尔家中观赏其收藏的中国艺术品，并根据其建议决定前往日本参观日本收藏的中国和东亚艺术品。[②]

在 20 世纪上半叶喜龙仁的多次东亚之旅中，其在学术研究之余将拜访各国主要城市的古董商列为行程重点，并且将大量时间花费在搜寻并购入中国绘画作品上。1924 年在巴黎赛奴奇博物馆举办的“L’Artchinoisancien(中国古代艺术)”展览上，展出了喜龙仁出借的包括青铜器、玉器、骨制品、银器、陶瓷及雕

---

① 米娜·托玛：《艺术与鉴藏：喜龙仁与中国艺术》，李雯、霍淑贤译，上海：上海书画出版社，2019 年。

② 张敏：《喜龙仁的转向》，《艺术工作》，2019 年第 6 期。

塑品等大量中国艺术藏品，当中的绝大数藏品多均为其奔赴中国，从北京、上海等大城市的古董商处购入，此外，还包含一些其赴中国之前购入的中国艺术藏品，甚至有从安徽淮河流域获得的考古出土文物，藏品之丰富使得展期由原计划的三个月一直延长至1926年7月中旬。

之后，喜龙仁受中国艺术魅力的强烈吸引，多次踏上中国国土，在北京、上海、洛阳、开封、西安、杭州、苏州等地探寻中国古代建筑、园林艺术、雕塑艺术、绘画艺术等传统文化艺术并展开全面的学术研究。在此过程中，他惊叹于中国城墙、园林、宫殿、雕塑和绘画之美，通过摄影、记录、著述等方式为世人留存了大量珍贵的原始资料。[①] 他曾一度流连忘返，多次推迟归国日期，甚至不惜放弃了斯德哥尔摩大学的教授职位而专心探索中国艺术。喜龙仁针对中国艺术的权威性论述开启了西方学者研究中国艺术新的焦点。曾担任其助手的美国籍中国美术史学家高居翰(James Cahill)称，喜龙仁是"西方第一位涉足中国绘画研究的艺术史学者"，是最早"来到黑莓园的采摘者"。中国近现代国画家黄宾虹在其《与傅雷书》中称："近二十年，欧人盛赞东方文化，如法人马古烈谈选学，伯希和言考古，意之沙龙，瑞典喜龙仁……皆能读古书，研究国画理论……务从笔法推寻，而不徒斤斤于皮相。"[②]张大千亦称："喜龙仁博士致力吾华绘画垂五十年，著作等身，举世奉为矩矱。"年轻时期的喜龙仁痴迷于文学和美学，曾发表了大量诗歌，在其摄影作品和文章著述中均洋溢着诗情画意之美，契合中国传统文人画追求诗与画融合美感的艺术理念，而这可能也恰是喜龙仁将学术研究视野转向中国艺术以及以苏轼为典型的中国士人画家诗歌画论的必然所在。

二、对苏轼题画诗及绘画创作技法的跨艺术诗学研究

苏轼是中国北宋文坛领袖，诗文书画皆独树一帜，引领风骚。中国历代文人对苏轼的作品及思想境界推崇备至，西方汉学界对苏轼的研究亦有可资可鉴之成果，其中，喜龙仁正是西方学界较早关注苏轼及其艺术成就和思想内涵的

① 喜龙仁：《西洋镜：中国早期艺术史》，陆香、郭雯熙、张同译，广州：广东人民出版社，2019年。

② 黄宾虹：《黄宾虹谈艺书信集》，王中秀编注，北京：人民美术出版社，2016年，第149—150页。

学者。西方学者在研究中国传统文化艺术作品时，常选取有限范围内的某一特定主题或类型，运用相关方法和理论展开研究。喜龙仁以苏轼墨竹与山水题材画作为切入点，借助西方艺术史理论视角和跨艺术诗学的研究方法，系统剖析苏轼诗歌及画论艺术创作、艺术评鉴和精神内涵，向西方世界展现了面向中国绘画艺术更为深刻的研究视角和全新的研究方法。

（一）文人画中的诗歌与画作关系研究

苏轼擅长绘画，尤擅墨竹；画风大胆创新，反对形似而重视神似；主张画外有情，倡导“诗画本一律，天工与清新”。其提出的“士人画”概念，成为“文人画”发展的理论基础，对后世的绘画艺术发展和美育思想产生了深远影响。[①] 如今，人们用文人画泛指中国古代文人、士大夫的绘画作品；它区别于民间和宫廷画院风格，创作者多回避社会现实，取材于山水、花木，移情于物，重视书法、诗歌及画中意境之表达。文人画又称“写意画”，追求以韵律刻画心中意象，而非仅仅满足于描绘眼前景物，注重画者自身的主观能动性，是对写实主义绘画的倾覆，“气韵”则是其美学艺术追求的重要目标。文人画是一门综合型艺术，往往集诗歌、书法、绘画等多种艺术形式于一体，书法为文人画提供了技术和美学原理支撑，诗歌则诠释了绘画的精神内涵，强调通过作品的意境和气韵展现对大自然美学的感悟，集中呈现创作者多方面的文化艺术涵养。[②] 苏轼一生饱受诗歌内涵熏陶，精通书法、构图和韵律等艺术创作原则，追求质朴、平淡的自然美学，在艺术创作和艺术批评中为文人画广为张目，使其逐渐从传统画派中分化出来，成为对当代以及后世具有深远影响的艺术思潮。喜龙仁将宋代文人画的盛行状况描述为：借用绘画的形式，辅以诗文阐述，描绘绘画者自身对理想生活的感悟及精神追求。

苏轼和当时的著名画家文同联合创建的“湖州竹派”，开创了文人写意墨竹之先河，在他的倡导下，墨竹成为广受中国文人喜爱的绘画题材。北宋宣和年间由官方主持编撰的《宣和画谱》是宫廷所藏绘画作品的著录，它将“墨竹”与“道释、人物、宫室、番族、龙鱼、山水、畜兽、花鸟、蔬果”九科并列成为一门单独

① 王连起：《浅谈苏轼、赵孟頫、董其昌在文人画发展中的作用》，《故宫博物院院刊》，2020 年第 2 期。

② 何安静：《从文人画视角探讨中国当代绘画创作》，《艺术工作》，2020 年第 1 期。

的画科，自此墨竹成为文人画中自成一脉、绵延不绝的独立画派。[1] 苏轼生活的时代朝政动荡不安，自22岁中进士以来，苏轼一直沉浮于宦海，仕途生涯几经坎坷，思想广受儒、道、佛影响，其在诗歌、画作等作品中常有对人生意义和生死命题的终极思考和寄托。西方学者在研究中国传统艺术时往往强调对艺术实存现象的关注，而忽略作品以外的政治、历史等相关因素。喜龙仁则关注到苏轼政治态度的转变对其艺术创作内涵的影响，并在研究中明确提出宋代文人的政治追求已经让位于绘画、哲学和文学创作，由此为其正确把握苏轼的艺术内涵提供了逻辑参考。

喜龙仁发现并攫取到了中国绘画史一个重要的发展线索，即写题画诗是北宋文人常用的社交手段，这在苏轼的题画诗创作中表现得尤为明显。彼时，苏轼、米芾、黄庭坚、文同、李公麟等人常于彼此家中聚会、饮酒、绘画、题诗，共同探讨绘画技法和理论，进行文人画理论的实践探索。喜龙仁在研究中指出，苏轼关于墨竹的绘画理论多源于其对文同画作的评价。他在《文与可画筼筜谷偃竹记》中写道："画竹必先得成竹在胸中，执笔熟视，乃见其所欲画者，急起从之，振笔直遂，以追其所见，如兔起鹘落，少纵则逝矣。"除"胸有成竹"、"少纵则逝"说之外，文章还提出了"心手相应"、"咫尺万里"的绘画理论，彰显其对墨竹神韵、作品意境的刻画精髓；其强调通过绘画技法表达创作者的意识与灵感，为中国绘画理论宝库增加了全新的储备内容。[2] 文同在为友人王治中作《墨竹图》时，特意交待要"待子瞻来，令作诗其侧"。在文同逝世八年后，苏轼返回京师，题诗《题文与可墨竹》于此图，誉其"诗鸣草圣余，兼入竹三昧"。以此为线索，喜龙仁认识到了苏轼在北宋文人中墨竹品鉴的权威地位，其在翻译苏轼题画诗的同时花费大量篇幅介绍苏轼与文同的创作互动，以此佐证北宋文人画作品以及文人之间以诗画会友的互动关系。喜龙仁认为，苏轼的墨竹绘画创作理论源于其对生命意义的终极思考，体现了中国绘画艺术的精髓所在，为此，他将苏轼大量题画诗作品翻译并传播至西方世界，为后学研究提供了重要的参考价值。

（二）绘画创作技法与艺术理论研究

中国传统绘画追求"神似"而非"形似"，北宋文人画亦追求"写意"。苏轼亦

① 谈晟广：《画人画诠》，石家庄：河北教育出版社，2009年，第48—55页。

② 杭斌：《苏轼绘画的思想内涵及其创作观浅析》，《短篇小说：原创版》，2014年第5期。

多次强调创作需要注重意境呈现和自我表现，达到“文以达吾心，画以适吾意”之境界。比如，其曾在《书鄢陵王主簿所画折枝二首其一》中明确提出“绘画以形似，见与儿童邻”的理论；又在文同墨竹画作题记《净因院画记》中指出，“余尝论画，以为人禽宫室器用皆有常形；至于山石竹木水波烟云，虽无常形而有常理”；在《又跋汉杰画山二首》中表示，“观士人画如阅天下马，取其意气所到”。由此，“常理”与“写意”构成了苏轼画论的核心。[①] 喜龙仁将该观点体现在对苏轼画论的翻译之中，认为“常理”与“写意”是北宋文人画寻求绘画内在精神与特征的重要理论，亦是评价北宋绘画艺术水平的核心标准。

苏轼思想广受儒、道、佛影响，这一点同样体现于其艺术创作中。对于墨竹创作技法，苏轼《书晁补之所藏与可画竹三首》中云：“与可画竹时，见竹不见人。岂独不见人，嗒然遗其身。其身与竹化，无穷出清新。庄周世无有，谁知此凝神。”以此评价文同在进行墨竹绘画创作时“身与竹化”、入神而“忘我”的创作状态，该创作理论与中国禅宗教义和老庄哲学中要求肉体与自然合而为一以获得精神释放的态度较为契合[②]，也是其艺术创造受宗教思想影响的佐证。喜龙仁认为，若将苏轼画论作为探究中国传统绘画技法的切入点，那么苏轼的题画诗正是其绘画理论的文本诠释，由此通过翻译苏轼题画诗可解读其绘画技术要领，遂提出结合不同文本需要加以对应的跨文化翻译处理策略。例如，喜龙仁将“无我”译为“unconscious of his human form”，将“凝神”译为“a concentration of the spirit”，以避免中国古诗文译为英文时的语义曲解；将“蛟蛇”译为“like dragons and snakes”，以帮助读者理解其形象；在苏轼原诗文“吾诗固云尔，可使食无肉”后补充“but not without bamboos”，以帮助读者进一步理解原文刻画的墨竹画对北宋文人艺术审美价值观的影响。

三、对苏轼绘画创作精神内涵及艺术批评的研究

（一）宗教思想影响下的绘画创作精神

苏轼的题画诗以儒释道三教思想为信仰支持，前期尚儒而后期尚道尚佛。

① 汤志刚：《从苏轼的题画诗看其绘画美学观》，《作家》，2011 年第 12 期。

② 乔志强：《20 世纪中国美术史学史研究》，广州：广东人民出版社，2016 年，第 255—258 页。

早期的苏轼重视儒家所倡导的社会责任,总是十分关切百姓疾苦,而随着后期官宦仕途屡遭贬谪,其开始反思人生意义和生命终极命题,转向宗教信仰以寻求精神解脱,这一转变亦体现在他的艺术作品中。中国文人画即是哲学思想的不自觉反映,显露出天人合一、生命渺小的价值观。苏轼进行书法、绘画艺术创作前有饮酒的喜好,曾言"吾酒后乘兴作数十字,觉气拂拂从十指中出也"。在其诗作《薄薄酒二首》中更言"生前富贵,死后文章,百年瞬息万事忙","不如眼前一醉是非忧乐两都忘"。中国古代文人常"以酒会友"[①],苏东坡及其友人亦常于彼此家中聚会畅饮并酒后创作。黄庭坚曾评价苏轼酒后创作:"性喜酒,然不过四、五龠已烂醉,不辞谢而就卧。鼻鼾如雷,少焉苏醒,落笔如风雨。虽谑弄皆有意味,真神仙中人。"醉酒后的苏轼创作欲望激发,会更加全身心地投入艺术创作的"无我"状态;其大醉后于友人郭祥正家中墙壁上作的墨竹画题诗,即反映了其酒后创作的真实心理活动:"枯肠得酒芒角出,肝肺槎牙生竹石。森然欲做不可回,吐向君家雪色壁。"生性豁达的苏轼酒后之作亦磅礴大气,鲜有悲戚苦闷之情绪,而这也引起了喜龙仁的格外关注。

喜龙仁认为,悟道是解读中国绘画精神精妙之处的关键,只有将其与领悟艺术结合,方能成就真正的艺术[②],因而,他亦关注到了苏轼艺术创作过程中"悟道"与饮酒的双重所在,并在翻译中将苏轼艺术创作中的宗教思想表现诠释为"悟道"。苏轼所作《郭祥正家,醉画竹石壁上,郭作诗为谢,且遗二古铜剑》中的"枯肠得酒芒角出,肝肺槎牙生竹石",正是其艺术境界的深刻总结。政治生涯屡遭挫折的苏轼在艺术创作中仍然表现出超凡脱俗的豁达与豪放,完全颠覆了西方学界眼中近代中国文人孱弱、萎靡的印象和对中国传统文人形象的刻板认知。[③] 喜龙仁将苏轼作于郭祥正家中墙壁上的题画诗中的"书墙涴壁长遭骂"译为"I scribbled my poems and defiled the walls, and was often cursed in return",向西方世界传达了一位喜爱绘画、作诗,弄脏墙壁遭受谩骂仍不在意的天真才子的形象。

(二) 艺术批评理论研究与梳理

苏轼不仅是一名优秀的创作者,还是一名杰出的艺术批评家,他曾采用论

---

① 朱靖华:《苏轼新论》,济南:齐鲁书社,1983 年,第 88—96 页。

② 施錡:《西方视野中"禅画"范畴的生成与变迁》,《美术学报》,2019 年第 6 期。

③ 徐华:《从西方对苏轼的多视角解读看中华民族形象的国际构建》,《贵州民族研究》,2018 年第 8 期。

画诗、画赞文、序跋文及记文等文体评论了魏晋至北宋时期的几十名画家及其作品，所评画类包括人物、山水、花鸟、宗教等画科，提出了大量绘画艺术理论[①]；其亦曾批评自己的书画："吾书虽不甚佳，然自出新意，不践古人，是一快也。"1935年，喜龙仁在瑞典《地理志》杂志发表《作为艺术批评家的苏东坡》，文中对苏轼生平及其绘画创作、画论思想做了系统介绍。1936年，喜龙仁出版《中国画论》，分别从"山水与诗画"、"史学家和理论家"角度对苏轼、米芾等人的画论思想进行译介，尤其针对以苏轼为代表的北宋文人画理论进行了详尽介绍。[②] 喜龙仁认为，苏轼的绘画理论对其好友米芾、黄庭坚、李公麟等人有所影响，故以苏轼作品为脉络挖掘同时期的优秀艺术创作者，并对他们的绘画思想进行介绍。他认为，相对于苏轼而言，这些画家更注重形式相似和精神价值的相对重要性，由此进一步反映了苏轼画论思想的权威地位。[③] 随着喜龙仁对苏轼研究的深入，他对中国古代绘画史的研究视野逐步从北宋时期拓展至隋唐五代，并且有了较为明晰的研究脉络和深度认知。苏轼对绘画作品的批评特点为：借评画抒情、以画评人、评论绘画技巧及艺术成就，同时借评画提出自己的绘画理论。例如，他曾在《题李景元画》中评价创作者"百年寥落何人在，只有华亭李景元"；在《次韵吴传正枯木歌》中称赞作者"不独画肉兼画骨"；评吴道子"吴生虽妙绝，犹以画工论"；在《书鄢陵王主簿所画折枝二首》中提出"诗画本一律，天工与清新"；在《文与可画筼筜谷偃竹记》中提出"胸有成竹"的绘画理论；在《净因院画记》和《书竹石后》中提出"常形""常理"和"形理两全"等理论观点。基于在中国传统绘画史上的权威地位，苏轼对前人及同时期画家的艺术批评给后人带去了深远的影响，喜龙仁将苏轼散落于诗歌、题画诗、笔记中的艺术批评文字加以整理并进行翻译，为西方学者研究中国绘画史提供了新的线索和视角。

① 刘桂荣、王欣欣：《苏轼的艺术批评思想及其哲学根源》，《西南民族大学学报（人文社会科学版）》，2016年第1期。

② 殷晓蕾：《20世纪上半叶欧美文化圈的宋代画论研究》，《中国书画》，2017年第7期。

③ Osvald Sirén, *The Chinese on the Art of Painting*, New York: Dover Publications, 2005, p. 63.

四、学术特点及对西方学界研究中国传统绘画的影响

作为西方学界最早系统翻译和介绍中国绘画理论的著作，喜龙仁在其《中国画论》中对以苏轼为代表的北宋名画家画论思想进行了大力褒扬。通过对历史发展线索进行梳理，喜龙仁着重强调文人画中的诗画关系、气韵等问题，精准把握了中国北宋绘画艺术发展的学术脉络，为西方汉学界研究中国绘画艺术做出了卓越贡献。此后，西方学者研究中国绘画作品时不再局限于主题、材质、用笔等外在形式，而是开始注重对画作内在神韵以及创作灵感的发掘。[①] 喜龙仁多次实地来访考察，对中国传统绘画、雕塑、建筑、园林等艺术均有较为深刻的感悟，并获得了丰硕的研究成果，其艺术素养全面而深厚，故而能跳出传统西方学者研究时带有的主观和批判思维，以更加契合中国艺术的内涵来对中国传统绘画艺术作品进行研究。他虽不精通中国古汉语，但能通过中国助手来深入探讨深奥的中国古代绘画创作技法等学术问题，他不仅充分考虑了艺术家及其作品所处的文化、政治、历史背景等相关因素，亦注重研究对象之间的相互联系和发展变化。[②]

严格意义上的现代美学发源于西方，但中国文人早已在历史长河中形成了自身特有的美学意识和审美观念，因此，中国传统绘画具有不同于西方古典艺术的独特美感和特有的艺术评判标准。中国传统绘画常常与文学或哲学相关联，讲究天人合一，秉承庄周思想，从中能够窥探该时期的历史、政治、文化等背景因素，成为解释某一特殊现象的艺术载体。中国传统绘画艺术在 20 世纪初便引起了西方汉学界的关注，但由于绘画藏品有限，导致其研究未能形成流派，也鲜有成果。近代中国社会形势动荡，时局危难，大量宫廷文物珍品流出、散落至西方世界，西方学者在研究日本绘画艺术的过程中追根溯源，关注到中国传统绘画艺术，由此，西方汉学界逐渐兴起面向中国绘画艺术的研究热潮。早期的西方汉学界针对中国传统绘画艺术往往采取较为笼统的、概括性的研究方法，但缺乏一手资料和实际画作支撑的研究成果缺乏说服力。[③]

---

① 瓦尔特·本雅明：《摄影小史》，许绮玲、林志明译，桂林：广西师范大学出版社，2017 年，第 158 页。

② 殷晓蕾：《20 世纪上半叶欧美文化圈的宋代画论研究》，《中国书画》，2017 年第 7 期。

③ 巫极：《西方人眼中的中国绘画——评〈图说中国绘画史〉》，《中国高校科技》，2018 年第 7 期。

喜龙仁将中国传统绘画艺术系统、全面地介绍至西方世界，对增强中国艺术的国际影响力做出了突出贡献。他尝试以中国人的文化视角进行观察和译介，其研究方法和研究理论对后来的西方学者研究中国传统艺术产生了深远影响，为西方汉学界认识东方艺术开辟了全新的路径。[①] 喜龙仁对苏轼诗歌与画论的翻译与解读，是其对中国传统绘画艺术整体研究框架的重要组成部分，而将绘画作品与诗歌文本联系起来进行互证研究的跨艺术领域研究，更是开创了西方学界对中国传统文化艺术的研究方法的历史先河，有效填补了西方学界对中国传统绘画艺术研究领域的空白。其研究特点可归纳为以下四个方面：

一是采取跨艺术诗学的全新研究方法。中国题画诗是世界艺术史上极为特殊的美学现象，其采用诗歌文本与绘画作品相结合的艺术形式，给人以诗情画意、浑然一体、相得益彰的美感享受。题画诗滥觞于北宋时期，喜龙仁关注中国传统文人画这一特殊艺术形式，并以题画诗为切入点寻找中国诗歌与绘画的共通之处，探寻诗歌与绘画的艺术审美契合，而苏轼正是这一艺术形式的集大成者。喜龙仁将苏轼在跨艺术诗学领域的艺术成就和创作理论翻译、推介至西方世界，为后人研究中国传统艺术提供了珍贵的研究线索和方法论借鉴。

二是悉心归纳、系统梳理研究材料。作为西方学者，喜龙仁为探索中国传统艺术放弃了优越的斯德哥尔摩大学教授职位，显示出其对于中国文化的热爱与敬意；他不擅中文，需要在学术助手或翻译的帮助下理解古汉语，但其主张学术研究言必有据，因而其往往通过编纂原始资料、系统归纳梳理研究材料来阐述观点；在对以苏轼为代表的中国传统绘画艺术研究中，喜龙仁对散落的创作技法、艺术批评标准、艺术创作来源等绘画理论进行收集、整理、提取，形成了系统的画论体系。

三是对中国绘画术语的跨文化处理。喜龙仁在对中国绘画艺术理论的翻译中十分注重对专业术语的跨文化处理，注重使用延伸意义的词汇，使读者能够更为晓畅地了解中国传统绘画理论，避免西方读者陷入先入为主的惯性思维。例如将苏轼诗论、画论中常见的古典哲学概念“化工”译为“the boundless gift of heaven”，将“气韵”译为“the resonance of the spirit”，将“常理”译为“constant principle or inherent reason of things”。[②] 美国波士顿美术馆前馆长

① 张帆影：《“采莓者”的探索：喜龙仁的中国绘画研究之路》，《美术观察》，2017 年第 11 期。

② 吉灵娟、殷企平：《喜龙仁的苏轼书画理论译介研究》，《杭州师范大学学报（社会科学版）》，2020 年第 42 期。

方滕表示，喜龙仁的英译文《中国画论》在中文基础上增添了诗意成分，颇具韵味。荷兰汉学家、外交家高罗佩(Robert Hans van Gulik)更是尤为钟爱喜龙仁的英文编著《中国画论》。

四是注重采取绘画原作来实证研究观点。在喜龙仁对中国传统绘画艺术研究的早期阶段，他编纂了多部藏品著录，其中以《藏于美国的中国绘画》最具代表性，著录中详尽标注了画作主题、尺幅等基本信息，并对作品所处的历史环境和时下归属加以论述介绍。在其出版的《早期中国绘画史》、《中国人论画》以及《晚期中国绘画史》中，喜龙仁将庞大的绘画材料资源融入系统的述史方案，为论述提供了直观的图像参照。在其创作《中国绘画：大师和原理》期间，喜龙仁以二战中立国公民的身份得以前往中国大陆和台湾地区进行实地参观考察，将所收获的珍贵绘画作品尽数收录[①]；在其针对中国传统绘画艺术的研究著作中亦收录了苏轼所创作的墨竹图与山水画，以及苏轼的友人文同、米芾、李公麟等人的作品。

五、结语

喜龙仁所处时代的西方学界，对中国传统绘画艺术尚处于宏观性推介异域文明、鲜有具体绘画作品分析的起步阶段。喜龙仁痴迷于东方古典艺术魅力，以编译中图诗歌与画论作品成为西方学界探究中国传统绘画艺术的探路者。他较早地关注到了以苏轼为代表的北宋文人画这一特殊艺术形式，采取了跨艺术诗学的开创性研究方法，悉心归纳、系统梳理原始资料，强调采取绘画原作实证研究观点，跳出了既往西方学界对中国传统艺术的主观限制，有效填补了西方汉学界研究的空白和不足。他在诗歌与画论的翻译中采用跨文化处理的策略，使相关论述更易为西方读者所理解和接受。他以西方艺术史学家的专业水准佐以换位中国人文化视角的可贵尝试，为西方学者研究中国传统绘画艺术开辟了全新视角和创新路径，对中国学者亦有可鉴之处。

① Osvald Siren, *The Chinese on the Art of Painting*, NewYork: Dover Publications, 2005, pp. 1 – 288.

On Osvald Siren's Translation and Overseas Dissemination of Su Shi's Poetry and Painting Theory

Yin Fei, Fu Xinglin

Abstract: The Swedish art historian Osvald Sirén is a pioneer in the study of Chinese art in western academic circles and one of the first Western scholars to systematically study the history of Chinese art. This article takes Osvald Sirén's translation of Chinese classical poetry and painting theory represented by Su Shi as the research object, based on Osvald Sirén's perspective on the relationship between Su Shi's poetry and painting, and the content of Su Shi's recognition of the typical value in the field of traditional Chinese culture, the status evaluation in the field of calligraphy and painting art criticism, and the promotion of the early Western studies of Chinese art were taken as the research content. The results show that Osvald Sirén used the basic principles of Western art history to outline a complete knowledge of Chinese painting, to translate and spread Su Shi's life experience, poetry, painting creation and painting theory to the Western world. Realizing the initial construction of the cognitive image of Su Shi and Chinese traditional culture by western scholars, and creating the first research on Chinese traditional art in the western world, and provided it with a "paradigm" research theory of art history and cultural history, expand the path and development ideas of Chinese excellent traditional culture spreading in the western world.

Keywords: Osvald Sirén, Su Shi, painting theory, translation, Chinese art history

俄罗斯汉学史：1917—1985年苏联道家哲学资料研究*

[俄]阿·列·梅申斯基著　张海鹰　张立岩译**

［摘　要］　本文分析了1917—1985年苏联学者和译者对《道德经》和《庄子》关注度提升的决定因素。很多研究者的目的是在中国哲学中找到唯物主义和唯心主义。文章列举了一些苏联政治家、学者和译者的见解，分析了俄罗斯早期道家问题的历史哲学文献。

［关键词］　道家；《道德经》；《庄子》；苏联汉学；史料研究；唯物主义与唯心主义之争

* 为方便读者阅读，译者将原文中所有脚注均译为中文，如需查阅原文，可参见俄罗斯杂志《中国社会与国家》，第45卷第17—1期，莫斯科：俄罗斯科学院东方学研究所出版，2015年，第336—385页，或联系译者（电子邮箱：zhy0713@126.com）。

** 阿列克谢·列昂尼多维奇·梅申斯基（А. Л. Мышинский），男，哲学副博士，位于俄罗斯叶卡捷琳堡的乌拉尔联邦大学的社会政治学院东方学教研室副教授，汉名：朱志成，电子邮箱：sanrenxing@yandex.ru。张海鹰（1972—　），女，黑龙江饶河人，历史学博士，吉林大学公共外语教育学院俄语教研室讲师，主要研究领域为俄罗斯历史文化、翻译学。张立岩（1972—　）女，吉林长春人，俄语语言学博士，吉林大学公共外语教育学院俄语教研室副教授，主要研究领域为俄罗斯媒体语言学。

本文是我的副博士论文《俄罗斯历史哲学文献中的早期道家哲学问题》的一部分。俄罗斯汉学的复杂性俨然一部侦探小说。出于各种原因，我无法涵盖我国汉学的所有方面，所以我的研究重点是我们的汉学家如何研究和翻译《道德经》和《庄子》。不过，俄罗斯的道家哲学研究也折射出俄罗斯汉学的所有主要问题。至于十月革命前的汉学以及苏联解体后我国汉学中的研究新作，我将独立成篇，另文讨论。

新派苏联汉学家的活动始于 1935 年，自 1973 年起逐渐淡出。1935 年之前，俄罗斯道家哲学中以老派汉学家(阿理克院士及其学生楚紫气)的观念为主。自新一代东方学学者活动之始，情况发生了变化，新派苏联汉学家在研究古代思想时欲探寻一些亟待解决的政治问题的答案，因此应该提及一些影响他们工作的事件，其中有 1911 年的辛亥革命、1912 年 1 月 1 日的中华民国宣告成立以及与此相关的苏联人民对中国劳动者和孙中山本人的好感。有人认为孙中山与道家有直接关系，因为"在其民主学说拟定中也使用了老子的观点"[①]。同时，孙中山是一位"伟大的中国革命者"，他的思想与"马克思列宁主义思想"并列。[②] 有人臆断：如果孙中山的观点是进步的和革命的，那么老子的观点亦如此。

还要提及的是 1929 年 7 月的中东铁路军事冲突，虽未影响苏联民众对中国普通劳动者长久不变的好感，但却引发了苏联人对蒋介石的不满。1931 年日本侵占中国东北、1937 年中国人民开始反抗日本侵略者的民族解放战争，这些都引起所有苏联人，当然，包括汉学家的强烈同情。这些情绪始于列宁，早在 1915 年他就回答了一个无产阶级政党如果通过革命夺取政权后应该做什么的问题，他写道："……推动现在受大俄罗斯人压迫的一切民族、亚洲的一切殖民地和附属国(印度、中国、波斯等)举行起义，……俄国无产阶级的胜利将会给亚洲和欧洲的革命的发展创造非常有利的条件。"[③]苏联汉学家受到鼓舞加入了

---

① A. A. 彼得罗夫：《中国哲学概述》,《中国：历史、经济、文化、为民族独立英勇斗争》,莫斯科-列宁格勒，1940 年，第 269 页。

② A. A. 彼得罗夫：《中国哲学概述》,《中国：历史、经济、文化、为民族独立英勇斗争》,莫斯科-列宁格勒，1940 年，第 272 页。

③ B. И. 列宁：《几个要点》,全集第 27 卷，第 51 页。

反对帝国主义的斗争，并以科研工作“帮助海外各族人民争取民族解放”①。

第一个新派汉学道家学者是彼得罗夫（А. А. Петров）（1907—1949），他认为道家在传统上与儒家对立。1917 年之后儒家越来越常被称为反革命。② 如果反革命利用的是儒家，那么革命者就应该利用道家；如果反革命的儒家被推断为唯心主义的和反动的，那么道家就应该是唯物主义的和先进的。这促使苏联研究者去道家哲学中找寻唯物主义。

新派苏联汉学家，一方面，需要揭发革命前的汉学研究为沙皇制度殖民政策辩护的本质，另一方面，也需要回击外国资产阶级汉学家意识形态的攻击，因为他们“服务于资本主义……把知识用于巩固帝国主义永远奴役东方各民族的霸权”③。

1935 年之前学界普遍认为在辩证唯物主义（“人类所创造的所有美好的宏伟结合”）中占主要地位的是古希腊哲学。德谟克利特的哲学是唯物主义的起源，而（爱非斯的）赫拉克利特的哲学是辩证法的起源。彼得罗夫认为这种观点是错误的，也需要在东方哲学中，尤其在中国哲学中，“揭示”那些可以成为唯物主义和辩证法起源的哲学学说。④

第一篇关于中国哲学的“马克思列宁主义”文章是彼得罗夫 1935 年发表的《俄国资产阶级汉学中的中国哲学：书报评论概述》。这篇文章的大部分内容都在批判革命前学者的观点，因为他们没有“揭示”中国哲学中唯物主义和辩证法的根本，总之他们处于其他阶级立场，无法做到这一点。

在这篇文章中彼得罗夫在纠正其他人的错误的同时也表达了自己的观点。在斥责索洛维约夫（В. С. Сольвьев）的无知后他写道：“道并不像作者所想的那样代表一切消极的力量，而是一种绝对积极的力量。在唯心主义层面阐释的这种力量，从道的角度，的确是一种‘存在的不确定潜力’，是一种不存在，但对于唯心主义者同时却是绝对而唯一的现实存在。”⑤

---

① А. П. 巴兰尼科夫：《苏联东方学当前的任务》，《科学院学报》，1940 年第 7 期，第 1 页。

② А. А. 彼得罗夫：《中国哲学概述》，《中国：历史、经济、文化、为民族独立英勇斗争》，莫斯科-列宁格勒，1940 年，第 272 页。

③ А. П. 巴兰尼科夫：《苏联东方学当前的任务》，《科学院学报》，1940 年第 7 期，第 1—2 页。

④ А. А. 彼得罗夫：《俄国资产阶级汉学中的中国哲学：书报评论概述》，《东方图书学》第 7 期（1934），莫斯科-列宁格勒，1935 年，第 5 页。

⑤ А. А. 彼得罗夫：《俄国资产阶级汉学中的中国哲学：书报评论概述》，《东方图书学》第 7 期（1934），莫斯科-列宁格勒，1935 年，第 10 页。

结果，任何道家学者都成了唯心主义者。此外，从彼得罗夫使用的术语判断：任何道家学者还是黑格尔派。（试比较黑格尔："纯存在是纯粹的抽象，因此是绝对的否定。这种否定，直接地说就是虚无。"①）

1935 年，对于彼得罗夫来说老子的*道*就是某种类似绝对思想的东西，而老子本人却是类似黑格尔的绝对唯心主义者。但接下来，当彼得罗夫评价格奥尔吉耶夫斯基（С. М. Георгиевский）的道家研究时出现了一个矛盾。他先是夸赞格奥尔吉耶夫斯基，说他正确地看到了老子道家的历史意义，试图从唯心主义出发解决外部世界多样性的起源问题。

接下来却是一个把我们带进死胡同的片段。"**道**，因而，被视为超验的、形而上学的，是现有一切的源泉。单个事物只是决定其存在的绝对的*道*的局部表象。作者强调*道*同时既是原始物质（世界物质）又是最先存在的意识（理性），因此将**道**泛神论地阐释为普遍性质，而不是以客观唯心主义、世界精神或理性为方式的抽象的*道*。"②

难以理解*道*怎么能同时是"超验的"和"内在的"（**道** = 物质 + 意识）；难以理解老子怎么能同时是客观的唯心主义者和泛神论者；难以理解彼得罗夫为什么夸赞格奥尔吉耶夫斯基：忽而因对于道家的客观唯心主义阐释，忽而因泛神论的阐释；而最主要的，难以理解彼得罗夫本人是怎么想的。彼得罗夫没有提供任何论据证明他的阐释，很遗憾。

还可以谈一下他对术语**无为**的解释。分析革命前的汉学家伊万诺夫（А. И. Иванов）的观点时，彼得罗夫夸赞他正确地理解了**无为**——这不是清静无为的说教，而是将人类活动与*道*协调一致的艺术。

1936 年彼得罗夫更明确地表达了自己的观点："道家哲学是一个客观唯心主义体系，就其深度是对世界本质极其唯心主义的理解。"③

苏联的社会政治环境驱使研究者展现早期道家进步的、唯物主义的性质。彼得罗夫 1935—1936 年的文章没有接受道家学说被假设为唯物主义的论点，

① 黑格尔：《逻辑科学》，《哲学科学百科全书》第 1 卷，莫斯科：思想，1975 年，第 221—222 页。

② А. А. 彼得罗夫：《俄国资产阶级汉学中的中国哲学：书报评论概述》，《东方图书学》第 7 期（1934），莫斯科-列宁格勒，1935 年，第 14 页。

③ А. А. 彼得罗夫：《中国哲学史：王弼（226—249）》，莫斯科-列宁格勒：苏联科学院出版社，1936 年，第 39 页。

但在他那里能够找到一些关于道家进步性的评论,与反动的儒家相对立。例如,老子在其学说中提出思维与存在的关系问题,而孔子根本回避提出这样的问题。①

1938 年《联共(布)党史简明教程》出版后情况发生了变化。每一个马克思主义者,包括汉学家,都要向这本书"有关辩证唯物主义和历史唯物主义"的章节看齐。一切进步的和先进的都必须是唯物主义的或辩证法的,哪怕是"自然唯物主义"的和"朴素辩证法"的。②

彼得罗夫在 1940 年的《中国哲学概观》中"成功"地发现了道家中既有唯物主义也有辩证法,甚至还有纯理性主义!按照他的话说,如果在上面提到的两篇文章中他使用的是"逻辑方法",即在抽象的客观现实中、在具体的历史背景之外、在发展的最后阶段研究早期道家哲学理论,那么在 1940 年的文章中他使用的已经是"比较历史方法",得以将早期道家理解为哲学发展中的一个阶段、一个环节,并得以阐明其发展趋势和逻辑。

彼得罗夫指出,很多研究者都在研究古代道家,围绕老子有大量中文、日文和西文的文献,但这一学说及其主要范畴——**道**的哲学本质至今仍未得到澄清。"在道家,以《道德经》所反映的形式中,客观唯心主义与辩证思维的某些要素相结合的特征同在。但道家学说,正如中国传统本身所证明的那样,在这座丰碑出现之前就存在了,这无疑是哲学思想长期发展的产物。*道*的概念到目前为止还没有一种普遍接受的翻译,其现有翻译和解释(逻各斯、世界之路、神、世界起因、精神力量、纯超验存在等)并没有表达其真实本质,而是把它变成一个只存在于观念中的原则,没有考虑其基本定义。在基本定义中,有必要指出两点:*道*'纯任自然',**道**'在天帝之前早就存在了'。这些定义表明:*道*在其古代理解中可能具有唯物主义内容,可能是一个既包含遵循自然发展规律的自然界、物质存在,也包含这种存在演化规律的范畴。"③

---

① A. A. 彼得罗夫:《俄国资产阶级汉学中的中国哲学:书报评论概述》,《东方图书学》第 7 期(1934),莫斯科-列宁格勒,1935 年,第 14 页。

② M. 罗森塔尔,П. 尤金主编:《简明哲学词典》,莫斯科:国立书刊联合出版社,国立政治书籍出版社,1939 年,第 157 页。

③ A. A. 彼得罗夫:《中国哲学概述》,《中国:历史、经济、文化、为民族独立英勇斗争》,莫斯科-列宁格勒,1940 年,第 251—252 页。

据称，一些中国思想家对道的定义进行了唯物主义阐释。根据彼得罗夫的说法，韩非(公元前288—前233)和王充(公元27—97)将**道**阐释为“万物之所然也”；戴东原(1723—1777)则称，在天地，则气化流行，生生不息，是谓道。近代中国作者倾向将老子视为自然主义者、无神论者，甚至唯物主义者。胡适认为**道**是“天命”，取代“上天的意志”，反对上帝；冯友兰将**道**视为“天地万物所以生之总原理”。基于**道**的这些定义并考虑其“在一些中国古代思想家和近代科学中”的理性解释，彼得罗夫开始质疑“有关古代道家具有唯心主义特征的普遍观点”，他进一步——正如他觉得的那样——在其历史演变中研究了道家并得出“**道**的范畴在其根源、在其最古老的形式中具有唯物主义内容”的结论。①

这是一个很牵强的论点。**道**这个范畴被中国所有哲学学派所使用，老子的**道**就不同于孔子的**道**，法家(譬如韩非)用唯物主义理解**道**，但由此根本无法得出道家(老子)也是唯物主义者。关于王充和戴东原也是如此。胡适和冯友兰，众所周知，都不是道家，但他们有权对**道**进行自己的阐释。

彼得罗夫写道：“之后道家向唯心主义演变，《道德经》在一定程度上就是这种演变的反映，它反映了唯心主义与神秘主义世界观的某些要素。在古代道家中，我们找到的是辩证思维的要素，它们在形成规律性概念和普遍统一的尝试中、在永恒循环的观念中得以表达，其中可见发展观的萌芽和世界运动辩证性质的原始表达。”②彼得罗夫使用的修饰语清楚地表明他遵循的是《联共(布)党史简明教程》的观点。

彼得罗夫是“马列主义者”杰出一辈中的第一人(这一辈人投入了大量精力将中国古代哲学家拖入“我们的”唯物主义阵营)。他设法在老子那里找到唯物主义动机，杨兴顺会让老子成为一个坚定的唯物主义者，而波兹涅耶娃(Л. Д. Позднеева)会使庄子成为一个彻头彻尾的无神论者、唯物主义者和辩证论者。

彼得罗夫的事业由苏联道家学者杨兴顺(1904—1989)继承。他出生在中国浙江省，1933年毕业于苏联社会科学教师共产主义大学，之后在苏联生活和工作，自1948年起成为苏联科学院哲学研究所的研究员。

---

① A. A. 彼得罗夫：《中国哲学概述》，《中国：历史、经济、文化、为民族独立英勇斗争》，莫斯科-列宁格勒，1940年，第252页。

② A. A. 彼得罗夫：《中国哲学概述》，《中国：历史、经济、文化、为民族独立英勇斗争》，莫斯科-列宁格勒，1940年，第252页。

杨兴顺不止一次指出彼得罗夫在中国马克思主义哲学研究中的功绩，并宣称会继续他的路线。但在1940年，彼得罗夫发表了上述那篇文章；1950年，杨兴顺出版了《中国古代哲学家老子及其学说》一书。这期间发生了一些强烈影响道家研究的事件：苏联赢得了伟大的卫国战争、日本军国主义被打败、1949年10月1日中华人民共和国宣告成立。

在苏联，中华人民共和国宣告成立激发出真正的热情，自此整个苏联知识分子界的任务就是帮助中国进行革命民主主义改造，这项任务充满挑战。

杨兴顺认为，“帝国主义的学术走狗”，“从伟大的民主主义者孙中山的学说中剔除了所有进步的、理性的东西”。[①] 因为普遍认为老子对孙中山民主观的形成产生了影响，因此围绕老子学说又展开了斗争。[②] 杨兴顺称胡适是其道家意识形态的对手。

苏联国内也发生了巨大变化。1947年，围绕亚历山德罗夫（Г. Ф. Александров）的新书《西欧哲学史》进行了大讨论。讨论中的第一个哲学史研究任务是由日丹诺夫（А. А. Жданов）（1896—1948）提出的。他将哲学史完全描述为唯物主义的历史：唯心主义哲学存在于历史哲学论文中，但只是作为唯物主义的批判对象[③]，而对于我们研究者来说研究老子的前提是其唯物主义性质。

日丹诺夫宣称“哲学史是唯物主义与唯心主义的斗争史”。杨兴顺要为老子找出“唯心主义敌人”，他也是这么做的：“中国的唯心主义者，尤其儒家，试图歪曲古代道家学说……为捍卫和推进《道德经》的唯物主义说法，中国唯物主义者与他们展开了激烈斗争。”[④]

再如尤金（В. Ф. Юдин）（1899—1968）解释说，哲学史是世界观的斗争史，反映出各阶级的斗争历史。杨兴顺也写到，《道德经》是广大农民群众不满的表达，

---

① 杨兴顺：《中国古代哲学家老子及其学说》，莫斯科-列宁格勒：苏联科学院出版社，1950年，第4页。

② М. Л. 季塔连科主编：《中国哲学：百科词典》，俄罗斯科学院远东研究所，莫斯科：思想，1994年，第15页。

③《Г. Ф. 亚历山德罗夫〈西欧哲学史〉一书的辩论（1947年7月16—25日速记报告）》，《哲学问题》，1947年第1期，第257页。

④《Г. Ф. 亚历山德罗夫〈西欧哲学史〉一书的辩论（1947年7月16—25日速记报告）》，《哲学问题》，1947年第1期，第284页。

是反对剥削的抗议。① 总之，杨兴顺的书是对 1947 年大讨论中所提要求的回应。

杨兴顺批评阿夫季耶夫（В. И. Авдиев），因为后者声称老子是一个神秘主义者和反动者（阿夫季耶夫成书在 1947 年大讨论之前）。在阿夫季耶夫以后的几版《古代东方史》中，老子已经被证明为一个进步思想家，其学说中已经"具有朴素唯物主义和自然辩证法的要素"②。

杨兴顺的论点可以归纳如下：

论点一：根据大多数西方和俄罗斯汉学家的不科学观点，老子是一个唯心主义者，但从"科学"的角度来看，老子应该是唯物主义者。

论点二：杨兴顺认为老子的唯物主义可以用他翻译的《道德经》译本加以佐证。另外，他认为可以打破《道德经》的段落（章节）结构并从中提取单独的文字链。但正如斯皮林（В. С. Спирин）后来所证明的那样，这是一个错误。③

在翻译时杨兴顺任意添加俄语词，用方括号表示。插入部分通常都是有利于对老子作"唯物主义"阐释的论断。据称，在解释某个文字链时，杨兴顺采用了王弼的经典注释，但在任何地方都没有明示，也没有指出选择王弼注释的理由。

1953 年，在杨兴顺出版该书后不久，斯大林去世了。1956 年，苏共第二十次代表大会召开，开始批判斯大林的个人崇拜。但斯大林和日丹诺夫的哲学史方针仍然有效，一系列追随杨兴顺的论文继续发表，宣称老子为朴素唯物主义者和自然辩证论者，而庄子则为偏离了唯物主义的唯心主义者。④

多年来，老子作为唯物主义者的观念已经成为苏联哲学家（非汉学家）的思维习惯甚至规范。⑤ 而且这种观点经久不衰，杨兴顺的阐释被多次复制。在

---

① 杨兴顺：《中国古代哲学家老子及其学说》，莫斯科-列宁格勒：苏联科学院出版社，1950 年，第 7，8，106，107 页。

② В. И. 阿夫季耶夫：《古代东方史》第三版修订，莫斯科：高等学校，1970 年，第 534—535 页；В. И. 阿夫季耶夫：《古代东方史》第二版，莫斯科：国立政治书籍出版社，1953 年，第 670—671 页；В. И. 阿夫季耶夫：《古代东方史》，莫斯科：国立政治书籍出版社，1948 年，第 540—541 页。

③ В. С. 斯皮林：《中国古文构篇》，莫斯科：科学，东方文学主编，1976 年，第 211—212 页。

④ Г. Ф. 亚历山德罗夫：《社会学说历史：古东方》，莫斯科：苏联科学院出版社，1959 年，第 199—201 页；А. И. 希夫曼：《列夫·托尔斯泰与东方》，莫斯科：东方文学出版社，1960 年，第 52 页，等等。

⑤ Г. Ф. 亚历山德罗夫：《社会学说历史：古东方》，莫斯科：苏联科学院出版社，1959 年，第 198—200 页；Б. М. 克德罗夫：《唯物主义》，《哲学百科全书》（全 3 卷），莫斯科，1964 年，第 351—352 页；В. Г. 伊万诺夫：《古代世界道德史》，列宁格勒：国立列宁格勒大学出版社，1980 年，第 77—84 页。

1984 年的书中，甚至在 1994 年杨兴顺去世后出版的书中，支持老子乃唯物主义的论点还在原文照搬 1950 年的论点。①

第一批对老子哲学的唯物主义阐释进行批评的评论出现于 1966 年，即《中国古代哲学家老子及其学说》这本书出版十六年之后。此后杨兴顺的观点不止一次受到批评，主要从以下几个方面：

1) 老子的哲学是唯心主义的，因为在《道德经》中主要是关于**道**唯心主义性质的阐述。②

2) 老子的哲学是唯心主义的，因为**道**的主要特征是对人的理性和情感的不可达性，而"物质才是在感觉上赋予我们的客观现实"，等等。③

3) 老子的哲学既不是唯心主义的，也不是唯物主义的，因为在中国古典哲学中，不可能找到一个表示物质的术语，也不可能找到一个表示唯心而且只表示唯心的术语。④

4) 老子的哲学既不是唯心主义的，也不是唯物主义的，因为在《道德经》中包含着可以解释为唯心主义、唯物主义、二元论、折衷主义等的阐述。⑤

波兹涅耶娃(Л. Д. Позднеева)(1908—1974)出版于 1967 年的书《中国古代无神论者、唯物主义者、辩证论者》⑥是彼得罗夫和杨兴顺路线的直接延续。该书大部分内容都是写庄子的，且基于两个假设：

---

① 杨兴顺：《道》，《哲学百科全书》第 1 卷，莫斯科，1960 年，第 126 页；《道德经》(杨兴顺汉译俄本，有前言和注释)，《古中国哲学》第 1 卷，莫斯科，1972 年，第 114 页；杨兴顺：《古代中国的唯物主义思想》，莫斯科：科学，东方文学主编，1984 年，第 73—74 页；《道德经》(杨兴顺汉译俄本，有前言和注释)，《古中国哲学》第 1 卷，莫斯科，1994 年，第 114 页。

② Ф. С. 贝科夫：《中国社会政治和哲学思想的诞生》，莫斯科：科学，1966 年，第 177—179 页；Л. С. 瓦西里耶夫：《中国的祭祀、宗教、传统》，莫斯科：东方文学主编，1970 年，第 31，32，219 页等。

③ И. С. 利谢维奇：《中国古代和中世纪之交的文学思想》，莫斯科：科学，1979 年，第 10 页等。

④ А. М. 卡拉佩季扬茨：《古中国哲学和古汉语》，《历史哲学研究(文集)》，莫斯科：科学，1974 年，第 359 页；А. И. 科布泽夫：《中国传统文化范畴问题("圆桌会议"发言 III)》，《亚非民族》，1983 年第 3 期，第 66 页；Л. 米亚尔：《关于〈道德经〉的解释》，《国立塔尔图大学学术论文汇编》，第 558 期《东方学著作》，塔尔图，1981 年，第 120 页。

⑤ А. Е. 卢基扬诺夫：《老子(早期道家哲学)》，莫斯科：民族友谊大学出版社，1991 年，第 5—7 页。

⑥ 1994 年该书再版，书名为《中国智者》。与初版不同的是，1994 年的版本省略了序言并更改了书名。

1) 庄子的唯物主义和无神论继承自老子和列子的唯物主义。[①]

2)《庄子》在主张上是统一的,各章节都充分表达了庄周的世界观。

第一个假设中关于老子唯物主义的阐释是基于彼得罗夫和杨兴顺的观点,而关于列子唯物主义的阐释则属于波兹涅耶娃本人。关于第二个假设,在现代汉学研究中,《庄子》各篇章无论在主张上还是在成文年代上都被认为是有差异的。传统上《庄子》分为"内篇"(1—7)、"外篇"(8—22)和"杂篇"(23—33)。根据亚洪托夫(С. Е. Яхонтов)的看法,"内篇"最早,在时间顺序上早于《道德经》,之后才是"外篇"和"杂篇"。根据格雷厄姆(Graham Angus Charles)的看法,除了"内篇"之外,8—10 章和部分 11—12 章都属于先秦道家;第 28、29、31 章,或许也包括第 30 章,反映的是杨朱学派的观点;12—14 章和第 33 章的大部分是西汉时写成,而且这些章节的学说各执一词。[②]

以下是波兹涅耶娃的某些代表性论点。首先,庄子是唯物主义者,因为他将**道**阐释为"自然、物质,即与人类主观相对的客观现实"[③]。其次,古代道家(庄子和列子)认为原始物质是"奠定万事万物基础的以太、空气(**气**)或最小的因子。他们把死亡看作是向诞生一切的同一以太、同一因子的回归"[④]。

庄子可能具有的唯物主义观是基于**气**作为"物质实体"的首要性上。但关于**气**为起点的论点包含在"外篇"第 22 章中,它的作者不太可能是庄周本人。此外,庄子的**气**并不总是具有"物质实体"的含义,甚至正好相反。

波兹涅耶娃将《庄子》阐释为唯物主义的唯一理由是:希望遵循 1947 年关于哲学史是唯物主义历史的大讨论的方针。

1969 年,季塔连科(М. Л. Титаренко)(1934—2016)尝试对早期道家哲学进行新的阐释。他为《世界哲学选集》编写"中国哲学"部分。关于《老子》,季塔连科"考虑到对该书的最新研究……做了一些澄清",这些澄清与杨兴顺被公认的观点不同。在杨兴顺那里,老子是一个彻头彻尾的唯物主义者,而季塔连科

---

① Л. Д. 波兹涅耶娃:《前言》,《古代中国的无神论者、唯物主义者、辩证论者:杨朱、列子、庄子》,莫斯科,1967 年,第 8 页。

② Е. А. 托尔奇诺夫:《道教:历史宗教描述经验》,圣彼得堡:安德烈耶夫及子孙,1993 年,第 143—144 页。

③《中国智者:杨朱、列子、庄子》,Л. Д. 波兹涅耶娃汉俄译本,圣彼得堡:"彼得堡—21 世纪"出版社;"兰"有限责任公司,1994 年,第 389 页。

④ Л. Д. 波兹涅耶娃:《前言》,《古代中国的无神论者、唯物主义者、辩证论者:杨朱、列子、庄子》,莫斯科,1967 年,第 8 页。

认为，老子的世界观是矛盾的。他为这种解释找到了新的论据，这就是“**有—无**”这两个术语，季塔连科解释为“存在—不存在”。如果**无**，即“不存在”是首要的，则该思想家是唯心主义者；如果**有**，即“存在”是首要的，则该思想家是唯物主义者。而根据季塔连科的看法，老子对**有—无**谁为首要的并没有固定看法，有时承认这个首要，有时承认那个首要。因此，老子的观点“对中国思想以后的发展产生了重大影响，无论对唯物主义还是对唯心主义”①。

现在对**有—无**这对范畴的诠释不同。通常**有**表示有色有形有物之大成，而**无**表示无物无有无形。② “有无相生”（《道德经》第二章）指**有**和**无**是连续的，不能说**有**或**无**哪个首要。因此，将老子的世界观视为唯物主义和唯心主义的矛盾组合是错误的。至于季塔连科的研究技巧，则很不寻常：他认为可以对《道德经》进行“主题分解”，好像它是一个无序的格言集。

关于庄子，季塔连科写道：“庄子引用我们在《道德经》中找到的那些范畴，首先是**道**和**德**，来强化其唯心主义解释。在其认知学说中有很多相对主义以及神秘主义的因素。”③

应该承认，季塔连科对于老子和庄子的结论在客观上反对了杨兴顺和波兹涅耶娃的意见，在学术研究的科学性和真实性方面发挥了作用。

1970 年，瓦西里耶夫（Л. С. Васильев）（1930—2016）质疑道：“一些伟大的苏联学者，特别是杨兴顺和波兹涅耶娃，持续尝试在中国古代哲学理论，尤其是在道家中，发现和突出甚至颂扬唯物主义和辩证法。即使我们同意这些学说中确实存在唯物主义和辩证法的特征，也必须承认，在这些学说中，同时还可以找到更多的唯心主义和神秘主义的特征。一般而言，试图将中国古代学说明确细分为唯物主义和唯心主义的做法通常都会失败，因为首先，在本体论和自然哲学领域，观点的呈现通常都十分模糊，允许各种诠释，在道德和社会政治领域，这种分水岭的划分就更困难了。”④

瓦西里耶夫本人拒绝“唯物主义—唯心主义”对立，他选择了另外一种对

---

①《世界哲学选集》（全 4 卷），第 1 卷第 1 部分，莫斯科：思想，1969 年，第 181—182 页。

② A. И. 科布泽夫：《中国传统文化范畴问题（“圆桌会议”发言 III）》，《亚非民族》，1983 年第 3 期，第 219—220 页。

③《世界哲学选集》（全 4 卷），第 1 卷第 1 部分，莫斯科：思想，1969 年，第 210 页。

④ Л. С. 瓦西里耶夫：《中国的祭祀、宗教、传统》，莫斯科：东方文学主编，1970 年，第 31—32 页等。

立:“理性主义—神秘主义”。结果,道家具有了“神秘主义内容”,而瓦西里耶夫继法国汉学家马伯乐(Henri Maspéro)之后,将老子称作“忧郁的神秘主义者”。

老子的**道**,根据瓦西里耶夫的看法,就是普遍的自然法则,是创造的始末,是深远的形而上学的思辩基础。**道**是所有和一无所有,没有人创造**道**,但是一切都生发于它并回归于它。任何人都无从了解**道**,感官无法触及它。听得到、看得到、感觉得到、理解得了的不是**道**。它恒久常在且取之不竭,无法赋予它名字或名称,无法将其与任何东西相提并论。它无名,但给予所有人名字。它无形,却是一切形式的缘由。**道**超越时空,是无限的和绝对的。甚至上天都遵循**道**,而**道**本身只遵循自然性、纯任自然。伟大的、无所不包的**道**可以生发一切,但只有通过**德**这个中介才能体现出来。瓦西里耶夫将**德**解释为德行。**德**是**道**的具体性质,是发现**道**的手段。如果**道**生发一切,那么**德**养大一切。①

总体来说,瓦西里耶夫对**道**的阐释与阿理克院士相似。值得一提的是:瓦西里耶夫是第一个在苏联汉学文献中提及阿理克院士之活动的人,并把他列入为研究中国精神生活各方面做出巨大贡献的苏联(非资产阶级)学者。② 此外,瓦西里耶夫的书还使受到致命和无情批判的西方汉学广受关注,针对早期道家,这就是前面提到的法国汉学家马伯乐,以及德国研究者卫礼贤(他将老子描述为人类伟大的神秘主义者之一)和美国学者顾立雅。瓦西里耶夫,继顾立雅之后,批评托尔斯泰式的**无为**解读,**无为**不应该是“不作为——就不会有所作为”,因为“一切都将自行完成,事情受规律制约自然而然地完成”。瓦西里耶夫写到,**无为**的原则是由法家提出的,并且与正确的组织管理有关(皇帝必须在这样的基础上建立皇权:一切都像上了发条一样,甚至不需要任何指令,每个人都清楚自己的事情并完美地完成它)。后来这一原则被道家借用,而且在道家这一原则具有两种不同解释:一种接近于法家(追求高质量管理,便于管理的不作为),另一种是绝对的不作为,没有参与生活冲突的意愿。③

瓦西里耶夫对杨兴顺、波兹涅耶娃和亚历山德罗夫提出的对道家的唯物主义阐释进行了义正词严的批评,但他积极评价阿理克院士的著述,也就是说,他称赞了应该批评的人,而批评了应该称赞的人,这是不容忽视的。1971年,在

---

① Л. С. 瓦西里耶夫:《中国的祭祀、宗教、传统》,莫斯科:东方文学主编,1970年,第229,223,224页。

② Л. С. 瓦西里耶夫:《中国的祭祀、宗教、传统》,莫斯科:东方文学主编,1970年,第31页。

③ Л. С. 瓦西里耶夫:《中国的祭祀、宗教、传统》,莫斯科:东方文学主编,1970年,第227—228页。

全苏汉学家科学大会上，谢宁(Н. Г. Сенин)尖锐地批评了瓦西里耶夫的书："在这本书中，公开忽视苏联研究人员普遍认可的成果，唯物主义思想在中国的存在受到质疑或完全否定。令人吃惊的不是意见相左，这在学界司空见惯，而是只援引资产阶级汉学家的偏见来强化其立场的无保留尝试……把苏联汉学家与西方资产阶级汉学家对比而支持后者的做法是我们无法接受的。"[①]此后，正如我们将要看到的，任何偏离将中国哲学史视为唯物主义与唯心主义斗争史的尝试都将被坚决制止。

同样在1970年，鲁宾(В. А. Рубин)(1923—1981)的书《中国古代思想与文化概观》中包含了方法论(和比较学)意义上的一个重要原理：中国古典哲学对其作者来说不是最终目的，而是制定实际行动纲领的踏脚石。与其他中国古典哲学流派相比，道家的理论兴趣表达得更强烈，而且主要集中在自然界。

鲁宾著作中有三点是比较哲学研究者最感兴趣的：道家阐释、超人学说(**原文如此！——作者注**)和道家对文明的谴责。

在对道家的阐释中，鲁宾写到，**道**这个术语"表示宇宙遵循的方式，同时也是无形的、感觉和理智理解不了的原则，因为它宇宙得以出现和发展"。"**道**"是"宇宙的伟大法则，是宇宙起源的神秘原则，它贯穿于每个粒子、每个存在和每个事物"。也许这应该被理解为神秘的泛神论，因为**道**是世界的内在，而且**道**不可能通过情感和理性来感知，但后两者可以"与**道**神秘融合"。[②]

这些阐释接近于阿理克院士和瓦西里耶夫的观点。或许，阿理克院士对鲁宾的影响还体现在他把**神人**理解为"善与恶立场上"的超人。"道德规范，与人类存在的所有其他规范和框架一样，不再与他(**超人——作者注**)有任何关系。他充当起自然力量，带给人们善意，同样也无动于衷地摧毁整个王国。"自然界以超人为代表与社会抗衡，这种抗衡反映的是道家否定社会管理人类生活的权力。"对社会保留自由天性，或换句话说，自我保护是道家的最高义务。只要放弃任何活动就能保护自己，因此**无为**被宣告为最高的德行。"[③]

鲁宾发展了道家谴责文明的主题，在他看来，这对老子和庄子至关重要。鲁宾比较了庄子与(锡诺帕的)第欧根尼的观点并得出结论："在道家学说中认

---

① Л. Д. 波兹涅耶娃：《一些关于儒家唯心化的评论》，《苏联汉学问题》，莫斯科，1973年，第157页。

② В. А. 鲁宾：《中国古代思想与文化概观》，莫斯科：东方文学主编，1970年，第118，133，151页。

③ В. А. 鲁宾：《中国古代思想与文化概观》，莫斯科：东方文学主编，1970年，第128，133页。

知并不能作为最高价值(犬儒学派的观点亦如此——作者注)……根据庄子的说法,一个意识到文明建立在暴力和谎言之上的人,或者应该深居简出,积极地追求与**道**的神秘融合,或者应该促进文明的毁灭。道家的实践性质在《老子》中也表达得相当鲜明,其中**道**的特征经常把我们引向实践规范,根据这些规范,在正确理解**道**的同时,应该让所有生物都走自己的路,并避免将自己的意志强加于它们。”①

瓦西里耶夫和鲁宾的书是苏联汉学“解冻”的证明,但这次解冻并没有持续多久。

在苏联汉学家越来越远离日丹诺夫的方针而勤奋工作时,苏中关系出现了裂痕,这发生在瓦西里耶夫和鲁宾出书之前。

当时迫切需要将苏共第二十四次代表大会的决议贯彻给广大汉学家,以及制定具体措施来落实大会决议。在大会召开八个月后的1971年11月发生了一个事件,对苏联汉学的影响可以与1947年的大讨论相提并论,这就是11月29日至12月1日召开的全苏汉学家科学大会。会议材料于1973年以《苏联汉学问题》命名出版。1975年,美国学者E.斯图尔特·柯比出版了《俄罗斯的中国研究:苏联汉学的进步与问题》一书,这是全苏汉学家科学大会材料的英文译本。译本加注了评论,有时不怀好意,有时令人困惑。

我们更感兴趣的是对中国哲学研究以及早期道家研究的一般方法论要求。

大会由费多谢耶夫(П. Н. Федосеев)院士简短致辞开幕,他强调了苏联汉学的任务:“……为我们党、政府机关制定对华政策的具体措施提供实际帮助,促进恢复与中国人民的友好关系。”②

柯比在这个地方评论说,汉学得到了苏联政府的支持,但只有汉学家遵循苏联领导层的政治路线才能得到这种支持。既要对大国沙文主义展开批评,又要寻找使苏中关系正常化的方法,这要求苏联汉学家“极大的辩证技巧”③。

当时,全苏汉学家科学大会召开前不久才成立的远东科学研究所是一个对毛泽东思想进行意识形态攻击的学术中心。远东科学研究所的工作具有明显

① B. A. 鲁宾:《中国古代思想与文化概观》,莫斯科:东方文学主编,1970年,第140—144,151页。

② П. Н. 费多谢耶夫:《苏联汉学的迫切任务》,《苏联汉学问题》,莫斯科,1973年,第6页。

③ E. Stuart Kirby, *Russian Studies of China: Progress and Problems of Soviet Sinology*, Basing-stoke: The Macmillan Press, 1975, XIV, p. 5.

的意识形态色彩,甚至“由不知情的警察守卫,该机构给人以专门机构的印象,负责为苏联领导层收集和分析信息,确定远东地区的政策”①。

远东科学研究所所长斯拉德科夫斯基(М. И. Сладковский)在大会上就苏联汉学的现状和任务做了一个长篇报告。他发言的第一部分专门讨论俄苏汉学概况。斯拉德科夫斯基说到,从康拉德(Н. И. Конрад)(1891—1970)的著述开始,在俄罗斯汉学中产生了一个新流派,它诞生于“向斗争中的中国人民伸出国际援助之手”②的苏维埃国家的社会主义政策。

柯比对此指出:“自从列宁看到对资本主义的重点打击必须打击其软弱的腹部,即殖民地,特别是亚洲处于水深火热之中的那些地方,汉学的完全政治化就开始了。”③

斯拉德科夫斯基承认:在对苏联汉学之形成具有决定性影响的学者当中有阿理克院士。同时他向彼得罗夫和波兹涅耶娃致敬,之后开始谴责我们“有些”学者对中国革命不加批判的评论,详细分析了这些错误的原因,并指出苏联汉学应该在世界上占据主导地位。“只多不少”,柯比不怀好意地指出。④ 斯拉德科夫斯基写道:“反社会主义的资产阶级汉学……经常披着考古的外衣。”柯比遗憾地指出,所长先生混淆了“罗马贵族与法国衣衫褴褛的人”⑤。斯拉德科夫斯基的主要思想就是必须进一步将汉学政治化(第二年,即1972年,斯拉德科夫斯基当选苏联科学院通讯院士)。

谢宁(Н. Г. Сенин)(1918—2001)的报告是直接写苏联的中国哲学研究的,在对苏联论文的方法论水平进行描述时,他看到了我们汉学家的最大功绩:中国哲学史“开始被视为两条主要路线——唯物主义与唯心主义的产生和发展以及相互斗争的历史”⑥。

正如我们所见,谢宁在1971年重现了日丹诺夫1947年针对中国哲学史的

---

① E. Stuart Kirby, *Russian Studies of China*: *Progress and Problems of Soviet Sinology*, p. 4.

② М. И. 斯拉德科夫斯基:《苏联汉学的现状和任务》,《苏联汉学问题》,莫斯科,1973年,第8页。

③ E. Stuart Kirby, *Russian Studies of China*: *Progress and Problems of Soviet Sinology*, p. 6.

④ М. И. 斯拉德科夫斯基:《苏联汉学的现状和任务》,《苏联汉学问题》,莫斯科,1973年,第7—9,12页;E. Stuart Kirby, *Russian Studies of China*: *Progress and Problems of Soviet Sinology*, p. 5.

⑤ М. И. 斯拉德科夫斯基:《苏联汉学的现状和任务》,《苏联汉学问题》,莫斯科,1973年,第12页;E. Stuart Kirby, *Russian Studies of China*: *Progress and Problems of Soviet Sinology*, p. 5.

⑥ Н. Г. 谢宁:《苏联的中国哲学研究:结论和任务》,《苏联汉学问题》,莫斯科,1973年,第157页。

方针。此外，正如谢宁指出的，苏联汉学家在研究中开始使用"最重要的方法论原则之一——党性原则"[①]。

关于党性，柯比指出："俄语单词'党性'比党派具有更广泛的意义，它要求研究者不仅要确定每位思想家的阶级地位，而且要从对应时代某个历史进步阶级的角度来分析和评价每种哲学学说。"[②]

谢宁指出，选择中国哲学原著进行俄语翻译时，重点在一些能够反映唯物主义和辩证法的材料(《道德经》和《庄子》)上，以及哲学(世界哲学选集)中反映两条路线之间的斗争上。详细分析中国唯物主义思想的研究成果时，谢宁再次热烈赞扬彼得罗夫、杨兴顺和波兹涅耶娃，因为这些研究者的路线获得了当局支持。而瓦西里耶夫的路线(可以追溯到阿理克院士)则相反，没有获得官方认可。[③]

在嵇辽拉(1928—2018)的发言中也对杨兴顺和波兹涅耶娃大加赞扬[④]，他在 1971 年之前曾领导苏联科学院东方学研究所中国部党支部，之后调到远东科学研究所工作。

然而，这些相互吹捧被阿理克院士的一个学生——艾德林(Л. З. Эйдлин)(1909—1985)教授尖锐的发言打断。他引用自己老师的话"到目前为止，我们还没有一本可以阅读的中国经典译著"，并痛苦地指出，"幸运的是，我不必回答近年来儒家和道家经典翻译中发生了什么变化的问题"。[⑤] 这句话包含了对杨兴顺和波兹涅耶娃的猛烈抨击，因为道家经典正是《道德经》和《庄子》。

艾德林的发言还包含了对波兹涅耶娃"中国文艺复兴"概念直接而尖锐的批评。这个死胡同的想法是由康拉德提出的，"古代——中世纪——近代史"这种古老的欧洲模式被外推到世界史，因此，意大利文艺复兴需要在中国找到对应项。一些研究者抓住这一想法，其中包括波兹涅耶娃，她是 1970 年《中世纪东方文学》教科书第一卷(共四章)的作者。

"在教科书中，儒家被赋予了教会的使命，教会在西方是阻止文艺复兴的。

---

① Н. Г. 谢宁：《苏联的中国哲学研究：结论和任务》，《苏联汉学问题》，莫斯科，1973 年，第 157—158 页。

② E. Stuart Kirby, *Russian Studies of China: Progress and Problems of Soviet Sinology*, p. 97.

③ Н. Г. 谢宁：《苏联的中国哲学研究：结论和任务》，《苏联汉学问题》，莫斯科，1973 年，第 158—159 页。

④ Л. С. 佩列洛莫夫：《古代中国问题研究》，《苏联汉学问题》，莫斯科，1973 年，第 98 页。

⑤ Л. З. 艾德林：《中世纪中国文学研究问题》，《苏联汉学问题》，莫斯科，1973，第 275 页。

儒家作为一切的德行标准,与任何形式的道家思想都是无条件对立的,而且任何时候在中国人的生活和观念中都不会关注**儒、释、道**的交织”,艾德林如是说,“不,我们不会捍卫儒家,甚至不会减轻他们的罪过,也不会降低当权者——使中国窒息的专制统治者的责任。但我们坚决反对为了与儒家制衡而粉饰道家,我们坚决反对:与专制主义的斗争、为争取人类尊严或仅仅为争取人类生存的斗争被道家与所谓儒家教会的斗争所取代,即使这是以中国文艺复兴时代宣言的名义进行的”。[①] 在全苏汉学家科学大会上道家再次成为斗争场所,这次是在“中国文艺复兴”的支持者与反对者之间。

全苏汉学家科学大会召开三个月后,“哲学遗产”系列丛书中的《中国古代哲学》第一卷成功汇编。第一卷和第二卷的主编都是杨兴顺。这本书的作用不可小觑,因为它被公认为学术性的,因此其中的译文沿用至今。

布罗夫(В. Г. Буров)和季塔连科为《中国古代哲学》作序,他们几乎都致力于在中国哲学中找寻唯物主义和唯心主义:“道家的观点……是唯物主义自然观确立中的一个重要进步……”[②]

两卷书中的《道德经》译本自然由杨兴顺提供。在译本序言中,杨兴顺将老子描述为唯物主义者。[③] 非专业读者应该会认为《道德经》的唯物主义是一个不争的事实。而同一卷中《庄子》的章节由库切拉(С. Р. Кучера)翻译。庄子也被宣称为唯物主义者,因为从唯物主义观点出发使用了术语**天**。[④]

1974 年,高辟天(1943—)公开反对将中国古代哲学划分为唯物主义学派和唯心主义学派:“……在先秦时期中国有六个主要哲学学派:儒家、墨家、法家、道家、阴阳家和名家(诡辩家)……将它们分为唯物主义和唯心主义是很自然的,但做到这一点却很困难,因为在所有这些学派中都无法区分‘精神’和‘物质’的概念,更确切地说,在所有学派中都没有这些概念的区分。我们将如何理解大多数学派的最高哲学范畴——**天**(是作为‘精神’还是‘物质’)决定了我们如何界定唯心主义哲学还是唯物主义哲学。显然,这种划分是非常主观

---

① Л. З. 艾德林:《中世纪中国文学研究问题》,《苏联汉学问题》,莫斯科,1973,第 284,285,275 页。

② В. Г. 布罗夫,М. Л. 季塔连科:《古代中国哲学》,《古中国哲学》全 2 卷,第 1 卷,莫斯科,1972 年,第 30 页。

③ 杨兴顺:《中国古代哲学家老子及其学说》,莫斯科–列宁格勒:苏联科学院出版社,1950 年,第 106 页。

④《古中国哲学》全 2 卷,第 1 卷,莫斯科,1972 年,第 342 页,注释 59。

的。"[①]高辟天提出了划分中国古代哲学学派的其他标准：

——哲学倾向(人本主义还是本体论)；

——术语学(指的是术语在哲学学派中的解释而不是它的表达形式)；

——方法论(逻辑论证还是艺术形象)。

据我们所知，**高辟天是第一个拒绝将中国哲学史作为"唯物主义与唯心主义斗争史"的人。**这种观点后来由科布泽夫(А. И. Кобзев)等研究者发扬光大，但到1990年代中期才占据主导地位。

高辟天还反对一个普遍观点：把中国古文视为混乱而矛盾的格言集，可以任意阐释。恰恰相反，"中国古代史料中的要点是用数学公式般的精确和简练来表达的"[②]。

1974年时，高辟天及其观点显得孤立无援，但从1970年代末至今已诞生了如下几种观点：

第一种：老子和庄子是唯物主义者(杨兴顺、科兹洛夫斯基、费奥克蒂斯托夫、康拉德、库利科夫等)。

例如，科兹洛夫斯基(Ю. Б. Козловский)基本上复制了杨兴顺和波兹涅耶娃的论点。其文章中的新思想是：道家研究既不能让位给资产阶级学者，因为他们会曲解它(从唯心主义的观点出发)或完全拒绝找寻唯物主义和唯心主义，也不能让位给毛泽东思想者，因为他们虽然承认道家的唯物主义特征，但他们会将老子的唯物主义置于马克思的唯物主义之下。[③]

费奥克蒂斯托夫(В. Ф. Феоктистов)赞同那些"公认的苏联学者"的观点，将老子学说视为带有自然辩证法要素的朴素唯物主义学说。庄子，在他看来，则以唯心主义精神阐释了道家的某些要点。[④]

赞成道家唯物主义的还有康拉德，他去世后发表的文章证明了这一点。[⑤]这三位学者的论文完全符合1971年全苏汉学家科学大会的精神。库利科夫

---

① А. М. 卡拉佩季扬茨：《古中国哲学和古汉语》，《历史哲学研究(文集)》，莫斯科：科学，1974年，第359页

② А. М. 卡拉佩季扬茨：《古中国哲学和古汉语》，《历史哲学研究(文集)》，莫斯科：科学，1974年，第360页。

③ Ю. Б. 科兹洛夫斯基：《国外远东各国哲学思想研究问题》，《亚非民族》，1976年第4期，第81—88页。

④ В. Ф. 费奥克蒂斯托夫：《论荀子哲学观中的唯物主义倾向》，《远东问题》，1976年第2期，第34—35页；В. Ф. 费奥克蒂斯托夫：《荀子的哲学观和社会观》，莫斯科：科学，东方文学主编，1976年，第130—131页。

⑤ Н. И. 康拉德：《著作选集：汉学》，莫斯科：东方文学主编，1977年，第427页，等等。

(В. С. Куликов)在为全苏汉学家科学大会汇编写的注释中，将老子描述为“表达了朴素唯物主义和辩证法思想的道德哲学流派”的创始人。[①]

第二种：老子和庄子不是唯物主义者(持这种观点的有瓦西里耶夫、利谢维奇等人，他们没有直接称老子和庄子为唯心主义者，但否认早期道家的唯物主义)。

例如利谢维奇(И. С. Лисевич)(1932—2000)引用阿理克院士一段众所周知的论述："**道**是一种本质，是某种绝对静态，是圆心、极点。**道**超越认知和度量，是某种唯一正确和真实的东西。它是大道，无法形容的存在，不会沦为人的器具、目标和形式。它是自发的自然法则。它对于世界，对于人、事物，对于一个人、一个诗人及其灵感就是主宰、原始秩序、变化缔造者、精神再造者、上帝塑形的车床；是神奇的、不可知的、难以捉摸的、充满魔力的机制；是最高的和谐；是吸引不抗拒它的人类灵魂的吸铁石；是始祖黄帝和唐尧信奉的古代原则；是一种等同于世界尘埃的东西；最后，是无所不包的**无**……这就是**道**，是最高的本原、所有思想和万物的惯性中心、诗意灵感的主宰者。"[②]此外，利谢维奇援引波兹涅耶娃的话指出："也许阿理克使用'本原'这个词定义**道**，导致一些汉学家试图将'物质'范畴视为中国哲学的基本范畴。关于**道**的不可知性，无论我们的头脑还是感官都不能及的论点无法避免这种错误。"[③]

这表明利谢维奇这位汉学语言学家的观点再次与汉学哲学家们公认的观点(老子和庄子是唯物主义者)相悖(早前的阿理克院士，而后的高辟天都曾处于类似境地)。

第三种：对于中国古典哲学史来说"唯物主义"和"唯心主义"的概念根本不适用(高辟天、科布泽夫等人)。

科布泽夫(А. И. Кобзев)(1953—　)对这一观点进行了详尽论证。1978年，他写到，在中国哲学史研究中，"一方面，最普遍的方法论原则已经不够，另一方面，必须对实际使用的方法论进行理论上的思考"。正确的中国哲学史方法论"在比较属于不同文化的哲学著作时能够消除由于方法论形式不一致而产

① 《不加以夸张的毛泽东思想》，汉俄译本，文集，莫斯科：进步，1980年，第83页。

② В. М. 阿列克谢耶夫：《一个诗人的中国诗：司空图绝句翻译和研究》，彼得堡：科学院，1916年，第17—18页。

③ И. С. 利谢维奇：《中国古代和中世纪之交的文学思想》，莫斯科：科学，1979年，第10页。

生的内容阐释中的曲解”①。因此,科布泽夫反对 1971 年的全苏汉学家科学大会,特别反对基于马克思列宁主义哲学与毛泽东思想的斗争而进行的基本哲学批评。

自 1970 年代末,研究人员越来越坚持自我表达,对他们来说,道家“基本哲学问题”的解决已不再那么重要。我们指的是格里戈里耶娃(Т. П. Григорьева)、斯皮林(В. С. Спирин)、扎瓦茨卡娅(Е. В. Завадская)、马良文、陶奇夫、戈罗霍娃(Г. Э. Горохова)等人。

1976 年杰出的苏联汉学家斯皮林(1929—2002)的奠基性著作《中国古文构篇》问世,他是世界汉学中第一个发现和模拟中国哲学的纯哲学表达手段的人,这些表达手段不再以专业术语集合的形式存在,而是以符号附加自然语言的形式。应该说,斯皮林制定的对中国古代经文和类似经文的古文进行翻译的真实性形式标准,使 1976 年之前完成的所有中国古典作品的译文(相应地,基于这些译文的所有阐释)都遭到质疑,“原则上不能逐字逐句地将非线性原则构建的篇章翻译成线性篇章”,这特别适用于《道德经》,它正好也是一篇经文。斯皮林写到,不运用结构分析数据的研究人员将其阐释依赖于某些用于分析的片段的堆砌。由于这些堆砌可能各不相同,而且在任何片段中都没有明确的结构背景体现,因此阐释不可避免地各不相同。最终,这些阐释主要反映了研究人员自身的世界观和具体思想。②

斯皮林这本书引起了广泛共鸣。结构分析的原则在高辟天、科布泽夫的著述中都各有发展。米亚尔(Л. Э. Мялль)(1938—2010)以同样方式撰写了一篇文章《关于〈道德经〉的解释》。他谈到的是一种特殊的信息保存方式,更确切地说,是如何构篇以保证结构(形式)和内容真实的中国古文译文。③

让我们回到俄罗斯道家哲学的命运上。1976 年毛泽东去世。随着新一代汉学家马良文(1950—)、科布泽夫(1953—)、陶奇夫(1956—2003)等人的崛起,道家作为一门科学被新的研究方法所丰富。

---

① А. И. 科布泽夫:《语言分析在历史哲学研究中的作用》,《亚非民族》,1978 年第 5 期,第 81—84 页。

② В. С. 斯皮林:《中国古文构篇》,莫斯科:科学,东方文学主编,1976 年,第 5—17,131,212,214,218,219 页。

③ Л. 米亚尔:《关于〈道德经〉的解释》,《国立塔尔图大学学术论文汇编》,第 558 期《东方学著作》,塔尔图,1981 年,第 115—126 页。

例如，陶奇夫自1980年起开始对道家进行历史宗教方法的研究。[①] 事实证明，这种方法对早期道家的范畴，特别是基本范畴——**道**的阐释卓有成效，因为在老子那里，这一范畴的最初含义只要考虑道家的传统就可以弄清楚。陶奇夫借鉴张伯端的《悟真篇》和葛洪的《抱朴子》两部论著。葛洪用术语“一”、“真一”和“玄一”来表达**道**的含义。陶奇夫指出这是**道**的三个方面：“一”表示显现的、明确的**道**，“真一”表示“自在**道**”、**道**的本质，而“玄一”则是前面两个方面的总体、集合。陶奇夫将**道**解释为“物质过程”、世界存在的原则、主宰世界的变化规律。

陶奇夫建议将**有**和**无**的范畴解释为“现存”和“非现存”，意思是事物现在存在或现在不存在。他拒绝将**道**解释为一种超验本质，并谈到**道**的内在性质。而**无为**这个范畴，他解释为遵循**道**、参透其本质并将人的活动与产生于**道**——普遍法则的自然规律相协调。陶奇夫证明：在早期道家文本中已经包含哲学话语、宗教教义要素、心理理疗方法的指示。因此，道家传统在早期和晚期道家之间没有脱节。[②]

陶奇夫的方法在俄罗斯道家研究中没有先例。阿理克院士曾提出使用吴澄(1243—1313)(*应为1249—1333年——译者注*)的儒家评论作为最中立的评论来阐释《道德经》。[③] 杨兴顺曾肯定地说他自己使用的是王弼(226—249)的经典评论。[④] 然而，没有人尝试从道家传统内部研究《道德经》和《庄子》。

1983年就中国传统文化类型问题出版了“圆桌会议”材料。材料有两个方面令我们很感兴趣：

1) 逐渐不再使用中国哲学作为唯物主义与唯心主义斗争舞台的研究方法；

---

① E. A. 托尔奇诺夫：《道教：历史宗教描述经验》，圣彼得堡：安德烈耶夫及子孙，1993年，第143—144页；E. A. 托尔奇诺夫：《葛洪道学说的几个方面》，“中国国家与社会”第11届科学研讨会文集，第1卷，莫斯科，1980年，第101—105页；E. A. 托尔奇诺夫：《道家起源及其历史分期问题》，《亚非民族》，1985年第3期，第153—159页；E. A. 托尔奇诺夫：《葛洪道之学说：人与自然》，《中国传统学说中人的问题》，莫斯科，1983年，第36—56页。

② E. A. 托尔奇诺夫：《葛洪道之学说：人与自然》，《中国传统学说中人的问题》，莫斯科，1983年，第39，40，42—44，48页。

③ B. M. 阿列克谢耶夫：《中国文学》，莫斯科：科学，东方文学主编，1978年，第426—428页。

④ 杨兴顺：《中国古代哲学家老子及其学说》，莫斯科-列宁格勒：苏联科学院出版社，1950年，第118页。

2) 针对理性阐释中国古典哲学范畴的可能性进行讨论。

首先,科布泽夫在报告中指出,在中国古典哲学中"不可能找到一个只表示物质的术语,存在、创造、理想的、道德的、有机的——不能被视为中国文化的范畴"①。

其次,科布泽夫提请注意这样一个事实,即在俄罗斯汉学中可以遇到各种各样解读中国古典哲学的方式。

"结构主义者"(高辟天、斯皮林等人)就是一类,他们认为中国古典哲学是理性主义哲学,是一个各要素按照某种理性原则相互联系的系统。中国古典哲学的结构(特别是文本结构)可以进行理性阐释,这意味着这个系统(范畴)的要素也应该被理性阐释,而且应该先阐释系统,后阐释要素。②

另一类是"诠释者"(格里戈里耶娃、扎瓦茨卡娅、马良文等人),他们的看法是中国古典哲学的范畴是一种隐喻,不可能用欧洲哲学术语进行阐释,而且根本不可能理性阐释,只能"猜测"。③

第一类观点可以追溯到克劳德·李维史陀的结构主义,正如他们的对手——马良文所指出的那样。

第二类观点似乎遵循海德格尔——伽达默尔——利科的传统:"在其他文化中,特别在远东地区,养成的深邃而智慧的神秘主张形式与所谓的西方哲学不同,要彻底弄清楚是不可能的,特别是在科学性方面,我们为此提出很多问题,但科学性本身就是一项西方发明。"④科布泽夫认为马良文的思想与美国汉学家柯雄文(A. S. Cua)同出一辙。⑤

科布泽夫尝试将这两种方法结合在"中国传统哲学象征性的综合认识中,而且,这一哲学本身认为正是象征(象),而非语言和文字,能够充分表达最高思想(意)"。科布泽夫假定中国哲学范畴也是中国文化范畴,应该将其理解为要求不同阐释的象征,其中包括隐喻层面、具体科学层面和抽象哲学层面的阐释。在概念方面,思想类篇章普遍使用象征,这可以诠释包罗万象的分类现象(象征

① А. И. 科布泽夫:《中国传统文化范畴问题("圆桌会议"发言 III)》,《亚非民族》,1983 年第 3 期,第 66 页。

② А. И. 科布泽夫:《中国传统文化范畴问题("圆桌会议"发言 III)》,《亚非民族》,1983 年第 3 期,第 65 页。

③ А. И. 科布泽夫:《中国传统文化范畴问题("圆桌会议"发言 III)》,《亚非民族》,1983 年第 3 期,第 65 页。

④ Г. Г. 加达梅尔:《美好的现实》,译本,莫斯科:艺术,1991 年,第 27 页。

⑤ А. И. 科布泽夫:《中国传统文化范畴问题("圆桌会议"发言 III)》,《亚非民族》,1983 年第 3 期,第 64 页。

是“存在”的各个可能层面和领域的各种本质潜在无限的代表)。在实用方面,在极其隐喻化的(诗意的)篇章和非隐喻化的(逻辑性的)篇章之间没有严格的形式界定,它们的共同特点是同时延伸到内容层面和表达层面的结构有序。[①]

因此,自1983年起在俄罗斯汉学中存在两个学派:赞成理性解释中国哲学范畴之可能性的学派(“逻辑主义者”——斯皮林、高辟天等,以及“象征主义者”——科布泽夫等)和反对这种可能性的学派(“隐喻主义者”——扎瓦茨卡娅、格里戈里耶娃、马良文等)。我们是在科布泽夫之后使用术语“逻辑主义者”和“隐喻主义者”的。此后这两个学派之间的争论愈加激烈,并构成道家研究发展的源头,直至今日。

当然,我们是站在“理性主义者”和“逻辑主义者”这一面的。在我们看来,结构主义在汉学中的潜能足以挖掘一百年。尽管结构主义是西方文明的产物,但它有一个无可争议的优势——结论可证性。

Russian Studies of China: The History of Soviet Studies of Taoism (1917—1985)

A. L. Myshinskiy

Abstract: The article analyzes the conditions and factors that had determined in 1917 - 1985 the special attention paid by the USSR's interpreters and scholars to Tao Te Ching (Dao De Jing) and Chuang-tzu (Zhuangzi). The aim of the Soviet researchers was to find the struggle between materialism and idealism in the Chinese philosophy. Attitudes and appraisals given by the politicians, scholars, and interpreters are adduced; the literature on the Taoism published in Soviet Union during this period is also analyzed.
Keywords: Taoism, Tao Te Ching (Dao De Jing), Chuang-tzu (Zhuangzi), Russian sinology, historiography, the struggle between materialism and idealism

---

① A. И. 科布泽夫:《中国传统文化范畴问题(“圆桌会议”发言III)》,《亚非民族》,1983年第3期,第65页。

青年学者论坛

变论域模型上带赋值算子的认知逻辑研究

魏　宇*

［摘　要］　本文扩展了王彦晶和谢立民(J. Seligman)所提出的带赋值算子的认知逻辑。该逻辑沿循库伊(B. Kooi)所提出的动态项模态逻辑(dynamic term-modal logic)的进路，而二者都可以追溯到费廷(M. Fitting)曾提出的项模态逻辑。在一阶动态项模态逻辑的基础之上，王彦晶和谢立民采取了一种最小化的方法，仅把基础的赋值算子引入无量词的项模态逻辑，就得到一个足以自然地区分开多种从物/从言知识情形的逻辑片段。但上述工作都集中在常论域模型上，这就启发我们进一步放松对论域的限制，讨论可能带来的不同情况。正如库伊在动态项模态逻辑提出之初所言，动态项模态逻辑的一个发展方向就是允许论域变化，并从认知的视角研究存在的问题。本文将在这个方向上做出尝试，并试图给出对变论域上的认知模型的定义。更进一步，本文还将放松对项的解释的限制，允许项空指的情况。在区分个体与个体的名字、不固定论域、不假定名字都有指的形式化设定下，文

* 魏宇(1992—　)，男，河南项城人，北京大学哲学系博士研究生，研究方向为一阶模态逻辑和哲学逻辑。

中给出了一个认知模型上有效公式的公理系统。

[关键词] 项模态逻辑;赋值算子;变论域认知模型;空指;公理化

1. 简述

设想一个机器人的世界。现在有两个机器人,分别是A和B。A发生了故障,于是通过公共广播系统发出求助信息。B是机器人世界的维修工,负责维修坏损的机器人。此时B可能接收到或者没有接收到A的求助信息,A下一步的行动将取决于其是否有"我(A)知道B知道我需要帮助"这条知识。[①] 如果有,A可以等待救助,否则它将尝试其他的方式自救。那么,认知逻辑里如何形式化"我知道B知道我需要帮助"这样的知识呢?

当代认知逻辑的研究起源于亨迪卡(J. Hintikka)自上世纪六十年代开始的一系列工作。[②] 辛提卡开创了研究"知识"、"信念"概念的模态逻辑路径,他提出"知道"模态算子 K_i 以表达"主体 i 知道命题 φ"这样的知识(公式表示: $K_i\varphi$)。语义上说,根据模态逻辑的可能世界语义学,一个命题是必然的意味着该命题在所有可能世界上为真,应用到认知逻辑上,一个命题是知识被刻画为其在所有认知可能的世界上为真。而认知上的可能性被定义为可能世界之间的一种二元的可通达关系,如 w、v 是两个可能世界,R_i 表示这样一种可通达关系,那么 wR_iv 表示对于世界 w 上的主体 i 而言,世界 v 是认知可能的。斯塔尔内克(R. Stalnaker)指出,这样做的想法是给出对认知状态的结构的一个准确描述,同时在什么构成了知识等更实质性的问题上保持中立,而集中于有关知识的逻辑问题上。[③]

把可能世界语义学应用到认知概念上,在某种意义上是更合理的。如,原本的可能世界语义学意在刻画必然性、可能性等真势(alethic)概念,却很难解

---

① 例子来源于 A. J. Grove, "Naming and Identity in Epistemic Logic Part Ⅱ: A First-order Logic for Naming," *Artificial Intelligence*, Vol. 74 No. 2(1995): 311 - 350。

② 参见 J. Hintikka, *Knowledge and Belief: An Introduction to the Logic of the Two Notions*, Ithaca, New York: Cornell University Press, 1962, pp. 40 - 57。

③ R. Stalnaker, "On Logics of Knowledge and Belief," *Philosophical Studies*, Vol. 128 No. 1(2006): 169 - 199.

释为什么可通达关系不是全局关系,毕竟每个可能世界都是"可能"的。而在认知情形下,由于可通达关系反映了认知主体的可设想性,因此它理应是局部的。辛提卡认为描述知识的可通达关系应该是自返的和传递的,这两条模型性质分别对应于其认知逻辑系统中的公理 $K_i\varphi\rightarrow\varphi$(简称 T)和 $K_i\varphi\rightarrow K_iK_i\varphi$(简称 4)。T 公理又被称为真实性公理(factivity axiom),体现知识蕴涵真的想法;4 公理又称正自省公理(positive introspection axiom),说的是主体知道就蕴涵知道自己知道。在后来认知逻辑的发展和应用中,学者们常常假设刻画知识的逻辑还应该加上一条负自省公理:$\sim K_i\varphi\rightarrow K_i\sim K_i\varphi$(简称 5),即主体不知道就蕴涵知道自己不知道。以 T、4、5 为基础的认知逻辑系统(简称 S5)在分布式计算系统、博弈论和人工智能等领域有着广泛而成功的应用。以上的简述是在命题逻辑的层面。

回到文章开头的例子,形式化要用到谓词逻辑的语言。对机器人 A 的知识"我知道 B 知道我需要帮助"标准的形式化是:$K_AK_BH(A)$,其中 H 是一元谓词"需要帮助"。但这样一个公式并不能区分以下四种 A 的知识,即 A 知道:

(1) 名字叫 B 的机器人知道名字叫 A 的机器人需要帮助;

(2) 名字叫 B 的机器人知道它这个损坏机器人需要帮助;

(3) 那个维修机器人知道名字叫 A 的机器人需要帮助;

(4) 那个维修机器人知道它这个损坏机器人需要帮助。

这些不同知识的区分常常被称为从物(*de re*)和从言(*de dicto*)知识的区分。这里的区分对于例子中的场景是关键的。如,为了使 A 能够安心等待救援,A 不仅仅需要知道"维修机器人知道名字叫 A 的机器人需要帮助",某种意义上这等同于知道"维修机器人知道发送求助信息的机器人需要帮助",A 还需要确认维修机器人知道它需要帮助,因为维修机器人很可能并不从物地知道 A 是谁。

在一阶模态逻辑的基础上,仅仅把模态算子处理成知道算子 K_i 并不能使我们在逻辑语言中(语形上)区分从物、从言的不同情形。客观上,量化的认知逻辑也并没有像命题认知逻辑一样受到应有的关注。[①] 在斯坦福哲学百科全

① 尽管在认知逻辑的开端亨迪卡本人就做过大量有关量化的认知逻辑的工作,并且量化也被很多应用领域驱动着(有关博弈、加密知识、安全协议等),一阶认知逻辑的研究远没有成为主流。参见 Y. Wang, "Beyond Knowing That: A New Generation of Epistemic Logics," *Jaakko Hintikka on Knowledge and Game-Theoretical Semantics*, Hans van Ditmarsch & Gabriel Sandu (eds.), Springer, 2018, pp. 499 - 533。

书中，最新修订的“认知逻辑”词条里有这样的说法：“直到最近，认知逻辑几乎完全集中在命题知识上。”[①]根据王彦晶和谢立民(J. Seligman)的梳理[②]，面对文章开头例子中的问题，逻辑学家们曾提出过不少方案，比如费廷(M. Fitting)曾提出一种一阶内涵逻辑，应用谓词抽象(predicate abstraction)的技术来刻画不同的从物/从言情形。[③] 例如，$<\lambda x.\,K_bH(x)>(a)$表达了个体 b 从物的知道 a 需要帮助，而不论 b 是否知道该个体名字叫做 a；$K_bH(a)$说的是个体 b 从言的知道 a 需要帮助，而不论 b 是否知道 a 是谁。

本文将采用王彦晶和谢立民所提出的带赋值算子的认知逻辑的研究进路。该逻辑沿循库伊(B. Kooi)所提出的动态项模态逻辑的想法[④]，而二者都可以追溯到费廷与其学生提出的项模态逻辑(term-modallogic)。[⑤] 项模态逻辑的主要想法是把一阶逻辑中的项当做多元模态词中的指标(indexes)，从而使得模态词指标本身也可以被量化。应用到认知逻辑上，如 $K_{f(a)}\sim\forall xK_x\varphi$ 表达了“a 的爸爸知道并非所有人都知道 φ”。在此基础上，库伊借用一阶动态逻辑中的赋值算子来更改名字的所指。然后王彦晶和谢立民在动态项模态逻辑之上采取了一种最小化的方法，仅把动态逻辑中基础的赋值算子加入无量词的项模态逻辑中，其表达力就足以自然地区分开多种从物/从言情形。

王彦晶和谢立民的工作的主要技术结果是给出了带赋值算子的认知逻辑在 S5 的常论域模型上可靠完全的公理系统。注意到库伊的工作也是在常论域模型上，这就启发我们进一步放松对论域的限制，并讨论由此可能引发的不同情况。正如库伊在动态项模态逻辑提出之初所言，动态项模态逻辑的一个发展

---

① R. Rendsvig & J. Symons, “Epistemic Logic,” *The Stanford Encyclopedia of Philosophy* (*Summer 2019 Edition*), Edward N. Zalta (ed.), URL 〈https://plato.stanford.edu/archives/sum2019/entries/logic-epistemic/〉.

② 参见 Y. Wang & J. Seligman, “When Names are not Commonly Known: Epistemic Logic with Assignments,” *Advances in Modal Logic*, Vol. 12 No. 1(2018): 611 – 628。

③ 参见 M. Fitting & R. L. Mendelsohn, *First-Order Modal Logic*, Dordrecht: Springer Science & Business Media, 1998, pp. 187 – 195。

④ B. Kooi, “Dynamic Term-modal Logic,” *A meeting of the minds. Proceedings of the workshop on Logic, Rationality and Interaction, Beijing*, 2007 *Texts in Computing Computer Science 8*, J. Van Benthem, S. Ju & F. Veltman (eds.), London: College publications, 2007, pp. 173 – 185.

⑤ M. Fitting, L. Thalmann & A. Voronkov, “Term-modal Logics,” *Studia Logica*, Vol. 69 No. 1(2001): 133 – 169.

方向就是允许论域变化，并从认知的视角研究存在的问题①，本文在这个方向上做出了第一步的尝试。下文可以看到，通过定义变论域情形下恰当的认知模型，尽管逻辑语言中没有量词，我们也能够通过特殊的项-模态公式表达一个个体在某可能世界中存在，即把元语言层面的"存在"概念引入目标语言中。更进一步，如果我们放松对项的解释的限制，允许某些项可能在某些可能世界是空指的，则我们也可以通过特定的带赋值算子的公式表达一个名字在一个可能世界上有指，即把元语言层面的"指称"(designation)概念引入逻辑语言。相对于新的模型设定，我们还将给出一个可靠完全的公理化系统。语义上的放松限制亦将很好得体现在该公理系统中。

2. 形式语言与变论域认知模型

首先给出形式语言。给定一个名字的可数集 N，一个变元的可数集 X，一个谓词符号的可数集 **P**，一个函数符号的可数集 F：

(1) 项 t 的定义：①$x \in X$ 是项；②$a \in N$ 是项；③任意 n 元函数符 $f \in F$ 应用到任意 n 个项上，得到的 $f(t_1, \cdots, t_n)$是项。

(2) 公式 φ 的定义：①$t \approx t$ 是公式；②任意 n 元谓词符 $P \in \mathbf{P}$，$P(t_1, \cdots, t_n)$是公式；③如果 φ, ψ 是公式，那么$\sim\varphi, \varphi \wedge \psi$ 都是公式；④如果 φ 是公式，那么 $K_t\varphi$ 是公式；⑤如果 φ 是公式，那么$[x := t]\varphi$ 是公式。

如果把 $a \in N$ 称为专名(propername)，把 $f(t_1, \cdots, t_n)$称为函数名(function name)，并把专名和函数名统称为名字，那么所有的项就分为两类，变元和名字，它们构成了逻辑语言的基本元素。相比于王彦晶和谢立民的工作，引入函数符号增加了我们逻辑语言的表达力，使得我们能够表达"a 的爸爸知道 φ"(公式表示成 $K_{f(a)}\varphi$)这样的知识。引入 $\hat{K}_t\varphi$，$\langle x := t\rangle\varphi$ 分别表示公式$\sim K_t \sim\varphi$ 与$\sim[x := t]\sim\varphi$ 的缩写。$[x := t]\varphi$ 直观上说的就是，把 t 在当前世界的值赋给 x 以后，φ 成立。由下文即将引入的语义可以看出，在该形式语言里，只有变元 x 是严格的(rigid)，即在所有可能世界中指示同一个对象，名字并非严格指示词。

---

① 参见 B. Kooi, "Dynamic term-modal logic," *A meeting of the minds. Proceedings of the workshop on Logic, Rationality and Interaction, Beijing, 2007 Texts in Computing Computer Science 8*, J. Van Benthem, S. Ju & F. Veltman (eds.), London: College publications, 2007, pp. 173 - 185。

在谓词逻辑的框架下，可能世界语义学的内容变得更加丰富。常论域的克里普克模型只带有唯一的一个论域，本质上假设了论域是一种公共知识。这种假设在许多应用中是合理的。比如在分析纸牌类游戏的时候，游戏者通常被假定拥有关于桌子上都有什么牌的公共知识。[①] 然而这样的假定显然并不总是合理的，尤其在认知场景里，认知主体并不总能确定有且仅有哪些个体是存在的。

定义 2.1：一个变论域的克里普克模型 M 是一个七元组 $<W, I, R, D, \rho, \delta, \eta>$，其中：

(1) W 是一个非空的可能世界集；

(2) I 是一个非空的个体(agents)集合，称为模型的全体论域(global domain)；

(3) $R: I \to 2^{W\times W}$ 为 I 中的每个个体 i 赋上一个可能世界间的二元关系 R_i；

(4) $D: W \to 2^I$ 为 W 中的每个世界 w 赋上一个 I 的子集 I_w，称为世界 w 的局部论域(local domain)；

(5) $\rho: P\times W \to \bigcup_{n\in\omega} 2^{I^n}$ 为每个 n 元谓词 P 在每个可能世界 w 上赋上一个个体间的 n 元关系 $\rho(P, w)$；

(6) $\delta: F\times W \to \bigcup_{n\in\omega} 2^{I^n} \to I$ 为每个 n 元函数 f 在每个可能世界 w 上赋上一个 I 上的部分(partial)n 元函数 $\delta(f, w)$；

(7) $\eta: N \to W$ 为每个专名 a 在部分可能世界 w 上(可能没有)赋上一个个体 $\eta(a, w)$。

在语义中我们把每个世界上的局部论域当作事实上存在于该世界上的个体集，而且，我们还设定逻辑语言中的项在一个世界上可以指示不存在的个体。克里普克最初在给出一阶模态逻辑语义的时候，曾限定全体论域等于局部论域之和，即 $I=\bigcup_{w\in W} I_w$。[②]进一步，我们允许 $I\supseteq\bigcup_{w\in W} I_w$，即存在项的指称在所有可能世界上都不存在。凭借在全体论域和局部论域之间的这个“开口”(gap)，我们可以在逻辑语言中有意义地谈论像“李白”、“孙悟空”等在所有认知可能世

① R. Fagin, J. Y. Halpern, Y. Moses & M. Vardi, *Reasoning about Knowledge*, Cambridge, Massachusetts: MIT Press, 2004, pp. 86 – 87.

② S. Kripke, “Semantical Consideration on Modal Logic,” *Acta Philosophica Fennica*, Vol. 16 No. 1 (1963): 83 – 94.

界上都不存在的名字，如“李白有胡子”，并使这样的语句在模型中为真。

如果在变论域模型上仅允许名字所指的个体可以不存在，那么我们实际上还是接受了这样的语义原则：项总是有指的。这条原则在某种意义上也太过严苛。很多经典的例子，如“当今法国国王”，都涉及对空指的项的讨论。严格说，当今法国国王”等很多空指的项的例子都是限定摹状词。但在讨论指称问题的时候，我们不必要专门在语言里引入形式化的限定摹状词，否则可能使我们的工作不得不引入量词。[①] 为了简单起见，在不引入更多内容的前提下，我们在语义中设定对函数符号和专名的解释是一个部分函数。在 n 元函数 f 的解释中，$\delta(f, w)$是一个从 I^n 的子集(不必然是全体子集)到 I 的函数，$\delta(f, w)$可能没有定义。对专名 a 的解释，$\eta(a, w)$可能没有定义。如果有定义，则满足 $\eta(a, w) \in I$。

为定义认知模型，我们需要在 R 的关系上施加以下条件：

定义 2.2：对任意变论域的克里普克模型 M，任意 $i \in I, w, v, u \in W, R_i \subseteq W \times W$，$M$ 被称作一个认知模型如果满足以下条件：

(1) 如果 wR_iv，那么 $i \in I_w$；

(2) 如果 $i \in I_w$，那么 wR_iw；

(3) 如果 wR_iv，并且 vR_iu，那么 wR_iu；

(4) 如果 wR_iv，那么 vR_iw。

条件一说的是只有存在于某世界 w 的个体才能设想 w 上可能的或可通达的世界，这是在认知框架下合理的约束。亨迪卡在认知逻辑之初的语义中就提出，w 的替代(alternative)就是 w 中的知识者认为可能的情况[②]，后来的研究者也提到，只有在某世界 w 中存在的、生活的、或有意义的个体才能设想另一些世界是可能的。[③] 条件二对应于一种有条件的自返关系，即如果个体 i 属于一

---

① 参见 M. Fitting, "On Height and Happiness," *Rohit Parikh on Logic, Language and Society*, R. Ramanujam, L. Moss & C. Bakent (eds.), Verlag: Springer, 2017, pp. 235 - 258。

② 参见 J. Hintikka, *Knowledge and Belief. An Introduction to the Logic of the Two Notions*, Ithaca, New York: Cornell University Press, 1962, pp. 44 - 45。

③ 参见 A. J. Grove, "Naming and Identity in Epistemic Logic Part Ⅱ: A First-order Logic for Naming," *Artificial Intelligence*, Vol. 74 No. 2 (1995): 311 - 350, 以及 A. Padmanabha & R. Ramanujam, "Propositional Modal Logic with Implicit Modal Quantification," *Logic and Its Applications, ICLA 2019*, M. A. Khan and A. Manuel (eds.), Berlin, Heidelberg: Springer, 2019, pp. 6 - 17。

个世界的局部论域，那么该世界是 i 自返的。条件三和条件四分别对应于传递性和对称性。

根据认知模型的定义，我们还有如下的观察。第一，个体 i 存在于世界 w 当且仅当 w 是 R_i 自返的，这是定义里条件一和条件二的直接推论。第二，如果 wR_iv，那么 i 一定既在 w 的局部论域、也在 v 的局部论域里，这是考虑到对称性的结果。第三，如果一个认知模型是常论域的，并且局部论域等于全体论域，那么所有 R_i 都是 W 上的等价关系。可见，标准认知逻辑 S5 语义中的可通达关系，是我们现在所定义的认知关系的一种特殊情况。相比常论域模型，变论域的认知模型提供了一个更一般化的技术平台。

为了解释自由变元，我们还需要一个变元指派 $\sigma: X\to I$。在给定指派 σ 的情况下，逻辑语言中所有的项就都有了解释。首先变元总是有指的，令 $\sigma_w(x)=\sigma(x)$。其次，如果 $\eta(a, w)$有定义，则称 a 在 w 上有指，令 $\sigma_w(a)=\eta(a, w)$；同样，如果 $t_1, \cdots, t_n$ 中的每个项在 w 上都有指，并且 $\sigma_w(t_1), \cdots, \sigma_w(t_n)$ 在函数 $\delta(f, w)$的定义域中，则称 $f(t_1, \cdots, t_n)$在 w 上有指，令 $\sigma_w(f(t_1, \cdots, t_n))=\delta(f, w)(\sigma_w(t_1), \cdots, \sigma_w(t_n))$。最后，对于任意项 t，如果项 t 在 w 上空指，则 $\sigma_w(t)$没有定义。

一个公式总是解释在带指派 σ 的点模型(M, w)上。以下定义逻辑语言的真值条件：

定义 2.3：

(1) $M, w, \sigma\vDash t\approx t'$ 当且仅当 $\sigma_w(t)=\sigma_w(t')$；

(2) $M, w, \sigma\vDash P(t_1,\cdots,t_n)$ 当且仅当 $(\sigma_w(t_1),\cdots,\sigma_w(t_n))\in\rho(P, w)$；

(3) $M, w, \sigma\vDash\sim\varphi$ 当且仅当并非 $M, w, \sigma\vDash\varphi$；

(4) $M, w, \sigma\vDash\varphi\wedge\psi$ 当且仅当 $M, w, \sigma\vDash\varphi$，并且 $M, w, \sigma\vDash\psi$；

(5) $M, w, \sigma\vDash K_t\varphi$ 当且仅当对于所有 $v\in W$ 使得 $wR_{\sigma_w(t)}v$，$M, v, \sigma\vDash\varphi$；

(6) $M, w, \sigma\vDash[x\coloneqq t]\varphi$ 当且仅当 t 相对于 σ 在 w 上空指，或者 t 相对于 σ 在 w 上有指，且 $M, w, \sigma[x\mapsto\sigma_w(t)]\vDash\varphi$；

其中，$\sigma[x\mapsto\sigma_w(t)]$表示在 σ 中仅将 x 的值变成 $\sigma_w(t)$所得到的新的指派。如果一个公式在所有带指派的点模型上都可满足，那么称该公式在模型上是有效的。

在上述定义中，原子公式、布尔式的定义与标准的语义定义一致。对于$K_t\varphi$公式，其在点模型(M, w)上的赋值基于t在当前世界w上的指称。根据定义，当t在世界w上空指的时候，$K_t\varphi$总是成立的。语义中对空指情况处理的要点可以总结为：第一，变元总是有指的；第二，允许名字在某些可能世界上空指；第三，当动态赋值算子中包含有空指的名字时，赋值操作不再执行。

虽然该逻辑仅仅是动态项模态逻辑的一个最小片段，但它已经具备充分的表达力。如，根据语义不难看出$K_t(x=x)$是一个有效式，它说的不是每个人都被知道，而是每个已知个体(known individuals)都被知道。$[x:=c]K_a(x=c)$说的是在个体a所有可以设想的可能世界上名字a的指称相同，即，a知道c是谁。$[x:=c]K_a\hat{K}_b(x=c)$说的是在个体a的每个可设想的世界都通达到一个b所设想的世界，并且在那个世界上c的指称恢复到当前世界的指称，即a知道b可以想到c是谁。回到文章开头机器人的例子，此时我们的语言已经足以区分不同的从物/从言场景：

(1) $K_aK_bH(a)$说的是a知道名字叫b的机器人知道一个名字叫a的机器人需要帮助；

(2) $[x:=a]K_aK_bH(x)$表达了a知道名字叫b的机器人知道它需要帮助；

(3) $[y:=b]K_aK_yH(a)$表达了a知道那个(名字叫b的)维修机器人知道一个名字叫a的机器人需要帮助；

(4) $[x:=a][y:=b]K_aK_yH(x)$表达了a知道那个(名字叫b的)维修机器人知道它需要帮助。

除此之外，对于公式$\hat{K}_t\top$，容易验证$\hat{K}_t\top$在一个带指派σ的点模型(M, w)上得到满足当且仅当t有指且个体$\sigma_w(t)$在w的局部论域之中，即$\hat{K}_t\top$表达了个体$\sigma_w(t)$在w上存在。其中公式$\top$的选取是非固定的，我们需要的只是一个总是得到满足的公式。公式$\hat{K}_t\top$的重要性在于，它使得我们可以用对象语言表达元层面(meta-level)的“存在”概念。更有趣的是，公式$\hat{K}_t\top$又读作t所指称的个体可以设想，因此这一公式表达出的想法非常类似于笛卡尔的名言：我思故我在。t所指称的个体w上可以设想某些可能世界，则$\sigma_w(t)$在w上存在。

对于公式$\langle x:=t\rangle\top$，容易验证其在一个带指派σ的点模型(M, w)上得到满足当且仅当t在w中有指，即$\langle x:=t\rangle\top$表达了项t在w上有指。其中公式$\top$的选取同样是非固定的，我们需要的也只是一个总是得到满足的公式。公式<

$x \coloneqq t>$⊤使得我们可以使用对象语言表达元层面的"有指"概念。此外,根据语义,公式 $t \approx t$ 说的也是项 t 在 w 上有指。

3. 公理化系统

在前文区分个体与个体的名字、不固定论域、不假定名字都有指的形式化设定下,我们可以给出认知模型上有效公式的一个公理系统。该系统中的公理和规则可以分成七类:

(1) 正规命题模态逻辑的公理和规则: ①命题重言式,② $K_t(\varphi \to \psi) \to (K_t\varphi \to K_t\psi)$,③ $\varphi, \varphi \to \psi / \psi$,④ $\vdash \varphi / \vdash K_t\varphi$;

(2) 认知条件公理: ① $\hat{K}_x \top \to (K_x\varphi \to \varphi)$,② $K_x\varphi \to K_xK_x\varphi$,③ $\sim K_x\varphi \to K_x \sim K_x\varphi$;

(3) 关于等词和一层替换的公理: ① $x \approx x$,② $<x \coloneqq t>\top \leftrightarrow t \approx t$,③ $\bar{t} \approx \overline{t'} \to (P(\bar{t}) \leftrightarrow P(\overline{t'}))$,其中 P 可以是≈,$\bar{t} \approx \overline{t'}$ 指 $\bar{t}$ 和 $\overline{t'}$ 两个同样长的项序列逐点得相等,④ $\bar{t} \approx \overline{t'} \to (f(\bar{t}) \approx f(\overline{t'}))$,⑤ $t \approx t' \to (K_t\varphi \leftrightarrow K_{t'}\varphi)$,⑥ $t \approx t' \to ([x \coloneqq t]\varphi \leftrightarrow [x \coloneqq t']\varphi)$;

(4) 关于有指属性的公理: ① $P(\bar{t}) \to <\bar{x} \coloneqq \bar{t}>\top$,② $\hat{K}_t \top \to <x \coloneqq t>\top$;

(5) 刻画变元严格性的公理: ① $x \approx y \to K_t(x \approx y)$,② $x \not\approx y \to K_t(x \not\approx y)$;

(6) 有关赋值算子属性的公理: ① $[x \coloneqq t](\varphi \to \psi) \to ([x \coloneqq t]\varphi \to [x \coloneqq t]\psi)$,② $<x \coloneqq t>\varphi \to [x \coloneqq t]\varphi$,③ $<x \coloneqq y>\top$,④ $[x \coloneqq t]x \approx t$,其中 x 不出现在 t 中(赋值操作的影响);

(7) 量化公理和规则: ① $\varphi[y/x] \to [x \coloneqq y]\varphi$,其中 $\varphi[y/x]$ 是一个合适的代入,② $\vdash \varphi \to \psi / \vdash \varphi \to [x \coloneqq t]\psi$,其中 x 不在 φ 中自由出现。

在关于等词的公理中,公理 $<x \coloneqq t>\top \to t \approx t$ 表明等式具有有条件的自返性。与之类似的是,在定义认知模型的时候,我们实际上也给出了一种有条件的可通达关系的自返性,表现在公理系统里就是 $\hat{K}_x \top \to (K_x\varphi \to \varphi)$。这两种有条件的自返性显示了当我们在语义上放宽了对个体存在和名字有指的限制后,在逻辑上所得到的最显著的结果。

一方面,在有关赋值算子属性的公理中,$[x \coloneqq t](\varphi \to \psi) \to ([x \coloneqq t]\varphi \to [x \coloneqq t]\psi)$ 表明赋值算子具有类似模态算子的正规性。$<x \coloneqq t>\varphi \to [x \coloneqq t]\varphi$ 表明赋值操作具有确定性。$<x \coloneqq y>\top$ 显示了赋值操作的可执行性,注意这里的 y

不能一般化成 t,因为 t 在空指的时候赋值操作不具有可执行性。最后,公理 $[x \coloneqq t]x \approx t$ 显示了赋值操作的影响或结果。之所以规定 x 不出现在 t 中,是考虑到诸如 $[x \coloneqq f(x)]$ 之类的赋值算子的情况,$f(x)$ 中的 x 并不受赋值算子的约束。具体而言,假设有一个赋值公式 $[x \coloneqq x+1]\varphi$,它说的是,如果 x 当前的取值是 c,那么赋值操作的结果是,φ 中 x 的取值将变为 $c+1$。这并不等同于公式 $[x \coloneqq x+1]x \approx (x+1)$ 所表达的内容。可以证明,该公理系统包含着这样一个内定理: $[z \coloneqq t]\varphi[z/x] \leftrightarrow [x \coloneqq t]\varphi$,其中 z 是一个不在 φ 和 t 中出现的变元。这表明了,我们的逻辑总可以把 $[x \coloneqq f(x)]$ 之类的赋值算子等价地转换成 x 不出现在 t 中的赋值算子。

另一方面,关于量化的公理和规则显示了,赋值算子不仅可以被看成某种模态算子,还能被看作一种量词,并且和通常一阶逻辑中的量词具有着相同的逻辑规律。

我们可以证明该公理系统相对于变论域的认知模型的可靠性和强完全性定理:

定理 3.1: 上述的公理系统在本文定义的带指派的变论域认知模型下是可靠的。

根据语义定义,这一结果不难被验证。

定理 3.2: 上述公理系统在带指派的变论域认知模型下是强完全的。

完全性证明的具体技术细节不在本文的讨论范围之中。下面给出基于王彦晶和谢立民文章中的证明思路,①结合本文的语义特点证明完全性定理的主要想法。首先观察到任意模型 M 的任意点 w 都关联于一个公式集,即 $\{\varphi \mid M, w \vDash \varphi\}$。该公式集实际上是一个极大一致集,从而如果 φ 在某个模型上为真,那么 φ 一定从属于一个极大一致集。从这个角度看,在一个模型 M 中,如果 w 与 w' 直接有可通达关系,则意味着与 w 相关联的极大一致集和与 w' 相关联的极大一致集之间具有某种内在的联系。因此,给定一个模型就等同于给出了一个有内在联系的极大一致集的集合。在证明完全性定理中,经典的构造典范模型的方法其实就是试图反向还原上述的观察结果,从一个有内在联系的极大一

① 参见 Y. Wang & J. Seligman, "When Names are not Commonly Known: Epistemic Logic with Assignments," *Advances in Modal Logic*, Vol. 12 No. 1(2018): 611 – 628。

致集的集合出发，去构造想要的模型。

因此完全性证明的关键是确定我们需要什么样的语言，构造什么样的极大一致集，以及这些极大一致集之间该如何的联系在一起。按照通常一阶模态逻辑中的证明思路，首先我们要给语言中所有的非严格项找见证(witnesses)。这就需要我们在之前语言的中新加入可数多个新变元，作为待选的见证。但由于允许名字空指，在极大一致集里我们只需要给每个有指的名字找见证，即对每个形如$\langle x \coloneqq t\rangle\top$的公式，如果其被包含在极大一致集 Δ 中，那么 Δ 的语言中一定有一个变元 y 满足 $y\approx t\in\Delta$。满足这样属性的极大一致集被称为有见证的。其次，那些有见证的极大一致集就能通过特定的可通达关系的定义条件(包括 Δ 与 Θ 之间 R_x 可通达的前提是 $\hat{K}_x\top\in\Delta$，以及保证 Δ 与 Θ 间没有相冲突的等式)构成一个伪(pseudo)典范框架。然后，给定一个有见证的极大一致集，从伪典范框架中将其生成子框架切割出来，通过取$\{|x|\mid\hat{K}_x\top\in\Delta\}$作为任一极大一致集 Δ 的局部论域，构建一个变论域的典范模型。尔后证明真值引理(truth lemma)在该典范模型上成立。最后，对变论域典范模型上的可通达关系取传递、对称的闭包，得到的最终模型正是一个符合我们定义的变论域认知模型，并且可以证明如此改变可通达关系并不会影响原初语言里公式的真值。

4. 结论与进一步研究方向

本文沿循带赋值算子的认知逻辑研究进路，讨论了在变论域的克里普克模型中，分别允许项在一个可能世界上的解释不在该世界的局部论域中，以及项在某些可能世界上的解释没有定义，即允许作为解释的个体不存在、以及允许名字空指，所带来的在认知模型上的逻辑影响。文中给出一个相对于变论域的认知模型的可靠完全的公理化系统。在该逻辑中公式 $\hat{K}_t\top$表达了新的模型下笛卡尔式的“存在”概念，相应地，公式$\langle x\coloneqq t\rangle\top$表达了在新模型下类似的“指称”概念。表现在公理系统里，$\hat{K}_x\top\to(K_x\varphi\to\varphi)$说明在允许项指称不存在的个体的情况下，以往 S5 认知模型中的等价关系将具有有条件的自返性；而公理$\langle x\coloneqq t\rangle\top\to t\approx t$ 表明在允许项空指的情况下，语言中的相等关系也会具有有条件的自返性。这两种有条件的自返性体现了当我们在语义上放宽了对个体存在和名字有指的限制后，在逻辑上所得到的最显著的结果。

在该逻辑框架下，我们还可以做进一步的探索，例如在逻辑语言中引入受限制的个体量词，即某人知道(形式化为：$\exists xK_x$)或所有人都知道(形式化为：

$\forall xK_x$),而将个体的量化视作单个模态词,像一些新近文献中所做的,把 $\exists xK_x$ 打包为 $[\exists]^x$,把 $\forall xK_x$ 打包成 $[\forall]^x$,①以期能得到一些很好得平衡表达力和复杂度的一阶认知逻辑片段。在上文中所定义的变论域克里普克模型 M 之上,我们可以试图定义打包模态公式的可满足关系,如:

(1) $M, w, \sigma \Vdash [\exists]^x\varphi$ 当且仅当存在某个 $i \in I_w$ 使得,任意 $v \in W$ 如果 wR_iv,那么 $M, w, \sigma[x \mapsto i] \vDash \varphi$。

(2) $M, w, \sigma \Vdash [\forall]^x\varphi$ 当且仅当对于所有的 $i \in I_w$ 使得,任意 $v \in W$ 如果 wR_iv,那么 $M, w, \sigma[x \mapsto i] \vDash \varphi$;

注意到上述 $[\exists]^x$ 和 $[\forall]^x$ 的真值条件也可以用项模态词 K_x 来定义,分别是:

(1) $M, w, \sigma \Vdash [\exists]^x\varphi$ 当且仅当存在某个 $i \in I_w$ 使得,$M, w, \sigma[x \mapsto i] \vDash K_x\varphi$;

(2) $M, w, \sigma \Vdash [\forall]^x\varphi$ 当且仅当对于所有的 $i \in I_w$ 使得,$M, w, \sigma[x \mapsto i] \vDash K_x\varphi$。

在之前的讨论中,当 $i \notin I_w$ 的时候,根据文中变论域模型上项模态算子的语义定义,i 的知识总是为真,即个体 i 在不存在的世界上是全知的。以上的定义表明,如果认为这样的结果不可以接受,那么以上所谓隐式的模态量化(implicit modal quantification)就给了我们一个更好的技术平台,使我们的语言总是在谈论每个世界上存在或有意义的个体及其知识。

当然潜在的方向不止于此,我们还引入类似项模态算子的带项的公共知识算子,这是因为在个体的名字不确定的情况下,公共知识算子就不能等价于通常的 $K_AK_B\cdots$的形式了。而且,还尝试用现在的逻辑工具刻画“信念”,在语义上舍弃现实世界上的自返关系。事实上,认为某些主体和名字是不可知的在认知的场景下其实是非常合理的。

---

① 参见 E. Orlandelli & G. Corsi, “Decidable Term-modal Logics,” *Multi-Agent Systems and Agreement Technologies*, F. Belardinelli & E. Argente (eds.), Cham: Springer International Publishing, 2018, pp. 147 - 162,以及 A. Padmanabha & R. Ramanujam, “Propositional Modal Logic with Implicit Modal Quantification,” *Logic and Its Applications*, *ICLA 2019*, M. A. Khan and A. Manuel (eds.), Berlin, Heidelberg: Springer, 2019, pp. 6 - 17。

指导教师评语

魏宇在本文中概述的研究扩展了我和谢立民在《模态逻辑进展》(第十二卷)中报告的工作。我们的文章讨论了如何在不假设主体的身份都被知道的情况下建立一个认知逻辑，并且用很清晰的语形的方式区分一个命题的各种从言、从物的解释。魏宇的贡献是把我们的工作从常论域模型推广到变论域的认知模型上，从而处理一个主体对其他主体的存在性抱有疑问的情况。而且在逻辑语言里加入了带函数符号的更一般的项，并允许项的空指以处理类似摹状词的名字。相应的，他在我们的公理系统上也增加了一些有趣并且有意义的公理。比如，相较我们的 T 公理(主体的知识都是真的)，在变论域的设定下，新的 T 公理要说，如果 x 在当前世界存在，则其知识都是真的。这里要表达“x 在当前世界存在”，不需要像经典一阶模态逻辑那样引入一个特殊的存在谓词 E，而是恰恰借用了包含项模态词的公式 $\sim K_x \sim \top$。能这么做的原因是在变论域模型中一个主体在当前世界存在当且仅当其认知关系在当前世界上有后继(即在当前世界上该主体能“想”到一个不可区分的可能世界)，这也是为什么这里也体现了所谓“我思故我在”的意思。类似的，在处理空指的时候，魏宇也是使用了一个公式 $\langle x := t\rangle\top$ 来表示 t 有所指。这样的创造性地使用项模态词和赋值算子是非常有价值的，也为之后的公理化打开了思路。文章还陈述了可靠性和完全性的结果，并且给出了类似于我和谢立民文章中的证明思路，这里变论域典范模型的构造其实还是有一定的特殊性和技术难度的。在本文的基础上，还可以进一步探索这样的逻辑在各种类别的变论域模型上的公理化和判定性问题，也可以考虑放松认知逻辑的框架条件，使其可以处理信念的推理。

(王彦晶，北京大学哲学系长聘副教授、副系主任)

On Epistemic Logic with Assignments over Varying Domain Models

Yu Wei

Abstract: In this paper we extend the epistemic logic with assignment proposed by

Yanjing Wang and Jeremy Seligman, which follows dynamic term-modal logic approach put forward by Barteld Kooi. Both of the work date back to term-modal logic proposed by Melvin Fitting. Y. Wang & J. Seligman introduces only the basic assignment modalities from dynamic logic combined with a quantifier-free term modal logic to obtain a pretty powerful language for expressing various *de dicto/de re* distinctions in a natural way. However, both the work focus on logics over constant-domain models, which inspires us to ease this restriction and see what will happen. As mentioned by B. Kooi in the beginning of dynamic term-modal logic, it could be further developed by allowing varying domains such that matters of existence can also be investigated from an epistemic perspective, this paper wants to take a first step at this point. We will define the epistemic models over varying domains. Furthermore, we adopt the principle that terms always do designate, and modify the formal machinery to allow for non-designating terms in our semantics. Then a sound and complete axiomatization for valid formulas over varying-domain epistemic models will be given.

Keywords: term-modal logic, assignment operator, varying domain epistemic models, non-designating, axiomatization

《老子》"持而盈之"句辨正

——兼论战国时期的"持盈"思想

丁　宇*

［摘　要］　以出土四古本《老子》研究为契机，利用"挖缺补空"式的分析方法，可推断出老学史上争讼不断的第九章作"殖而盈之"应更贴近老子思想。以"殖而盈之"章为中枢，至迟于郭店楚简时期成型的"戒盈"理论不仅支持促成性"有为"，更是联系老子思想"名"与"为"两大基本问题的关键点。战国时期广泛流传的"持盈"观念也与之存在相关，二者杂糅于黄老思潮，展现出战国时期独有的学术风貌。

［关键词］　老子；持而盈之；持盈；荀子；黄老

一　问题的提出

今本《老子》第九章："持而盈之，不如其已。揣而锐之，不可长保。金玉满

* 丁宇（1995—　），男，北京人，华东师范大学思勉人文高等研究院中国哲学硕士研究生，主要研究早期中国思想史、出土文献。

堂，莫之能守。富贵而骄，自遗其咎。功遂身退，天之道也。”[1]这是道家谦、退、俭思想的重要代表。其章首四字在绝大部分传世本中都写作“持而盈之”，唯有严本写作“殖而盈之”[2]，过去学界多以为严本有误。但随着郭店楚简、马王堆帛书、北大汉简（下文称郭店甲、乙、丙；帛书甲、乙；北大简）等出土本老子面世，笔者发现问题并不那么简单。此四字于帛书甲、乙本中皆作“而盈之”。整理者隶为“揸”读作“持”，但并未言明根据；[3]高明视其为“持”字别构；[4]黄钊、尹振环以“植”字与之相近而从《集韵·止韵》：“植，持也”；[5]但张舜徽却认为该字

① 本文所选之今本内容出自陈鼓应：《老子诠释及评介》（修订增补本），北京：中华书局，2009 年。严格说来“老子”是书名而非人名，《老子》中的内容亦不全是“老子”本人的东西，所以严谨的学者往往给“老子”加上书名号，本文行文中将涉及由古至今多个版本，以《老子》代指今本而使读者能有所区分。

② 这里有必要对“严本”情况做简要说明。《汉书·王贡两龚鲍传》称严遵“依老子、严周之旨，著书十余万言”。《隋书·经籍志》“记有《老子指归》十一卷，严遵注”；《旧唐书·经籍志》称“《老子指归》十四卷，严遵志”；唐玄宗《道德真经疏外传》有“《严君平旨归》十四卷”；《新唐书·艺文志》有“严遵《指归》十四卷”；《宋史·艺文志》录有“严遵《老子指归》十三卷”。与上述不同的是陆德明《经典释文》，除记有“《老子指归》十四卷”外，该书还录有“《老子严遵注》二卷”。后者除此处提及外，并未见其他说法，盖亦归属“十余万言”之内，后早亡。《指归》在宋元年间尚有全本，现仅存《德经》，《道经》部分遗失。现在所见《指归》分两大系统，一为仅存六卷三十章的胡震亨《秘册汇函》本，《津逮秘书》、《学津讨原》、《丛书集成》、《四库全书》本皆由此出，起卷一至卷六，无《老子》经文，卷前有《谷神子序》与《说目》；另一为以正统道藏本为代表的四十章七卷本（近代唐鸿学据姚咨抄本所刊的怡兰堂本亦与之相去不远），该本起卷七至十三，有《老子》经文、注文和谷神子《老子指归》注，卷前有《总序》与《君平说二经目》。参见樊波成：《道藏本〈老子指归〉序、目真伪重探——兼论西汉严遵本〈老子〉的上下经次序》，《文献》，2014 年第 2 期。今人王德有在前贤工作的基础上整理《老子指归》，附有《道经》部分的辑佚等。本文所采纳的严本确做“殖而盈之”说法是参考了王德友的辑佚成果。

③ 见裘锡圭主编：《长沙马王堆汉墓简帛集成·肆》，北京：中华书局，2014 年，第 40 页。帛书乙本中本句“”作“”，二者字形差别不大，应为一字。本文所选出土文献字形图版皆取此书，特说明。

④ 高明：《帛书老子校注》，北京：中华书局，2004 年，第 260 页。

⑤ 黄钊：《帛书老子校注析》，台北：台湾学生书局，1999 年，第 42 页。尹振环的情况复杂一些，在他初次辨析帛书时就认为应该读“持”（见《帛书老子释析》，贵阳：贵州人民出版社，1998 年），到他对楚简本进行研究时，又发现了注释者“一字二解”的矛盾：该字形同样出现于郭店甲“其安也，易也”一句，整理者却以相同的“从‘木’‘之’声”的理由而将此字读作“持”。下文将涉及此问题。尹振环认为应前后统一，又断定二者皆读“持”（见《楚简老子辨析》，北京：中华书局，2001 年，第 268 页）。这样一来，在其参考楚简本而对帛书本进行再研究的时候，就基于他对楚简本之认识，并从《集韵·止韵》而再次坚持此字为“持”（见《帛书老子再疏义》，北京：商务印书馆，2007 年，第 255 页）。

形是“殖”之形误，其所依辞例就是严本的“殖而盈之”；[1]张松如、许抗生亦从“殖”说。[2] 郭店甲本中本章作“[illegible]而盈之”，整理者隶为[illegible]，以其“从‘木’‘之’声”而疑读“殖”；[3]彭浩、魏启鹏、丁原植同此说；[4]但崔仁义坚持认为是“持”之通假。[5] 李零在此问题上态度模糊，他先认同“持”说，后又改变看法称“读‘殖’更为妥当”。[6] 2013 年公布的北大简《老子》中写作“[illegible]而盈之”，与今本无差，但整理者据此认为“[illegible]”和“[illegible]”皆应做“持”解[7]，并不具说服力。

从音韵学上讲，由于汉字融音、形、义三者为一体的特点，“[illegible]”、“[illegible]”、“持”、“殖”四个“符号”在“表音”功能上起到的作用基本相同，差异的形成极可能是不同文字系统或书写习惯间的转换，是为通假。[8] 就此处异文而言，通假可谓是“最科学”和“最稳妥”的解释模式，它告诉我们“[illegible]而盈之”和“[illegible]而盈之”极可能是对同一句话的记录。作为“听众”的录者可以直接面对作者(或传者)，以字形记录语音，靠字音理解句意。但作为读者的我们，面对的仅有被“听众”书写下来并以物质形态流传的文献，理解的实现只能有赖于不同字形所表达的字义。而《老子》更是具有高度凝练与抽象化的特点，一字之差便会对后人领略其思想真实面貌产生巨大影响，故而对文字精度的要求极高。所以尽管“持而盈之”与“殖而盈之”同时作为辞例而存在很可能只是书写体系的不同，但就表意而言，二者只能有一个是准确的。究竟谁是更准确的？这是文字学回答不了也无需回答的问题。但对于思想史学者来说，却是首要的关键性问题。

---

① 见《张舜徽集·周秦道论发微》，武汉：华中师范大学出版社，2005 年，第 172 页。

② 见张松如：《老子说解》，济南：齐鲁书社，1998 年，第 65 页；许抗生：《帛书老子注译与研究》，杭州：浙江人民出版社，1985 年，第 85 页。

③ 荆门市博物馆编：《郭店楚墓竹简》，北京：文物出版社，1998 年，第 117 页。下文所取郭店简本注释皆出此书，不再注明。

④ 见彭浩：《郭店楚简〈老子〉校读》，湖北：湖北人民出版社，2001 年，第 72 页；魏启鹏：《楚简老子柬释》，台北：万卷楼图书有限公司，1999 年，第 235 页；丁原植：《郭店竹简老子释析与研究》，台北：万卷楼图书有限公司，1999 年，第 239 页。

⑤ 崔仁义：《荆门郭店楚简〈老子〉研究》，北京：科学出版社，1998 年，第 67 页。

⑥ “持”说见于李零：《郭店楚简校读记》，北京：中国人民大学出版社，2007 年，第 15 页；“殖”说见于《人往低处走：〈老子〉天下第一》，北京：三联书店，2008 年，第 47 页。

⑦ 北京大学出土文献研究所编：《北京大学藏西汉竹书·贰》，上海：上海古籍出版社，第 147 页。

⑧ “持”“殖”可通，参见白于蓝编著：《简帛古书通假字大系》，福州：福建人民出版社，2017 年，

正因如此，有学者试图从文献学角度寻求解决办法。蒋锡昌认为此句与古之成语"持盈"有关，他指出："《越语》'持盈者与天'，《史记・楚世家》'此持满之术也'，《诗・凫鹥・序》'能持盈守成'，皆持盈连言，盖为古人成语。"①朱谦之引《后汉书》申屠刚之《对策》"持满之戒，老氏所慎"与《史记・乐书》"满而不倾则溢，盈而不持则倾"为据，断定"此作'持而盈之'于义为优"。② 高明也说："老子欲与下句'揣而锐之'相对，故将'持盈'二字变作'持而盈之'也。"③就传世文献对本句的引用来看，《管子・白心》、《淮南子・道应训》及《文子・微明》均写作"持而盈之"。④ 但问题在于，音韵上"持"与"殖"可通，北大简和马帛书并现又说明西汉前期已有两版本流传⑤，所以只能判断《白心》等作者所依乃"持"本，仅此而已。蒋、朱所引"持盈"有关材料的确是个值得注意的问题，这直接关涉道家思想史文本谱系的建立与展开。由于"经典"与师传体系的残缺，黄老学一直缺乏可靠的文献资料。学界的常用做法就是以《老子》为底本，寻找出土或传世文献中与之相关或类似的语句，建立思想联系。陈小华就认为范蠡及战国时期广泛流行的"持盈"观念是对老子"持而盈之"的化用。⑥ 再加上范蠡已被学界公认为黄老学先驱，很容易使人轻易将他与老子建立思想关系。⑦ 但事实真如

① 蒋锡昌：《老子校诂》，上海：商务印书馆，1937 年，第 50 页。

② 朱谦之：《老子校释》，北京：中华书局，1984 年，第 33 页。

③ 高明：《帛书老子校注》，第 260 页。

④《管子・白心》："持而满之，乃其殆也。名满于天下，不若其已也。名进而身退，天之道也。"《淮南子・道应训》曰："白公胜得荆国，不能以府库分人。七日，石乙入曰：'不义得之，又不能布施，患必至矣！不能予人，不若焚之，毋令人害我！'白公弗听也。九日，叶公入，乃发大府之货以予众，出高库之兵以赋民，因而攻之。十有九日而禽白公。夫国非其有也，而欲有之，可谓至贪也；不能为人，又无以自为，可谓至愚矣！譬白公之啬也，何以异于枭之爱其子也？故老子曰：'持而盈之，不如其已。揣而锐之，不可长保也。'"《文子・微明》略同。

⑤ 郑良树曾在肯定"[illegible]"读"殖"的前提下构造西汉有"殖"和"持"两古本《老子》之说。见氏著：《老子新校》，台北：学生书局，1997 年，第 34 页。

⑥ 陈小华：《范蠡的治国思想及其与〈老子〉的关系》，《浙江学刊》，2013 年第 3 期。

⑦ 关于范蠡之于黄老道家的关系，早在马王堆帛书出土后就被唐兰等学者关注，继而陈鼓应、李学勤、魏启鹏、白奚几位先生又做了深入研究。参见唐兰：《马王堆出土〈老子〉乙本卷前古佚书的研究》，《考古学报》1975 年第 1 期；李学勤：《再论楚文化的传流》，载河南省考古学会等编：《楚文化觅踪》，郑州：中州古籍出版社，1986 年；陈鼓应注译：《黄帝四经今注今译》，北京：商务印书馆，2007 年，第 314 页；魏启鹏：《范蠡及其天道观》，载《道家文化研究》第六辑，上海：上海古籍出版社，1995 年；白奚：《范蠡对黄老道家的理论贡献》，《社会科学》，2016 年第 8 期，等等。但要说明的是，笔者虽然承认范蠡与黄老道家关系（转下页）

蒋、朱、陈等人所言吗?“持盈”观念与“持而盈之”是否真的具有关联并可为互证,尚需落实到其各自理论内部,整体把握比较,这将是本文的第二项内容。

二 “持”与“殖”的选择

在文字学和文献学都无法妥善解决该问题的情况下,思想史视野便成了唯一可行的方法。我们姑且将本章写作:“〇而盈之,不如其已。揣而锐之,不可长保。金玉满堂,莫之能守。富贵而骄,自遗其咎。功遂身退,天之道也。”[①]通过后文及整章之思想逆向推测“〇”应该表达怎样的意思,再以此判断“殖”与“持”哪个更符合老子思想的整体脉络,从而做出选择。

虽然老子对“〇而盈之”、“揣而锐之”、“金玉满堂”及“富贵而骄”这四种情况均予以批判和否定,但三个“而”字的存在明确表示批判对象并不是“〇”、“揣”及“富贵”,而是在其基础上的“盈”、“锐”与“骄”。前三者表达的是万物之“成”。“揣”训为“锻打”,表“已揣”,即兵刃已受锻打后的状态,“锐”为形容词使动用,本句应译为“已锻之刃而欲使之更锐,就不能长久保存它”。老子认为造成兵刃“不可长保”的原因并不是赋予其形状与功用的“揣”,而是拥有者贪心不足而对“锐”在程度上的进一步追求。“富贵而骄”一句同理,“自遗其咎”的原因在于“已富贵”之后的“骄”。[②] 由之可推断“〇”之所指应与“揣”和“富贵”相近,表已由某种工作而成的既有状态,且从对应的“揣而锐之”句式考虑,其词性应为动词。

作为老子对前四种批判的升华与辩证性总结,“功遂身退”虽然要求“身

(接上页)密切,但就其人思想与老子究竟有无继承关系则持保守态度。就算我们把身世缥缈的“计然”认作是老子所传的文子并承认他与范蠡的师承关系,在通讯与交通都不发达的春秋时代,短短三十年就真的能实现“老子传文子,文子传范蠡”的三代师传吗?基于此,笔者更倾向于将范蠡视为黄老学除老子外的另一重要理论发源,拟另文讨论。

① 楚简本作“不不若已”;帛甲本缺失,乙本作“不若其已”;与今本表意无差,此处从今本。“揣而锐之”于楚简本中作“湍而羣之”;帛甲本缺失大半,乙本作“掇而允之”,因楚简本与今本用字差别较大,故而解者众说纷纭。在这个问题上,丁四新广纳诸说并以音声相考得出“揣”、“湍”、“掇”三字音声相通,“羣”、“允”、“锐”三字声音相近之结论,在训法上与今本无差。见丁四新:《郭店楚竹书〈老子〉校注》,第253—254页。笔者从其说,为方便而以今本写法行文。

② “金玉满堂,莫之能守”一句虽然在句式上较其他部分不同,但表意其实一致。可以“有金玉”,但是在数量上如果到了“满堂”的程度,那就“莫之能守”了。

退”，但绝“非谓必使其避位而去也”，而是“欲其功成而不有之耳”。[①] 他非但不否定“〇”、“揣”、“金玉”及“富贵”，反称之为已“遂”之“功”，即“为”所能达到的“最佳”状态。对其所做之任何程度或数量上的“更进一步”都将导致走向反面，所以最好的办法就是“身退”，即不再多求、强求。郭店丙本第 2 号简曰：“成事遂功，而百姓曰我自然也。”甲本第 17 号简曰：“圣人居无为之事，行不言之教。万物作而弗始也，为而弗恃也，成而弗居。”将两句结合起来看[②]，“圣人”虽然“作”、“为”于“万物”并最终“成”其“事”，但却并没有自恃、自居、自以为始，这是真正做到了“身退”，所以百姓的感觉才会是“我自然也”。在老子看来，“功”之“遂”即为“事”之“成”。“揣而锐之”中，“揣”的目的亦是刀剑之“成”。由此可见，能被称为“功遂”的“〇”既表示“成事”的既有状态，亦暗指一种积极的、促进性的“生”之作用力，最终会有助于“事”之“成”。

章尾的“天之道也”并不一定是对天地运行规律的总结，更像是作为将历史观察总结出的社会运行原则向上衔接，借天之权威说理的一种方法而出现的。[③]《左传》庄四年载邓曼语：“王禄尽矣。盈而荡，天之道也。”[④]哀十一年子胥遗言：“树吾墓槚，槚可材也，吴其亡乎！三年，其始弱矣。盈必毁，天之道也。”这些例子中的“盈而荡”、“盈必毁”皆与本章的四种批判非常类似。若再将郭店甲本中“保此道者不欲尚盈”以及与“〇而盈之”相连的“返也者，道之动也；弱也者，道之用也”，“甚爱必大费，厚藏必多亡。故知足不辱，知止不殆”，“物壮则老，谓之不道”三章内容纳入思考范围[⑤]，便可得以下结论：至迟在郭店甲本时代，老子哲学体系中已经包含了一套对于“盛极而衰”进行理性思考的“全新”理论。相较于“盈必毁”的“现象认识”，该理论的高明之处不仅是提出“功遂身

---

① 本出于王真：《道德经论兵要义述》，转引自陈鼓应：《老子今注今译》，第 64 页。

② 包含 2 号简的郭店丙本第一组内容相当于今本的第十七章。笔者认为，该章中的“太上”（无论其到底指“最好的时代”还是“最好的统治者”）和只是被“下知有之”、“圣人”应是同一指向，所以将两部分联系起来思考。

③ 曹峰的《论老子的“天之道”》一文对此有详细论述，可参考，收录于《近年出土黄老思想文献研究》，北京：中国社会科学出版社，2015 年，附录。

④ 杨伯峻编著：《春秋左传注》，北京：中华书局，2009 年，第 163 页。

⑤ “〇而盈之”章抄写于甲本编号第 37～39 简；“返也者”亦抄于第 37 简；“甚爱必大费”抄于第 36 简；“物壮则老”抄于第 35 简；四章间皆有墨块以示分章。

退”的具体做法，更在于抽象出“不欲尚盈”的“知足”①与“不如其已”的“知止”两条内在标准；郭店甲本中初步呈现的“尚弱”价值取向②很可能是以“戒盈”为逻辑基础的，“道之用”既然为“弱”，说明被视为合理状态的“〇”更应由某种“柔和、柔软、轻微的弱作用力”③推动而成。

综上所述，以郭店简呈现之老子思想体系为标准推断——“〇”处应由某含有“生”之意义的“弱作用力”动词填入，表示一种符合老子价值选择的合理状态。

基于上述推断，显然是“殖”更符老子思想体系。王弼曰：“持，谓不失其德也。”④此说虽差可表老子所尚之“既有”，但“持”作动词解既未有“生”之含义，亦带有用“强”而“阻断”、“坚守”的色彩，实为王弼以郭店楚简所不见之传世第三十八章“上德不德，是以有德；下德不失德，是以无德”而硬解之说。朱维焕虽察觉“盈之”的使动用法，但却解“持”为某名词性“盛水之容器”以致偏误。⑤ 尹振环据《说文》“持，握也”而训其为“捧”，引申为双手捧握某物，此说法一来于老子思想体系无证，二也不具备被称为“功遂”的条件。⑥ 陈锡勇亦从《说文》而引“持”为“为政者执政”，不仅与下文词义不合，语法上亦不可行。⑦ 丁四新所释“持留而不散”更完全与老子所尚相背，且含有浓重“强”之意味，作用起来亦不

① 郭店甲本5、6两简中“罪莫重乎甚欲，咎莫憯乎欲得，祸莫大乎不知足。知足之为足，此恒足矣”一句亦属郭店甲本“戒盈”理论体系，可为“不欲尚盈”即是“知足”而作解。正因为已能“知”“足之为足”，就不会再有“甚欲”、“欲得”，亦不会再追求“盈之”，自然就“不欲尚盈”了。

② 谷中信一借《列子·黄帝》篇中杨朱与老聃的对话指出：“《老子》中以柔弱胜刚强的思想，是在郭店《老子》以后的《老子》经典化过程中编入的这一假说，是成立的。”并且她认为“其年代离《黄帝》篇的著述时代相去不远”。参见：《先秦秦汉思想史研究》，上海：上海古籍出版社，2015年，第206页。

③ 这里参考了王中江“道的弱作用力”之说法。他指出：“从柔弱来理解‘无为’，我们可以说，‘道’对待它创生的万物行施的是柔和、柔软、轻微的弱作用力……通过‘无为’的弱作用力活动，使万物能够以自身的内在性和内驱力来生存和活动，并以此形成宇宙和万物的整体和谐秩序。”见氏著：《出土文献与先秦宇宙自然观重审》，《中国社会科学》，2013年第5期。

④ [魏]王弼注，楼宇烈校注：《老子道德经注校释》，北京：中华书局，2008年，第21页。

⑤ 朱维焕：《老子道德经阐释》，台北：学生书局，2001年，第28页。按：至今为止笔者尚未听说古人有某种被称“执持”的容器，朱维焕许是误读宋人程大昌《演繁露·古爵羽觞》“盖通身全是一爵也，惟右偏著耳，以便执持，如屈卮然”而误断之。陈鼓应似乎也有此种误识，他将此句释为“执持盈满，不如适时停止”，似乎描述的也是对某种器物注水的过程。见陈鼓应：《老子今注今译》，第106页。

⑥ 尹振环：《帛书老子再疏义》，第255页。

⑦ 陈锡勇：《郭店楚简老子论证》，台北：里仁书局，2005年，第205页。

具“成事”之意。[①]

“殖”,《广雅·释诂》曰:“积也。”该训首先符合词性要求并能引申出“已有所积”的既有状态。并且在“知止”的限定作用下可知所“积”之“数量”不能太多,这才符合“尚弱”的价值取向。作为动词,“积”更包含由“洼”到“盈”(“洼则盈”)的积极促成性意义。“”和“”字形同样见于对应今本六十四章前半“其安易持,其未兆易谋。其脆易泮,其微易散。为之于未有,治之于未乱。合抱之木,生于毫末;九层之台,起于累土;千里之行,始于足下”内容之出土本[②],释者(甚至包括丁原植)多依传世本读为“持”[③],训为“保持”、“维持”、“把持”等意。但笔者认为,某字形既然在抄写材料、形制都完全相同,内容又自成体系的同一文本中出现两次,读为同一字应更为妥当。需要注意的是,在郭店甲本中该部分内容为标有“”之独立章节,而相当于今本六十四章下半的“为者败之……是以辅万物之自然而不敢为”虽亦见于此本,但二者既不同章,亦非相连,此种现象应非偶然。若依郭店甲本之分章,则将上述内容写作“其安也,易殖也”并取“殖,积也”之意,实际上较“持”更符该章主旨。现将本章内容依其逻辑对应抄写如下:

“其安易殖,其未兆易谋”　　“其脆易泮,其微易散”

“为之于未有”　　“治之于未乱”

“合抱之木,生于毫末;九层之台,起于累土;千里之行,始于足下。”

“脆”与“微”虽尚属“未乱”,但这些状态已经具有“泮”、“散”的“乱”之前兆,故要

---

① 丁四新:《郭店楚竹书〈老子〉校注》,武汉,武汉大学出版社,2010年,第252页。

② 郭店甲本作:“其安也,易也。其未兆也,易谋也。其脆也,易判也。其幾也,易散也。为之于其亡有也,治之于其未乱也。合□□□□□□末(补做“抱之木生于毫”),九成之台甲□□□□□□□□□足下(补做“于羸土百仞之高始于”)。”帛书甲本作:“【合抱之木】,作于毫末。九成之台,作于羸土。百仞之高,始于足下。”帛书乙本作:“【合抱之】木,作于毫末。九成之台,作于蔂土。百千之高,始于足下。”诸本与传世本表意无差,从今本。

③ 这种现象的出现并不是说丁原植等人对简37号应写作“殖而盈之”存疑,而是因为在字形并不具备充足说服力的情况下,所有传世本又皆写作“其安易持”,定为“殖”在辞例上似无立足点。故而在未能细致分析分章逻辑及老子思想内涵的情况下只能依传世本而定为“持”,陷入一字二解的“困境”。

及时“治之”；与之相比，“安”与“未兆”虽为“(乱之)未有”，但为了防止事物向相反方向发展，也应该趁此“易”时而有所“为之”——即“殖”与“谋”，在稳定阶段早作准备。章尾“合抱之木，生于毫末；九层之台，起于累土；千里之行，始于足下”一句借树生、筑台、远行三件具体之事而对全章总结升华，点明“未有”、“未乱”等初期状态实为祸乱之源，要对其早做预防，又及，凡事皆需由细小做起，要靠毅力一点一滴的“为之”、“治之”最后才能成功这两个道理。“合抱之木”、“九层之台”以及“千里之行”，这三“事”之“成”靠的都是“毫末”、“累土”和“足下”的点滴积累与细致完备的规划。这样一来作为“积累”讲的“殖”完全符合带有促进性作用、不具“强为之”色彩、在“知止”的限定下能形成老子思想中的合理状态这些标准。由此可见，选“殖”填入“○”应为更贴近老子思想面貌之最佳选择。

就郭店甲本呈现的思想面貌看，“殖而盈之，不如其已”可谓是架构关联起老子以“物壮则老”为认知基础，“知足”和“知止”为内在要求，“功遂身退”为具体做法，“不欲尚盈”为思维导向的“戒盈”理论之核心章节。从根本上讲，“戒盈”是一门在肯定“有为”的前提下而具体讨论“如何为”的学问。老子对“殖”这种具有促进、生成性作用的“有为”是肯定的，甚至视之为应提倡之“功”。只要“非精英”们“殖”时能“知止”(或是因为发自内心接受老子劝诫而主动为之，哪怕是出于对“自遗其咎”后果的恐惧)，对“已殖”能感“知足”而做到“身退”，便能避免“物壮则老”从而“可以长久”，甚至成为“不欲尚盈”的“保此道者”以进身“精英阶层”[①]，完成对自我的超越。

“戒盈”又是以“道”所定之“名”为其标准与限度的。“道”虽然“恒无名”，但“侯王如能守之”，万物便将“自宾”而“始制有名”。[②] “名亦既有，夫亦将知止”，由此可见“名”在其“始制”之时便被赋予了对“殖”这类“有为”的限定作用。而第12、13号简“道恒亡为也，侯王能守之，而万物将自化，化而欲作，吾将镇之以无名之朴。夫亦将知足，知足以静，万物将自定”一句更将万物之“为”指向“无

---

① 本段所使用的“精英”概念是指符合老子行为标准与价值取向之理想化人格。参见乔健：《论老子的“精英意识”》，《文史哲》，2012年第5期。

② 第18、19简作：“道恒亡名，朴虽微，天地弗敢臣，侯王如能守之，万物将自宾。”第19、20简作：“始制有名，名亦既有，夫亦将知止。知止所以不殆，譬道之在天下也，犹小谷之与江海。”关于“道”、“名”、“侯王”之关系，参见丁四新：《郭店楚竹书〈老子〉校注》，第131页。

为”之“道”引导下的充分“自为”。但正由于“为”的执行、操控者是“自”,若完全“放任”极可能会产生“欲作”、“甚欲”、“欲得”等属于“盈之”表现的“咎”与“罪”,所以要加以“无名之朴”(即万物得其“名”的源头)以正其心,使其由“知足”而“戒盈”,最终实现“自定”。

总结来看,以“殖而盈之”章为中枢的“戒盈”理论可谓是联系起老子思想中“名”与“为”两大基本问题的关键点。万物(包括人)“自宾”于“无名”、“无为”之“道”而得获其“名”,故能成其“自为”;但“自为”亦要依“名”而“止”,“名”即为其限定。值得注意的是,第九章中的“功遂身退”一句在多数传世本中皆作“功成、名遂、身退”①,较出土本相比明确有“名”这一概念介入。随着“名”所“规定”和“要求”的“为”被充分落实(“遂”),事物也就达到了“功成”的“理想状态”。此时“身退”,恰是“知足”(自知“为”到哪一份上是“足”)的体现以及避免“欲作”的最佳法门。“殖而盈之,不如其已”实际上是通过对超出所限的“盈之”予以否定,从而突出强调“可有所为但别过甚”。自然规律与历史经验告诉我们“物壮则老”,所以老子希望通过“戒盈”去“切断”盛与衰之间的发展关系,依“名”而知“所殖”“之为足”,以求长久。

三 “持盈”的思想史谱系

虽然“殖而盈之”这一表述更合老子思想体系,但由于种种原因(出于文字转写等技术性原因的可能性极大),至迟在汉武帝前后便大行天下的,确实是“持而盈之”。河上公注此句曰“持满必倾”;《后汉书》引申屠刚《对策》亦云:“持满之戒,老氏所慎。”这些古解不仅被当做蒋、朱等人论断的依据,更直接将老子的思想与“持盈(满)”理论相对立。异义的出现固然可能是无意之举,但此处“误写”是否导致了后人的“误会”?“持盈”观念与老子思想究竟有无关系?这还需要落实到文本作具体分析。

“持盈”,偏正结构,“持”作状语而对中心词“盈”进行修饰,意为“保持盈

① 河上公本作“功成、名遂、身退”(王卡点校:《老子道德经河上公章句》,北京,中华书局,1993 年,32 页);想尔本作“名成,功遂、身退”(饶宗颐:《老子想尔注校正》,上海:上海古籍出版社,1991 年,12 页)。就其见于诸多古本,陈鼓应指出:“河上公本、傅奕本及多种古本‘功遂’作‘功成名遂’。”见陈鼓应:《老子诠释及评介》,第 50 页。蒋锡昌亦有此说(蒋锡昌:《老子校诂》,53 页)。

满”，首见于《国语》。《越语下》记勾践即位三年而欲伐吴，范蠡谏阻之曰：“夫国家之事，有持盈，有定倾，有节事……持盈者与天，定倾者与人，节事者与地。”①作为治国谋臣，范蠡将“持盈”定义成君主应当掌控的“国家之事”，并点明其方法是“与天”。但他口中的“天道”不仅包括“阳至而阴，阴至而阳；日困而还，月盈而匡”的自然规律，更带有“盈而不溢，盛而不骄，劳而不矜其功”的特殊属性。所谓“持盈者与天”，即“与天”才能“持盈”，而其所需“与”者，正是“不溢”、“不盈”与“不矜其功”。

既然承认“天道皇皇，日月以为常”，范蠡又何以提出“天贵持盈”②这么矛盾的观点？笔者认为，这是他基于身份与处境而对“传统”所做之“突破”。作为“独有圣贤之名”的“智人”，范蠡显然能由历史及自然中领悟“盛极而衰”的道理。但是作为谋臣，尤其是要在君主犯错前进行劝阻的良臣，在没有时间引经据典大段论述的情况下，范蠡必须借由某个“绝对权威”，在“瞬间”赋予谏言，以“绝对合理性”来提高劝阻的时效性及可信度，而他心中“苍苍之物质具天帝之精神者”③的“天”正是最佳选择。从治国政术角度讲，虽然知晓“月盈而匡”，但范蠡对国势之“盈”还是强烈认同与追求的，这是政治家的使命与理想，亦是他之于越国的意义所在。但现在勾践却要以“未盈”之越伐“得时”之吴，这种“溢”势必对“盈”造成巨大影响，所以他劝勾践“不溢”。他又进一步强调只要做到“盈而不溢，盛而不骄，劳而不矜其功”，便能“突破”“盈必荡”的“宿命”而做到长久“持盈”，使国家永保盛势。如此强大的“自制”能力，只有归于带有神性之天才能为人信服。

“持盈”理论成型于范蠡对人的充分“自信”。他以“国家之事”为出发点，将自己的观点“强行”上溯于天，使得“天”完全“沦为”人所用，这与他政治家身份的属性与需求息息相关。无独有偶，《吴语下》记有视“盈必毁”为“天之道也”的

① 徐元诰撰，王树民、沈长云点校：《国语集解》卷21，《越语下》，北京：中华书局，2002年，第575页。下引范蠡言论史料，除特别注明外，皆出自该著该篇，引《国语》其他史料亦不再注出，以篇名区分。

② 《越绝书》转记《越语下》内容之时，将“持盈者与天”改作“天贵持盈”，更突出了“持盈”在范蠡思想内作为“天”之属性的重要地位。参见李步嘉校释：《越绝书校释》卷3，《越绝吴内传第四》，北京：中华书局，2013年，第82页。

③ 王国维：《王国维遗书·第三册》，上海：上海书店出版社，1983年，第593页。范蠡心中的“天”兼具自然与神灵的双重属性，这在其言论中表现十分清晰。以“天时”为例，他一方面提出“不乱民功，不逆天时”，以农时体现出他对自然的深刻认识；另一方面却说“上帝不考，时反是守，强索者不祥。得时不成，反受其殃”，“得时无怠，时不再来，天予不取，反为之灾”，将“时”的“下达权”赋予等同“上帝”的神灵之天。

伍子胥在自杀前规劝吴王曰:“用能援持盈以没,而骤救倾以时。”此处“持盈”虽未展开论述,但“盈”与“没”相对,于国将“没”时要想继续“持盈”,伍子胥认为的关键还是人(“用能”)。由此可看出,“持盈”一词在内涵上不仅强调“人事”的绝对第一性,更要求将人的能动性认识及作用发挥到极致。范蠡的“天贵持盈”绝非是“使人简单匍匐于天的权威之下的那种宗教意识,而是让人主动积极地参与到天地之化育中去”①,而这正是黄老的典型思路。

作为黄老学先驱,范蠡以“不溢”和“不盈”为方法、强调人于天人关系中占主导地位的“持盈”理论在战国时期得到广泛传播及发展。《鹖冠子·王鈇》曰:“……故不肖者不失其贱,而贤者不失其明,上享其福禄而百事理行,畔者不利,故莫能挠其强,是以能治满而不溢,绾大而不芒。”②《史记·楚世家》里亦可见陈轸把“引兵而去以德齐”的“不溢”行为称为对昭阳而言的“持满之术”。③《管子·形势》曰:“持满者与天,安危者与人。失天之度,虽满必涸。上下不和,虽安必危。欲王天下,而失天之道,天下不可得而王也。”④《形势解》:“天之道,满而不溢,盛而不衰。明主法象天道,故贵而不骄,富而不奢,行理而不惰,故能长守贵富,久有天下而不失也。故曰:‘持满者与天。’……地大国富,民众兵强,此盛满之国也;虽已盛满,无德厚以安之,无度数以治之,则国非其国,而民无其民也;故曰:‘失天之度,虽满必涸。’”稷下学者在认同“不溢”的基础上又参考其他思想而发展出了“德厚”与“度数”两个条件,极大丰富了“持盈”理论的内涵。⑤ 稷下学宫提供的多元思想交流也为“持盈”理论的传播提供了条件。《孝经·诸侯》曰:“在上不骄,高而不危;制节谨度,满而不溢。高而不危,所以长守贵也;满而不溢,所以长守富也。富贵不离其身,然后能保其社稷而和其民人,盖诸侯之孝也。”⑥

---

① 曹峰:《近年出土黄老思想文献研究》,第 29 页。

② 黄怀信:《鹖冠子汇校集注》卷中,《王鈇》,北京:中华书局,2004 年,第 192 页。

③《史记》卷 40,《楚世家》,北京:中华书局,第 2075 页。

④ 黎翔凤撰,梁运华整理:《管子校注》卷 1,《形势》,北京:中华书局,2004 年,第 42 页。

⑤ 此处的“度数”有别于一般意义上的刚性“法度”,更多指“人可以主观把握的尺度”。这是一种“主观操纵和把握的微妙的、柔性的‘节’‘度’”,是“能动智慧”和“柔性原则”,归属于“圣人操作的领域”。具体参见曹峰:《〈黄帝四经〉所见“节”“度”之道》,《史学月刊》,2017 年第 5 期。

⑥ 胡平生译注:《孝经译注》,北京,中华书局,1999 年,第 6 页。按:虽然《孝经》的成书时间广受质疑,但就本章来讲应当是成于战国时期。《吕氏春秋·察微》:“高而不危,所以长守贵也;满而不溢,所以长守富也。富贵不离其身,然後能保其社稷,而和其民人。”明说是引自《孝经》,此可为证也。

儒家学者甚至将“持盈”上升到了诸侯之“孝”的高度。相较于郭店甲本的“戒盈”,“持盈”给予了“有为”以更大舞台——“知足”和“知止”强调“有所为”而“守成”;“不溢”和“不骄”侧重“充分为”以“求满”。总的来看,“持盈”理论在战国时期能被多家思想极度推崇并大行于天下,极有可能是“重实用、尚功利”的黄老学派在战国追求“富国强兵”的政治主题下对范蠡成功之经验“抽象化”的成果,同时也反映了学者们盼求能有所作为的时代心愿。

到了战国中晚期,曾在稷下学宫“三为祭酒”且“最为老师”的荀子以一则寓言对“持盈”提出了新的见解:

> 孔子观于鲁桓公之庙,有欹器焉。孔子问于守庙者曰:“此为何器?”守庙者曰:“此盖为宥坐之器。”孔子曰:“吾闻宥坐之器者,虚则欹,中则正,满则覆。”孔子顾谓弟子曰:“注水焉。”弟子挹水而注之,中而正,满而覆,虚而欹。孔子喟然而叹曰:“吁!恶有满而不覆者哉!”子路曰:“敢问持满有道乎?”孔子曰:“聪明圣知,守之以愚;功被天下,守之以让;勇力抚世,守之以怯;富有四海,守之以谦。此所谓挹而损之之道也。”①

在充分肯定“恶有满而不覆者”的基础之上,荀子用“挹而损之”取代“不溢”,从而为他所处时代广为流传的“持盈”概念作解。“挹而损之”是为了“求缺”,在思路上似于“戒盈”理论的“切断”;但荀子对“有为”的追求甚至还要超过范蠡,希望做到“功被天下”、“富有四海”。“挹而损之”所要“损”的并不是切实“有为”之“功”,而是内心对“功”的态度,是“功遂”后的骄奢之心。荀子对“盈而不溢”是认同的,《荣辱》篇曰:“穷年累世不知不足,是人之情也……几不长虑顾后而恐

① 王先谦撰,沈啸寰、王星贤点校:《荀子集解》卷20,《宥坐》,北京:中华书局,1988年,第520页。这段内容亦被化用于《淮南子·道应训》、《文子·守弱》《说苑·敬慎》及《韩诗外传》等处,内容略同,细微差别拟撰文另述。这里有必要对“孔子观器”之性质——其更可能为“事件”还是“故事”略加讨论。首先,该段记载并不见于《荀子》前之儒家文献,距孔子已去二百余年。继而参考周代“天子七庙,诸侯五庙”之庙数以及“亲过高祖,毁其庙藏其主于大祖庙中”的“毁庙”制度,主要活动于鲁昭公、定公时代的孔子能否有机会“观于鲁桓公之庙”是值得怀疑的;或许是出于与笔者同样的疑虑,《韩诗外传·卷三》、《说苑·敬慎》的作者将“观器”的行为“发生”地改为“周庙”而非“鲁桓公之庙”,这样便与制无违。综合三点论述,笔者认为“孔子观器”之事更应是荀子托古而作之“寓言”,乃为说理而作,而非属历史追忆。

无以继之故也。于是又节用御欲，收敛蓄藏以继之也，是于己长虑顾后，几不甚善矣哉。”但“盛”时内心仅仅做到“不骄”在荀子看来是远远不够的，他还要继续“损之”，以至于让内心永远处于“愚、让、守、谦”，这样才能保持“有为”，继续进取。荀子要“持”的不仅是“国家之盈”，更是“进取心之盈”。虽然都是对“盛极而衰”这个“真理”所做的针对性思考，虽然目的都是为了“可以长久”，但荀子对“有为”有着无限的追求与向往，其程度远超郭店本甚至范蠡，已经带有鲜明的“法家”色彩。

范蠡是黄老道家的先驱人物；荀子更是长期执掌作为黄老学大本营的稷下学宫，其思想和学说亦能反映稷下学宫的思想传统和精神走向。[①] 王博指出：“单纯从文本的角度来看，庄子和韩非显然代表了先秦时期老子解释的两个完全不同的方向。庄子把老子超然的态度转化为隐士的生命，立足于生命的根基思考世界；韩非则偏重在发挥其政治哲学的理念，并进一步将其落实在现实的世界。”[②]顺这个思路考虑，着眼于治术的黄老学极可能是以范蠡的学说为基础，并对郭店甲本“可有所为但别过甚”的“戒盈”理论中所允许的“可有所为”做了“断章取义”的“强化”，使得战国时期的“持盈”理论呈现出历时性变化。而立足本源、更侧重“民生”的庄子学派所强调的“彷徨乎无为其侧，逍遥乎寝卧其下”(《逍遥游》)[③]，“逍遥乎无为之业”(《大宗师》)，“释夫恬淡无为”(《胠箧》)，“故君子不得已而临莅天下，莫若无为”(《在宥》)，亦可认为是基于“道恒无为”而“片面”发展了“知止”所代表的“别过甚”，从而极大削弱了“有为”的合理性。庄、黄两脉的对立，由此可见一斑。

结语

综上而论，盛行战国的“持盈”思想虽然发源于范蠡，但也与“古本老子”中“殖而盈之”章所体现的“戒盈”思想密切相关。该理论拥有典型的黄老学色彩，既与老子所倡相合，又具充足的政治操作性；既有丰富的理论性，又具强烈的现实感，极为符合战国时期的时代要求，并能折射出老子思想的发展轨迹。但在

① 赵吉惠：《荀况是战国末期黄老之学的代表》，《哲学研究》，1993 年第 5 期。

② 王博：《思想史视野中的〈老子〉文本变迁》，《中国哲学史》，2015 年第 4 期。

③ 陈鼓应注：《庄子今注今译》，北京：商务印书馆，2007 年，第 37 页。

《老子》“经典化”过程中，由于“殖而盈之”被“持而盈之”取代，使得河上公、申屠刚等人误将《老子》读出明确的批判指向，完全遮蔽甚至背离了本章与“持盈”理论的思想关联，不能不说，这是十分遗憾的。

指导教师评语

文章思路清楚，论述有理有据，同时注重文本考释，其论可备一说。

可进一步考虑的问题是：“持而盈之”与“殖而盈之”在蕴含反对“盈之”这一点上并无不同，区别在于“殖而盈之”肯定“盈之”源于“积”的过程，“持而盈之”则以保持“盈”的状态为逻辑前提。从老子的思想取向看，他反对的主要是不断地努力走向鼎盛（积而盈之），依此，则既成的（作为“持”的对象的）“盈”不应在其视野中；他根本上就反对达到这种“盈”的状态，从而，对他而言，也就不存在“保持”盈的问题。对此，可略作辨析。

（杨国荣，华东师范大学哲学系教授）

An Analysis of Laozi's "Fill It to the Brim by Keeping It Upright": Also on "Holding Full"

Ding Yu

Abstract: Taking the study of the four ancient texts of "Lao Zi" unearthed as an opportunity and using the "digging vacancies to fill in the void" analysis method, it can be inferred that "fill it to the brim by collecting" should be closer to Laozi's true thoughts. Taking this chapter as the center, the theory of "Be alert to fullness" formed no later than the middle of the Warring States period not only supports the active action, but also is the key point that connects the two basic problems of Laozi's "Ming" and "Wei". The concept of "holding full", widely circulated during the Warring States period, is also related to it. The two concepts are mixed in Huang Lao's ideological trends and show the unique academic style of the Warring States period.

Keywords: Lao Zi, Fill it to the Brim by Keeping it Upright, holding ful, Xun Zi, Huang Lao's ideological